国家出版基金项目
NATIONAL PUBLICATION FOUNDATION

欧亚历史文化文库

总策划 张余胜

兰州大学出版社

古代内陆欧亚史纲

丛书主编 余太山

余太山 李锦绣 主编

图书在版编目(CIP)数据

古代内陆欧亚史纲 / 余太山,李锦绣主编. —兰
州:兰州大学出版社,2014.12
(欧亚历史文化文库/余太山主编)
ISBN 978-7-311-04666-8

Ⅰ.①古… Ⅱ.①余… ②李… Ⅲ.①东方学—研究
Ⅳ.①K107.8

中国版本图书馆 CIP 数据核字(2014)第 301850 号

策划编辑 施援平
责任编辑 施援平
装帧设计 张友乾

书　　名　古代内陆欧亚史纲
丛书主编　余太山
作　　者　余太山　李锦绣　主编
出版发行　兰州大学出版社　　(地址:兰州市天水南路 222 号　730000)
电　　话　0931-8912613(总编办公室)　　0931-8617156(营销中心)
　　　　　0931-8914298(读者服务部)
网　　址　http://www.onbook.com.cn
电子信箱　press@lzu.edu.cn
网上销售　http://lzup.taobao.com
印　　刷　兰州人民印刷厂
开　　本　700 mm×1000 mm　1/16
印　　张　39(插页 2)
字　　数　521 千
版　　次　2014 年 12 月第 1 版
印　　次　2014 年 12 月第 1 次印刷
书　　号　ISBN 978-7-311-04666-8
定　　价　118.00 元

出 版 说 明

　　随着20世纪以来联系地、整体地看待世界和事物的系统科学理念的深入人心，人文社会学科也出现了整合的趋势，熔东北亚、北亚、中亚和中、东欧历史文化研究于一炉的内陆欧亚学于是应运而生。时至今日，内陆欧亚学研究取得的成果已成为人类不可多得的宝贵财富。

　　当下，日益高涨的全球化和区域化呼声，既要求世界范围内的广泛合作，也强调区域内的协调发展。我国作为内陆欧亚的大国之一，加之20世纪末欧亚大陆桥再度开通，深入开展内陆欧亚历史文化的研究已是责无旁贷；而为改革开放的深入和中国特色社会主义建设创造有利周边环境的需要，亦使得内陆欧亚历史文化研究的现实意义更为突出和迫切。因此，将针对古代活动于内陆欧亚这一广泛区域的诸民族的历史文化研究成果呈现给广大的读者，不仅是实现当今该地区各国共赢的历史基础，也是这一地区各族人民共同进步与发展的需求。

　　甘肃作为古代西北丝绸之路的必经之地与重要组

1

成部分,历史上曾经是草原文明与农耕文明交汇的锋面,是多民族历史文化交融的历史舞台,世界几大文明(希腊—罗马文明、阿拉伯—波斯文明、印度文明和中华文明)在此交汇、碰撞,域内多民族文化在此融合。同时,甘肃也是现代欧亚大陆桥的必经之地与重要组成部分,是现代内陆欧亚商贸流通、文化交流的主要通道。

基于上述考虑,甘肃省新闻出版局将这套《欧亚历史文化文库》确定为2009—2012年重点出版项目,依此展开甘版图书的品牌建设,确实是既有眼光,亦有气魄的。

丛书主编余太山先生出于对自己耕耘了大半辈子的学科的热爱与执著,联络、组织这个领域国内外的知名专家和学者,把他们的研究成果呈现给了各位读者,其兢兢业业、如临如履的工作态度,令人感动。谨在此表示我们的谢意。

出版《欧亚历史文化文库》这样一套书,对于我们这样一个立足学术与教育出版的出版社来说,既是机遇,也是挑战。我们本着重点图书重点做的原则,严格于每一个环节和过程,力争不负作者、对得起读者。

我们更希望通过这套丛书的出版,使我们的学术出版在这个领域里与学界的发展相偕相伴,这是我们的理想,是我们的不懈追求。当然,我们最根本的目的,是向读者提交一份出色的答卷。

我们期待着读者的回声。

总 序

本文库所称"欧亚"(Eurasia)是指内陆欧亚,这是一个地理概念。其范围大致东起黑龙江、松花江流域,西抵多瑙河、伏尔加河流域,具体而言除中欧和东欧外,主要包括我国东三省、内蒙古自治区、新疆维吾尔自治区,以及蒙古高原、西伯利亚、哈萨克斯坦、乌兹别克斯坦、吉尔吉斯斯坦、土库曼斯坦、塔吉克斯坦、阿富汗斯坦、巴基斯坦和西北印度。其核心地带即所谓欧亚草原(Eurasian Steppes)。

内陆欧亚历史文化研究的对象主要是历史上活动于欧亚草原及其周邻地区(我国甘肃、宁夏、青海、西藏,以及小亚、伊朗、阿拉伯、印度、日本、朝鲜乃至西欧、北非等地)的诸民族本身,及其与世界其他地区在经济、政治、文化各方面的交流和交涉。由于内陆欧亚自然地理环境的特殊性,其历史文化呈现出鲜明的特色。

内陆欧亚历史文化研究是世界历史文化研究中不可或缺的组成部分,东亚、西亚、南亚以及欧洲、美洲历史文化上的许多疑难问题,都必须通过加强内陆欧亚历史文化的研究,特别是将内陆欧亚历史文化视做一个整体加以研究,才能获得确解。

中国作为内陆欧亚的大国,其历史进程从一开始就和内陆欧亚有千丝万缕的联系。我们只要注意到历代王朝的创建者中有一半以上有内陆欧亚渊源就不难理解这一点了。可以说,今后中国史研究要有大的突破,在很大程度上有待于内陆欧亚史研究的进展。

古代内陆欧亚对于古代中外关系史的发展具有不同寻常的意义。古代中国与位于它东北、西北和北方,乃至西北次大陆的国家和地区的关系,无疑是古代中外关系史最主要的篇章,而只有通过研究内陆欧亚史,才能真正把握之。

内陆欧亚历史文化研究既饶有学术趣味,也是加深睦邻关系,为改革开放和建设有中国特色的社会主义创造有利周边环境的需要,因而亦具有重要的现实政治意义。由此可见,我国深入开展内陆欧亚历史文化的研究责无旁贷。

为了联合全国内陆欧亚学的研究力量,更好地建设和发展内陆欧亚学这一新学科,繁荣社会主义文化,适应打造学术精品的战略要求,在深思熟虑和广泛征求意见后,我们决定编辑出版这套《欧亚历史文化文库》。

本文库所收大别为三类:一,研究专著;二,译著;三,知识性丛书。其中,研究专著旨在收辑有关诸课题的各种研究成果;译著旨在介绍国外学术界高质量的研究专著;知识性丛书收辑有关的通俗读物。不言而喻,这三类著作对于一个学科的发展都是不可或缺的。

构建和发展中国的内陆欧亚学,任重道远。衷心希望全国各族学者共同努力,一起推进内陆欧亚研究的发展。愿本文库有蓬勃的生命力,拥有越来越多的作者和读者。

最后,甘肃省新闻出版局支持这一文库编辑出版,确实需要眼光和魄力,特此致敬、致谢。

余太山

2010 年 6 月 30 日

目录

序 / 1

1 序章 史前的内陆欧亚 / 1

  1.1 内陆欧亚的地理环境和生态特点 / 1

  1.2 人类进入欧亚草原地区及最初的
     生存适应 / 2

  1.3 大气候变化下的农业扩散 / 5

  1.4 欧亚草原
     牧业文化的形成和早期扩散 / 8

  1.5 轮辐式战车的发明与
     草原畜牧–农耕文化的大扩张 / 15

  1.6 骑马和游牧的初步实践 / 21

  1.7 余论 / 23

第一编（公元前7世纪至公元220年）

2 印欧人的三次大迁徙 / 31

3 塞种和匈奴、月氏、东胡的互动 / 39

4 亚历山大东征与
  希腊–巴克特里亚王国始末 / 45

5 贵霜盛衰 / 52

6 肃慎和秽貊的分合 / 58

第二编（公元550年之前）

7 乌桓的起落与鲜卑的扩张 / 69

8 匈人西迁 / 77

9 柔然、悦般和高车的角逐 / 86

10 嚈哒兴亡 / 92

11 阿瓦尔人和保加尔人在欧洲 / 98

第三编

12 突厥汗国的建立 / 109
  12.1 突厥的兴起 / 110
  12.2 突厥汗国的开疆拓土 / 112
  12.3 突厥汗国的社会和文化 / 117

13 东、西突厥 / 122
  13.1 突厥的分裂 / 122
  13.2 东、西突厥的兴亡 / 125
  13.3 东、西突厥的扩张 / 130

14 唐、突厥与吐蕃的角逐 / 137
  14.1 唐初对漠北、西域的经营 / 137

2

14.2　第二突厥汗国 / 143

14.3　吐蕃的扩张 / 146

15　突骑施、回鹘与黠戛斯 / 152

15.1　突骑施 / 152

15.2　回鹘 / 155

15.3　黠戛斯 / 159

第四编

16　阿拉伯人的征服与统治 / 171

16.1　四代哈里发 / 171

16.2　倭马亚王朝 / 175

16.3　阿拔斯王朝 / 180

17　高昌、粟特和吐火罗 / 187

17.1　高昌 / 187

17.2　粟特 / 191

17.3　吐火罗 / 195

18　渤海、契丹与女真 / 201

18.1　渤海的兴衰 / 201

18.2　契丹勃兴与西辽 / 204

18.3　女真王朝的兴衰与东真(夏)国 / 210

19 可萨、喀喇汗与塞尔柱帝国 / 214

  19.1 可萨汗国 / 215

  19.2 喀喇汗王朝 / 219

  19.3 塞尔柱帝国 / 224

第五编

20 蒙古肇兴 / 241

  20.1 蒙古族的起源 / 241

  20.2 蒙古兴起前的内陆欧亚格局 / 243

21 蒙古立国 / 250

  21.1 成吉思汗的统一战争 / 251

  21.2 蒙古立国 / 259

22 蒙古西征 / 265

  22.1 西征花剌子模 / 265

  22.2 绰儿马罕西征 / 270

  22.3 长子西征 / 272

  22.4 旭烈兀西征 / 275

23 蒙古对西夏、金的征服 / 280

  23.1 六征西夏 / 280

  23.2 征灭金国 / 282

24 蒙古东征 / 289

  24.1 蒙古对辽东地区的攻略 / 289

  24.2 蒙古对高丽的征伐 / 291

  24.3 蒙古与高丽关系的改善 / 293

  24.4 忽必烈征讨日本 / 294

第六编

25 蒙古帝国的分裂与
    窝阔台、察合台汗国 / 303

  25.1 分封与汗位之争 / 303

  25.2 窝阔台兀鲁思的再兴起 / 307

  25.3 察合台汗国 / 309

26 钦察汗国与罗斯 / 315

  26.1 对罗斯的统治 / 315

  26.2 草原争霸战 / 320

27 伊利汗国与帖木儿王朝 / 327

  27.1 伊利汗国在伊朗的统治 / 327

  27.2 帖木儿帝国对中亚西亚的征服 / 332

28 中亚政权的兴起与奥斯曼帝国 / 338

  28.1 帖木儿帝国以后的中亚政权 / 338

28.2　奥斯曼帝国 / 341

29　蒙古北迁及衰落 / 350

29.1　蒙古北迁及汗权衰弱 / 350

29.2　卫拉特部的兴起及其与东部蒙古的争斗 / 353

29.3　达延汗统一北方诸部族 / 356

29.4　卫拉特的再兴起 / 359

第七编（上）

30　俄罗斯国家的兴起及其东扩 / 369

30.1　莫斯科公国的建立与发展 / 369

30.2　沙皇俄国的扩张 / 373

31　中亚诸政权的兴起 / 376

31.1　哈萨克汗国的建立和发展 / 376

31.2　布哈拉汗国的建立及其早期的发展 / 380

31.3　希瓦汗国的建立及其早期的发展 / 385

31.4　土库曼人和吉尔吉斯人 / 389

32　女真的兴起与清朝的建立 / 394

32.1　努尔哈赤统一女真各部建立后金 / 394

32.2　内蒙古诸部的降附 / 397

32.3　两次征伐朝鲜 / 399

32.4 明清战争与清朝入主中原 / 404

第七编(下)

33 中亚三汗国的发展 / 413

33.1 布哈拉汗国 / 413

33.2 希瓦汗国 / 418

33.3 浩罕汗国的建立及其兴盛 / 422

33.4 中亚三汗国之间的关系 / 427

34 准噶尔汗国的兴起及扩张 / 433

34.1 17世纪前期的卫拉特蒙古与
准噶尔的兴起 / 433

34.2 准噶尔部的对外扩张 / 437

34.3 准噶尔与俄国的关系 / 445

第八编

35 俄国对中亚的早期渗透 / 453

35.1 罗曼诺夫王朝与
俄罗斯帝国的强大 / 453

35.2 俄国侵吞哈萨克草原 / 458

36 噶尔丹的覆亡及清统一天山南北 / 466

36.1 喀尔喀蒙古归属清朝 / 466

36.2　噶尔丹的覆亡 / 467

36.3　准噶尔的灭亡 / 471

36.4　清平定天山南路 / 477

36.5　土尔扈特东迁 / 478

37　俄国对中亚的征服 / 482

37.1　征服中亚的背景 / 482

37.2　征服中亚腹地 / 487

37.3　征服中亚东、西两侧 / 497

第九编

38　俄国早期向清朝的渗透、扩张及
　　清俄东、中段边界的划定 / 509

38.1　早期俄国哥萨克入侵黑龙江流域和
　　　清朝的抵御 / 509

38.2　清俄雅克萨之战和
　　　《尼布楚条约》的签订 / 513

38.3　俄国向蒙古地区渗透扩张和
　　　蚕食领土 / 518

38.4　俄国对华皮货贸易与
　　　使团出使北京 / 521

38.5　清俄签订《布连斯奇条约》、

　　　《恰克图条约》/ 524

39　清朝平定阿古柏之乱及

　　与俄国划定西部边界 / 527

　　39.1　浩罕支持下的

　　　　　和卓后裔进攻新疆 / 527

　　39.2　阿古柏入侵新疆 / 530

　　39.3　俄国蚕食清朝西北边疆和

　　　　　占领伊犁 / 534

　　39.4　清朝平定阿古柏之乱、收复新疆 / 537

　　39.5　新疆建省 / 541

40　俄国继续向黑龙江流域扩张及

　　侵吞东北领土 / 543

　　40.1　俄国以武力侵占黑龙江地区和迫签

　　　　　《瑷珲条约》/ 543

　　40.2　俄国武力侵占乌苏里江以东地区和

　　　　　《北京条约》的签订 / 546

　　40.3　清俄《勘分东界约记》和

　　　　　《珲春东界约》的订立 / 550

大事年表 / 554

索引 / 586

序

　　本书所谓"内陆欧亚"是一个地理名称:大致东起黑龙江、松花江流域,西抵伏尔加河、多瑙河流域,具体而言除中欧和东欧外,主要包括我国东三省、内蒙古自治区、新疆维吾尔自治区,以及蒙古高原、西伯利亚、哈萨克斯坦、乌兹别克斯坦、吉尔吉斯斯坦、土库曼斯坦、塔吉克斯坦、阿富汗斯坦、巴基斯坦和西北印度。其核心地带即所谓欧亚草原(Eurasian Steppes)。

　　内陆欧亚幅员辽阔、资源丰富,自古以来繁衍生息着无数的民族,创造了千姿百态的文化。这是一个种族、语言、文字、宗教、生产、生活方式千差万别的地区。

　　主要由于游牧民族、特别是所谓骑马游牧民族迁徙、征服、贸易等活动,古代内陆欧亚形形色色的民族及其文化、经济、政治之间存在着非常密切的联系。

　　同样主要由于游牧民族的活动,欧亚草原文化与周邻诸文化(华夏文化、印度文化、希腊－罗马文化、伊斯兰文化)形成了积极的互动关系,并深深地影响了世界文明的进程。

　　一个专门的学科——内陆欧亚学已经在国际学术界形成。内陆欧亚学的对象正是活跃于欧亚草原及其周邻地区诸民族本身的历史文化。

　　毫无疑问,我国也要开展内陆欧亚历史文化的研究,编撰一部《内陆欧亚史纲》只是迈出了第一步。

　　本书的宗旨是:通过简要的叙述,说明历史上的内陆欧亚是一个整体,为研究者提供一个内陆欧亚的视野。

·欧·亚·历·史·文·化·文·库·

不仅仅研究内陆欧亚任何局部(如中亚或东北亚)的历史必须具有内陆欧亚的视野,研究古代中国史和中外关系史,如欲更上层楼,也必须有内陆欧亚的视野。

打开世界地图,不难发现,内陆欧亚有大片地区落在今天中国的版图之内。今日中国可以说是内陆欧亚的大国。历史上,内陆欧亚许多民族的兴衰存亡、发生的许多事件,在深刻影响了中国历史进程的同时,也深刻影响了中国传统文化的发展、变化。不仅如此,现有的证据表明,中国文化的源头并不是单一的,其中就包含来自内陆欧亚的因素。由此可见,很有必要从内陆欧亚的视角探讨中国历史和中国传统文化。

不言而喻,中国传统文化的源和流不仅仅受惠于内陆欧亚,还有其他各方面的因素,例如来自南方海洋文明的影响。但可以肯定地说,内陆欧亚的影响是最突出的。古代中国与内陆欧亚有极深的渊源,这里,只需要指出中国一半以上皇朝的创建者都有内陆欧亚渊源这一点就足够了。

至于古代中外关系史,实际上就是历代中原王朝与周邻国家、地区关系的历史,而其中最重要的,莫过于与内陆欧亚有关的国家和地区,包括今天的朝鲜、日本、蒙古、俄罗斯、伊朗、阿富汗、巴基斯坦、印度和中亚五国等。中国中原王朝与这些国家、地区的关系也只有放到内陆欧亚史的背景下加以研究才能够得到确解。

由于主客观条件的限制,在一本这样篇幅的书中,自然不能面面俱到,只能突出重点,对于国内空白或薄弱的研究领域不得不适当压缩,希望将来有机会增补。

另外,本书是一部政治史纲,文化和经济等只在必要时涉及。编撰文化和经济史纲是我们今后的任务。

本书共40章,序篇独立成章,其余内容共9编39章,可大别为4个单元。第1-2编为第1单元,第3-4编为第2单元,第5-6编为第3单元,第7-9编为第4单元。

各章执笔者如下(未注明者工作单位皆为中国社会科学院历史研

究所中外关系史研究室):

序章:郭物(中国社会科学院考古研究所)

第一编

第2章:蓝琪(贵州师范大学历史系)

第3章:余太山

第4章:聂静洁

第5章:余太山

第6章:聂静洁

第二编

第7章:聂静洁

第8章:聂静洁

第9章:余太山

第10章:余太山

第11章:聂静洁

第三编

第12章:李锦绣

第13章:李锦绣

第14章:李锦绣

第15章:李锦绣　贾衣肯　艾力·吾甫尔(新疆社会科学院文化研究所)

第四编

第16章:马小鹤(哈佛大学燕京图书馆)

第17章:马小鹤

第18章:马一虹

第19章:马小鹤

第五编

第20章:刘中玉

第21章:刘中玉

第22章:刘中玉

第 23 章：刘中玉

第 24 章：乌云高娃

第六编

第 25 章：青格力

第 26 章：青格力

第 27 章：青格力

第 28 章：青格力　　蓝琪

第 29 章：青格力　　乌云高娃

第七编

第 30 章：蓝琪

第 31 章：蓝琪

第 32 章：李花子

第 33 章：蓝琪

第 34 章：贾建飞

第八编

第 35 章：蓝琪

第 36 章：贾建飞

第 37 章：蓝琪

第九编

第 38 章：李花子

第 39 章：贾建飞

第 40 章：李花子

　　第 1~4 单元的统稿者依次为聂静洁、李锦绣、刘中玉和贾建飞。聂静洁负责全书的文字编辑，李锦绣负责全书的统稿。

　　序章和第 1~4 单元配有示意图，各图均请中国社会科学院历史研究所历史地理研究室成一农博士绘制。

　　全书初稿完成后，曾寄呈请陈高华、陈凌、党宝海、韩昇、华涛、李勤璞、李艳玲、厉声、林梅村、林悟殊、林英、刘文锁、刘迎胜、罗丰、牛汝极、潘志平、荣新江、芮传明、沈卫荣、王邦维、王炳华、王颋、王希隆、魏存

4

成、乌云毕力格、徐文堪、杨军、于志勇、张双福、张小贵、周伟洲等多位学者审阅,这些先生大多通读书稿,在给予支持鼓励的同时,也提出诸多中肯建议,大至全书的布局谋篇,小至错别字,均有宝贵意见,盛情可感。尤以王颋先生所提意见最多。编撰者吸收了许多宝贵意见,使书稿的质量有所提高。谨在此向这些先生致以诚挚的谢意。

编者

2007 年 7 月 10 日

由于种种不可预见的原因,尽管我们想尽办法,书稿还是拖延至今才得以付梓。这是要向作者深致歉意的。我们没有能力将这一段时期内陆欧亚学研究的新成果吸收进本书,只是在付印之前请各位作者匆匆审读了一遍原稿,作了若干力所能及的补充和修订,从而必然留下众多遗憾,只能请读者体谅。

2014 年 11 月 3 日

1 序章 史前的内陆欧亚

1.1 内陆欧亚的地理环境和生态特点

内陆欧亚的核心地带欧亚草原东起大兴安岭,西至喀尔巴阡山脉,大致分布在北纬40°~50°之间的地区。黑土和暗栗色土上的草本植被(主要是禾草植物)占优势,气候以大陆性干旱或半干旱为主,降水量少,分水岭一带没有或缺少森林,典型的野生动物有百灵、黄鼠、旱獭、野兔、野驴、野马、野骆驼、狼、豹等。

欧亚草原以面积广大的草原为基本地貌,其间分布着大小不等的戈壁荒漠,河流大多呈南北向。由于地理位置和山地的分割,形成了一些相对独立的地理单元。根据自然条件和历史背景,可以自西向东把欧亚草原地带分为3大地区:(1)欧亚草原西部区,西起喀尔巴阡山、东迄乌拉尔山的西部地区,以大片连续的草原为特点,第聂伯河、顿河、伏尔加河为其主要水源;(2)欧亚草原中部区,西起乌拉尔山和乌拉尔河、东迄阿尔泰山和天山的中部地区,以大片草原夹杂着因干旱形成的戈壁、沙漠为特点,鄂毕河上游支流、锡尔河、伊犁河为其主要水源;(3)欧亚草原东部区,西起阿尔泰山和天山,东迄大兴安岭,以大片草原夹杂着山岭、戈壁荒漠为特点,叶尼塞河上游支流、黑龙江上游支流、扎不罕河、色楞格河为其主要水源。欧亚草原东部区可以细分为3个大的区域,一个是萨彦-阿尔泰-天山地区,一个是蒙古高原地区,一个是中国北方农牧交错地带。

欧亚草原东、中和西部自然环境的共同之处及显著差异,一定程

·欧·亚·历·史·文·化·文·库·

度上决定了这个地区历史发展的特点。由于乌拉尔山、阿尔泰山的南缘存在着宽阔的缺口,而中部同样分布着贯穿东西的谷地,整个欧亚草原大致没有阻碍交通的地理单元,是一个巨大的天然走廊。特别是阿尔泰山及其以西的地区,基本上是一个整体,如果没有干旱的荒漠,几乎可以直线从阿尔泰山的西麓到达多瑙河的河口。尽管如此,欧亚草原不同区域地理及生态环境的差异,仍导致了经济形态和文化发展的不同趋势。比如:阿尔泰山以东的草原,在通常的年份里,温度和湿度的适中,使之成为马、羊的理想生产地,但是,一旦北冰洋的寒流持续南下,当地的经济就有可能遭到毁灭性的打击。蒙古草原冬天风比较大而且持久,因此积雪不会很厚,动物可以整年都吃到草。由于这个原因,在条件好的年头,畜群和人口会大量繁殖。但这个地区的载畜量和可供养的人口是固定的,这就导致了周期性的人口和牲畜的过剩。乌拉尔山迤西的情况也有类似,只不过那儿更适合牛、猪等畜类的放养。至于乌拉尔山迤东,少有灾害性的寒流,但持续的干旱有妨畜牧业的规模进一步扩大,而部分区域只能饲养骆驼。这些均一定程度上影响了欧亚草原的历史。所以总体上说,阿尔泰山、乌拉尔山是欧亚草原早期历史的两个分水岭。

1.2 人类进入欧亚草原地区及 最初的生存适应

人类到欧亚大陆北方草原地区活动的历史从什么时候开始是一个尚未有确切答案的问题。总的来说,欧亚草原地区的气候并不优越,该地区是极易受气候变化影响的敏感地带,远古人类赖以生存的自然资源相对单调和贫乏,所以人类进入这个地区的时代相对要晚。只有在人类具备了一定的生存技术,同时全球气候处于间冰期或普遍变暖,分布于这个地区的大面积冰川消失的时候,人类才可能大规模进入这一地区长期生活。

在现代人类的起源问题上,学术界历来存在"多区进化理论"和

"单一起源论"的争议。由于对人类基因的研究,这个问题更为复杂。根据对线粒体的研究,各地区的现代人起源于大约15~20万年前的非洲,5万多年前从非洲再次走出的人,才是今天所有现代人类的直接祖先。以北京猿人为代表的东亚直立人是进化的绝灭旁支,和现代人没有关系。部分中国分子生物学家通过对东亚人类基因(Y染色体)的研究,认为现代中国人的直接祖先是6~5万年前经西亚、南亚、东南亚,然后由南向北迁入的。新的基因研究发现对此有所纠正,认为尼安德特人的确和欧亚大陆某些地区的现代人存在混血的情况,技术上也有互动,特别是在东亚地区。2008年在西伯利亚南部阿尔泰山丹尼索瓦洞(Denisova Cave)的古遗址中发现更新世晚期的人类骨骼化石,包括一块指骨和一颗牙齿,以及一些饰物。这些化石距今5万年,这个住在洞穴内的人类种群被称之为"丹尼索瓦人"。丹尼索瓦人的发现以及基因的研究又使人类起源的图景稍微复杂细致了一些,他们的基因更接近巴布亚新几内亚人,而非亚洲、欧洲或南美洲人,这与之前认为丹尼索瓦人是现今澳大利亚原住民与美拉尼西亚人祖先的证据相吻合。今天新几内亚、澳洲等地的土著人还保留这种古老人群的基因。中国的一部分学者根据中国旧石器时代的考古发现认为,东亚地区是人类起源地之一,同时与别的区域的人群有着基因和技术的互动。比如吴新智院士提出中国乃至东亚古人类"连续进化附带杂交"的假说,指出世界各地现代人类的直接祖先是各地区古人类(早期智人乃至直立人)在本土连续演化成现代人类,但期间发生过少量外来人群和基因的融合与交流。他把这个过程表述为"多地区连续进化"。

关于这个问题,估计还有很长一段时间的争论,而且将来还会有更多的新发现。我们暂且放下这些争论,在此通过一些遗址的情况了解欧亚草原 - 森林地带旧石器时代采集 - 狩猎经济文化的面貌。

目前,已经发现旧石器时期人类在欧亚草原活动的痕迹。比如,在波兰、俄罗斯的遗址中发现阿布维利文化期(Abbevillian)和阿舍利文化期(Acheulian)的手斧。又比如,位于欧亚草原腹地安加拉盆地的马利塔遗址,是一处河流阶地上的居住营地,有许多半地穴式房屋遗迹。

这处遗址的时代属旧石器时代晚期后一阶段,或最后冰期的晚期。这里最大的房屋长约 14 米,宽 6 米,三边有围墙,用石块、猛犸象和披毛犀的骨骼以及驯鹿的角垒成。房门面向河流,屋后部有炉灶和窖穴,屋顶可能用猛犸象的皮蒙盖,以石头、驯鹿角等做坠物。文化遗物有石核、石片、石叶、刮削器和石锥,以及骨制的尖形器、锥、刀和用骨头、象牙磨制的装饰品。内蒙古呼和浩特市东郊大窑村等地发现了旧石器中晚期的大型石器制造场,出土了大量石器,以龟背形刮削器最为典型,年代距今 3 万至 1 万年,另外还发现了距今 35 万年以前的石制品。鄂尔多斯南部萨拉乌苏发现"河套人"人骨和石器,距今 6 万至 3.5 万年,石器的明显特征是器形特别小。这些旧石器时代的发现证实了古人类开发北方的历史。

按照非洲夏娃说的理论,中国境内的远古人类在最后冰期的寒冷气候阶段已经灭绝,现代中国人是在距今 4~5 万年前后,由起源于非洲的现代人类分别从南北两路进入亚洲东部中国境内的。2011 年 4 至 8 月,北京大学考古文博学院与郑州市文物考古研究院合作发掘位于嵩山东麓的郑州西南郊老奶奶庙遗址,揭露面积近 50 平方米,发现 3000 多件石制品、12000 多件动物骨骼及碎片、20 余处用火遗迹,以及多层迭压、连续分布的古人类居住面。这处新发现非常清楚地展示了当时人类在中心营地连续居住的活动细节,将近年来在嵩山东南麓新发现的 300 多处旧石器地点完整地连接起来,不仅系统地再现了郑州地区晚更新世人类的栖居形态,同时也发掘出土了一系列与现代人行为密切相关的文化遗存,为探讨我国及东亚地区现代人类出现与发展等史前考古学核心课提供了非常重要的新证据。老奶奶庙遗址及嵩山东麓旧石器遗址群的新发现确切证明,早在距今 3~5 万年,中原地区已有繁荣的旧石器文化与复杂的栖居形态。晚更新世人类在这一地区繁衍生存的辉煌历史,不但是探讨中华文明之源的重要资料,而且更进一步展示出多项与现代人行为密切相关的新文化特征。这些出自中原地区的新发现,与中国及东亚现代人起源于非洲的论断明显相悖,很清楚地展示了我国境内更新世人类发展的连续性特点,为研究现代人类及其行为在东亚地区出现与发展提供了非常重要新视角。

有学者认为,中国旧石器时代发现的古人类在体质特征或是在古文化上都可看到欧洲尼安德特人(Neanderthal man)影响的证据,宁夏水洞沟的旧石器时代晚期文化遗物中有明显的莫斯特文化的影响。如果确实存在这些关系,其联系途径很可能是欧亚大陆北方地区。从现在的材料分析,可以发现一个现象,即从距今2万年前开始,以细石叶为主要特征的旧石器晚期文化曾从阿尔泰、蒙古地区向中国北方地区扩散。因此,欧亚草原地区的人群和细石器技术可能在这个时期的历史发展中,产生了深远影响。

约11500~10000年间,地质时代进入全新世,属于冰后期。此时欧亚大陆的气候转暖,与旧石器时代晚期显著不同。"人类开始在周围的环境中培育野生物种;充足的食物供给导致了人口的大量增加,并导致了农民扩展自己的领地,这个过程在植物驯化后变得更加迅速,并侵占了原先属于狩猎采集者的领地。定居生活导致了食物供应的变化,同时伴生而来的是食物结构和公共卫生问题。"欧亚草原地区由于气候环境的因素,人类依然过着采集、渔猎生活,使用打制或琢制石器,但磨制石器还没有出现;文化面貌与旧石器时代晚期有类似之处,不过地域性的色彩更加浓厚。这个时期的主要成就是发明了弓箭和动物驯养,中石器时代是弓箭传播的时代。人类以采集、渔猎为生,所用工具以处理动物皮肉的细石器为特点。欧洲的马格勒莫瑟文化分布很广,比较有代表性。欧亚草原发现了较多的这一时期的人类遗迹。新疆由于特殊的地理位置和生态环境,细石器的传统一直持续到公元前1千纪的中后期。实际上,欧亚草原-森林地带的一些地区发展滞后,采集、渔猎的生计方式到非常晚的历史时期才被打断。

1.3 大气候变化下的农业扩散

公元前1万年左右,全球气候开始变暖,人类社会的发展进入一个黄金时期。在自然环境和气候适宜农业发展的一些地区,孕育了最初的农业和畜养业。新石器时代文化在世界各地繁荣发展,并形成了若干个中心。由于气候持续好转,北方草原的某些地区也变得适合农业生产。由于人口压力、耕作方式、不同阶层和人群之间的矛盾等各种可能存在的原因,南部文明中的农业成果通过迁徙被带到北方草原地区。全新世的气候大暖期使欧亚大陆北方地带开始被农业居民所占据。这些人可能排斥、挤压了原来生活在这里使用细石器的人群,或者与之融合。但由于生态地理环境并不一致,所以农业发展的情形也有所不同,有的地区农业发展比较充分,有的为了适应当地的自然条件而进行相应的调整。

在欧亚大陆西部,公元前 7 千纪至前 6 千纪,黑海北岸的德涅斯特河地区分布着布格 – 德涅斯特文化(Bug-Dniester Culture)。这一文化处于早期采集 – 渔猎经济向畜养牲畜转变的过程中,保持了一些当地中石器时代的工具,畜养当地驯化的牛和猪,农作物可能源自巴尔干地区。这种文化既是在当地文化基础上发展起来的一种文化,同时也是安纳托利亚农业扩散到草原和丰提克 – 里海地区的一个结果。这种文化不是印欧人种创造的文化。波罗的海沿岸到乌克兰地区的篦点纹陶器文化(Pit-Comb Ware Culture,前 5 千纪至前 3 千纪)分布在更北的地区,可能也属于类似的情况,其特点为:半地穴式房屋,使用鱼钩、角质梭镖和尖底篦点纹陶器。这种文化被认为是早期乌拉尔语人群的文化。

公元前 5500 年至前 4500 年,欧洲腹地分布着线纹陶文化(Linear Ware Culture),陶器装饰几何和曲折的线纹。其经济为农业、畜牧业混合,种植大麦、小麦、糜等;聚落为环壕式,葬式采取屈肢葬。这是随气候变化最早进入欧洲腹地的农业文化,但不是原始印欧人种创造的文化。公元前 5000 年至前 3400 年,欧洲腹心地带分布的莱因格耶文化(Lengyel Culture)是线纹陶文化在东部发展出的一种新文化,其特点是使用线纹陶文化的长条形大房子,种植小麦、大麦,畜养牛、猪和山(绵)羊。这种文化可能不是印欧人种遗留的文化,但是与后来的漏斗杯陶文化和球形罐文化的形成有关。

哲通文化(Dzheytun Culture)是中亚早期的农业文化,年代为公元前第6千年至前第5千年,和西亚的关系比较密切。在此文化的基础上发展出以彩陶著称的安诺文化(Anau Culture)。可能是由于北部荒漠的阻隔,以及中亚草原深处大陆内部,气候不利于农耕,中亚的早期农业文化仅仅限于沙漠南缘的绿洲地区。公元前4至前3千纪,乌拉尔山和阿尔泰山之间的草原地区的文化与乌拉尔河西部(在欧洲)的文化截然不同。东方中石器下层文化的年代相当晚,向生产型经济的过渡也晚于乌拉尔河与第聂伯河之间的草原地带。所以,在乌拉尔山和阿尔泰山之间的草原地区似乎没有受到太多农业扩散的影响,这个地区可能还保持着采集-渔猎经济阶段的特色,后来主要接受了来自西部畜牧文化的影响。

中国北方长城地带在新石器时代晚期基本为农业地带。内蒙古岱海岩芯沉积的多学科交叉研究表明,全新世时期气候转暖和转湿并不同步。根据气温和降水变化,全新世可细分为三个阶段:早全新世气候暖干,中全新世气候温湿,晚全新世气候干凉。全新世气候适宜期出现于距今约8000~3000日历年,气候温湿,但不稳定,曾多次出现短暂的冷、干现象。

从现在的考古发现看,在气候较好的时期,西进的仰韶文化人群在湟水和大通河流域发展出马家窑文化。在甘肃东部、中部的仰韶文化母体中孕育、产生出齐家文化。齐家文化的墓葬中除以大瓮装粟外,还随葬猪下颌,表明在农业发展的基础上养猪业开始发达。黄河中下游仰韶文化中期、晚期的文化和龙山时代文化的人群都先后沿着河流、沟谷向北方地区扩散,在这些地区发展早期农业,形成新的考古文化。其过程大致如下:起初冀南、豫北后冈一期文化居民从冀北、晋北进入岱海地区,再向西进。而关中平原、豫西仰韶文化半坡类型的居民则沿着黄河溯流而上,在河套地区互相碰撞,产生了以阿善一期为代表的遗存。随后,仰韶文化庙底沟类型居民继续北上,使内蒙古中南部地区的庙底沟类型因素越来越显著。在凉城岱海地区及其东北方,以庙底沟类型为主导因素,在东方的红山文化的影响下形成了庙子沟类型;在鄂尔多斯高原东部和黄河东岸地区,在庙底沟类型的基础上,吸收了陇东地区马家窑文化的影响,形成了海生不浪类型(或称白泥窑子类型);在河套以北、大青山南麓的狭长地带,则形成了具有前两种类型过渡性质的阿善类型。在庙子沟类型和海生不浪类型形成的过程中,北京地区的雪山文化和以渭水 – 华山为中心的泉护村文化的移民起到了重要作用。龙山早期内蒙古中南部地区的老虎山文化由本地的庙子沟类型和外来的庙底沟二期文化结合形成。在岱海地区,可能因为维持早期农业的水热条件比较脆弱,而季风尾间的作用又使该地的气候发生周期性的波动,所以农业文化发展呈现"间歇期"的现象。

在北方长城地带的东部,西辽河流域的原始农业始于当地以采集、狩猎为主要生计而有大型围壕聚落的兴隆洼文化(大约始于距今8000 年)。此后西拉木伦河以北地区分布着富河文化,西拉木伦河以南是较多使用石耜的赵宝沟文化(大约始于距今 7000 年),这种文化明显植根于兴隆洼文化,但吸收了来自河北的后冈一期文化的因素。到了大约距今 6000 年开始的红山文化时期,农业有新的发展。而从大约距今 5000 年的小河沿文化起,农业却呈明显的衰退现象。

新疆地区深处欧亚大陆腹心地带,以高山、沙漠、戈壁为主,能滋养农业发展的河流流程都较短,水量不稳定,古人难于开发,绿洲范围很小,自然条件不利于农业发展。新疆绝大多数地区保持着中石器时代细石器的传统,没有发展出本地的早期农业文化。除了极少数地区将来有可能发现外部传入的新石器时代农业文化外,新石器时代发生在欧亚大陆两端的农业扩散很可能也没有影响到这里。这个局面直到公元前 3 千纪中晚期才被外来青铜文化所打断。

1.4 欧亚草原
牧业文化的形成和早期扩散

由于气候反复变动,并持续地干冷化,欧亚草原畜牧业得到强化,农耕经济渐渐退出。但是草原上绝大部分的居民却无法退回原来祖先的故乡或者是南部的农耕区,他们或是习惯了北方的生活,或是已经成为南部农耕区的多余人口或异类。受政治压力和社会环境的影响,这些人只能在这个过程中,利用草原本身的资源(牧草和野马)来生存。以此为契机,草原人群实现了生产生活方式的转型,发展形成了古代农耕－牧业经济。这个过程可以总结为四个阶段:第一阶段,全新世的采集－渔猎经济;第二阶段,畜牧－农业混合经济的扩散;第三阶段,畜牧－农业混合经济的草原青铜时代;第四阶段,铁器时代发达的游牧－畜牧混合经济。农业经济和渔业在草原经济发展与演变中具有重要的作用。

实际上,即使在第四个阶段时期,草原的某些地区还可以种植春小麦、燕麦、黍子等耐旱作物。因此欧亚草原最普遍的游牧经济形式是农业作为辅助手段与放牧牲畜相依随,具有半游牧的特征。农耕地区的人群和各种技术扩散到北方草原后,推进和深化了人类对草原资源的开发和利用,同时也为后来农耕、牧业二元世界的互动奠定了历史性的基础。对伏尔加河流域的萨马拉地区调查研究的结果显示,某些草原人群采集当地野生的大颗粒的植物种子作为粮食,因此,特殊的采集经济一直是补充碳水化合物类粮食的重要途径之一。

公元前4500年至前2700年,漏斗杯陶文化(TRB Culture)分布在波罗的海南部欧洲腹地,其特点为:使用犁和车,典型陶器是钟形杯和双耳罐,流行以石板砌成墓室的大石封堆墓。这种文化被认为是在当地发展起来的一种农业文化,由于气候变化而采取了一些畜牧经济的方式,其中有一些非印欧人种流行的文化的因素,比如母神崇拜等。这些因素在球形双耳罐文化(Globular Amphora Culture, 3400～2800 BC)、拜登文化(Baden Culture, 3600～2800 BC)和隆带纹文化(Corded Ware Culture, 3200～2300 BC)中被彻底替代了。球形双耳罐文化受到麦海洛夫卡下层文化(Lower Mikhaylovka, 3600～3000 BC)和迈科普文化(Maikop Culture, 3500～2500 BC)的影响,具有更多的牧业特色,标志着牧业经济的发展。隆带纹文化分布广泛,其人群兼营畜牧业和农

·欧·亚·历·史·文·化·文·库·

业,并发展出不同的文化支系,如法季扬诺沃文化(Fatyanovo Culture),可能和凯尔特人、日耳曼人、波罗地人和斯拉夫人的起源有关系。

公元前 3500 年至前 2200 年,高加索南麓地带出现了对欧亚草原影响巨大的青铜时代早期非印欧人种创造的文化——库罗·阿拉克斯文化(Kuro-Araxes Culture)。该文化分布地区为早期的一个造车中心,此人群可能和后来的胡里安 - 乌拉尔图人有关系。在其影响下,在北高加索的库班河和铁列克河上游形成迈科普文化。

迈科普文化墓是一个石砌的坑,上面覆以原木,地面有环列石,上面压封堆。晚期也有石堆,还使用石板。死者侧身屈肢葬。这种文化和欧洲腹地的漏斗杯陶文化、球形双耳罐文化和隆带纹陶器文化有密切关系。这种文化可能不是印欧人种遗留的文化,而属于哈梯或喀斯卡等安纳托利亚人群。分布在同一地区的罗沃提托诺夫卡文化(Novotitorovka Culture,3300 ~ 2700 BC)最大的特点为随葬四板轮车,可视为联系迈科普文化和北部草原文化的中介,在印欧人群北向扩散的过程中起着重要的作用。

这个时期冶铜业开始发展。大约公元前 4 千纪,在土库曼南部、高加索南麓地带和俄罗斯西南部 3 个初期农耕地区分别产生了铜器制造业。特别是俄罗斯西南部以保加利亚为中心的巴尔干 - 喀尔巴阡冶金区,对欧亚草原影响很大。这个冶金区在安纳托里亚影响下形成,其核心是特利波里文化(Tripolye Culture,4500 ~ 3000 BC),或称为特利波里 - 库库泰尼文化。这是一种以农业为主的文化,具有大型向心式聚落。在这种文化的影响下,冶金技术传入草原西部的古墩文化(Sredny Stog Culture)。公元前 4500 年至前 3500 年的古墩文化的特点为:畜养牛、羊、猪和狗,种植二粒小麦、大麦、豆和糜;经济基础除了畜牧、农耕外,还有狩猎、捕鱼。在第聂伯河和顿河之间发现了该文化的聚落遗迹和墓葬群。该文化又分为前后两期,前期以尖底鼓腹的长筒形罐为特征,口沿为直口或稍微外撇,纹饰很少,颈部多饰用齿状工具押捺的粗糙的几何纹。后期出现了撇口平底器,隆带纹陶器的出现早于其他地区。在属于古墩文化后期的德雷夫卡遗址(Dereivka)发现了大规模围猎捕食野马的痕迹,年代约当公元前 4200 年至前 3500 年。分布在克里米亚及其北的凯米奥巴文化(Kemi Oba Culture,3700～3200 BC)的大部分金属器可能来自迈科普文化,这种文化和麦喀乌洛夫卡下层文化流行的人形石碑被后来的文化所继承,比如,颜那亚文化重新利用了这些人形石碑。

苏沃罗沃文化(Suvorovo Culture,4500～4100 BC)分布在地中海西岸地区,是第一波从草原印欧人故乡进入欧洲的印欧人种遗留的文化。考古发现,这种文化的居民盛行仰身直肢或屈肢葬式,墓上盖石板或原木,封堆下有双室墓,可能是一男一女,男的随葬石制马头。

在印欧人的故乡问题上虽然有不同的看法,但颜那亚文化(Yamna Culture,3600～2200 BC)受到普遍的关注。这种文化以前被称为"竖穴墓文化",分布在多瑙河至乌拉尔山的广阔地带。可能从麦科普文化那里学会了板轮车制造技术。在森林和河谷地区以农业经济为主,使用犁。畜牧业为其主要依靠的产业,兼有狩猎。其人群多患缺铁症,这可能和主食中以奶制品为主有关系。这种文化墓穴为竖穴封堆墓,以原木或石板盖墓,葬式为仰身屈肢或侧身屈肢,头向东或东北,死者尸体大量撒朱砂;在一些地区墓葬使用人形石板覆盖墓穴。其社会可能分为祭司、武士和牧(农)人三个等级。一般认为,颜那亚文化从丰提克－里海草原地区最东部最干燥的伏尔加－顿河地区起源。在形成过程中,第聂伯河中游的古墩文化和东边伏尔加河中游的赫瓦宁斯克文化(Khvalynsk Culture,4900～3500 BC)起了重要的作用。公元前3200 年至前 2300 年的第聂伯河中游文化(Middle Dnieper Culture)是联系隆带纹文化和颜那亚文化的中介。颜那亚文化被认为是印欧人最主要的一支文化,其扩散的范围非常广,东至南西伯利亚,西至欧洲腹地。2800 BC 之后,颜那亚文化全部替代了凯米奥巴文化、马瑞珀晚期文化(Post-Mariupol)和乌萨托沃文化。颜那亚文化衰落之后,其文化分布区西部为洞室墓文化(Catacomb Culture,3000～2200 BC)所代替,东部则为普塔夫卡文化(Poltavka Culture,2700～2100 BC)和斯鲁伯那亚文化(Srubna Culture,1600～1100 BC,又叫"木椁墓文化")所代替。普塔夫卡文化由颜那亚文化发展而来,是斯鲁伯那亚文化的前身,和第聂伯－顿河地区的洞室墓文化部分同时。这种文化流行平底器,被认为是印度－伊朗人的早期文化。

公元前 3 千纪中叶至后半叶,黑海周围形成环丰提克冶金区,分布地域从巴尔干－喀尔巴阡山直到乌拉尔的西部草原,高加索至安纳托利亚,爱琴海及伊朗西部的广大地区,特别是巴尔干－喀尔巴阡山和高加索地区占据重要位置。高加索至巴尔干以南地区制作含砷青铜器,而巴尔干西北的北部到草原西部以纯铜制品居多。在高加索出现了一个新的冶金术中心,主要生产砷青铜和纯铜制品。金属物件向北方渗透,并传入颜那亚文化和洞室墓文化区,最终形成环丰提克的冶金区。

青铜时代中期(公元前 3 千纪末期到前 2 千纪初期),环丰提克冶金区开始衰退,草原地带以含砷青铜器居多。取代颜那亚文化的洞室墓文化分布于黑海北部和高加索地区,和早期颜那亚文化有密切关系并且占据着大致相同的地域。这种文化的居民畜养牛、山羊、绵羊和马,种植小麦,使用的陶器中有矮足的陶器,可能是烧大麻的熏香炉。他们有头骨变形的风俗。死者随葬石质和金属的斧、权杖头、箭镞和短剑,牺牲为牛、山羊和绵羊的头与蹄。在洞室墓中,存在少数为死者戴泥面具的现象,有的头骨还有钻孔。洞室墓文化主人被认为与印度－伊朗人有关系,可能也是色雷斯人的祖先,在青铜时代中叶,很有可能还有曾来到东欧南部的希腊人(创造了复合型轮制陶器文化)。

公元前 2 千纪的前半期,草原地带人群大规模迁徙,同时也开始出现新的牧业经济因素、冶炼青铜和利用马车。在伏尔加河中下游颜那亚文化基础上形成的普尔特夫卡文化(Poltavka Culture, 2700～2100 BC),分布于乌拉尔西麓、里海北岸,乃至曼格什拉克。在顿河,洞室墓文化人群开始迁徙,继洞室墓文化人群之后,制作多条隆带纹陶器者也来到伏尔加河流域;在东方,阿巴舍沃文化(Abashevo Cultures, 17th～16th BC)人群从伏尔加河中游迁往东方的乌拉尔河、托博尔河和伊辛河流域。新西伯利亚东南地区分布着耶鲁尼诺文化(2250～1550

BC),这个文化使用带戳印纹的平底陶器,石人棒和动物头棒,最有特点的是刻有动物纹的石罐。不同民族集团的融合与同化,促进了新文化的形成。

中亚在这个阶段走上独自发展的道路,生活在欧亚草原中部地区的人群,开始利用草原东部萨彦 – 阿尔泰的原生矿。在西亚影响下,青铜斧等铸造技术有了较大变化,开始用封闭式合范。南西伯利亚以公元前3千纪中叶至前2千纪的阿凡纳谢沃文化(Afanasyevo Culture,3900 ~ 2500 BC)和奥库涅夫文化(Okunev Culture,2500 ~ 1700 BC)为代表。前者主要为圆形石垣墓,有带金属口沿的木质容器,应当是西部印欧人种创造文化扩散的结果;后者主要是方形石板石围墓,有板状刀,墓葬发现写实型、抽象型两种墓葬立石,随葬棒状石人,一头为圆雕人头或者羊头像。其中墓葬立石类型丰富、体积巨大、数量众多,成为其典型的文化特点。奥库涅夫文化中发现的一些迹象可能向南一直影响到中国北方。

中国北方地区是一个生态环境敏感、脆弱的地带。在这一地区生活的人群比南部农耕区更易受自然环境的影响,气候的变化就会导致生态环境的转变,从而促使人们迁徙或选择相应的经济类型。二里头文化以前的北方长城地带已经遍布早期农业居民,但受气候或其他因素的影响,各地的农业在经济中占的比重不一,有的地区农业发展很不稳定,甚至有间歇的现象。

距今4000年前后开始的气候干冷化,并没有马上导致北方长城地带农业文化的全面衰退,在某些地区仍存在着农牧相结合的经济形态。西、中部养羊业发达。在甘肃西部,分布着四坝文化,这种文化可能是由河西马厂类型演变为"过渡型遗存"再发展变化而来的。从墓葬中随葬有穿孔石刀、环状穿孔石锄、铜镰等农具,又普遍殉牲(羊、牛、马、狗、猪)等现象来看,社会经济可能是半农半牧。其家畜以羊为主,墓中常见成对的羊角、羊腿、羊胛骨。火烧沟墓地曾发现有贮存粟的大陶罐。东灰山遗址四坝文化地层中则采集到很多的炭化小麦、大麦、黑麦、黍、稷、高粱籽粒,进一步证实了这一地区农业的存在。这种

·欧·亚·历·史·文·化·文·库·

文化对新疆早期文化产生了非常深远的影响。

　　大约距今 4300 年的突然降温事件,使河套以北和东北方的老虎山文化像甘青地区的齐家文化一样衰落了。在鄂尔多斯地区,龙山晚期的朱开沟文化由本地的永兴店文化和外来的客省庄文化结合产生。朱开沟文化早期仍然以农业生产为主。约距今 4000 年前气候向更为干冷方向发展,导致其晚期生态已接近于典型的草原景观,居民畜养羊和牛的数量超过猪,从以农业为主向半农半牧转化,畜牧业开始萌芽。

　　东部较少受到气候干冷化的影响,尤其是西辽河流域的农业发展很突出,居民以养猪为主,发展畜牧业的证据还不充分。这个地带的人在新砦-二里头时期已知养猪、牛、羊。距今约 4000～3400 年间,西辽河流域分布一种相当发达的农业定居文化——夏家店下层文化。这种文化是由豫北冀南的后冈二期文化因遇突发事件致使居民远距离迁徙到西辽河流域,吸收当地原居民的文化成分而产生的。这个时期定居的农业文化发展到一个顶峰,开始制造戈、耳环、指环、杖首等青铜器,已掌握用内外范铸造薄壁铜器的技术,其遗址出土的金耳环显示了西部安德罗诺沃文化(Andronovo Culture,2000～1000 BC)的影响。

　　新疆这个时期已经成为东西方畜牧-农耕经济扩散的地区,原来的中石器文化被新来的青铜文化打断或者融合。首先是欧亚草原西部文化系统的人群沿额尔齐斯河进入新疆北疆阿勒泰地区,其后还有奥库涅夫文化人群。这些外来文化在阿勒泰地区融合成一种新文化,即切木尔切克文化(或称为“克尔木齐文化”,公元前 2500 年至前1800 年)。有学者认为切木尔切克文化中的石人可能直接来自法国中部的塞恩奥斯玛恩巨石文化,不过其间的线索比较缺乏。这种文化可能沿阿尔泰山西南麓前进,经北塔山进入到博格达山北麓地区。塔里木盆地罗布泊地区的古墓沟-小河文化和南下的切木尔切克文化可能存在一些关系。切木尔切克文化的一支进入巴里坤-哈密地区,和西北来的马厂、四坝文化接触,形成天山北路文化。此文化也曾扩散到西天山北麓地区,在天山北麓一线至博尔塔拉州也能发现其踪迹。

1.5 轮辐式战车的发明与
草原畜牧－农耕文化的大扩张

公元前第二千纪的欧亚草原基本属于青铜时代晚期。公元前第二千纪前半期引起欧亚大陆激烈变动的因素之一,是草原人群发明和使用轮辐式战车。新塔什塔文化(Sintashta Culture,2040～1730 BC)是20世纪80年代末至90年代初在中亚西部草原确认的一支早期青铜时代文化,主要分布于俄罗斯南乌拉尔山东麓,哈萨克斯坦北部车里雅宾斯克以南,托博尔(Tobol)河与伊辛河之间的草原地带,范围南北长400公里,东西宽150～200公里。在辛塔什塔文化的墓葬中发现了轻型战车的遗物,车轮直径1米,每个轮子有10根辐条。其墓穴的木顶之上堆着马的尸骨,通常为2具或4具,有1例多达7具,这些马均为阉割过的壮马,应该是用来拉车的。这些发现证明马已开始被用来拉轮辐式的单辕双轮车,有学者认为这种战车可能用于战争,车上武士的作战方式主要为投掷标枪。某些迹象被认为比较接近印度吠陀和琐罗亚斯德教文献的记载,包括施行火祭、吸食致幻的植物汁液和以马及狗作为死者前往另一个世界的载具等。

辛塔什塔文化人群的故乡可能在叙利亚－安纳托利亚某地,与马尔吉亚纳(Margiana)和巴克特里亚(Bactria)的伊朗人相同。辛塔什塔文化大约在公元前18世纪出现于乌拉尔,与其相关的阿巴舍沃文化也在顿河与乌拉尔之间形成,阿巴舍沃文化和普塔夫卡文化的融合可能是辛塔什塔文化形成的原因。辛塔什塔文化可分为三个发展阶段,其中晚期的彼得罗夫卡期已经被认为是一个独立的文化,即彼得罗夫卡文化(Petrovka Culture,1950～1700 BC),并被认为是安德罗诺沃文化共同体的最早阶段。在彼得罗夫卡文化基础上形成了阿拉库文化(Alakul Culture,1900～1300 BC),这种文化流行屈肢葬。在哈萨克斯坦东部和中部同时形成费德罗沃文化(Fyedorovo Culture,1600～1300 BC),这种文化类型流行火葬。此外还有萨盖瑞－阿列克谢耶夫卡文化(Sargary-Alexeevka Culture,1200~700 BC)。后三个文化(中期的阿拉库和费德罗沃文化、稍晚的萨盖瑞文化)与各地文化融合,最终形成安德罗诺沃文化系统。也有学者认为早期的彼得罗夫卡、中期的阿拉库和费德罗沃、稍晚的萨盖瑞文化代表了安德罗诺沃文化群在不同地区三个不同的阶段。关于中部的安德罗诺沃文化的起源问题,由于金石并用时代和早期青铜时代的调查工作做得还不够,尚未解决。安德罗诺沃文化含有辛塔什塔文化和阿巴舍沃文化的某些因素,这些文化的形成反映了草原地区的"伊朗化"过程。

作为辛塔什塔文化和阿巴舍沃文化的传承者,斯鲁伯那亚文化、彼得罗夫卡文化和阿拉库文化在公元前16世纪时广泛分布于第聂伯河至哈萨克斯坦中部的广大地区。

彼得罗夫卡文化人群还向南扩散,逐渐扩散到中亚高度发展的原始城邦国家周围。这些国家以巴克特里亚-马尔吉亚纳考古文化群(The Bactria-Margiana Archaeological Complex,简称BMAC,2200~1700 BC)命名,公元前第三千年到前第二千年开始繁荣。这一文明可能由伊朗西南的埃兰人创造,并且与伊朗东部、叙利亚、安纳托利亚和印度河文明有联系。在公元前2千纪初期的一座布局复杂的神庙中发现了崇拜火和吸食麻黄、大麻和罂粟的遗迹,这些现象应当和后来兴起的琐罗亚斯德教有间接关系。印度古文明的消失以及印欧人在南亚次大陆的出现可能和彼得罗夫卡文化人群进一步向南渗透有关系。

普塔伯夫卡文化(Potapovka Culture,2500~2000 BC)分布在伏尔加河中游。这种文化的墓葬为封堆墓,一般是一个大型墓穴周围围绕着一些小型墓葬和殉牲坑,殉葬的牲畜包括马、牛、羊和狗。最特殊的是一个人的头骨被马的头骨所代替,这和《吠陀》中的某些记载相吻合。这种文化比较流行骨制的马镳,和东边的辛塔什塔文化相似,与阿巴舍沃文化也相近,其源头可能是普塔夫卡文化。这种文化兴起于赫瓦宁斯克文化和萨玛拉文化(Samara Culture,公元前5千纪)分布的区域,可能是解决最早的印度-伊朗人来源问题时的一个线索。

公元前第二千纪前半期,在欧亚草原北部森林及其边缘地带,有一个畅通无阻的文化传播带。欧亚冶金区和内陆亚洲冶金区在西伯利亚接触,通过这条传播路线进行文化交流。欧亚草原北缘地区活动的特殊的人群是文化传播的承担者。这些人群留下的遗物被称为"塞伊玛－图宾诺青铜器群"(Seima-Turbino,2000～1400 BC),包括制造器壁较薄的青铜空首矛、斧,带动物纹刀等,均用高质量的锡青铜铸成。相关遗物发现于东起蒙古阿尔泰、西抵贝萨拉比亚(Bessarabia,Borodi-no)和东波罗的海(即芬兰南部和爱沙尼亚)的广阔区域。有两个显著的聚集区:东部的聚集区在安德罗诺沃文化的扩散区内,西部的聚集区则在阿巴舍沃和斯鲁伯那亚文化的扩散区内。塞伊玛－图宾诺文化类型一般都集中在阿尔泰、西萨彦和乌拉尔这些具有丰富铜、锡矿藏的地区附近。居民利用萨彦－阿尔泰原生矿,采用源于东方的新技术来制作含锡青铜利器。这种锡和多金属复合的新技术在各地兴起,与塞伊玛－图宾诺青铜器群密切相关,这一青铜器群显而易见是当时冶金中心产品传播的结果。

塞伊玛－图宾诺青铜器群现象具有重要意义。当时,在以中亚的北亚人种(源于奥库涅夫人,短颅型头骨)为核心的北方文化圈框架下,形成了青铜铸造和金属贸易的中心,后来还影响到东欧。塞伊玛－图宾诺青铜器群现象可能和这个背景有关系。

公元前17世纪至前16世纪,由于早期文化的崩溃和新的同化活动而形成两个文化圈,西部颜那亚文化之后是斯鲁伯那亚文化(Srubna Culture,公元前20至前14世纪),东部的奥库涅夫文化为安德罗诺沃文化所替代。

公元前15世纪到前13世纪,欧亚草原表现为安德罗诺沃文化和斯鲁伯那亚文化的统一和扩张。斯鲁伯那亚人沿着河流进入北方森林地带深处,又来到乌克兰和克里米亚地区。车诺勒斯文化(Chernoles Culture,公元前1050年至前725年)的出现与此有关。这个文化分布在德涅斯特河与第聂伯河之间的草原森林地带,其地域正好与希罗多德著《历史》所记农业斯基泰人分布的地区相符合。这种文化在斯拉夫人群的形成中发挥了重要作用。另一支斯鲁伯那亚文化人群向东南发展,一直到安德罗诺沃文化圈,其活动范围包括北方森林地带边缘,南及整个哈萨克斯坦。阿拉库文化人群从西方到哈萨克斯坦中部的活动,导致一部分费德罗沃文化人群从东哈萨克斯坦向鄂毕河流域和米奴辛斯克盆地迁徙。在哈萨克斯坦,阿拉库文化类型和费德罗沃文化类型相互融合。鄂毕河与额尔齐斯河之间的原始冶金术发达的文化有克罗托沃(Krotovo,公元前14至前12世纪)和萨木斯(Samus,公元前12至前11世纪)文化。克罗托沃文化和安德罗诺沃文化相似,萨木斯文化铸范很多,人物雕刻较突出,有的和塞伊玛的相似。分布于中亚哈萨克斯坦至西天山一带的别尕兹 - 丹迪巴耶夫文化(Begazy-Dandybay Culture)流行方形石板石围墓,墓主侧身屈肢。出土物品中最典型的器物是曲柄青铜刀和带压印纹、划纹的缸形器。这个文化的绝对年代与卡拉苏克文化相当,为公元前12世纪到公元前8世纪。有学者认为这可能是一支西进的蒙古人种群创造的文化。这个文化可能起源得更早,反映了南下切木尔切克文化和西来安德罗沃文化的碰撞和融合。

乌拉尔南部至西部呈现出斯鲁伯那亚文化和安德罗诺沃文化融合的特点,安德罗诺沃文化向西影响到第聂伯河流域,向南影响到中亚。

在伏尔加河至乌拉尔一带发现了这两种文化的聚落遗址和古墓群,这些人群畜养牛、绵羊和猪,居住于木构单间或双间半地穴房屋,墓葬使用带木椁的冢,上面有举行火祭的坛,随葬动物头骨和前肢。由于与当地人同化,这一地区又产生出具有地方特色的新文化。北方有伏尔加河中游的阿巴舍沃文化;鄂毕河、额尔齐斯河流域有伊尔敏文化(Irmen Culture,1890 ~ 1130 BC),陶器和卡拉苏克文化的相似。这两种文化之间一开始就有比较密切的联系。

在公元前第二千纪的前半叶,安德罗诺沃文化人群从乌拉尔山和额尔齐斯河之间的草原和森林 - 草原地带,向南迁移到咸海和克孜勒库姆(Kyzylkum)沙漠,在那里形成了塔扎巴格雅布文化(Tazabagyab Culture,1800 ~ 1500 BC)。这种文化在晚期克尔捷米纳尔文化(Kelterminar Culture,4000~2500 BC)基础上,依靠天山、阿尔泰山和巴尔喀什湖地区的丰富的铜锡矿藏资源,形成安德罗诺沃文化的地方类型。塔扎巴格雅布文化和印度河、阿姆河上游地区的斯瓦特文化、别什肯特文化、瓦赫什文化有联系。别什肯特文化属于安德罗诺沃文化类型,和斯瓦特文化、瓦赫什文化及大夏-马尔吉亚纳考古文化群有联系,可能属于早期进入南方的印欧人,在其居地发现使用火坛的遗迹。

公元前2千年纪中叶以后至前9世纪至前8世纪为青铜时代末期,青铜制造普及到整个草原地带和部分北亚森林地区,并发生了巨变。最显著的特征是广大冶金区的统一和原生矿的开发。草原畜牧者的迁徙交流促进了文化统一,各冶金区的特征自然消失。环丰提克冶金区彻底崩溃,形成欧亚(乌拉尔),高加索,欧洲(巴尔干-喀尔巴阡)三大冶金区系。这个时期,欧亚冶金区的最大特点是开发原生矿。特别有意义的是中亚的安德罗诺沃人被看作是冶金家。乌拉尔的含铜砂岩、哈萨克斯坦、阿尔泰一直到中亚一带的铜矿,都是安德罗诺沃人开发的。萨彦-阿尔泰和布里亚特及蒙古高原的内陆亚洲冶金区和塞伊玛-图宾诺区应运而生,并出现青铜器形制和铸造技术等方面的变化,中亚区也在独自发展。

把阿尔泰的车尔宾斯克和纳里木山脉锡矿石运送到数千公里之外,造成了这一时期含锡青铜器的流行。公元前3千纪至前2千纪之际,最大的矿业和冶金中心位于南乌拉尔地区的喀尔加里,这里出产的铜在西方各地都有发现。由于很多矿脉周围都是没有森林的沙漠化干燥地带或者荒原,而在聚落遗址中,在属于斯鲁伯那亚文化的一个180平方米文化层中发现过18万个牛骨架。由此推测,当时可能把牛粪当作燃料来炼铜。

草原中部和西部的文化多以伊朗系统为主,而森林地带的边缘则为乌拉尔系统。目前这些集团的关系尚不太清楚,但是他们活动的范围和早期游牧民族的活动地区是一致的。

中国北方整个西部地区在齐家文化衰亡后,经历了一个文化衰落的时期。夏商以后的文化呈分化的态势,相继兴起的四坝文化、卡约文

19

化、辛店文化、寺洼文化和沙井文化等延续到东周。这些相继兴起的文化人群都使用双耳罐、袋足分裆鬲。前述诸文化加上青海的诺木洪文化,都表现出和齐家文化不同程度的渊源关系,构成一个大的文化系统。中部河套地区的西岔文化、陕北李家崖文化和晋中地区文化的陶器、生产工具和房址表明其居民仍是定居并有农业的。

东部地区经过了约 400 年的间歇,生态系统逐渐得到自我恢复。距今 3000 年左右,夏家店上层文化在西辽河地区兴起。这种文化在人种和文化因素上都有源自东方下辽河地区的高台山文化的迹象,如家畜以猪为主,畜牧业并不是很发达,更无游牧,但居民已知骑马并已拥有马车。在大小凌河流域,夏家店下层文化结束后,魏营子文化兴起,这种文化年代相当于商代后期到西周前期。西周晚期至战国,大小凌河流域又兴起了以东北系铜剑为重要特征的凌河文化,其墓葬中出现殉牛,晚期的墓葬有殉马坑,随葬车马器的墓也较多。

新疆首先受到辛塔什塔文化的冲击,随后安德罗诺沃文化从准噶尔盆地西部、伊犁河和塔什库尔干西部的山口、河谷和达坂进入新疆西部,并沿天山向东扩散。在北疆主要影响乌鲁木齐以西的地区,在南疆主要影响喀什、塔什库尔干地区。扩散到博格达山北麓地区的切木尔切克文化在公元前 17 世纪至前 13 世纪左右,接受了通过天山北路文化传入的甘青地区的彩陶和农耕技术、东部南湾类型的部分文化遗产、欧亚草原绳纹陶文化的部分因素,发展成四道沟下层文化。这是一种非常发达的农耕 - 畜牧文化,其部分因素(马鞍形石磨盘、穿孔石锄、粟)扩散到整个新疆地区,甚至中亚地区。以焉耆为中心的新塔拉文化的来源之一,可能就是南下的四道沟下层文化和安德罗诺沃文化融合的结果。尼雅北类型也如此,以喀什噶尔为中心的阿克塔拉文化也包含了部分四道沟下层文化的因素。哈密地区的天山北路文化在受到新一轮甘青地区文化(辛店、卡约文化)的冲击后,发展成为焉不拉克文化。公元前 2 千纪后半期到前 1 千纪早期,中亚地区的萨帕利文化(Sapalli Culture)、楚斯特文化(Chust Culture, 1500 ~ 900 BC)、别什肯特文化(Beshkent Culture)、瓦赫什文化(Vakhsh Culture, 1700 ~

1500 BC)都沿着山谷、盆地进入到伊犁和喀什噶尔地区。新疆公元前1千纪前期形成的各支早期铁器时代文化就是在原有文化基础上,融合这些外来文化形成的。

1.6 骑马和游牧的初步实践

欧亚大陆北方青铜时代晚期－末期的主要特征有三,即:冶金术和金属制品向东北方向传播给新石器时代文化;青铜的引进;金属制作新技术起步(如薄壁铸件)。这几个特点覆盖面广大,在从阿尔泰山一直到第聂伯河整个欧亚大陆的草原和森林地带都有发现。

公元前1300年,骨灰瓮文化(Urnfield Culture,公元前13世纪至前8世纪)在欧洲的考古学文化中占主导地位,导致了欧亚文化演变历程中的重大的变化。这种文化的人对死者施行火葬,喜欢以鸟为艺术主题,岩画比较普遍。

青铜器时代晚期至末期,草原东部形成与欧亚冶金圈不同的内陆亚洲冶金区和塞伊玛－图宾诺区系。内陆亚洲冶金区由贝加尔湖周围格拉兹科沃文化(Glazkovo,1800～1300 BC)及与萨彦－阿尔泰矿床密切相关的卡拉苏克文化(Karasuk Culture,公元前15至前8世纪)两个文化中心形成。

在经历了各种"安德罗诺沃式"文化的漫长阶段之后,卡拉苏克文化在西伯利亚形成。这种文化的人群对于历史最有意义的贡献是对游牧经济方式的探索。卡拉苏克文化以带有方形石墙的古墓群、圜底陶器、单刃刀、短剑、空首斧、鸭爪形垂饰、轭形器等青铜器为特征,陶器与中亚和哈萨克斯坦陶器群有联系,而金属工具和武器则依赖于相邻的中国北方系青铜器文化。以蒙古－外贝加尔类型鹿石为代表的文化遗存更靠近中国北方地带,可能起到了中介的作用。丰提克地区发现鹿石、铜镦等东方起源的文化因素可能和以萨彦－阿尔泰类型和阿尔泰－天山类型鹿石为代表的文化遗存的扩散有关。中国文明的传播,促进了邻近牧业民族文明化的进程。

21

中亚青铜时代末期和早期铁器时代的考古学文化主要有楚斯特文化、雅孜 I(Yaz I)。这些文化区均发现了绝对年代为公元前第二千纪末至前第一千纪初的手制彩陶。除了不同程度地受到游牧文化的影响外,这些文化的经济形态均以农业为主。中亚东部和北部地区,由于受北方游牧部落文化的影响,其畜牧业经济成分比重要大一些。中亚以手制彩陶为特点的农业－畜牧文化的兴起可能和新疆四道沟下层文化和新塔拉文化的西传有一定关系,这种传播可能主要是技术和想法。

北方长城地带有三个中心,即陕甘宁青地区、内蒙古中南部和内蒙古东南部地区。这三个地区处于中原文明的边缘地带,自然环境相对优越,成为牧业文化的摇篮。距今 5000 年,河西走廊和内蒙古高原属干旱温带草原、森林草原生态环境类型;到距今 3000 年时,干旱温带草原、森林草原生态环境类型已经东移到内蒙古高原的东部及其以东的一些地区。距今 3100～3000 年蒙古和新疆温和的天气转变到干冷的阶段,大约持续到距今 2700 年左右。气候变化的差异性导致河西走廊和内蒙古高原的居民逐批转徙到更有利于生活的地区。西周以前,陕甘宁青以及内蒙古中南部地区在牧业文化的形成过程中起着主导作用。内蒙古中南部和内蒙古东南部地区成为中国北方牧业文化兴盛和游动迁回的两个地区。夏家店上层文化分布的西辽河地区在游牧文化兴起之前,成为一个汇集各方成果的最发达的畜牧－农耕文化区。随着战国长城的修筑和匈奴的兴起,漠北杭爱山区替代了西辽河地区,成为游牧民族的一个重要基地。

公元前 2 千纪后期至前 1 千纪早期是草原民族发明、实践骑马和游牧的时代。关于游牧起源,西方学者列举的动因大致有如下一些:自然条件变化、人口压力(以及相应的农业扩张、都市发展和聚落扩展)、工艺专门化、贸易联系、政治环境、迁徙等。牲畜增加和草场资源枯竭迫使畜牧者迁移终于形成游牧。畜种构成、长期游动实践、畜牧业的普遍化、乳制品业、动物牵引的车辆、骑乘技术,是游牧业出现所必备的技术前提。这些因素不晚于公元前第二千纪中叶出现在欧洲和哈萨克草原,但是在草原青铜文化中观察不到转化迹象。这一转化与在黑海北岸、中亚及这两个地区边缘地带定居国家的出现同时,游牧民与农业国家存在大量经济、社会和政治联系,农业国家提供的各种便利有助于他们完成游牧专业化。公元前第二千纪的最干旱气候,是畜牧者放弃农业成为真正游牧民的最关键刺激因素。公元前9世纪中晚期生态环境发生了重大的变化,欧亚草原的气候迅速变干冷。除了气候原因外,以下五个因素是草原社会本身在游牧化中比较重要的变革:首先是马和绵羊的增长使长距离迁徙以及冬天从积雪下觅食变为可能。其次是轻便的原始帐篷的出现,再其次是骑马术的传播,再其次是公元前13～12世纪棒形马镳的发明。最后是对马的有效控制,使游牧时能很好地保护畜群。值得指出的是,青铜贵族文化的衰落和铁器时代的到来,为游牧文化提供了基础性的变革因素。欧亚草原东部的游牧化由北亚人种在蒙古草原地区完成。这些人的南下,促成了游牧经济的大规模扩展和深化。而在欧亚草原的中部地区,三道海子文化和卡拉苏克文化在游牧化的过程中起到了先锋主导作用。

1.7　余论

尽管现在对欧亚草原早期的历史已经取得了很多认识,但人类如何进入欧亚大陆高纬度地区,早期进入的人类和晚期进入的人类是什么关系,人类在欧亚草原地区最初的活动、对大气候变化的适应、草原资源的利用,原始印欧人、印欧人迁徙,亚洲大陆东部北方地区早期文化的发展历史,东西方人群通过草原的互动,马的驯化,冶金术的传播,骑马术的起源和传播,游牧的出现以及游牧文化的形成等等问题,仍需要进一步研究。

按学术界一些学者的观点,认为欧亚西部草原以所谓的"印欧人"为核心,印欧人的渊源及发展历史和小亚、西亚和南欧的文明中心有着千丝万缕的关系。一般认为,印欧人群过着游牧或半游牧的生活,实行父系家长制统治,崇拜太阳神,好战,能熟练驾驭马及车,不擅长制陶及建筑。整个东欧和高加索的"印欧化"持续了很长时间——从新石器时代一直到铁器时代初期。但值得注意的是,原来有些被认为是原始印欧人创造的文化成果,实际在欧洲更早的非印欧文化中已经出现。值得注意的是,有一些学者,对史前所谓的印欧人种遗留的考古文化深表怀疑,他们认为根据没有文字证据的考古材料,认定这些考古遗存属于较晚时期使用印欧语言的人群的祖先非常不可靠。这种严谨的质疑的确值得重视。本书在行文中,采用前一类学者的说法其实是一种冒险,因此,在此特别说明,相关说法并不是最后定论,特别是认定一些考古学文化属于印欧人群的观点还需要今后研究的校正甚至完全修改。

东西方草原地带早期发展的历程基本相同,都经历了农业扩散。但在青铜时代至匈奴崛起以前,阿尔泰山以东的地区情况有些不同。相对于西部而言,东部草原处在一个接受挑战的位置。整个阿尔泰山及其以西的地区都受到印欧人迁徙浪潮的直接冲击,这些冲击间接地到达渤海之湾。由于欧亚草原东部基本处于东亚文明圈强有力的辐射范围之内,再加上地理环境的影响,特别是面积广大的沙漠、戈壁和高山对印欧人迁徙浪潮的拦阻和弱化作用,欧亚草原西部人群的迁徙浪潮对东部草原和中国中原文明只产生了良性的外来压力作用。面临西部草原扩张性的文化,在青铜时代晚期以前,东部更多的是接受西部草原文化的成果,并且在此基础上创新发展。进入公元前第一千纪,欧亚草原中部、东部地区突然强大起来,成为一个民族西向运动的策源地,这个态势一直保持到沙俄向东扩张才被改变。

欧亚大陆主要存在着南北、东西两个方向的互动。草原南部的农业定居文明中心和北方草原有着源远流长的互动关系,这在西方主要表现为西亚、小亚以及希腊、罗马和北方草原地区人群的互动;在中部是中亚绿洲农业文明和北方草原的互动;在东方基本是中国文明和北方草原文化的互动。以二里头文化、商、周为代表的三代文明是一个在本地多元原始文化的基础上发展起来的独特文明圈,也是东亚文明圈的核心。欧亚大陆东西方向的早期互动主要通过欧亚草原。通过草原地带,特别是中国北方地带的牧业人群,中国文明和中亚、西方文明有了沟通。一方面,这种联系在一定程度上,间接促进了中国文明的形成;另一方面,广阔的适农土地资源、相对封闭的环境使中国文明渐渐成为东亚一个强大的共同体。这个高度发达的农耕文明对北方草原社会的滋养和施加的压力,也使欧亚草原中部、东部成为很多牧业民族西向扩张或者溃逃的策源地。总之,欧亚大陆的历史包括了北方草原牧业文化圈和南方农业定居文化圈的发展与互动,东西不同牧业文化圈的发展与互动,以及通过草原地带发生的东西方农业文明圈之间的互动。这些广泛而又复杂的互动关系是旧大陆人类社会演进过程中非常重要的动力和很多历史性事件的动因。

主要参考文献

林沄.夏至战国中国北方长城地带游牧文化带的形成过程(论纲)[J].燕京学报,2003(14).

田广金,郭素新.北方文化与草原文明[M]//魏坚.内蒙古文物考古文集:第2辑.北京:中国大百科全书出版社,1997.

乌恩岳斯图.北方草原考古学文化研究——青铜时代至早期铁器时代[M].北京:科学出版社,2007.

藤川繁彦.欧亚中部的考古学[M].东京:同成社,1999.

林梅村.吐火罗人的起源与迁徙[J].西域研究,2003(3).

徐文堪.吐火罗人起源研究[M].北京:昆仑出版社,2007.

郭物.新疆史前晚期社会的考古学研究[M].上海:上海古籍出版社,2012.

Anthony D W. The Horse, the Wheel, and Language: How Bronze-Age Riders from the Eurasian Steppes Shaped the Modern World[M]. Princeton: Princeton University Press, 2007.

Chernykh E N. Ancient metallurgy in the USSR: The Early Metal Age[M]. Translated by Sarah Wright. Cambridge: Cambridge University press, 1992.

Eichmann R , Parzinger H. Migration und Kulturtransfer -Der Wandel vorder - und zentralasiatischer Kulturen im Umbruch: vom 2, zum 1: Vorchristlichen Jahrtausend [M]. Bonn: Akten des Internationalen Kolloquiums Berlin ,2001.

Gamkrelidze T V , Ivanov V V. Indo -European and the Indo -Europeans: a reconstruction and historical analysis of a Proto -language and a Proto -culture [M]. New York: Mouton de Gruyter ,1995.

Genito B. The Archaeology of the Steppes Methods And Strategies [M]. Napoli ,1994.

Gimbutas M. Proto -Indo -European Culture: the Kurgan culture during the 5th ~ 3rd Millennia BC// Indo -European and Indo -Europeans [M]. Philadelphia(PA): University of Pennsylvania Press ,1970.

Jettmar K. Culture and Ethnic Groups West of China in the Second and First Millennia B. C. [J]. Asian Perspective ,1981 ,114(2).

Boyle K , Renfrew C , Levine Marsha. Ancient Interactions: East and West in Eurasia [M]. Cambridge: McDonald Institute for Archaeological Research ,2002.

Kuz'mina E E. The origin of the Indo - Iranians [M]. Boston: Brill, 2007.

Mair V H. The Bronze Age and Early Iron Age People Of Eastern Central Asia: Volume II [M]. Philadelphia: The University of Pennsylvania Museum ,1998.

Mallory J P , Adams D Q. Encyclopedia of Indo-European Culture [M]. Chicago: Fitzroy Dearborn Publishers ,1997.

Mallory J P , Adams D Q. The Oxford Introduction to Proto -Indo -European and the Proto -Indo -European World [M]. Oxford , New York: Oxford University Press ,2006.

Parzinger Hermann. Die Frühen Völker Eurasiens: Vom Neolithikum bis zum Mittelalter [M]. München: Verlag C. H. Beck Ohg ,2006.

古代内陆欧亚史纲

（此书是俄罗斯和德国等学者对欧亚草原地带研究成果的一个总结，书中也按时代绘出考古学文化分布图，其文化的划分要比本文示意图更细，比较详尽，可供参考。）

Renfrew C. Archaeology and Language: The Puzzle of Indo-European Origins[M]. London, 1987.

第一编（公元前7世纪至公元220年）

印欧人的迁徙揭开了内陆欧亚史的序幕，后来塞种诸部的迁徙可以视为印欧人迁徙的余波。这些迁徙的意义在于昭示了游牧将在未来漫长的岁月中成为内陆欧亚最主要的文明形式。

亚历山大东征给内陆欧亚注入了西方文化的因素，这次空前的征服造就的所谓希腊化世界，特别是先后建立的塞琉古王国和希腊—巴克特里亚王国，使中亚一度成为西方文化东传的桥头堡，盛极一时的贵霜人政权不可避免地打上了希腊文化的烙印。

但是，内陆欧亚史上真正具有划时代意义的事件是匈奴人的崛起。匈奴人急速扩张，取代月氏和东胡，控制了东西商道，整个欧亚草原第一次被纳入一个游牧政权的势力范围。于是，在进行内部整合的同时，内陆欧亚开始对其周边地区产生越来越不容忽视的影响。

2 印欧人的三次大迁徙

　　由采集野生植物发展到种植谷物,人类开始了农耕生活;由狩猎发展到驯养动物,人类始创了畜牧业。马的驯化使人类从畜牧走向了游牧。经过几千年的发展,到公元前4千纪时,在欧亚大陆上畜牧与农耕基本上已经按地带形成分野。大约以北纬40度为界,其北是草原地带,其南是古代农耕文明。黑海北岸、高加索山北坡、里海北岸、帕米尔山区、高耸在塔里木盆地北部的天山山脉,转向遥远的东南方,河西走廊、湟水谷地、宁夏平原、河套平原以及黄土高原、燕山山脉的北缘,大致成为农耕与游牧的分界线。分界线以北的草原向东一直延伸到太平洋,向西到达匈牙利的布达佩斯。在这条草原带上,有世界上最优良的牧场,它们是鄂尔浑河和克鲁伦河畔草原、鄂尔多斯草原、察哈尔草原、乌拉尔山区、伏尔加河流域、库班草原、北高加索平原、黑海北岸草原、亚速海东岸与里海西岸低地。野马经草原上的人驯化后,最初用于拉车,马车的速度比牛车快,为远距离流动提供了前提。生活在欧亚草原上的这些牧民拥有了对南方农业和商业民族的军事优势。在公元前3千纪末期时,欧亚草原上的牧民,特别是欧亚草原西部的南俄草原上的牧民开始向各文明中心发起攻掠,由此引发了各民族的大迁徙。正是这种迁徙浪潮,使地中海东部诸区域文明之间的关系空前活跃和密切起来。史学家们根据语言学的材料,把从草原上向外迁徙的牧民界定为印欧人,他们的迁徙被称为印欧人的迁徙。

　　印欧人的第一次迁徙由欧亚草原中、西部的游牧民引起,对东南欧和西亚产生了重要影响。

　　公元前2千年前后,爱奥尼亚人(Ioniens)手持青铜武器,乘着马拉的战车,由多瑙河草原向南来到希腊半岛的中部和南部,占据了阿提卡和爱琴海中部诸岛。他们自称是希伦神(Hellen)的后代(即希腊人)。此后,这些征服者似乎完整地接受了克里特文明。

约公元前 1650 年前后,阿卡亚人离开匈牙利草原,从巴尔干半岛北部,侵入希腊半岛的中部和南部。他们建立起一支强大的海上力量,劫掠或经商,在罗得岛、塞浦路斯岛和小亚细亚的西海岸建立海外殖民地。这些人创造了迈锡尼文明,还仿克里特人的线形文字创造了新的线形文字。

公元前 18 世纪侵入西亚的是约前 2000 年从南俄罗斯草原经高加索山路进入小亚细亚的赫梯人(Hittites)。他们善于锻造锋利的武器,乘坐双轮马拉战车。在征服了土著哈梯人(Hattic)后,后来者自称"赫梯"人。他们学习了哈梯人的楔形文字和美索不达米亚的闪米特文字。约前 1590 年,赫梯人曾攻掠巴比伦。此后赫梯人经历了动荡,走向衰落。

入侵两河流域的是从南俄草原经亚美尼亚高地而来的胡瑞安人(Hurrians)。他们在巴比伦帝国北面的亚述地区创立了米坦尼帝国(Mitanni),该帝国大约在前 1500 年时臻于极盛。胡瑞安人接受了美索不达米亚文化,并向包括赫梯人在内的周围居民传播。

畜牧的印欧人第一次大迁徙对世界历史产生了重要影响:马拉车得到推广,驾驭马拉车的技术传到东南欧和西亚,青铜工艺也得到传播。陆路交通几乎贯通了整个欧亚大陆。

公元前 2 千纪中期,欧亚非三洲的区域文明,即爱琴海流域的克诺索斯文明、美索不达米亚文明、埃及文明、印度河文明和中国的华夏文明,都遭到了畜牧民族的冲击。这是古代文明被古典文明取代的过渡时期。

印欧人的第二次大迁徙也是欧亚草原中、西部的牧民引发的。公元前 15 世纪,多利安人(Dorian)自匈牙利草原,经色雷斯(今希腊东北部和保加利亚南部,还包含土耳其欧洲部分,即伊斯坦布尔和埃迪尔内等 4 个省)、伊利里亚(今阿尔巴尼亚及其周围地区)向南,进入了希腊,赶走阿卡亚人,夺取了拉科尼亚平原。他们用铁制武器装备,攻占了一个又一个迈锡尼城堡,结束了迈锡尼文明。从此,希腊进入了城邦分治时期。

公元前 1500 年,雅利安人离开乌拉尔河、伏尔加河东迁,从里海西部或咸海海岸南下进入伊朗高原和中亚。以后有一支进入印度。他们最早的文献《吠陀本集》(Veda-Samhita)共 4 部。雅利安人的迁徙还使较早来到中亚的吐火罗人从阿尔泰山和天山南下塔里木盆地。

这次印欧人大迁徙,导致冶铁技术在西亚、中欧和南欧的传播。马在公元前第一千年后半期已用于乘骑。在公元前 12 至前 8 世纪开始形成半游牧经济。游牧民可以骑在马上奔驰,由此产生了骑兵。在此基础上,公元前 1 千纪初期形成了强大的游牧部落群体。

公元前 7 世纪末,欧亚草原的游牧民族掀起了第三次迁徙高潮。这次迁徙发端于欧亚草原东部的蒙古草原:阿里玛斯波伊人(Arimaspi)将伊塞顿人(Issedones)逐出居地,出逃的伊塞顿人冲击马萨革泰人(Massagetae),西迁的马萨革泰人压迫斯基泰人(Scythians,亚述人称之为"阿息库兹人",波斯人和印度人称之为"萨迦"人),使斯基泰人越过锡尔河,移居黑海之滨。

当奇姆美利亚人(Cimmerians)看到从人数和力量上占绝对优势的斯基泰人以排山倒海之势前来进攻时,曾集会商议对策。王族认为应该抵抗斯基泰人,而大多数民众认为不必冒生命的危险与这强大的对手作战。两种意见各不相让,最后民众杀死了王族,把他们埋葬在杜拉斯河畔,然后全体离开了他们的故乡。当斯基泰人到达时,国内已空无一人。而根据其他资料记载,奇姆美利亚人在离开黑海北岸草原以前,曾与斯基泰人进行过数十年战争。由于奇姆美利亚人多徒步作战,而斯基泰人都是骑兵,最终斯基泰人打败了奇姆美利亚人。公元前 750 至前 700 年间,他们把奇姆美利亚人从黑海北岸草原赶走。

奇姆美利亚人分两个方向迁徙,一些人向北方逃入了匈牙利草原;另一些人沿着黑海海岸向东南方迁到高加索以南的乌尔米亚湖一带,以后又折而向西,进入了黑海南岸的小亚细亚安纳托利亚高原。

进入安纳托利亚高原的奇姆美利亚人参与了该地区及两河流域北部诸国的政治斗争。他们一到小亚细亚就与弗里吉亚国发生冲突。弗里吉亚人（Phrygians）于公元前 8 世纪初叶从马其顿和色雷斯渡海峡进入安纳托利亚,当时弗里吉亚王国是小亚细亚最强盛的国家。但是,不断地与东方的亚述作战,损耗了他们的力量。奇姆美利亚人就在这种情况下来到了小亚细亚。他们很快灭掉弗里吉亚国,并继续向东挺进。

公元前 707 年,奇姆美利亚人打败了位于凡湖、幼发拉底河上游两条支流以北的乌拉尔图国,并且占领乌拉尔图。他们在小亚细亚东部和西部名声大振,夺取了戈尔迪乌姆、安卡拉等地。他们的活动引起了安纳托利亚最西部的吕底亚人（Lydians）的警觉。吕底亚人是从色雷斯渡海峡进入安纳托利亚西部的,他们以萨迪斯（Sardis）为都城建立王国。因地理位置接近,吕底亚人在贸易上与希腊人往来较多,精于商业,并由于在赫穆斯河（Hermus R.）及其支流发现大量沙金而暴富。奇姆美利亚人与吕底亚人进行着不公平贸易。在发现自己吃亏上当之后,奇姆美利亚人以武力强行夺取了萨迪斯,夺回了大量珍宝。按照亚述汉尼拔的说法,大约在公元前 663 年,吕底亚曾在亚述人的帮助之下打败过奇姆美利亚人。不过,在公元前 652 年,奇姆美利亚人一度占领了吕底亚的首都。

奇姆美利亚人在西里西亚和卡帕多细亚地区的活动也威胁着亚述国边境。此时期的亚述已经走过了 1000 多年的历史,进入了新亚述时期（前 935 年至前 612 年）。公元前 10 世纪,亚述进入铁器时代。铁器的使用,生产力的提高,为其长期对外战争提供了充足的兵源和给养。在伊撒哈顿（前 680 年至前 669 年在位）统治时期,先后征服了小亚细亚东部、叙利亚、腓尼基、以色列和巴比伦,并一度摧毁强大的乌拉尔图国,进入全盛时期。向东发展的奇姆美利亚人与向西发展的亚述人之间发生了冲突,亚述人得到了斯基泰人的帮助。据希罗多德记载,追逐奇姆美利亚人南下的一支斯基泰人曾配合亚述的行动计划,进入彭蒂斯,打垮了最后一批奇姆美利亚人（约公元前 638 年）。公元前

626 年,奇姆美利亚人王国被亚述人消灭,吕底亚人重新定都萨迪斯。

在奇姆美利亚人迁徙时,斯基泰人跟踪、驱逐着奇姆美利亚人,也从黑海东南来到了高加索以南的乌尔米亚湖地区。他们从打耳班关隘穿过高加索后,与当地的亚述帝国遭遇。斯基泰人出现在高加索山脉南部乌尔米亚湖地区时,正是亚述帝国萨尔贡二世(Sargon II)统治时期(公元前 722 年至前 705 年)。斯基泰人的国王伊斯卡帕进攻亚述,但是没有成功(约公元前 678 年)。于是,斯基泰人就转而与亚述帝国的属国米底(Media)人联合。

米底人也是从欧亚草原迁徙来的游牧民,他们于公元前 1 千纪在里海以南的伊朗高原西北部建立起自己的王国。在斯基泰人的支持下,公元前 672 年,米底人起义反抗亚述。亚述王阿萨尔哈东(Esarhaddon)劝斯基泰人放弃,但米底人坚持战斗并赢得了独立,建立起自己的国家。到公元前 7 世纪中叶,米底国已经是一个可与埃兰、乌拉尔图(Urartu)、马纳、亚述并列的大王国。公元前 653 年,米底开始远征亚述。而此时,一支斯基泰人在其王巴塔图亚(Partatua, 即 Protothyes)的率领之下又与亚述结盟,反攻米底本土。米底人在两面夹攻下战败,从公元前 653 年至前 624 年的 30 年间,斯基泰人统治了米底国。这支斯基泰人与亚述人建立了友好关系,在西里西亚和卡帕多西亚地区威胁着亚述国边境的奇姆美利亚人成了他们的共同敌人。

在斯基泰人军队的配合下,亚述进入彭蒂斯,打垮了最后一批奇姆美利亚人(约公元前 626 年)。斯基泰人支持了亚述帝国的存在,但是,他们也将导致它的灭亡。大约 10 年以后,当亚述受到米底人侵扰的时候,斯基泰国王巴塔图亚的儿子马代斯者应亚述的要求亲自出战,但是他没有成功。

米底国王库阿克撒列斯于公元前 624 年击败斯基泰人并最终统一了米底,使之成为一个独立的国家,定都埃克巴坦那(Ecbatana)。库阿克撒列斯建立起一支强大的正规军,按兵器种类把士兵分为矛兵、弓箭手和骑兵。接着他们向亚述出击,米底王库阿克撒列斯杀了一些斯基泰人的首领,并把斯基泰人赶出安纳托利亚。

　　此后,斯基泰余部穿过高加索返回南俄草原,但仍控制着内、外高加索及迤北和伊朗北部边境地带。在咸海地区居住的一些斯基泰人和达哈人混居而同化,成为以后的安息人(Parthian)。另外还有一些单独活动的斯基泰人部落,他们的活动范围一直达到匈牙利与东普鲁士一带。俄罗斯草原上的这支斯基泰人在公元前7至前3世纪期间对以后形成的波斯帝国造成了极大的威胁。

　　公元前6世纪末,大流士一世(Darius I,公元前521年至前486年在位)统治时期,斯基泰人的力量有了相当大的增长,致使大流士认为有必要发动一场旨在消灭斯基泰人的艰苦的战争。大流士的第一次远征便是反对在西亚西北部草原上的斯基泰人(约公元前514年至前512年)。他率大军,越过博斯普鲁斯海峡,穿过色雷斯,到达多瑙河。在希腊援军的帮助下,大流士渡过多瑙河,但在那里斯基泰人采用了游牧民的惯用计谋,不是与大流士交战而是在他到来之前撤退,诱他深入到更远的荒野,最后一举击败之。此后,斯基泰人不可战胜的名声在古代世界中牢固地树立起来。

　　在印欧人第三次迁徙中,从欧亚草原中部南迁的印欧人也被称为东、西伊朗人。西伊朗人中的米底人和波斯人是继第一次迁徙中的赫梯人、第二次迁徙中的雅利安人之后在农业地区建立大帝国的欧亚游牧民。

　　大约在公元前2千纪中期,以后被称为东伊朗人的一支牧民一部分留居南俄草原,另一部分向南迁徙,进入伊朗高原;西伊朗人约于公元前2千纪后期,从南俄草原经高加索地区或里海两侧直接进入伊朗高原。到公元前1000年初,这些印欧人已经遍布伊朗高原。根据祆教经典《阿维斯塔》(Avesta)的记载推断,东伊朗人开始南迁时,已掌握了冶铁、养马、驾车等技术。

　　米底人在西亚建立了大米底国。公元前612年,米底人攻克了亚述古都尼尼微城(Nineveh),成为西亚最强大的国家。约在公元前8世纪时,波斯人迁入埃兰的安尚(Ahemenid)地区,并臣属于埃兰。当时波斯人共有10个部落,这些部落结成一个部落联盟,阿喀美尼(Achaemenid)部地位最显赫。阿喀美尼家族的阿喀美尼斯(统治时期是前700年至前675年)的儿子铁伊司佩斯开始称王,并征服了波斯河谷地区。铁伊司佩斯死后,其国土一分为二,长子居鲁士一世(Cyrus I)在安尚地区,号为安尚王;次子阿里亚拉姆涅斯统治波斯,号波斯王。到公元前553年时,居鲁士起来反抗米底的宗主权地位。战争历经3年,终获成功。居鲁士统治时保留了米底人的大多数法律和许多行政管理方法。

第三次印欧人的迁徙对世界历史产生了重要的影响。

首先,斯基泰人等游牧人群代表着骑马游牧的草原文明的精华,具有高度发达的艺术(一般称为"动物艺术")。这种艺术在欧亚草原所产生的广泛而持久的影响一直延续了几个世纪。另外,公元前6世纪,在希腊世界与印度世界之间的一些民族都相信死亡不是生命的终结。希腊与印度关于轮回的信仰非常相似,这不可能是偶然的。希腊毕达哥拉斯教徒和俄尔甫斯教徒以及同时代的印度人的共同信仰,均来源于欧亚大平原的游牧民族,尤其是斯基泰人。

其次,这次迁徙改变了西亚的人种构成。在公元前3000年以后约2500多年间,苏美尔人及其后继闪米特各族(如阿卡德人、巴比伦人和亚述人)就一直生活在两河流域的文明中心。波斯人的到来,使印欧人在这一地区统治了12个世纪。继之而来的马其顿人、希腊人、帕提亚人、罗马人等等都是印欧人。这种状况一直持续至公元7世纪阿拉伯人的到来。印欧人的统治使土著开始使用伊朗语。米底人和波斯人对伊朗语及其文化的传播和伊朗民族的形成起到了极为重要的作用。

第三,这次迁徙使世界各文明之间的联系更加广泛。波斯帝国修筑的御道,从波斯湾北面的苏撒(Susa)城向西通到底格里斯河,由此经叙利亚和小亚细亚,抵达爱琴海沿岸的以弗所,全长1677英里,沿途设111个驿站,每个驿站都备有供宫廷信使换乘的马匹。随着帝国疆域的扩大,从御道上又开辟出几条岔道,向西南通往埃及,向东南通往印度河流域。与此同时,欧亚大陆另一端的中国人精心修筑由驿道和运河构成的交通网。通过水路,可以将货物从今天的广州运抵长江流域,从而促进了海外贸易;朝西北方向修筑的驿道与穿越整个中亚、直抵中东的丝绸之路相连。印度的御道则从恒河三角洲直达西北部开伯尔山口附近的呾叉始罗(Taxila),并在那里与西抵中东、北达中亚的商路连接起来。海上航路可以顺红海抵达东非海岸和波斯湾,从波斯湾再往前可抵达印度次大陆沿岸。波斯帝国时代海上航行已经能够环绕半个欧亚大陆——从北海到地中海西部,再到地中海东部沿岸诸国和岛屿;从红海到印度,再到东南亚和中国。这些海、陆道路网把帝国各部分紧密连接起来,为商业发展创造了条件。

第四,经济关系的发展必然引起社会关系、政治组织、生活方式等方面的深刻变化。理想政府的道德基础,社会制度的作用,以及宇宙、生命的起源和目的等问题都引起当时人们的思索。公元前6世纪前后,出现了一批哲学家,中国的孔子、印度的佛陀、波斯的琐罗亚斯德(大流士一世当政时,琐罗亚斯德教定为国教),以及希腊的理性主义哲学家,他们对上述问题的思考促成了古典时代哲学、宗教和社会体系的构建。

欧亚草原上的印欧种牧民的三次大迁徙促成了人类文明的三次大融合,影响波及西起地中海西岸、东到黄河流域的整个欧亚大陆。

3 塞种和
匈奴、月氏、东胡的互动

塞种,即阿喀美尼朝(Achaemenids)波斯大流士一世贝希斯登(Behistum)铭文所见 Sakā 人,主要包括 4 个部落或部族:Asii、Gasiani、Tochari(吐火罗)和 Sacarauli。公元前 7 世纪末的希腊诗人阿里斯忒阿斯(Aristeas)在记述其欧亚草原旅行见闻的长诗《独目人》中称之为伊塞顿(Issedones)。Isse[dones]应即 Asii 之异译。这似乎表明 Asii 等部已组成一个联盟,而以 Asii 为宗主。Issedones 本意指"Asii 人的地方"。

公元前 7 世纪末叶,发生了波及整个欧亚草原的民族大迁徙,原居黑海之滨的奇姆美利亚人因斯基泰人的逼侵而离开了自己的土地,马萨革泰人驻牧于锡尔河北岸,而伊塞顿人则占有了伊犁河、楚河流域。

前 623 年,秦穆公称霸西戎,拓地千里,或许因此引起了上述诸族多米诺式的迁徙过程。

最晚在前 6 世纪 20 年代末,伊犁河、楚河流域的 Asii 等部西向扩张至锡尔河,逐去原居该河北岸的马萨革泰人。此后,他们被波斯人称为 Sakā(塞人)。

锡尔河北岸的塞人一度臣服阿喀美尼朝波斯,而在冈比斯二世(Cambysēs II,前 529 年至前 522 年在位)去世后,乘乱揭起叛旗。前 519 年,塞人遭到大流士一世的镇压,其酋斯昆卡(Skunxa)被俘。此后,塞人一直向波斯进贡。

亚历山大(Alexander the Great,公元前 336 年至前 323 年在位)东征时,塞人曾和大流士三世(Darius III,前 336 年至前 330 年在位)结盟,对抗入侵的马其顿人。塞人与马其顿的军队隔着锡尔河对峙,亚历山大渡河进攻,因天气炎热,军士缺水,未能获胜。后来,塞人遣使议

·欧·亚·历·史·文·化·文·库·

和,受到亚历山大礼貌的接见。

塞人占领伊犁河至锡尔河之间广大地区直至前2世纪初。由于大月氏人的西迁,塞人才被迫放弃了伊犁河、楚河流域,退缩至锡尔河北岸。另一些塞人则南下散处帕米尔各地,疏勒西北的休循、捐毒等小国,都是塞人所建。另一些塞人自帕米尔东向进入塔里木盆地诸绿洲。

驱逐塞人的大月氏之前身是月氏,又被记作"禺知"、"牛氏"等。月氏原来是一个强大的游牧部族,前3世纪末,其活动范围东起祁连山以北、西至阿尔泰山东端,极盛时曾伸展其势力至河套内外,塔里木盆地周围绿洲诸国均役属之。月氏西迁伊犁河、楚河流域是由于一再受到匈奴的打击的结果。

匈奴,中国亦略称其为"胡",早在前4世纪末,已经成为蒙古高原新兴的游牧部族。前318年,韩、赵、魏、燕、齐五国曾率匈奴进攻秦国。当时匈奴活动于长城以北、大兴安岭以西的蒙古高原,其南为燕、赵、秦三国。这三国与匈奴之间散布着襜褴、楼烦、林胡等兼营农牧的小部族。匈奴经常南侵楼烦等,并骚扰燕、赵等国的北境。前3世纪中叶,赵将李牧镇守代和雁门,战胜匈奴单于,击破其骑兵10余万,使匈奴有10多年不敢接近赵国的边城。但此后匈奴骑兵仍不断南犯,规模最大的一次,多达15万骑。燕、赵诸国不得不采用胡服骑射、置边郡、筑长城,试图阻其侵扰。

前214年,秦王嬴政命将军蒙恬发兵30万人北击匈奴,略取其河南地(今内蒙古河套以南地区),并沿黄河筑要塞、置县城,还将战国时期诸国建造的长城连接起来,西起临洮,东至辽东,绵延万里。

秦统一后,前220年左右,匈奴头曼单于被秦军打败,向北退却,放弃所占长城以北原襜褴、楼烦、林胡之地。不久,又受到蒙恬的打击。直到前210年,蒙恬去世,中原陷于混乱,头曼才乘机南下占领河南地。

然而,匈奴却无法向东西方向发展。在匈奴的西边,有来自月氏的威胁。头曼单于即位之前,月氏已东向伸展其势力至黄河以西,给匈奴很大压力。头曼之太子冒顿曾为质于月氏,可见其时匈奴和月氏关系之一斑。而在东边,则面临东胡的逼迫。

东胡,最初居于今老哈河、西喇木伦河流域,和匈奴一样,最迟在战国时已登上历史舞台。其势力范围曾西向伸展至赵国北方,以大兴安岭为中心。大概在前4世纪末或前3世纪初,东胡被燕将秦开击败,不得不向北退却千余里。秦开曾作为燕国的人质居于东胡,因熟悉其内情,归国后得以战而胜之。但东胡不久就恢复了元气,趁蒙恬收复河南地、匈奴头曼单于败北之际,积极西向扩张,与匈奴冲突。

前209年,冒顿杀父自立为单于后,首先出其不意袭击东胡。东胡王被杀,大批人民和牲畜被虏。东胡余众分为两支东逃:一支来到乌桓山(今内蒙古赤峰市阿鲁科尔沁旗西北),另一支来到鲜卑山(今大兴安岭中段)。此后,这两部分东胡人被分别称为"乌桓"和"鲜卑"。东胡破灭后,匈奴的势力自上谷(治今河北怀来东南)往东,直抵秽貉(在今吉林、辽东地区)、朝鲜之地。

击溃东胡、消除来自东方的压力后,冒顿单于又一鼓作气打败月氏,遏阻了月氏人东进的势头。这样,匈奴的势力自上郡(治今陕西榆林东南)往西,开始直接和月氏、氐、羌等发生接触。

接着,冒顿单于挥师南下,吞灭了原役属秦国的楼烦白羊河南王,悉数收复被蒙恬夺走的河南地,且夺取了黄河南岸的边塞和朝那(今宁夏固原东南)、肤施(今陕西榆林东南)等处,前锋直指燕、代地区。冒顿于是将单于庭迁至安侯水(Orhun,鄂尔浑河)。其时正值楚汉相争的紧要关头,中原连年用兵,无暇他顾,匈奴实力遂得以迅速壮大,拥有骑兵30余万。

收复河南地后,匈奴又北上征服了浑庾、屈射、丁零、鬲昆、薪犁等部族。其中,鬲昆,史籍中也记作坚昆或黠戛斯(Kirghiz),在叶尼塞河上游;丁零,可能是赤狄之一支,在贝加尔湖以西及以东以南色楞格河流域;浑庾,可能是春秋时期鬼方或猃狁之一支;屈射,与塞种诸部之一Gasiani同源;薪犁,史籍中也记作纤离或薛,在后世突厥文碑铭中记作Sïr。后三者当时的具体位置不详。

前176年,冒顿单于命其右贤王再次率兵攻击月氏。月氏惨败,从此永远放弃了它在祁连山以北的领土,西迁至伊犁河、楚河流域。撤退时,月氏人将一部分老弱病残留在了祁连山及其以西的阿尔金山、昆仑山山麓。史称西迁的月氏大众为"大月氏",而称被留下、后来和羌人杂居的月氏老弱为"小月氏"。

月氏溃退,匈奴则乘胜追击,征服了游牧于伊吾(今哈密附近)的乌孙和游牧于阿尔泰山南麓的呼揭。原来役属于月氏的塔里木盆地周围如楼兰等绿洲诸国(所谓"西域三十六国")都转而役属匈奴。

冒顿的征伐,使匈奴的领土东起辽东、西抵准噶尔盆地以西,南达长城,北至贝加尔湖。从此,匈奴不仅独霸蒙古高原,而且开始称雄中亚。

可能受到来自其东邻大月氏人的压迫,锡尔河北岸的塞人也开始了迁徙过程。前140年左右,大批塞人渡锡尔河南下,一部分进入费尔干纳(Ferghāna),另一部分进入巴克特里亚,灭亡了希腊 - 巴克特里亚(Graeco-Bactria)王国。这两部分塞人各自建立的政权,可能均以吐火罗人为主,中国史籍分别称之为大宛国和大夏国。

大概与此同时,另一支塞人(可能以 Asii 人为主)顺锡尔河而下,迁往咸海乃至里海沿岸。中国史籍将这支塞人称为奄蔡,而将留在锡尔河北岸的塞人(可能以 Sacarauli 人为主)称为康居。

前130年,役属匈奴的乌孙人在老上单于(约前174年至前161年在位)的支援下,远征大月氏,战而胜之,夺取了伊犁河、楚河流域。大月氏人被迫再次西迁,经由大宛即今费尔干纳地区,到达阿姆河流域,击败大夏人,占领其地。最初,大月氏设王庭于阿姆河北岸,不久就迁往河南原希腊 - 巴克特里亚王国的都城巴克特拉(Bactra,今 Balkh 附近)。从此,大月氏人逐步脱离游牧,走向定居。

大月氏人的第二次西迁,还迫使一部分塞人自索格底亚那(Sogdiana)和吐火罗斯坦(Tuhāresān)侵入帕提亚(Parthia)帝国。前129年春,塞琉古帝国(Seleucus)安条克七世(Antiochus VII,前139/138年至前129年在位)在米底战死,帕提亚波斯人大获全胜。弗拉特二世(Phraates II,前139/138年至前128年在位)决定进军叙利亚,由于塞人在东境入侵,不得不放弃了这个计划。在对抗入侵塞人的战斗中,弗

42

拉特二世阵亡。继位的阿塔巴奴斯二世(Artabanus II,前 128 年至前 124/123 年)接着同这些威胁帕提亚帝国的游牧人斗争,但他在一次对吐火罗人的战役中阵亡。

入侵的塞人沿着木鹿(Mōuru)和赫拉特(Herāt)的大道南下,占领德兰吉亚那(Drangiana),自该处东北向进入阿拉科西亚(Arachosia),德兰吉亚那从此被称为塞斯坦(Sakastān)。直至密施立达忒二世(Mithridates II,前 124/123 年至前 87 年在位)即位,经过旷日持久的斗争(前 124 年至前 115 年,约 10 年),上述两地才重归帕提亚控制。部分不甘臣服的塞人乃自阿里亚那(Ariana)、坎大哈(Kandahār)东行,穿过波伦(Bolan)或木伦(Mulla)山口,进入阿比里亚(Abiria)。嗣后,其势力蔓延至帕塔勒讷(Patalene)、喀查(Cutch,Kacchā)、苏腊斯特拉(Surastrene,即卡提阿瓦 Kāthiāwār)和沿海地区,包括 Broach 的港口,并自这些港口穿越 Nerbudda 河谷,到达乌贾因(Ujjain)。

密施立达忒二世去世后,塞斯坦的塞人起而反抗帕提亚总督的统治,取得胜利,建立的塞人政权统治中心在塞斯坦,同时占有阿拉科西亚等地。这就是中国史籍所谓乌弋山离国。

已知年代最早的乌弋山离国统治者为伏奴讷斯(Vonones),他自称"王中之王"。伏奴讷斯自己镇守塞斯坦,而将阿拉科西亚交给 Spalyris 家族(Spalyris、Spalagadamas 父子以及 Spalirises)统治。伏奴讷斯死后,Spalirises 成了塞斯坦和阿拉科西亚的最高统治者。他是乌弋山离国最后一位塞人统治者。在他之后统治塞斯坦的是波斯人 Orthagnes、Gondophares 等。不久,Gondophares 统一了喀布尔河全流域(帕罗帕米萨德[Paropamisadae]、乾陀罗[Gandhāra]和呾叉始罗)。

最早在前 129 年,在帕米尔的塞种之一部,越过了名为悬度(位于 Darel 至 Gilgit 之间印度河上游河谷)的天险,侵入乾陀罗和呾叉始罗,赶走当地的希腊统治者,建立了中国史籍所谓罽宾国。已知最早的罽宾塞王是毛厄斯(Maues),他自称"王中之王"。毛厄斯的直接继承者是一位女王,很可能是他的王后。但不久以后希腊王 Apollodotus 二世又控制了呾叉始罗。不难想象,塞人被逐出了呾叉始罗一带。Azes 家族重新建立了塞人在呾叉始罗和乾陀罗的统治,依次在位的塞王是 Azes 一世、Azillises(即中国史籍所见乌头劳)和 Azes 二世。为控制呾叉始罗,Azes 一世和希腊人之间有过一场斗争。继承 Apollodotus 二世的希腊王 Hippostratus 一度逐走了 Azes 一世,但后者最终取得了胜利。重新确立塞人统治之年,Azes 一世创建了著名的 Vikrama 纪元。最迟到前 33 年,希腊人阴末赴(Hermaeus)与西汉使者合谋,杀死乌头劳(Azillises)之子 Azes 二世,结束了塞人在罽宾的统治。

匈奴的崛起是上古内陆欧亚草原最重要的事件,其影响极其深远。匈奴向东方的发展,催生了乌桓和鲜卑这两个后来在内陆欧亚扮演重要角色的游牧部族;向西方的发展,结束了月氏称霸中亚的局面。月氏的迁徙以及由此引起的塞人的迁移刷新了中亚和南亚次大陆的历史舞台,甚至影响了西亚及其以远地区。

4 亚历山大东征与
希腊-巴克特里亚王国始末

波斯帝国自居鲁士二世(Cyrus II,前559年至前530年在位)建国,经冈比西斯二世(Gambyses II,前530年至前522年在位)的经营,至阿喀美尼王朝大流士一世统治时期,仅用了短短几十年时间,迅速由波斯湾北部的一个部落邦国发展到地域王国,进而扩张为世界历史上第一个地跨欧、亚、非三洲的大帝国。领土西北达多瑙河,西南到非洲的尼罗河,东北至锡尔河以南,东南抵印度河流域,面积约500万平方公里。波斯帝国的建立是人类在更大范围内历史交往的结果,是游牧世界对农耕世界长期冲击的第一次大总结。庞大的帝国是一个不甚稳固的军事行政联合体,民族成分复杂,宗教信仰不同,法律制度有别,文化习俗各异,经济发展不平衡。其周邻按社会特点主要分为两大类:一类是西部的希腊工商业奴隶制城邦;另一类是游牧部落集团,主要有北部的斯基泰人、马萨革泰人以及南部的阿拉伯部落等。在对外交往方面,除了疲于应付来自北方游牧集团的不断侵扰外,与希腊城邦的长期战争也使波斯帝国元气大伤。

公元前499年至公元前449年,围绕对小亚细亚沿岸诸希腊城邦的争夺,波斯与希腊城邦之间展开了持续半个世纪之久的希波战争,结果是波斯被迫放弃对小亚细亚沿岸城邦的控制,雅典则成为东地中海的霸主。公元前431年至前404年,希腊城邦经历伯罗奔尼撒战争,斯巴达取代雅典成为希腊城邦的新霸主。公元前395年至前387年科林斯战争中,波斯积极支持雅典、底比斯等城邦与斯巴达对抗,战败的斯巴达丧失了海上霸权地位,波斯则重新获得了对小亚细亚诸希腊城邦的控制。此后半个世纪,波斯和希腊城邦基本上没有发生大的冲突,直到马其顿亚历山大的崛起与东征,情况才随之发生根本变化。

马其顿王国位于希腊北部,公元前4世纪初形成奴隶制国家,与希腊各城邦来往密切,并逐渐接受希腊文化。国王腓力二世(Philip II,前359年至前336年在位)统治时期,势力日盛。公元前338年,腓力二世彻底击败了反马其顿派集结的希腊联军,将整个希腊置于马其顿军事统治之下,希腊城邦都变成了马其顿的附庸,本已濒于衰落的城邦制度随之退出历史舞台。马其顿国王控制希腊后,制定了一个向东方侵略的计划,旨在掠夺东方的财富,同时缓和国内的危机。公元前337年,腓力二世在科林斯召开全希腊各邦大会,迫使希腊人承认马其顿对希腊的霸权,并决定远征波斯。公元前336年,正当腓力二世着手准备对波斯作战,不期遇刺身亡,其子亚历山大临危即位。此时亚历山大虽然年仅20岁,但他自幼得到其父的精心栽培,师从著名哲学家亚里士多德,素有大志,兼备文韬武略。他15岁起开始随父出征,富有实战经验,表现出卓越的军事指挥才能,马其顿东征的计划就是由他来付诸实施的。

公元前334年春,亚历山大在镇压底比斯等城邦的反马其顿运动、巩固了对希腊的统治之后,打着为马其顿和希腊"报仇雪恨"的旗号,越过赫勒斯滂海峡(今达达尼尔海峡),进军亚洲。他所率军队以马其顿的骑兵和重装步兵为主力,辅以希腊各城邦的雇佣军,总数不过3万5千余人,战船也仅有160余艘。以此单薄兵力要征服庞大的波斯帝国,似乎有些寡不敌众。但是,此时的波斯帝国已今非昔比,公元前5世纪前半期的希波战争使波斯人在海陆均遭受一系列的重创;埃及、巴比伦、米底、小亚诸行省不断起义,花剌子模(Khwārizm)、索格底亚那和塞人也结成联盟反对国王;频繁的宫廷斗争严重妨碍了王权的稳定,当政的大流士三世本人也时刻面临宫廷阴谋的危险。整个帝国内忧外患,实际上一直处于动荡之中。因此,虽然波斯拥有数十倍于希腊的军队,但其实战力量无法与亚历山大的精兵强将相匹敌。亚历山大的军队装备较为先进,并且采用灵活机动的战术。同时,由于波斯军队的中坚力量是希腊雇佣军兵团,亚历山大很容易以外交策略离间这些希腊雇佣军,使他们拒绝配合东部各行省临时召集起来的军队。此外,波斯统帅忽视希腊的战术,抱残守缺,未对军队战术及战略部署加以改进。这都给亚历山大提供了创造以少胜多战绩的机会。

东征之初的三年,亚历山大拒绝大流士条件优厚的求和,取得了格拉尼库河战役(前334年)、伊苏斯战役(前333年)和高加米拉战役(前331年)三捷。征服了腓尼基、埃及,建立了亚历山大城,大流士三世兵败东逃。亚历山大自封为"亚洲之王",继续向东进军,攻占巴比伦和苏撒,掳获大量战利品。公元前330年,亚历山大占领波斯首都波斯波利斯(Persepolis),疯狂掠夺不可胜数的财宝,焚烧了这座集古代世界建筑艺术精华的都城,并继续东进追击逃亡的大流士三世。同年,大流士被部将所杀,这标志着阿喀美尼王朝的灭亡。

亚历山大在里海地区巩固既得利益后,以赫卡尼亚为前沿阵地,继续向中亚挺进,迎接来自阿里亚、阿拉科西亚、巴克特里亚和索格底亚那的挑战。他先攻陷阿里亚和阿拉霍西亚,建立了许多亚历山大城,由马其顿及希腊的军队驻守,确保部队后方的安全。之后,公元前329年,亚历山大历尽艰辛越过兴都库什山(Hindukush),到达巴克特里亚,以阿喀美尼王朝"合法"继承者的身份,处死据守在巴克特里亚号称"大王"的比苏斯(Bessus),彻底铲除了阿喀美尼皇族的残余势力。公元前328年,亚历山大击败斯皮塔米尼斯(Spitamenes)与马萨革泰人的联军,征服了索格底亚那。

公元前327年夏,亚历山大从巴克特拉出发,进军印度,遭到土著人的强烈抵抗。他们先是在位于印度河西岸的阿里格姆(Agrigaeum,今纳瓦盖)与阿斯帕西亚人(Aspasians)鏖战,取得胜利,俘虏4万人,缴获230万头牛。继而越过古拉亚斯河(Guraeus R.),与阿萨西尼亚人(Assacenians)遭遇,通过围攻使之退却。接着,亚历山大攻克了阿尔诺斯(Aornus),取得布纳尔战役的胜利,征服了阿萨西尼亚人。公元前326年,大军渡印度河,顺利经过塔克西拉(Taxila),与印度河东部的主攻目标波拉斯(Porus)国王展开激烈的战斗,打败波拉斯后又使其享有原领地及相邻地区,建立了尼卡亚城和布克发拉城。在波拉斯的协助下,亚历山大又顺利征服了拉维河和比斯河之间的许多独立部落。正当亚历山大雄心勃勃,准备渡过希发息斯河(今萨特莱杰河)进攻恒河流域摩揭陀国(Magadha)之时,由于气候不适,士兵疲惫厌战,拒绝渡河,亚历山大不得已下令班师,远征遂成强弩之末。

亚历山大留下部分军队驻守新征服的印度领地,分陆路和海路撤兵。陆路由其本人带领,海路由尼尔卡斯带领。公元前324年亚历山大所率部队经长途跋涉回到苏萨,因缺乏给养损失大量兵员。公元前323年,亚历山大在巴比伦建立一支舰队,准备远征阿拉伯半岛,却突然罹患热病,逝于巴比伦,时年33岁。

亚历山大之所以能在不到10年的时间里征服波斯,建立起一个地跨欧、亚、非三洲的大帝国,占有包括巴尔干半岛、埃及、西亚、中亚南部和印度西北部地区的广大领土,除了依靠暴力镇压和颇具战术的武力征服之外,还执行了一套行之有效的统治政策。首先,针对波斯帝国故地,采取马其顿-波斯合作政策。公元前331年高加米拉战役消灭波军主力后,亚历山大把自己打扮成波斯帝国的合法继承人,利用高官厚禄笼络波斯贵族以获取支持,还通过厚葬被谋杀的大流士三世以及优待其眷属收买人心。其次,出于政治上的考虑,接受一些波斯文化。他采用波斯的宫廷礼仪,还以入乡随俗的态度对待中亚的服饰和饮食等习惯,以争取当地民族的归附。第三,鼓励异族通婚。亚历山大本人娶了一位巴克特里亚首领之女罗克珊娜(Roxana),还为手下的80名军官和1万名士兵举行集体婚礼,娶东方妇女为妻,借此"融合政策"缓和征服者与被征服者之间的矛盾。第四,建立牢固的基地以防止游牧民族的侵袭,巩固征服成果。亚历山大向征服地区大量移民,在战略要地和交通要道筑城多达70座,这些希腊式的城邦是维系希腊君主与希腊籍臣民利益的纽带,也是维持希腊化国家稳定的主要支柱,具有重要的政治、军事和商业意义。此外,在军事上实行以东方人治东方人的政策,先后招募5万名波斯青年,建立马其顿-波斯混合军队,在一定程度上弥补了亚历山大兵源的不足,可谓一举两得。这些政治手段和外交策略都为亚历山大的征服提供了便利。

亚历山大缔建的帝国随着他的病逝而陷入权力纷争中。据说亚历山大在弥留之际并未指定继承人，认为"王权属于最强者"。他的部下为争夺帝国的统治权展开了长期的斗争。由于没有一位继业者有能力把这个庞大帝国的统一维持下去，帝国最终分裂，形成了三足鼎立的局面：在欧洲、非洲和亚洲分别建立了马其顿王国（统治马其顿和部分希腊城邦）、托勒密王国（统治埃及、塞浦路斯岛和巴勒斯坦）和塞琉古王国（统治前波斯帝国在亚洲的大部分领土）。

塞琉古王国的建立者塞琉古一世（Seleucus I，公元前311年至前281年在位）曾是亚历山大的部将，他于公元前312年在巴比伦尼亚（Babylonia）获得了立足之地，随后征服了伊朗高原和巴克特里亚。公元前305年，塞琉古一世进攻印度的孔雀王朝失败，双方议和缔约，印度获得了印度河以西的一些地区，塞琉古得到500头战象。塞琉古一世去世时，其王国已经成为最大和最有影响的希腊化国家。公元前3世纪上半叶，塞琉古一世及其后继者安条克一世（Antiochus I，前281年至前261年在位）和安条克二世（Antiochus II，前261年至前246年在位）的统治中心始终在伊朗高原以西地区，因忙于解除小亚细亚的困境以及与埃及托勒密王国抗衡，逐渐疏于对中亚辖地的管理，助长了伊朗高原各地和巴克特里亚的独立倾向。此时中亚的希腊地区虽然仍属于塞琉古王国的一部分，但随着希腊殖民地人口的不断增长，经济日趋繁荣，当地的贵族势力渐强，分裂已呈不可逆转之势。巴克特里亚－索格底亚那总督狄奥多塔斯（Diodotus）于公元前246年安条克二世去世后完全分裂出来，将自己的名字冠以"国王"头衔印制在钱币上，以巴克特里亚为中心建立起独立的希腊－巴克特里亚王国。

有关希腊－巴克特里亚王国的史料极少，几乎完全依赖于钱币学资料构建约略的历史概况。公元前3世纪下半叶，最初三位希腊－巴克特里亚国王狄奥多塔斯一世（Diodotus I）、狄奥多塔斯二世（Diodotus II）和攸提腾一世（Euthydemus I）统治时期，该王国领土仅限于兴都库什山以北。在此期间，王国地位得到巩固，并逐渐强大繁盛起来。攸提腾一世凭借巴克特里亚的富庶，与试图恢复东方诸省统治的安条克三世的征讨大军抗衡达两年之久,他借助游牧部落的支持,最终成功地解除了围困,迫使安条克三世承认希腊－巴克特里亚王国的独立地位,宣告塞琉古王朝在中亚统治势力的终结。

公元前200年,攸提腾一世出兵印度,征服了自公元前3世纪末起由孔雀王朝控制的兴都库什山脉以南的阿拉科西亚、帕罗帕米萨德和乾陀罗,恢复了被塞琉古王朝放弃的希腊殖民地的主权。攸提腾之子德米特里一世(Demetrius I,约公元前200年至前185年在位)也曾向兴都库什山以南和西北印度等地扩张,在阿拉科西亚建造希腊化的德米特里城(Demetrias)。其后欧克拉提德(Eucratides,约公元前171年年至前145年在位)继续向印度推进。米南德(Menander,约公元前150年至前135年在位)统治时期,希腊－巴克特里亚政权的疆域扩展至最大范围,包括旁遮普的大部,远至拉维河(Ravi R.)。但希腊人是否曾经进入塔里木盆地,以及是否向南直接控制了信德和印度河三角洲与坎贝湾之间的沿海地区,尚存疑义。

希腊－巴克特里亚王国向印度的扩张导致希腊人过于分散,终至难以控制。印度－希腊政权的君主们将权力委托给地方总督,不可避免地导致了印度的希腊政权分裂为若干独立的公国。钱币学资料显示,从狄奥多塔斯一世至斯特拉托二世(Strato II)统治的约两个半世纪内,有多达30余位国王,其中大多治理兴都库什山以南的地区。随着权力中心数量的增加,派系之间的争斗日益严重,希腊－巴克特里亚王国北方边界防御力量削弱,无法抵抗来自游牧部落的冲击。

巴克特里亚最后一位统治者赫利奥克勒斯(Heliocles,约公元前145年至前130年在位)在位期间,帕提亚人侵占了巴克特里亚西部。公元前100年前后,月氏人占领了乌浒河南岸地区。其后,巴克特里亚以西的原希腊领地和兴都库什山以南的希腊小公国也让位给游牧部落。公元前85年前后,塞克酋长毛厄斯(Maues)率部进入乾陀罗,占领塔克西拉。公元前70年前后,迦毕试－贝格拉姆王国、锡斯坦与阿拉科西亚相继被征服。斯特拉托二世的政权在杰纳布河(Chenab R.)与萨特莱杰河(Sutlej R.)之间苟延残喘,勉强支撑到公元前后。势不可挡的游牧民族迁徙大潮最终颠覆了希腊－巴克特里亚政权。

从公元前330年波斯帝国被亚历山大灭亡算起,此后大约300年的时间里,亚历山大及其后继者把希腊文化传播到了东方,东地中海和西亚广大地区以及中亚、南亚部分地区进入希腊化时代。希腊文化对东方各地文化产生了深远的影响,希腊文化成了世界主义的象征。随着大批希腊城市、居民点和要塞在东方的建立,希腊士兵、官员、工匠、商人和学者在东方活动日益频繁,希腊语、希腊艺术、希腊宗教和哲学在东方得到广泛传播。与此同时,希腊人也在各个方面接受东方文化的影响。希腊化的本质是以希腊文化为主的东西方文化之间的交往与融合,其内容与形式即是充分的证明。如果说波斯帝国为东西方文明初次广泛的接触搭建了桥梁,亚历山大东征及其后继者建立的希腊化王国则促使东西方交往向更深层次发展。

5　贵霜盛衰

贵霜王朝的前身贵霜翎侯(yabgus)是役属大月氏的原大夏国(Tukhāra)五翎侯之一。

大夏国是中国史籍对于灭亡了希腊－巴克特里亚王国的塞种人(Sakās)政权的称呼。塞种人大约在公元前 140 年左右自锡尔河北岸南下,侵入阿姆河流域所谓吐火罗斯坦地区。但他们没有在该处建立起统一的政权,而是各拥城邑,独自为政。大夏国于公元前 130 年前后又被西迁的月氏人征服。月氏人直接统治原希腊－巴克特里亚王国首府巴克特拉及其周围地区,而扶植原大夏国的小酋长(翎侯)统治东部山区。贵霜翎侯治护澡城(位于今 Wakhan 西部、Āb-i Panja 河左岸)。另外四个翎侯是休密翎侯(治和墨城,位于今 Wakhan 谷地 Sarik-Čaupan 一带)、双靡翎侯(治双靡城,位于今 Chitral 和 Mastuj 之间)、肸顿翎侯(治薄茅城,位于 Badakhshān)和高附翎侯(治高附城,位于今 Kokcha 河流域)。五翎侯及其治所均得名于塞种各部落,其治地可能是这些部落聚居之地。

贵霜翎侯所治之地得名于塞种主要的四个部落之一 Gasiani。"贵霜",希腊文作 κορσανο 和 χορανου,佉卢文作 kushāṇa 或 khuahaṇa(又作 gushaṇa 和 khushaṇa),在婆罗谜铭文中作 kushāṇa。"贵霜"与 kushā-ṇa 等是同名异译。

月氏占领大夏地亦即吐火罗斯坦后 100 多年,其王室日益衰落,五翎侯跋扈。贵霜翎侯丘就却(Kujula Kadphises)打着拥护其宗主大月氏的旗号,同时联合领有乾陀罗的希腊王 Hermaeus(阴末赴),攻灭其余四翎侯,自号"贵霜王",开始和大月氏王分庭抗礼。

丘就却自号贵霜王之后，首先西进，从东伊朗人冈德法勒斯(Gondophares)的继承者手中夺取了高附地(Paropamisadae)，从而切断了罽宾(在喀布尔河下游)与塞斯坦的联系，也为消灭盘踞巴克特拉的大月氏政权创造了条件。

此后不久，丘就却就取代大月氏，一统吐火罗斯坦。在吐火罗斯坦站稳脚跟后，丘就却发动了对罽宾的战争，在公元60年左右占领了乾陀罗，于公元78年前又占领呾叉始罗，消灭了盘踞该地的 Gondophares 王朝的残余势力。丘就却自称"大王、王中之王、天子"，贵霜王朝于是成立。

丘就却开始他的事业可能在公元25年左右。他在80多岁时去世，其子 Vima Takto 和孙阎膏珍(Wima Kadphises)相继即位。

在 Vima Takto 和阎膏珍在位时期，贵霜征服了印度河流域，灭亡了盘踞今天信德(Sind)、卡提阿瓦(Kathiawar)和马尔瓦(Malwa)等地的塞人(Sakā)政权。贵霜王任命一员大将监督、统领这些地方。这些塞族酋长们拥有一定的自治权，被允许继续使用他们自己创建的纪元。此后，贵霜的势力伸向南印度，当时南印度的大国车离国(Chola)亦不得不俯首称臣，向贵霜交纳赋税。

丘就却在位之际(可能在公元76年)，贵霜曾出兵助东汉攻打车师。Vima Takto 或阎膏珍居功欲得汉公主，遣使求婚，使者向东汉的西域都护班超说明来意，遭到班超拒绝，使者亦被遣送回国。公元90年夏，当时的贵霜王派遣其副王谢，领兵7万，越过葱岭(帕米尔)，进攻东汉。

贵霜大军兵临西域都护府所在龟兹国的它乾城时，东汉兵将大为恐慌。班超则说："贵霜兵虽然多，千里迢迢越过葱岭前来，不足畏惧，只要做到坚壁清野，他们没有粮食而挨饿，很快就会支持不住前来投降!"谢挥军进攻，但不能攻克城池，掳掠也一无所得。班超估计贵霜军粮草将尽，谢必定会向龟兹求食，就派数千精兵埋伏在龟兹东境。谢果然派出骑兵带着金银珠玉前往龟兹。因为遭班超伏兵的阻击，这些骑兵全部被杀。班超派人提着人头去见谢，谢大为震惊，不得不遣使请罪。班超放了他一条生路。从此贵霜不敢再犯东汉。

约114～120年间,塔里木盆地西北缘绿洲王国疏勒国王安国因其舅臣槃有罪,将臣槃流放到贵霜。贵霜王却非常喜欢臣槃。安国去世时没有可以继承王位的儿子,国政被他的母亲把持。他的母亲和国人一起扶立臣槃同胞兄弟之子遗腹为疏勒王。臣槃听说此事后,对贵霜王说:安国没有子嗣,而我是遗腹的叔父,继承王位的应该是我。贵霜王就派兵护送臣槃回疏勒。疏勒人素来敬爱臣槃,又害怕强大的贵霜,就一起夺下遗腹的印绶,立臣槃为疏勒王。

除了和塔里木盆地诸绿洲国发生较密切的联系外,Vima Takto 和阎膏珍时期的贵霜与以锡尔河北岸为本土的康居也过从甚密。公元84年,东汉西域都护班超进攻疏勒国王忠,康居派精兵救忠,班超久攻不下。得知当时贵霜王刚和康居王联姻,双方关系很好,班超就派使者带许多锦帛馈赠贵霜王,请贵霜王劝康居王罢兵。康居退兵后,班超很快就活捉了疏勒王。当时索格底亚那役属康居,贵霜与康居的势力大致以阿姆河为界。

阎膏珍的殁年不会迟于126(或129)年。此后,王位由阎膏珍之子迦腻色迦(Kanishka)继承。

迦腻色迦在位时期,贵霜王朝臻于极盛,其领土广大,北起花剌子模,南到温德亚山(Vindhya)。迦腻色迦定都布路沙布逻(Purusapura,今白沙瓦[Peshāwar]),并不断向东扩张,一度攻陷了华氏城(Pāṭaliputra),向该城的统治者勒索大笔赔款,并将马鸣菩萨(Aśvaghoṣa)和佛钵作为战利品带回。

迦腻色迦的势力和影响终于越过了帕米尔,塔里木盆地南北缘绿洲诸国畏惧强大的贵霜,大多送质子以示臣服。据说这些质子们冬天居住在印度各地,夏天回归迦毕试(Kāpiśa),春秋均在乾陀罗。

迦腻色迦时期的贵霜似乎和伊朗的帕提亚王朝之间有过战事,起因或许是帕提亚企图夺回被 Vima Takto 和阎膏珍父子夺取的土地。也可能是贸易纠纷。因为迦腻色迦非常注意发展商业,贵霜常常与帕提亚争夺丝绸交易之利。

除与东汉有贸易往来外,贵霜还曾派遣使团出使罗马,目的似乎也是经商。事实上,罗马的金银币大量流入印度,并广泛地使用于和印度的海路贸易中。

迦腻色迦执行宽容的宗教政策,于佛教、祆教、印度教、耆那教乃至希腊诸神兼容并蓄。但他尤以佛教的护法著称,据说他举行了佛教史上有名的第四次结集,史称迦湿弥罗(Kashmir)结集。乾陀罗首府布路沙布逻城著名的雀离浮图也是迦腻色迦所建。

迦腻色迦在位23年,具体年份不详,但可以肯定在公元2世纪中叶。相传在一次远征北方的征途中,迦腻色迦为其部下所杀。

迦腻色伽创立了自己的纪元,史称"迦腻色迦纪元"。这个纪元至少使用了98年。迦腻色迦之后,在位的贵霜王依次有、Huvishka(至少迦腻色迦纪元第28~60年在位)、Vasudeva(至少迦腻色迦纪元第64/67~98年在位)、Huvishka二世(至少迦腻色迦纪元第104年在位)、Vāsishka(至少迦腻色迦纪元第120~128年在位)等。和迦腻色迦一样,他们的绝对在位年代也无法断定。其中Vasudeva应即中国史籍所见"波调"。229年,贵霜王波调遣使曹魏,并受封为"亲魏大月氏王"。这是因为贵霜与大月氏同种,且一直以大月氏的继承者自居的缘故。

波调即位前后,贵霜开始衰落,中亚和西亚各地陆续摆脱它的统治而独立。大约在3世纪30年代初,贵霜王朝分裂为东西两部。新兴的萨珊波斯乘机入侵贵霜。萨珊王阿尔达希一世(Ardashir I,226~241年在位)成功地征服了Margiana、Carmania和Sistan,西部贵霜被迫俯首称臣。臣服地区有一部分后来成了萨珊的王子-总督治理的省份,史称"贵霜-萨珊沙(Kushanshahr)"。沙普尔一世(Shapur I,241~271年在位)继阿尔达希一世登基后,再次进攻贵霜,征服了信德等地,前锋直指白沙瓦。虽然后来贵霜人一度夺回了一些失土,但很快在沙普尔二世(Shapur II,309~379年在位)的打击下,一蹶不振。

随着笈多王朝在摩揭陀兴起,贵霜的空间更加蹙迫,终于连在喀布尔河下游乾陀罗等地也不能立足。

5世纪以降,有Kidāra(汉文史籍作"寄多罗")者,自号"贵霜王",

据有原来大月氏和贵霜发祥之地吐火罗斯坦,贵霜似乎一度出现了中兴的机会。但此时北亚新兴的游牧部族政权柔然正扩张其势力,西向侵扰索格底亚那和吐火罗斯坦,寄多罗不胜其苦。可能为了预谋退路,寄多罗率兵越过兴都库什山南下,入侵北印度,乾陀罗以北五国都成为他的属国。

迟至437年左右,寄多罗贵霜国尚控制着兴都库什山南北地区,都城为Bactra。此后,自塞北西迁索格底亚那的嚈哒人(Hephthalites),越过阿姆河入侵吐火罗斯坦。寄多罗王无力抗拒,令其子守住富楼沙城(Purusapura),自己放弃吐火罗斯坦西迁,因而同萨珊波斯发生冲突。由于寄多罗犯边,正在西线作战的萨珊王伊嗣俟二世(Yazdgird II,438～457年在位)不得不与拜占庭媾和,回师东向,将来犯的寄多罗贵霜人击退。击退寄多罗贵霜人后,这位萨珊波斯王随即面对的是嚈哒人的大举入侵。

寄多罗本人下落不明。其子留守富楼沙维持着兴都库什山南的贵霜残余势力,尽管向入侵南亚次大陆的嚈哒人纳贡称臣,最终还是难逃被消灭的命运。

贵霜王朝盛期幅员辽阔,领土上生活着社会、经济背景千差万别的民族,信仰形形色色的宗教。但贵霜统治者还是实行了有效的行政管理,国王任命"总督"和"大总督"治理地方,总督是世袭的。

在贵霜盛期,中亚和印度兴起了一大批新的城镇,农牧业(作物培育和牲畜饲养)、灌溉技术(地下水渠、运河等)、手工业(制陶、金属加工、锻铁、纺织、珠宝加工等)和建筑业(王宫、神庙、住宅、城墙、塔楼、工场)等都有较大的发展。由于境内、境外的贸易十分兴旺,市场也欣欣向荣。贵霜的繁荣固然主要是依靠高度发达的农业,但贸易所得也是重要的经济保障。

值得一提的还有乾陀罗艺术的形成和发展。从亚历山大大帝和塞琉古时代起,乾陀罗就一直是希腊人的移居之地,受希腊文化影响很深。佛教传入后,希腊艺术的形式自然被应用到佛教的主题上去,于是产生了一种特殊的佛教艺术,一般称为希腊佛教艺术或乾陀罗艺术。这种艺术最繁荣的时期是公元前 1 世纪到公元 2 世纪,亦即贵霜王朝统治的鼎盛时期。这种艺术形式一度对北次大陆产生了不容忽视的影响。

6　肃慎与秽貊的分合

　　肃慎和秽貊是东北亚的两大古族系,依据所操语言、分布地域、经济文化类型等标准划分,分别包括不同历史时期、特定地域、称谓各异的诸多氏族、部落或民族——涵盖了民族共同体发展过程中的各种类型。两大族系中最早见诸汉文史籍的是"肃慎"和"秽貊",后世研究者习惯上以此两种称谓分别作为两族系众多民族的统称。在漫长的历史进程中,两大族系各族经历了复杂的发展演化,大约在公元前3世纪初期,与以游牧为生的东胡族系各族和操持农耕的汉族形成并立格局,此种格局一直持续到17世纪中叶。

　　肃慎系古族大体分布在古代中国东北地区的东部山区,主要从事渔猎,兼事采集和农业。依汉文史籍记载次序,肃慎、真番、挹娄、勿吉、黑水靺鞨、粟末靺鞨、女真、满洲、骨嵬、吉里迷等均可划归肃慎族系。肃慎系古民族早在夏代就与中原王朝有所往来。

　　秽貊系古族主要活动在古代中国东北地区中南部和朝鲜半岛北部的平原地带,以农耕为主,渔猎和采集为辅。一般认为汉文史籍所载秽、貊、箕、高夷、橐离、良夷、发、白民(白夷)、夫余、高句丽、沃沮、豆莫(娄)等皆属于该族系。秽貊族系各族文明程度较高,其中的秽、貊、箕、古朝鲜、夫余和高句丽等都曾建立自己的民族政权。

　　6世纪中叶以前,属于肃慎族系的"肃慎"、"挹娄"和"勿吉",与秽貊族系的秽、貊、箕、高夷、橐离、良夷(梁貊)、夫余、高句丽等氏族、部落或民族,持续不断地叙写其分合的历史,从其特点上看,大体可以分为三个阶段。

　　第一阶段,早期两大族系的和平交往与自然同化。

公元前3世纪20年代之前,也就是中国历史上的先秦时期,在漫长的历史进程中,两大族系古族以和平交往为主。两大族系受战争影响始于春秋战国时期,主要是燕国为了消除来自少数民族的威胁而发动的战争。在和平交往这一主流背景下,诸族在经济、文化等方面互相影响,自然同化也就成了这些古族发展演化的必然结果。

肃慎族系最早的古族名为"肃慎",又称"息慎"或"稷慎",是最早见于汉文史籍记载的东北亚土著古族之一,其活动时间可上溯到虞舜之世,直至公元前2世纪末汉籍中仍有其名,但所记之事多发生在春秋战国以前。汉代以前,肃慎分布在牡丹江中游和黑龙江下游的广大地区,西部、南部与秽人接界。当中原地区进入青铜文化时代时,肃慎仍处于氏族社会阶段,生产工具以石器为主,以渔猎为主业,居所为半地穴式。至少在商周时代,开始逐步定居,出现原始农业和畜牧业。传说肃慎族早在尧舜时期就已经和中原地区建立了联系,夏商周三代交往日益密切。特别是在周代,肃慎族曾活跃一时,屡次向周天子贡献"楛矢、石砮"等方物。其民族流向除了少部分融入汉族及周边同源民族,大部分仍生活在本体中。随着肃慎族的迁徙,与汉族接触增多,肃慎族逐渐接受汉文化影响。

秽貊族系最早的古族"秽"和"貊"起初单独见载于汉文史籍,战国以后,连称为"秽貊"。"秽",亦称"追"、"濊"、"薉"等。关于其族源尚有争议,或说是古亚细亚人的后裔,或说其源自夏代中原地区的豕韦族,或说他们与山戎为同一民族,或说是貊族中的一支,直接渊源于其中的胡貊。秽人为东北亚地区的土著,大致活动在北起松花江上游,东南到朝鲜半岛以北地区。秽人的经济生活以农业为主,畜牧业和捕捞业为辅。"貊"又称"貉"、"狢"等,起初聚落而居,散布于中国北方地区。东北亚地区的貊族主要活动范围相当于今中国黑龙江省嫩江中游一带、吉林省西部和辽宁省东部地区。先秦时期,貊人在东北地区的部落主要有北发、貊国等。北发可能与肃慎相邻,分布在今吉林省西部及其以北地区,社会经济比较发达,以渔猎和农业生产为主。貊国的活动范围,大致应在辽东,其地与燕国邻近。

·欧·亚·历·史·文·化·文·库·

　　早期秽貊族系中,还有由汉族入主、因其地而治的箕氏朝鲜政权。"箕氏"本为商朝的一个大族。纣王时,箕氏首领箕子官至太师,虽然曾因直谏遭到迫害,但周灭殷商后,不愿意弃商事周,遂率领五千族人迁徙东北亚,初适辽西孤竹之地。此地有燕侯势力,其北又有山戎等部落的威胁,箕氏人少势孤难以立足,不久再次率众迁往东南,最终到达朝鲜半岛北部。箕氏与当地貊族的一支"良夷"结合,建立箕氏朝鲜,中原先进文明始传入朝鲜半岛。周武王顺水推舟,以朝鲜之地封之。战国后期,燕曾两度用兵朝鲜,使其实力受挫。

　　第二阶段,民族政权的建立与诸族并立格局的形成。

　　公元前3世纪20年代至3世纪20年代,即中国历史上的秦汉时期,在秦汉王朝对东北地区实行行政建置、有效管理的同时,秽貊族系先后出现夫余和高句丽民族政权。此外,还有取代箕氏朝鲜的卫氏朝鲜,从而促成东北地区民族并立的格局的确立。

　　箕氏统治者在朝鲜的统治共历42世,被燕人卫满取代。燕王卢绾反叛失败逃入匈奴之时,卫满也聚党千余人,逃往朝鲜。朝鲜王箕准收留并封之以朝鲜西部地区,本想以之为藩屏,但卫满依靠收编燕、齐流民,以及役使真番、朝鲜,得以发展壮大。公元前194年,卫满以武力颠覆了箕氏朝鲜,赶走箕准,建立卫氏朝鲜。卫氏朝鲜建立后,不仅以武力降服朝鲜半岛上的一些小国,还侵入真番、临屯,招诱西汉逃亡之人,并阻止朝鲜半岛小国与西汉的来往。公元前109年,汉武帝派军攻灭卫氏朝鲜,后于其地设置真番、临屯、乐浪、玄菟4郡,进行辖制。

　　夫余是秽貊族系的一支,公元前2世纪初年,同为秽貊族系的櫜离族王子东明逃难至秽人之地,在中国东北地区建立少数民族政权——夫余国。其政权大约存在600年,一直隶属于中原王朝。夫余的居地约相当于今松辽平原的北部,统治中心即王城可能位于今吉林市。其国以农业为主,畜牧业、狩猎业和手工业也比较发达,盛产良马和各种毛皮,为当时东北亚地区富庶的文明之邦,人口多达40万之众,宗教信仰明显带有原始时代图腾崇拜特点。夫余是东北地区最早建立政权的民族,与其并立的高句丽、鲜卑等,比它晚至少百余年。作为东北地区最先强大起来的国家,夫余国盛极一时,曾是当时东北亚北半部左右局势的力量。大约 1 世纪初年,开始与汉王朝建立密切联系,在政治上臣属汉王朝,先后受玄菟郡和辽东郡管辖。

继夫余之后,其同一族系的高句丽建立起政权。高句丽亦称"高丽"、"高句骊"、"句骊"、"高骊"等。其前身即为汉文史籍所记"高夷",商周时代分布于浑江、富尔江流域。大约公元前 3 世纪上半叶,高夷归属于燕辽东郡。汉武帝统治时期,于其地设置高句丽县,属于玄菟郡。高句丽境内分布许多互不统属的貊人部落。公元前 37 年前后,夫余贵族朱蒙在宫廷斗争中失败,南逃至位于东北的南部及朝鲜半岛北部的高句丽居地,统领当地高句丽部落建立国家,其国民中包括夫余、貊人、高夷等,民族成分十分复杂。经济以农业为主业,辅之以渔猎、畜牧业,手工业也较发达,进入早期奴隶制阶段。高句丽建国后,开始对肃慎、北沃沮、梁貊、夫余等部落和民族的大规模武力征服,经过百余年的兼并战争,统一三貊和高夷诸部,同时融合部分夫余人,形成高句丽族。其后,高句丽还与汉王朝展开对辽东的争夺,并最终占领了辽东。至 3 世纪上半叶,其势力范围南到清川江,北到浑江上游,东至沧海,西达今辽宁新宾。高句丽以国力强盛闻名于整个东北亚地区,立国时间长达 700 年之久。

在夫余和高句丽日渐强大的过程中,秽貊族系其他民族以及肃慎族系诸族发展相对滞后,在遭遇侵扰或征服的境况中顽强地生存。

属于秽貊族系的"沃沮"见载于汉代史籍,大致活动在北朝鲜东北部与图们江流域的北部地区,包括东沃沮和北沃沮两部分。东沃沮主要活动在今朝鲜半岛北部的咸镜道区,北沃沮主要分布在今吉林省最东部的珲春一带(20 世纪 70 年代在绥芬河流域的黑龙江省东宁县发掘的团结遗址,即被认为属于北沃沮)。公元前 3 世纪,沃沮仍处于氏族社会发展阶段,臣服于卫氏朝鲜。后来汉武帝灭卫氏朝鲜,于沃沮地设立玄菟郡。高句丽兴起后,公元前 58 年,征服东沃沮;公元前 28 年,吞并北沃沮。沃沮被高句丽征服后,其族并未被完全同化,仍聚族而居,受高句丽奴役,承担沉重的租赋。与此同时,沃沮还经常遭受其北部骁勇的挹娄人的寇掠,唯与夫余关系较为亲善。5 世纪以后,沃沮不见于史载,一般认为沃沮在高句丽统治时期融入了高句丽,高句丽灭亡后,沃沮亦不复存。

1 世纪至 3 世纪中叶,汉文史籍将"挹娄"与"肃慎"并称。挹娄与肃慎有渊源关系,后演变为勿吉、靺鞨。其地望与古肃慎族基本相同,略有扩大,大体相当于今张广才岭、老爷岭以西,牡丹江中下游,松花江、黑龙江和乌苏里江汇流地及其下游,东滨日本海。经济以渔猎为主,兼从事农耕、手工、畜牧。有分散居住的许多部落,但尚未形成统一的部落联盟。自兴起以来,挹娄曾一度归附于夫余,后多次反抗,在 3 世纪中叶左右挣脱了夫余的羁绊。夫余曾讨伐数次,终未能将挹娄重新置于自己的控制之下。挹娄曾慑于强大的高句丽的压力,主动派遣使臣向高句丽进贡,后多次寻机反抗未果。挹娄在这种有斗争有屈服的情况下生存下来,在自身受扰的同时,还经常侵扰与之毗邻的北沃沮。

第三阶段,三大强族激烈角逐与强制同化。

3 世纪 20 年代至 6 世纪末,即中国历史上的魏晋南北朝时期,曹魏政权统一了中国东北地区,为西晋政权最终完成大一统奠定基础。秽貊族系的夫余、高句丽和肃慎族系的勿吉三大强族之间,以及高句丽与东胡族系的乌桓、鲜卑之间展开激烈角逐。强制同化遂成为此时期的主要特点,其结果是加速了民族融合的进程。

夫余和高句丽立国已久,不断进行较量。起初夫余势力较强,高句丽臣属之。随着高句丽开疆拓土实力日增,逐渐摆脱臣服地位,不断向夫余发动攻势。夫余遭受高句丽、鲜卑、勿吉的多方蚕食,势衰力竭。470 年,高句丽好太王亲征夫余,重创其国。494 年,夫余被新兴的勿吉所灭,夫余王携其家属投降于高句丽。其部众流向一分为三:留住原居地者并入勿吉,南下者融入高句丽,向东北方向迁徙者演变成"豆莫娄"。高句丽自 2 世纪上半叶起,受辽东的乌桓和公孙氏势力的挤压,加上曹魏政权的征讨,一度衰落下去。东晋初年,高句丽实力又回升,西侵玄菟、辽东,威胁慕容鲜卑。3 世纪末至 4 世纪末,慕容鲜卑与高句丽为争夺辽东展开战争,使得高句丽臣服于前燕。西侵失败后,高句丽转而向南扩张,427年,高句丽迁都平壤,与朝鲜半岛的百济和新罗鼎足而三。其后继续与后燕争夺辽东,并最终在好太王统治时期夺占此地。归并了北部夫余后,领有松花江以南地区,高句丽开始进入空前兴盛时期。至6世纪中叶,高句丽的活动区域包括今辽宁省辽河以东、吉林省东部、朝鲜半岛北部等地区,成为当时东北亚地区最强大的民族。

5世纪至6世纪末期,汉文史籍以"勿吉"之名称呼肃慎和挹娄的后裔。勿吉继承先人肃慎、挹娄的传统,奋力崛起,成为当时东北亚历史舞台上又一支强盛的民族力量。勿吉的活动区域,北到黑龙江中下游,南达长白山,东抵日本海,西至松花江北流段。以骁勇强悍著称的勿吉经常攻掠临近的高句丽、夫余和豆莫娄。当高句丽向朝鲜半岛扩张,连年忙于征战百济,无暇北顾之时,勿吉乘虚而入,先攻下位于今吉林的"高句丽十落",后来又密谋与百济从水道攻取高句丽,并遣使请于北魏,后因北魏的阻止而罢休。随着夫余日益衰落,勿吉趁机将自己的势力扩张到原属于夫余的大片地区,最终灭掉夫余。位于勿吉北部的豆莫娄,经常受到勿吉的侵扰,但其经济发展、生活习俗、社会组织的变化,明显吸收了夫余文化的影响,这是勿吉占领夫余之地后,与当地夫余族融合的结果。勿吉吸收了夫余的先进文化,依然使用本民族的语言,并将占领地的夫余人同化。勿吉与中原王朝交往频繁,多次朝贡。6世纪末,汉文史籍中仍将"勿吉"与"靺鞨"并称,隋朝史籍中才正式转称"靺鞨"。靺鞨人很快成为东北亚历史的主宰力量。

由于在地理分布上为紧邻之故,加上东北亚地区山川无阻交通便利,肃慎和秽貊两大族系诸族之间、与周邻其他族系及中原王朝之间必然发生密切的联系,可以"分合"二字加以概括。"分合"即民族分化与重组的过程。和平共存的状态为民族间的自然同化提供土壤,征战与兼并则导致战败民族被强迫同化;重新组合的结果,产生新的民族。两大族系诸族在长期共存与发展过程中,都经历了复杂的演化,诸民族生灭兴衰,互为消长,形成持久运行之势,体现了东北亚民族史的特

·欧·亚·历·史·文·化·文·库·

点。不复见载于史籍的民族,或是融入了其他民族中被完全同化,或是分化后重新与其他民族组合,转成另一新的民族共同体。肃慎和秽貊两大族系诸族的兴亡,遵循的是优胜劣汰这一法则。

肃慎和秽貊的分化、重组,使东北亚局面焕然一新,东北亚与内陆欧亚联系更加紧密,为东北亚民族逐鹿于欧亚舞台奠定了基础。

主要参考文献

马长寿.北狄和匈奴[M].北京:三联书店,1962.

马长寿.乌桓与鲜卑[M].上海:上海人民出版社,1962.

余太山.塞种史研究[M].北京:中国社会科学出版社,1992.

孙进己,冯永谦.东北历史地理[M].北京:文物出版社,1980.

张博泉.东北地方史稿[M].长春:吉林大学出版社,1985.

佟冬.中国东北史[M].长春:吉林文史出版社,1998.

李治亭.东北通史[M].郑州:中州古籍出版社,2003.

北京大学,东北师范大学历史系世界古代史教研室.世界古代史论丛:第1集[M].北京:三联书店,1982.

余太山.第一贵霜考[M]//中亚学刊:第4辑.北京:北京大学出版社,1995:73-96.

余太山.新发现的腊跋阅柯铭文和《后汉书·西域传》有关阎膏珍的记载[J].新疆文物,2003,3/4:43-47.

〔英〕阿诺德·汤因比.人类与大地母亲[M].徐波,徐钧尧,龚晓庄,等,译.马小军,校.上海:上海人民出版社,1992.

〔美〕斯塔夫理阿诺斯.全球通史[M].吴象婴,梁赤民,译.上海:上海社会科学院出版社,1988.

〔捷克〕赫罗兹尼.西亚细亚、印度和克里特上古史[M].谢德风,等,译.北京:三联书店,1958.

〔澳〕巴沙姆.印度文化史[M].闵光沛,等,译.北京:商务印书馆,1997.

〔巴基斯坦〕.中亚文明史:第1卷[M].芮传明,译.北京:中国对外翻译出版公司,联合国教科文组织,2002.

〔匈牙利〕雅诺什·哈尔马塔.中亚文明史:第 2 卷[M].徐文堪,芮传明,译.北京:中国对外翻译出版公司,2002.

〔俄〕李特文斯基.中亚文明史:第 3 卷[M].马小鹤,译.北京:中国对外翻译出版公司,2003.

〔希腊〕阿瑞安.亚历山大远征记[M].李活,译.北京:商务印书馆,1985.

〔希腊〕普鲁塔克.亚历山大大帝传[M].吴奚真,译.北京:团结出版社,2005.

白鸟库吉.东胡民族考[M]//白鸟库吉全集·塞外民族史研究(上):卷 4.东京:岩波书局,1970:63 - 320.

Curtius Q. History of Alexander[M]. London:[s. n.],1956.

Narain A K. The Indo - Greeks[M]. Oxford:Oxford University Press,1957.

Tarn W W. The Greeks in Bactria and India[M].[S. 1]:CUP,1951.

Ilya G. The Median and Achaemenian Periods. The Cambridge History of Iran:Vol. 2[M].[S. 1]:CUP,1985.

匈人西迁，成了西罗马帝国覆亡的外部原因，西迁后的阿瓦尔、保加尔等同样在欧洲的历史舞台上扮演了重要的角色。嚈哒人继贵霜之后书写了中亚、西亚和南亚史上新的一章，而鲜卑的兴起、拓拔魏政权的建立，以及柔然、高车和北魏的关系，与此前匈奴和两汉的关系一样，构成了中国史不可分割的部分。这一切均表明：了内陆欧亚在世界史上的作用和地位。

根据比较可信的研究，以上各部族中，至少匈人、保加尔人、嚈哒人，还要加上柔然人，其原居地似乎无不可以追溯至东北亚。这清楚地表明：在突厥兴起之前，内陆欧亚各个局部之间，已经存在着何等密切的联系。内陆欧亚文化、宗教、语言、习俗等等的近似以及你中有我、我中有你的原因均可求索于这种联系。毋庸置疑，游牧民族是这种联系形成的主要动力。

7 乌桓的起落与鲜卑的扩张

乌桓和鲜卑皆属东胡族系,是6世纪中叶以前东胡族系中活动频繁、充满生机的两个部族。

乌桓和鲜卑都是由亡于匈奴后的东胡转化而来的。早在商周时期,"东胡"之名就见载于汉文史籍。春秋时期,东胡仍处在氏族社会,从事游牧兼渔猎。战国以后,许多族属相同、名称各异的大小部落结成部落联盟,后来的乌桓、鲜卑就是其组成部分。随着诸部落的统一,东胡势力渐强,善骑射,好掳掠,为患北方。其南邻燕国屡遭其侵扰却无力反抗,曾以人质换取暂时的安宁。公元前284年,燕国向东胡展开反击,东胡退守西拉木伦河流域。其后,燕国修筑长城,以遏止东胡南侵。匈奴内部发生争权斗争之际,东胡趁机西进。公元前206年,匈奴出兵讨伐东胡并击破之。其族民一分为三:融入匈奴者被同化变成匈奴人;留居故地保乌桓山者,为"乌桓";逃至辽东塞外别依鲜卑山者,为"鲜卑"。此后,东胡之名销声匿迹,代之以乌桓、鲜卑,称雄于东北亚,参与民族大迁徙与大融合进程中的角逐。

乌桓又名"乌丸",起初存身于乌桓山(应即今内蒙古阿鲁科尔沁旗西北的乌辽山),聚居地在今大兴安岭南端,东邻夫余,西接匈奴,南抵中原幽州刺史辖区,北部为鲜卑拓跋氏之地。公元前3世纪,乌桓人仍处于氏族社会阶段,尚有群婚残余,以游牧为主,兼事原始农业和手工业。其社会结构由低到高依次为落、邑落和部,各部的首领称为"大人",凌驾于部民之上,享有特权。自从被冒顿单于击破以后,乌桓人少势孤,臣服于匈奴,遭受剥削。公元前119年,西汉王朝骠骑将军霍去病击破匈奴左贤王,部分乌桓人得以逃脱匈奴的奴役。汉武帝将乌

·欧·亚·历·史·文·化·文·库·

桓南迁至上谷、渔阳、右北平、辽东、辽西五郡塞外,设乌桓校尉统管其事务,意在利用乌桓作为藩邦,侦察匈奴动向。1 世纪初期,乌桓已经移居北部郡塞内,与汉民相接。随着鲜卑日渐强大,乌桓受到威胁。公元 49 年,辽西乌桓大人郝旦率众诣阙朝贡,请求进一步内迁。东汉朝廷封郝旦等 81 人为侯王君长,乌桓遂得以进入缘边诸郡。东汉王朝的安抚手段,换来了乌桓的归附与边境的安宁。随着东汉政府的衰弱,乌桓与匈奴、鲜卑联军寇边之事渐多。东汉末年,乌桓势力进一步增强,乌桓大人先后乘乱称王,形成辽西、辽东、右北平、上谷四个大的部落联盟。辽西乌桓大人蹋顿为诸部乌桓之帅,总摄辽西、辽东、右北平三郡乌桓,诸郡乌桓人初步统一并强大起来,随即卷入了中原的封建割据战争。

东汉王朝统治末期,袁绍借助辽东、辽西以及右北平三郡乌桓势力,灭掉公孙瓒,尽占幽州之地,与曹操并列为中原地区两大军阀。自 200 年官渡之战开始,曹操势力渐强于袁绍,袁绍兵败被杀,其子袁尚、袁熙投奔蹋顿。207 年,曹操亲征辽西乌桓,直逼其根据地柳城(今辽宁朝阳南)。两军会战白狼山(今白鹿山,位于今辽宁喀喇沁左翼蒙古族自治县东),曹操以少胜多,大败乌桓军,斩杀蹋顿及其他乌桓首领,消灭袁氏残余势力,解除南下后顾之忧,夺回被乌桓掠去的 10 余万汉人,还俘获 10 余万乌桓人,控制了除辽东及关陇以外的北方地区。曹操精选健壮乌桓士兵编入骑兵,为天下名骑。乌桓人从此四分五裂:辽东、辽西、右北平 3 郡 3 万余落乌桓人被曹操迁入中原,逐渐融入汉族;得以逃脱仍居留关东的部分最后分别融入或发展成库莫奚、室韦和乌洛浑;聚落而居于渔阳、雁门、朔方诸郡的乌桓人虽未遭到打击,却隶属于曹操政权,这部分人仍保留"乌桓"之称。3 世纪末,其中一部分归于鲜卑拓跋部,后又奔徙并州。4 世纪初,乌桓诸部多归降后赵石勒,其后又转降慕容鲜卑,先被鲜卑化,最终与鲜卑人一起汉化。

鲜卑兴起略晚于乌桓,发展水平、经济生活和社会结构等与乌桓相类。公元前 2 世纪末,随着乌桓被迁徙至上谷等五郡塞外,鲜卑也不断南移填充乌桓故地。1 世纪末 2 世纪初年,北匈奴被汉朝、乌孙、丁零、乌桓和鲜卑击败,被迫西迁,鲜卑遂大规模成扇形不断南迁西徙,分布于辽东至陇西的广大地域。随着各部落集团不断分化、组合,2世纪中叶,檀石槐被推举为大人,统一了鲜卑诸部。檀石槐统辖的东、中、西3部共36余邑落,包括宇文鲜卑、慕容鲜卑和拓跋鲜卑,所控之地东西1万4千余里,南北7千余里。南寇东汉边郡,北拒丁零,东却夫余,西击乌孙,尽占匈奴故地,成为一个空前强大的部落军事大联盟。这一联盟正是适应统治蒙古高原的需要而产生的。181年,檀石槐去世,鲜卑统一局面瓦解,陷于分散状态,各部大人也由原来的部众推举制改为世袭制。约228~233年,漠南鲜卑中的"小种鲜卑"轲比能集团,统一了漠南以及原联盟统辖的东部和中部地区,但未能恢复檀石槐统治时期的局面。235年,轲比能被刺杀,其军事联盟分崩离析,东部鲜卑宇文部、段部和慕容部随即兴起,并趁机南迁,占有乌桓故地。

鲜卑在长期南迁西进过程中,与乌桓、匈奴、丁零和汉人融合,逐渐形成东、北、西三部分:檀石槐、轲比能等部落集团及后起的宇文氏、慕容氏、段氏被称为"东部鲜卑";始居于今额尔古纳河和大兴安岭北段的"别部鲜卑"进入匈奴故地后,与匈奴余部融合,形成"鲜卑父匈奴母"的拓跋氏,被称为"北部鲜卑";慕容氏的一支吐谷浑西迁后与当地羌人等融合成的吐谷浑部,拓跋氏的一支由塞北西迁至河西一带形成的秃发氏,以及鲜卑与敕勒混合形成的陇右乞伏氏等,被称为"西部鲜卑"。

"东部鲜卑"三部中的宇文鲜卑是由鲜卑与匈奴余部融合而成的。北匈奴西迁后,留在漠北的10余万落南匈奴人东迁至辽西,统治了当地鲜卑人,后归附檀石槐并逐渐鲜卑化。至宇文莫槐时代,大致占据今辽宁朝阳以北至西拉木伦河、老哈河一带。段部鲜卑源于辽西鲜卑族,务勿尘统治时期,占据辽西一带,疆域最广时,西接渔阳,东至辽水。4世纪初,开始与宇文部、慕容部争夺辽西。慕容鲜卑先祖为退保鲜卑山的东胡,发祥于今内蒙古西拉木伦河上游。首领莫护跋时期,向东南迁徙入辽西之地,建都于棘城(今辽宁锦州附近)。285年,慕容廆嗣位鲜卑单于,是为前燕政权之始。随着其势力范围不断扩展,289年迁至徒河(今辽宁锦州市)之青山,294 年又迁居大棘城(今辽宁义县西北),占据辽水以西大片土地。至 4 世纪初,其人口增加了 10 倍,实力逐渐超过宇文氏和段氏。

前燕时期,慕容鲜卑一方面受到宇文鲜卑和段部鲜卑的严重侵扰,另一方面也面临高句丽的威胁。333 年,慕容皝即位后,南摧强赵,北并宇文部和段部,东袭夫余,灭高句丽并使之臣服,成为雄踞于辽西的强大势力,341 年,迁都龙城(今辽宁朝阳)。解除了东、北、西部的威胁,前燕毅然挥军南下,问鼎中原,开东北亚少数民族政权进取中原之先河。慕容儁即位后,于 350 年亲率 20 余万精兵,进军中原,击败羯族后赵,占领蓟城(今北京西南)并迁都于此。352 年慕容儁攻下冉魏的都城邺(今河北临漳西南),并于 357 年迁都于此。359 年,东晋进攻前燕,招致失败。至此,前燕不仅据有东晋汝南、颍川、谯、沛诸郡,将中原地区全部纳入辖区,还与关中苻坚前秦平分了黄河流域。其辖境南至淮水,北至河套,西至山西,东至东北的东南部,总计占有 12 州、157 郡,臻于极盛。360 年,慕容儁病故,其年仅 11 岁的儿子慕容暐即位。东晋乘机夺回洛阳、许昌、河南、汝南、荥阳等地。365 年,慕容恪、慕容垂挥军南下,又夺回慕容儁时期所占南部地域。365 年,慕容恪死去,慕容暐不听从慕容恪推荐慕容垂为大司马的建议,任由贪财乱政的佞臣慕容评掌权。屡建战功的慕容垂受到排挤,遂投奔前秦。前燕从此陷入争权夺利的宫廷斗争中,政治日益腐败,很快走向衰落。370 年,前秦王苻坚率军攻入邺城,俘获慕容暐,立国 86 年,在中原立足 20 年的前燕灭亡。

383 年,苻坚大举进攻东晋,在淝水战败,前秦政权瓦解,中国北方再度陷入分裂割据局面。各少数民族纷纷建立政权,相互征战,鲜卑人也进入了空前活跃的时代。鲜卑各部迅速扩张,活动范围剧增。东部鲜卑慕容氏在关东地区先后建立后燕、西燕和南燕;西部鲜卑乞伏氏在陇右建立西秦,秃发氏在河西建立南凉,吐谷浑氏建立吐谷浑政权;北部鲜卑拓跋氏建立的北魏更是盛极一时。

后燕由慕容垂建立。经淝水之战,前秦诸军溃散,唯有慕容垂所率

3万军队无损失。384年,慕容垂打着复燕的旗号,自称大将军、大都督、燕王,获得鲜卑、丁零、乌桓诸部的支持,于385年定都中山(今河北定州),次年称帝,史称"后燕"。经过数年战争,消除前秦残余势力、灭西燕、平定高句丽,排除了异族的干扰,恢复了前燕在关东的统治。辖境西至河套以东,东至海,南至黄河以南的梁郡、琅琊郡,北至渔阳郡,东北至辽东、玄菟郡。

在慕容垂建立后燕的同时,384年,关内外的徒河鲜卑因不堪前秦的奴役,推举慕容暐之弟慕容泓为首领,也竖起恢复前燕的大旗,起兵反对苻坚,建元称帝,史称此政权为"西燕"。西燕建立后,几易其主,至386年慕容永于长子(今山西长治)称帝时,其辖区南抵轵关(今河南济源),北至新兴(今山西忻县),东依太行,西临黄河。西燕虽然与后燕同出于慕容鲜卑,却不见容于后燕。394年,西燕亡于慕容垂,立国仅10年。

正当后燕致力于兼并西燕之时,"北部鲜卑"拓跋氏悄然兴起于长城以北,并开始涉足中原,对后燕造成威胁。395年,后燕征伐北魏未获成功,反遭重创。396年慕容垂病故,其子慕容宝即位,遭到北魏大规模进攻,退守龙城。危难之际,后燕统治阶层发生内讧,397年,都城中山被北魏攻占,后燕在中原势力基本瓦解。后燕在中原失去立足之地,重返东北。当政的慕容宝穷兵黩武,继续征讨北魏招致失败,自身也被外戚谋杀,后燕从此国势更弱。其后即位的慕容盛残暴无道、慕容熙荒淫无度,后燕不断发生宫廷斗争。407年,曾任后燕慕容熙卫中郎将的汉人冯跋杀死慕容熙,拥立高云为王,后燕遂亡。409年,冯跋称王昌黎,因袭国号燕,史称"北燕",436年亡于北魏,立国24年。398年,后燕余部慕容德南迁滑台(今河南滑县),称王建元,次年定都广固(今山东益都西北),史称"南燕",410年亡于东晋刘裕北伐军,存在10余年。

"西部鲜卑"于4世纪至5世纪上半叶分别建立南凉、西秦和吐谷浑政权。

南凉由河西鲜卑秃发氏集团建立。秃发氏源出于拓跋鲜卑,3世纪上半叶，酋长秃发匹狐率领部众从塞北西迁至河西，几经迁徙后，主要游牧在东至麦田（今甘肃靖远东北）、牵屯（今宁夏固原西），西至湿罗（今青海湖东），南至浇河（今青海贵德县之东沟、西沟），北接大漠（今腾格里沙漠、巴丹吉林沙漠）的广大地区。秃发乌孤时期，筑廉川堡（今青海乐都东）作为政治中心，并自称大将军、大单于、西平王。399 年，利鹿孤即位，迁都西平（今青海西宁）。402 年，傉檀继立，还都于乐都，改称凉王，史称"南凉"，臣服于强大的后秦王姚兴，并获准入居于姑臧。407 年，傉檀进攻北凉沮渠蒙逊，招致挫败，同年又受到铁弗匈奴夏主赫连勃勃劫掠。408 年，无法立足河西走廊，放弃姑臧，还都乐都。北凉取得姑臧后，继续骚扰南凉。南凉迁徙不定，连年饥馑衰乱，内忧外患之际，西秦乞伏炽盘乘机攻占乐都，劫掠人口，抢夺牲畜。414 年，走投无路的傉檀投降乞伏炽盘，次年被杀，南凉灭亡，立国 18 年。

西秦为陇西鲜卑乞伏国仁建立。其先祖为鲜卑乞伏部，此部与斯引、出连、叱卢等三部先自始居地漠北向南迁至大阴山驻牧，后迁往陇西。在迁徙途中，四部组成部落联盟，共推乞伏部的可汗为盟主。经历几代的迁徙、征战与发展，日渐强盛。385 年，乞伏国仁自称大都督、大将军、大单于，领秦、河二州牧，都于苑川（今甘肃榆中北），史称"西秦"。初附于后秦，继而归降氐、羌、鲜卑诸部，占有陇西、巴西之地，迁都金城（今甘肃兰州西北）。412 年，乞伏炽盘继立，迁都枹罕（今甘肃临夏）。414 年，灭南凉，徙其民万余户入枹罕。继而连败吐谷浑，拓地至青海湖以东地区，臻于强盛。其领地西逾乐都，东抵陇西，北距河，南略吐谷浑。428 年，炽盘死，子伏暮末继位。暴政加上连年天灾，人民流亡，西秦迅速走向衰落。431 年，亡于夏主赫连定，立国 47 年。

吐谷浑原为鲜卑的一支，始居地在徒河流域（今辽宁锦县西北）。4 世纪初，首领吐谷浑率部西附阴山，假道上陇，止于枹罕，并以枹罕为中心，驻牧于甘松以南，洮水以西，白兰山（今青海巴隆河流域布兰山一带）以北，游牧地域达数千里，与羌人杂居并融合，遂以吐谷浑名其族。390 年，首领视连向西秦王乞伏干归称臣。405 年，首领树洛干自称车骑大将军、大单于、吐谷浑王,与西秦展开争霸战争。417 年,树洛干战败而死,阿柴继立,兼并氐、羌诸部,拓地数千里,驻牧浇河一带,成为诸羌中的强国。439 年,北魏军队攻克凉州,时任吐谷浑王的慕利延率部逾沙漠向西逃遁。445 年,魏太武帝派军讨伐慕利延于白兰山。慕利延不战而走,西逃入居于阗,杀死于阗王,占据其地,继而远征罽宾等地。446 年,慕利延率领部众重返故土。此时吐谷浑土地广袤,以沙州为统治中心,还建立清水川、赤水、浇河、吐屈真川四座大城。453 年,拾寅继立,建都邑于伏罗川(位于今湟水上游),统治中心西徙,北魏连年出兵征讨并臣服之。540 年,夸吕在伏俟城(今青海共和县石乃亥铁卜加古城)自称可汗,辖区面积超过今青海省,东西 3000 里,南北千余里。及至北魏分裂成东魏和西魏,以及北齐、北周时期,夸吕时而与之通使修好,时而寇扰劫掠,反复无常。

“北部鲜卑”拓跋氏建立拓跋魏,即北魏。拓跋氏大约在 1 世纪开始由大兴安岭南迁,经大泽(今呼伦湖地区)进入河套阴山一带匈奴故地,收编许多匈奴人口。檀石槐兴起后,拓跋鲜卑的首领推寅成为西部大人之一。经过不断的兼并战争,拓跋鲜卑的力量逐渐强大起来,其部民主要由鲜卑和匈奴人组成,也包括丁零、柔然、乌桓等民族。315 年,拓跋猗卢建立代国,定都盛乐(今内蒙古和林格尔),大致控制今内蒙古中部和山西北部地区。376 年,前秦苻坚灭代国,瓦解了以拓跋部为首的部落联盟。386 年,拓跋珪利用淝水之战前秦瓦解之机称王复国。在后燕王慕容垂的支持下,东破库莫奚,西破高车,又灭掉朔方塞外铁弗匈奴刘卫辰部。397 年,拓跋珪乘慕容垂病故之机,进军中原,先后夺取晋阳、真定、信都等地,进而攻下后燕都城中山,后又夺取邺城,尽取黄河以北,隔河与东晋对峙。398 年,拓跋珪迁都平城(今山西大同),正式定国号为魏,史称北魏或后魏。423 年,拓跋焘统治时期,北败柔然,西败大夏,灭北燕、北凉,降服后凉,终于统一了北方,结束了十六国割据局面。450 年,拓跋焘率大军南下进攻刘宋,掠淮南 5 万余户北还,南北朝对峙的局面开始形成。至此,北魏疆域东北至辽西,西达新疆东部,南接秦岭、淮南,北抵蒙古高原。495 年,孝文帝拓跋元宏迁都洛阳、进入中原。道武帝拓跋珪和孝文帝拓跋元宏统治时期,实行改革,加速了鲜卑封建化以及各民族融合、汉化的进程。拓跋鲜卑统治末期,各种社会矛盾日趋激化,最终导致各族人民起义。534 年,经 12 世、立国 148 年的北魏政权分裂为东魏、西魏两部分。不久,两政权遭到颠覆,北齐取代东魏,北周取代西魏,其中的西魏、北周政权皆由鲜卑宇文氏建立。577 年,北周灭掉北齐,基本上完成对北方的统一,据有黄河流域和长江上游的广大地区。581 年,北周亡于隋文帝杨坚。

北朝时期,出自鲜卑宇文部的"库莫奚"和"契丹",以及与乌桓、鲜卑有渊源关系的"乌洛浑"、"室韦"等民族因势力尚弱小,处于分化、组合、重新凝聚过程中,无力建立自己的民族政权。虽然时有南下侵扰之举,但均遭受打击,不得不归附北朝并朝贡不断。

自公元前 2 世纪末至 6 世纪中叶,东北亚地区游牧民族所建立的政权更迭颇为频繁,各民族时战时和,不断南迁北移东扩西徙,势力范围互为消长。乌桓、鲜卑以及匈奴、羯、氐、羌等少数民族之间及其与汉族之间的交往空前密切,民族融合成为历史的主旋律。乌桓汉化的进程并不曲折,鲜卑人则以其所建立的 8 个政权昭示其顽强的民族性格。离开蒙古草原和东北亚地区等原居地的鲜卑人内迁后,足迹遍及东起山东,西至新疆,南到淮河、长江的广大地区,甚至有一部分远徙至欧洲。经过长期与汉族杂居、通婚,鲜卑东、西、北三部大多数融入汉族。鲜卑慕容部在诸燕灭亡后,以散居形式融合到汉族和拓跋鲜卑中。6 世纪末以后,拓跋鲜卑也最终完成了汉化。鲜卑作为政权和民族实体不复存在,但其后裔在政治、经济、文化等各个方面对历史产生了较大的影响。

8　匈人西迁

　　4世纪70年代以降横行欧洲近百年之久的一批游牧部族被拜占庭史家称为"匈人（Huns）"。374年,匈人击灭位于今乌拉尔河以东里海与咸海之间的阿兰人（Alans,汉文史籍称其国为"阿兰"、"聊国"）,首次出现在顿河河滨,揭开入侵欧洲的序幕,进而成为推动欧洲民族大迁徙的一个原动力,最终导致4世纪罗马帝国的分裂以及5世纪西罗马帝国的崩溃,在4～5世纪欧洲历史上具有特殊的地位和影响。

　　匈人入侵罗马世界之时,地跨欧、亚、非三洲的罗马帝国经过200年的强盛,自3世纪渐趋衰败没落,4世纪以后开始面临居于帝国北部边境的外族的入侵。帝国北陲为日耳曼人诸部落领地,自西向东分布着法兰克人、勃艮第人（Burgundi）、汪达尔人（Vandals）、西哥特人,以及东哥特人等。这些罗马帝国眼中的所谓"蛮族"仍处于原始社会向奴隶社会过渡阶段,内部争斗激烈,部落统一意识薄弱。罗马帝国对于边境各族一贯推行奴役和征服政策,加上一些氏族贵族对罗马境内财富的觊觎,成为外族入侵的主要原因。匈人西迁则是导致日耳曼人诸部落向罗马帝国境内迁移的直接冲击力。匈人的冲击还引发了一系列连锁反应,其他民族因之而动,呈多米诺骨牌之势。

　　有关匈人西迁的线路及具体过程缺乏包括文献史料在内的诸种依据,目前尚不可考,而其入侵欧洲的经过以及造成的影响,求诸西方史乘则有迹可循。

　　匈人击灭阿兰后,阿兰人一分为三:一部分从咸海地区和伏尔加河下游向南逃入北高加索山中,一部分被迫臣服于匈人并追随其进一步西征,另有一部分则向西冲破了东哥特人的边防线。

·欧·亚·历·史·文·化·文·库·

　　375 年,匈人在其首领巴兰勃(Balember)率领下继续西进,越过顿河。位于顿河以西至德聂斯德河之间的东哥特人首当其冲,在匈人的猛烈攻势下,既无防备又乏斗志。年老的国王赫曼立克(Hermanrik)首战受挫自杀。年幼继位的维席密尔(Vithimir)苦战数月,兵败遭戮。赫曼立克之子呼纳蒙特(Hunimund)所部则索性不战而降。其余不甘屈服的东哥特人,在阿拉修斯(Alatheus)和萨弗来克斯(Safrax)率领下,西进德聂斯德河西岸西哥特人领地。

　　西哥特国王阿散那立克(Athanaric)目睹东哥特人失败与逃亡的遭际,预感到匈人入侵的威胁,立即在王国东陲德聂斯德河上设营布阵,企图阻止匈人渡河。而匈人却绕过西哥特人的防线,转向德聂斯德河上游进行偷渡,突袭西哥特军队的后方,致使西哥特士兵伤亡惨重,阿散那立克被迫率领残部弃阵而逃。匈人因战利品过多行动不便,放弃了进一步的追击。

　　兵败的西哥特人一分为二:国王阿散那立克带领少数部下向南逃入多瑙河北岸的德兰锡尔伐尼亚森林高地(位于今罗马尼亚境内)。酋长弗立铁真(Fritigern)率领多数西哥特人(其中包括壮丁 20 余万人)向罗马皇帝法伦斯(Valens)请愿,希望渡过多瑙河进入罗马国境避难,罗马帝国经过审慎朝议,答应了他们的请求。

　　然而这批进入罗马境内的西哥特人并没有受到平等对待,他们生活毫无保障,甚至被迫出卖子女以换取粮食。罗马帝国的将领和地方官吏无视这批西哥特人能满足其更新军队、增强屯垦的需要,反而施行残酷的政治压迫和经济剥削,终于激起西哥特人的仇恨以至发动武装斗争。西哥特壮丁在整个巴尔干半岛北部到处烧杀劫掠。随后,原先被匈人击破,由阿拉修斯和萨弗来克斯二人率领的东哥特人余众也渡过多瑙河,加入西哥特人对色雷斯(Thrace)北部和马其顿(Macedonia)等地的劫掠。不久,为数不多的匈人(此时匈人的主体部分还留在多瑙河以北原属哥特人的领土)和阿兰人的前锋也侵入罗马,参与骚乱。面对愈演愈烈的混战,罗马地方军队镇压不力,378 年,罗马皇帝法伦斯不得不亲自率领东西各部精兵,向哥特人开战,结果罗马军队大败,阵亡士兵达三分之二,法伦斯本人亦遭杀戮。此次交战动摇了罗马帝国的基础,打破了罗马帝国主宰西方世界的地位,是其走向衰亡的肇始。

法伦斯死后,继位的狄奥多修斯大帝(Theodosius the Great)虽然致力于整治军队,但仍无力驱逐哥特人。哥特人遂得以留居罗马帝国境内以逃避匈人的威胁。双方于 382 年左右达成妥协条款,哥特人获得了罗马帝国"同盟者"的身份;东哥特人、阿兰人和匈人,可在潘诺尼亚(Pannonia,今匈牙利河西一带)及上慕西亚(Upper Moesia,在潘诺尼亚东南,多瑙河南)两地居住并获得土地;西哥特人则定居于下慕西亚(Lower Moesia,在上慕西亚东部)。此后有关东哥特人的情况所知甚少,西哥特人则骚乱不断。

395 年,罗马帝国分裂为东西两部分。东罗马帝国以君士坦丁堡(Constantinople)为首都,西罗马帝国以罗马为首都。398 年,东罗马帝国苦于无法扑灭西哥特人的骚乱,于是改用贿赂加上赐给官衔的办法笼络其继任的首领阿勒立克(Alaric),诱使其臣服。

自 375 年至 400 年这 25 年中,匈人入侵欧洲造成的主要后果是驱使哥特人和阿兰人向西移居罗马帝国境内,其主体部分仍留居阿兰人和东哥特人的故地喀尔巴阡山脉以东的俄罗斯南部草原地带。384 年,有一小部分匈人曾南越高加索山脉,侵入亚美尼亚、美索不达米亚和叙利亚等地,均被击退。396 年,又有一小部分匈人企图侵入底格里斯河畔的泰西丰城(Ctesiphon,波斯萨珊帝国的首都),也以失败告终。

罗马史乘有关匈人的记载逐渐增多,始于 400 年秋季。彼时正值匈人首领乌尔丁(Uldin,或称"乌尔特斯",即 Uldes)统治时期,因捕杀逃亡至其掌控区的东罗马帝国叛将盖尼亚(Gania),并将其首级献给君士坦丁堡的东罗马皇帝以示友好,首次与罗马人直接接触。大约即在此时,匈人开始了第二轮的西进。

乌尔丁率领匈人向原本居于昔斯河(Theiss R.)以东地区(今匈牙利东部)的哥特人发起进攻。这批哥特人在首领雷大盖斯(Radagais)的率领下,向西逃往多瑙河中游,不久渡过多瑙河侵入西罗马帝国的潘诺尼亚。匈人的尾追迫使他们于404年越过阿尔卑斯山东端而进入意大利,于405年逃至法哀苏里(Faesuli,在今法洛伦斯附近),在西罗马帝国大军的阻击以及匈人的追击双重打击下,几乎全军覆灭。

雷大盖斯率领的哥特人以及尾随而来的匈人,迫使居住潘诺尼亚已久的汪达尔人、过去来自匈牙利东北部的苏维人(Suevi),以及以前遭匈人驱逐而来自俄罗斯东南部的阿兰人(Alani)大受威胁,被迫自401年开始西移。他们最先移至雷蒂亚(Raetia)和诺里库姆(Noricum)两地(约即今瑞士之地),难以立足,继续西移,于406年渡过莱茵河进入高卢(Gaul,今法兰西之地),与法兰克人发生鏖战,伤亡惨重,但仍冲破法兰克人的拦阻,侵掠了高卢的多处地方。后来由于西罗马帝国的兵力增强,这三族人遂改途南下,于409年越过比利牛斯山,进入了西班牙半岛,建立了三个割据王国:苏维人在半岛西北部建立苏维王国;阿兰人在今葡萄牙之地建立阿兰王国;汪达尔人在半岛其余地区建立汪达尔王国,后来其势力扩张至非洲北部。

汪达尔人、苏维人和阿兰人在高卢境内从事劫掠并准备开进西班牙之时,阿勒立克统率的原居于下慕西亚的西哥特人也开始向西罗马帝国的腹地意大利进犯,其原因同样是由于继续西进的匈人带来的压力。408～410年,阿勒立克每年发动一次对罗马城的围攻,每次均勒索大量的赔款。最后一次攻入城中劫掠,罗马帝国丧尽尊严。随后,阿勒立克继续南下,大肆劫掠意大利南部之地。不久阿勒立克死去,继位的阿萨尔夫(Athaulf)于412年率部占领高卢南部一大片土地。西罗马帝国无力将其铲除,只得妥协,皇帝荷诺洛斯(Honorius)被迫实行政治联姻,妻之以皇妹。此后,阿萨尔夫名义上为罗马帝国的总督,臣服于帝国,实际上在其占领的地区享有独立的统治权。不久,这些西哥特人又越过了比利牛斯山,打败了汪达尔人,夺取汪达尔王国所属的西班牙半岛大部,建立起西哥特王国,领土兼有今法兰西西南部及西班牙半岛东北部之地,延续数世纪之久。

匈人再次西进的压力,还致使勃艮第人和法兰克人迁移。西哥特人从罗马帝国取得高卢南部大片土地之时,勃艮第人和法兰克人同匈人几经恶战失败,也被迫越过莱茵河进占高卢北部各地。413~443年,勃艮第人最终占领了勃艮第(Burgundy,该地至今仍延续其旧称)。

400~415年左右,匈人第二轮西侵改写了欧洲的历史。匈人第一次西侵的结果是将许多日耳曼族人逐出俄罗斯南部,使其入居巴尔干,东罗马帝国遭受致命打击,但西罗马帝国所受影响较小。

第二轮西侵驱使许多蛮族冲进西罗马帝国,意大利遭西哥特人蹂躏达4年之久,非洲、西班牙和高卢也被其他蛮族所占。虽然这些蛮族冲入罗马帝国的主要原因是迫于匈人的压力,但匈人与罗马人的直接接触却比较稀少。匈人在此时期,第一次获得了对于潘诺尼亚的直接控制权,使居于此地的东哥特人臣服。匈人并未直接攻击西罗马帝国,偶有扰掠多瑙河南之事,皆以东罗马国为目标,性质轻微,后果亦不严重。首领乌尔丁死后若干年间匈人的事迹,因缺乏史乘皆不可考,直至首领阿提拉(Attila)所建立的"阿提拉王朝"或"阿提拉王国"兴起,匈人入侵欧洲的历史才又揭开新的一页。

阿提拉王朝最初的君主奥克塔(Oktar)的事迹留存很少,其弟路加(Ruga)继位之初也曾默默无闻。422和426年,路加率领匈人先后两次入侵东罗马帝国,分别洗劫了色雷斯及马其顿,东罗马皇帝狄奥多修斯二世(Theodosius II)虽然把匈人逐回多瑙河以北,却是以每年付给路加350磅黄金作为代价,才换取他不再扰掠帝国的边境的承诺。

432年以前,在多瑙河以北毗邻东罗马帝国边境的地方,居住着许多小部落,他们原本都单独与东罗马帝国进行谈判并签订各种协定。432年,路加向东罗马帝国提出引渡帝国境内匈人逃亡者的要求,并宣布所有居住在多瑙河以北的小部落都是匈人王朝的臣属,要求帝国废止原先与这些小部落所签订的各项协定,而与匈人朝廷谈判并签订和约。据此可知,此时多瑙河以北的广大地区已经在路加的匈人王朝的绝对掌控之下。

狄奥多修斯不敢回绝路加的要求,遂派使臣前往议和。罗马使臣抵达匈人国境之时,路加已经去世,他的两个侄子白里达(Bleda)和阿提拉并为继位者。他们与罗马使臣会见的地点并不在其都城,而是在马格斯城(Margus,今南斯拉夫境内)。据传,罗马使臣不得不按照匈人的习俗骑在马背上与两位匈人国王进行谈判。慑于匈人国王的武力威胁,罗马使臣不仅在引渡匈人逃亡者及罗马帝国与边境各小部落签订协议问题上做了让步,而且屈从于阿提拉以两个国王为由索取双份年金的要求。此后数年,罗马史书少有关于匈人活动的记载,可能是由于彼时匈人忙于征略北欧和东欧的各蛮族。

白里达和阿提拉共同统治的匈人王国的版图,至今不得而知,但此时其王国的中心位于多瑙河中游,相当于19世纪奥匈帝国之地,却是可以确定的。匈人以其少数人口统治着其势力范围内的各民族,多瑙河西潘诺尼亚境内的东哥特人和多瑙河东的吉匹特人(Gepids)也臣属于匈人王国。此外,居于今德意志境内的许多部落也被匈人控制。其统治势力向北海和波罗的海一带的扩展,则可能是导致盎格鲁人(Angles)和撒克逊人(Saxons)脱离欧洲大陆渡海入居不列颠群岛的原因。435~447年,阿提拉先后迫使居住在俄罗斯南部大草原地带的匈人(其人数远远多于匈牙利境内的匈人),以及俄罗斯大草原以北森林地带中的斯拉夫人和芬人臣服。斯拉夫人可能就是在此时以"匈人的仆役"的身份第一次进入欧洲西部。445年白里达死后,阿提拉成为匈人王国的唯一统治者。其统治范围西起莱茵河,东至中央亚细亚,王廷设在多瑙河东部大平原(在今匈牙利境内),东、西罗马帝国俱受其威胁。

447年,阿提拉兵临君士坦丁堡,东罗马皇帝狄奥多修斯二世弃战乞和,翌年与阿提拉签订屈辱的"城下之盟":帝国每年支付给阿提拉2100磅黄金作为"俸禄",另外支付6000磅黄金清偿旧欠。这个沉重的负担使东罗马帝国陷入财政危机。450年,狄奥多修斯二世去世,元老马西安(Marcian)继位。马西安颇具才干,他积极改进军队,加强国防,为反击匈人积蓄力量。而阿提拉在对东罗马帝国搜刮殆尽的情况下,开始将目标转向西罗马帝国。450年,阿提拉先是以锡尔敏(Sirmium)教堂金器所有权这一旧有悬案为借口挑起争执;进而利用他与皇帝弗伦铁年三世(Valentinian III)之妹荷诺丽亚(Honoria)的所谓"婚事",向西罗马帝国索取一半领土作为嫁妆。由此阿提拉与西罗马帝国将近 30 年的友好关系被打破,公然决裂之后即诉诸武力。

阿提拉经过慎重考虑,选择罗马统治下的高卢而非意大利本土为进攻目标。此时高卢已分裂为若干半独立的蛮族王国,他期望获得这些蛮族王国的援助。451 年,阿提拉亲自率领由各民族士兵组成的大军号称 50 余万,渡过莱茵河进入高卢北部。起初攻占了包括梅茨(Metz)在内的许多重要的城市,并保卫了高卢最重要的军事要地奥尔良(Orleans)。正当此时,罗马大将阿契斯(Aetius)率兵北上,得到西哥特人、勃艮底人以及部分阿兰人等蛮族王国的援助。双方鏖战于特里哀(Troyes)和梅茨两城之间的加泰隆尼亚之野(Catalonian fields)。这场恶战历时甚久,双方伤亡惨重却胜负难分,据说一日之内战死者逾 15 万人。阿提拉无意恋战,班师退回匈牙利。

452 年,阿提拉再度向西罗马帝国开战。此次他以意大利为进攻目标,挥师越过阿尔卑斯山脉,首先洗劫了意大利东北部的重要城市阿奎利亚城(Aquileia),接着攻陷巴杜亚(Padua)、弗罗那(Verona)、米兰(Milan)诸城。正当阿提拉准备向南进攻帝国首都罗马之际,军中发生饥馑和瘟疫;东罗马帝国援军的到来,也使阿提拉遭到多次打击。在此不利的情况下,阿提拉同意进行和谈,谈判结果是阿提拉带着已获战利品撤回多瑙河以东的首都。453 年,阿提拉与一名叫 Ildiko 的女子新婚后,恣情纵欲,当醉卧时,突发血崩而死。

阿提拉缔建了一个匈人王国,给予东、西两个罗马帝国程度不同的打击和威胁,但他的永久建树却较少。阿提拉死后不久,其诸子独立为王的企图,使得阿提拉王国如昙花一现,迅速崩溃。匈人分散而居,战斗力大为削弱,不仅失去对东、西罗马的震慑力,而且逐渐被驱逐出欧洲历史舞台,终至消失净尽。

最高统治集团的内讧加速了匈人王国的覆亡,以吉匹特人和东哥特人为先导的日耳曼人乘机起而反抗,以图摆脱匈人的统治。454 年,匈人与日耳曼人激战于匈牙利境内的聂德尔河(Nedal R.)河滨,结果匈人战败,阿提拉长子爱拉克(Ellak)被杀,阵亡者多达数千。匈人主

欧·亚·历·史·文·化·文·库·

体部分被迫退回喀尔巴阡山以东,避居于过去70余年始终留居于南俄大草原的匈人同族人之中。阿提拉王国的势力中心匈牙利,则落入胜利者日耳曼人之手;吉匹特人占领了多瑙河以东的大部,东哥特人则暂时占据河西的潘诺尼亚。数年后,阿提拉的后人曾再度西进以图恢复失地,遭到吉匹特人的坚强抵抗,只占据吉匹特人领地以南多瑙河下游的若干地点。

向为阿提拉所宠爱的幼子尔内克(Ernak)统率少数匈人占据多瑙河口以南,即今之杜白鲁加(Dobruga)之地。恩内尔泽(Emnedzur)和乌尔清达尔(Ultsindur)两个王子占领了东罗马帝国达基亚·里奔西斯(Dacia Ripensis)之地。此外,还有若干小群匈人仍然留居东罗马帝国境内各处。

461年,由于阿瓦尔人(Avars)崛起而导致中亚许多民族向西迁徙造成的压力,促使阿提拉的另一个儿子邓直昔克(Dengesik)西进,企图重建匈人霸权。他选择的路线,可能沿着多瑙河逆流而上,避开西吉匹特人,直接进攻占据潘诺尼亚的东哥特人,虽遭到抗击,但仍得以留居其附近之地达数年之久。468年,邓直昔克率军渡过多瑙河,向南侵入东罗马帝国,遭到有力的还击,邓直昔克丧生,匈人几乎全军覆没。这是西方史书对于阿提拉一系匈人在欧洲活动的最后一次记载。

西迁的匈人自突现于西方史乘至销声匿迹,一直处于不断的战争和大规模迁徙的状态。匈人入侵欧洲所造成的真正重要的或唯一永久的结果,就是驱使日耳曼诸部落向西侵入罗马帝国。换言之,匈人是倾覆罗马帝国、改变欧洲局势、促使欧洲政治地理形成的原动力之一(百年之后阿瓦尔人与保加尔人,促使斯拉夫人进入罗马领土)。匈人侵入高卢、意大利,在匈牙利平原建立王国,并以此为基地袭击东、西罗马帝国,却未能长期定居,所造成的政治变局,历时甚短,而直接倾覆罗马帝国旧制的,正是被迫避居帝国版图之内的日耳曼诸族。

最先有哥特人(Goths)侵入意大利、高卢南部以及西班牙的一部分,继而苏维人及汪达尔人占据西班牙剩余部分及非洲,又有勃艮第人进入罗讷河流域,法兰克人进入高卢北部,而盎格鲁人和撒克逊人则取得曾为罗马殖民地的不列颠。从 4 世纪中期起,已然风雨飘摇的罗马帝国各地燃遍了奴隶起义的烽火,特别是高卢的巴高达运动和北非"阿哥尼斯特"运动,使帝国遭到重创。位于意大利本土有"永恒之城"美誉的罗马城,再也抵挡不住奴隶起义和外族进攻的洪流。高卢、不列颠、西班牙、北非的丧失和罗马的一再被攻陷,说明西罗马帝国已土崩瓦解,所谓西罗马皇帝不过徒有虚名。476 年,西罗马最后一个皇帝被废黜,苟延残喘的西罗马帝国寿终正寝,取而代之的是日耳曼各族人建立的小王国。

匈人入侵对于当时的欧洲人来说,不啻自天而降,此前欧洲人对于匈人几乎一无所知。有关匈人的起源及其在 4 世纪末与罗马世界接触之前的历史,东西方文献均未有相关记载,依据人类学、考古学以及语言学等方面的现有研究成果亦不足以遽下定论。迄今为止,东西方学术界对匈人族源的研究远未达成共识,仍然停留在推测阶段。目前学术界基本认同的观点是,匈人起源于东方,非单一民族,是由不同种族构成的庞大的部族或部落联合体,在长期西迁过程中,发生混血现象,其势力潜生暗长,一朝突现于欧洲。

有学者认为,匈人族源很可能主要是鲜卑人,其中包括若干原来隶属于匈奴的部落。匈人既为部落甚或部族的联合体,其人种构成颇为复杂,非单一人种。探讨匈人为某一人种,其意义仅仅在于指出其核心部分即在联合体中占主导地位或者说起支配作用的部落或部族为某一人种。可以推测,匈人西迁之前为比较纯粹的北亚人种,在长期西迁过程中以及进入欧洲后,与欧罗巴种的萨尔马西安人(Sarmatians)、阿兰人和哥特人等逐渐接合混杂,成为混血种人。4 世纪欧洲人所见的匈人显然已非单纯的北亚人种,而带有欧罗巴人种特征。其所操语言一般认为属于阿尔泰语系突厥语族。

9　柔然、悦般和高车的角逐

柔然,又记作蠕蠕、芮芮、茹茹等,是继匈奴、鲜卑之后,在塞北兴起的又一个强大的游牧政权。

柔然原系塞北杂胡,主要成分为拓跋鲜卑。柔然部落最初形成于4世纪初。其世祖木骨闾最初是拓跋鲜卑的一名奴隶,因获罪逃亡,纠集其他逃奴,得100余人,投靠纥突邻部(游牧于今内蒙古西喇木伦河北)。木骨闾死后,其子车鹿会从纥突邻部独立出来,自号"柔然"。由于弱小,役属拓跋鲜卑。

车鹿会三传至地粟袁。地粟袁死,其二子分部而立。长子匹候跋居东(在今内蒙河套东北、阴山以北一带),次子缊纥提居西(在今河套北西至甘肃额济纳河流域)。

4世纪七八十年代,柔然与纥突邻、纥奚、贺兰等部游牧于阴山北意辛山一带。391年冬,拓跋魏向柔然发动了第一次大规模进攻,匹候跋、缊纥提均不敌而降。道武帝拓跋珪(386~409年在位)将缊纥提及其诸子迁往云中,而留匹候跋于漠北草原。394年,缊纥提子社仑率部投奔匹候跋,不久又袭杀匹候跋,尽并其众,劫掠五原(今内蒙古包头西北)以西诸部,北渡大漠。

乘拓跋魏南下黄河流域,进兵中原,无暇他顾之机,柔然迅速扩张势力,日益强盛起来。402年,社仑(402~410年在位)自号丘豆伐可汗,率部相继征服了色楞格河流域的高车部和颓根河附近的"匈奴余众"拔也稽。除领有蒙古高原外,柔然不断南犯,联合后秦、北燕、北凉等,在与北魏争夺漠南地区的同时,不断骚扰和掠夺其北部边境。

为解除来自北面的威胁,北魏对柔然进行了20多次的讨伐,最主要的一次在 429 年。是年四月,太武帝拓跋焘(423~452 年在位)率大军出东道,长孙翰从西道,准备会师柔然王庭。5 月,魏军弃辎重,轻骑自漠南追至栗水(今蒙古翁金河)。柔然猝不及防,可汗大檀(414~429 年在位)率部西奔,部众星散。拓跋焘追至兔园水(今蒙古吐沁河),分军搜索,俘虏畜产、车庐盖等数以百万计。役属柔然诸部亦乘机反叛,降北魏者 30 余万。经此役后,柔然元气大伤,大檀亦因此疾发身亡。大檀子吴提可汗(429~444 年在位)即位后,不得不遣使通好北魏。北魏为集中力量统一北方,对付刘宋,于 434 年将西海公主嫁给吴提,且纳吴提妹为左昭仪。双方维持了一段相对和平的岁月。

北魏在 431 年灭夏,436 年灭北燕,并筑设六镇(沃野、怀朔、武川、抚冥、柔玄、怀荒),以防柔然的骚扰。其后,将矛头指向北凉,力图将势力伸进西域。而柔然在一段时期休养生息之后,力量也逐渐恢复。由于南下受阻,柔然也掉头西顾,于是揭开了柔然与北魏争夺西域的序幕。

早在社仑可汗时代,柔然势力已达到焉耆以北。由于汗庭设于敦煌、张掖之北,其主力则驻屯在今鄂尔浑河流域至巴里坤盆地一带。从敦煌、张掖以北的王庭出发,柔然不断向河西地区施加压力。它假手唐契、唐和乃至高羔子等傀儡,控制伊吾直至 5 世纪 80 年代末。而 40 年代以降,柔然更从伊吾向高昌发展,先后通过阚爽、沮渠无讳兄弟、阚伯周控制该地,把丝路东端的这两个重要据点掌握在自己手中。

柔然控制了准噶尔盆地后,即可西向纳伦河、伊犁河流域,亦可南向塔里木盆地发展。因为早在社仑可汗时代,焉耆、鄯善、姑墨等南北道诸国可能已役属柔然。由于北魏万度归的西征,这种役属曾一度中断,但至少在 460 年以后,柔然加强了对高昌的控制,焉耆、龟兹、鄯善、于阗等再次落入柔然的势力范围内。

当时在准噶尔盆地以西活动的主要是乌孙和悦般两个游牧部族。柔然西向扩张,必然同他们发生冲突。

原居伊犁河、楚河流域,王治赤谷城(在纳伦河流域)的乌孙,由于屡遭柔然的侵扰,不得不放弃故地,最早可能在社仑可汗在位期间开始西徙。乌孙西徙之后出现的政治真空,接下来为悦般所填补。

悦般,原来是北匈奴的部落之一。相传北匈奴为东汉车骑将军窦宪打败、西度阿尔泰山时,将悦般之先留在了龟兹之北。乌孙为柔然所逐西迁后,悦般人自龟兹北北上,占领了乌孙故地。北上后的悦般控制着东起裕勒都斯河谷、西至纳伦河谷、南自龟兹以北、北抵伊犁河流域的地区。悦般自龟兹北北上的具体时间不很清楚,最早也可能在社仑可汗在位时期。

悦般一旦占有乌孙故地,势必代替乌孙承受来自柔然的压力。悦般王曾欲与柔然结好,由于两者习俗不同等方面的原因,没有成功,反而反目成仇。于是双方征战不断。

大概由于不是柔然的对手,悦般于448年两次遣使北魏,想和北魏结盟,从东西两面夹击柔然。由于悦般的存在,柔然向纳伦河、伊犁河流域的发展遇到了阻碍。北魏为了打击柔然,也确曾调兵遣将,企图与悦般呼应,只是未能奏效。

此后不久,悦般就从中国北方消失了,原因不明,很可能走上了西迁的道路。北魏在449年、458年均曾大败柔然,也许因此增强了柔然对西方的压力,使悦般不堪侵扰,终于不得不西迁。果然如此,其西迁时间约在450~460年间。

此外,在乌孙西徙葱岭之后、悦般自龟兹北北上之前,还曾一度沿南北道伸向索格底亚那和吐火罗斯坦扩张,役使自塞北西迁泽拉夫善河流域的嚈哒,屡次侵略位于阿姆河南岸的寄多罗(Kidāra)贵霜。

当时在欧亚草原相互角逐的诸族中,除拓跋鲜卑之外,给予柔然的兴衰以重大影响的,莫过于高车。

高车之前身即丁零,在史籍中又记作敕勒等。丁零可以追溯的故地在今贝加尔湖及其以西。前3世纪末,匈奴崛起,丁零被征服。1世纪末,匈奴衰落后,大批丁零人自贝加尔湖南迁蒙古高原中部,直至今色楞格河中游一带。这一南迁的势头由于2世纪中叶檀石槐和轲比能鲜卑的相继兴起一再受挫。檀石槐和轲比能死后,丁零人的南迁才得以继续。自3世纪40年代直至4世纪中叶,丁零人不仅深入漠北草原的中心地区(鄂尔浑河、土拉河流域),而且到达漠南以及黄河流域。

拓跋鲜卑兴起,征服了漠北和阴山南北的敕勒诸部。约有六七十万敕勒人被拓跋魏迁至漠南。留在漠北者则为柔然所奴役,除按时纳贡外,还得参加柔然发动的战争,不堪诛求。

豆苍可汗(485～492年在位)在位时期,柔然内乱,部落分离,为高车副伏罗部脱离柔然创造了条件。487年,豆苍犯北魏,副伏罗部酋阿伏至罗劝阻,豆苍不听,阿伏至罗于是统领所部高车10余万落西走,到达车师前国西北(今乌鲁木齐、吉木萨尔一带),独立建国,自称"大天子",立其弟穷奇为储君。兄弟二人分部而立,阿伏至罗在北,穷奇在南。豆苍派兵追讨,被阿伏至罗打败,只能引兵东走。

新建的高车国除领有车师前部西北外,还包括阿尔泰山西南麓。换言之,此国占有了天山和阿尔泰山之间的地区,而这曾是柔然经略西域的基地。

为同柔然对抗,高车建国后,立即遣使朝魏。490年,阿伏至罗遣一胡商越者为使者抵达魏都,以二箭为贡品,自称愿为魏天子讨除柔然。通好北魏之后,491年,阿伏至罗就南下消灭了柔然所扶立的高昌阚氏傀儡政权,另立亲高车的敦煌人张孟明为高昌王。接着,高车又将其势力伸展至焉耆、鄯善等地。

高车控制高昌之日,正是嚈哒积极向东方发展之时。因此,高车不仅要承受东面来自柔然的压力,还要在西面同嚈哒对抗。不久之后,穷奇被嚈哒人所杀,其子弥俄突等被虏。高车部众分散,或奔北魏,或投柔然。阿伏至罗生性残暴,不得人心,部众将他杀死,立其宗人跋利延为王。大概在507年前后,嚈哒出兵伐高车,要立弥俄突为高车王,高车国人只能杀死跋利延,迎立弥俄突。这是嚈哒首次操纵高车王位之废立,其目的在于利用高车维持商道之畅通,亦阻止柔然势力西进。

弥俄突既立,在役属嚈哒的同时,也遣使朝贡北魏。

高车所立高昌王张孟明,也被高昌国人所杀。高昌国人立马儒为王。497年,马儒朝魏,愿意举国内徙,请求同意。但高昌旧人情恋本土,不愿东迁,起而杀马儒,立麹嘉为王。508年,麹嘉依旧想举国内徒,遣使北魏,请求派遣军队迎接。宣武帝(499～515年在位)派龙骧将军孟威发凉州兵3000人迎之。

就在遣使北魏的同一年,弥俄突和柔然可汗伏图战于蒲类海北。弥俄突被伏图打败,西向败走300多里。伏图军推进到伊吾北山。正在此时,北魏派遣迎接内徙高昌人的孟威率军抵达伊吾,柔然见到孟威的军队,惧而逃走。弥俄突乘机追击,大破柔然部众,杀死伏图,割下其头发,送给孟威。509年,弥俄突又遣使向北魏进贡。

麹嘉未能内徙,不得不向柔然称臣,等到伏图为高车弥俄突所杀,又向高车称臣。自从伏图被杀、麹嘉臣于高车,柔然已无法利用高昌这一交通枢纽。这是柔然继高车叛离之翌年失去伊吾以来,在西域遭受的又一次重大挫折。

至于高昌以西的焉耆,早在伏图死前就为嚈哒所掌控。焉耆国人分散,不能自立,请求麹嘉派人统治。麹嘉遣其次子为焉耆王主持国政。焉耆国破,表明焉耆以西诸国当时均已役属嚈哒。

在这种形势下,柔然仍不甘失败,力图恢复对准噶尔盆地的控制。519年,伏图子丑奴西征高车,大破之,擒弥俄突,杀之,尽并降者,国势转盛。但数年之后,嚈哒又让弥俄突之弟伊匐回国即位,再一次操纵高车国王之废立。

伊匐复国之后,于520年进攻柔然,大败丑奴。521年,又大败柔然主婆罗门。接着(522年),伊匐朝贡北魏,被北魏封为"镇西将军、西海郡开国公、高车王"。此后,高车一再朝魏。这表明高车在同柔然的对抗中一贯寻求北魏的支持,而北魏也有意假手高车削弱柔然的力量。

此后不久,伊匐在一次与柔然的战斗中败北,其弟越居杀伊匐自立。但越居也被柔然打败,伊匐子比适又杀死越居自立。541年,比适为柔然所破,越居子去宾自柔然投奔东魏。高车虽国破,余部还在准噶尔一带活动,兼之其时嚈哒势力尚盛,柔然再也没有能力重开西域经营。不仅如此,柔然本身已在同高车的反复斗争中精疲力竭,国内大乱,各部落纷纷独立,彼此打劫。国势每况愈下,终于在新兴游牧部族突厥的打击下退出了历史舞台。

从社仑自建可汗尊号起,直至552年被突厥破灭,柔然支配塞北达一个半世纪。在此期间,除不断南侵中原外,柔然的主要活动便是在内陆欧亚扩张,尤其是向西的经略。5世纪80年代末高车的叛离,意味着其西方经略已濒临破产;至6世纪初,柔然与西域的关系便基本结束了。

柔然、悦般和高车三者均为典型的骑马游牧部族。他们在内陆欧亚草原的迁徙和角逐,目的主要在于争夺商道霸权,垄断中继贸易,以满足其游牧经济本身发展的需要。

柔然、悦般和高车各自建立政权,设有职官(如柔然有俟力发、吐豆发、俟利等),只是为政比较疏简。值得注意的是柔然、悦般和高车三者最高首领的称号各不相同:柔然称"可汗"(每位可汗都有谥号,如社仑号"丘豆伐",意为"驾驭开张",诸如此类);悦般称"单于",和匈奴相同;高车的最高首领则称"候娄匐勒",意为"天子"。这反映出这三个游牧部族所操语言可能各不相同。

柔然等的制度、习俗和匈奴等极其相似。例如:柔然和匈奴实行收继婚制,尚东方,均有取仇敌之首级为饮酒器的习俗。在服饰方面,两者均衣袍袖、左衽、穿裤、着靴,等等。

不过,柔然、匈奴等也有各自的特点。例如:柔然的发式与匈奴就有所不同。两族女子虽均为辫发,但男子发式似乎有别:匈奴披发,而柔然髡头。至于悦般人,史称其剪发齐眉,则又与匈奴、柔然相差甚远。

又如:悦般人有洁癖,史载其人一日三次漱洗,而柔然人显然在这方面要随便得多。据说悦般王正因为见到柔然妇女舌舔器物,鄙夷之,才导致两国交恶。

柔然、悦般等均可能流行萨满教,崇拜自然,信仰巫术。相传当柔然来劫掠时,悦般巫师能祭起霖雨、狂风、大雪等,使来犯的柔然人冻死或被水冲走。同样,柔然也有类似的巫师,能以法术祭天。一旦使用这种法术,面前阳光明媚,身后却泥潦横流,用于兵败逃跑之际,能使追兵徒唤奈何。当然,这并不排斥他们还信仰当时流行的其他宗教,如柔然人中就有佛教信徒。

·欧·亚·历·史·文·化·文·库·

10 嚈哒兴亡

嚈哒起源于塞北,大约在 4 世纪 70 年代初,越过金山即阿尔泰山西徙索格底亚那,控制了泽拉夫善河(Zarafshan)流域。直至 5 世纪初,嚈哒力量还很弱小,一度役属于新兴的柔然。

5 世纪 20 年代中,嚈哒人渡过阿姆河,进犯萨珊波斯,被巴赫兰五世(Bahrām V,420～438 年在位)击退。

30 年代末,嚈哒人又南下吐火罗斯坦(Tuhārestān),战胜盘踞该处的寄多罗贵霜人(Kidāra Kushāns),逐走其王寄多罗。

紧接着,嚈哒人自吐火罗斯坦西侵萨珊波斯,其时正值伊嗣俟二世(Yazdgird II,438～457 年在位)即位之初。长达一个多世纪的嚈哒、波斯战争从此揭开序幕。最初 10 余年内,波斯军成功地阻止了嚈哒的入侵,在伊嗣俟二世即位第十二年(449 年),曾一度转守为攻;然而 4 年之后,嚈哒人大败伊嗣俟二世,不仅巩固了在吐火罗斯坦的统治,而且还夺取了萨珊波斯东部的一些领土。

在战胜伊嗣俟二世的同时,嚈哒人越过兴都库什山,山南乾陀罗诸国皆役属之。嚈哒人随即发动了对笈多印度的战争,但被刚即位的塞建陀笈多(Skand-gupta,约 455～470 年在位)击退。

伊嗣俟二世身后,二子争位,次子荷尔穆兹(Hurmazd III,457～459年)获胜。长子卑路斯(Pērōz,459～484 年在位)仓皇外逃,求庇于嚈哒,并假嚈哒兵威夺取了帝位。

卑路斯即位后,波斯和嚈哒仍不断以兵戎相见。最初,双方各有胜负;但在一次战役中,卑路斯中伏被困,不得已同嚈哒人订立了屈辱的和约。484 年,卑路斯欲雪前耻,撕毁和约,重开战端,这一次以卑路斯的阵亡和嚈哒人的全胜告终。

卑路斯的继位者巴拉士(Balāsh,484~488年在位)被迫连年向嚈哒纳贡称臣。

巴拉士遭废黜后,登基的是曾为质嚈哒的卑路斯之子居和多(Kavād I,488~496,498~531年在位)。496年,居和多一世因支持马资达克教徒,亦遭波斯贵族废黜。他越狱投奔嚈哒,嚈哒人与之联姻,终使其率军复辟。

503年,居和多一世在西线同拜占庭作战,嚈哒人乘机又犯波斯。居和多一世急忙回军应战,并与拜占庭议和。此后一段时间内,嚈哒和波斯的战争时断时续,处于相持状态。

7世纪70年代末,嚈哒人最终灭亡了局促于乾陀罗等地的寄多罗贵霜残余势力,立特勤为王,统治兴都库什山以南地区。

6世纪初,大约在佛陀笈多(Budha-gupta,约477~500年在位)去世后不久,嚈哒人在头罗曼(Toramāṇa)率领下,从乾陀罗入侵印度,约在510年或稍前推进至埃兰(Eran)附近。此后,头罗曼继续东进,直抵华氏城(Pāṭaliputra)。可能是由于后方乾陀罗与罽宾发生纠纷,头罗曼在占领华氏城后,便引兵西归,在抵达迦尸(Kāśī)时患病去世,传位其子摩酰逻矩罗(Mihirakula)。

约517年以降,摩酰逻矩罗在乾陀罗与罽宾争境。以后他再次引兵东向,于531年前后占领格温特(Gwālior),但旋被马尔瓦的耶输陀曼(Yaśodharmān)击败,撤至印度河以西。虽然此后嚈哒人仍不断侵扰印度,但规模和影响远非昔比了。

可能在杀死卑路斯以后不久,嚈哒人就积极向塔里木盆地发展,沿西域南北道自西向东推进。5世纪末、6世纪初,嚈哒势力在北道到达焉耆以东;在南道则到达于阗,疏勒、姑墨、龟兹、钵和、渴盘陀等国均役属之。

在向塔里木盆地发展的同时,嚈哒又北上同高车争夺准噶尔盆地及其以西地区。可能在6世纪初,嚈哒杀死副伏罗部所建高车国之储主穷奇,掳其子弥俄突。嗣后,高车国主阿伏至罗残暴失众,部人杀之,立其宗人跋利延为主。嚈哒闻讯,再伐高车,立弥俄突为高车主。516年左右,弥俄突为柔然所杀,余众悉入嚈哒;嚈哒又立弥俄突弟伊匐为高车主,有效地控制了高车国。

至此,嚈哒势力臻于极盛,领土超过了昔日贵霜帝国的最大版图。

6世纪中,突厥在北亚兴起。552年,在突厥的连续打击下,柔然汗国终于全面崩溃。突厥尽有其地,西境遂同嚈哒邻接。

在西方,库思老一世(Khusrau I,531~579年在位)即位后,在政治、经济、军事上进行了一系列改革,萨珊波斯国势于是转盛。库思老一世一面继续同拜占庭争夺地中海等地霸权,一面同突厥联姻结盟,共谋嚈哒。

6世纪50年代末至60年代初,突厥、波斯联军夹击嚈哒,嚈哒国破。突厥、波斯以阿姆河为界中分嚈哒领土。不久,突厥势力继续南下,占有全部嚈哒旧壤。嚈哒余众则散处北亚、中亚和次大陆各地,渐与当地诸族融合。

嚈哒人自塞北迁至阿姆河流域后迅速强大起来,其原因在于当时贵霜帝国已经瓦解,西面的萨珊波斯和南面的笈多印度虽然力量不弱,但不足以深入内陆,而中亚的许多小国,人口稀少,无法抵御嚈哒骑兵的长驱直入。

另外,嚈哒人一进入中亚,便控制和占领了索格底亚那和吐火罗斯坦,两地是当时东西陆上交通的枢纽,撒马尔罕、布哈拉和巴尔赫等城市都是重要的手工业、商业中心。兴旺的东西贸易增强了嚈哒的经济实力,对于嚈哒的勃兴无疑起了十分重要的作用。

嚈哒在中亚兴起,有力地阻遏了柔然势力的西进。盖柔然自5世纪初叶起,就不断向西方扩张,西域南北道许多城郭国家均曾役属之,准噶尔盆地以西的游牧部族如乌孙、悦般等也经常受到它的攻击。它的骑兵还越过葱岭进入索格底亚那,进而抄略阿姆河以南地区。显然,随着嚈哒日益强势地向东方扩展,它的势力才逐步退出中亚。

嚈哒和萨珊波斯的对抗,持续了100多年。长期战争的开支、失地和赔款,大大削弱了萨珊波斯的国力,这在一定程度上导致了马资达克起义的爆发和此后库思老一世的改革。

嚈哒和萨珊波斯之间的争衡,还给予亚美尼亚和拜占庭局势以重大影响。如所周知,萨珊波斯立国之初便同罗马争夺亚美尼亚,主要因为该处是里海和黑海之间的交通要冲。两国势力时盛时衰,对亚美尼亚的控制权也几次易手。基督教成为罗马国教以后,因为亚美尼亚人主要信仰基督教,故每逢波斯同罗马交恶,亚美尼亚总是站到罗马一边。亚美尼亚这种对波斯的离心倾向,一直是萨珊王朝的心腹之患。自从巴赫兰五世把亚美尼亚的波斯部分改为行省后,历代波斯皇帝为巩固在那里的统治,多残酷迫害占亚美尼亚人口绝大部分的基督徒,镇压由此引起的反抗。但是,由于嚈哒在东方崛起,萨珊波斯面临东西两面作战的局面,它对亚美尼亚的政策,也就不能不受到嚈哒的制约。举例来说,伊嗣俟二世从即位起,和嚈哒进行了长达9年多的战争,直到他认为可以告一段落之后,才把注意力转向亚美尼亚,尽管他对亚美尼亚问题早已耿耿于怀。他对亚美尼亚用尽了威胁利诱的手段,力图改变其宗教信仰。这不仅没有奏效,反而激起了大规模的反抗。伊嗣俟无情地进行镇压,下令整个亚美尼亚的波斯部分都改信祆教。然而对亚美尼亚的干涉和战争尚未结束,嚈哒人又在东部入侵,使他不得不再掉过头来对付嚈哒人。由于伊嗣俟二世在453年战败且不久去世,亚美尼亚问题只能搁置起来。又如:卑路斯阵亡前亚美尼亚的基督徒乘萨珊波斯全力对付嚈哒之机,武装暴动。波斯接连派遣大军镇压,均未能获胜。亚美尼亚人逐走波斯总督,建立了自己的政权。由于此后不久卑路斯战死,嚈哒势力嚣张,继位的巴拉士才不得不向亚美尼亚建议谈判,最后承认亚美尼亚人有信仰基督教的自由,那里的拜火祭台被拆除,基督教堂则得到修缮和扩建。

正因为如此,拜占庭人绝不愿意看见波斯与嚈哒之间出现睦邻关系。居和多一世复辟后,为维持同嚈哒的和平,不断偿付嚈哒所勒索的款项,当他不得不向拜占庭借款时,拜占庭人断然加以拒绝。他们认为,用金钱去巩固自己的敌人同嚈哒人的友谊是不明智的,上策是尽可能扰乱他们之间的关系。

显而易见,只要嚈哒的力量继续存在于东方,并保持强大,萨珊波斯便不可能成功地向西方发展;而同拜占庭争夺亚美尼亚和通商口岸,又是萨珊波斯的重大利益所在,这就是从巴赫兰五世起,萨珊列帝都积极从事对嚈哒战争的根本原因。

嚈哒的入侵无疑也给笈多帝国带来了灾难。例如:塞建陀笈多虽然成功地击退了嚈哒人,但也付出了沉重代价,这明显反映在钱币的铸造上。和早期笈多王朝的钱币模仿罗马的款式、力求辉煌华丽不同,塞建陀笈多后期铸造的金币都按照古印度的 Suvarna 标准,含金量降低,设计、造型也比较粗糙,反映了塞建陀笈多统治期间财政困难的状况。

嚈哒人的入侵还加速了笈多帝国从佛陀笈多以来开始的分裂。一般认为,从佛陀笈多即位起,虽然笈多帝国的版图表面上并未缩小,但是它的权力和声望已经大不如从前了。佛陀笈多可以说就是帝国名义上能行使最高权力的最后一位皇帝。佛陀笈多以后,帝国的统一不复存在。先后出现的割据势力有索拉什特立(Saurāṣṭra)的梅特腊卡族(Maitrakas)、马尔瓦的耶输陀曼王、恒河上游的穆克里族(Maukharis)、孟加拉国的鸯伽国(Vaṅga)、摩揭陀的后期笈多诸王,以及萨他泥湿伐罗(Sthānīśvara)建立的普士帕布蒂(Pushpabhūti)王朝等。他们或乘嚈哒人入侵引起的扰乱乱中兴起,或在抗击嚈哒的过程中扩展了自己的实力和地盘,彼此间也展开了激烈的斗争。

笈多帝国终于崩溃了。一些学者将之完全归因于嚈哒人的入侵。其实不然。像笈多帝国这样一个大国,如果稳定、统一,则外敌纵然强大,也不会灭亡。嚈哒首次入侵笈多印度,正值它的势力上升之际,但还是被塞建陀笈多击退,而且将近半个世纪不敢窥视笈多帝国。佛陀笈多之后,帝国陷于内乱,国力迅速衰退,嚈哒人这才能够成功入侵。这种入侵给了岌岌可危的帝国沉重的打击,加快了其分崩离析的过程。但不能把这说成是笈多王朝灭亡的主要因素,因为我们看到耶输陀曼毕竟打败了摩酰逻矩罗。根据现有的资料,似乎只能得出这样的结论:笈多帝国是从内部瓦解的,嚈哒人的入侵则起了重要的促进作用。

同嚈哒的兴起一样,它的灭亡也是十分迅速的。其灭亡的原因主要在于征服者本身是一个由不同部落和部族组成的不牢固的集合体,这类集合体只有处在不断的迁徙或军事行动中才能维持,一旦行动停顿,便趋于涣散。嚈哒人一度控制了大部分中亚地区,但这种控制是单纯依靠军事力量建立起来的。嚈哒人没有、也许根本就不可能采取有效的行政措施,把这样一片辽阔土地上语言、宗教、习俗千差万别的各族真正统一起来。因此,在新兴的突厥和中兴的波斯联合打击之下,嚈哒国很快就破灭了。

嚈哒是一个游牧部族,长期逐水草迁徙。进入中亚后,才逐步向定居生活过渡。由于控制着当时欧亚陆上交通枢纽,嚈哒人也积极从事贸易活动。在嚈哒统治中亚期间,东西交通是畅通无阻的。嚈哒治下各小国,大多依旧有自己的国君和领土,有宗教信仰和遣使"朝贡"的自由。中亚各地社会经济发展的进程,似乎并没有因嚈哒人的占领而受到影响。

嚈哒部落联合体形成于塞北,受当地诸族的影响十分明显。嚈哒有可汗、可敦、叶护、特勤等称号,有殉死、劓面、截耳等习俗。西迁后,嚈哒以吐火罗斯坦为统治中心,并一度南下北次大陆,在制度和习俗方面又受到治下和周邻伊朗和印度诸族的影响。嚈哒人最初的宗教信仰不得而知;在进入中亚后,接受了祆教;后来随着景教势力的东渐,也有部分嚈哒人成了景教徒;进入次大陆的嚈哒人则在不同程度上改宗婆罗门诸教派。嚈哒人并不信佛,但一般说来不打击佛教,历来认为嚈哒兴起乃中亚佛教一劫之说并不可信。

11　阿瓦尔人和保加尔人
在欧洲

随着匈人势力的消亡,其领地也被瓜分。占领匈人故地者极有可能是持续不断自欧亚草原西迁的游牧民族。其中源自中亚的阿瓦尔人和保加尔人成为继匈人之后,在 6～9 世纪欧洲历史上产生较大影响的两支。

中欧一带,尤其是匈牙利平原,彼时已经成为吸引东方游牧民族的一块磁石。首先步匈人后尘的是阿瓦尔人。阿瓦尔人是一支族属和语言系属尚未确定的民族,通常被视为蒙古种人。据拜占庭史料记载,阿瓦尔人由两个混合的游牧部落——"瓦尔(Var)"和"匈尼(Hunni)"组成,后者可能就是"匈尼克(Hunnic)"。当时拜占庭人认为阿瓦尔人的生活方式与匈人相类:善于骑射,信仰萨满教,来自大草原,操游牧生计。唯一相异之处在于发式——阿瓦尔人留着垂在后背的两条辫子,其他许多方面并无大别。因此拜占庭人和法兰克人经常以"匈人"称呼阿瓦尔人。

拜占庭人初闻阿瓦尔人时,他们尚居住在高加索地区的大草原,并未西迁至从前罗马的潘诺尼亚省。早在 557 年,临近查士丁尼(卒于565 年)统治末期,阿瓦尔人派遣他们的使者坎迪赫(Kandikh)至君士坦丁堡,请求纳贡及入居帝国境内。查士丁尼趁机说服阿瓦尔人袭击匈人的两个部落——库特利古尔(Kutrigurs)和乌特古尔(Uturgurs)——此二部落当时居于亚速海西北部地区。阿瓦尔人乐行此事,他们按照草原的习俗,将此二匈人部落并入自己的游牧部落之中。

阿瓦尔人接着西迁至欧洲,驱动大批匈人为其先锋,同时,与其北部的斯拉夫人展开战斗。打败斯拉夫人之后,阿瓦尔人开始转攻日耳曼人,直至 561 年,他们被奥地利国王西格比特(Sigebert)打败而罢手。此后不久,565 年,巴颜(Bayan)继承阿瓦尔王位,称为"可汗"或"大汗"。阿瓦尔人是较早使用"可汗"这一称号的民族。巴颜是阿瓦尔人最伟大的领导者,他率领自己的游牧部落与伦巴德人(Lombards)结盟,击退拜占庭的同盟格庇德人(Gepids)。之后,阿瓦尔人定居在潘诺尼亚,当时此地已经被保加尔人所据有。这支保加尔人可能源于库特利古尔匈人(Kutrigur Hun)。阿瓦尔人将此地的保加尔人驱逐至比萨拉比亚(Bessarabia,今摩尔多瓦[Molsova])和瓦拉几亚(Wallachia)。百年之后,这批保加尔人又被马扎尔人(Magyars)逐出这一地区,最终定居在从前罗马慕西亚省(Moesia),并在该地建立起保加利亚政权。

550~575 年,阿瓦尔人在多瑙河和蒂萨河(Tisza R.)之间的匈牙利平原建立自己的政权,这一地区成为他们帝国的中心。帝国在 6 世纪末期臻于鼎盛,其辖地最大时,占据亚得里亚海(Adriatic Sea)和波罗的海(Baltic Sea)之间以及易北河和第聂伯河之间。

阿瓦尔人在百年前阿提拉的旧都附近建立起王庭,修垒设防。在潘诺尼亚崛起之后,巴颜再次攻打西格比特率领的法兰克人,并于 570 年取得胜利。12 年后,巴颜侵袭拜占庭边境,攫取位于萨瓦河(Sava R.)岸边的西尔米乌城(Sirmium)。随后,巴颜进一步侵入拜占庭,率领阿瓦尔人夺取了辛吉杜努姆(Singidunum,今贝尔格莱德[Belgrade]),劫掠了慕西亚,直至 587 年,他们在亚得里亚堡(Adrianople)附近被打败。对于当时的拜占庭人而言,打败阿瓦尔人恰似对 5 世纪匈人入侵的报复。

然而阿瓦尔人并未停止进攻。他们攻占了安喀阿罗斯(Anchialus),将色雷斯夷为平地。阿瓦尔人最终败在时任拜占庭对阿瓦尔作战总指挥官普利库斯(Pricus)将军之手。尽管我们无法获知普利库斯抵抗阿瓦尔人所采取战术的详细内容,但可以推测他采用的是小规模作战、伏击或追击术中的一种。拜占庭人凭借障碍物伏击阿瓦尔人,动用精锐部队浴血奋战,最终于 601 年在蒂萨河战役中打败阿瓦尔人。巴颜的 4 个儿子在此战役中被杀,巴颜也于一年后去世。

·欧·亚·历·史·文·化·文·库·

阿瓦尔人虽然遭遇如此重创,却没有一蹶不振。此后他们专门攻袭意大利,于610年劫掠了弗留利地区(Friuli)。619年,他们又一次发动对拜占庭帝国的攻袭,在色雷斯的一个谈判会上,他们袭击了希拉克略(Heraclius,610~641年在位)皇帝,希拉克略侥幸得以逃脱。阿瓦尔人接着展开对君士坦丁堡的进攻,未获成功。626年,阿瓦尔人与波斯国王库思老二世(Khusrau II,590,591~628年在位)结成联盟,对君士坦丁堡展开攻袭,遭到强烈抵抗,阿瓦尔士兵折损极多,其可汗命令撤回驻地,设营反击。

在这一时期,阿瓦尔人颇为强大,居于其旁的保加尔人成为其附庸。但是,自7世纪的下半叶,内部倾轧导致大约9000个反对者被逐出阿瓦尔帝国。另一方面,自634年起,阿瓦尔人逐渐失去对保加尔人的控制,保加尔人开始走上自主之路。680年巴尔干的保加利亚政权的建立,使阿瓦尔政权进一步衰弱。阿瓦尔人逐渐失去优势地位,尽管他们此时仍然是法兰克人心目中难以对付的强敌。内乱加上外部强敌环伺,阿瓦尔最终被法兰克王国国王查理大帝(Charlemagne,768~814年在位)所灭。

查理大帝统治时期,大批阿瓦尔人袭击法兰克王国。788年,查理大帝与阿瓦尔人在意大利展开3次战斗。790年,阿瓦尔人派遣使者至查理大帝位于亚琛(Aachen)的王庭,就恩茨河(Enns R.,今奥地利境内)沿岸的边境问题挑起事端,这一边境土地争夺事件终于引发一场战争。

查理大帝集结了一支由法兰克人、撒克逊人以及弗里斯附庸者(Frisian subjects)组成的军队。该部队虽未按照"匈人"模式组建,却明显受到草原作战风格的影响,其中占大多数的是颇具实力的重骑兵,身着厚重盔甲,使用长矛和剑。这支队伍沿着恩茨河与坎普河(Kamp R.)汇流处前进,攻袭阿瓦尔人在该地修建的库米奥堡(Cumeoberg)。法兰克皇家编年史记录了一场不攻而破的胜利,据说阿瓦尔人被法兰克军队的气势所震慑,弃堡而逃。果然如此,则显然阿瓦尔人最初曾经怀着向西入侵的目的而战,但最后他们不期陷入肉搏战的困境,而他们或许并不熟悉这种战斗方式,因而只能放弃。

法兰克人和阿瓦尔人之间的战争持续了 8 年。最后,法兰克人依靠开进阿瓦尔汗国本土的两支远征队结束了战争。这次袭击选择的时机很恰当,正逢阿瓦尔汗与其贵族阶层内斗,无法进行有效抵抗。对于草原民族来说,内部不稳定显然是司空见惯,往往为外敌提供了可乘之机。

796 年,由于阿瓦尔人不肯承兑归顺誓约,查理大帝结集了部队再次攻击阿瓦尔人。查理大帝亲自率领一支队伍取道萨克森(Saxony)向阿瓦尔人驻地进军,他的儿子丕平(Pepin)率领另一支队伍直取潘诺尼亚。丕平捷足先登,攻下阿瓦尔都城,获得财宝数量甚巨,其中一个窖藏聚集了 200 余年的劫掠。阿瓦尔人宣布就范,臣服查理大帝。阿瓦尔人长达 2 个世纪的掠夺性统治自此终结。查理大帝统治末期,阿瓦尔人获准放弃多瑙河北岸,迁往潘诺尼亚西部。9 世纪末,原阿瓦尔人的领地被斯拉夫人的大摩拉维亚国(Great Moravia)和保加尔人的突厥汗国瓜分。

随着阿瓦尔人的衰落,保加尔人渐趋强盛。保加尔人(Bulgar),亦称保加利亚人(Bulgarian),原本是中亚的一个游牧部落,目前已知可能与保加尔人有渊源的部落包括:Utigur、Kutrigurs(Kotrags)、Onogurs、Kuber、Asparukh、Altasek 等。2 世纪早期,一批保加利亚人从中亚迁徙到欧洲大陆,定居在里海与黑海之间的平原。351 ~ 389 年,他们中的一些人越过高加索地区,定居在亚美尼亚。地名学方面的资料证明他们曾经留居该地,甚至被亚美尼亚人同化。

4 世纪初期,受匈人迁徙的裹挟,其余的保加尔部落离开他们的中亚定居地,迁徙至顿涅茨河(Donets R.)下河谷,以及顿河与亚速海海岸一带的肥沃土地,同化其左邻萨尔马西安人。这批保加尔人中的一部分在此新居住地留居了几个世纪,其余的人随着匈人向中欧迁徙,定居在潘诺尼亚。

377 ~ 453 年,保加尔人参与匈人入侵中欧与西欧。451 年,匈人在沙隆(Chalons)战役中失败,随后匈人帝国崩溃,追随匈人的保加尔部落大部分散布在欧洲东部及东南部。

5 世纪末(可能在 480、486 或 488 年),保加尔人作为拜占庭皇帝芝诺(Zeno,479 ~ 491 年在位)的雇佣军与东哥特人(Ostrogoths)开战。继而,阿瓦尔人觊觎拜占庭帝国的财富,自 493 年起,他们逐渐向拜占庭帝国西部边境多瑙河流域诸省侵袭,直至 6 世纪 60 年代,阿瓦尔人自亚洲向中欧迁徙,保加利亚人自身受到阿瓦尔人的威胁,才停止对拜占庭帝国的侵扰。阿瓦尔人消灭了一个保加尔部落,其余的保加尔部落依靠投降新来的突厥游牧部落,得以保全大约 20 年。之后,这部分人中的大部退回亚洲。

6 世纪中叶,保加尔人的两个主要部落库特利古尔(Kutrigur)与乌提古尔(Utigur)之间发生战争。6 世纪末,库特利古尔部落与阿瓦尔人结成联盟,征讨乌提古尔部落。

7 世纪 30 年代,奥诺古尔(Onogur)和库特利古尔两个保加尔部落脱离突厥汗国的控制,由首领库尔特(库布拉特,Kurt 或 Kubrat,605 ~ 624 年在位)统一成为一个强有力的独立政权,拜占庭史料通常称之为"大保加利亚(Great Bulgaria)",其辖地西至多瑙河下游,南至黑海与亚速海,东至库班河(Kuban R.),北至顿涅茨河。据推测,其政权统治中心在法纳高里亚(Phanagoria),这个古老的城市位于塔曼(Taman)半岛。考古学证据表明,该城市成为保加尔人的统治中心的时间,是在库尔特去世及其政权崩溃之后。

据说,库尔特临终前,曾以"团结就是力量"警示儿子们,但他的儿子们没有在意其意味深长的遗言,未能同心协力。库尔特去世后不久,大约在 665 年,可萨(Khazar)入侵导致大保加利亚国的灭亡。库尔特的 5 个儿子贝兹梅尔(Bezmer)或称巴特巴颜(Batbayan,亦作 Baya, Boyan)、科特拉格(Kotrag)、科乌贝尔(Kouber)、阿尔基克(Alcek, Altsek 或 Altzek)和阿斯巴鲁赫(Asparukh,卒于 701 年)五分其部众。其中,科乌贝尔部和阿尔基克部很快被吞并或同化;贝兹梅尔部、科特拉格部和阿斯巴鲁赫部相对传承较为久远。

科乌贝尔起初率领部众迁至潘诺尼亚,继而定居在马其顿(Macedonia)西部和阿尔巴尼亚(Albannia)东部,并于该地建立汗国,同斯拉夫人结盟,与拜占庭帝国抗衡。阿尔基克率领的保加尔人为数最少,几经周折,最后在埃姆涅朱尔(Emnetzur)带领下,定居在意大利那不勒斯的东北部,役属意大利伦巴德人,并逐渐销声匿迹。

库尔特长子贝兹梅尔(巴特伯颜)部落,起初保有黑海与亚速海以北的土地,但不久即被可萨人征服,合并成新的可萨帝国。贝兹梅尔率领部众脱离可萨人,向遥远的北方迁徙,至伏尔加河与卡马河(Kama R.,今俄罗斯境)汇流处。可能由于混入当地土著或其他移民之故,这支保加尔人在此地一分为三,繁荣昌盛大约600年之久。这些伏尔加保加尔人(Volga Bulgars)不只建立了一个半游牧、联盟性质的政权,还建造了两个城市——保加尔城和苏瓦尔(Suvar)城。这两座城市的建立得益于其处于船运贸易中转站的有利地理位置,它们成功地发挥中介作用,使得居于遥远北方出售毛皮的乌古利亚人(Ugurians)和俄罗斯人,与南方所谓文明世界——拜占庭、巴格达的伊斯兰教国王兼教主辖区和土耳其斯坦得以沟通。尽管保加尔城繁盛了很久,其民众却最终融入俄罗斯人之中。

库尔特次子科特拉格率领的部众,迁徙至伏尔加河与卡马河汇流处。当今的鞑靼斯坦(Tartarstan)和楚瓦什(Chuvashia)共和国被视为这支伏尔加保加利亚人的后裔,尽管目前只有楚瓦什语与古保加尔语相类似这一事实作为主要证据。

库尔特幼子阿斯巴鲁赫率领部众向西穿越德涅斯特河,继而向南穿越多瑙河,占领今摩尔多瓦共和国南部。他们以多瑙河与巴尔干山脉之间的平原为核心统治区,建立起所谓的"第一保加利亚帝国",现代保加利亚民族族称即源于此政权之名。7世纪,多瑙河地区名义上受拜占庭帝国统治,这部分保加尔人被安置在瓦拉克人(Vlachs,现代罗马尼亚 Romanians 人的祖先)附近居住,也有相当多的人与刚刚从多瑙河北岸迁来的斯拉夫人(Slavs)混居。在同拜占庭人做斗争的过程中,斯拉夫人和保加尔人逐渐联合,于681年建立斯拉夫保加利亚王国。他们还同化了原来居住在这一地区的色雷斯人,这为现代保加利

103

亚民族的形成奠定了基础。起初,斯拉夫保加利亚王国是一个半保加尔人和半斯拉夫人的国家。后来,从事农业的斯拉夫人,特别是斯拉夫贵族在国家政治生活中的作用越来越大。9 世纪,伴随着斯拉夫文字产生和东正教传播,斯拉夫人在人种、语言、文化、宗教、风俗习惯等方面都居优势地位。与此同时,保加尔人的征服活动使他们陷入拜占庭基督教势力范围之中。在克鲁姆汗(Krum,803 ~ 814 年在位)和普雷西安(Pressian,836 ~ 852 年)统治时期,扩张领土至塞尔维亚(Serbia)和马其顿。鲍里斯一世(Boris I)统治时期,保加尔人皈依基督教。

鲍里斯一世之子西米恩一世(Simeon I)是保加尔人的沙皇或皇帝,他在位期间,保加利亚第一帝国作为巴尔干的一个政权,臻于全盛。尽管如此,西米恩一世不得不放弃多瑙河北部的土地,让给从欧亚草原新来的入侵者。在此后的 4 个世纪里,由于从北方进入巴尔干半岛的入侵者络绎不绝,保加利亚人的种族集团成员中源自佩契涅格人(Pechenegs)、基普恰克人(Kipchaks)、库曼人(Cumans)——属于突厥民族的血统成分增强,超过斯拉夫成分。

西米恩去世后,内部分裂以及马扎尔人、佩契涅格人、罗斯人(Rus)以及拜占庭人(Byzantines)的入侵,致使第一保加利亚帝国逐渐走向衰弱。1018 年,保加利亚被拜占庭帝国吞并。

关于阿瓦尔人和保加尔人的人种、族源以及语言系属等问题,至今仍众说纷纭。这两个自中亚迁徙至欧洲的游牧民族的起源似乎可以进一步向远东追溯,目前已有的研究成果更多表明,他们均为操原始突厥语的北亚人种。具体就其族源而言,阿瓦尔人族源主要有“柔然说”、“悦般说”等,保加尔人族源有“匈人说”、“鲜卑说”等,上述争论的解决有待于文献资料以及考古学、人类学等各方面证据的支持。

主要参考文献

马长寿.乌桓与鲜卑[M].上海:上海人民出版社,1962.

余太山.柔然、阿瓦尔同族论质疑——兼论阿瓦尔即悦般[M]//文史:第 24 辑.北京:中华书局,1985:97 - 113。

余太山.匈奴、Huns 同族论质疑[M]//塞种史研究.北京:中国社会科学出版社,1992:242-271.

余太山.嚈哒史若干问题的再研究[M]//中国社会科学院历史研究所学刊:第1集.北京:社会科学文献出版社,2001:180-182.

余太山.嚈哒史研究[M].济南:齐鲁书社,1986.

周伟洲.敕勒与柔然[M].上海:上海人民出版社,1983.

周伟洲.魏晋十六国时期鲜卑族向西北地区的迁徙及其分布[M]//西北民族史研究.郑州:中州古籍出版社,1994:81-88.

〔法〕勒内·格鲁塞.草原帝国[M].蓝琪,译.北京:商务印书馆,1998.

〔美〕麦高文.中亚古国史[M].章巽,译.北京:中华书局,2004.

金原保夫.ブルガル族の起源をめぐって//内陸アジア·西アジアの社会と文化[M].东京:山川出版社,1983:33-55.

Garam E,Kovrig I,Szabo J G. Avar Finds in the Hungarian National Museum:Vol. 1[M]. Budapest:[s. n.],1975.

Hildinger E. Warriors of the Steppe,A Military History of Central Asia,500 B C to 1700 A D[M]. Cambridge:Da Capo Press,1997.

Maenchen-Helfen J O. The World of the Huns,Studies in Their History and Culture[M]. Oakland:University of California Press,1973.

第三编

突厥是自斯基泰、匈奴之后，又一纵横欧亚草原的强大民族。在6~8世纪，突厥一度成为欧亚草原的霸主，它的迅速勃兴和扩张征服，使欧亚历史进入了一个新的时代——突厥时代。

突厥汗国的历史可大体上分为四个阶段。第一阶段从552年起至583年止，是突厥第一汗国的建立、形成、发展时期。第二阶段从583年至657年唐灭西突厥汗国，是突厥汗国东西分立时期。其中东突厥汗国为唐所灭的时间为630年。第三阶段，从657年至679年。东突厥汗国灭亡后南徙附唐，漠北的薛延陀汗国取而代之。第四阶段从679年到745年，为第二突厥汗国复兴和灭亡的时期。这一时期，除隋唐与突厥时战时和之外，新兴的大食、吐蕃、突骑施、回纥也参与了争夺丝绸之路的角逐，一时间，各种势力纷至沓来，刀光剑影之中，写下了波澜壮阔的历史画卷。745年突厥被回纥取代，蒙古高原的历史迈进了另一阶段——回纥（回鹘 Uighur）时期。840年，黠戛斯灭回鹘汗国，回鹘西迁，开启了西域的突厥化时代。

12　突厥汗国的建立

突厥一词有广狭两种含义。狭义的突厥,指的是 6～8 世纪以阿史那氏为主体在蒙古高原建立突厥汗国的突厥部落联合体;广义概念的突厥,则是指所有操阿尔泰语系中突厥语族诸语言的民族,其中在中古时期主要是归属于突厥和铁勒的各部族,到近现代则形成了维吾尔、哈萨克、柯尔克孜、撒拉、裕固、乌孜别克、塔塔尔、土耳其、阿塞拜疆、土库曼、图瓦、哈卡斯、雅库特、楚瓦什等民族。本篇使用的“突厥”,用来指称狭义上的突厥。

突厥人操突厥语,古代突厥文是我国北方民族中使用的最早文字。如 1956 年在蒙古人民共和国后杭爱省发现的布古特(Bugut Yazi-ti)碑所示,第一突厥汗国时代使用窣利(粟特,Sogdiana)文。最古的突厥书面文献产生于第二突厥汗国时期(8 世纪初)。古代突厥文因其在外形上与古代日耳曼民族使用的鲁尼(Runī)文相似,最初被称为鲁尼文。这种文字写成的主要碑铭是在蒙古鄂尔浑(Orkhon)河流域及叶尼塞(Yenisey)河流域发现的,所以也称之为鄂尔浑突厥文(Orhon Tur-kic Script)或叶尼塞文。古代突厥文碑铭最为著名的有《暾欲谷(Tonyuquq)碑》、《阙特勤(Kül Tigin)碑》、《毗伽可汗(Bilgä Qaghan)碑》、《阙利啜(Küli Čor)碑》、《翁金(Ongin)碑》等。回纥(回鹘)汗国时代的碑铭如《磨延啜(Moyan Čor)碑》、《塔里亚特(Tariat,又称铁尔痕 Terkhin)碑》、《铁兹(Tez)碑》、《苏吉(Suji)碑》等,也沿袭了突厥时代的传统。碑铭记载了可汗或贵族的文治武功,碑文以散文体书写,语句完整,辞藻华丽,间杂有对偶句,较真实地反映了当时突厥的社会政治经济状况。突厥碑铭的发现和对古代突厥文字的解读,开启了突厥

·欧·亚·历·史·文·化·文·库·

学研究的新纪元。正因为突厥重写了欧亚草原的历史,并在千年之后留下了宝贵的文字资料和绵延不断的阿尔泰语,因此一些学者认为,突厥汗国在欧亚历史上的作用,怎样估价都不过分。

12.1 突厥的兴起

突厥一词,最早出现在我国史书《周书》中。《周书》编者认为,突厥人居金山(阿尔泰山)之南,金山形似兜鍪,其俗语称兜鍪为"突厥",故而得名。其实在古突厥语中,突厥写作 Türk 或 Türük,即"强有力的"之意。汉文史籍中,"突厥"为 Türküt 的音译。根据第一突厥汗国时代的布古特碑,多数学者认为 Türküt 一名源自粟特语(-üt 为粟特语的复数字尾)。

关于突厥的起源,中文史籍中有西海之国、索国、匈奴别种、平凉杂胡等四种记载,并夹杂着一些神话。其中较为著名的传说是,突厥为匈奴别种,姓阿史那氏,别为部落。后为邻国所破,尽灭其族。有一 10 岁小儿,兵不忍杀,乃刖其足,弃草泽中。有牝狼饲之,及长,与狼逃于高昌国之北山洞穴中,狼生 10 男。10 男长大,各有一姓,阿史那(Ašïna)即一。此外,尚有风雨神、海神等多种传说。这些神话和起源的传说自相矛盾,说明突厥部落成分复杂,可能经过多次迁徙,形成了不同部落组成的聚合体。对 6 ~ 8 世纪突厥人的头骨进行人类学分析可知,南西伯利亚和南阿尔泰山区的突厥人,属于混杂的南西伯利亚北亚人种类型,而北阿尔泰、东哈萨克斯坦、天山及南俄罗斯草原的突厥人,则有程度不同的北亚人种和欧洲人种的混杂。这表明突厥人主体上属北亚人种,但在长时期的迁徙中,与许多地区、民族存在密切的接触和联系,有程度不同的北亚人种和欧洲人种的混杂,形成"杂胡"。

在突厥的起源神话中,狼为突厥种族之祖先。在布古特碑碑额上,刻有狼哺男童图案,即反映了突厥起源狼种的传说,表现了突厥人对狼的崇拜。这一崇拜贯穿突厥的日常生活和语言风俗。突厥旗纛之上,施以金狼头,其部落以狼为图腾。侍卫之士,称作附离,即突厥语

"Böri（狼）"一词的音译，以示不忘本。突厥可汗每年要率领诸贵人，在其先窟致祭。这一"先窟"应该就是指传说中狼孕生10男的洞穴。狼种的传说在北方草原流传久远，乌孙、高车也都有类似的传说，并对此后的蒙古起源产生了重要影响。狼种的渊源，可能追溯到这些民族的原居地，从中不难看出森林地区文化的影响。

突厥人的发祥地高昌西北山，即吐鲁番盆地以北的博格达山（Bogdo-ola），亦即北魏、隋唐时期的贪汗山。突厥先窟或在此山。此山西至龟兹以北的阿羯田山（Aq-tagh，白山），盛产铁矿，突厥利用此山的自然资源，从事锻冶。5世纪中期，柔然占领高昌，突厥受其役使，约有500家北迁移到金山（Altay，即阿尔泰山）一带。突厥为柔然提供铁器（包括生产工具、生活用具和兵器），将所在的阿尔泰山之南发展为一个锻铁手工业基地，冶炼铁矿，制造铁制武器。史籍上说他们曾是柔然的锻奴。根据突厥人生活地出土的文物如铜镜断片、铁刀、马镫、弓矢、金箭镞、金狼头等，可知当时突厥人的冶炼手工业已经发展到相当高的水平。

在冶炼铁器的同时，突厥部族也不断发展壮大。柔然灭高车后，趁中原地区东、西魏对立无暇北顾之时，专注于漠南的开拓经营。突厥也随之从阿尔泰山南下。西魏大统六年（540），突厥与西魏的军事战争见于中文史籍。实际上，在更早一些年，突厥已经每年在河水结冰后侵扰西魏的北部边界，通过劫掠来补充游牧经济之不足，满足日常生活之用。时人称突厥"来如激矢，去如绝弦"，可见突厥一在历史舞台登场，即显出了弓强马壮、精于骑射、迅猛快捷的骑马游牧民族特点。542年，突厥携带大量杂畜和辎重，与西魏在绥州连谷（今陕西神木县北）大战，被宇文测打败。这时的突厥势力已越过漠东，达到河套地区。

阿史那氏族在其族长土门（万户长，来自吐火罗语tumane"万"，突厥碑文中称为Bumin）的率领下，日益强大起来，在边境与西魏通商贸易，交换丝绸织品。545年，西魏为了牵制柔然，与突厥通使，正式建立政治联系。西魏丞相宇文泰派出的使者为酒泉胡安诺槃陁，突厥人将他的到来视为其国将兴的征兆。此后突厥与西魏正式通商。

111

突厥汗国的兴起是以柔然的衰弱为背景的。546 年,准噶尔盆地的铁勒(其前身为敕勒,即高车国的残余)起兵东击柔然,在路上被突厥土门率领所部击退。这次战役,突厥取得了重大的胜利,降服 5 万多帐落,从此奠定了东征西讨的基础。突厥的统治地区也由原来的阿尔泰山之南扩展到整个准噶尔盆地。势力膨胀的土门希望借此机会提高本部族的地位,于是向柔然可汗阿那瓖求婚。柔然对突厥试图改变臣属关系,要与其分庭抗礼的举动极为不满;阿那瓖拒绝土门的求婚,并遣使辱骂突厥。土门于是杀其使者,与柔然断绝了关系。脱离柔然后的突厥转而向西魏求婚。551 年,西魏将长乐公主嫁给土门。与西魏联姻后的突厥如虎添翼,势力发展到今天中国的河北、山西一带。

纵观 6 世纪中期的整个北方草原,当时的宗主国柔然已在高车(铁勒)和东魏、北齐的打击下一蹶不振,与江南对峙的中原又分裂为东魏－北齐和西魏－北周两大政权,互有征战,也无暇经略北方。这种形势给突厥的崛起提供了可乘之机。

552 年,突厥军队深入漠南,于怀荒镇(今河北省张北县)北大举进攻柔然,拉开了向北扩张的序幕。在突厥的强烈攻势面前,柔然主敕连头兵豆伐可汗阿那瓖战败自杀,柔然汗国灭亡。

击败柔然的土门正式建立突厥汗国。土门自称伊利可汗(Illig Qaghan,相当于匈奴单于,突厥语 Illig 相当于采邑主宰者,掌权者,Illig Qaghan 即持有国家的可汗),可汗的妻子称"可贺敦"(Qatun,Katun,相当于匈奴单于的阏氏)。

12.2 突厥汗国的开疆拓土

新兴的突厥汗国一开始就走上了一条对外扩张的道路。

土门建国的同时即派其弟室点密(也作瑟帝米,突厥碑文中称 Istämi,东罗马史家称为 Zilzibulos,阿拉伯史家称为 Sinjibu)经略西方。

552 年土门卒,其子科罗(Qara,Kara)继位,号称乙息记(Isči)可汗。乙息记可汗在位时间只有 1 年,他除了和西魏朝贡联系外,便继续对柔然余部的战争。国灭后的柔然残部分裂为三部,阿那瓌的儿子菴罗辰、堂弟登注俟利发以及他的儿子库提,带领人马投奔了北齐。滞留在漠北的人马东部以登注之子铁伐为主,西部则以阿那瓌的叔父邓叔子为首。乙息记可汗曾在沃野镇(今内蒙古杭锦后旗南)北的木赖山大破邓叔子的余部。

553 年乙息记死后,其弟燕都(Idup)俟斤(irkin)即位,称为木杆(Muqan,Muxan)可汗(553~572 年在位)。木杆可汗神勇刚烈,善于征伐,在他的统治下,突厥成为跨越欧亚的庞大帝国。

木杆可汗首先继续对柔然的战争,他曾率军逾大漠追逐南奔的柔然部众,直到朔州(今山西朔县)。至 555 年,柔然残余力量最终被清除,滞留的柔然人被纳入了突厥帝国。

在击灭柔然后不久,突厥的统治中心从准噶尔盆地迁移到北方蒙古高原的于都斤山(又称都斤、乌特勒、郁都[督]军或乌德鞬山,即今之 Otgon[Ütükän]山)。于都斤山位于鄂尔浑河、色愣格(Selenga)河发源的杭爱(Hangay)山脉东南部诸峰间,在今哈拉和林西北,其近处有古来突厥人尊崇的圣山。可汗牙帐东开,显示了突厥人对太阳的崇拜。

立足于漠北草原,突厥从东、北、南、西四个方向,开疆拓土。

突厥兴起之时,大漠南北分布着许多分散的游牧部落,柔然政权衰弱后,这些部落无一能与突厥抗衡,这使突厥汗国横扫大漠南北成为可能。

5 世纪以后,契丹八部推进到辽水流域。由于柔然的侵轶,479 年,契丹的几个部落迁至辽水下游以东。553 年,北齐大举进攻契丹,俘获其民 10 余万,又破其别部,契丹力量大大削弱。木杆可汗乘机向契丹发动进攻,契丹部分被迫逃往高丽,大部分归降于突厥汗国。突厥将统治范围扩展到了东北亚。

契骨(又称结骨,即两汉时期的鬲昆、坚昆,唐时称黠戛斯,qïrqïz),发源于阿辅(Abakan)水、剑水(Käm)、处折(Chuakem)水之间,主要活动于今叶尼塞河上游,唐努乌拉山一带。破柔然后,木杆可汗一鼓作气,又吞并了契骨。契骨产优质铁,制作的兵器锋利而且工艺精巧,于是常以兵器和铁作为贡赋,输入突厥。契骨本是强国,地与突厥相等,突厥以女妻其酋豪,通过武力征讨与和亲怀柔双重手段,取得了黠戛斯的臣服。

吐谷浑出自鲜卑。4世纪初,从辽东慕容鲜卑部中分离出来,西迁至阴山地区。西晋永嘉(307～313年)末年,又从阴山南下,经陇山,来到青海中西部地区,建立吐谷浑政权,将势力扩展到甘肃西南和四川西北地区。他们与当地羌族及其他土著相融合,在5世纪初,日益强大。556年,木杆可汗出兵进攻吐谷浑,西魏不满于吐谷浑王夸吕(535～590年在位)与北齐的通好,和突厥联兵。突厥从凉州进发,大军至番和(今甘肃永昌),吐谷浑逃到南山。木杆采纳西魏大将军史宁的建议,分兵奇袭吐谷浑的树敦(即赤水城,今青海共和)和贺真(吐谷浑四大戍之一屈真川,在今流入茶卡盐池的惠渠一带)两根据地,使吐谷浑首尾难以兼顾而遭惨败,木杆可汗与史宁会师于青海。这次战役,突厥俘虏吐谷浑王的妻子、大量人口及珍宝,吐谷浑遭受重创,突厥声势大振。

配合木杆可汗对蒙古草原周围诸部落国家的征服,室点密在西方也开始了大规模的扩张战争。

柔然在西域的统治结束之后,突厥在西域最大的对手为嚈哒。在与波斯旷日持久的战争中,嚈哒已日渐式微。室点密首先占领了准噶尔盆地西出伊犁河、怛罗斯河流域的所谓"乌孙故地",接着西进,进攻嚈哒。由于与波斯有着共同的利益,突厥和波斯结成了共同对付嚈哒的军事同盟;库思老一世(Khusrau I,531～579年)与突厥联姻,迎娶了突厥室点密可汗之女,共图嚈哒。大约在558年前后,室点密与库思老一世联兵东西夹击,消灭了占据吐火罗斯坦等地的嚈哒政权。突厥、波斯按事先的约定,以乌浒水(今阿姆河,Amu Darya)之北的铁门为界中分嚈哒国土。乌浒水以北归突厥所有,以南则归波斯。在这一历史变动中,突厥获得的实际利益远过于波斯:突厥不仅得到大片领土,更重要的是它获得了对于东西方传统交通要道——丝绸之路中亚段的完全控制权。此后不久,突厥即继续南下,击败了阿瓦尔人和伪阿瓦尔人,于 562～567 年荡平阿姆河以北的嚈哒残部,向西追缴逃散的伪阿瓦尔人,巩固了突厥人在新占领地的统治。

室点密西征之时,也将西域诸国纳入势力范围。555 年,迫于突厥压力,高昌国开始接受突厥官号,成为附庸突厥的小藩。波斯、突厥联盟瓜分嚈哒后,粟特归突厥。这样,室点密的领地包括了准噶尔、额尔齐斯河和额敏河流域、裕勒都斯河流域、伊犁河流域、楚河流域和怛罗斯河流域。

室点密还和东罗马拜占庭王朝建立了联系。

6 世纪中叶,拜占庭帝国统治着巴尔干半岛、小亚细亚、叙利亚、巴勒斯坦和埃及,即地中海东部地区的广大版图。由于波斯萨珊朝控制着拜占庭社会迫切需要的中国丝绸,拜占庭帝国不断向波斯让步。突厥建国后,其统治下的粟特商人开始试图绕过波斯,直接与罗马进行丝绸贸易。

根据拜占庭史家弥南德(Menander)的记述,粟特人为在波斯境内贩卖丝货,请求突厥可汗遣使至波斯。室点密于是派遣以马尼亚克(Maniakh,或译作摩尼亚赫,意为摩尼的兄弟)为首的粟特使团前往波斯。但波斯王不愿突厥人在其境内活动,含糊其辞。波斯国王听从悒怛人喀塔尔福斯(Katulphus)的建议,收购突厥使团带来的全部丝货,当着使者的面全部焚毁,显示波斯不需要来自突厥的丝绸。突厥粟特使者扫兴而归。室点密听了粟特人的汇报,一心结好波斯,再次派遣使者。但波斯人意识到兵强马壮的突厥对波斯本土觊觎而心存防范,另一方面,也是因为要极力阻止东方民族包括中国与罗马帝国直接交往,坚决地阻止突厥人入境。为阻止突厥人再次前来,波斯王下令将使团成员全部毒死,只有三四人幸免于难。波斯王宣称突厥使者死于波斯的干燥气候,但突厥人明白真相,于是突厥与波斯结怨。

通过波斯的商路既已被阻断,粟特首领马尼亚克乘机劝说室点密与罗马人联合。因为罗马大量需要丝绸,可以将丝绸市场转移到罗马。马尼亚克自告奋勇,表示愿意率突厥使者通聘罗马,为两国建立友好

·欧·亚·历·史·文·化·文·库·

关系。室点密准其议,遣马尼亚克率随员数人携带价值数百万的丝绸礼品和突厥可汗用粟特文写的辞藻华丽的国书前往拜占庭。

568年,突厥使者到达君士坦丁堡。查士丁二世(Justin Ⅱ,565～578年在位)厚待使者,接受其国书,并详细询问突厥的国政和风土人情,突厥使者据实以答,大谈突厥征讨嚈哒的功业,并要求罗马突厥两国修好,结成盟国联盟。拜占庭皇帝欣然同意,于是双方达成协议,建立联盟。

569年8月,拜占庭皇帝派遣西里西亚(Cilicie)人蔡马库思(Zemarkhos)随马尼亚克回访西突厥,以回应突厥的通使。室点密在位于Ektag的汗帐召见蔡马库思,恩礼有加,盛情款待。后室点密携带蔡马库思及随从出征波斯,行至怛逻斯,遣蔡马库思回国,并遣突厥人塔格马及马尼亚克之子随蔡马库思往访君士坦丁堡。蔡马库思率使团跨过锡尔河,沿咸海边,过恩巴河、乌拉尔河、伏尔加河,经里海东北岸,避开4000名波斯人设下的埋伏,经高加索中部到达黑海岸边,再乘船到斐西斯(Phasis)河口,换船到达特拉比宗(Trabzon),然后乘帝国驿站的马匹于571年秋到达君士坦丁堡,结束其使命。此次出使突厥前后历时两年。

随蔡马库思前来的突厥使者塔格马拜见查士丁二世,极力鼓动拜占庭攻击波斯,因为此时突厥已发动对波斯的进攻。查士丁二世为了与突厥联合夹击征服波斯,极力与突厥通好。蔡马库思和塔格马之后,突厥与拜占庭之间又有几次通使,突厥派遣阿南卡斯特(Anankastes)出使拜占庭,而拜占庭向西突厥派遣了优提齐乌斯(Eutychios)、瓦伦丁(Valentin)、赫罗第安(Herodien)和西里西亚人保罗(Paul de Cilicie)等人。在此期间,双方使者大多经过高加索地区前往目的地。从里海西北岸经高加索前往君士坦丁堡的这段路程,是欧亚草原路西端通向巴尔干地区的一个重要的分支路线。

双方的友好持续了近10年,直到576年瓦伦丁第二次率使团出使突厥时。拜占庭使者从突厥返回时,每次都有不少突厥人随往君士坦丁堡。瓦伦丁此次出使西突厥,有106名突厥人随瓦伦丁使团返回突厥汗国。

由于室点密在西部的经营成果显著,他被突厥尊奉为与土门一样的开国始祖。

势如破竹的东征西讨,使突厥汗国威服塞外。木杆可汗时期突厥汗国的疆域,东到辽河上游以西,西抵里海,南界大漠,北迄贝加尔湖,东西万里,南北五六千里,成为横跨亚洲的强大统一的游牧汗国。

572 年,木杆可汗卒,按惯例舍子大逻便而立弟佗钵(Taspar,Tapor)为可汗(572~581 年在位)。佗钵可汗立乙息记可汗之子摄图(Šïpdu)为尔伏(Nïvar)可汗,统领东面;褥但可汗子为步离(Böri)可汗,统领西面。此时适逢中原两大政权对峙纷争,无力与控弦数 10 万的突厥可汗抗争,彼此都争相结好突厥为外援。突厥乘机上下其手,从中渔利。563 年,木杆与北周订婚,率 10 万骑与北周军队会于晋阳(今山西太原)。564 年正月,两国联军向晋阳发动猛攻,但无功而返。同年秋、冬,两国仍有大规模伐齐的军事行动,仍无大收获。此后,北周、北齐和突厥形成了三国鼎立的局面。其中突厥国富兵强,对中原虎视眈眈,北周、北齐争与之和亲。565 年,北周迎娶突厥皇后,每岁给缯絮锦彩数 10 万段。北齐亦倾府库结欢讨好,争厚赂之。佗钵踌躇满志,骄傲地声称:“但使我在南两个儿孝顺,何忧无物邪!”正体现了突厥国盛势强,操纵着齐、周朝政的现实。

12.3 突厥汗国的社会和文化

在短短 30 年间,突厥人在欧亚草原建立了一个强大的游牧国家——突厥汗国。这一汗国幅员辽阔,其统治区域内民族千种万类。阙特勤碑记载:“当上面蓝天、下面褐色大地造成时,在二者之间[也]创造了人类之子。在人类之子上面,坐有我祖先布民可汗和室点密可汗。他们即位后,创建了突厥人民的国家和法制。[这时候]四方皆是敌人。他们率军征战,取得了所有四方的人民,全都征服了[他们]。使有头的顿首臣服,有膝的屈膝投降。并使他们住在东方直到兴安岭,西方直到铁门[关]的地方。他们统治着二者之间的没有君长的蓝突厥。他们是英明的可汗,勇敢的可汗。他们的梅录(大臣)也是英明的,勇敢的;他们的诸官和人民也是忠义的。因此,他们这样统治了国家。他们统治了国家并创建了法制。"这正体现了突厥汗国创立伊始纵横捭阖的气势。突厥汗国把蒙古草原、中亚草原和西域城郭诸国合并为一个国家,整个内陆欧亚,通过突厥,联结为一个整体,游牧文明与渔猎、商业、农业文明,穹庐与城郭,统一在突厥大汗的狼头纛下。这在欧亚草原汗国中,前无古人。

"可汗"是突厥汗国的最高首领,也称汗(qan,自称享有天命 qut),为民族部落的最高统治者和土地、牲畜的最高所有者,具有至高无上的权力。这与汉族的"率土之滨,莫非王土,率土之民,莫非王臣"的奴隶社会国有制类似。可汗常封其子为小可汗(inäl qaghan)。可汗的子弟为"特勤"(Tegin,又作敕懃,鲜卑最早使用,5 世纪下半期嚈哒亦用),领兵的部落首领为"设(Šad,又作杀,察)"。在可汗和设之间,还有叶护(Yabghu),是仅次于可汗的官爵,相当于副可汗,一般由可汗子弟充任。叶护一名,来源甚古,即匈奴、大月氏、乌孙之翕侯。突厥的祖先首领多由设到(大)叶护,再登上可汗宝座。阿史那氏族为突厥的统治氏族,突厥可汗都出自这个氏族,汗国被认为是阿史那氏族的"家产"或"共同财产"。

突厥大臣称梅禄(buïruq,或译为密禄)。最初,突厥汗国贵贱官号有 10 等,以形体、老少、颜色、须发、酒肉、野兽等命名。如称呼勇健者为始波罗(ïšbara,有沙波罗、沙钵略、乙失钵等异译),又呼为莫贺弗(省称为莫弗),字根同出于莫贺(Bagha,蒙文含义为幼、少壮),本东北室韦契丹集团固有,突厥借用来称呼勇健之人。称肥粗者为三大罗,大逻便为一种似角而粗短的酒器,也因形状肥粗而得名。三大罗之官特贵,唯其子弟为之。称老为哥利(Qaü,一译为割利),故有哥利达官(即达干,tarqan)。谓马为贺兰(Qula),有贺兰苏尼阙,苏尼为掌兵之官也。谓黑色为珂罗便(Qara),于是有珂罗啜(Qara čor),此官地位甚高,年长者为之,这是用颜色命名的官。称须发为索葛(Saqal),故有索葛吐屯(Saqal tutun),这是州县官。谓酒为匐你(Bor),有匐你热汗的官称,掌监察,整肃班次等级。谓肉为安禅,有安禅具泥的官称,掌家事,如国官。有时还置附邻可汗,附邻(Böri,有步利、附离等异译)为狼名,因其贪杀而命名。突厥呼屋为遗(öi),于是有居家大姓相呼为遗可汗,即屋可汗,亦即一族之长。

之后,突厥汗国等级日渐森严,高级官吏名称也逐渐完备,形成了28个等级。有叶护、设、特勤、啜(čor,地位殆相当于一部之长)、俟斤(irkin,也作颉斤,夷离堇,原为部族首领名称,此名之施用,不限于突厥种族)、吐屯(tutun,为监察之官,大抵专主驻节被征服的外族或国家,以监督该部或该国)、阿波达干(apa tarqan)、颉利发(iltäbär,有俟利发、俟利伐、俟利弗、俟列发、希列发等异写,颉利又有伊利、一利、意利、伊离等异文)、达干(tarqan,又作达官)、阎洪达(yarghunta?)等。上述官阶中,所属部族或外国首领多赐以俟斤、颉利发的称号。此外,尚有数量众多的部落大小首领——匐(bäg,异译为别,伯,卑,毕,即今之伯克)。这些官称或来自匈奴、嚈哒等游牧民族,或为突厥本身固有,又授予所属部族,对此后的契丹、蒙古等部族官称产生了较大影响。

突厥贵族之下,是普通牧民(qara bodun),他们是社会的主要生产者,从事游牧业,一部分因各种原因失去牲畜者则被迫留在冬季牧地从事农业或手工业生产。奴隶(称作库尔,qul,女奴称作 Küng)多来自战争俘虏或掠自其他国家和部族,在社会中不占主要地位。

突厥汗国是以阿史那(包括与其通婚的阿史德氏)为核心的,由铁勒诸部(包括回鹘)、黠戛斯、突骑施、葛逻禄等说突厥语的部族或部族联合体,加上柔然、契丹、奚等被征服的非突厥语族组成的部族联合体国家。这个国家最初就是由突厥、铁勒部落贵族共同推举一个最强大的部落首领为领导者而形成的,汗国的职能是对外进行征服战争,对内保证联盟的和平与安全。突厥汗国从未形成一个统一的中央集权制国家,除了覆灭和并吞的之外,各部族部落,乃至被征服的国家都享有相当程度的自主权。汗国实行国人会议制度,由突厥各部族部落的大小伯克们组成,他们对于对外征战、讲和、汗位继承等重大事情都享有议决权。可汗经常在于都斤山,各部落虽移徙无常,但各有地分,官位皆世袭。

突厥的汗位继承没有定制,新可汗要秉承去世可汗的遗愿,经过国人会议的同意而承继。父死不必子继,可以弟承兄业,或传位其侄,或叔伯夺其汗位,完全取决于军事实力。

突厥汗国建立后,帝国分为东、西两部分管理,可汗名称众多。这表明汗国的兵权和政权陷入无法集中的涣散状态,汗国内部潜伏着危机。

突厥人被髪左衽,居住于穹庐毡帐,随水草迁徙,以畜牧射猎为务。突厥是一个尚武的民族,贱老贵壮,重战死而耻病终。部落男子世代为兵,在战争时自备马匹参加征战。武器有弓、矢、鸣镝、甲、矟、刀、剑。

突厥汗国实行军事统治,兵制与其游牧和射猎的经济生活有着密切的联系。其军队大体可分为侍卫之士(是以狼为图腾的阿史那氏亲兵)、控弦之士(主要由突厥族的普通牧民和附属部落的牧民构成,是作战的主要兵力)、柘羯(由中亚昭武九姓胡组成的精兵)三种。征发兵马及科税杂畜时,刻木为数,并以一金镞箭蜡封印之,以为信契。军事编制与部落组织相结合,其酋长与部民的从属关系及父子宗法关系使军队组织稳定。

突厥的风俗,亲属死丧,杀羊马祭,劙面而哭。葬讫,于墓所树立杀人石,专为纪念死者杀敌之功而置。其石多少,依平生所杀人数。又以祭之羊马,祭牲的头颅悬挂于墓葬的标杆上。这种作为杀敌立功标志的纪念石便成为突厥人墓前的普遍现象。一些富裕贵族阶层盛行造石像,立于死者墓前,普遍朝东立。突厥疆域辽阔,现今北方草原上自西向东保留着颇为壮观的突厥石像群,成为突厥文化的象征。突厥人葬礼中也有杀人殉葬现象,所杀者包括俘虏。其死丧仪式中,尚武精神一以贯之。

强大的突厥汗国不但版图辽阔,而且还同当时世界三大文明中心——西方的东罗马、西亚的波斯和中原的北朝齐、周二国都发生了密切的政治、经济交往,不同类型的文明之间交互影响,各种文化之间的交流和联系空前增强。突厥人的宗教信仰，正是这种交流的产物。除祭先窟外，突厥人每年五月中旬，拜祭天神，仍保持着萨满教的信仰。但6世纪中叶，突厥人一度信仰佛教。魏晋以后佛教传入中原，至南北朝广被全境，中华亦为传法之中心，中亚地区佛法昌盛。突厥的佛教主要来源于中原和中亚地区。突厥亦崇信源自古伊朗和中亚的祆教（拜火教），也有景教的信徒。可见位于中西方文化交流的通道之上的突厥人信仰复杂，反映了突厥受中西方文化的影响。

突厥汗国由多民族构成，其风俗也多有其他民族的因子。如突厥的葬俗中，火葬，可能受丁零、坚昆、氐羌、黠戛斯等民族的影响；剺面泣血，也可追踪至匈奴、西域诸族、氐羌、嚈哒等民族；而突厥先民生活在叶尼塞河流域的山林中时，也与契丹一样，实行过天葬、树葬。

突厥汗国是一个依靠武力征服建立起来的政权，异姓部落和政权与突厥政权之间缺乏必然的经济、政治、文化联系，政治结构松散，再加上游牧经济分散，突厥人的统治内部潜藏着离心倾向，这种隐患注定了突厥汗国分裂的命运。

13　东、西突厥

13.1　突厥的分裂

581年,操纵着突厥汗国和北齐、北周朝政的佗钵可汗病逝;同年,杨坚取代北周建立隋朝。隋朝结束了十六国、南北朝以来的混乱割据局面,建立了统一的帝国,标志着中原地区南北分裂的局面行将结束。而佗钵可汗的病逝,则揭开了雄踞大漠南北的突厥汗国分裂的序幕。

佗钵去世后,汗位继承问题出现纷争。突厥汗位基本上为父死子继,但自木杆可汗起,扩展到兄终弟及。佗钵统治时,随着突厥统治疆域的扩大,又分封了一些小可汗,这些小可汗各统一方,各自为政,听命于大可汗。随着佗钵的去世,大可汗汗位继承成为矛盾的焦点。

佗钵对其兄木杆可汗舍子而传位自己的做法念念不忘,在临终前,嘱咐其子菴罗(Amro)将汗位传给木杆之子大逻便(Dalobiän)。他的遗嘱受到以乙息记可汗的儿子摄图为首的国人的强烈反对,摄图甚至以武力相威胁。他们认为大逻便的母亲出身卑贱,没有资格出任可汗,而菴罗的母亲出身高贵,受到突厥的敬重。摄图在土门诸孙中年龄最长,势力强大,于是国人听从,立菴罗为大汗。但成为突厥可汗的菴罗,不能制约大逻便,不堪其苦,便将汗位让于摄图。摄图继汗位,号伊利俱卢莫何沙波罗可汗(Il külüg šad bagha ïšbara qaghan),简称伊利可汗,又称沙钵略(šbara 或 ïšbara)可汗(581～587年在位)。

汗位继承问题虽暂时解决,但突厥汗国内部大小可汗之间的矛盾则愈演愈烈。沙钵略即位之初,突厥诸国已呈权力分散、割据称雄之势。摄图凭借实力登上了大汗宝座,建牙帐于都斤山。作为回报,摄图以菴罗为第二可汗(Ikinči Qaghan),驻牧独洛水(Toghla,今蒙古人民共和国土拉河),其封地在今蒙古土拉河、鄂尔浑河流域。大逻便公开向沙钵略大可汗位置的合法性提出挑战,沙钵略不得已任命他为阿波(Apa)可汗,居金山,建北牙,继续统领分布于准噶尔盆地北部和蒙古草原西部科布多盆地之间的部落。沙钵略的叔叔玷厥(室点密的儿子)统治着汗国的西部地区,号称为达头(Tarduš,Tardou = Tardu,又作地头、达度)可汗(576～603 年在位),治所在乌孙故地。汗国东部奚、霤、契丹、鞑靼分布地区,则由沙钵略之弟处罗侯统辖,号突利(Tölis)设,统治今蒙古草原东部的克鲁伦河、呼伦贝尔流域和蒙古草原东南隅。此外,尚有加上在贪汗山(今新疆吐鲁番北博格达山)的贪汗(Tamghan)可汗(封地在今吉木萨尔县一带)、准噶尔盆地的纥支可汗(封地在今新疆塔城)。

突厥大小可汗互相矛盾猜忌,尤以五汗(沙钵略、菴罗、大逻便、达头、处罗侯)为甚。突厥汗国出现五汗并立的局面,这表明其统治权已经陷入无法集中的涣散状态,成为日后分权分势乃至分裂的内因。

更为严重的是东突厥派和西突厥派的矛盾。突厥土门大可汗系主要活动在漠北草原,其弟室点密系主要统治西域。随着室点密的扩张,突厥汗国内部开始形成以土门系为主的东突厥和以室点密系为主的西突厥两个系统。东突厥的地盘主要在阿尔泰山以东的漠北高原,西突厥则领有阿尔泰山以西地区。室点密可汗虽然仍奉土门为大可汗,但实际上二者已各自为政。不过一直到 583 年以前,西突厥虽然独立发展,但并没有完全脱离东部的宗主国,仍然奉漠北可汗为大可汗,维系着汗国形式上的统一。

随着突厥大可汗控制力的下降,东西突厥之间的矛盾也在沙钵略继位之后更加激化。室点密去世后,西突厥的汗位由玷厥继承。玷厥在西部守其父业,资源丰富,兵强马壮,势力在沙钵略以上,但其地位却在沙钵略之下。沙钵略即位导致东西突厥之间力量对比发生变化后,达头可汗力图夺取一直由东突厥土门系子孙承继的突厥可汗的位置。

达头可汗与沙钵略可汗的斗争为汗国的主要矛盾。阿波可汗凭其父木杆可汗余势,在东部拥有 10 万余骑兵,始终反对沙钵略。处罗侯虽然是沙钵略的同胞兄弟,但为沙钵略所忌,也心怀叵测。这些矛盾使突厥汗国危机四伏。

被征服诸部落的反抗斗争,加剧了突厥内部的重重矛盾。突厥汗国境内存在着众多被武力征服的异姓部落。在汗国的东面,有奚、契丹、三十姓鞑靼及一部分室韦;北面为九姓铁勒、九姓回纥、三姓骨利干、四十姓拔悉密、九姓坚昆等;西有三姓葛逻禄、铁勒、嚈哒、粟特、波斯及龟兹、焉耆、于阗等西域各族。这些部落和政权不堪忍受突厥的沉重的赋役剥削,一直伺机进行反抗突厥的斗争。突厥的统治极不稳定,军事力量大受牵制,沙钵略掌控的汗国处于风雨飘摇之中。

隋帝国的建立改变了大漠南北双方力量对比的形势,深刻影响了东亚历史的格局。

隋朝一反北周、北齐讨好突厥、大量供给绢帛的做法,切断了来自中原的物资供应。同时,隋文帝(581～604 年在位)采纳了熟悉突厥现状的长孙晟的建议,实行"远交近攻,离强合弱"的分化瓦解政策,促使与突厥大可汗有矛盾的阿波与达头联合对付沙钵略,以达到削弱突厥整体实力的目的。581 年,隋文帝遣使西突厥,赐达头可汗狼头纛。达头可汗遣使入隋时,隋文帝又让达头的使臣位居沙钵略使节之上。这一举动,进一步加深了东西突厥间的冲突。

天灾更使沙钵略摇摇欲坠的统治雪上加霜。581 年,漠北四季无雨雪,草木烧尽,饥疫死亡,人畜相半,部民无以为生。沙钵略急于摆脱内外交困的局面。582 年,沙钵略发五可汗之兵 40 万,南下攻隋。由于达头可汗先引兵回西域及铁勒部落的反叛,沙钵略匆匆返回漠北。583 年,隋兵分八路,大举反击。四月,两军在白道(今内蒙古呼和浩特西北)进行了关键性的一战,隋军大破沙钵略。西北边,隋秦州总管窦荣定帅九总管、步骑 3 万,大败阿波可汗。这次战争不但是隋朝一变成为东亚主导力量的转折点,也是突厥汗国分裂的直接导火索。

阿波可汗战败后,隋乘机离间了沙钵略与阿波的关系,使阿波遣使与隋言和。沙钵略素忌阿波骄悍,趁阿波未归,袭其北牙。阿波无处可归,愤而西奔达头。达头可汗助阿波攻沙钵略,夺回故地,占领了原突厥汗国的统治中心于都斤山,控制了漠北一带。沙钵略因贪汗素睦于阿波,又夺贪汗之众及可汗之位,迫使贪汗亦投达头。沙钵略堂弟地勤察也率众叛归阿波。阿波可汗的西奔,一方面导致了突厥汗国西面内部派系复杂化,另一方面也使汗国西面的分裂倾向进一步扩大。

鄂尔浑的东突厥和伊塞克湖、怛逻斯的西突厥之间的敌对,最后摧毁了突厥汗国。583 年,以阿波可汗、达头可汗为首的一派联合贪汗等东突厥内部的几支分裂势力,共同反对以沙钵略可汗为首的东部突厥派,双方公开兵戎相见,战争逐渐升级,使突厥势力一分为二。经过这次纷争,达头等脱离突厥汗国,突厥汗国分裂为据有蒙古高原本身的东(或北)突厥汗国和统治中亚各地的西突厥汗国两部分。这两个汗国的边界大致以阿尔泰山和哈密以东的山脉为标志。此后,东、西突厥之间经常处于敌对状态。

13.2 东、西突厥的兴亡

突厥内部争战不已,隋文帝采取了中立观望的立场,坐视突厥在内讧中削弱下去。四分五裂的东突厥无力招架达头联盟的进攻,被驱逐出漠北,仅保有阴山南北的漠南地区。585 年,沙钵略在西面阿波可汗和东面的契丹的夹击下,向隋朝请求迁到大漠以南,寄居白道川。

随着双方力量对比的急剧变化,隋文帝转而支持沙钵略。七月,隋兵援助沙钵略击败了阿波可汗。之后,又击溃了乘虚掠夺沙钵略妻子的漠北阿拔部落。沙钵略与隋划碛为界。至此,东突厥实已成为隋朝下属的地方政权。586 年,东突厥奉隋之正朔,汗国的统治中心正式南迁,沙钵略可汗的牙帐迁至漠南的紫河镇(位于今内蒙古和林县和清水河之间)。此时东突厥的活动区域主要集中于今之内蒙古的中南部地区。

587 年,沙钵略卒,其弟处罗侯即位,为莫何可汗(Bagha Qaghan,

·欧·亚·历·史·文·化·文·库·

587～588 年在位），又称叶护可汗（Yabghu Qaghan）。莫何以隋所赐旗鼓西征，西突厥多来降附，遂生擒阿波。隋朝靠东突厥的武功控制了漠北。次年，莫何死于西征波斯的战役中。沙钵略子叶护雍虞闾继任为颉伽施多那都蓝（Turum）可汗（588～589 年在位）。这时，东突厥无力西进，西突厥集团也不能控制漠北，双方处于相持状态。

阿波系可汗持续的时间并不长。阿波被擒后，鞅素（Angsu）特勒之子被拥立为泥利（Näri）可汗（587～603 年在位）。泥利后被铁勒击败，不知所终。他的儿子达漫（Darman）继承汗位，号泥橛处罗（Nikül Čula）可汗（603～611 年在位）。处罗可汗居无定所，多在伊犁河流域，其下有两个小可汗，一在石国（Tashkend）北，一在龟兹北的鹰娑（今裕勒都斯流域）。605 年，处罗可汗在铁勒的逼迫下丧失旧地，向西迁徙。这又压迫室点密系的突厥离开原来的活动中心，迁移到锡尔河一带。610 年，室点密系的射匮（Šifkü）可汗（605～617 年在位）击败处罗。次年，处罗降隋，封曷萨那（Hassan）可汗，部众 3 分，被安置在今甘肃会宁和山西楼烦等地，势力衰弱。阿波系可汗自此退出舞台。

东突厥汗国除都蓝可汗外，尚有莫何之子染干（Žamqan），称突利可汗，居北方。在隋朝的离间下，都蓝和突利反目。597 年，隋以公主妻突利，加剧了东突厥的分化。599 年，都蓝可汗与宿敌达头言和，共攻突利，突利兵败南下。隋册封为意利珍豆启民可汗（599～611 年在位），妻以义成公主，并于朔州筑大利城（在今内蒙古和林格尔）以居之。突厥旧部多归附，为躲避都蓝的侵扰，隋迁之于夏、胜二州之间，东西至黄河，南北四百里，尽为突厥畜牧之地。东突厥实分为漠南、漠北两部分。

599 年，都蓝为部下所杀。西突厥达头可汗利用东突厥内乱之机，乘机占领漠北，试图实现突厥人的重新统一。达头自立为步迦（Bilgä）可汗，南下侵隋。603 年，因铁勒等脱离达头投奔启民，西突厥国内大乱。步迦可汗在突厥诸部的反对下溃败，西奔青海之吐谷浑，不知所终。在隋朝的支持下，漠北重新统一，都蓝、达头之遗众，北方之铁勒诸部，东方之奚及室韦等均附于启民可汗。启民可汗在隋朝的支持下建立起庞大的部落联合体,隋朝则通过启民可汗控制、治理北亚及东北亚,成为整个东亚的霸主。

步迦出奔后,西突厥也分裂为两部分:处罗可汗为伊犁地区的君主,达头之孙射匮可汗(605～617年在位)统治西域的西南部。隋转而支持射匮。射匮在击败处罗之后,开拓疆土,征服了准噶尔盆地的薛延陀,东至金山,西临西海(里海),自玉门以西诸国皆役属之。射匮建牙于龟兹北之三弥山(裕勒都斯谷),统一了西突厥,与东突厥分庭抗礼。由于隋帝国的存在和对西域东部地区的介入,射匮东进的势头明显受到了遏止,未能染指漠北建立统一的汗国。北突厥此时正在隋朝的卵翼之下,也没有能力对付西突厥。突厥大帝国至此正式分裂为东、西两部。

从611年起,隋炀帝三次调集兵力,东征高丽。这场旷日持久、穷兵黩武的战争不但直接导致了隋在中原统治的土崩瓦解,而且也改变了漠北、西域的军事形势,东、西突厥都获得了发展的时机。

启民去世后,其子咄吉世(Tükiš,一作咄吉 Tükir)继位,称始毕(Sibir)可汗(611～619年在位)。随着中原各地反隋起义的扩展,始毕一改对隋的臣服,也与北方边境的部落一起,加入了反隋的队伍。615年,始毕可汗率数10万大军,将隋炀帝围困在雁门(今山西代县)长达32天之久。隋炀帝虽侥幸全身而归,但突厥与隋的关系彻底改变。

隋末北方逐鹿中原的各种势力,大都汇集在狼头纛下。中原地区的百姓为避战乱之祸,络绎不绝地逃向突厥。突厥有意扶持中原的割据力量,各地军阀也有意借突厥以自重。薛举、窦建德、刘黑闼、王世充、刘武周、梁师都、李轨、高开道等等都向突厥北面称臣,建立唐朝的李渊、李世民父子也曾结援突厥。东突厥是隋末唐初中原军阀势力的后盾,也是内地战乱兵争的策源地。东突厥控弦之士百万,兵强马壮,再次夺回了亚洲霸主的地位。西突厥也趁机东扩,完成了对整个西域的控制。

618年,隋朝覆灭,唐取而代之。新兴的唐王朝并没能阻挡突厥南下牧马的铁蹄,突厥扶植的势力已深入到山西、陕西,突厥部落入居黄河以南,直接威胁着唐的首都长安。619 年,始毕死,其子什钵苾年幼,封为泥步设,居汗国之东;汗位由其弟俟利弗设(Iltäbir Šad)继承,称处罗(Čula)可汗(619～620 年在位)。处罗接纳亡隋遗裔,力图恢复隋宗室后裔的统治。正当处罗与反唐势力王世充等联兵,大规模入侵的前夕,他突然死亡。处罗之弟莫贺咄设(Baghatur Šad)咄苾(Tüpi)即位,称颉利可汗(Il Qaghan,620～630 年在位)。什钵苾也升为突利可汗(Dulï Qaghan)。乘父兄之资,踌躇满志的颉利面对的是一个不断荡平南北割据势力、日益强大的唐朝。

颉利可汗与唐朝进行了 10 年的战争,多次率大军向唐进攻。最初,东突厥主要是从河东道的雁门、太原等地南下,随着唐朝在河东战略优势的确立,突厥南下的重点也逐渐向西转到了关内道。624 年,突厥循南北两道,入侵关内,以迅雷不及掩耳之势,突破唐军防线,至达距长安只有 400 里的陇州。唐廷震恐,甚至有人提出迁都之议。同年 8 月,突厥再次入侵,双方在距长安 300 里的豳州(今陕西彬县)进行了一场触目惊心的较量。秦王李世民利用颉利和突利之间的矛盾,瓦解了突厥对长安的攻势。626 年,李世民刚刚即位,颉利可汗再次发动骑兵远征,直抵长安西郊便桥(西渭桥)城下。唐太宗一面激化突厥内部矛盾,一面倾府库金帛,定城下之盟,使突厥退兵。

渭桥之役,为唐与突厥关系的转折点,大漠南北的局面再次发生改变。之后,唐太宗一面扶植反对突厥的铁勒,一面促使突利可汗脱离颉利,分化了颉利的力量。突厥大势已去,人心涣散。630 年,唐灭东突厥汗国。

隋唐交替之际,也为西突厥汗国发展至鼎盛提供了契机。617 年,射匮可汗去世,其弟统叶护可汗(Ton Yabghu Qaghan,617～628 年在位)继位。处于争相与之结好的东突厥和唐之间,西突厥游刃有余,在没有后顾之忧的情况下,统叶护在中亚建立了一个空前强大的汗国。玄奘法师在去印度取经途中,经过统叶护牙帐,亲眼目睹了统叶护骄奢豪华的生活:可汗大帐以金华装饰,耀眼夺目,高官在前列长筵两行侍坐,穿着灿烂的锦衣,其余仗卫立于后。宴饮时觥筹交错,各种乐器并举,铿锵悦耳;所用金银器种类繁多,数目巨大,工艺精湛;美酒佳肴,不胜枚举。玄奘感慨:"虽穹庐之君亦为尊美矣!"可见吸收了东、西方文化和财富的西突厥之繁荣与富足。

628 年,西突厥发生内乱,统叶护可汗为其伯父莫贺咄(Baghatur)所弑。莫贺咄自立为俟屈利毗可汗(Il Külli Biy Qaghan,628～630 年在位)。国人不服,弩矢毕(Nur Säbir)部的泥孰(Nizuk)莫贺设迎立避祸逃亡在康居的统叶护之子咥力特勒,称为乙毗沙钵罗肆叶护可汗(Il Bi Šbara Šir Yabghu Qaghan,628～632 年在位)。双方相互争战,连兵不息,大可汗之位多次易主,西域诸国及先役属西突厥的部落多叛去。

至沙钵罗咥利失可汗(Šbara Tiläš Qaghan,634～638 年在位)时,西突厥汗国属地分裂为两部:左厢五咄陆(Türk)部,包括处木昆律啜、胡禄屋阙啜、摄舍提敦啜、突骑施贺逻施啜、鼠尼失处半啜;右厢号五弩失毕,包括阿悉结阙俟斤、哥舒阙俟斤、拔塞干暾沙钵俟斤、阿悉结泥孰俟斤、哥舒处半俟斤。左、右两厢以碎叶川(今楚河)为界,合十部,通称十姓,又谓十箭(On-Oq)。638 年,弩失毕部反叛,拥戴欲谷设(Yukuk Šad)为乙毗咄陆可汗(Il Biy Türük Qaghan,638～642 年在位),并与咥利失交战。双方损失惨重,以伊列河(今伊犁河)为界,中分其国,东属乙毗咄陆,西属咥利失。

咥利失在乙毗咄陆和部下的攻击下逃亡拔汗那(今费尔干纳),弩失毕拥立乙毗沙钵罗叶护可汗(640～641 年在位)。乙毗沙钵罗建庭于虽合水(碎叶川,今楚河)北岸,号为南庭,统辖龟兹(今新疆库车)、鄯善(今新疆若羌)、且末(今新疆且末)、吐火罗(今乌兹别克斯坦、塔吉克斯坦南部及阿富汗东北部地区)、焉耆(今新疆焉耆)、石国(今乌兹别克斯坦塔什干)、史国(今乌兹别克斯坦沙赫里夏勃兹)、何国(今乌兹别克斯坦阿克塔什)、穆国(今土库曼斯坦马里以东)、康国(今撒马尔罕)等国。咄陆则建牙于镞曷山西,谓之北庭,阿尔泰山以西至咸海以东广大北部草原地区的越失、驳马、拔悉密、结骨、火寻、触木昆等部皆归其统领。

乙毗咄陆可汗力量渐强,641 年,他吞并了沙钵罗的辖区,咄陆部成为唯一的统治部落,弩失毕部降为被统治部落。次年,咄陆又攻下吐火罗,与唐争夺对西域的控制权。他派阿史那贺鲁(Ašïna Ghoru)统处月、处蜜等部围攻伊州(哈密),遭到安西都护郭孝恪的迎头痛击,阿史那贺鲁降唐。众叛亲离的乙毗咄陆逃往白水胡城(今哈萨克斯坦奇姆肯特东),653 年卒于吐火罗。唐册立泥孰之孙、乙屈利失乙毗可汗之子为乙毗射匮可汗(Il Biy Šifkü Qaghan,643～649 年在位)。

648 年,唐任命阿史那贺鲁为泥伏沙钵罗叶护,使招讨西突厥之未服者。649 年,唐以贺鲁为瑶池都督,处其部于庭州莫贺城(今新疆奇台西)。贺鲁在西域蓄积力量,试图谋取唐西、庭二州,但东进受阻。651 年,贺鲁举兵反唐,取咄陆可汗故地,吞并乙毗射匮的人马,在双河(今新疆博乐)和千泉建牙,自号沙钵罗可汗。五咄陆、五弩失毕的人马都归附于贺鲁。贺鲁派其子咥运向庭州进攻。

653 年,唐高宗派军平叛,罢瑶池都督。平叛战争历时数年,处月、处蜜、葛逻禄、鼠尼施、处本昆等部均先后降服。657 年,唐朝先设阴山、大漠两都督府监控葛逻禄降户,然后派苏定方征讨贺鲁。苏定方征发回纥兵从天山以北进讨。唐朝还委任先前降唐的突厥旧贵族阿史那弥射(Ašïna Mizif)、阿史那步真(Ašïna Bučin)兄弟为流沙道安抚大使,从天山南路招辑旧部。阿史那贺鲁兵败,逃往石国后被擒,西突厥平。659 年,乙毗咄陆可汗之子真珠叶护在双河被阿史那弥射所斩,西突厥残余势力被彻底平定。

13.3 东、西突厥的扩张

13.3.1 铁勒与东、西突厥

铁勒,又作敕勒,为高车的别称。约在 6 世纪,中国史籍中,铁勒一词基本取代了敕勒、高车,成为对北方多种丁零部族的专称。从 4 世纪开始,大批高车人被北魏迁至漠南,留在漠北的则受柔然统治。柔然败退后,原附属柔然的高车部落降魏,逐渐汉化。漠北及葱岭以西的铁勒则被新兴的突厥征服。

铁勒种类众多,东起蒙古草原,西至里海,依据山谷,绵绵不绝。其分布可分为漠北、白山(天山)、金山西南、葱岭(帕米尔)以西四大区域。

6 世纪末,漠北铁勒部落有仆骨(Boqu)、同罗(Tongra)、韦纥(Uighur)、拔野古(Bayïrqu)、覆罗、蒙陈、吐如纥、思结(izgil)、浑(Hun)、斛薛(qošut)、都波(Tuba, Duba)等 11 部落。分布在独洛河北、北海(今贝加尔湖, Baikal)南。7 世纪初,部落组成发生变化,增加了薛延陀(Sir-Tarduš?)、契苾(Kibir)、骨利幹(qurïqan)、多览葛(Tolangut)、奚结(čigil)、阿跌(Ädiz)、白霫(Bärsil)等 7 部,减少了覆罗、蒙陈、吐如纥 3 部,形成 15 部铁勒。唐称之为九姓铁勒(Toquz oghuz),简称九姓。

白山的铁勒有契弊(čibi)、薄落(Boluo)、职乙(čigil?)、咥苏、婆那曷、乌谨(Oghuz?)、纥骨(Qirqiz)、也咥、于尼谨(乌尼护)等 9 部,分布在东起今伊吾以西的博格达山,西至焉耆北的萨阿尔明山的河谷绿洲和草原上。

金山西南有薛延陀、咥勒儿、十盘、达契等,分布在准噶尔盆地西部(今塔城地区)和北部(今阿勒泰地区)一带。这部分铁勒在隋末唐初有着东迁漠北同蒙古草原铁勒部落会合的趋势。

葱岭以西铁勒包括三部分,即:康国(Samarkand)北,傍阿得水(ldil,即伏尔加 Volga 河)的诃咥(Az)、曷萨(Qazar)、拔忽(Bulghar)、比千(Pecheneg)、具海、曷比悉(Qibčaq?)、何嵯、苏拔(Suwar)、也末(Yämäk)、渴达等部;得嶷海(里海)东西的苏路羯(Sulujie)、三索咽、蔑促、隆忽等部;拂林(东罗马,即拜占庭)东的恩屈、阿兰(Alan)、北褥九离(Baškïr)、伏唱昏等部,共 17 部。

铁勒部落名号总数在 40 个以上,虽姓氏各别,总谓之铁勒。所谓的"铁勒"不只是一个民族共同体的称呼,更有作为一个政治联盟组织的性质。铁勒各部并无君长,居无定所,随水草流移。他们善于骑射,以寇抄为生。近西边者,颇为艺植,多牛羊而少马。其中蒙古草原和天山准噶尔盆地为其集中分布区。

突厥兴盛后,铁勒为其所属。突厥东西征讨,皆资其用,以制北荒。

·欧·亚·历·史·文·化·文·库·

铁勒成为另一个新兴的族群共同体——突厥——的一部分。铁勒多次起兵反抗突厥的压榨和奴役,这种反抗间接导致突厥的分裂。之后,铁勒诸族按所在地域,分属东、西两突厥。

600年,隋晋王广北征达头,漠北大乱,铁勒于是分散。603年,铁勒思结、伏利具、浑、斛萨、阿拔、仆骨等十余部,南下随启民可汗,降附隋朝。漠北西部铁勒西逾阿尔泰山至准噶尔盆地。605年,西突厥处罗可汗击铁勒诸部,厚税敛其物,又猜忌薛延陀等,集中杀其酋长数百人,激起铁勒大起义。契苾部立俟利发俟斤(Iltäbär Irkin)契弊歌楞为易勿真莫何可汗,居贪汗山。薛延陀复立薛延陀乙失钵为也咥(Yädiz)小可汗,保燕末山(阿尔泰山之一峰)。处罗可汗既败,莫何可汗始强大。莫何勇毅绝伦,甚得众心,伊吾、高昌、焉耆等西域诸国悉附之。昔日西突厥汗国的领地,多变成了契苾-薛延陀的势力范围。铁勒还与隋朝合兵,驱逐了南疆与河西的吐谷浑势力,直接促使了阿波系西突厥汗国的灭亡。

621年,突厥射匮可汗复强,二部废止了可汗称号而臣属突厥。漠北回纥、拔野古、阿跌、同罗、仆骨、白霫在于都斤山者,东附启民和始毕可汗;白山及金山西南的铁勒,西役属射匮及统叶护。628年,东突厥可汗下的薛延陀、回纥、拔野古、同罗、仆骨等十余部反叛颉利,而在金山西南的薛延陀在夷男率领下反抗西突厥,控制漠北地区,建立了薛延陀汗国。东突厥汗国彻底瓦解于唐朝和铁勒诸部的夹击之下。

13.3.2 契丹等东北部族

在突厥汗国的东南面,有奚、契丹、霫等族;东北有室韦、靺鞨等。随着木杆可汗的东征,这些民族成了突厥汗国的“黑民”。

库莫奚(Komasni),简称奚,为东胡宇文的别种,居于土护真水(今老哈河)流域,东北接契丹,西抵大洛泊(今达里诺尔)与突厥相接,南到白貔河(今大凌河),北与霫为邻,东北到冷陉山(今巴林西北),北至洮儿河。善射猎,好为寇抄。与突厥同俗,逐水草畜牧,居毡庐。臣于突厥,后稍强盛,分为辱纥王、莫贺弗、契个、木昆、室得等五部。突厥在每部任命俟斤一人为其统领。阿会氏在五部中最盛,诸部均归附。

契丹,隔松陉岭(今老哈河东)与奚为邻。东高丽,南营州,北靺鞨、室韦,阻冷陉山以自固。以游牧为主,兼营渔猎,居处无常,风俗与突厥相似。后魏时,躲避高丽,迁至白貔河。北朝后期,为突厥所逼,有万家寄于高丽,余部臣属突厥。

室韦(失韦),居猛越河(今绰尔河),东为黑水靺鞨,北濒日本海。分为五部,不相总一,有南室韦、北室韦、钵室韦、深末怛室韦、太室韦。主要分布在嫩江、黑龙江、结雅河,南自嫩江下游,北至外兴安岭,西自石勒喀河,东至布列亚河广大地区。逐水草而处。国无君长,部落酋长被突厥授予"莫贺咄"之号。隶属于突厥,突厥常以三吐屯总领之。

霫为东胡后裔,居鲜卑故地。白霫为铁勒之一部。白霫后避薛延陀,保奥支水(今察罕木伦河)、冷陉山,南契丹,北乌罗浑,东靺鞨,西拔野古,地方广2000里,以射猎为业。其君长臣突厥为俟斤。

突厥汗国分裂后,契丹、奚、室韦等原突厥属部也趁机摆脱沙钵略的统治。584年,契丹朝隋;次年,率部归附;隋高祖纳之,使居其故地。586年,契丹与突厥相争斗。开皇末,其别部4000余家背突厥降隋。之后,这部分契丹北迁至辽西正北200里,依托纥臣水(今老哈河)而居。东西亘500里,南北300里,分为10部。奚也随着突厥向隋称臣而内附隋朝。

隋末唐初东突厥强大,东部数十部皆归其统辖。620年,颉利可汗任命其弟部利设主霫部,泥步设主契丹、靺鞨部,可汗牙直幽州北,东方诸族悉遵其号令。突厥的疆域再次伸展到大兴安岭以东。628年,契丹酋长率众降唐,突厥颉利可汗要求用他和唐的叛臣梁师都交换。可见东北诸部族的去就对突厥的盛衰有重要影响。

13.3.3 西突厥的扩张

东、西突厥分裂后,西突厥的疆域南到疏勒(今喀什),北至瀚海(蒙古沙漠西北部),东邻东突厥,西至雷翥海(今里海)。西突厥不仅统领突厥十姓部落,而且铁勒、龟兹及西域诸胡国,皆归附之。其后,射匮可汗尤其是统叶护可汗利用数十万控弦之兵,全力开拓,将势力范围扩展到兴都库什山以北、阿姆河以南。

·欧·亚·历·史·文·化·文·库·

射匮可汗统一西突厥后,继续向东发展,夺回了铁勒政权直接统治的阿尔泰山以南、博格达山以北的广大地区,重新控制了原在铁勒政权的范围之内的南疆东部的伊吾、高昌、焉耆等绿洲政权,将西突厥的统治范围推进到了天山东部地区。突厥人统治天山南北各国的方式多种多样,既派吐屯督其征赋,还与土著贵族联姻。高昌自麹宝茂开始即与突厥世代联姻,焉耆、龟兹、疏勒、于阗等国王室也都曾与突厥联姻。

在射匮可汗的基础上,统叶护的扩张范围则是向西、向南,其进攻的主要目标是波斯。

嚈哒灭亡,突厥与波斯的联盟即告破裂。突厥人南下占领了暂时落入波斯萨珊王朝手中的吐火罗斯坦。

6 世纪初叶以后,拜占庭帝国与波斯的关系趋于紧张,两国战事不断。受突厥驱使的阿瓦尔人西迁到达高加索北部,此后 10 余年扩张到多瑙河下游地区,成为拜占庭帝国新的威胁。为了对突厥向西方的扩张有所防备,同时也是缓解西部压力,574～575 年冬,拜占庭帝国与阿瓦尔人缔结条约,这导致了西突厥和拜占庭帝国的联盟一度中断。西突厥达头可汗派突厥骑兵攻打拜占庭在克里米亚(Crimée)东部的重要据点博斯普鲁斯城(Bosporus)。581 年,突厥再度陈兵克索涅索斯(Chersonesus)城下,直至 590 年才撤兵。

由于有共同的对手波斯,西突厥与拜占庭在冲突的同时,又有合作。588～589 年,突厥可汗 Schba 利用波斯在西线与拜占庭帝国交战之机,领兵 30 万进攻帆延(Badhaghis,今阿富汗巴比扬)和赫拉特(Herat,今阿富汗西北赫里河谷地)两地。罗马皇帝从叙利亚(Syrie)沙漠进兵,突厥可萨可汗派兵攻入波斯位于里海南岸的打耳班(Derbend,在苏联里海西岸达格斯坦共和国境内),大肆焚杀。波斯大将巴赫兰(Bahram Tschoubin)率军抗击突厥,突厥可汗中箭而死。这场战役以波斯的胜利而告终。

590 年,巴赫兰与新即位的波斯王库思老二世(Khusrau,590～628年在位)发生内战,库思老利用拜占庭的支持,击败巴赫兰。巴赫兰投奔西突厥人。西突厥趁机完成了对兴都库什山以北的吐火罗斯坦的征服。597～598年,巴里黑(Balkh)和昆都士(Kunduz)也成为西突厥的属地。突厥利用波斯萨珊朝衰落之机,完全夺取了嚈哒旧壤。

统叶护修复了突厥与拜占庭帝国的关系。7世纪初,波斯对拜占庭的战争取得一系列胜利,611年,攻占安条克,612年占领大马士革,614年攻取耶路撒冷和埃及。622年,双方再度决战,相持7年。统叶护与可萨部出兵支持拜占庭。628年,波斯内乱,库思老被杀,其子科瓦(Kauadh)即位,波斯被彻底击溃,俯首称臣。统叶护征服了向西、南扩张的劲敌,不仅重申了对吐火罗地区和巴克特里亚的统治,巩固了对塔里木盆地部分地区的霸权,而且挺进阿姆河以南地区,将南疆扩展到罽宾(Kāpisī,位于今阿富汗喀布尔以北的Begram)。

统叶护新征服了铁门关以南,大雪山(兴都库什山)以北,波斯以东,葱岭以西的广大地区。安咀罗缚国(Andarāb)、阔悉多国(Khost)、活国(Warwālīz)、曹健国(Mundzān)、阿利尼国(Ārhan)、曷逻胡国(Rāhula)、讫栗瑟摩国(Kishm)、钵利曷国(Pārghar)、呬摩咀罗国(Hēmatāla)、钵铎创那国(Badakhshān)、淫薄健国(Yamgān)、屈浪孥国(Kurān)、达摩悉铁帝国(Dharmasthiti)、缚伽浪国(Baghlan)、纥露悉泯健国(Hrum Simingān)、忽懔国(Khulm)、缚喝国(Bactra)、锐秣陀国(Zumathān)、胡实健国(Gūzgānān)、咀刺健国(Ṭālaqān)、揭职国(Gachi)等西域国家均臣服于突厥。统叶护长子咀度设直接统治这些国家,其驻地在昆都士。

随着西突厥汗国势力在西方的发展,其统治中心也因之西移。除龟兹北三弥山原有的牙庭外,统叶护在素叶城(Tokmak)与怛逻斯(Täläs,今江布尔地区)附近的“千泉”(Bing Yul, Ming Bulaq,今吉尔吉斯斯坦的托克马克之西)建立夏都,更直接镇抚葱岭以西的西域地区。统叶护对西域诸国国君都授予颉利发的称衔,并派遣吐屯一人进行监视,监督征收赋税。

统叶护时期,为西突厥鼎盛之时。它的疆域,东以金山与东突厥为界,西南抵末禄河(今阿富汗木耳加布河)上游与波斯为界,南至印度河上游喀布尔河流域,北面沿巴尔喀什湖北岸一线一直延伸向咸海以北,西北面沿里海北岸达伏尔加河流域,西面以里海东岸为界,成为丝绸之路的真正霸主。

　　东、西突厥立国于漠北和西域,同中原的隋唐王朝,西方的东罗马,西南的邻国波斯、大食、吐蕃、中亚粟特诸城邦,北方的九姓铁勒,东方的契丹、高丽,都发生了密切的交往。东、西突厥通过一系列军事征服活动,将东北亚、漠南漠北、蒙古草原、天山南北、锡尔河流域、阿姆河南北等广袤地域,纳入势力范围。东、西突厥对这些地区的征服、管理,推进了丝路贸易的发展,促进了中西文化交流的兴盛,加强了游牧文明与农业、商业文明之间的联系,在欧亚历史上,写下了浓墨重彩的一页。

14 唐、突厥与吐蕃的角逐

14.1 唐初对漠北、西域的经营

618年,占领长安的李渊废隋恭帝自立,建国号为唐,改元武德。经过10年苦战,李渊、李世民父子逐步消灭了隋末逐鹿的各种割据势力。唐朝的崛兴从根本上改变了漠北、西域的政治格局。

628年,薛延陀汗国建立。薛(Sir)与延陀(Tarduš)二部原游牧于金山西南,随突厥至贪汗山,合二为一,姓一利咥氏(Iltäriš),成为铁勒诸部最强大的力量。统叶护死后,在科布多附近的薛延陀乙失钵(Šbara)之孙夷男(Inäl)俟斤率部帐7万,返回漠北,附颉利可汗。薛延陀的东迁,摆脱了西突厥的强力控制,获得了比较好的发展条件。不久,夷男反攻颉利,原先附属于突厥的回纥、拔野古也相继反叛,联师反击东突厥欲谷设10万骑兵的进攻,打破了东突厥称霸大漠南北的局面。颉利控制的铁勒诸部共推夷男为可汗。唐朝扶持夷男以孤立、打击突厥,册拜他为真珠毗伽可汗(Yinčü Bilgä Qaghan,628~645年在位)。夷男树牙于郁督军山,形成与唐南北夹击突厥之势。其汗国东至靺鞨,西邻西突厥,南沙碛,北俱伦水,回纥等诸部莫不服属。

629年,利用突厥的内乱,唐开始筹备大规模对突厥用兵。11月,李靖和李世勣分6路北上,向突厥发起大举进攻。630年,唐军击溃颉利部落,颉利本人被俘,被押赴长安,东突厥汗国灭亡,大漠以南全部纳入唐朝版图。东突厥部众3分:或留在漠南当地,依附漠北薛延陀;或进入西域,投奔西突厥;还有10万多人归附唐朝。

137

唐太宗采用温彦博的意见将突厥降户安置在幽州至灵州一线。把突厥降部主要安置在河套地区,保持突厥诸部的相对独立状态和游牧生活方式,由定襄(治夏州宁朔县,今陕西靖边东北)、云中(治夏州朔方县,今内蒙古白城子)、丰州(今内蒙古五原南)三个都督府监管。三府下辖顺、佑、化、长、北开、北宁、北抚、北安等 10 个都督府州,这些都督府州以独立的突厥部落设置,突厥首领为都督、刺史。如突利任顺州都督,阿史那思摩为化州都督,沙钵罗设苏尼失(Šbara Šad Sünisi)为北宁州都督,史善应为北抚州都督,康苏密为北安州都督。征突厥诸部主要首领入京宿卫,充当人质。于是突厥酋长有 500 多人被任命为将军、郎将,数千户迁居长安。唐太宗接受了北方和西域游牧民族尊奉的"天可汗"称号,表明唐已代替突厥成为北亚霸主,承担了维持北亚统治秩序的职责。

100 年后,突厥对这次失败仍记忆犹新。在 751 年去世的阙特勤碑铭上这样写着:"突厥人民丧国失汗,贵族子弟,陷为唐奴,清白女子,降作唐婢。突厥之匐,弃其官号,承用唐名,臣属唐皇 50 年。为之东征向日出之方,西征远至铁门。家国法制,悉禀唐帝。"

东突厥之灭,漠北空虚,夷男率其部东返故国,建牙于保都尉楗山北与独洛水之南。其国东邻室韦,西至金山,南隔突厥,北临瀚海。疆域庞大,称雄漠北,胜兵 20 万。夷男以二子大度设(Tarduš Šad)、突利失(Töliš)分统,号南、北二部。薛延陀多次派使朝贡唐朝,唐惧其强大,分而治之,下诏拜其二子皆为小可汗,以遏制薛延陀势力的膨胀。

639 年,突利可汗弟(结社率)、子(贺逻鹘)在宿卫时反叛,引发了唐朝对突厥降部政策的重大转变,即将已经以州县方式安置在河南的突厥部落又迁回漠南与河北之间的地区。唐太宗封阿史那思摩为乙弥泥孰俟利苾可汗(Il Bi Nïzuk Il Biy Qaghan),让他率南迁的突厥人渡过黄河,回到原来的居住地,作为唐的外藩,保障边塞,使之阻挡薛延陀的南进,牵制日渐强盛的薛延陀。641 年,阿史那思摩始率领部落 10 万人、胜兵 4 万、马 9 万匹渡河。思摩建牙定襄城,辖区南至大河,北接白道川,占据了碛南富庶地区。

东突厥在碛南立足未稳,薛延陀于其年12月发兵20万,每位兵卒配备4匹战马,越过大漠,兼程奔袭思摩部。思摩无力抵抗,率部南入朔州(今山西朔县)。唐朝以李勣为朔州道行军总管,率兵6万,屯朔州,迎击薛延陀主力;李大亮、张士贵等率兵夹击,薛延陀兵败。但644年,北返的东突厥诸部终因不敌薛延陀的压力,尽数渡河南返,请居内地,由唐朝再次安置在胜、夏二州之间。

薛延陀虽然成功地将东突厥部逼回了河套地区,称雄于漠北,但这个骤兴的汗国很快也走向灭亡之路。645年夷男死后,其子为争汗位而自相残杀,拔灼自称颉利俱利失薛沙多弥可汗。为缓解国内矛盾,多弥可汗兴兵南下,进攻夏州,被边将击败。薛延陀内乱。漠北回纥、仆骨、同罗等部纷纷反叛,多弥可汗势力迅速衰弱。646年,唐大举反击薛延陀的进攻,以江夏王道宗、左卫大将军阿史那社尔为瀚海安抚大使,率唐兵及突厥兵、胡兵,分道并进。回纥攻杀多弥,占有其地。薛延陀残部7万余口西奔,居郁督军山北,以真珠可汗兄子咄摩支为可汗,又为李勣所败,咄摩支降唐。持续19年的漠北薛延陀汗国骤然灭亡。

646年八月,唐太宗亲至灵州,招附铁勒。契苾、回纥等10余部落,以薛延陀亡散殆尽,乃相继成为唐朝的藩属。唐太宗被铁勒诸部奉为天可汗。

647年一月,唐太宗以铁勒各部置六都督府七州,即:回纥部置瀚海都督府(今蒙古朱尔马台河畔),仆骨部置金微都督府(车臣汗北部),多滥葛部置燕然都督府(乌兰巴托附近),拔野古部置幽陵都督府(今内蒙古海拉尔市之贝尔湖),同罗部置龟林都督府(今蒙古通格勒河),思结部置卢山都督府。浑部置皋兰州,斛薛部置高阙州,奚结部置鸡鹿州,阿跌部置鸡田州,契苾部置榆溪州,思结别部置蹛林州,白霤部置寘颜州(今贝尔湖东,大兴安岭西)。各以其酋帅为都督、刺史。在回纥以南,突厥以北,开辟一条参天可汗道,沿途设置邮驿68所,铁勒诸部每年沿这条道上贡貂皮,以充赋税。四月,唐朝在丰州界内,黄河北岸设置燕然都护府,统领漠北羁縻府州。唐帝国势力远及漠北。

不久,铁勒归附更多,唐又以骨利幹部置玄阙州(今贝加尔湖东北),结骨部置坚昆府,俱罗勃部置烛龙州(今贝加尔湖东),白雷部置居延州(今大兴安岭东南),薛延陀残部置奚弹州、祁连州。649年,唐恢复漠南突厥州县,以舍利吐利部置舍利州,阿史那部置阿史那州,绰部置绰州,贺鲁部置贺鲁州,葛逻禄、悒怛二部置葛逻州,隶云中都督府,苏农部置苏农州,阿史德部置阿史德州,执失部置执失州,卑失部置卑失州,郁射部置郁射州,多地艺失部置艺失州,隶定襄都督府。突厥降部重新以羁縻府州的形式被安置在河南之地。

薛延陀衰落后,逃到阿尔泰山以北的突厥可汗后裔阿史那车鼻(Čābi,Čapïš)自立为乙注车鼻可汗(Ilči Čābi Qaghan),统领漠南突厥。650年,唐联合回纥、仆骨等兵攻打车鼻。附属车鼻的葛逻禄降唐,车鼻被唐擒获。至此,东突厥汗国的领土全都被纳入唐朝的版图。唐朝在那里设置了单于都护府(治所在今内蒙古和林格尔北)、瀚海都护府(治所在今蒙古哈拉和林以北)。单于都护领狼山、云中、桑乾三都督和苏农等24州;瀚海都护则领瀚海、金徽、新黎等七都督和仙萼、贺兰等八州。这些地方都以原来各部落的酋长为刺史、都督。唐在其地置狼山都督府,又置燕然都护府。663年,燕然都护府改为瀚海都护府,移治于土剌河畔回纥部落中,于云中故城(今内蒙古托克托县)设云中都护府。瀚海都护府与云中都护府以沙碛为界,前者专管漠北铁勒所在诸蕃州,后者掌漠南突厥州府。664年,云中都护府改称单于大都护府,府中突厥部落渐多,但主要据点仍在河南的夏、胜二州之间。670~673年,唐处东、西突厥归降部落于丰、胜、灵、夏、朔、代六州,称之为"降户",漠南突厥势力更为强大。唐廷用之东征西讨,突厥为大唐帝国建立了赫赫武功。669年,瀚海都护府改为安北大都护府,仍掌漠北铁勒,与单于大都护府定型为北南分治的格局。685年,因漠北同罗、仆骨等反叛,武则天下令侨置安北都护府于居延海西南的同城(今甘肃山丹县)。至此,漠北羁縻州府体制瓦解,唐放弃了对漠北地区的经营。

与漠北战争同步,唐朝立国不久,就努力向西方发展,开始对西域进行全面经营。

630 年,颉利破灭后,伊吾首领石万年以七城降唐,唐列其地为西伊州,632 年更名为伊州。伊州为西域北道门户,地位重要,唐因之设州,同于编户,而不再以外族待之,此举与唐羁縻外蕃政策截然不同。设置伊州,凿通伊吾路,为唐经营西域的第一步。634 年,唐太宗命李靖为西海道行军大总管,总领诸军,率突厥、契苾部众,全面出击地处河西通道以南的吐谷浑。吐谷浑可汗慕容伏允逃至其西界且末,被契苾何力追击入图伦碛(突伦川,即今塔克拉玛干沙漠南部),伏允被左右所杀,吐谷浑平。唐朝清除了进一步向西域发展的主要障碍。

位于西域中道起点的高昌国与西突厥联合,劫掠商旅,阻塞商路,引起西域各国的强烈不满,也严重威胁着唐朝的西部边疆。640 年,唐太宗下诏,以侯君集为交河道行军大总管,率领大军讨击高昌。西突厥乙毗咄陆可汗派遣阿史那步真叶护驻守可汗浮图城(位于今吐鲁番西北的吉木萨尔北庭故城),与高昌军队形成犄角之势,南北呼应,抵御唐军。侯君集进抵高昌,高昌不堪一击,很快土崩瓦解;西突厥一触即溃,阿史那步真率领属部向唐军投降。唐朝顺利地控制了高昌和可汗浮图城这两个天山南北的战略要地。

平定高昌后,唐太宗不顾朝臣的反对,力排众议以其地为西昌州,又改为西州,置交河、天山、柳中、蒲昌、高昌五县,不是羁縻蕃州,而成为国家州县。以可汗浮图城为庭州,置金满(为庭州治所)、蒲类二县。同时,唐于西州置安西都护府,每年调发 1000 多名士兵守卫。这样,唐在西北设置的伊、西、庭三州连为一体,基本上控制了东部天山地区,伊、西、庭三州成为唐控制西域的前沿阵地,安西都护府为唐朝大规模、有计划地进军西域、中亚,经营丝绸之路,奠定了基础。

唐虽然建立起了经营西域的军事体系,但与西突厥的争夺仍很激烈。西域土著政权在唐与突厥两大势力之间摇摆。644 年,安西都护郭孝恪讨击焉耆,击败了西突厥乙毗咄陆系的屈利啜,设焉耆都督府。647 年,唐再次大规模用兵西域,派遣阿史那社尔为昆丘道行军大总管,率领汉兵及铁勒、突厥、吐谷浑、吐蕃等兵力一起进攻龟兹。648

141

年,龟兹平;658 年,唐移安西都护府于龟兹。唐在西域设置了龟兹、于阗、碎叶、疏勒四个军镇,势力达到西域西部。四镇成为唐朝镇抚西突厥、控制西域地区的稳固基地。

657 年,西突厥平。唐在西突厥旧地设立了昆陵、濛池两都护府,分立于碎叶川的东、西两侧。以阿史那弥射为左卫大将军、昆陵都护、兴昔亡可汗,押五咄陆部落;以阿史那步真为右卫大将军、濛池都护、继往绝可汗,押五弩失毕部落。西突厥属地尽入唐之势力范围。

对西突厥故地及西域、中亚,唐皆分置羁縻州府。其中,在西突厥本土置有 27 个州府,即:匐廷都督府,以处木昆部置,在今塔城以东;嗢鹿州都督府,以突骑施索葛莫贺部置,在今伊犁河中游地区;絜山都督府,以突骑施阿利施部置,在今伊犁河以西,谢米列契地区;双河都督府,以西突厥摄舍提暾部置,在今艾比湖以西,博尔塔拉河流域;鹰娑都督府,以西突厥鼠尼施处半部置,在今焉耆北裕勒都斯河流域;盐泊州都督府,以西突厥胡禄屋阙部置,在今艾比湖以东到玛纳斯湖一带;阴山州都督府,以葛逻禄谋落部置,在今塔城西南至阿拉湖之间;大漠州都督府,以葛逻禄炽俟部置,在今额尔齐斯河以南至乌伦古河之间;玄池州都督府,以葛逻禄踏实力部置,在今斋桑泊一带;金附州都督府,析大漠州都督府置;轮台州都督府,在今乌鲁木齐附近;金满州都督府,以原处月部设置的金满州改置;咽面州都督府,盐禄州都督府,哥系州都督府,孤舒州都督府,西盐州都督府,东盐州都督府,叱勒州都督府,迦瑟州都督府,凭洛州都督府,沙陀州都督府,答烂州都督府,千泉(州?)都督府,以西突厥阿悉吉(结)泥孰部置,在吉尔吉斯境内的明布拉克;俱兰(州?)都督府,以西突厥阿悉吉阙部置,在吉尔吉斯境内的卢格沃伊附近;颉利(州?)都督府,以西突厥拔塞干部置;碎叶州,在今托克玛克城附近。在天山以南,昆仑山以北,西州以西,葱岭以东的塔里木盆地边缘地区,唐朝设置了龟兹(以龟兹国置,领蕃州九,在今新疆库车)、毗沙(以于阗国置,初领蕃州五,后分为十,在今新疆和田)、疏勒(以疏勒国置,领蕃州 15,在今新疆喀什)、焉耆都督府(以焉耆国置)四个都督府。在于阗以西、波斯以东,至 661 年,以"吐火罗故地"16 国置都督,督州 80、县 110、军府 126 个。在葱岭以西的河中地区,则列置州县府 127 个。这些羁縻州府均隶安西都护府,各部落酋长按部众多少、位望高下授予都督、刺史以下官。通过羁縻制度,唐朝将葱岭东西置于直接行政监护下,在原西突厥统治下的西域与中亚各地建立了新的统治秩序。

702 年,唐以庭州置北庭都护府,管理昆陵、濛池两都护府所辖天山北路及热海以西的西突厥故地。安西都护府掌天山南路、葱岭以西地区。安西、北庭二都护府辖兵数万人,成为唐对中亚各地进行有效统治的重要机构。

经过几十年的战争,唐朝先后在漠北、西域灭亡了东突厥、薛延陀、吐谷浑、西突厥等汗国,设立了安北、单于二都护府管辖蒙古草原,安西、北庭二都护府管辖中亚地区,通道路,置邮驿。在大漠南北,葱岭东西,军、镇、守捉、戍堡星罗棋布;客馆、驿站、店铺连绵不断;烽戍逻卒,万里相继,络绎不绝。唐代的西域、漠北经营,不但创造了华夷一统的盛唐帝国,加强了西北与中原各方面的联系,保障了丝绸之路的畅通,促进了丝路贸易发展,而且也为突厥、铁勒等各部落的调整、恢复和发展,创造了有利条件。正是在唐宽松的羁縻统治下,东突厥经过几十年的休养生息,逐步壮大,于 7 世纪末复兴,重建东突厥汗国。

14.2　第二突厥汗国

679 年,单于大都护府管下的阿史德温傅、奉职两部同时反叛,开启了东突厥复国的序幕。24 州的突厥部落立阿史那泥孰匐(Ašïna Nïzu Bag)为可汗。唐任命裴行俭为定襄道行军大总管,率 30 万兵捕击。670 年,泥孰匐被斩,暴动被平息。突厥残余部众又拥立阿史那伏念为可汗,进攻原、庆二州,裴行俭再次征讨,将反叛镇压。漠南 24 州东突厥的暴动瓦解了单于大都护府,但并未影响漠北诸族对唐朝的臣属关系。

阿史那伏念失败后,颉利族人阿史那骨咄禄(Qutlugh,一作骨笃

· 欧 · 亚 · 历 · 史 · 文 · 化 · 文 · 库 ·

禄)逃至总材山(Čughay,一说为阴山)。682年,他召集亡散,在黑沙城(内蒙古呼和浩特北)重建东突厥汗国,习称第二汗国。骨咄禄称颉跌利施可汗(Iltäriš Qaghan,682~691年在位,"颉跌利施"义为恢复国家)在阿波达干(Apa Tarqan)阿史德元珍(一说即突厥碑铭中的暾欲谷,Tonyuquq)的辅佐下,开始全面恢复东突厥汗国旧业。骨咄禄辗转战斗于唐、契丹、奚、三十姓鞑靼、铁勒、黠戛斯之间,连年侵扰唐朝,迫使唐朝采取守势,无力进剿;东击契丹,北征九姓铁勒;先发制人,用兵回纥,从回纥手中夺回于都斤山,建北牙于此,以黑沙城为南牙;征讨西突厥,进攻突骑施,插手西域。总之,骨咄禄用兵47役,身经20战,奠定了东突厥复兴和发展的基础。

691年,骨咄禄弟默啜(Bögü)继位,自立为可汗(Qapghan Qaghan,691~716年在位)。默啜统治的时代,第二突厥汗国的政治、军事实力臻于鼎盛。

694年,默啜进犯灵州,杀伤甚多。695年,又遣使来唐,接受武周皇帝武则天的册封,但仍继续进攻中原。696年,契丹首领李尽忠、孙万荣反叛,为默啜扩张势力提供了新的机遇。默啜请求率部为唐征讨,击败契丹,俘李尽忠、孙万荣妻子,获其车马辎重。697年,默啜恃功进攻灵州、胜州,又向唐朝提出索要丰、胜、灵、夏、朔、代六州的突厥降户及单于都护府之地。武则天归还默啜六州降户数千帐,同时还给了谷种4万斛,丝绢5万段,农具3000件,铁4万斤,并允许和亲。默啜通过助唐平契丹,不仅得到六州降户及农器等物资,而且征服了东北契丹、奚两蕃,实力大为增强。默啜兵马与颉利时大略相等,地广万里,傲视唐朝,不断侵扰,或掠陇右牧马,或围攻边州,唐朝对此也无可奈何。直到708年,朔方道大总管张仁愿,在黄河北岸设立三受降城,向北拓地数百里,置烽堠1800所,增大了河套地区的缓冲地带,才遏制了突厥的攻势,保障了黄河以南地区的安全。

699年,默啜立弟立咄悉匐为左察,骨咄禄子默矩为右察,皆统兵2万;子匐俱为小可汗,位两察上,统领原西突厥所部处木昆等十姓兵4万,号拓西可汗。可见突厥下一步的重要目标是征服西域。突骑施可汗娑葛(Soga)兄弟之争,给默啜大举西进提供了可乘之机。711~712年,以娑葛弟遮弩为向导,默啜遣兵 2 万,越金山,渡额尔齐斯河,迎战突骑施,击灭娑葛。之后乘胜追击,渡过真珠河(今纳伦河),远征中亚,到达铁门。突厥兵大肆抢劫,得无数金银财宝。西方新兴的大食(阿拉伯)阻拦了乘胜西进的突厥军队,默啜子移涅可汗(Inil Qaghan)所部与大食军队发生过冲突,损失惨重。此后,突厥主要在原先五咄陆所在的草原地区活动,放弃了对南部绿洲的染指。

默啜在北方的扩张也在紧锣密鼓地进行。7 世纪前后,默啜已渐兼并漠北铁勒诸部,迫使回纥、契苾、思结、浑部南徙于甘、凉二州之地。709 年,突厥又降伏了图瓦中部和西部的奚、诃晖。据暾欲谷碑记载,突厥得到密报,黠戛斯、唐朝和西突厥十箭要组成新的联盟攻打突厥汗国。默啜率领突厥军队出其不意,日夜兼程,越过大雪封住的曲漫山,向叶尼塞河流域的黠戛斯人驻地进发。黠戛斯人在睡梦中遭到突厥的袭击,猝不及防,大败,黠戛斯可汗被杀,部众臣服了突厥。

714 年,默啜又遣移涅可汗引同俄特勤(Toŋa Tigin)、妹婿火拔颉利发(Qubuz Iltäbär)石阿失毕(Šad Asïl Bäg)率精骑围攻北庭都护府,被都护郭虔瓘击败。同俄被斩于城下,火拔惧不敢归,携妻子降唐。同年,默啜又与九姓首领阿布思等战于碛北,九姓大溃,人畜多死,思结等部投降唐朝。由于默啜御下残暴,原西突厥十姓中的葛逻禄、胡禄屋(Ulugh Oq Kül Čor)、鼠尼施等部纷纷降唐,默啜发兵征讨。715 年,唐令北庭都护汤嘉惠等救援,与葛逻禄等部及定边道大总管阿史那献掎角相援,默啜才有所收敛。716 年,默啜再讨九姓,在独乐河(也称毒乐河,今蒙古土拉河)大败拔野固。默啜轻敌不设备,在回兵路上被拔曳固残部袭杀。

默啜死后,骨咄禄的儿子阙特勤(Kül Tigin)发动政变,诛杀默啜之子小可汗及其所有亲信,拥立其兄左贤王默棘连为可汗,是为毗伽可汗(Bilgä Qaghan,716~734 年在位)。毗伽可汗以暾欲谷为谋主,修养数年。720 年,朔方大总管王晙联合拔悉密(Bašmil)、奚、契丹攻打突厥,暾欲谷乘诸部行动不一之机,大破拔悉密,返途中又进攻甘、凉等州,掠契苾部落。从此毗伽可汗尽数控制了原先默啜治下的全部人马,势力大振。

毗伽可汗时期的突厥汗国已从强盛走向衰落。这一时期,突厥虽北征回纥,东讨契丹,但与唐朝基本和平共处,较少侵扰、争夺。721年,毗伽遣使向唐求和,乞为唐玄宗之子。之后,突厥年年朝贡,多次请求和亲。唐在西受降城与突厥互市,每岁以丝帛数十万匹与之交换戎马,双方互利。突厥与唐朝呈现出分庭抗礼的态势。

731年,突厥左贤王阙特勤卒。唐玄宗亲自撰写碑文,遣重臣前往吊祭,派画师工匠为之塑像立庙,镌碑铭。《阙特勤碑》为汉文、突厥文双语镌成,留存至今。契丹、粟特、吐蕃、黠戛斯也都派人来吊唁。734年,毗伽可汗被大臣梅录啜(Buïruq Čor)毒杀。玄宗仍遣使吊祭,同样也为他树碑立庙。

毗伽死后,子伊然可汗(734年在位)、登利可汗(Tängri Qaghan,734~741年在位)先后继位。这期间,汗国内部矛盾激化,大兴杀戮,日趋衰败。登利之后,国内纷乱,可汗更迭频繁。742年,九姓铁勒中的拔悉密、回纥、葛逻禄三部落攻杀了篡位自立的骨咄叶护(Qut Yabghu),尊拔悉密的酋长为颉跌伊施可汗,回纥和葛逻禄则分别为左右叶护。突厥的余部则立判阙特勤之子为乌苏米施可汗(Ozmïš Qaghan),但744年,乌苏米施在三部落联盟的攻击下,被拔悉密消灭。突厥余众再立白眉可汗。745年,回纥人杀白眉可汗,毗伽可汗的妻子率众降唐。至此,第二突厥汗国灭亡。

14.3 吐蕃的扩张

7世纪上半叶,吐蕃人在横卧喜马拉雅山之北、昆仑山之南、帕米尔之东的青藏高原建立了吐蕃政权。吐蕃政权的崛起对西域甚至内陆欧亚的历史产生了重大影响。

吐蕃始见唐代史籍。蕃即藏文"bod",为古代藏族自称,可能是由古代藏族信奉的原始宗教——"苯"(bon)的音转,或以为蕃意为农业,与卓（bro，牧业）相对。"吐"可能是汉语"大"，或藏语"lho"（意为山南，吐蕃王室的发祥地）、"stod"（意为上部，即西部）的音转。唐称吐蕃，也可能是对突厥语 Tüpüt 的音译。

吐蕃部落最早由西迁的羌族的一支——牦牛羌与当地土著融合而成。约在公元前 350 年左右，蕃部第一代首领聂赤赞普（gnya khri btsan po），在雅鲁藏布江流域统领以雅隆（Yar Lung）"悉补野"（spu rgyal）部为核心的部落联盟，拉开了吐蕃历史的序幕。

6 世纪，青藏高原还处在不统一的状态，四分五裂，地方势力多达 38 个，互争雄长，战火连年不息。至第三十一代赞普达布聂息（sTag bu snya zigs，即讵素若）时期，形成了在雅隆秦瓦达则堡（phying ba stag rt-se）的达布聂息与在辗噶尔旧堡（Nyen kar rnying pa）的森波杰达甲吾（Zing po rje stag skya bo）及在悉补尔瓦宇那（sPur ba'i yu sna）的森波杰弃邦孙（Zing po rje khri pang sum）三足鼎立之势。后东北的达甲吾为西北的森波杰弃邦孙所并，森波杰弃邦孙的家臣娘氏（Myang）、韦氏（dBa's）、农氏（mNon）、蔡邦氏（Tshes pong）与达布聂息结盟，于内部反戈一击。达布聂息亡故后，娘氏等 4 氏族继续支持其子论赞弄囊（sLon btsan rlung nam，即囊日松赞、论赞率弄赞、论赞索），消灭了森波杰弃邦孙，将势力扩展到拉萨河流域。之后，论赞弄囊依次征服周围部落，雄踞一方，虎视高原，奠定了吐蕃统一的大业。

论赞弄囊被大臣毒死，13 的岁松赞干布（Srong btsan sgam po，即弃苏农赞，弃宗弄赞？ ~650 年）继父王位，成为吐蕃第三十二代赞普。松赞干布严厉镇压了叛乱的父王旧臣和母后旧臣，并进一步征服了其他部落。高原北部较强的部落孙波（sum pa，即苏毗，位于唐古拉山两侧及牦牛河上游）、西部的大小羊同（Zhang zhung，今阿里地区）、西南的悉立（shar，即今夏日巴）等部落，相继归附，吐蕃控有东接川青，西至阿里地区的整个西藏高原。633 年，松赞干布将首都由山南匹播城（今西藏琼结县）迁都逻些（一作逻娑，今西藏拉萨市），正式建立吐蕃王朝。

青藏高原地势高亢，土风苦寒，地寡人贫。吐蕃统一后，限于人口、环境的压力,急剧向外扩张。松赞干布在禄东赞(mGar ston rtsan yul zung)等大臣的辅佐下,完成"钦定六大法"及"大征兵征发制度",建立了一支装备精良、骁勇善战的劲旅,使吐蕃组成了严密的军事国家。吐蕃依靠这种军事制度大规模地开拓疆土,用武力兼并了青藏高原的诸羌部。

青海地区成为吐蕃首要经营对象。吐谷浑(退浑,Togon,或阿豺,Aza,又译为阿柴)是青海东北部介于唐与吐蕃间的缓冲势力。635 年唐摧毁吐谷浑国力后撤走,吐蕃利用吐谷浑贵族对唐的敌对情绪,乘机介入,加剧了吐谷浑政局的动荡不安。638 年,吐蕃对吐谷浑发动战争,吐谷浑败走青海,当地部落降附了吐蕃。于是松赞干布攻破位于今天青海东南部和四川西北地区的党项及白兰羌诸部,率强悍的吐蕃军队 20 万人,驻屯松州西境,用武力向唐逼婚,为唐所败。640 年,松赞干布再次要求与唐和亲。641 年,唐送文成公主去吐蕃。文成公主与松赞干布的结合使青海局势渐趋稳定,唐得以消除后顾之忧,东征高丽,西平突厥,专力经营西域。吐蕃则南向扩张。吐蕃迎娶泥婆罗(今尼泊尔)赤尊公主,并对泥婆罗以武力相威胁。641 年,利用泥婆罗国内因王位继承引起内讧的机会,吐蕃护送王子那陵提婆回国执政,使泥婆罗称臣纳贡。644 年,吐蕃征服了羊同,打通了西去迦湿弥罗和天竺,或西南经泥婆罗至天竺的道路。648 年,吐蕃出兵助唐使王玄策进攻中天竺王阿罗那顺,大获全胜,震动天竺诸国。吐蕃军队在中天竺国并未久留,但将北天竺蒂尔湖地区并入了吐蕃版图。至此,吐蕃疆域扩展到北至吐谷浑,南至泥婆罗、天竺,东与大唐的凉、松等州相接的广大地区。

松赞干布去世后,吐蕃在噶尔家族的控制下,更剧烈地向东北、西北两方向扩张。656 年,吐蕃征白兰。660 年,禄东赞命其子率兵攻击吐谷浑,此后,连年征战,吐谷浑始终处于劣势。663 年,禄东赞亲自率军大规模突袭,占领吐谷浑全境,吐谷浑可汗诺曷钵与弘化公主一起逃到了唐朝西北重镇凉州,请求徙居内地,吐谷浑成为吐蕃的属国。吐蕃兼并吐谷浑,不仅巩固了对青海地区的控制,而且利用吐谷浑的人力、物力,与唐王朝争夺青海东部、河西走廊与安西四镇,吐谷浑遂成为吐蕃侵唐的重要力量。

东进的同时,吐蕃又进军西域。661年,西突厥十姓附于吐蕃,吐蕃势力进入西域。662年,弓月引吐蕃进攻龟兹。665年,疏勒与弓月又引吐蕃军队入侵于阗,唐朝西州都督崔智辩、左武卫将军曹继叔率兵援救,与吐蕃展开了激烈的斗争。667年,随着兴昔亡、继往绝可汗的去世,西突厥十姓归附吐蕃,吐蕃取代西突厥,成为与唐朝争夺西域的主要对手。670年,吐蕃攻陷白州等18个羁縻州,取龟兹所辖拔换城,唐安西四镇陷落,天山以南、昆仑山以北的东西通商道路遂被切断。

吐蕃的扩张,促使唐高宗下决心与吐蕃决战,收复失地,恢复吐谷浑王国。670年,唐派大将薛仁贵率兵同吐蕃大相论钦陵(mGar khri' bing)的40万大军于大非川(今青海共和县西南切吉草原)决战,唐军大败。吐蕃尽占吐谷浑故地,完全控制了日月山以西地区。大非川之战以后,唐朝始将军事重心西移,专力对付吐蕃。唐蕃在西域、河陇及漫长的丝绸之路上持续百余年争夺盟主的战争正式开始。

吐蕃的军事力量日渐强盛,唐抵挡不住吐蕃、吐谷浑的联合进攻,连遭败绩。676年,吐蕃入攻鄯、廓、河、芳、叠五州。次年,攻扶州之临河镇。678年,吐蕃败唐李敬玄18万军队于青海,生俘唐工部尚书刘审礼。青海东北部黄河两岸成为双方争夺的战场,唐陇右、剑南西境都受到吐蕃兵锋的威胁,白龙江上游和岷江上游诸羌族羁縻州也纷纷易手。吐蕃避开驻守河湟及甘州、凉州一带唐的精兵,或从吐谷浑在青海湖以西的故土西向,或从护密(今阿富汗瓦罕)北上,联合西突厥部落攻击唐于阗、焉耆、疏勒、龟兹等军事重镇,并开始进入南疆的鄯善地区。直到698年,吐蕃发生内乱,吐谷浑部落大规模地降唐,唐加强河陇地区的军事力量,任用娄师德、唐休璟等善守敢战的名将,削弱吐蕃的攻势,在青海、陇右才逐渐摆脱困境。

安西四镇成了双方长期争夺的重点。围绕西域、西突厥余众及诸国的绝对支配权,唐蕃展开了连续不断的拉锯战,四镇数度易手。675年,唐朝联合西域诸国进行反击,夺回于阗。679年,唐乘裴行俭出兵突厥之胜,在西突厥余众的重要据点构建碎叶城,复置安西四镇。686年,吐蕃加强对西域的进攻,迫使唐朝再次放弃四镇,同时扶植附蕃之西突厥可汗,进一步向十姓故地扩张。692年,唐朝以王孝杰为武威道行军总管,以西州都督唐休璟和突骑施部将阿史那忠节为副,大败吐蕃,收复四镇,遏制了吐蕃在西域的深入。之后,吐蕃倾全力经营河西、青海、四川等地带,唐加强了在西域各地的戍卫,保有四镇。直到790年以后,安西四镇才渐次陷落于吐蕃。

自噶尔家族失势后,唐朝与吐蕃接连在凉州(今甘肃省武威市)、姚州(今云南省姚安县)及安西四镇之一的龟兹等地。后突厥汗国复兴后,吐蕃也多次与之联合出兵,和唐朝军队作战。710年,唐以金城公主与墀德祖赞(Khri lde gtsug btsan,弃隶蹜赞,704~754年在位)联姻,边境上烽烟暂息。713年,吐蕃贿赂唐将杨矩,索取了水草肥美的河西九曲(今青海省海南藏族自治州茫拉河流域)之地作为金城公主汤沐邑,使之成为吐蕃逾界构筑的桥头堡垒,取得战略地理上的优势。714年,吐蕃毁约攻洮州、兰州、渭州,唐征调军队奋力反攻,吐蕃损失惨重,死伤枕藉。之后,唐军反击,唐、蕃双方在陇右道的交战出现曲折拉锯的局面。717年,破吐蕃于九曲;727年,败吐蕃于青海之西;729年,拔吐蕃石堡城(今青海省湟源县南)。734年,唐蕃于赤岭(今青海省湟源县日月山)定界。不久,唐蕃间又在凉州、鄯州(今青海省乐都县)、茂州(今四川省茂汶县)等地相互进攻。738年后,唐在河西、陇右、剑南列置3节度使,统率重兵,防御威胁关陇地区的吐蕃。739年,吐蕃攻鄯州白水、安人军;742年,吐蕃夺回了地处河湟门户的战略要地石堡城。749年,付出死亡数万人惨重代价后,唐再次攻克石堡城。753年,唐哥舒翰击破吐蕃,收复九曲。

8世纪初,吐蕃攻占鄯善,再次积极入侵西域,将势力推进到大、小勃律(又作布露,钵露罗,今Balitistan,在今克什米尔西北段)和护密地区。715年,吐蕃联合大食共攻拔汗那(费尔干纳);717年,又与突骑施、大食出击四镇,围钵换及大石城(今新疆之阿克苏与乌什);722年,又围攻从帕米尔通往西域的门户小勃律,均为唐所败。737年,吐蕃再攻勃律,控制了南帕米尔地区20余国。747年,唐安西副都护高仙芝率军远征小勃律,一举破之。高仙芝令官兵断娑夷水(吉尔吉特河)之绳桥,拒吐蕃援军于对岸,改小勃律国号为归仁,以数千士兵镇守。753年,封常清讨大勃律,一战而胜。

755年安史之乱爆发,唐西北边军回防,边境空虚,吐蕃趁机大举东征,相继攻占了瓜、沙、甘、肃、河、湟、凉、秦等河西、陇右20余州。之后,又连年入侵,向今甘陕界上进攻。763年曾一度攻占唐都长安。安西、北庭地区初被隔绝,后亦沦陷。在整个西北地区,甘肃的河西走廊到新疆的天山一线以南均归吐蕃的统治。同时,吐蕃又向西攻占小勃律、葱岭(帕米尔)诸国。墀松德赞(755~797年在位)为取舍利,曾发兵进入天竺境,越过恒河攻陷摩揭陀(Ma ga dha)国,以恒河为吐蕃地界,在恒河河畔立石碑,派军队驻守。唐西南的南诏亦附属吐蕃。吐蕃的疆域西起葱岭,东至陇山、四川盆地西缘,北起天山山脉、居延海,南至喜马拉雅山南麓,其军事扩张至此达到顶峰。此后,吐蕃与回纥、大食争夺西域,揭开了中亚历史新的一页。

787年,唐蕃会盟于平凉,吐蕃劫盟,唐损失惨重。在宰相李泌的劝说下,唐德宗确立了北和回纥,南通云南,西结大食、天竺,孤立吐蕃战略。吐蕃在与回鹘的抗衡中力量逐渐削弱,在四面受敌的情况下,于823年与唐会盟,基本结束了唐蕃之间延绵不断的纷争。

842年,吐蕃内廷崩裂,边将征战不休,导致了吐蕃政权的崩溃。851年,张义潮率11州归唐。866年,回鹘彻底驱逐了吐蕃在西域的势力,吐蕃失去了对历代扩张所占领地区的控制,吐蕃王朝瓦解。

15 突骑施、回鹘与黠戛斯

15.1 突骑施

8 世纪初,随着西突厥的覆灭,突骑施部族崛起于天山北部及中亚草原地带,建立了突骑施汗国,直至 8 世纪 80 年代衰亡。突骑施汗国地处唐、吐蕃、突厥及大食进军中亚的核心,与四方错综复杂的关系,直接影响了内陆欧亚历史的演进历程。

突骑施(Türgiš)原为铁勒的一支,居漠北,被突厥征服后成为异姓突厥。统叶护可汗死后,西突厥汗国分裂为二国,居于东北方的咄陆五部中的突骑施开始强盛。690 年,唐朝任命原濛池都护阿史那步真之子斛瑟罗出主西突厥右厢部落,斛瑟罗无法控制局势,无功而返。隶属斛瑟罗部下的突骑施索葛莫贺部酋长乌质勒(Očirliq, Orčilig, 690 ~ 706 年在位)安抚部众,称雄于西域,将其众分为 20 部落,每部落设里都督一员,分领将士 7000 人,成为碎叶川西异姓突厥的领袖。不久,乌质勒夺回碎叶城,占领西突厥故地,徙牙帐于碎叶川,建立了以碎叶为大牙,以伊丽水(今伊犁河流域)为小牙的突骑施汗国,以突骑施、车鼻施(Čabïs)、处木昆(Kumugën)三姓为其核心部落。706 年,唐册立乌质勒为怀德郡王。

突骑施汗国是西突厥阿史那氏全面衰落,异姓突厥兴起的历史产物。当时,吐蕃在内争及唐的打击下暂时退出西域;东突厥汗国复兴后频繁进攻西突厥诸部,导致西突厥四分五裂;阿拉伯入侵中亚激起各地反抗,阻止了阿拉伯东扩进程。这些均给突骑施的兴起创造了良机。

706 年冬,安西大都护郭元振亲至乌质勒的牙帐商议军事。乌质勒年老体弱,在帐前交谈中冻倒死去。其长子娑葛(Soga)承袭父爵。709 年,唐中宗赐娑葛名为守忠,册封他为归化可汗,正式承认了突骑施汗国。西突厥原有十姓,加上咽面、葛逻禄、车鼻施及游牧于伊丽水一带的处月部落,娑葛自称为十四姓可汗。

娑葛弟遮弩(Čana,唐赐名守节)与兄分治其部,因分的部众少而心生怨恨,投奔了默啜。默啜乘机统兵 2 万西征,灭黠戛斯,奇袭突骑施,擒娑葛,将娑葛和遮弩同时杀死。突骑施汗国一度解体。汗国黑姓部族车鼻施酋长苏禄收集残兵,逐渐称雄西域。突骑施汗国进入鼎盛阶段,也卷进了与唐朝、吐蕃和大食激烈争夺中亚的战争旋涡。

714 年,唐任命西突厥阿史那献为北庭大都护、碛西节度使,统领西突厥各部。阿史那献统兵西征,进至碎叶水一带,与苏禄相抗衡。716 年,默啜被杀,漠北异姓突厥部落远徙西域,多附于苏禄。苏禄势力扩展,聚集 30 万众,自立为可汗,阿史那献渐不能制。717 年,苏禄联兵吐蕃、大食围拔换城及大石城,阿史那献发三姓葛逻禄反击,大败,所统兵全部并入苏禄麾下。719 年,唐册拜苏禄为忠顺可汗。722 年,以十姓可汗阿史那怀道女为交河公主,嫁给苏禄,表明唐对突骑施政权的政策已由主剿转变为主抚。在各种势力的纷争中,苏禄南通吐蕃,东附突厥,称藩于唐,同时与唐、突厥及吐蕃联姻。

地当大食东扩的要冲,强大的突骑施汗国成为抵御大食东进的中坚。723 年,大食进犯拔汗那,苏禄大败其军。724 年,大食军渡河再次进犯,突骑施派兵增援拔汗那。大食仓皇撤退,突骑施兵紧追不舍,联合拔汗那、石国兵在药杀水(今锡尔河)包围大食,夹击血战。大食兵拼命夺路而逃,只有少数残兵败将逃回,史称"渴水日之战"。这次失败使大食丧失了在中亚的优势。3 年后,苏禄领兵西攻大食,大获全胜,收复了捕喝城(今乌兹别克斯坦布哈拉),进至波斯国东境呼罗珊。730 年,苏禄又与大食呼罗珊总督朱奈德激战于萨末鞬城(今乌兹别克斯坦撒马尔罕),使大食增援的 1 万 2 千精兵几乎全军覆没。大食称苏禄为"阿布·穆扎希木"(Abū Muzāḥim),意即奔突或抵触之物,亦即象或牡牛。

在归附唐朝与大食在西线激战的同时,苏禄也联合吐蕃和大食在东线与唐争夺西域。728 年,苏禄与吐蕃结盟,共围安西,被副大都护赵颐贞击退。734 年,苏禄率军围攻疏勒、北庭和拔换,侵犯唐境。从夏至冬,双方刀兵相向,发生了大规模的军事冲突,互有伤亡,稍后突骑施败北。唐朝一方面自内地抽调了大批援军,在天山以南到帕米尔地区构筑防线,另一方面派张舒耀出使,星夜兼程,去与大食东面将军呼逻散诃密(即呼罗珊总督)阿萨德(Asad b. ' Abdallah,735 ~ 738 年任职)商量分兵合击突骑施。736 年春,唐军深入碎叶川西,安西、北庭两路合击,突骑施大败,自此不敢再犯安西和北庭。736 年,苏禄与呼罗珊总督阿萨德在粟特决战,阿萨德大败,行李尽失。这促进了大食与唐朝的联盟。737 年,阿萨德在喀里斯坦(Kharistan)大破苏禄军与粟特联军。这一战役预示着突骑施的由盛转衰。

在唐朝与大食等多重势力的联合打击下,突骑施一蹶不振。738 年夏,苏禄部将莫贺达干(Bagha tarqan,即阙律啜 Köl-čor)与都摩支(Tarmačï,Tamačï,一作咄摩支、答摩支、都摩度)联兵袭杀苏禄。此后,突骑施内乱频发,最终走向崩溃与灭亡。大食则得以成为中亚的主人。

苏禄死后,突骑施汗国内讧不休,乌质勒、娑葛后裔称为黄姓可汗之裔,苏禄子嗣则别为黑姓可汗后裔。掺杂着原本已有的黄、黑二姓部众之争,部将之间争权夺利,自相攻击。黑姓正宗苏禄的长子尔微特勤居怛逻斯,都摩支拥立黑姓苏禄之子吐火仙骨啜(Qut-čor)为可汗居碎叶,莫贺达干则拥立黄姓可汗。莫贺达干取得了唐的支持。739 年,唐碛西节度使盖嘉运西征,攻克碎叶城,生擒吐火仙可汗;疏勒镇守使夫蒙灵詧领兵西攻怛逻斯城,尔微特勤可汗等战死。

唐朝册立阿史那怀道之子阿史那昕为十姓可汗,统突骑施部,激起莫贺达干反叛。742 年,莫贺达干在俱兰城(Kulan,在怛逻斯东)杀死阿史那昕,自立为可汗。五月,唐安西节度使夫蒙灵詧斩莫贺达干;六月,更立黑姓伊利底蜜施骨咄禄毗伽(Il Itmiš Qutlugh Bilgä)为十姓可汗。黄姓突骑施自此转衰,但其残余势力仍盘踞在碎叶城及其附近。

黑姓突骑施占据怛逻斯,与周边势力在西域角逐。750年,石国与黄姓突骑施插手怛逻斯事务,高仙芝率大兵征伐石国,并重击黄姓突骑施。此役引发了唐与大食的怛逻斯之战,中亚历史也因之进入了新的一页。

753年,唐朝册立黑姓登里罗没蜜施可汗(Tängridä Bolmïš Qaghan)。此后突骑施汗国黄、黑两姓互相攻击,两败俱伤。8世纪60年代,天山以北的葛逻禄人在回纥的驱赶下西迁,占据突骑施汗国全境,突骑施成为葛逻禄的属部,逐渐融合于葛逻禄人之中。

15.2 回鹘

回纥汗国狂飙式的崛兴是8世纪中叶漠北、中原政治形势大变动的历史产物。

回纥,又作袁纥、乌护、乌纥、韦纥,788年改为回鹘,均为 Uighur 一词的译音,其含义有"自食其力"、"联合、协助"及"归依者"等不同的说法。

回纥为铁勒的一支。4世纪,色楞格河、鄂尔浑河、土拉河一带的高车部落,逐步形成了松散的东部高车集团,袁纥氏为高车部六氏十二姓中的一个部落,主要活动于鹿浑海西(今鄂尔浑河上游)的地方,与斛律部、副伏罗部构成东部高车的核心。其后,袁纥部参加了高车与柔然的战争。523年,回纥参加"六镇"起义失败后,逃往贝加尔湖以南的色楞格河流域。

突厥兴起后,回纥成为其属部。7世纪初,在首领时健俟斤(Sükün-Irkin)的带领下,与仆骨、同罗、拔野古等反叛突厥处罗可汗。时健俟斤子菩萨(Busat)与薛延陀一起进攻突厥北边,627年,菩萨带兵5000人,大破颉利可汗10万骑兵,威震北方。之后,回纥归附薛延陀,菩萨号活颉利发(Kočiltäbir),树其牙帐于独乐水上游。之后,菩萨与唐朝和薛延陀合力,灭东突厥汗国。646年,回纥胡禄俟利发(Qullugh iltäbir)吐迷度(Tomido)与唐结盟,灭薛延陀,成为漠北铁勒诸部中最强大的部落。647年,回纥隶属于唐朝所设燕然都护府。

东突厥汗国复兴后，向漠北扩张，骨咄禄曾5攻回纥，回纥诸部受到极大削弱，与契苾、思结、浑等部度碛，内徙甘、凉之间。715年，回纥首领伏帝匐（Vughtäbäg，715～719年在位）返回漠北，召集旧部，与唐联合进军夹击后突厥，直接导致了默啜的灭亡。为躲避毗伽可汗的复仇，回纥再次南迁，被唐安置在大武军北（今内蒙古和林格尔西北）。

742年，突厥内乱，回纥在其首领骨力裴罗（Qutlugh Boyla，744～747年在位）的统领下，与铁勒中的另外两支拔悉密（在天山北麓北庭）、葛逻禄（Qarluq，在准噶尔盆地）组成共同反对后突厥汗国的联盟。裴罗与葛逻禄自称左右叶护，助拔悉密击走乌苏米施（Ozmïš）可汗。随着后突厥汗国的衰落和回纥势力的增强，回纥与拔悉密、葛逻禄的同盟关系开始裂变。744年，裴罗联合葛逻禄灭拔悉密，自称骨咄禄毗伽阙可汗（Qutlugh Bilgä Kül Qaghan），唐朝册为怀仁可汗。745年，第二突厥汗国灭亡，回纥尽占突厥故地，在大漠南北建立起回纥汗国。蒙古高原突厥族的历史开始进入另一个新的时期——回纥（回鹘）时期。

骨力裴罗将回纥牙帐从土拉河畔迁到了鄂尔浑河哈喇巴喇哈逊（Qara Balghasun），汗国东际室韦，西抵金山，南跨大漠，尽有突厥故地。回纥部落以原居于温昆水（on-kün，鄂尔浑河）流域的"十回纥"（On-Uighur）和居于土拉河流域的"九姓"（Toquz-Oghuz）为基础。回纥九姓有药罗葛、胡咄葛、啒罗勿、貊歌息讫、阿勿嘀、葛萨、斛嗢素、药勿葛、奚邪勿等氏族。铁勒九部（外九部，即仆固、浑、拔野古、同罗、思结、契苾、阿跌、奚结、斛薛等）成为汗国的组成部分，契丹、奚、室韦、黠戛斯、葛逻禄、沙陀、样磨等为其属部。其地域包括贝加尔湖，萨彦岭，唐努山东西一线以南，阴山，贺兰山，河西走廊东西一线以北。回纥汗国的建立标志着铁勒民族历史的结束和回纥民族历史的开始。回纥国的五六十万人以游牧、狩猎为主，后随着手工业的发展，商业经济的活跃，牧业的兴旺，从游牧转入了半游牧、半定居的比较稳定的生活。

骨力裴罗子磨延啜（Mayan Čor）即葛勒可汗（Qarliq，747～759年在位）即位后，继续西征游牧于伊吾西、焉耆北、傍白山一带的谋落（薄落）、炽仪（职乙）和金山西南的踏实力（达契）等三姓葛逻禄，并向剑河流域强族黠戛斯用兵。750年,进军剑水流域。751年,在破同罗之后,彻底击败三姓葛逻禄和黠戛斯的联盟。752年,葛逻禄又联合拔悉密等部发起了强大的反攻,一度深入回纥汗国境内,双方决战于于都斤山,回纥获胜。753年,再破叛酋阿布思。758年,与劲敌黠戛斯决战于剑水流域,大破之。葛勒可汗基本上完成了一统漠北、扩张西域的大业,其武功盛世已臻辉煌的顶峰。他在色楞格河畔建造了富贵城,这标志着回纥汗国盛世的到来。

在唐朝内乱国势中衰之时,回纥臻于极盛。安史之乱爆发后,回纥3次遣兵助唐平叛,协助收复长安、洛阳等地,并与唐朝建立了马绢互市关系,开创了游牧民族政权与农业民族政权之间互助、互补关系的先例。但随着两国强弱的变易,这种邦交关系也随之发生了微妙的位序颠倒。唐朝多次酬赏回纥助战之功,年年以优厚的绢帛向回纥购马,通过绢马互市使回纥获利甚大。唐先后有4位公主嫁给回纥可汗。册封、和亲、吊唁、朝贡、赏赐、互市等形式的政治、经济、文化交流把双方紧紧联结在一起。唐与回纥之间互利互惠的友好关系,维系了回纥的经济,也使唐朝巩固了安史之乱后岌岌可危的统治。

回纥不仅雄踞漠北,而且向西域扩展,逐渐成为与吐蕃对峙、抗衡的唯一力量。780年,回纥已将势力伸展到天山东部。781年、787年伊州、沙州相继被吐蕃攻陷之后,吐蕃和回纥开始了争霸天山东部的战争。789年,吐蕃大规模进攻西域的唐朝驻军;790年,与葛逻禄一起攻占北庭。回鹘和吐蕃围绕北庭激烈争战。791年,回鹘在北庭胜利,击败吐蕃和葛逻禄。792年,吐蕃艰难攻占西州、安西(龟兹),并于安西一带与回鹘进行了一系列的军事争夺。回鹘极力保持其对北庭与龟兹的控制,但西州则于795年左右重新落入吐蕃之手。此后的数十年间,回鹘与吐蕃、葛逻禄在北庭到龟兹一带进行了一系列大战,并逐渐占据了上风。808年,回纥滕里野合俱录毗伽可汗天可汗(Tängridä Qut Bulmïs Alp Bilgä Qaghan,808~821年在位)迫使部分葛逻禄归顺,重新册立了真珠智惠叶护。回鹘军队不断向西扩展,势力远达真珠河(今锡尔河上游纳伦河)及拔汗那(今乌兹别克斯坦费尔干纳)一带。

从此,回鹘就牢牢控制了整个天山北麓及以南的龟兹、焉耆等地,而把吐蕃的势力遏制在今塔里木盆地以南的鄯鄯、于阗一带。

与此同时,回鹘与吐蕃在河西走廊之北到河套一带进行争夺。8世纪末,回鹘进攻占据灵州的吐蕃,将之击退,并将俘虏的吐蕃大首领结心送至长安献捷。回鹘的进攻大为削弱了吐蕃势力,直接导致了吐蕃的崩溃。

持续几十年的战争,消耗了回鹘的实力,内部的自相残杀,促使了回鹘的衰亡。839年,回鹘天灾严重,内讧再度加剧。回鹘相掘罗勿勾结漠南的沙陀骑兵北上,彰信可汗(Ay Tängridä Qut Bulmïs Alp Külüg Bilgä Qaghan,832~839年在位)被迫自杀,馺特勤(Xosäl Tigin)继立。840年,驻于牙帐北方的将军句录莫贺(Küčlük Bagha)勾结黠戛斯,合兵10万南上攻都城,杀可汗,诛掘罗勿,公主城、可敦城等相继被毁。

回鹘汗国既破,其余众四散逃离,有投奔大室韦、吐蕃、葛罗禄者,亦有东讨契丹者。此外,还有南降唐朝或南下至唐朝边塞以图复国者。841年,原回鹘可汗牙帐附近的十三部拥立乌介特勤为可汗,南下保错子山(今内蒙古杭锦后旗乌加河北300余里处),至唐边塞。由于回鹘曾助唐平定安史之乱,唐对初来边塞的乌介部众赈济粮食,给予安抚,许其驻牧于大同川(今内蒙古乌拉特前旗北),以观其变。与此同时,由庞特勤率领的十五部西奔,经额济纳河,然后从天山东北角到达准噶尔盆地的东南边缘,进入安西地带,最终抵达葛罗禄之地。在迁徙过程中,部分人停留河西走廊,与原先居于这一带的回鹘人汇合,形成后来的河西回鹘;一部分则在安西、北庭驻足,成为日后高昌(西州)回鹘的重要部分。以庞特勤为首的西迁各部,与当地包括回鹘在内的土著结合,经过几十年各部的重新组合和经营,分别在中亚楚河流域、天山南北及河西走廊形成了三大回鹘集团,先后建立起喀拉汗王朝、西州回鹘和甘州回鹘三大政权。

回鹘的西迁对自身产生了深刻的影响。西迁后,回鹘人由原来的游牧生活转为定居的城郭之民,以经营农业为主,兼营畜牧生产和狩猎,并从事工商贸易。回鹘社会经济的转型导致社会生活、文化的变迁。回鹘人入居西域后,除与当地土著融合,在人种特征上发生明显变化外,在生活方式、宗教信仰、语言文字等物质、精神文化方面也发生了巨大变化。回鹘迁入西域这一东西文明汇聚之地,因受中国、波斯、希腊、罗马及印度等文化的影响而逐渐形成一种融合了诸多文化的西域回鹘文明,从而开创了回鹘历史发展的新纪元。

9世纪中叶,回鹘大量涌入塔里木盆地,为后世维吾尔族的最终形成,及该地以维吾尔族为主体的多民族分布结构的形成起了决定作用。另外,迁入河西地区的回鹘约在11世纪被西夏打败而溃逃,其中的一支即撒里畏兀尔在日后的发展中逐渐形成今日甘肃地区的裕固族。

15.3　黠戛斯

黠戛斯,两汉时期称"鬲昆"、"坚昆",魏晋南北朝时期作"结骨"、"契骨",至隋唐时期有"纥骨"、"居勿"、"坚昆"、"纥扢斯"等多种称谓,后转译为"黠戛斯"。

黠戛斯主要活动于叶尼塞河上游沿岸,唐努乌拉山一带。公元前3世纪,匈奴冒顿征服漠北诸族,坚昆亦为匈奴役属。公元前1世纪,包括坚昆诸部在内的匈奴右方领地曾受匈奴右贤王李陵统领。公元前49年,匈奴郅支单于西征,再次征服坚昆,并以其地为单于都府,与部众居坚昆之地。继匈奴而起的鲜卑在极盛时亦曾统治过坚昆地区。

手工业在黠戛斯的经济中占有重要地位,其中以铁和其他金属的开采和加工居首位。黠戛斯人除锻造铧、镰、锄和斧等生产工具和各种饰物用品外,还大量制作马衔、马镫、马鞍带扣等马具部件,及铁镞、箭、鳞甲、头盔等武器,其武器的制作远近闻名。黠戛斯酋长称阿热(Az),阿热的牙帐设在青山(今唐努乌拉山北麓)。国人剽悍骁勇,有10万之众,胜兵8万。其北边是驳马国,东边为木马突厥3部:都播、弥列哥、俄支(Atsch),此三部役属于黠戛斯。另外,鞠、大汉两国依剑河(今叶尼塞河上游乌鲁克姆河)与黠戛斯为邻。东南为回纥,从阿热牙帐到回纥牙帐需乘骆驼行 40 日。

黠戛斯的历史,同突厥、薛延陀、回纥等强族争雄漠北联系在一起。6 世纪中叶,突厥强大,黠戛斯因产优质铁,制作的兵器锋利而且工艺精巧,常以兵器和铁作为贡赋,输入突厥。薛延陀汗国建立后,黠戛斯又臣属薛延陀。薛延陀派一名颉利发监领黠戛斯国。632 年,唐与黠戛斯国建立联系。648 年,黠戛斯酋长俟利发失钵屈阿栈亲抵长安,谒见唐太宗。唐以黠戛斯地为坚昆都督府,隶属于燕然都护府,任命失钵屈阿栈为左屯卫大将军、坚昆都督。663 年,坚昆都督府隶属于瀚海都护府。

东突厥第二汗国立国初期,默啜赐黠戛斯酋长巴而思匐可汗称号,并将女儿嫁给他,进行怀柔。8 世纪初,唐扶植在西域的阿史那后裔怀道,又联络突骑施、黠戛斯二国,图谋合攻后突厥汗国。因黠戛斯新任可汗对唐采取亲善政策,709 年其国被突厥征服。默啜死后,黠戛斯叛离突厥。

回纥汗国威临漠北诸族,黠戛斯也成为被征服对象。758 年,回纥出兵黠戛斯,破其部众 5 万人。回纥封阿热为毗加顿颉斤。黠戛斯接受回纥统治的同时,仍与突骑施、葛逻禄联姻,与大食、吐蕃结好,多方贸易往来。8 世纪末 9 世纪初,回鹘向黠戛斯发动大规模的袭击,可汗身亡,部众伤亡惨重,黠戛斯国为之一,地无居人。至 9 世纪中叶,回鹘衰微,黠戛斯阿热自称可汗,回鹘便派宰相领兵讨伐黠戛斯。从此,双方交战 20 年,回鹘终不能胜,不得不遣使议和。黠戛斯阿热拒和,并向回鹘挑战。840 年,黠戛斯在回鹘将领句录莫贺的引导下,10 万铁骑攻破回鹘牙帐,杀可汗,诛宰相,灭回鹘汗国。黠戛斯遂取代回鹘而成为漠北主宰。

黠戛斯拥有回鹘汗国故地后乘胜追击,歼灭回鹘部落余种。曾尾随回鹘残部攻至安西、北庭和鞑靼五部之地,并一度控制了这些地方。而后与唐朝建立联系,以剿灭乌介可汗势力,消除后患。

842 年,黠戛斯遣使唐朝,恢复了被回鹘中断的交往。这年 10 月踏布合组将军一行至天德军,通报黠戛斯已击破回鹘之事,并告知已迎接嫁与回鹘崇德可汗的唐太和公主,遣使将之还送唐朝。843年二月,黠戛斯派遣使者注吾合素献名马两匹,请求唐朝册封。唐武宗在宰相李德裕的建议下,任命太仆赵蕃为安抚黠戛斯的特使,出使黠戛斯汗国,初步认同漠北新格局,表示愿册封可汗。因乌介可汗久居塞上,不断向唐提出借粮度日和借城暂住的要求,并一度侵逼唐振武军镇(今内蒙古和林格尔县西北),频频骚扰唐边境,唐支持黠戛斯彻底消灭回鹘残部。六月,黠戛斯可汗遣将军温仵合入贡,报知黠戛斯欲讨乌介可汗部及其所依附的黑车子部。845年,黠戛斯欲移居原回鹘汗国牙帐,与唐联兵,共同讨击回鹘。847年,唐册封黠戛斯可汗英武诚明可汗。848年,黠戛斯宰相阿播率7万人马击破收留回鹘残部的室韦,将留在室韦中的回鹘人都带回了漠北。至此,乌介、遏捻部回鹘在唐朝和黠戛斯的打击下彻底瓦解。

9世纪中叶,黠戛斯取代回鹘汗国而兴起,其疆域东接骨利干,南邻吐蕃,西南为葛逻禄,东南边因歼灭乌介残部而与唐朝本土相连。但黠戛斯在漠北称雄时间并不长。10世纪随契丹的强大和扩张,黠戛斯逐渐放弃了唐努山以南的地带,11世纪退出金山南北。

尽管黠戛斯在漠北的统治时期短促,但它的兴起对内陆欧亚历史的发展产生了深远的影响。在回鹘汗国时,黠戛斯成为阻止回鹘西扩的主要力量;而黠戛斯的兴起直接导致漠北回鹘的西迁。回鹘的西迁引起了天山南路塔里木盆地乃至中亚地区的社会生产和生活方式的变化,改变了塔里木盆地原有的政治格局,同时给当地居民人种及其文化注入了新鲜的血液。此后,突厥语系的游牧民族大量进入塔里木盆地并转入定居,逐渐与当地的古代先民融合,突厥语逐渐取代了西域古代的语言,成为当地通行的语言,开启了西域突厥化的历史新时期。

突骑施、回鹘、黠戛斯,都是在突厥国覆灭的基础上发展强大起来的。他们从突厥别部脱颖而出,相继建立了强大的汗国。他们起源或兴起于漠北,在欧亚草原逐鹿争雄,很大程度上也继承了突厥在漠北地区的经济文化遗产,实际上是突厥历史的继续。随着突厥的衰亡、铁

·欧·亚·历·史·文·化·文·库·

勒的重组、回鹘的西迁、黠戛斯的中落,漠北地区强大部族逐一兴起、强盛、衰落、流徙,再次出现政治真空,为蒙古的崛起提供了契机,也将内陆欧亚的历史带入了新的时代。

主要参考文献

才让.吐蕃史稿[M].兰州:甘肃人民出版社,2007.

蔡鸿生.唐代九姓胡与突厥文化[M].北京:中华书局,1998.

岑仲勉.突厥集史[M].北京:中华书局,1958.

岑仲勉.西突厥史料补阙及考证[M].北京:中华书局,1958.

程溯洛.唐宋回鹘史论集[M].北京:人民出版社,1993.

段连勤.隋唐时期的薛延陀[M].西安:三秦出版社,1988.

格勒.藏族早期历史与文化[M].北京:商务印书馆,2006.

耿世民.古代突厥文碑铭研究[M].北京:中央民族大学出版社,2005.

华涛.西域历史研究(八至十世纪)[M].上海古籍出版社,2000年。

李符桐.边疆历史//李符桐论著全集:1[M].台北:学生书局,1992.

李符桐.回鹘史//李符桐论著全集:2[M].台北:学生书局,1992.

林恩显.突厥研究[M].台北:商务印书馆,1988.

林幹,高自厚.回纥史[M].呼和浩特:内蒙古人民出版社,1995.

林幹.突厥与回纥历史论文选集[M].北京:中华书局,1987.

林冠群.唐代吐蕃史论集[M].北京:中国藏学出版社,2006.

刘美崧.两唐书回纥传、回鹘传疏证[M].北京:中央民族学院出版社,1989.

刘义棠.突回研究[M].台北:经世书局,1990.

刘义棠.维吾尔研究:修订本[M].台北:中正书局,1997.

马长寿.突厥人与突厥汗国[M].上海:上海人民出版社,1957.

芮传明.古突厥碑铭研究[M].上海:上海古籍出版社,1998.

田卫疆.高昌回鹘史稿[M].乌鲁木齐:新疆人民出版社,2006.

王小甫.唐·吐蕃·大食政治关系史[M].北京:北京大学出版社,1992.

王尧,陈践,译注.敦煌本吐蕃历史文书[M].北京:民族出版社,1980.

王尧.吐蕃金石录[M].北京:文物出版社,1982.

王尧.吐蕃文化[M].长春:吉林教育出版社,1989.

王忠.新唐书吐蕃传笺证[M].北京:科学出版社,1958.

吴玉贵.突厥汗国与隋唐关系史研究[M].北京:中国社会科学出版社,1998.

薛宗正.突厥史[M].北京:中国社会科学出版社,1992.

杨铭.唐代吐蕃与西域诸族关系研究[M].哈尔滨:黑龙江教育出版社,2005.

杨圣敏.回纥史[M].长春:吉林教育出版社,1991.

余太山.西域通史[M].郑州:中州古籍书版社,1996.

余太山.西域文化史[M].北京:中国友谊出版公司,1996.

张云.上古西藏与波斯文明[M].北京:中国藏学出版社,2005.

巴哈提·依加汗.9世纪中叶以后黠戛斯的南下活动[J].西域研究,1993(3):25-39.

毕波.怛逻斯之战和天威健儿赴碎叶[J].历史研究,2007(2):15-31.

陈庆隆.坚昆、黠戛斯与布鲁特考[J].大陆杂志,1975,51(5):205,215.

郭平梁.从坚昆都督府到黠戛斯汗国[J].西域史论丛,1985(2):1-21.

郭平梁.回鹘西迁考[J].西域史论丛,1985(1):14-41.

韩儒林.突厥蒙古之祖先传说//穹庐集——元史及西北民族史研究[M].上海:上海人民出版社,1982:274-295.

胡小鹏.吐谷浑与唐、吐蕃的关系//西北民族文献与历史研究

［M］.兰州:甘肃人民出版社,2004:42 – 58.

　　金应熙.吐蕃之兴起//金应熙史学论文集:古代卷［M］.广州:广东人民出版社,2006:88 – 105.

　　蓝琪.试述西突厥汗国的疆域［J］.贵州师范大学学报,1989(1).

　　李秉铨.释藏族族名"蕃"的含义［G］//藏学研究文集.北京:中央民族大学藏学研究所,1986:51 – 56.

　　李符桐.回鹘部族考［M］//李符桐论著全集:3.台北:学生书局,1992:71 – 90.

　　李符桐.回鹘疆域考［M］//李符桐论著全集:3.台北:学生书局,1992:57 – 69.

　　李符桐.回鹘西迁以来盛衰考［M］//李符桐论著全集:3.台北:学生书局,1992:1 – 27.

　　李符桐.两唐书回鹘可汗世系之研究［M］//李符桐论著全集:3.台北:学生书局,1992:141 – 161.

　　宋肃瀛.回纥的由来及其发展［J］.西域史论丛,1985(1):42 – 79.

　　薛宗正.车鼻施的崛兴.西北民族研究［J］,2000(2):142 – 152.

　　薛宗正.突骑施汗国的兴亡.历史研究［J］,1984(3):93 – 111.

　　薛宗正.黠戛斯的崛兴.民族研究［J］,1996(1):84 – 93.

　　张绪山.6—7世纪拜占庭帝国与西突厥汗国的交往.世界历史［J］,2002(1):81 – 89.

　　〔法〕费琅.阿拉伯波斯突厥人东方文献辑注［M］.耿昇,穆根来,译.北京:中华书局,1989.

　　〔日〕内田吟风,等.北方民族史与蒙古史译文集［M］.余大钧,译.兰州:兰州大学出版社,2012.

　　〔法〕格鲁塞.草原帝国［M］.蓝琪,译.项英杰,校.北京:商务印书馆,1998.

　　〔美〕丹尼斯·塞诺.丹尼斯·塞诺研究文选［M］.北京大学历史系民族史教研室,译.北京:中华书局,2006.

　　〔法〕吉罗.东突厥汗国碑铭考释［M］.耿昇,译.乌鲁木齐:新疆社会科学院历史研究所,1984.

〔英〕.F·W·托玛斯.敦煌西域古藏文社会历史文献[M].刘忠,杨铭,译注.北京:民族出版社.

〔苏〕伯恩什达姆.鄂尔浑叶尼塞突厥社会经济制度[M].杨讷,译.郝镇华,校.北京:商务印书馆,1997.

〔苏〕克利亚什托尔内.古代突厥鲁尼文碑铭——中亚细亚史原始文献[M].李佩娟,译.哈尔滨:黑龙江教育出版社,1991.

〔日〕前田正名.河西历史地理学研究[M].陈俊谋,译.北京:中国藏学出版社,1993.

〔俄〕巴托尔德.蒙古入侵时期的突厥斯坦[M].张锡彤,张广达,译.上海:上海古籍出版社,2007.

〔俄〕吉谢列夫.南西伯利亚古代史[M].乌鲁木齐:新疆社会科学院民族研究所,1981/1985.

〔法〕哈密顿.五代回鹘史料[M].耿昇,译.乌鲁木齐:新疆人民出版社,1986.

〔日〕安部健夫.西回鹘国史的研究[M].宋肃瀛,刘美崧,徐伯夫,译.乌鲁木齐:新疆人民出版社,1986.

〔法〕沙畹.西突厥史料[M].冯承钧,译.北京:中华书局,2004.

〔日〕羽田亨.西域文明史概论[M].耿世民,译.北京:中华书局,2005.

〔俄〕巴托尔德.中亚突厥史十二讲[M].罗致平,译.北京:中国社会科学出版社,1984.

〔俄〕李特文斯基.中亚文明史:第3卷[M].马小鹤,译.北京:中国对外翻译出版公司,2003.

〔法〕伯希和.汉译突厥名称之起源[M].冯承钧,译//西域南海史地考证译丛:第1卷.北京:商务印书馆,1995:48-53.

〔苏〕伊西耶夫.鄂尔浑回鹘汗国[J].热夏提·努拉赫迈,译.民族译丛,1987(3):45-48.

〔日〕森安孝夫.吐蕃在中亚的活动[M].劳江,译//国外藏学研究译文集:第 1 辑.拉萨:西藏人民出版社,1986:64 - 130.

〔日〕继仁竹内.公元 790—860 年吐蕃、回鹘在北庭、安西[M].陈楠,译//国外藏学研究译文集:8.拉萨:西藏人民出版社,1992:232 - 252.

〔日〕佐藤长.再论"河西九曲"之地[M].张铁纲,译//国外藏学研究译文集:第 13.拉萨:西藏人民出版社,1997:47 - 60.

〔匈〕乌瑞.有关公元 751 年以前中亚史的藏文史料概述[M].荣新江,译//国外藏学研究译文集:第 5 辑.拉萨:西藏人民出版社,1989:39 - 81.

〔法〕巴科.吐蕃王朝政治史[M].耿昇,译//拉萨:国外藏学研究译文集:第 2 辑.拉萨:西藏人民出版社,1987:1 - 48.

〔法〕路易·巴赞."吐蕃"名称源流考[M].耿昇,译//国外藏学研究译文集:第 9 辑.拉萨:西藏人民出版社,1992:183 - 216.

〔日〕山口瑞凤.吐蕃王国成立史研究[M].东京:岩波书局,1983.

〔日〕護雅夫.古代トルコ民族史研究:I[M].東京:山川,1967.

〔日〕伊瀬仙太郎.中国西域经营史研究[M].東京:岩南堂,1968.

〔日〕松田壽男.古代天山の歷史地理學的研究[M].东京:早稻田大學出版部,1970.

〔日〕山田信夫.唐とペルシア[M].東京:平凡社,1971.

〔日〕長澤和俊.シルク·ロード史研究[M].東京:國書刊行會,1979.

〔日〕內田吟風.北アジア史研究——鮮卑柔然突厥篇[M].京都:同朋舍,1985.

〔日〕內藤みどり.西突厥史の研究[M].东京:早稻田大學出版部,1988.

Beckwith C I. The Tibetan Empire in Central Asia: A History of the Struggle for Great Power among Tibetans, Turks, Arabs, and Chinese during the Early Middle Ages[M]. New Jersey: Princeton University Press,1987.

Sinor D. The Historical Role of the Turk Empire[J]. Journal of World

History,1953,1.

Sinor D. The Legendary Origin of the Türks[J]. Indiana University U-ralic and Altaic Series,1982,141.

Sinor D. Some Components of the Civilization of the Türks (6th to 8th Century A. D.)[J]. Aitaistic Studies,1982.

Yamaguchi Zuiho. Matrimonial Relationship between T'ufan and Tang Dynasties:II[J]. The Memoirs of the Toya Bunko,1970,28:59 − 76.

Thomas F W. Tibet Literary Texts and Documents Concerning the Chi-nese Turkestan:II[M]. London,[s. n.],1951.

Haarh E. The Yar Lung Dynasty[M]. Kobenhavn,[s. n.],1969.

Stein R A. Tibet Civilization[M]. California,[s. n.],1972.

Tucci G. Minor Buddhist Texts:II[M]. Roma,[s. n.],1958.

阿拉伯兴起和扩张、征服，改变了欧亚非三洲的宗教信仰，突厥的迁徙及向伊斯兰世界的渗透，改变了内陆欧亚的民族构成，迫使印欧语民族退出中亚统治地位，突厥语民族代替印欧语族，成为内陆欧亚的霸主。阿拉伯与突厥的活动均以中亚为核心，融合为新的突厥－伊斯兰文化，向东西辐射，远至欧洲草原，高昌、粟特、吐火罗这3个绿洲国家，随着中亚权力交替，载沉载浮。这一时期，东北亚也卷入中亚，因辽西迁，东北亚与欧亚连成一体，欧亚历史舞台上呈现出新的局面。

第四编

16　阿拉伯人的征服与统治

公元 622 年,穆罕默德(古译摩诃末,570 ~ 632 年)离开自己的家乡麦加,受邀前往麦地那。这一年后来被称为"希志来(hijrah,一译希吉拉)",定为伊斯兰纪元的开始。当时,穆罕默德在麦加传播伊斯兰教,主张一切穆斯林皆平等,都是兄弟,但是传教并不成功,遭到倭马亚(Umayyah,一译伍麦叶)贵族的迫害,麦地那也只有少量信徒。没有人会想到,在此后 10 年间,伊斯兰教不仅赢得了倭马亚贵族的皈依,而且在整个阿拉伯半岛取得了胜利。更没有人想到,穆罕默德的去世并没有终止伊斯兰教的扩张。哈里发政府(632 ~ 661 年)夺取了拜占庭帝国富饶的东方省份(今叙利亚、巴勒斯坦和埃及),并吞了整个萨珊王朝的领土。倭马亚哈里发王朝(白衣大食,661 ~ 750 年)发动了第二波扩张,西抵大西洋,东到欧亚内陆,建立了地跨亚、非、欧三洲的大帝国。

16.1　四代哈里发

阿拉伯人对外征服之前,它的两个主要敌手拜占庭(拂菻)与萨珊波斯在长期互相残杀的战争中两败俱伤。603 ~ 619 年萨珊波斯大举进攻,占领了叙利亚、巴勒斯坦、埃及等拜占庭领土。但是,波斯遭到拜占庭的竭力反攻,又于 628 年发生内乱,只得媾和,归还从前所占领的拜占庭领土,国势日衰。拜占庭虽然收复失地,但对这些领土的统治也并不稳固,从而给阿拉伯人的崛起提供了千载难逢的机会。

穆罕默德去世后,其老友暨岳父艾卜·伯克尔(Bakr, 632 ~ 634 年在位)当选为首任哈里发。艾卜·伯克尔任用哈立德·伊本·韦立德

（Khālid ibn-al-Walid）为将,率军讨平了各地的反叛者,巩固了阿拉伯半岛的统一。他于 633 年派遣阿拉伯军队,向拜占庭统治下的叙利亚进军。拜占庭皇帝伊拉克略(Herakleios I,610～641 年在位)赶到前方组织抵抗。艾卜·伯克尔命令正在伊拉克作战的“真主之剑”哈立德·伊本·韦立德驰援,哈立德率 500 多名老兵,发挥了游牧阿拉伯人高度的机动作战能力,在沙漠中急行军 10 多天,抵达大马士革附近,与其他阿拉伯军队会师。哈立德出任统帅,逐步将部族好战精神驱使下的侵袭变为有计划的战役。第二任哈里发欧麦尔(634～644 年在位)亲自担任穆斯林军队的总司令,称信士们的长官(amīr al-mu'minīn,古译徹蜜莫末腻),重用倭马亚贵族将领。国家岁入的积余完全分配给全国的穆斯林,普通战士也能分得 500～600 第尔汗的年金。这种军事共产主义制度维持了军队的高昂士气,推动了进一步扩张。635 年叙利亚首府大马士革立约投降,哈立德于次年击败拜占庭 5 万大军,在叙利亚取得了决定性胜利。欧麦尔接着派阿慕尔·伊本·阿绥('Amr ibn al-'Āṣ)西征埃及,击败拜占庭军队。641 年埃及落入了阿拉伯人之手。次年伊斯兰军队迅速西进,占领了巴尔卡(Barqa)和的黎波里(Tripoli,在今利比亚)。

阿拉伯人在攻占拜占庭领土叙利亚、埃及的同时,也向萨珊波斯发起了进攻。就像游牧的突厥人经常侵袭农耕的隋唐帝国一样,游牧的阿拉伯人由于经济原因,也时时掠夺邻近的萨珊波斯边境地区。伯克尔部族的一些武士在族长穆桑纳(Al-Muthana)率领下对伊拉克边境的袭扰就是这种活动之一。哈里发艾卜·伯克尔重新平定阿拉伯半岛以后,穆桑纳请求他予以援助。艾卜·伯克尔派哈立德·伊本·韦立德率军前往,从而使这种以夺取战利品为目标的军事冒险转变为伊斯兰教的圣战(jihād)。哈立德指挥阿拉伯人击败萨珊军队,迫使希拉(Hīra)城立约投降。这是落入阿拉伯人手中的第一个伊拉克城市,从此西亚到欧亚内陆的其他城市像多米诺骨牌一样,一个接一个地倒了下去。哈立德驰援叙利亚后,穆桑纳与波斯人交战互有胜负。哈里发欧麦尔选派穆罕默德的十大弟子之一赛耳德·伊本·艾比·瓦嘎斯

（Sa'd Ibn-abī-Waqqāṣ）率援军开赴伊拉克前线。赛耳德于 636 年率两万大军抵达希拉附近的嘎底西叶（Qādisiya），与波斯呼罗珊（Khurāsān，今伊朗东北部、阿富汗北部）总督鲁斯特木（Rustam）率领的波斯主力军决战。波斯军队训练有素，人数上占优势，装备比较精良；但穆斯林相信为真主的事业而死，后世将获得永生的幸福，在战场上视死如归，士气高昂。双方激战 3 天，伤亡惨重，鲁斯特木被杀，萨珊王朝的军队溃败。当地伊拉克人与阿拉伯人同为闪族，对穆斯林军队热诚欢迎，赛耳德率军向波斯冬都泰西封（Ctesiphon，今巴格达东南）挺进，势如破竹。波斯皇帝伊嗣俟（Yazdigird III，632～651 年）带着亲戚和随从逃出首都，637 年首都守军不战而降。

　　哈里发欧麦尔为了使阿拉伯人继续保持优良的军人素质，要求他们与当地居民分开居住，集中住在帐篷里，为此于 638 年在希拉附近建立库法（Kufa），在底格里斯河口建立巴士拉（Basra），作为两大军事基地。这为东征提供了源源不断的兵源。阿拉伯军队 640 年征服了胡泽斯坦（Khuzistan，今伊朗西南部），次年，从库法派出的军队沿底格里斯河而上，征服了北美索不达米亚，直到西阿塞拜疆。伊嗣俟在尼哈旺德（Nihavend）纠集大军，企图阻挡阿拉伯军队在伊朗高原上的推进，俟机反攻伊拉克。642 年阿拉伯军队与波斯军队在这里进行了一场最艰难的战斗，再次获胜，此战因而被穆斯林称为"胜中之胜"。萨珊波斯有组织的抵抗就此结束。

　　644 年哈里发欧麦尔遇刺身亡，倭马亚家族的奥斯曼被推举为哈里发（644～656 年在位），继续向外扩张。伊嗣俟向西逃往波斯的夏都伊斯塔赫尔（Istakhr），为了逃避追击的阿拉伯军队，又经塞斯坦（Seistan，今伊朗东部锡斯坦）逃往呼罗珊首府木鹿（Merv，今土库曼斯坦马里）。他试图向唐朝皇帝和突厥人求援，粟特的突厥首领率军来援，受到无礼待遇而不满，与木鹿太守马贺（Mahoe）合谋，消灭了伊嗣俟的随从。伊嗣俟只身逃到一个磨坊躲避，被磨坊主所杀，萨珊王朝遂于 651 年寿终正寝。但是这并没有阻止阿拉伯人的推进，他们占领伊朗高原后，继续东进，迫使缚喝（Balkh）立约投降，征服了呼罗珊。同时,阿拉伯军队分兵征服塞斯坦,迫使其首府疾陵城(Zarang)立约投降。立约投降的城市虽然通常要缴纳沉重的贡赋,人民要缴纳人头税,但是,避免了抵抗到底、玉石俱焚的风险,也避免了放弃固有宗教信仰、改宗伊斯兰教的屈辱。对于阿拉伯人来说,立约投降则往往成为瓦解敌人、不战而屈人之兵的利器。654年阿拉伯军队首次越过乌浒水,击破米国(Māyamurgh)。阿拉伯人侵入欧亚内陆后,于651年首次向唐朝遣使,建立了正式交往。哈里发奥斯曼不仅向东远征,而且于652年前后派兵北征,占领了阿塞拜疆与亚美尼亚的部分地区。

先知穆罕默德去世之后,仅仅30年,哈里发国家就从中亚的乌浒水伸展到北非,变成了世界上最强大的力量之一。在这个广大地域中,拜占庭和波斯的地方行政机构继续存在,不可能加以根本改革,在中央势必建立类似拜占庭、波斯的君主制才能与之相适应。正统哈里发政权则是一个伊斯兰的乌托邦,难以长期存在下去。由于哈里发并非出自世袭,又无公认的产生程序,各派政治势力在继任人的推举问题上各持己见,难免引发冲突。先知的堂弟、女婿、资深信徒阿里一开始就要求作穆罕默德的继承人,他的追随者利用各色人等对奥斯曼的不满在库法发难,于656年派遣叛乱者500人到麦地那去,把奥斯曼围困在住宅里,随后闯入住宅,杀害了奥斯曼。

阿里出任第四任哈里发(656~661年),迁都库法后,立即遭到其他哈里发候选人的挑战。在随之而来的内战中,阿里赢得了胜利。接着,叙利亚总督、倭马亚贵族穆阿威叶(Mu'āwiya)打出为奥斯曼复仇的旗号,率叙利亚军队开赴幼发拉底河右岸的绥芬(Siffīn)平原,与阿里率领的伊拉克军队开战。穆阿威叶在战斗中要求调停,阿里接受了这个建议。这引起了阿里阵营的分裂,反对调停的主战派弃阿里而去,另组哈列哲派(khārijites,退出同盟者,一译哈瓦利吉派)。659年阿里率军进攻,几乎全歼了他们的武装力量,但是他们又用各种名义重新武装起来。661年,一个哈列哲派的刺客在库法刺杀了阿里,正统哈里发的世代随之结束。穆阿威叶称哈里发(661~680年在位),建立了倭马亚王朝(白衣大食),定都大马士革。这些事件影响深远。伊斯兰世界因此一分为三:逊尼派(Sunnīn)将穆阿威叶视为倭马亚王朝的创立者,十叶派(Shī'a)则坚持认为阿里及其后代才能作穆罕默德的继承人——伊马木(imām),哈列哲派认为哈里发应该由穆斯林公选。

阿里在任 10 年内,连续发生 3 次内战,无暇顾及边疆事务,东进势头受挫。正是在这 10 余年之内,唐朝在欧亚内陆建立了宗主权。657 年唐朝平定西突厥阿史那贺鲁之乱,次年派遣置州县使王名远到于阗以西、波斯以东 16 国设置 8 个都督府、8 个都督府州,72 个羁縻州。659 年,唐高宗撰写了《唐西域纪圣德碑》。661 年波斯皇帝伊嗣俟之子卑路斯(Peroz)向唐朝请求援助,唐朝派王名远作为吐火罗道置州县使,第二次前往西域,设置或调整羁縻州县,于吐火罗国立碑纪念,以疾陵城为都督府,授卑路斯为都督,次年立卑路斯为波斯王,实际上仍然只局促于疾陵城一隅之地,且不久就被倭马亚王朝的军队逐走了。

16.2　倭马亚王朝

穆阿威叶统治时期,两任呼罗珊总督分别于 673 年和 676 年率兵越过乌浒水,袭击了捕喝和飒秣建。但是,7 世纪下半叶的入侵实际上只是一种掠夺,并不以占据领土为目标。穆斯林的第一波大扩张发生在欧麦尔和奥斯曼在位时代,第二波大扩张则是从阿卜杜勒·麦立克('Abd al-Malik,685～705 年)和韦立德(Walīd I,705～715 年)的时代开始的。阿卜杜勒·麦立克在平定内乱之后,于 694 年任命哈查只·伊本·优素福(Hajjaj ibn Yusuf)为伊拉克总督,以铁腕镇压了那里的十叶派和哈列哲派的活动,为向东扩张奠定了基础。哈查只派侄儿穆罕默德·伊本·卡西木(Muhammad ibn al-Qāsim)征服了印度的信德(Sind)。哈查只最大的军事成就是派呼罗珊总督(Amīr,古译异密)屈底波(Qutaiba ibn Muslim)对河中地(Transoxiana)进行了有系统的征服。

708 年屈底波进攻捕喝,突厥和粟特王突昏(Tarkhun)率军前来援助捕喝。突厥军队战败,突昏与阿拉伯人私下谈判,同意独自撤军和缴纳贡赋,屈底波得以夺取了捕喝。次年屈底波派其兄弟前往飒秣建向突昏收取贡赋。710年飒秣建人对突昏的投降行为不满,将其废黜,另立乌勒伽(Ghurak)为粟特王。711年屈底波出征花刺子模。次年他再次进军粟特,经过激战,打败了乌勒伽和来援的突厥、赭时和拔汗那的军队,猛攻飒秣建城。乌勒伽被迫与屈底波签订了条约,同意缴纳巨额赔款和每年的贡赋。屈底波在飒秣建派驻了一支强大的驻军。留驻粟特的阿拉伯军队旋即与远途而来的东突厥军队发生了遭遇战。

蒙古高原上的后东突厥汗国为了打破唐朝、黠戛斯、突骑施三方围攻的局面,711年向唐朝遣使请和亲,麻痹唐朝;同时默啜可汗(692~716年在位)率军长途奔袭剑河(叶尼塞河)流域的黠戛斯,杀其可汗。接着东突厥军队越金山(阿尔泰山),渡额尔齐斯河,迎战突骑施,俘杀其可汗娑葛。东突厥军队追击逃跑的部分突骑施人,渡过珍珠河(锡尔河),进入粟特,远抵铁门。移涅可汗所部与大食军队发生过冲突,掠夺了粟特的许多金银财宝。因突骑施复叛,阙特勤被派去镇压他们,打了一场硬仗。由于东突厥军队击垮突骑施汗国后,随即东返进攻唐朝的北庭地区,锡尔河以北地区出现了政治"真空"。阿拉伯人和唐朝都趁机向这一地区伸展势力。

屈底波713年又进军粟特,征服了赭时、俱战提和拔汗那的渴塞。次年,他复侵入锡尔河流域,把赭时作为他统帅部所在地,用兵远及白水城(Isbijab)。屈底波立阿了达(al-Tar)为拔汗那的傀儡国王,发兵进攻原来的拔汗那王,原拔汗那王逃到龟兹的安西都护府求救。但是,714年哈查只去世,715年2月哈里发韦立德去世,由其兄弟苏利漫(Sulaymān)继位(715~717年)。苏利漫因为哈查只曾反对他继位,此时欲追究其党羽屈底波。屈底波遂于8~9月间在拔汗那谋反,但被部下所杀,阿拉伯军队一时群龙无首。

唐朝于714年重创东突厥进攻北庭的军队,北庭大都护阿史那献又擒斩反叛的西突厥十姓酋长,克复碎叶等镇,收降碎叶以西部落5万余帐,声威及于铁门。715年12月,唐朝监察御史张孝嵩率安西军队万余人从龟兹出发,西征数千里,进攻拔汗那,驱逐阿了达,威震西域。

有的粟特王公遂转而投靠西突厥和唐朝,摆脱大食的控制,钵息德(Panjikent)城城主迪瓦斯梯奇(Divashtich)就是其中之一。阿拉伯人在欧亚内陆所遇到的抵抗远比其他地方激烈。伊朗西部长期置于萨珊王朝中央集权的统治之下,一旦萨珊王朝灭亡,军队被消灭,抵抗就基本上结束了。但是,欧亚内陆独立性很强的小国,对阿拉伯人降而复叛,终倭马亚之世反抗连绵不断。

欧麦尔二世继位为哈里发(717~720年),为了传播伊斯兰教,禁止对改宗伊斯兰教的人征收人头税。但是,呼罗珊总督加拉赫(al-Jar-rah b.'Abdallah al-Hakami,717~719年)则只让接受割礼的改宗者免交人头税。这种矛盾引发了粟特大规模的反倭马亚王朝运动。719年康国(飒秣建)王乌勒伽、安国(捕喝)王笃萨波提(Tughshada)、俱密(Kumādh)国王那罗延(Narayāna)纷纷向唐朝上表,或诉说大食军事进攻的残酷,或抱怨大食经济掠夺的沉重,或希望唐朝命突骑施帮助他们破大食。被唐册封为忠顺可汗的突骑施可汗苏禄派兵援助粟特人反抗大食。721年秋铁腕人物海拉希(Sa'id b.'Amr al-Harashi)出任呼罗珊总督,不堪压迫的粟特人逃亡拔汗那,请求拔汗那王阿了达予以保护。但是避难的粟特人被阿了达所出卖,遭到海拉希的残酷屠杀。钵息德城主迪瓦斯梯奇曾向大食自称"属民"(maula,即信奉伊斯兰教后,申请归属于某个阿拉比亚部族的非阿拉伯人),这时却暗中与突厥可汗及中国信使联系,谋求摆脱阿拉伯人的控制,旋即率领一批粟特人避往飒秣建以东140公里的艾卜盖尔(Abghar)堡(今称穆格山城堡),722年夏遭到阿拉伯人的围攻。迪瓦斯梯奇被迫投降,后来被处死。

当时阿拉伯人在欧亚内陆的真正劲敌是经常援助当地王公的突骑施苏禄可汗。734年突骑施与吐蕃结盟,与唐朝边将发生冲突,并进而围攻疏勒,进军龟兹,次年进围拔换(今阿克苏)。唐朝一面征发大军,一面派张舒耀出使,星夜兼程,去与大食东面将军呼逻散诃密(即呼罗珊总督)阿沙德(Asad b.'Abdallah,735~738年任职)商量分兵合击突骑施。唐军深入碎叶川西,安西、北庭两路合击,突骑施大败。

736年阿沙德出兵进攻苏禄,在喀里斯坦(Kharistan)之战中,重创突骑施。苏禄可汗遭到唐朝与大食的联合进攻,一蹶不振,于次年被部下所杀。劲敌已除,阿拉伯人维持住了自己在河中的地位。

倭马亚王朝的向东扩张至拔汗那,向北进展不大,向西扩张则以法国南部的普瓦蒂埃(Poitiers)为极限。穆阿威叶曾于668年从海陆两路围攻君士但丁堡,一度攻占罗得岛和克里特岛,但得而复失。穆阿威叶在位时就派兵从巴尔卡出发,与拜占庭争夺北非西部。但是直到穆萨·伊本·努赛尔(Mūsā ibn Nusayr)于700年出任非洲长官,才在西线取得了可以媲美于哈查只、屈底波的军事成就。他巩固了阿拉伯人对北非西部的控制,于711年派助手塔立格(Tāriq)率军从北非渡海进攻西班牙的西哥特王国。登陆处得名Jabal Tāriq(塔立格山),这是Gibraltar(直布罗陀)这个名称的由来。穆斯林在西班牙长驱直入,势如破竹。穆萨于712年率万人大军冲进西班牙,接连攻城略地。732年在普瓦蒂埃战役中,阿卜杜勒·赖哈曼('Abd al-Rahmān)统率下的阿拉伯军队被法兰克王国宫相查理(Charles)击败,查理因此获得"马特(Martel)"的绰号,意为"战槌"。

先知穆罕默德去世之后100年之际,出自阿拉比亚沙漠－绿洲的伊斯兰教徒已经是一个大帝国的主人翁,统治了从帕米尔西麓到撒哈拉沙漠北缘的广大地域。全国划为9个省区,其中之一为巴士拉,包括波斯、塞斯坦、呼罗珊。后来逐渐合并成5个总督行政区,伊拉克行政区包括巴士拉省区。后来,伊拉克总督设一个副长官统治呼罗珊和河中地区,常驻木鹿。自巴士拉总督哈查只开始,东方省区的官方文字从中古波斯文逐渐变为阿拉伯文,并在库法开始铸造阿拉伯银币以取代萨珊波斯银币。

倭马亚王朝虽然领土广大,但是内部矛盾很深重。它并未像第二任哈里发欧麦尔所允诺的那样,将征服的领土作为公产,岁入完全分配给全国的穆斯林。征服战争的利益主要由叙利亚阿拉伯人上层所侵吞。普通阿拉伯人和属民普遍认为,倭马亚王朝背离了伊斯兰教建立公正和平等社会的理想。移居伊拉克和呼罗珊的阿拉伯人比较多,不满情绪也比较严重。呼罗珊的阿拉伯人多次反抗倭马亚王朝派来的叙利亚人总督,属民被迫继续交付人头税,仍然受到当地王公的统治。种种矛盾在欧亚内陆表现得尤为尖锐,为十叶派和阿拔斯派的活动提供了肥沃的土壤。十叶派从来没有承认过倭马亚人的合法性,他们得到了伊拉克大半居民的拥护。8世纪40年代,兴起了一股新的政治力量——阿拔斯人。他们是先知穆罕默德叔父阿拔斯的后裔,坚持只有与先知同属哈希姆家族的成员才能成为哈里发,与十叶派结盟反对倭马亚政权。

阿拔斯派于743年派代理人前往呼罗珊,赢得了盖哈塔巴(Qahtaba b. Shabib)等人领导的反抗运动的支持。阿拔斯的玄孙伊卜拉欣(Ibrāhīm b. Muhammad b. 'Alī al-'Abbāsī al-Imām)继承其父为伊马木,745年派他的波斯裔属民(maula)艾卜·穆斯林(Abū Muslim,古译并波悉林)作为他的个人代表前往呼罗珊,协调那里的反抗运动。参加反抗运动的阿拉伯边民多能征惯战,倭马亚王朝在此的统治力量比较薄弱,艾卜·穆斯林迅速获得了成功。747年6月15日,艾卜·穆斯林在木鹿附近的一个村子里举起了阿拔斯的黑旗,取得了木鹿及其周围村庄里阿拉伯人的支持,也有相当数量好勇斗狠的属民参加了运动。呼罗珊的波斯人王公一般不支持阿拔斯运动,只有缚喝附近纳缚僧伽兰(Nawbahār)世袭高级祭司哈立德·伊本·巴尔马克(Khalid b. Barmak)等少数当地贵族加入艾卜·穆斯林的队伍。倭马亚王朝派驻呼罗珊的最后一任总督纳斯尔(Nasr b. Sayar,738~748年)无力抵御,只得向西逃出呼罗珊。748年2月,艾卜·穆斯林攻占木鹿,控制了整个呼罗珊,任命盖哈塔巴为司令,向西进军,攻克尼哈旺德。伊马木伊卜拉欣被倭马亚最后一任哈里发麦尔旺二世(Marwān II,744~750年,古译末换)逮捕,不久去世。但这并不能阻止阿拔斯军队于749年8月渡过幼发拉底河,攻占库法。10月30日,伊卜拉欣的兄弟艾卜勒·阿拔斯(Abu'l-'Abbas,古译阿蒲罗拔)被拥戴为哈里发(750~754年)。他自称赛发哈(al-saffāḥ,屠夫),后来赛发哈就成了他的绰号。750年,阿拔斯军队击溃倭马亚军队主力,攻克大马士革,捕杀麦尔旺二世。倭

179

马亚王朝灭亡,阿拔斯王朝(750~1258年)建立。由于采用黑色旗帜和服装,史称"黑衣大食"。

16.3　阿拔斯王朝

阿拔斯王朝可以分为前后两个时期。第一个时期:750~945年,是基本统一时期;第二个时期:945~1258年,哈里发只是名义上的宗主,实际权力掌握在各个小王朝手中。

倭马亚王朝末年内乱,无暇东顾,有些中亚小国试图摆脱其控制,比如,741年石国就请求唐朝讨伐大食,但是唐朝没有答应。突骑施败亡后,唐朝扩大了在欧亚内陆的影响,8世纪中叶册封了几乎所有未被大食完全征服的小国,包括石国和拔汗那。750年,唐安西节度使高仙芝应拔汗那王的要求,出兵袭击石国,俘虏了石国国王及其部众。石国王子奔走投诉于中亚各国,引起各国的愤怒。石国王子又向大食求援,阿拔斯朝呼罗珊总督艾卜·穆斯林派大将济雅德(Ziyād b. Sālih)统兵越过锡尔河,与高仙芝所部战于怛逻斯(Tarās)。双方相持5日,葛逻禄部众叛变,与大食夹攻唐军,高仙芝大败。755年,安史之乱爆发,唐朝从此无暇西顾,逐步失去对欧亚内陆的控制。大食控制了中亚西部,呼罗珊(中亚与伊朗东部)在阿拔斯王朝前期的历史上具有特殊的重要性。

阿拔斯运动兴起于呼罗珊,因此呼罗珊具有远远大于其他任何省份的影响力。阿拔斯王朝的军队主要由呼罗珊人(阿拉伯裔或波斯裔)组成,对王朝政治具有举足轻重的作用。艾卜·穆斯林可谓创建阿拔斯王朝的元勋。王朝实际上被分为东西两个部分,哈里发统治着西部,而艾卜·穆斯林作为呼罗珊总督统治着东部。此时呼罗珊的版图不仅包括中亚,而且包括伊朗的大部。他是整个帝国中权势最大的人物之一,经常积极介入中央朝廷的事务,甚至派刺客刺杀其他重臣。754年6月,艾卜·穆斯林与哈里发赛发哈的弟弟、王储艾卜·哲耳法尔(Abu Ja'far,754~775年在位,古译阿蒲恭拂)同赴麦加朝圣。赛法哈垂危之际,考虑到艾卜·穆斯林有可能谋杀或放逐艾卜·哲耳法尔、另立傀儡哈里发,遂立自己的侄子伊萨·伊本·穆萨('Isa b. Mu-sa)为王储。

但是艾卜·哲耳法尔安全地从麦加回来,继位为哈里发(754～775年),自称为曼苏尔(al-Manṣūr,长胜者)。不久,他的叔父阿卜杜拉('Abd Allah b. 'Ali)与之争位。曼苏尔说服艾卜·穆斯林率领呼罗珊军队进攻其叔父。艾卜·穆斯林将阿卜杜拉率领的叙利亚军队击败。曼苏尔解除掉阿卜杜拉的威胁、赢得呼罗珊军人的支持之后,就决定将艾卜·穆斯林调离其老巢,要他出任叙利亚或埃及总督。艾卜·穆斯林拒绝任命,进退失据之际,曼苏尔又要他进京谒见,并命令其副将阿布·达乌德(Abu Dawud Khalid b. Ibrahim)阻止艾卜·穆斯林回呼罗珊。艾卜·穆斯林只得去朝见曼苏尔,受到谴责,最后被杀。

曼苏尔杀死艾卜·穆斯林,绝不意味着他与呼罗珊军人决裂。恰恰相反,他在有把握获得呼罗珊军人的效忠后,才敢于下手剪除与其分庭抗礼的艾卜·穆斯林。艾卜·穆斯林被杀之后,只有伊朗中部的新巴德(Sunbadh)起事,声称为艾卜·穆斯林复仇,呼罗珊军人中并未发生动乱。在阿拔斯帝国中,呼罗珊军人既充当首都的警察部队和御林军,也充当全国各战略要地的驻防军,他们作为主要军事力量,保障了曼苏尔统治的稳定。国家预算最大的支出为军费,呼罗珊军人的军饷丰厚,垄断了这种当兵吃饷的地位,不容他人染指。呼罗珊部队的指挥权几乎是世袭的,掌握在六七个军人世家手中,艾卜·穆斯林的副将盖哈塔巴的家族就是这样的世家之一。呼罗珊将领虽然不再像艾卜·穆斯林那样功高震主,但仍然是最重要的政治人物。他们不仅出任呼罗珊总督,也出任其他省区,比如亚美尼亚和阿塞拜疆的总督。这些将领经常回呼罗珊,目的之一就是征召新兵,他们募来的部队就犹如自己的部曲。

曼苏尔为了确保首都和皇宫的安全,需要把呼罗珊军队主力安置在首都。但是,如果选择一个旧城作为首都,显然容易引起原有居民与大量呼罗珊军人移民的矛盾。曼苏尔遂于762年选择在巴格达附近的田野上建立一座全新的都城。这让曼苏尔所费无几,就能大肆犒赏呼罗珊将士。他把廉价的城区土地大片地赐给自己的追随者及其部曲,城市繁荣起来以后,地价日涨,这些将士们也随之致富。他们的后裔被称为阿布纳(abna'),意为"国家之子",成为帝国举足轻重的政治力量。巴格达的首都地位与他们的经济利益息息相关,垄断性的正规军地位更是他们的命根子。

曼苏尔维持了驻防巴格达与西方的呼罗珊军人的效忠,但是却始终为呼罗珊地区伤透脑筋。呼罗珊总督如果对中央言听计从,难免触怒当地波斯人,不是被刺杀,就是被逐走;如果维护当地波斯人的利益,又容易与中央对抗,甚至走向分裂。757年,效忠中央的呼罗珊总督阿布·达乌德被当地反抗力量刺杀,曼苏尔任命资深呼罗珊将领阿布得·阿勒·加巴尔('Abd al-Jabbar)为总督。阿布得不久就不肯将赋税收入送往首都,既拒绝派兵远征拜占庭,又拒绝中央派兵前来征讨突厥人。他759年举兵起事,最后被镇压。曼苏尔决定采用一种新办法:把儿子迷地(Mahdi)派往赖伊(Rayy,今伊朗腊季),作为统治东方的副王;迷地再任命呼罗珊将领驻守木鹿。这使呼罗珊取得了一种特殊地位,而迷地则得以与呼罗珊军领袖建立关系,取得了他们的坚决支持。在此后他与堂兄弟伊萨·伊本·穆萨争夺继承权的斗争中赢得了胜利,成为哈里发(775~785年)。

迷地当政时期,以出自呼罗珊缚喝的巴尔马克家族为代表的文官集团与阿布纳(巴格达的呼罗珊裔军人)互争雄长,形成呼罗珊文武贵族与阿拔斯王室的联合专政。巴尔马克家族是从哈立德开始发迹的。哈立德曾在阿拔斯军队中负责分发战利品,王朝建立以后,他出任税务大臣和地方总督等职。他与哈里发阿蒲罗拔关系亲密,他的妻子曾为阿蒲罗拔之女哺乳。他的儿子叶海亚(Yahya)在迷地任副王时,就与迷地交往,叶海亚的妻子曾为迷地之子诃论(Harun)哺乳。迷地继位以后,重用巴尔马克家族,778年,叶海亚被任命为王子诃论的太师。780年,哈立德与叶海亚父子率军随王子诃论远征拜占庭,立下军功。哈立德不久去世。当诃论被确定为第二王储,担任西部各省和阿塞拜疆、亚美尼亚总督后,叶海亚就协助他治理帝国的这个部分。

785年,迷地去世,其子哈迪(Hadi)继位(785~786年在位)。哈迪企图拉拢叶海亚未遂,转而将其囚禁,指责他在哈迪与诃论兄弟之间挑拨离间。但是,786年9月,哈迪突然去世(可能是被谋杀的)。诃论继位后(786~809年在位),尊称叶海亚为"父亲",任命他为宰相,对他言听计从。此后10多年,叶海亚权势熏天,他的兄弟、儿子和党羽控制了政府的各个重要部门。他的儿子法德勒(Faḍl)与哲耳法尔(Ja'far)分别成为太子阿明(Amin)和王子麦蒙(Ma'mūn)的教师,其妻也为太子和王子的儿子们哺乳。法德勒于793年被任命为呼罗珊总督,他在那里征兵5万,将2万送往巴格达,由缚喝将领哈尔萨马(Harthama b. A'yan)统领,3万留驻呼罗珊。796年以后,巴尔马克家族的权势开始衰退,诃论先解除了法德勒的呼罗珊总督等职务,一年以后任命阿布纳(巴格达的呼罗珊裔军队)将领阿里·伊本·伊萨·伊本·马汉('Ali b. 'Isa b. Mahan)为呼罗珊总督。接着诃论决定让呼罗珊女子所生的儿子麦蒙为第二王储、东部(大呼罗珊地区)长官。诃论进而决定彻底毁灭巴尔马克家族的政治权势,于803年突然下令逮捕所有巴尔马克家族的重要成员,旋即处决哲耳法尔,囚禁叶海亚和法德勒。但是,与巴尔马克家族有密切关系的法德勒·萨赫尔(Faḍl b. Sahl)接任为麦蒙的教师,哈尔萨马则仍然掌握重兵。

呼罗珊总督阿里·伊本·伊萨对当地贵族和人民敲骨吸髓,引发了拉飞·伊本·来斯(Rāfi' b. Layth)领导的撒马尔罕暴动。诃论遂将阿里免职,任命能为当地人所接收的哈尔萨马为呼罗珊总督。诃论于808年率军亲征呼罗珊,把首都巴格达交给阿明管理,让麦蒙参加东征。诃论在行军路上患了重病,809年在徒思(Tus)死去,东征大军归木鹿的麦蒙指挥。阿明即位于巴格达,欲以长子穆萨(Musa)取代麦蒙为王储,重新起用阿里·伊本·伊萨,以赢得阿布纳(巴格达的呼罗珊裔军人)的支持。麦蒙则以巴尔马克家族余党法德勒·萨赫尔为谋臣,让哈尔萨马招降拉飞·伊本·来斯,派遣呼罗珊贵族塔希尔(Tahir b. al-Husayn)率数千人加强呼罗珊西境的防御,准备与阿明决裂。

183

810年,哈里发阿明废麦蒙,立穆萨为太子,任命阿里·伊本·伊萨为东方各省长官,率4万装备精良的大军东征。塔希尔断然决定率数量不足5000、但同仇敌忾的军队迎战,开战不久即杀死敌军统帅阿里·伊本·伊萨,并利用敌军缺乏优秀将领的弱点,将其彻底击溃。巴格达城里群龙无首的阿布纳(呼罗珊裔军人)不仅未能联合巴格达的阿拉伯军队或叙利亚军队,而且发生了内乱。812年,塔希尔率领自己的军队与哈尔萨马率领的呼罗珊援军一起围攻巴格达。巴格达贫民从哈里发阿明那里获得了武器,不时抢劫富人以充军费,坚持抵抗一年多。813年,绝望的阿明决定向哈尔萨马投降,但是被塔希尔派人谋杀。

阿明的去世标志着内战进入第二个阶段:巴格达的阿布纳与木鹿的朝廷又继续斗争了6年。在法德勒·萨赫尔的操纵下,哈里发麦蒙决定以木鹿为首都,派法德勒·萨赫尔之弟哈桑·萨赫尔(Hasan b. Sahl)为伊拉克总督,接管巴格达。巴格达失去了首都的地位,阿布纳不再是帝国的正规军主力,这使阿布纳的利益受到根本伤害,引起了他们的严重不满。法德勒·萨赫尔让军中威望甚高的塔希尔赋闲,将哈尔萨马投入监狱,暗中杀害。阿布纳遂决定举兵以清君侧,要求清除萨赫尔家族。817年5月,阿布纳方面与萨赫尔家族暂时达成停战协议。同年,麦蒙为了争取十叶派的支持,立其伊马木阿里·里达('Ali al-Rida)为王储。结果,仇恨十叶派的巴格达人,包括不少阿拔斯王族,于817年7月另立哈里发,举兵反叛。麦蒙得知内乱的真相以后,决定离开木鹿西归,有意与巴格达人和解。818年2月,巴格达人的宿敌法德勒·萨赫尔被谋杀,秋天十叶派王储阿里·里达去世,巴格达人遂与朝廷达成协议,内战结束,麦蒙于819年回到首都巴格达。

麦蒙重新起用塔希尔,820年任命塔希尔为呼罗珊总督。塔希尔在任上14个月后去世,朝廷任命其子接任呼罗珊总督之职。塔希尔家族不仅世袭呼罗珊总督之职,而且在巴格达朝廷上也有很大势力。麦蒙执政时期(813~833年)仍然是阿拔斯王朝的盛世,经济发达,文化灿烂,翻译了大量希腊、罗马、印度和叙利亚的古籍。但是,阿拔斯王族的控制力已经今非昔比,几乎无人出任各省总督。阿布纳失去了他们的精英地位,帝国已经没有强大的军事支柱。

9世纪中叶以后,阿拔斯王朝陷入分裂和衰落时期。塔希尔家族以你沙不儿为首府,从那里控制着呼罗珊、吐火罗与河中,直到872年亡于萨法尔王朝(Saffārid dynasty)。萨法尔王朝起源于塞斯坦,奠基者是铜匠出身。铜匠在阿拉伯语中为"萨法尔",王朝即由此得名。这个王朝统治了41年(867~908),版图最大的时候几乎包括波斯全境,甚至威胁到巴格达。后沦为萨曼王朝(Sāmān dynasty)的藩属。

萨曼王朝在河中和波斯统治了120多年(874~999),他们的首府布哈拉和主要城市撒马尔罕文化繁荣,几乎使巴格达相形失色。在萨曼王朝统治下,波斯语文开始复兴,但是这时的波斯语文已深受阿拉伯文和伊斯兰教的影响。中国古代文献中未提及萨曼王朝,但在阿拉伯文献中却有两处提及萨曼王朝与"中国"王室通使和联姻之事,这可能是指于阗大宝国王李圣天或甘州回鹘可汗。王朝后期,遭到突厥游牧民族的严重威胁。乌浒水以南的领土,被突厥人的伽色尼王朝(Gaznavid dynasty)所并吞;乌浒水以北的领土则被突厥人的喀喇汗王朝所侵吞,最后亡于喀喇汗王朝(Qarakhanid dynasty)。这是突厥族第一次在伊斯兰世界中占据了重要地位,此后突厥人扮演了越来越重要的角色。到10世纪中叶,突厥人已经夺取了巴格达哈里发的大部分权力。1055年,塞尔柱突厥人占领巴格达,哈里发失去了一切世俗权力。1258年,成吉思汗之孙旭烈兀攻陷巴格达,杀死哈里发,早已名存实亡的阿拉伯帝国寿终正寝。

伊斯兰教和阿拉伯人的兴起无疑是欧亚史上最重大的历史事件之一,不仅在西亚、北非和中亚的历史上留下了不可磨灭的烙印,而且对今天的世界仍然影响巨大。阿拉伯人征服拜占庭帝国和波斯帝国时,并无发达的文明,继续使用希腊文与波斯文作为官方文字。但是,阿拉伯文逐渐取而代之,成了帝国的正式语文。在中东、北非,阿拉伯语逐渐取代了当地的各种闪族语言,成了人们的日常用语,一直延续至今。伊斯兰教不仅在阿拉伯帝国的版图之内扎下了根,而且继续向中国的西北部、南亚、东南亚传播,成为与佛教、基督教三足鼎立的世界大宗教之一。伊斯兰文明成为可以与欧美文明、中国文明和印度文明并列的今日世界上最重要的数大文明之一,对人类未来的影响之大实在难以估量。

17 高昌、粟特和吐火罗

17.1 高昌

公元前 48 年,西汉在车师前国(今新疆吐鲁番地区)设置戊己校尉,指挥来自中原的军队,主管屯田。治所高昌壁(今吐鲁番市以东 40 公里),最初应是敦煌县高昌里派出的士卒居地,故名为"高昌"。公元 123 年东汉以班勇为西域长史,驻守柳中(今鲁克沁),其西 20 公里的戊己校尉治所高昌则作为斥候垒护卫柳中。曹魏(220~265 年)、西晋(265~316 年)也曾相继在高昌设置戊己校尉。

327 年,甘肃河西地区前凉王朝的张骏派兵进攻并生擒了反叛的戊己校尉赵贞,将高昌设为郡。376 年以后,高昌郡相继隶属前秦、后凉、西凉、北凉等国。北凉于 439 年被北魏灭亡后,北凉王族沮渠无讳、安周兄弟,率领万余家移民,攻占高昌,建立大凉政权,围攻车师前国达 8 年之久,最后攻破其首府交河城(今吐鲁番市西约 10 公里),统一了吐鲁番盆地。

460 年柔然攻高昌,杀沮渠安周,立阚伯周为高昌王,高昌称王自此始。至 640 年高昌为唐所灭,其间建立过阚氏(460~488 年)、张氏(488~496 年)、马氏(496~501 年)、麹氏(501~640 年)4 个王朝,麹氏延续时间最长。

麹氏王朝历代国王的王名、年号、职官制度和行政区划都得到了比较透彻的研究。麹氏王朝经麹嘉、麹光和麹坚(兄弟)、麹玄喜、麹□□、麹宝茂、麹乾固、麹伯雅、麹文泰、麹智盛 10 王,凡传九世。高昌

·欧·亚·历·史·文·化·文·库·

政制与中原制度有密切关系。高昌的最高统治者是高昌王,一般都得到中原王朝的一系列封号。如麹嘉就曾被北魏封为平西将军、瓜州刺史、都督秦州诸军事等。仅次于王的是令尹,为尚书令与都城尹的结合,相当于中原的宰相,既是国都高昌城的最高长官,又是国王的世子。王国中央的行政官制,以绾曹郎中为最高官职,相当于副宰相。中央政府部门至少有9个:吏部、库部、仓部、主客、民部、兵部、祀部、屯田和都官,各曹的长官为郎中,属官有长史(晚期有的改称侍郎)、司马、参军、主簿、省事等。

高昌王国的地方行政分为郡和县两级。高昌、交河、田地是最重要的3个城市,最高长官可能由王子兼任,分别设置抚军府、镇西府和平远府。王国后期至少有交河、田地、南平、横截等四郡。南平、横截二郡的最高长官为太守,郡的属官有郡司马、各曹司马、录事参军和各曹参军、郡主簿和各曹主簿、省事等。王国后期有高昌、田地、交河、横截、酒泉、安乐(吐鲁番市东南约2公里)等22县。县的最高长官是县令,属官有常侍、县司马、各曹录事等。

高昌北面即为游牧地区,常受游牧民族侵扰。6世纪中叶突厥兴起,大破柔然,进犯高昌北境,高昌国新兴令麹斌率兵抵御。麹宝茂继位,555年改元建昌,遣麹斌出使突厥,向可汗求和,并与突厥联姻,迎娶可汗之女为妻。麹宝茂接受了突厥官爵:希廑(=俟斤)、时多浮跌(=失毕)、无亥(=莫贺)、希利发(=颉利发),还将女儿嫁给了突厥可汗;世子麹乾固也被突厥封为波多旱、鍮屯发(=吐屯发)。此后高昌一直是附庸突厥的小藩。麹乾固继位,561年改元延昌,继娶其父麹宝茂所娶的突厥可汗之女,接受堕豆(=达头)、阿跛(=阿波)等突厥官号,与突厥阿波、贪汗以及南厢、北厢诸可汗保持交往。世子麹伯雅也接受突厥官号吐屯发,继位后于602年改元延和,在东突厥的逼迫下继娶其祖母。此事引起了麹伯雅对东突厥的反感,改与西突厥泥利、处罗可汗及婆实特勤交通。

隋炀帝有意经营西域,派大臣招引诸国入朝。609年,麹伯雅带着世子麹文泰来到张掖,朝拜隋炀帝,目睹了隋朝的强盛。次年麹伯雅返回高昌,麹文泰留在洛阳为质。不久西突厥内战,处罗可汗被击败后,逃到高昌东面,麹伯雅向隋朝做了通报。在隋朝的说服下,处罗可汗由麹伯雅陪同,朝拜炀帝于涿郡。接着,炀帝携麹伯雅等随军伐高丽,让他们观战以震慑之;然后带麹伯雅父子回到洛阳,封麹伯雅为左光禄大夫、车师太守、弁国公,并以亲属宇文氏的女儿玉波为华容公主,嫁给麹伯雅。

612年,麹伯雅回到高昌就下了"解辫削衽"令。他声称先前高昌像异族一样"披发左衽",就是发辫披肩,穿左边开襟的衣服;现在隋朝统一了中原,高昌应该恢复中华衣冠发式。隋炀帝立即下诏予以支持,随即派人将制作服饰的式样送到高昌。但是这次改革不仅没有推行,反而引发了一场政变。高昌王位被人夺取,于614年改元义和,称为"义和政变"。麹伯雅、麹文泰父子和大臣张雄等被迫出逃,投奔建庭于龟兹(今库车)北三弥山的西突厥射匮可汗。统叶护可汗继位后,又随其移居千泉(今吉尔吉斯的托克马克之西)。麹伯雅还将女儿嫁给了统叶护可汗之子。619年麹伯雅与统叶护可汗一起遣使向唐朝贡。在麹文泰的策划下,得到西突厥的支持,大臣张雄率军反攻,包围了都城,击败政变势力,复辟了麹氏王朝,620年改元重光,称为"重光复辟"。此后,由世子麹文泰监国。

麹文泰继位后,于624年改元延寿,继续与西突厥统叶护可汗保持亲密关系。唐僧玄奘西行求法,途经高昌,麹文泰竭诚款待后,派人送玄奘到统叶护可汗的汗庭,带了一份重礼以及一封书信,请统叶护可汗照应玄奘。麹文泰还写了一封信给统治吐火罗的妹婿、统叶护可汗长子呾度设,托他关照玄奘。

麹文泰统治初期,几乎每年向唐朝遣使,随时把西域诸国的动静向唐朝奏闻。630年麹文泰携妻宇文氏亲自朝唐,抵达长安,得到丰厚的赏赐。宇文氏请预宗亲,唐太宗即赐她改姓李,封为常乐公主。麹文泰为了加强王权,在官制、宫室、舆服、刑法、赋役等方面都模仿中央王朝的法度,以独立王朝自居,即所谓"延寿改制"。这些做法很容易被唐朝视为僭越。麹文泰扣留中国难民和壅绝西域商使以加强自身人

189

力和财力,也引起了唐朝的不满。632 年,焉耆王请开通大碛路,以便行旅,得到了唐太宗的批准,这会打破高昌对西域商路的垄断,高昌大怒,派兵袭击焉耆。638 年,高昌又与西突厥乙毗咄陆可汗联合,再次袭击焉耆,攻破 5 城,掳掠男女 1500 人。

唐朝在北方边境事务基本就绪之后,开始经营西域,遏制西突厥乙毗咄陆可汗的东进,首先选择高昌为出兵目标。唐太宗以侯君集为交河道行军大总管,薛万均、姜行本为副总管,率数十万大军讨伐高昌。640 年,乙毗咄陆可汗听说唐军逼近,向西撤退,他派驻在高昌北面可汗浮图城的叶护向唐军投降,麴文泰惶骇而死,由麴智盛继位。唐军攻克田地城后,西攻高昌城,麴智盛开门出降,高昌王国灭亡。

唐太宗平定高昌后,在高昌设立西州,下辖交河、天山、柳中、蒲昌、高昌 5 县。同时在西州设安西都护府,作为唐朝经营西域的中心。唐灭龟兹以后,将安西都护府迁往龟兹,但在形势不利时仍撤回西州。约 790 年吐蕃攻陷西州,结束了唐朝长达一个半世纪经营西域的活动。

840 年漠北回鹘汗国溃散,其中一支占领了安西(龟兹),856 年唐朝曾提出要册封安西回鹘可汗庞特勤。866 年回鹘首领仆固俊占领了西州。西州回鹘与龟兹回鹘后来发展成一个统一的国家,史称高昌回鹘王国。其京城为高昌,疆域东起哈密,北到伊犁河,南距吐蕃,西到冰达坂(阿克苏山中),与喀喇汗王朝为邻。高昌国王采用"阿厮兰汗"或"阿萨兰"的称号,意为狮子王,也称亦都护,意为陛下。王国官制深受汉文化影响,有宰相、枢密使、御史大夫等官名,也保留着达干(tar-qan)、将军(sängün)、都督(tutuq)等回鹘官号。高昌与西方喀喇汗王朝的关系比较紧张,与中原王朝则时有来往,981 年以西州外甥的名义向宋朝遣使朝贡。宋朝也派供奉官王延德回聘,984 年王延德等返回,向朝廷献上《高昌行记》,它记载了当年高昌的一些重要情况。高昌在10 世纪初归附辽朝,实为一种松散的附庸关系。1129 年高昌从属西辽,西辽在吐鲁番派驻"监国"。1209 年高昌回鹘王巴尔术阿尔忒的斤自愿臣服成吉思汗,他的国家从此成为大蒙古国的附庸。

17.2 粟特

"粟特",在 6~8 世纪,作为地域名称,有广狭两义。狭义的粟特
(Sogdiana)包括忸密水(Namik,即今泽拉夫善河)与独莫水(今卡什卡
河)流域。广义的粟特则指粟特语流行的整个区域,包括苏对沙那
(Ustrushana)、赭时(Chach,今塔什干)等地区。粟特并非一个统一的
国家,而是一些城邦国家,类似塔里木盆地周边的绿洲城邦诸国。城市
一般有工事坚固的堡寨、作为商业和手工业区的内城、墓地和郊区。粟
特原来比南面和西面的邻国落后,但是在 3~8 世纪成了最先进的地区
之一。4 世纪六七十年代,嚈哒人占领粟特。6 世纪 60 年代,萨珊波
斯、突厥联盟瓜分嚈哒后,粟特归突厥。粟特人在突厥、回鹘的内政外
交中曾发挥过相当大的作用。7 世纪中叶唐灭西突厥,于粟特设置羁
縻府州。7 世纪下半叶到 8 世纪上半叶,一些粟特王公联络突骑施和
唐朝,顽强抵抗阿拉伯人的入侵,但最终为阿拉伯人所征服。

粟特的中心是泽拉夫善河中游的飒秣建(Samarkand,今撒马尔
罕),隋唐称康国,都城位于阿芙拉西阿卜(Afrasiab),4 世纪都城面积
曾经缩小,但是到了 7 世纪都城再次占据了面积达 219 公顷的整个阿
芙拉西阿卜高地。在粟特文文献中,飒秣建城主拥有粟特王(sγwδyk
MLK')的尊号。有 3 个大臣共同掌握国事。兵马强盛,有很多赭羯
(shākirs 或 chākirs,侍卫)。它的东面,是另一个重要的中心捕喝
(Bukhārā,今布哈拉),隋唐称安国,境内有阿滥谧城(Ramithan),位于
布哈拉西北 19 英里的瓦拉赫沙(Varakhsha)遗址当为当年安国的都
城。国王每次听政,妻子都参与其间,有 3 个大臣协助处理国事。招募
勇敢健壮的人作为柘羯(战士)。隋时此国国王曾娶康国王女为妻。
飒秣建东面的重要中心是弥秣贺国(Māymurgh),隋唐称米国,都城钵
息德(Pendzhikent[品治肯特]),这个遗址的城内建筑物得到了最透彻
的研究)。隋时,其城主为康国王之支庶。715~722 年钵息德城主迪
瓦斯梯奇(Divashtich)收藏在穆格山(Mount Mugh)城堡的档案 为这个

时期的历史提供了第一手资料。飒秣建的西面有屈霜你迦（Kushani-ka），隋唐称何国，据穆斯林地理学著作，这是粟特文化最发达之地。独莫水畔的羯霜那国（Kasanna），隋唐称史国，隋大业（605~616 年）中，其国君才开始与中国联系，号称最为强盛，筑乞史城（Kesh）。飒秣建东北的苏对沙那在唐代被称为东曹，旧都城库鲁卡达（Kurukada，今乌腊提尤别）被布恩吉卡特（Bunjikat，今沙赫里斯坦城南 20 公里）取代。赭时，隋唐称石国，座落在锡尔河中游的右岸。拔汗那（Ferghana）位于锡尔河上游的费尔干纳盆地，首都先在渴塞（Kasan），后来迁往锡尔河边的西鞬（Akhsikath）。

康、安、曹、石、米、史、何等 7 国加上火寻（Khwarism）、戊地等 2 国，被唐朝人合称为昭武九姓，其主体是粟特诸国。乌那曷、穆国、漕国在隋朝也被称为王姓昭武的国家。中文史料中记载的九姓胡，主要是粟特人。

粟特人以善于经商闻名于世，利之所在，无处不至，在塔里木盆地、蒙古高原和中国北方有许多移民聚落。他们在中亚通往印度的喀喇昆仑山间通道的崖石上留下了许多铭文，在黑海北岸克里米亚半岛上也建立过移民聚落（Sughdak）。粟特语曾是丝绸之路上的国际通用语，粟特人具有很强的行政管理和外交活动能力。距突厥可汗王庭不远的布古特出土的突厥可汗纪功碑颂扬了木杆可汗（553~572 年）。小洪那海（在新疆伊犁地区昭苏县境内）突厥可汗陵园石人身旁衣褶上的铭文提及了木杆可汗之孙泥利可汗（587~604 年？）。两处铭文均以粟特文书写，粟特文可以说是突厥第一汗国的官方文字。粟特人帮助没有文字的突厥人组织了行政管理。粟特人归属突厥以后，希望利用突厥对波斯的影响，说服波斯允许粟特人在波斯所领诸国中经营丝业。由是于 566 或 567 年，突厥派出以粟特人马尼亚赫（Maniakh）为团长的使团前往波斯。在粟特人的敦促下，突厥采取了一个更为重大的外交行动：直接与拜占庭通好。马尼亚赫去世后，其子也曾充任突厥使者，前往拜占庭。粟特人影响东突厥统治者的情况也相当明显，以至于隋朝大臣认为，突厥本来比较淳朴，但是由于内部有大量胡人，都很桀黠,才难以对付。粟特人在突厥内部组成了一个胡部,颉利可汗(620~630年)甚至每每把要事委托给胡人,疏远自己的族类,这成为他败亡的原因之一。

突厥人成为粟特的宗主之后,通过不同方式,逐步加强对一些粟特国家的控制。突厥人对于粟特中最强的康国,采用政治联姻的方式予以笼络。康国国王世失毕(šyšpyr)娶突厥达度可汗(576~603年)女,国王屈术支娶西突厥叶护可汗女。突厥人对于布哈拉、石国和拔汗那则直接动武。布哈拉在6世纪由一个名叫阿布鲁伊(Abrui)的首领统治,他迫使贵族和富人迁移到北方的突厥斯坦。留在布哈拉的穷人曾向移民求助。应布哈拉人要求率军前来的突厥王子打败并杀死了阿布鲁伊,取而代之。石国曾对突厥有二心,射匮可汗(605~617年)出兵灭亡了石国,派甸职监领,确立了室点密汗系复兴的重要基地。拔汗那王契苾于唐贞观(627~649年)中为西突厥瞰莫贺咄(628~630年?)所杀,阿瑟那鼠匿夺取了西鞬城。鼠匿死后,他的儿子遏波之统治渴塞城,立契苾的侄子阿了参为王,驻守呼闷城。突厥人与当地王族分享了政权。统叶护可汗(617~628年)曾对西域诸国国君都授予颉利发的称衔,并派遣吐屯一人进行监视,监督征收赋税。品治肯特在7世纪末也有过一个突厥裔的统治者——奇金·啜·毗伽(Chikin Chur Bilge)。

唐高宗显庆二年(657)唐平定西突厥阿史那贺鲁,中亚形势为之一大变,唐朝逐步建立起自己的统治秩序。次年,唐派果毅董寄生前往粟特地区,建立羁縻府州。以康国为康居都督府,授其王拂呼缦(βrγwm'n)为都督。以安国阿滥(谧)为安息州,以国王昭武杀为刺史。以国(喝捍,Kharghānkath)为木鹿州,以国王昭武闭息为刺史。以石国瞰羯城为大宛都督府,授国王瞰土屯摄舍提于屈昭穆都督。以米国为南谧州,授国君昭武开拙为刺史。以何国为贵霜州,授国君昭武婆达地刺史。以史国为佉沙州,授国君昭武失阿喝刺史。以拔汗那渴塞城为休循州都督府,授阿了参刺史。

中国对粟特的影响明显地反映在当地的壁画和钱币中。阿芙拉西阿卜一个大型贵族居所的客厅里四壁都有壁画,通常被称为"大使出行图"。南墙描绘的或许是撒马尔罕的新年庆典景象。北墙完全由中国人占据,一群骑士由一个形体巨大的人物率领,这个人物可能是大唐皇帝高宗,左面绘有两艘游船,一艘上有个形体特别巨大的人物可能是皇后。东墙是源于印度的画面。西墙实际上是大唐帝国新扩张的版图的丰碑,粟特文题记清楚提到撒马尔罕和国王拂呼缦,来访的大使来自石汗那、石国、唐帝国、山区(天山,或吐谷浑?)和高句丽。

粟特地区长期以来仿制公元前 3~2 世纪各个希腊统治者的钱币。5~6 世纪布哈拉仿制波斯萨珊王巴赫拉姆五世(420~438 年)银币。7~8 世纪粟特大量流通仿汉制的青铜方孔圆钱,最初仿制开元通宝。开元通宝是 621 年开始铸造的唐朝钱币。粟特王公继而在钱币一面铸上族徽,在另一面铸上王名,取代汉文钱铭。汉文记载的康国王名几乎都可以在钱铭和其他史料中得到证实。除了上文提及的世失毕、拂呼缦之外,还有笃娑钵提(twk'sp'δ'k,696~698 年)、泥涅师师(nnyšyš,698~707 年)、突昏(trγwn,707~718 年)、乌勒伽('wγrk,719~739 年)和咄曷(twrγ'r,744~754 年)。品治肯特、布哈拉等地也铸造过汉制铜钱。阿克别希姆(碎叶)、江布尔、怛罗斯、品治肯特等地还发现过另一种汉制钱币,一面有粟特文钱铭,另一面有徽记,钱铭中释读出"突骑施可汗(twrkyš γ'γ'n)"字样,一般被认为是突骑施钱币。

另一方面,粟特人在东亚也常常是一股不容忽视的力量。粟特人在突厥汗国内聚族而居,东突厥败亡时(630 年)按部投降唐朝,被安置在河套地区,置鲁、丽、含、塞、依、契六州,史称六胡州。东突厥第二汗国默啜可汗(692~716 年)曾向唐朝索要包括六州胡在内的降户,后来又征讨六胡州,表明在唐与突厥的争夺中,六胡州的地位相当重要。使唐朝一蹶不振的安史之乱(755~763 年)的两个主角安禄山、史思明都是有粟特血统的杂种胡,精锐部队中有柘羯,整个叛军中有大量粟特胡人,六胡州粟特人也多参加了叛乱。叛乱失败后,叛军中的六州胡等溃归范阳,后来割据一方的河朔三镇中活跃着许多九姓胡武人。留在当地的六胡州余众则屡次迁徙,到了云、朔之间,与沙陀人相结合,称萨葛部。因此,在五代建立了4个王朝的沙陀中,仍有不少九姓胡武将。

回纥牟羽可汗(759～780年)助唐平定安史之乱,于762年克洛阳,把睿息等4个粟特人摩尼教僧侣带回国,后信奉摩尼教。粟特文字也一度成为回鹘官方文字,《九姓回鹘可汗碑》就是用粟特、汉和突厥文三种文字写的,后来回鹘人又仿粟特文创制回鹘文。粟特人对回鹘的政治、外交有相当的影响力。780年,九姓胡嗾使牟羽可汗,以中原富饶,拟乘唐朝代宗去世之际,发大兵南下掳掠。宰相顿莫贺达干乘人心不欲南寇,举兵击杀牟羽可汗,并杀死煽动南侵的九姓胡2000人,自立为可汗(780～789年)。后来的可汗继续尊奉摩尼教,常与摩尼教僧侣共商国事。摩尼教于元和年间(806～819年)在回鹘全盛,回鹘有大事,必有摩尼教僧侣参与其间。

粟特本土则在7世纪下半叶不断遭到阿拉伯人的侵袭,不过阿拉伯人仅以掠夺为目的,并未驻军占据。705～715年屈底波(Qutaybah)任呼罗珊总督,多次占据粟特的主要城市。但是屈底波死后,阿拉伯势力在中亚衰退,722年粟特人发动起义反抗阿拉伯人的统治。其间,唐朝的影响却在西域复兴,通过封王等形式重申唐朝的宗主权。738年封康国、曹国、史国君主为王。739年突骑施败亡,拔汗那、石国、史国都参加了唐军扫荡突骑施可汗苏禄余孽的战斗,拔汗那、石国君主也被封王,史国王加特进。744年还以和义公主嫁拔汗那王。747年高丽裔边将高仙芝破小勃律,给争霸西域的吐蕃以沉重打击,唐朝在西域的势力登峰造极。高仙芝应拔汗那王之请,袭击并俘虏石国王,石国王子向阿拉伯人求援,751年在怛逻斯(Talas)之战中高仙芝被来援的阿拉伯人打败,但是此战并未根本改变中亚的局势。755年安史之乱爆发,唐朝从此不振,最后彻底失去了对西域的控制。粟特也终于落入阿拉伯人的统治之下。

17.3　吐火罗

6～10世纪的吐火罗(Tokharistan)主要指葱岭(帕米尔)以西,乌浒河(阿姆河)以南的地区;根据玄奘的记载则还包括乌浒河与铁门之间地区。

这一地区古称巴克特里亚(Bactria),约在公元前 2 世纪中叶,希腊－巴克特里亚王国由于吐火罗人(Tochari)等游牧部族的入侵而陷落。吐火罗这个地名可能就是因吐火罗人而得名。

现在已经有充分的出土文书证明,阿拉伯入侵前吐火罗居民操伊朗语族巴克特里亚语、使用巴克特里亚文。这批出土文书为数有 100 多份,是 1991～1996 年才为西方学术界所知的。这些文书看来是吐火罗东南部纥露(Rūb)－悉泯健(Simindjān)国国王的档案,可以称为纥露文书。纥露和悉泯健在穆斯林地理文献中构成一国,玄奘将其亦列为一国,其故址在今之鲁邑(Rui)和艾巴克(Haybak)。其中有 20 多份文书使用了始于公元 233 年的巴克特里亚纪元,最早的纪年为 110 年(即公元 342 年),最晚的为 549 年(即公元 781 年)。文书反映出纥露先后被置于萨珊－贵霜沙、恹悒、萨珊波斯、突厥和阿拉伯人统治之下,但是始终保持着程度不同的自治。这种情况可能正是整个吐火罗地区的缩影。在一份公元 480 年前后的书信中,纥露国王被称为"恹悒翕侯,……恹悒领主之书记、吐火罗(τοχοαραστανο)及鹤尔希斯坦之法官"。这个称衔证实恹哒人曾扶立一个由吐火罗人组成的傀儡政权。

6 世纪中叶,萨珊波斯与突厥联盟瓜分恹悒,吐火罗归波斯控制。在吐火罗出土了大量萨珊波斯钱币及当地的仿制品,主要的仿制样本是卑路斯和胡斯洛一世的德拉克马。在苏尔汉河谷发现了大量仿胡斯洛一世(531～579 年)的钱币,后来 7 世纪下半叶、8 世纪初的石汗那钱币就是以此为母本的。这一方面显示出波斯钱币对吐火罗的影响,另一方面显示出吐火罗仍然有发行货币的权力。

但是波斯对吐火罗的统治并不长久。588～589 年突厥人觊觎属于波斯的前嚈哒领土,侵袭吐火罗。射匮可汗(605～617 年)时,西突厥曾援助嚈哒后裔,大胜波斯人,打算并吞包括吐火罗在内的东伊朗。统叶护可汗(617～628 年)南征北战,把吐火罗并入了西突厥的版图。

玄奘西行求法,于公元 628 年在素叶城与统叶护可汗会见,得到可汗照应,越过粟特,至吐火罗的活国(Warwālīz,今昆都士),会见统叶护之子咀度设。不久之后,咀度设之子杀父篡位。吐火罗的突厥裔国王管辖铁门以南的各小国,犹如候鸟般地冬、夏迁居,并不长期留驻一地。吐火罗分为27国,虽然各自划分疆域,但是全部隶属突厥。玄奘说,他们的文字共有25个字母,书写文字从左到右,并且横读;其文字记载逐渐增多,以至超过粟特地区。这种文字就是巴克特里亚文,纮露文书证实了玄奘所言非虚。

7世纪上半叶,吐火罗处于西突厥控制之下。在纪年为407年到549年(公元639~781年)的纮露文书中,合同的认可者、签署者、证人以及提及的统治者中,反复出现可汗、颉利吐发、移涅、达干、突厥、吐屯、骨咄禄、毗伽、公主(χινζωιο)等名词或名字,充分证实了这一地区的突厥化程度。

657年唐朝平定西突厥阿史那贺鲁之乱,形势大变。次年派置州县使王名远到吐火罗,以阿缓(Warwālīz)城为月氏都督府,以国王阿史那乌湿波为都督,以护蜜(今瓦汉[Wakhan])为鸟飞州都督府。659年唐高宗撰写了《唐西域纪圣德碑》,661年派王名远作为吐火罗道置州县使,第二次前往西域,设置或调整羁縻州县,与吐火罗杂居的嚈哒(Hephthalites)部落被设置为大汗都督府;在阿姆河以南、兴都库什山以北,以护时犍(Gozgan)国置奇沙州都督府,以久越得犍(Kobadian)国置王庭州都督府;在阿姆河以北,以解苏国数瞒(Shuman)城置天马都督府,以骨咄(Khuttal)施沃沙(Vakhsh)城置高附都督府,以石汗那国(Chaganiyan)置悦般州都督府。

唐朝在吐火罗设置羁縻府州,增强了唐朝对这个地区的影响。在吐火罗就像在粟特一样,考古发现了相当数量的汉式有孔铜币。大致上可以分为3种类型:第一种,圆孔,正面有巴克特里亚文草体钱铭,光背,主要出土于卡菲尔尼干河流域(即久越得建国),以及沃沙谷地(即骨吐国)。第二种,方孔,粟特文钱铭,早期反面为仿汉文"开元通宝"而成的图式,后期光背。第三种,圆孔,正面有几种戳记(光背)。第二、第三种出土于沃沙。第二种钱币可能是7世纪下半叶开始流通的,

3 种钱币都一直流通到 8 世纪三四十年代。

7 世纪中叶,吐火罗曾帮助萨珊波斯的残余势力抵抗阿拉伯人的东侵,但不久吐火罗本身的中心地区和铸币厂也遭到阿拉伯的侵占,671 年吐火罗最重要的城市缚喝(Balkh)一度被阿拉伯人所控制。680 年哈里发穆阿威叶的去世引发了内战,阿拉伯人的征服活动停滞不前,吐火罗叶护那都泥利一度恢复了其父乌湿波时代的声威。按照 718 年吐火罗叶护之弟阿斯[那]特勤仆罗的上书,吐火罗叶护管辖的范围相当大,不仅包括吐火罗本身,而且还包括兴都库什山以南加兹尼一带的谢䫻(Zabulistan)、喀布尔一带的罽宾(Kapisa)和巴米扬一带的范延(Bamiyan)。

705 ~ 714 年,屈底波出任呼罗珊总督,将阿拉伯在东方的扩张活动推向新的高潮。他镇压了煽动吐火罗各邦反抗的悒哒王达干·尼札克(Tarkhān Nīzak),把吐火罗叶护那都泥利送往大马士革软禁。715 年屈底波被杀,阿拉伯人在中亚的统治受挫,但是,吐火罗仍然局促于东部蒲特山(Badakhshan)一隅。吐火罗叶护支汗那曾于 727 年遣使,请唐朝吩咐突骑施可汗帮助他抗衡大食。唐朝并无意支持突骑施抗击阿拉伯人,只是于 729 年册封吐火罗骨咄禄颉达度为吐火罗叶护、悒哒王。突骑施与吐蕃结盟,通谋连兵进攻唐朝西域,在唐朝与阿拉伯的打击下,突骑施日益衰弱,738 年突骑施可汗苏禄被杀,从此阿拉伯人对吐火罗的控制就更有效一些了。

纰露文书也证实阿拉伯人对吐火罗的统治。纪年 507 ~ 549(即公元 739 ~ 781 年)的文书中,出现了大食(ταζαγο)这个名称,还出现了阿拉伯语借词:γαζιτο 借自阿拉伯语 jizyah,意为人丁税;βαριτο 借自阿拉伯语 barā'ah,意为收成税,以及 πιδο ναμο ιεζιδασο,代表阿拉伯语 bi'smillāh,意为"以真主的名义"。但是迟至 525 年(公元 757 年)的文书上仍然出现纰露君主的称衔,说明吐火罗当地政权仍然保持着自治。

新兴的吐蕃为了与唐朝、阿拉伯人争夺中亚,于 737 年破小勃律。唐朝进行反击,派安西副都护高仙芝破小勃律。749 年吐火罗叶护失里忙伽罗遣使向唐朝上书,指控羯师亲辅吐蕃、阻遏小勃律唐军的粮道,请唐安西兵马进行讨伐。次年,高仙芝破羯师,唐朝在西域的势力达于极盛。但是,755年安史之乱的爆发严重削弱了唐朝的国力。唐朝不仅只得将西域的精锐部队调入内地对付安史叛军,唐肃宗甚至接受了758年吐火罗叶护乌那多并9国首领提议的帮助,来讨伐叛军。此后唐朝的势力绝迹于中亚西部。

大历年间(766~779年)从印度返国的高僧悟空,称"睹货罗国五十七番",比玄奘当年记载的吐火罗27国还要多。在阿拔斯王朝早期,吐火罗名义上属阿拉伯,实际上仍由当地王朝自治。最著名的是艾卜·达伍德(Abū Dāwūdids)王朝,他们控制着银矿,发行自己的货币,在缚喝一直统治到899年。

伊朗、阿拉伯、中国和游牧汗国是影响欧亚政治史的主要力量,但是并非全部力量。还有以高昌为代表的塔里木盆地周边绿洲城市国家和以粟特、吐火罗为代表的中亚西部的绿洲城邦。这些城邦小国的国力,自然与大帝国、游牧汗国相去悬殊,但它们往往是东西方大帝国与游牧汗国争夺欧亚内陆霸权的战略要地。突厥等游牧汗国全盛时期,控制了这些城邦小国,不仅能够以其绿洲农业补充自己比较单一的游牧经济,而且得以控制丝绸之路,获取巨额财富,大大增强国力。由于缺乏行政管理经验,根本没有自己文字的游牧民族往往借助于文明程度较高的绿洲移民来组织庞大汗国的行政事务,其中粟特人在突厥与回鹘汗国中的作用尤为引人注目。而东西方的大帝国要削弱乃至消除游牧汗国的威胁,与游牧汗国强大的骑兵决战或者直捣草原深处的汗廷,往往难操胜券,而东西方大帝国着力争夺绿洲则往往能有效剥夺游牧汗国的农产品供应,控制商路,最终瓦解游牧汗国。因此,全盛时期的唐朝,不仅在吐鲁番设立州县,而且以设置羁縻府州、封王等形式遥控粟特、吐火罗地区,有效地消除了游牧民族对北方边境的威胁;阿拉伯帝国全盛时期也不仅极力控制粟特、吐火罗,而且觊觎帕米尔以东的疏勒。唐朝与阿拉伯帝国的先后衰落与退出中亚绿洲,为游牧民族先巩固对绿洲的占领,后统治大片农耕定居地区打开了大

·欧·亚·历·史·文·化·文·库·

门。契丹、女真与突厥诸族相继在华北与西亚建立王朝，实为蒙古征服欧亚的前奏。

18 渤海、契丹与女真

18.1 渤海的兴衰

渤海,是靺鞨人联合高句丽遗民、汉人及东北亚其他部族建立的国家。

在中国正史中被称作靺鞨的部族于6世纪中期登上东北亚的历史舞台,活动在今牡丹江、松花江、图们江和黑龙江中下游地区。靺鞨部族并非由单一的所谓肃慎－通古斯人集团所构成,而是一个"多源体":其中有"肃慎"系,有来自西北方的"鲜卑－室韦"系,有来自西南方的"扶余－秽貊"系,有处于东北方的古亚细亚系等。隋唐时期,靺鞨人分为7大部,即粟末部、白山部、伯咄部、安车骨部、拂涅部、号室部和黑水部。各部自有首长,不相统一;或臣属高句丽,或臣属于突厥。其中,靺鞨强部之一、位于南部的粟末部与南邻高句丽常常处于敌对状态。隋炀帝时,粟末部的一名首领突地稽与高句丽交战失利,率领勾来使等8个部落数千人降隋,被隋朝册封为右光禄大夫,其部众被安置在柳城郡(唐代的营州)一带。另有一部分粟末靺鞨人向高句丽称臣,并随后者进入高句丽境内。这些人群中的首领在追随高句丽对外作战的过程中逐渐脱颖而出,成为高句丽的军官,渤海政权的创建者大祚荣就做过高句丽的军将。668年,唐灭高句丽,迁其遗民入唐土,大祚荣等也被强制移居到营州,受营州当地的汉文化的熏染,政治上和军事上则受北部契丹人影响颇深,很可能存在着某种程度的役属关系。

679年以后,东突厥汗国降部乘唐朝将军事力量倾斜于西北与吐蕃交战之机,不断内扰,并在682年重建突厥汗国(即后东突厥汗国,以下略称突厥),再度称霸漠北地区,其国势在默啜可汗(693~716年)时最盛。

突厥复兴,东北亚关系紧张起来。696年,内附于唐的契丹一部松漠都督李尽忠与孙万荣,因营州都督赵(文)翙屡屡欺侮其部下,视各部首长为奴仆,愤而举兵,杀赵据营州作乱。李尽忠自称无上可汗,以孙万荣为将,"纵兵四略,所向辄下"。八月,武则天派大军数万多次前往镇压,屡屡损兵折将。默啜可汗以助唐讨伐叛逆为名,谋一己之私,袭击了李尽忠部驻地,掠夺财物兵器人口,并占据了原松漠都督府所辖之地,默啜自此兵众渐盛。

营州之乱为时不到两年,但对唐朝的打击极大,最后唐朝是靠突厥袭击契丹的后方,奚又和契丹携贰,才勉强取胜。高句丽灭亡、突厥的复兴导致了东北亚国际政治关系格局的变动,营州之乱,引起了东北亚政局巨大的连锁反应。战乱中诞生的渤海政权,即是这种变局与影响的具体表现。

营州之乱中,大祚荣与其父乞乞仲象及另一部靺鞨乞四比羽部举部东归,涉辽水,据奥娄河,树壁自固。698年,大祚荣自号震国王,以东牟山(今吉林敦化)为都建立政权,靺鞨之众及高句丽遗民多归属其下。为了摆脱来自唐朝的压力,大祚荣建立政权不久即遣使突厥,成为突厥的属部;向南臣属新罗,新罗王册封其为五品大阿飡。705年,唐中宗复位,为离间和打击突厥势力,遣使前往大祚荣处招安。713年大祚荣正式接受唐朝册封,为左骁卫大将军、渤海郡王、忽汗州都督,其政权始以渤海国自称。之后,渤海政权依违于唐王朝与突厥之间,视两者间军事实力之消长而时服时叛,直到745年突厥汗国灭亡,才成为唐朝的海东藩国。

大祚荣死后,其子武艺继位。武艺采取积极扩大疆域的政策,使得其邻近诸部或被其吞并或向其称臣,契丹和新罗都不同程度地受到威胁,与渤海关系开始紧张起来。渤海的武力扩张直接威胁到了靺鞨的另一个强部黑水靺鞨。黑水靺鞨遣使到唐朝,请求在其部设州置官,依靠唐朝力量与渤海抗衡。黑水靺鞨的请求与唐朝廷企图利用黑水靺鞨牵制渤海的政策正相吻合,726年,唐朝于黑水靺鞨设置黑水都督府。唐朝与黑水靺鞨两相夹击渤海的战略使大武艺极为震怒,此事引发了渤海对黑水的征讨以及渤海与唐朝200余年交涉史上唯一的一次军事冲突。

727年,渤海王大武艺为打开因其"斥大土宇"而造成的外交孤立局面,首次向日本派出了使节船,由此开启了两国200年以上的国交关系。

大武艺对唐朝的强硬态度及军事行动都有突厥直接与间接的支持,但是到了735年,突厥的势力再度衰落,唐朝在与契丹和奚的对峙中重又占据优势。渤海失去了后援,其军事行动也遭到了唐朝军队强有力的反击,大武艺被迫调整对唐朝战略,重新与唐朝修好。

大武艺死后,其子大钦茂嗣位。大钦茂一方面积极巩固和扩大领土,一方面向唐朝学习和引进先进的文物制度,使渤海在政治、经济和文化等方面仿效唐朝,其上层社会获得了长足的进步。大钦茂及其以后诸王所面临的外部环境都较前代发生了重大的变化,这就是突厥的最终灭亡,使东北亚国际政治舞台失去了一支曾经最为有实力与唐朝抗衡的力量。大钦茂及其后的诸王必须考虑借重唐朝的威严和实力,来对付日益成长起来的西北边患契丹和奚,以及大武艺以来形成敌对关系的新罗。

大钦茂统治渤海长达56年,在他及其后诸王的经营下,特别是经过大仁秀、大彝震和大玄锡等王的统治,渤海国逐步发展壮大,其地方5000里,众数十万,全国划分为5京、15府、62州,全面模仿唐朝建立起一套完备的政治、军事制度,被中原史家誉为"海东盛国"。

渤海的发展,是以粟末靺鞨和高句丽遗民为基础,通过对周边的靺鞨诸部的蚕食而逐步实现的。靺鞨并不是一个单一的结构,而是由文化内涵相似而又形态各异的集团组成的,从这个意义上说,渤海是一个多民族政权,被纳入其领下的各部在语言、生活习惯、社会发展程度等方面参差不齐,难以实行整齐划一的统治。

·欧·亚·历·史·文·化·文·库·

渤海王权为了保全其对领域内靺鞨诸部的统驭,并提高王权自身的地位,就必须与超乎其上的、更强大的权力相结合。因此,渤海诸王迎合唐朝的招慰,并自始至终与唐朝保持朝贡关系;与朝贡同时发生的贸易活动,也远不是单纯的经济行为,而是关乎渤海国家正常运转的一种政治行为,是与其内政紧密相关的国家基本战略。

渤海立国期间,渤日邦交,对于日本而言,是出于对内强化王权,实现其日本朝廷所追求的所谓华夷秩序的需要;对渤海而言,则是出于本国政治稳定的需要。因此,这种外交往来实际上都是各国国内政治的延伸。渤海随时调整对日政策原则,在东亚国际关系整体紧张的时代,积极利用日本牵制新罗,同时在国内致力于领土扩张事业。渤海从不曾在战略上将日本视为敌对一方,相反,不论在与唐朝交恶乃至发生军事冲突,还是与新罗交恶的最紧张时期,都将日本视为同盟。

渤海的南进政策与新罗的北进政策发生了不可调和的正面冲突,因此,200 年间两国几乎始终处于敌对状态。

渤海立国 200 余年间,统治集团内部也发生过数次权力斗争,国运经历过衰弱与复兴。10 世纪初,渤海再次因统治集团内乱而衰落。而此时,其西邻契丹则正在迅速成长为东北亚一股不同以往的新生力量。926 年正月间,契丹攻下渤海王都上京城,渤海国灭亡。

18.2　契丹勃兴与西辽

最迟在北魏初年,契丹之名已见于中文史籍。契丹在库莫奚东,与库莫奚异种同类,活动在松漠之间。史载契丹有八部,隋初时,契丹社会内部变动频繁,八部间接触和联系不断加强,诸部相互攻击,久而不止。其结果之一是促进了契丹古八部逐渐走向联合,有征伐活动时,八部酋帅商议后协同行动,以合符契为约。战事结束,联盟随之解体。北朝末年到隋初,契丹部族都臣属突厥。隋唐时期,契丹人分布在西辽河流域,过着逐水草而居的游牧生活。

唐初,契丹逐渐发展成为巩固的军事联盟——大贺氏部落联盟,八部首长称"辱纥主",推举一人为联盟长,称"王",建旗鼓以统八部。契丹诸部开始由分散、弱小而走向联合和强盛。第一东突厥汗国崩溃之后,契丹举部落内属于唐朝,唐朝在其地设立松漠都督府。680年以后,东突厥汗国复兴,契丹夹在唐朝与突厥之间,一方面视两者军事实力消长而选择向背,以求自存。

730年,遥辇氏部落取代大贺氏成为部落联盟长。到8世纪中叶,北方草原游牧民族回纥强大起来,并于745年灭后东突厥汗国。这一年,松漠都督李怀秀叛唐附回纥,此后近百年间,契丹一直处于回纥(788年回纥改称回鹘)的控制下,对唐朝时叛时服。总体而言,遥辇氏时期,周边环境日益朝着有利于契丹的方向发展。唐朝经历了安史之乱,整体国力下降,北方藩镇势力拥兵割地,分据各方。唐朝负责监领契丹的藩镇卢龙节度使为保存实力,擅地自安,对北边的忧患契丹和奚只是消极防御,并无主动出击。契丹利用这时的有利形势,展开了积极的征服活动。

唐末,一面是唐王朝无力控制东北边疆地区,一面是契丹势力日益强盛。这时,奚人成为契丹人向南、向西拓展势力的障碍。从9世纪80年代起,契丹用了近30年的时间,经过5次大规模战争,终于征服了奚人并据有其地,东至于海,南及白檀,西逾松漠,北抵潢水,所属5部尽入契丹版籍。从9世纪末起,契丹又开始发动向西北掠夺室韦人口、牲畜的战争。到901年,耶律阿保机率兵连破室韦、于厥,俘获甚众。到契丹建国前后,分布在嫩江流域的大、小二黄室韦基本被征服,契丹进而向额尔古纳河、克鲁伦河用兵,又征服了室韦部族的强部黑车子室韦(又称和解室韦),扫除了南下扩张的障碍。契丹建国后,将室韦部族集团主要置于契丹统治之下,并对一些室韦部落重新编组,由国家任命节度使、详稳、石烈等职官进行管理,在固定的驻地为契丹人守边。

在连年对外征战的过程中,契丹社会也在迅速分化。10世纪最初几年,迭剌部贵族耶律阿保机以战功与计谋逐步夺取了契丹遥辇氏部落联盟长之位。耶律阿保机大量接纳进入契丹的汉人,在适合农耕的地区发展农业,令民筑城而居。这一系列措施使得阿保机获得其他游牧各部所不具备的新生力量,成为阿保机夺取契丹最高权力的制胜法宝。906年,契丹部落联盟8部酋长会议推选已经掌握实权的耶律阿保机为可汗,次年正月阿保机举行柴册礼,即汗位。

阿保机继汗位后,为加强可汗权力采取了一些革命性措施。选任2000壮士在其宫帐中设置"宿卫亲军",以耶律氏家族为承遥辇氏九帐之后的第十帐,设置专掌耶律氏家族政教的惕隐一职,并接受汉人谋士的建议,打破契丹的世选习俗,建立世袭统治。916年,阿保机在龙化州以东的金铃冈(今内蒙赤峰八仙筒一带)筑坛即皇帝位,国号"契丹"(太宗朝改称大辽),建元神册。918年,修建都城称皇都,即上京临潢府(今内蒙巴林左旗南)。

契丹建国后,更加积极地向外发展,陆续征服了周边许多部族,于厥、吐谷浑、党项、沙陀诸部尽入契丹,契丹疆域随之不断扩大。到10世纪20年代,阿保机基本征服了其西北诸部。925年起,阿保机又挥师东进,举全国兵力并驱使回鹘、党项、室韦和沙陀兵助其征讨渤海。926年正月,契丹军先攻下扶余府,进而大军一路势如破竹,围击渤海王都忽汗城(今黑龙江宁安市渤海镇),渤海末王出降。渤海王族及王室贵胄被押送至临潢府西边,令筑城居住。渤海灭亡后,北边的女真、铁利等部相继投附契丹,称臣纳贡。契丹王朝的支配和影响到达了东北沿海地区,实现了东北地区的统一。

927年,辽太宗耶律德光即位后,契丹兵锋指向南方中原地区。耶律德光出兵帮助石敬瑭夺得帝位,建立后晋。后者为报援立之恩,于938年将燕云十六州割让给契丹。947年,契丹灭后晋,占领开封,太宗着中原皇帝冠服受百官朝贺,改国号"大辽"。

契丹国境内有多种部族与群落,这些部族群落在经济、语言、风俗和文化传统等方面都有显著的差异。太祖、太宗时期起,契丹统治者对于新征服的异民族,尤其对与游牧社会有很大差异的汉人和汉化程度颇高的渤海遗民,采取与管理游牧民社会不同的统治方式即所谓"汉制"进行控制,这种蕃汉分治的政治制度成为此后历代帝王治国所遵循的基本方针。后发展为中央实行南(汉)北(蕃)面官制,地方上分别实行对汉人和渤海遗民的州县制、针对契丹人等游牧部族的部族制,以及主要针对女真人和阻卜人的属国、属部制。

后周时,契丹中衰。959年,后周世宗大举伐辽,中辍,次年后周为宋取代。宋初,太宗曾数次征讨契丹,均失利而归。契丹面对北宋的进攻,一面伺机南扰,一面极力修治内政,强化国力。经过长期准备,999年冬起契丹倾全国军力南下。1004年,宋朝在军事有利的情况下与契丹订立了澶渊之盟,割地输绢输银。巨额的岁币改善了契丹的财政状况。此后,契丹与宋之间维持了短暂的和平。契丹更多地采纳中原地区先进的生产技术和科学文化。

辽朝建国之初建号大契丹;太宗时一度实行双重国号,在燕云汉地称大辽,在草原地区仍称大契丹;圣宗和道宗时又两次改变国号。而在契丹文和女真文中,始终称辽朝为哈喇契丹或契丹。辽朝国号的复杂性是辽朝二元政治体制的一种表现。

辽朝时期契丹对外交涉活动也很活跃,除与五代至宋中原王朝之外,与高丽、西夏、女真和西北诸部以及回鹘都有联系。

契丹与高丽的外交联系始于915年,高丽使者到契丹向阿保机赠送宝剑。此后契丹与高丽不时通使互聘,在边境开设榷场,高丽复遣童子来契丹学习契丹语文。双方间也曾经发生过战争,但总体而言关系是密切的。

西夏始兴于9世纪80年代,到五代时,西夏据有今宁夏、甘肃东北部、内蒙西南部等地。宋初,西夏附于宋。986年,西夏主李继迁叛宋,遣使持重币至契丹请附,后受封西夏王,从此西夏在名义上成为契丹的一个属国,长时期与契丹保持着通贡和联姻关系,被称为甥舅之邦。

契丹西北边草原地带分布着许多部族,其中主要是阻卜部,即后来的鞑靼。阻卜部当时还没有形成有力的联盟,对契丹构不成威胁。阿保机西征,止于大漠,西北诸部望风来附。但真正降服的只有3个部落,他们被迁置近地,其余绝大多数部落只是间或来贡,所谓附属关系也是极其松散的。10世纪90年代起,辽开始大规模拓展西北边境,筑

·欧·亚·历·史·文·化·文·库·

可敦城,扩大牧场,钳制西夏以及确保通商道路的畅通。但辽也为此付出巨大的代价,士卒远戍,国力耗竭,而阻卜诸部仍然叛附无常。

阿保机为确保河西走廊的畅通,派大军攻打河西回鹘。973 年,辽圣宗遣军远征河西回鹘。此次行动并非配合西夏作战,而是在经济利益的驱使下发动对周邻各族战争的一个组成部分,是辽与宋积极竞争构建国际秩序的继续。

高昌回鹘在东部天山地区建立以后,辽和宋与之都有往来,但契丹人与其保持了更为密切的关系。这一方面是因为当时河西地区的归义军和河西回鹘两个政权对高昌回鹘与宋朝的交通有所阻碍,另一方面回鹘在契丹人中的传统地位有利于双方的交往。契丹后妃中多人出自回鹘,契丹有回鹘营,契丹政权在上京专为回鹘人辟有榷场。契丹人与高昌回鹘的接触可以追溯到 913 年冬,高昌政权派人前往契丹"朝贡",探听正在东方兴起的契丹人的消息。924 年,阿保机西征,逾流沙,兵至高昌回鹘境内,拔浮图城,西鄙诸部尽收于契丹。但契丹人并没有消灭高昌政权,而是按照其异民族统治传统,将高昌视为属国,一方面因为高昌诸部溃散,太祖令随行的大将夷离堇耶律斜涅赤前往安抚,另一方面又让高昌王继续统治自己的臣民。同时,契丹人认识到高昌在东西贸易中的重要地位,令其继续扮演传统角色,与契丹进行贸易。

契丹势力抵达阿尔泰山,西域震惊。喀剌汗王朝役属于契丹,自 933 年起直到 1114 年,始终向契丹朝贡。

11 世纪 60 年代中期起,契丹盛极而衰。统治集团内部皇族与后族争权夺势,其结果使朝政更加败坏。契丹国的多部族、游牧与农耕兼有的复合性特征,社会经济等方面缺乏统一性和稳固性,在不利的情势下容易分崩离析。自 30 年代起,渤海遗民不断掀起反抗契丹的斗争,谋求复国;奚人中也发生过民变或兵变。民族矛盾也空前尖锐。

11 世纪后期,女真崛起于黑龙江、松花江和乌苏里江流域。完颜氏生女真军事部落联盟建立后,历代联盟长都接受契丹辽朝授予的"生女真部族节度使"称号,役属于契丹,向契丹交纳贡品。契丹末年,政治腐败,统治阶层对女真征敛无度,女真人诸部皆思怨叛。1113 年,完颜阿骨打继任生女真军事部落联盟长都勃极烈后,力农积谷,秣马厉兵。1114 年阿骨打汇集联盟所属各路精兵 2500 人,在今来流水(今吉林省拉林河)畔誓师,正式对契丹发起攻击。

1124 年,契丹末代皇帝天祚帝盘踞西北一隅,图谋收复燕云故土。辽兴军节度使、皇族重臣耶律大石力谏当养兵待时而动,不宜轻易起事。耶律大石为辽太祖阿保机八世孙,幼年时受到良好的契丹族传统骑射训练和汉文化教育,且足智多谋。但天祚帝不采纳耶律大石的意见。两人在抗金问题上严重对立,耶律大石被迫率铁骑 200 乘夜色出走,西至可敦城。1125 年,辽灭亡。耶律大石在可敦城称王,召集辽西北七州的长官和大黄室韦、敌剌等 18 部首领,号召抗击金军,匡复国家。自此得精兵万余,置官吏,立排甲,具器仗,国家规模初具。

耶律大石政权经过 5 年休整已经相当强大,遂决定向外发展。耶律大石意识到东方的金朝方兴未艾,难以攻克;而中亚地区的高昌回鹘王朝和喀喇汗王朝经过几个世纪的发展,已经进入衰落时期。于是决定向西发展,扩大领域,建立更为雄厚的物质基础,再来征服金朝,收复失地。1130 年,耶律大石率部从可敦城出发,整旅西行。他们首先到了回鹘汗国,与回鹘王结下名义上的宗主国与附庸国关系,然后经过继续西进,到叶密立(今新疆额敏)建立根据地,修筑城池,招抚当地突厥语各部族。1132 年,耶律大石在叶密立城新城称帝,号"菊儿汗",群臣上汉人尊号"天祐皇帝",建元延庆。西辽王朝正式创立。此时,西辽户数已达 4 万,疆域东起土拉河西至额敏河。

西辽政权建立后,耶律大石积极向外发展,所过之处,敌者胜之,降者安之。兵行万里,归者数国。西辽首先把回鹘收入版图,令回鹘王继续统治其民。西辽军越过天山沿塔里木盆地向西推进,经过 10 余年的征战,以首都巴拉沙衮为中心,在东起土拉河上游,西至咸海,北越巴尔喀什湖,南抵阿姆河的辽阔疆域内,建立了契丹族的统治政权西辽帝国(1124 ~ 1211 年,又称哈剌契丹、后辽、西契丹)。政治上仍然主要沿袭辽的两部制。

西辽帝国除去直辖领地外,还拥有若干附庸国,并根据这些附庸国的重要性和忠信程度分别采取不同的政策:有令其完全自制的,如布哈拉的"布尔罕王朝";有长年派出监督官驻在首府的,如喀剌汗王朝、回鹘汗国;还有只定期派出官员了解和收纳贡赋的,如花拉子模,可能还有康里、葛逻禄等部。西辽保留了这些附庸国原有的统治方式,对其内部事务很少干预。

耶律大石1143年去世,其子夷列即位,母亲监政,是为感天后。辽王朝在感天后和夷列统治时期,基本上沿袭了耶律大石制定的对外弭兵、对内生聚之国策,到直鲁古时期,西辽王朝达到了最盛期,但同时也走向夕阳之路。西辽王朝后期,对附属国内部事务干预越来越多,甚至动辄派兵讨伐。派出的使臣也往往颐指气使,欺压当地统治者并大肆掠夺财富。因此,当西辽在河中地区失败、蒙古在东方兴起的形势下,花拉子模、西喀拉汗王朝和高昌回鹘等也脱离了西辽王朝的统治。1211年秋,一度归属西辽的蒙古乃蛮部王子屈出律突袭直鲁古,擒之而据其位。直鲁古称臣,西辽政权宣告灭亡。

18.3　女真王朝的兴衰与东真(夏)国

女真先世有肃慎、挹娄、勿吉和靺鞨。唐代靺鞨人中没有融入渤海国成为渤海国人的,主要是黑水靺鞨人。五代以后中原史书称为女真人。契丹建国后,渤海人被迫南迁,女真人则追随其后南下进入渤海故地散居在东北东部地区。其中,东北部的生女真部落发展最为落后,部落参差,不相总一,过着半定居的渔猎和采集生活。

约10世纪上半叶,女真人函普兄弟二人从朝鲜半岛高丽国北上回到女真人驻地。函普有效制止了女真部落之间盛行的血亲复仇,并成为牡丹江流域完颜部的部落长,又被远近部落推为首领。完颜部后定居于按出虎水(今黑龙江阿城附近),并通过武力征服使周边的一些部落受其役使,逐步建立起以完颜部为首的军事部落联盟。契丹朝以乌古乃为生女真节度使,官属、纲纪渐立。

契丹统治者以宗主的名义无节制地向生女真部落索取珍贵的土特产品,国人厌苦。契丹末代君主天祚帝时,银牌使者络绎不绝地到生女真驻地求猎鹰"海东青",并侮辱女真人,激起民愤。1113年完颜阿骨打出兵后,很快攻城略地,初战告捷。1115年正月,阿骨打登皇帝位,定国号大金,建元收国,定都会宁(今黑龙江阿城南)。随后即攻克契丹人控制女真的重镇黄龙府(今吉林农安),又在护步答冈(今吉林省榆树县一带)大败天祚帝亲自统帅的70万辽军,重创辽军主力。1120年攻陷辽上京。1121年阿骨打再次发动大规模战争,在不到一年的时间里连陷其他四京,大辽国名存实亡。1125年,天祚帝被生擒,后病死。契丹王朝寿终正寝。

随后不久,女真人乘胜发动了对北宋的战争,兵锋指向黄河流域地区。1127年,金兵长驱直入,攻陷宋都汴梁,俘获徽、钦二帝和宗室、后妃,大掠金银、币帛、珠宝,以及典册、图书、礼器并百工技艺人等。北宋覆亡,随之出现了南宋与金朝对峙的局面。

金初,勃极烈是女真人国家最高的政治、军事统辖机构。勃极烈制具有女真大贵族联合执政的鲜明特征,其成员是以太祖阿骨打家族、国相撒改家族、景祖乌古乃家族等的首要人物组成,保留了贵族议事会的议政方法,国家政治、经济、外交、司法及军事等事务均要通过勃极烈会议讨论表决。几大家族都存在着亲疏不等的血缘关系。随着金朝势力不断南进,将越来越多的异族人收入编内,女真统治者也开始效法契丹人实行多种统治系统的控制模式,因俗而治。经过几代统治者的经营,到1138年,新官制颁布。金代政治制度在确立三省制后,以中原官制为主,兼受女真制、契丹制乃至渤海制的影响,形成有金一代的官僚制度。以中原制为主,诸制相互渗透、交融,以至成为一体。

女真人的基层社会组织为猛安谋克。猛安,在女真-满语中有"千"的含义,进而又有氏族首长、乡邑长之意。谋克,则是百夫长。金朝统治者给猛安谋克以土地和种种特权,收拢维系其本部臣民,而猛安谋克则对金朝承担土地税、财产税,终身兵役和各种徭役。猛安谋克组织系由原来的氏族部落组织为适应战争需要演变而来。这种组织是由血缘纽带、地域因素及氏族制残余关系维系的,具有稳定性和牢固性,在灭辽攻宋战争中形成了强大的亲兵集团。

自金朝初年起,西夏、宋和高丽等国的使节不断往来于上京。西夏在金初凭借金之外力而向外扩张,金主对西夏王册封,允许在两国边界地区开设榷场。西夏国小势弱,不得不"抗衡辽、金、宋三国,偭乡无常,视三国之势强弱以为异同"。海陵王末年,金兵攻宋,西夏乘机占据金与西夏相邻地区。世宗即位后,对西夏采取怀柔政策,西夏亦将金地归还。西夏相国任得敬专国政 20 余年,欲割西夏自立,西夏王李仁孝受其胁迫上表金世宗请封。世宗以"四海主"自居,认为西夏久为臣藩,任得敬逼宫夺权,当以兵诛之。李仁孝得到金主的支持,借故杀掉任得敬。西夏与金保持了宗主与藩属国的关系。

契丹王朝灭亡前夕,耶律大石征服高昌回鹘之初,高昌回鹘一面反抗耶律大石所建西辽王朝的侵略,同时向政权建立不久的金国朝贡,且献战俘。到 12 世纪中叶金熙宗统治时期,处于西辽控制下的回鹘人仍向金朝朝贡。由西域迁来的一支信奉聂思脱里教派即景教的回鹘人,于辽道宗咸雍年间(1065～1074 年)迁至临洮(甘肃临洮)之狄道,金灭辽后,这支回鹘人被迁往辽东,再后来定居阴山以北,居净州天山,加入汪古部。这部分回鹘人又称马代汪古。史载,1141 年,"金国肆告,皆许西归,多留不反"。金朝主要是通过回鹘人与西域地区建立并保持联系。金朝末年,西辽亡国,回鹘人与金朝的关系更加密切,回鹘使者频繁往来于两地之间。

金朝中期,西北游牧民族兴起,对女真统治者时叛时降。为了抵御西方的阻卜、合底忻、山只昆、塔塔儿、翁吉拉等蒙古部族的侵扰,金朝在 12～13 世纪分 4 路修建了漫长的界壕边堡线。1206 年铁木真统一蒙古高原上大大小小的蒙古部落,建立起强大的蒙古汗国。到 1211 年,蒙古汗国对金朝全面开战,金军败绩。1213 年,宣宗即位,翌年五月,金以屈辱条件与蒙古议和,金南迁汴京,陷入四分五裂之中。

1213 年,成吉思汗令木华黎统军征辽西地区,金东北守将和地方官或逃或降,或自立为王,割据势力纷起。1215 年十月,女真人蒲鲜万奴在东京(今辽宁辽阳)叛金,自立为天王,国号大真,建元天泰。万奴政权建立后即陷入东北守将、北面的耶律留哥政权和蒙古帝国经略东北部队三大敌对势力的包围之中。蒙古帝国方兴未艾,其骑兵所向无敌。万奴自忖无力抗拒蒙古军,便采取归附自保政策,遁入海岛。既而复叛。1217年转入女真故地,企图攻占金上京,但遭到守军的顽强抵抗,只得转而东向占领了恤品一带(黑龙江省和吉林省东部至日本海)。同年夏,万奴以开元为都,改国号东夏。其地南在定平、青州一带与高丽接,北抵今松花江下游附近。

蒲鲜万奴惧怕蒙古人力量,不敢向西发展,到1224年前,东夏国一直向蒙古称藩。1224年以后,因为高丽的问题,东夏与蒙古关系也渐趋紧张。1231年,高丽归附蒙古,随后蒙古兵锋转向东夏国。1233年春,由蒙古皇子贵由等率领大军,取道高丽由东南部攻入东夏国,很快攻占国都——上京开元城,蒲鲜万奴被擒。东夏国灭亡。1234年,金朝灭亡。蒙古人在东夏国故地用万奴的后人统辖当地,实行羁縻统治。

19　可萨、喀喇汗与塞尔柱帝国

　　7 世纪中叶西突厥帝国瓦解以后,其属部可萨兴起,建立了强大的汗国,迫使周边的游牧民族臣服,控制了欧亚内陆西部。可萨汗国前期经常与拜占庭帝国结盟,对抗共同的敌人——萨珊波斯与阿拉伯,在欧亚大国政治中发挥了举足轻重的作用。但是突厥人的活动范围远远不止于南俄草原,他们不断向锡尔河与高加索山脉以南渗透与扩张。突厥人从欧亚内陆大规模渗透伊斯兰世界是在 9 世纪发生的,阿拔斯哈里发开始使用突厥奴隶军人(麦木鲁克[mamlūk])组成新的常备军,特别是骑兵。这些突厥奴隶是阿拔斯王朝军队进攻南俄或中亚草原时俘获的,或者是在河中与外高加索的奴隶市场上买来的。正是在布哈拉、撒马尔罕与打耳班这样的城市里,一些突厥军事奴隶改宗了伊斯兰教。这些突厥奴隶军人在伊斯兰世界中权力逐步扩大,以至于建立了一些重要的王朝。埃及与叙利亚的图伦王朝(Tūlūnids,868 ~ 905 年)是突厥人在哈里发帝国心脏里崛起的最早表现。波斯东部、阿富汗与印度北部的伽色尼王朝(Ghaznavids,977 ~ 1186 年)的兴起,标志着突厥势力同伊朗势力争夺伊斯兰世界最后霸权的初次胜利。埃及与叙利亚的麦木鲁克王朝(Mamlūks,1250 ~ 1517 年)的名称本身就表明这是一个突厥奴隶王朝,曾经从他们的领土上最后驱逐了十字军的残余。突厥人作为产生职业军人的种族,名声蒸蒸日上。到 16 世纪,除了阿拉伯半岛与撒哈拉以南之外,从阿尔及利亚到孟加拉的整个伊斯兰世界实际上都控制在突厥裔统治者手中。

　　不过进入伊斯兰世界的突厥奴隶军人的数量还是比较有限的。10世纪开始,突厥人大规模向定居地区移民。伊朗族建立的萨曼朝(Samanids,819~1005年)长期以来花了很大的力量防御北方突厥族的侵袭。999年喀喇汗朝从北面、伽色尼朝从南面沿着阿姆河瓜分了萨曼王朝,最后消除了中亚突厥人向伊斯兰世界移民的障碍。1040年塞尔柱人在马鲁附近的丹丹坎击败伽色尼的军队,犹如打开了闸门,突厥诸族如洪水般地涌进中东地区。起先这种突厥移民群体不过数千人,但是持续二三个世纪之久,突厥人就不仅在伊斯兰世界的军事与政治事务方面举足轻重,而且对河中与中东北部的人口构成与文化环境造成了深远影响。

19.1　可萨汗国

可萨(Khazar)可能即6世纪游牧于康国以北到阿得水(Itil,即伏尔加河)一带的铁勒诸部之一——曷截,臣属西突厥。可萨在拜占庭与萨珊波斯的斗争中曾发挥过重要作用。萨珊波斯在7世纪初,国势复盛,向拜占庭发动了大规模的入侵。拜占庭进行反击,与西突厥汗国统叶护可汗(618~630年)及其属部可萨人结盟。627年可萨人突破里海诸关而入,侵入阿哲儿拜占(Adharbaïjan,即阿塞拜疆),并借兵4万给拜占庭,次年侵入谷儿只(Georgia,格鲁吉亚),帮助拜占庭战胜了波斯。拜占庭在波斯战争期间形成的与可萨的联盟成为其抵御欧亚内陆游牧民族的基石,时断时续一直到10世纪。

657年西突厥被唐所平定,其属部可萨人遂建立独立的汗国,其可汗可能出自西突厥汗族。与此同时,不里阿耳(Bulghar)也建立汗国(其主要部众可能出自西突厥咄陆部)与可萨汗国发生冲突。结果可萨汗国取得了胜利,不里阿耳人有一部分仍然留在黑海以东地区处于可萨汗国统治之下;一部分北迁伏尔加河中游、卡马河(Volga-Kama)地区,称伏尔加不里阿耳人;一部分西迁拜占庭治下的巴尔干半岛,称多瑙河不里阿耳人(后与当地斯拉夫人融合成保加利亚人)。

新兴的阿拉伯帝国迅速向外扩张,并吞波斯帝国西部后,641~642年开始侵入北高加索地区,与可萨开始了长达一个世纪的斗争。阿拉伯人的目的是控制高加索山间要道,杜绝可萨游牧民族对外高加索、美索不达米亚和安纳托利亚的袭击与掠夺。652 年,阿拉伯将军拉赫曼('Abd-al-Rahmān)不顾哈里发奥斯曼的劝告,孤军深入进攻可萨都城白兰杰尔(Balanjar,在今达吉斯坦[Дагестан]中部),结果兵败身亡,阿拉伯人被杀了 4000。可萨在此后数年中,多次入侵谷儿只和亚美尼亚。713 年阿拉伯人进行反攻,从可萨人手中夺取了战略门户打耳班(Derbend,今达吉斯坦南部的杰尔宾特[Дербент]),以后双方反复争夺此城。723 年阿拉伯军队攻占白兰杰尔,迫使可萨人迁都北面里海边的萨曼达尔(Samandar)。

可萨在西突厥帝国时代形成的与拜占庭的联盟,在萨珊波斯灭亡后,转而用来对付共同的敌人阿拉伯帝国。七八世纪之交,可萨可汗曾把自己的姐妹嫁给流亡的拜占庭皇帝查士丁尼二世(Justinian II,685 ~ 695,705 ~ 711 年在位),首开两国缔结政治婚姻的先河。732 年拜占庭皇帝利奥三世(Leo III,717 ~ 741 年在位)为其子君士坦丁(Constantine)娶了一位可萨公主奇切克(Chichek,意为"花")。这位公主结婚时受洗,并改名为爱琳(Eirene)。君士坦丁的儿子利奥四世(Leo IV,775 ~ 780 年在位)被称为"可萨",因为他的母亲爱琳是可萨人。833 年拜占庭应可萨的要求,派建筑师帮助他们在顿河下游建筑了一座要塞沙克尔(Sarkel,意为"白色城堡"),以防御匈牙利人与比千人(Pecheneg)。

可萨与拜占庭的结盟看来并未能有效阻遏阿拉伯人的攻势。737 年倭马亚王朝的麦尔旺(Marwan,后来成为哈里发,744 ~ 750 年在位)佯装和谈,麻痹可萨可汗,率领 15 万大军深入可萨领土,奇袭其都城萨曼达尔,可萨可汗只得弃城而逃,迁都伏尔加河流入里海入海口附近的阿得城(Itil)。当麦尔旺的军队沿着伏尔加河右岸进军时,可萨军队在河的左岸尾随。阿拉伯军队渡河进攻可萨军队,杀其达干(tarkhan)。可萨可汗被迫求和,改宗伊斯兰教,臣服哈里发。但是,倭马亚王朝国运将尽,3 年后在小亚细亚被拜占庭打得大败,自然无力长期控制可萨。阿拉伯阿拔斯王朝哈里发曼苏尔试图改善与可萨的关系,760

年命其亚美尼亚总督娶了可萨公主为妻。可萨也曾在780年婉言拒绝援助谷儿只王子反对阿拉伯人。不过,可萨有时仍进攻阿拉伯。由于可萨公主与阿拔斯朝权臣巴尔马克家族的法德勒联姻失败,799年可萨对阿拉伯人统治下的外高加索进行了最后一次大规模入侵。但是总的来说,这个时期比较和平,阿拔斯哈里发瓦西格(al-Wāthiq,842～847年)曾派杰出的科学家花拉子密(Muhammad ibn-Mūsa al-Khwārizmi,780～约850年)出使可萨。这个时期商业联系得到了加强,可萨汗国控制下的伏尔加河－里海贸易网络是沟通阿拔斯王朝与欧洲经济的中间纽带。同时,可萨汗国又在丝绸之路北道上,中国商人曾到此贸易,把丝绸、铜镜等中国商品以及中国钱币带到了这里。

可萨全盛时期的版图北至伏尔加河中游,伏尔加不里阿耳为其藩属;西抵第聂伯河,包括基辅(Kiev);西南临黑海,包括克里米亚半岛上的粟特(Sudak)等城市,与拜占庭的属地为邻;南面以打耳班为界,与阿拉伯人统治的北高加索为邻;东达花剌子模,西乌古斯人为其藩属。可萨汗国是一个多民族的国家,统治民族为可萨人,其他民族鲜卑人、伏尔加不里阿耳人、操突厥语的北高加索匈人、操伊朗语的阿兰－阿速人(Alano-As)、操芬兰－乌戈尔语的匈牙利人、各种各样的东斯拉夫人部落等等。

可萨汗国元首称可汗(可能出自突厥的阿史那家族),并不行使实际的行政权力,也不在公开场合露面。可汗在即位时,被勒得昏头昏脑,然后回答自己能统治多少年。这种奇特的仪式与突厥的有关仪式类似,说明两者可能同族。汗国的实权掌握在匐(Bek)手中,他领导军队并下达命令,控制并管理国家事务,出现在公众面前并进行征伐。他拥有一支由穆斯林花剌子模人组成的卫队。宰相也出自穆斯林。低一点的贵族为达干(tarkhan),通常出任军队的指挥。地方官员称为吐屯(tudun)。可萨汗国有一套税收制度,向自己的臣民,特别是穆斯林商人收税,也征收商品税。商税构成可萨汗国国库收入的主要部分。

可萨汗国不仅民族众多,而且宗教也五花八门。可萨人最早是信仰萨满教的,与其他突厥人的信仰类似。其统治阶级737年一度被迫

217

改宗伊斯兰教,后来在犹太移民的影响下,他们改宗了犹太教,从政治上来说,这样可以避免依附基督教的拜占庭或伊斯兰教的阿拉伯帝国。当地的犹太人社区,特别是克里米亚的犹太人社区,相当有影响。由穆斯林商人、雇佣军等组成的伊斯兰教社区在定居地区占有重要地位。860 年左右拜占庭派遣圣西里尔(Saint Syril,827~869 年)前往可萨汗国与犹太教拉比、伊斯兰教徒在可萨可汗朝廷上进行宗教辩论。但是圣西里尔并不成功,只使 200 人信奉了基督教。可萨汗国的司法制度反映了宗教的多样,京城总共设有 7 位法官,处理犹太教徒、穆斯林与基督教徒事务的法官各两名,处理异教徒事务的法官一名。

八九世纪之交,可萨汗国开始面对一个新兴的强大对手——罗斯人。罗斯王子奥列格(Oleg)率领庞大舰队远征君士坦丁堡,911 年与拜占庭缔结了和约。约 913 年可萨可汗同意让罗斯人的 500 艘战船、5 万人的军队顺伏尔加河而下,进入里海,条件是必须分享一半战利品。罗斯人舰队进入里海后,对沿岸的岐兰(Jilān)、低廉(Daylam)、陀拔斯单、阿哲儿拜占、巴库等地烧杀抢掠。可萨汗国的穆斯林雇佣军得知罗斯人在里海沿岸屠杀穆斯林的消息后,要求可汗准许他们去与罗斯人作战,可汗只得答应。双方战斗了 3 天,罗斯人被杀 3 万多。罗斯人的这次失败并没有终止他们的扩张,他们与拜占庭呼应,对可萨汗国构成了更严重的威胁。

拜占庭长期以来基本上是与可萨联盟以抗衡阿拉伯人的,但是,九十世纪之交,改变了态度,怂恿比千、黑不里阿耳人、乌古斯人、阿兰人等反对可萨人。拜占庭皇帝罗曼努斯(Romanus I,920~944 年在位)932 年开始迫害犹太人,大量犹太人不断逃亡到可萨汗国去。在罗曼努斯的鼓动下,奥列格攻占了塔曼半岛上的可萨人城市特穆塔拉干(Tmutorokan)。可萨人将领进行反击,迫使他反过来进攻拜占庭。奥列格去世后,新的基辅罗斯(Kievan Rus)王子伊戈尔(Igor)944 年与拜占庭签订了新约,保证自由贸易与战时相互援助。可萨只得同时面对两个强大的敌人。可萨王约瑟(Joseph)下令进攻塔曼半岛上的拜占庭领土,禁止罗斯舰队进入里海,也禁止敌军通过打耳班,与两大强敌处于战争状态。962 年可萨人向克里米亚大举进攻,那里的哥特人(Goths)向罗斯求救。基辅罗斯大公斯维亚托斯拉夫(Svyatoslav,962～972 年在位)出兵援救,965 年攻克可萨汗国在顿河下游的重镇沙克尔,后来又攻克可萨汗国首都阿得城。

可萨人四散逃亡,有的逃到里海的一些岛屿上,有的逃到巴库。可萨可汗遂改宗伊斯兰教,以换取花剌子模的支持。可萨可汗乔治·佐勒(Georgius Tzul)所控制的领土只限于克里米亚、塔曼半岛,以及顿河、伏尔加河与高加索之间的狭窄地带。1016 年拜占庭皇帝瓦西里二世(Basil II,976～1025 年在位)与罗斯军队联军进攻他,将他俘虏。可萨王国规模与力量都更加缩小,可能残存到蒙古西征为止。

19.2 喀喇汗王朝

喀喇汗王朝(Karakhanids)得名于该王朝君主使用过的称号之一——喀喇汗(Kara Kaghan);该王朝副汗的称号中常有伊利(Ilek)的字样,故又被称为伊利汗朝(Ilek-Khans)。当时的伊斯兰史料只把该王朝简称为“可汗王朝”(al-Khaghaniyya),汉籍作“黑韩王”、“黑汗王”,又称其为“大石(Tazik)”。

喀喇汗王朝的汗族可能出自回鹘。立国于蒙古高原上的回鹘汗国于公元 840 年崩溃,部众四散,庞特勤率 15 部西奔葛逻禄(七河地区)。庞特勤自称可汗,势力扩大到唐朝的北庭与安西两个都护府所辖的大部分地区(天山南北)。因为唐朝屡有公主嫁给回鹘王族,回鹘可汗通常称唐帝为阿舅。黑汗王自视为回鹘王族后裔,沿袭了这种姻亲称谓,在外交文书中把宋朝皇帝称为阿舅。

喀喇汗王朝建立之初,就与河中的萨曼王朝争夺领土。840 年萨曼王朝的努赫·伊本·阿萨德(Nuh ibn Asad)向喀喇汗王朝的毗伽阙·卡迪尔汗(Bilgä Kül Qadir Khan)进攻,占领了白水城(Isfijab,今哈萨克斯坦奇姆肯特附近)。汗国的等级制度采用的尊号和称号出自突厥语:汗(Khan)、伊利(Ilek)、特勤(Tegin)等等,在贵族尊号前面往往加上动物的名称:狮子[阿尔斯兰(Arslan)]、公驼[博格拉(Bughra)]、猎鹰[托干(Toghan)]、狼(步离[Böri])、兔鹰(册割[Cagri])等等;主要官职有宰相、将军、内侍官、秘书官、财务官等。喀喇汗朝已经充分意识到冲制钱币是主权的重要标志,他们通常在钱币上冲制上统治者的尊号。

喀喇汗朝与萨曼朝的边境冲突与商业来往促进了伊斯兰教对喀喇汗朝的渗透。毗伽阙·卡迪尔汗的孙子萨图克(Satuq)接受了伊斯兰教,称博格拉汗。萨图克于955年去世,长子木萨(Mūsā)继位,称阿尔斯兰汗,驻喀什噶尔。木萨在苏菲派教士的帮助下,实现了汗国的伊斯兰化。960年他宣布伊斯兰教为国教,20万帐突厥人皈依了伊斯兰教,成为突厥诸族伊斯兰化的一个里程碑。木萨以"圣战"为由向佛教中心于阗发动进攻,970年前不久,于阗曾进占疏勒的数座城市,战争经过30多年,直到11世纪初喀喇汗朝才征服于阗。

喀喇汗朝的伊斯兰化并未阻止它继续与伊斯兰教伊朗族的萨曼朝争夺领土。萨图克的孙子哈桑(Hasan b. Sulaymān,他的后裔被称为哈桑系)990年出兵夺回了白水城,991~992年占领了费尔干纳,992年占领了撒马尔罕和萨曼朝的首都布哈拉,他在钱币上冲制博格拉汗的尊号以庆祝这些军事胜利。但哈桑不久得病,迫使他放弃了布哈拉,在撤军途中死去。

哈桑的去世只是延缓了萨曼朝灭亡的时间,喀喇汗朝不久就从萨曼朝内部冲突中找到了盟军。萨曼朝突厥族奴隶出身的禁军首长阿勒波的斤(Alp Tegin)962年在伽色尼(Ghazni,今阿富汗加兹尼)拥兵割据,他的女婿萨布克的斤(Sebük Tegin,977~997年)继位,建立了伽色尼王朝(962~1186年)。萨布克之子马赫穆德(Mahmud,998~1030年)继位后,于999年夺取了萨曼朝阿姆河以南的地区,这为喀喇汗朝给萨曼朝致命一击提供了大好时机。木萨之孙、阿里('Ali b. Mūsā,他的后裔被称为阿里系)的长子阿赫马德(Ahmad b. 'Ali)998年继位,称托干汗,以巴拉沙衮(Balasaghun,今吉尔吉斯之托克马克南)为都城。但是,更活跃的是他的弟弟纳赛尔(Nasr b. 'Ali),他在征服赭时

（Chach，今塔什干）与撒马尔罕后，于999年在没有遇到任何抵抗的情况下征服布哈拉，将喀喇汗朝王族押回讹迹邗（Ozkend，今吉尔吉斯之乌兹根）。时人或许未必理解萨曼王朝灭亡这一历史事件的意义，今天看来，这一事件标志着印欧人种在中亚统治地位的结束，从此信奉伊斯兰教的突厥人占据了中亚舞台的中心，而且他们不断西进，直抵小亚细亚，从根本上改变了欧亚内陆的种族－文化构成。

伊朗族萨曼朝的故土被两个突厥族王朝瓜分，阿姆河以北归喀喇汗朝，以南归伽色尼朝。喀喇汗朝不可避免地把日益强大的伽色尼朝视为最大的威胁。伽色尼朝的马赫穆德经常对印度发动"圣战"，掠夺大量财富。1006年他又发动了这种战争，喀喇汗朝乘虚而入，派兵南渡阿姆河，侵入伽色尼朝的领土。马赫穆德闻讯从印度回军击败了喀喇汗朝的军队。喀喇汗朝向西扩张虽然受阻，在东方却征服了于阗，于1009年向宋朝派出了使臣，建立了外交关系。

这时喀喇汗朝的疆域东南包括于阗；东面与高昌回鹘为邻（疆界在今阿克苏与拜城之间）；东北至阿尔泰山，与辽朝为邻；北抵巴尔喀什湖；西北至咸海，包括花剌子模；西南以阿姆河为界与伽色尼朝相邻，南面包括帕米尔。境内有回鹘、葛逻禄、炽俟（Chigil）、样磨（Yaghmā）、古斯（Oghuz）等突厥语诸民族以及粟特人等伊朗语民族。它的都城是巴拉沙衮，但是王室并不居住在都城里，而是居住在附近的牙帐里，称哈喇斡耳朵（Qara Urdu）或虎思斡耳朵（Quz Urdu），游牧生活方式的传统仍然很强大。喀什噶尔和怛逻斯（今哈萨克斯坦之江布尔城）为境内重要城市。喀喇汗朝初期（到大约1040年为止）仍有一个公认的大可汗，境内的领土分封给王族或部落首领，各领地之间经常发生战争，疆界变动不定。

11世纪初喀喇汗朝王族的长支阿里系控制了大部分疆域，他们与花剌子模沙第一王朝（Khwarezm-Shahs，995~1017年）结成同盟，以制衡咄咄逼人的伽色尼朝。伽色尼朝的马赫穆德由此产生强烈敌意，于1017年征服花剌子模，将其作为藩属，史称花剌子模沙第二王朝（1017~1043年），从此阻止了喀喇汗朝向西扩张的可能性。

阿里系不仅在西方失利,东部首府喀什噶尔也落入了幼支哈桑系的于阗统治者卡迪尔汗玉素甫(Yūsuf Kadïr Khan,1026~1032年为大汗)之手。喀喇汗朝早在10世纪前半叶就与辽朝建交,996年曾遣使请婚,未成。1012年辽朝派兵征伐阻卜,进至翼只水(额尔齐斯河),路经白拔烈(别失八里之东,今新疆济木萨尔),误掠喀喇汗的军队,经过解释,复归友好。玉素甫势力鼎盛之际,又于1020年为儿子册割(Cagri Tegin)向辽朝请婚,1021年复遣使请婚。辽朝遂封王子班郎君胡思里女可老为公主,嫁给册割。玉素甫与强大的辽朝缔结政治婚姻,大大加强了自己在喀喇汗朝内的地位。

玉素甫的弟弟阿里特勤('Ali Tegin)夺取了布哈拉等城市,与新近崛起的塞尔柱人结盟,控制了河中地区。从此喀喇汗朝的大部分疆域落入了哈桑系手中,这引起了伽色尼朝的马赫穆德的警觉,于1025年进军河中,在撒马尔罕城南与大可汗玉素甫会盟,约定共同对付阿里特勤。但是阿里特勤受挫后东山再起,直到1034年去世,始终是伽色尼朝的劲敌。阿里特勤死后,他的儿子们未能保住哈桑系在河中的地位。灭亡萨曼朝的纳赛尔的儿子伊卜拉欣(Ibrāhīn,号步离特勤[Böri Tegin])逐步恢复了阿里系在河中的地位。

步离特勤一度被哈桑系可汗们所囚禁,后来出逃,纠集了一支军队,夺取了赤鄂衍那(Chaghaniyan),作为侵占河中的基地,自行发行钱币。接着他几乎夺取了整个河中地区,1040年其钱币上的尊号改为桃花石博格拉汗(Tamghach Bughra Khan),形成独立王国。喀喇汗朝遂分裂为东西两个汗国:阿里系统治西部汗国,即河中地区,以撒马尔罕为都城;东部汗国仍然留在哈桑系手中,包括七河地区、喀什噶尔与费尔干纳,以巴拉沙衮为都城。

西部汗国的第一个统治者就是桃花石汗伊卜拉欣(1041~1068年),他关心经济发展,在整个西部汗国统一发行铜银合金货币,有利于市场价格的稳定。他利用东部汗国的内争,出兵占领了费尔干纳谷地后,禁止使用形状各异的铜铅合金钱币,一律改用冲制伊卜拉欣桃花石汗字样的新钱。他严刑峻法,平抑物价,削弱分封势力,社会比较安定,国库相当充实,修建了不少富丽堂皇的建筑物。在穆斯林史料中他被描绘成一位虔诚而公正的国王的楷模。他在世时,以及他的儿子在位时,西部喀喇汗朝已经遭到塞尔柱帝国的威胁。西部喀喇汗朝内部王权与教权的斗争为塞尔柱帝国的干预创造了新的机会。1089年伊斯兰教法官呼吁塞尔柱苏丹出兵,结果西部喀喇汗朝首都撒马尔罕被塞尔柱朝军队攻破,汗国沦为塞尔柱朝的附庸,有些钱币上冲制上了塞尔柱苏丹们的名字。塞尔柱朝的军队继续向东进兵,一直打到讹迹邗,迫使东部喀喇汗朝也一度归顺。塞尔柱苏丹桑贾尔(Sanjar)1130年复占领撒马尔罕,任意废立喀喇汗,实际上统治了河中。

东喀喇汗朝的第一代大汗是哈桑系的苏莱曼(Sulaymān b. Yūsuf,1032~1056年),称阿尔斯兰汗,在位期间,1043年有一万余帐游牧于不里阿尔(Bulghār)和巴拉沙衮之间的突厥人接受了伊斯兰教,加强了汗国的人力资源。苏莱曼直接统治的喀什噶尔当时已经发展成汗国的文化与宗教中心,迅速成为向塔里木盆地周边地区传播伊斯兰教的桥头堡。当伊斯兰教进一步向东传播之际,一股强大的军事力量却自东向西迫近:辽朝灭亡后,宗室耶律大石西遁,召集余众,建立西辽,自称菊尔汗(Gür Khan),西征中亚。耶律大石应东部喀喇汗朝的请求,出兵助其平定境内葛逻禄人的叛乱,于1134年乘机占领七河地区,把巴拉沙衮作为自己的首都。

西辽使东部喀喇汗朝臣服后,继续西进河中,遂与西部喀喇汗朝的宗主塞尔柱帝国发生冲突。1141年西辽军队在撒马尔罕附近的卡特万(Qatwan)会战中,大败塞尔柱大军,西部喀喇汗朝复沦为西辽的附庸。1156年,西部喀喇汗朝的伊卜拉欣桃花石汗三世(Ibrāhīm III Tamghach Khan)被葛逻禄人俘杀,阿里系王统遂绝。西部喀喇汗朝的统治权转到费尔干纳系手中,内部像先前一样受到葛逻禄人的困扰,外部则受到强盛的大花剌子模沙王朝(1097~1231年)的威胁。西部喀喇汗朝的最后一个统治者是奥斯曼('Uthmān),他虽然从他父亲那里继承了"伟大的苏丹之苏丹"(ulugh sultā al-salātīn)的尊号,但处于西辽与花剌子模两强之间,处境极为困难复杂。投靠西辽的蒙古乃蛮

223

部首领屈出律(Küchlüg)1209 年与花剌子模联合进攻西辽,1210 年花剌子模军队在怛逻斯会战中,大败西辽军队。穆斯林们甚至把花剌子模沙赫摩诃末(Khwarazm Shah Muhammad b. Tekish, 1200~1220 年)与武功赫赫的亚历山大大帝和塞尔柱苏丹桑贾尔相提并论。次年,屈出律灭亡了西辽。花剌子模遂取得了对河中的全面控制,他们的严厉统治引起了西部喀喇汗朝苏丹奥斯曼的反抗和撒马尔罕人民的起义。1212 年撒马尔罕遭到花剌子模大军的围攻。奥斯曼求降未成而被杀,西部喀喇汗朝灭亡。花剌子模征服河中以后,成为一个包括中亚、阿富汗和波斯地区的庞大帝国,以撒马尔罕为首都。但这个帝国只是不稳固的行政军事联合体,不久以后在蒙古大军的攻击下,迅速土崩瓦解。

东部喀喇汗朝的最后一位统治者是穆罕默德二世(Muhammad II),他曾起兵反抗西辽的统治,被菊尔汗俘虏囚禁。屈出律取代菊尔汗后,把他从监狱中放出来,送回喀什噶尔。但是 1211 年当地贵族将其刺死,东部喀喇汗朝灭亡。屈出律虽然夺取了西辽政权,但也好景不长,数年之后即被宿敌成吉思汗派兵追杀。

喀喇汗王朝是第一个真正的突厥－伊斯兰国家,成为以后一系列类似国家的先驱。喀喇汗王朝继承了以前的突厥文化传统,在使用阿拉伯文的同时,也使用回鹘文。王朝前期就开始了活跃的突厥语文学活动,最著名的作品是麻赫默德·喀什噶里(Mahmūd al-Kāshgharī)1077 年用阿拉伯文写成的《突厥语大辞典》(Dīwān lughāt al-turk)。麻赫默德·喀什噶里可能出身喀喇汗朝的王族,《突厥语大辞典》可以说是一部前无古人的划时代巨著,就其对当时突厥语语音、语法的科学理解及其系统性来说,都达到了时代的高峰。另一部巨著是玉素甫·哈斯·哈吉甫(Yūsuf Khāss Hādjib)1069 年写下的长诗《福乐智慧》(Kutadghu Bilig),献给东部喀喇汗朝的博格拉汗哈桑(Hasan b. Sulaymān,1074~1103 年)。这些作品代表着新的突厥－伊斯兰文化的形成,这种文化对欧亚内陆的历史影响深远。

19.3　塞尔柱帝国

11 世纪塞尔柱(Seljuk)家族率领乌古斯(Oghuz)诸部南侵中亚、

西亚建立的帝国被称为塞尔柱帝国。乌古斯起源于6世纪天山东部的乌护等铁勒诸部。可能是8世纪下半叶,葛逻禄强盛,占据突骑施楚河流域的故地,引起了乌古斯的迁移。10世纪他们游牧于咸海北面和里海东面的草原,远及乌拉尔河,首领称叶护,驻冬之地为锡尔河流入咸海的入海口附近的养吉干(Yengi-Kent)。乌古斯的主要部落为乞尼黑(Qïnïq),塞尔柱家族就属于这个部落。塞尔柱自己担任过军队首领(Sü-Bashï)。因叶护嫉妒塞尔柱权力的增长,塞尔柱于985年前后率部东迁,落脚于锡尔河中下游的毡的(Jand)。塞尔柱有4个儿子:米哈依尔(Mīkā'īl)、以色列(Isrā'il)、木萨(Mūsā)和玉努斯(Yûnus)。从名字来看,塞尔柱可能受到可萨汗国犹太教的影响。塞尔柱死于毡的,他的家族和追随者们皈依了伊斯兰教逊尼派,成为"迦齐"(al-ghāzi,征伐者),后来南迁河中。

塞尔柱人有时为萨曼朝保卫边疆,有时又在喀喇汗或花剌子模统治者麾下南征北战,就看谁能给他们最多的战利品和游牧之地。999年萨曼朝被瓜分后,在喀喇汗朝与伽色尼朝的斗争中,塞尔柱的儿子阿尔斯兰·以色列(Arslan Isrā'il)自立为叶护,率部帮助喀喇汗朝的阿里特勤争夺河中。阿尔斯兰·以色列后来被伽色尼的马赫穆德抓住,囚死在北印度的一个堡垒中。他的部众约4000户获得伽色尼的马赫穆德的同意,迁居呼罗珊北部。其他的塞尔柱人则继续留在粟特地区。

1034年,喀喇汗朝的阿里特勤去世,塞尔柱的孙子托格里尔(Toghrïl)与恰格里(Chaghrï)率领部众,从河中返回花剌子模。但是,乌古斯叶护沙·马里克(Shāh Malik)对塞尔柱人大举进攻,杀了七八千人,夺取了大量战利品。惨败的上万塞尔柱人起先请求伽色尼新君主马苏德(Ma'sūd,1034~1041年)允许他们迁居呼罗珊北部,接着于1035年强行向那里的奈撒(Nasa)进军,马苏德只得把奈撒等地赐给他们,并封其首领为德赫干(dihqān,总督),与之联姻。

但是托格里尔(1037~1063年在位)得寸进尺,要求获得马鲁(Merv)。马苏德当然不可能同意把马鲁这样富庶的城市割让给游牧

·欧·亚·历·史·文·化·文·库·

民族,但派兵镇压塞尔柱人却未能成功。马苏德与乌古斯叶护沙·马里克联合,南北夹攻塞尔柱人,亲率5万大军出征。塞尔柱人撤往沙漠地带,持续不断地以游击战袭扰敌人,使其陷入困境。马苏德率大军撤退,经过撒剌哈夕(Sarakhs)北面的沙漠时,那里的水井已全部被塞尔柱人破坏,缺水的伽色尼军队屡遭袭击,士气低落。1040年5月在马鲁附近的丹丹坎(Dandanqan)遭到塞尔柱军队的全线进攻,被打得大败。这场大战对伊朗地区的未来和塞尔柱人最终统治大部分伊斯兰文明世界具有决定性意义。

马苏德逃往印度,次年被部下所杀。托格里尔自立为呼罗珊艾米尔,与兄弟恰格里呼应,迅速扩大塞尔柱帝国的版图。恰格里以马鲁为首府,主要在东方攻城略地,夺取了巴里黑(Balkh)等地,控制了吐火罗地区,1043年进军花剌子模,将沙·马里克赶走,派官员管治花剌子模。塞尔柱人终于彻底战胜养吉干的乌古斯叶护,从此乌古斯人在塞尔柱人麾下,势头犹如海潮江浪,淹没了河中、花剌子模、呼罗珊和整个东伊朗,进而向西伊朗涌去。

托格里尔自己则主持向西扩张,将首都从中亚的你沙不儿(Nishapur)迁往新夺取的剌夷(Ray),接着又向西迁都到亦思法杭(Isfahan),1055年进入巴格达,灭亡了统治伊朗西南部与伊拉克、信奉十叶派的布韦希王朝(Buwayhid Dynasty,945~1055年)。1058年,托格里尔再次君临巴格达,阿拔斯哈里发嘎义木(al-Qā'im,1031~1075年)尊其为"苏丹"(al-sultān,意思是权威)、"东方和西方的国王"(malik al-mashriq wa'l-maghrib)。从此之后,苏丹作为世俗君主、哈里发作为精神领袖的体制得以确立,对后世伊斯兰世界具有重大影响。

恰格里1060年去世后,其子阿尔普·阿尔斯兰(Alp Arslan)继承了东方的统治权。3年以后托格里尔去世,阿尔普·阿尔斯兰从马鲁赶到剌夷,继位为塞尔柱朝苏丹(1063~1072年)。他在平定内部争位者之后,继续扩张,把突厥蛮人(Turkmens)各部落的"迦齐"(征伐者)进一步引向西方边境,侵略信奉基督教的外高加索和东安纳托利亚(Anatolia)。1064年春,他与宰相尼扎姆(Nizām al-Mulk)、儿子马里克

·沙(Malik Shāh)率军前往突厥族游牧部落聚集的阿哲尔拜占(阿塞拜疆[Azarbayjan]),攻克了拜占庭省区亚美尼亚(Armenia)首府阿尼(Ani),使穆斯林世界一片欣喜,1068年又一次蹂躏了谷儿只(格鲁吉亚[Georgia])。从中亚西迁的突厥诸族不断涌入安纳托利亚,1071年拜占庭皇帝罗马纽斯·戴奥哲尼斯(Romanos Diogenes,1068~1071年)率领本国军队与富浪人(Franks)、斡罗思人(Russians)、可萨人的雇佣军东征亚美尼亚,进行反击。阿尔普·阿尔斯兰闻讯应敌,在凡湖以北的曼齐卡特(Manzikert)赢得了决定性的胜利,俘获了拜占庭皇帝,后来允许他赎身。从此小亚细亚逐渐成为伊斯兰世界的一部分,塞尔柱人打下了这一地区突厥化的基础。

阿尔普·阿尔斯兰的主要武功在西方,但他并未忽视塞尔柱人的龙兴之地——中亚。他前往马鲁,为儿子马里克·沙娶了一个喀喇汗朝公主为妻,把东方各地重新在王族中进行分封。1065年他首次东征,在里海边上战胜并降服了钦察人(Qipchaqs),在你沙不儿附近举行了立马里克·沙为太子的仪式。1072年他第二次东征,欲将西部喀喇汗朝置于控制之下,亲率20万大军进攻河中。可是刚一出师,他就被一个堡坞酋帅刺死,出征就此结束。

马里克·沙继位后(1072~1092年在位),宰相尼扎姆从你沙不儿金库中提取70万枚银币,增发军饷,保证了军队的效忠。马里克·沙随即率军东进,夺回了喀喇汗乘阿尔普·阿尔斯兰被刺之机夺取的忒耳迷(Termez),并向撒马尔罕进军。喀喇汗请求塞尔柱朝宰相尼扎姆从中调停,马里克·沙允和,返回呼罗珊,下令加强忒耳迷的防守。马里克·沙统治的大部分时期,东线无战事。直到1089年西部喀喇汗朝的宗教界说服他出马惩处喀喇汗阿赫马德(Ahmad,1081?~1095年),他才率军进入布哈拉,攻克撒马尔干,废黜阿赫马德,进军费尔干纳的讹迹邗,使西部和东部喀喇汗朝相继臣服,后来又让阿赫马德继续做傀儡可汗。

马里克·沙更多的时间和精力用于平定争夺王位的王族,以及在西方进行扩张。1078~1079年他亲征外高加索,确立了对阿哲尔拜占

227

的统治,并派遣突厥蛮军队侵扰谷儿只。1084 年马里克·沙率军从亦思法杭出发,亲征叙利亚,立马地中海之滨。由于谷儿只国王的反叛,1086 年马里克·沙再次亲征外高加索,直达黑海之滨,解除了谷儿只对亚美尼亚边境的威胁。1087 年马里克·沙将女儿嫁给哈里发,为他生了一个外孙,有意让外孙兼任哈里发与苏丹。1091 年冬,马里克·沙将巴格达作为冬都,同时派兵遣将控制阿拉伯半岛上的伊斯兰教圣地麦加和麦地那,以及也门和亚丁。他显然蓄意取代有名无实的阿拔斯哈里发王朝,使塞尔柱帝国成为伊斯兰教神权国家。

阿尔普·阿尔斯兰与马里克·沙父子相继统治 30 余年(1063 ~ 1092),是塞尔柱朝的黄金时代。帝国的版图包括中亚、阿富汗北部、伊朗、外高加索、小亚细亚、伊拉克、叙利亚,以及阿拉伯半岛,可与阿拔斯王朝鼎盛时期相比。这一盛世的出现,与两朝宰相尼扎姆(1019 ~ 1063 年)的作用是不可分割的。塞尔柱人是游牧民族,武力强大,能马上得天下,却不能马上治天下。他们一旦征服广大的农耕地区,就不再是一个游牧的行国,势必借用波斯 - 伊斯兰传统的行政体制。尼扎姆出生于呼罗珊,正是专业的伊朗文官的代表,曾在伽色尼王朝为官。当他开始在恰格里麾下任职时,即把古老的波斯 - 伊斯兰行政传统带入了新建的塞尔柱帝国。他晚年写成《治国策》(Siyāsat-nāma)一书总结自己 30 余年的从政经验。苏丹是国家的最高元首,宰相领导一个枢密院(Dīwān)进行统治,行政官员大多数是波斯人。尼扎姆自己的儿子、弟子和家仆多身任中央与地方的要职,辅助他治理天下。父母们都想把自己的子弟送到尼扎姆家中读书,以便今后可以当官。尼扎姆在你沙不儿、巴格达等地兴建了伊斯兰经学院(madrasas),以他的名字命名(Nizāmiyyas),培养正统的神学家和教律学家,与唯理论的穆尔太齐赖派(Mu'tazilism)以及十叶派的分支易司马仪派(Isma'ilism)斗争,也训练可靠的秘书与行政人员。塞尔柱帝国常备军的核心是麦木鲁克(mamlūks),他们是从伊斯兰世界东方边疆地区抓来或买来的突厥奴隶,是经过军事训练培养出来的。不过,尼扎姆认为单一民族的军队比较危险,在突厥人之外,还须使用低廉人(Dailamites)、呼罗珊人、谷儿只人等不同民族的部队。同时,尼扎姆改进和扩大了采邑(iqtā's)制度,让乌古斯人的采邑主维持部落军队,作为常备军的补充。塞尔柱朝实行分封制,王族要人各有封地,中央政府一旦失去雄才大略的苏丹与励精图治的宰相,就很容易陷入内乱。

1092年尼扎姆被易司马仪派的一个刺客刺杀,不久马里克·沙也去世了,诸子争位,塞尔柱帝国四分五裂,主要可以分为4个部分:(1)伊拉克与呼罗珊的大塞尔柱帝国,延续到1194年;(2)克尔曼(Kirmān)的塞尔柱王朝,1092～1187年;(3)叙利亚的塞尔柱王朝,1092～1117年;(4)安纳托利亚的鲁木苏丹国(Sultanate of Rūm),1092～1308年。

在伊拉克与呼罗珊的塞尔柱王朝诸王的你争我夺之中,马里克·沙的次子桑贾尔(Ahmad Sanjar)约于1097年被封为呼罗珊王,1117年继位为大苏丹(1117～1157年)。他继续努力保持乃父赢得的对喀喇汗朝的宗主权,1130年出兵河中,占领撒马尔罕,几次废立喀喇汗,最后立外甥马赫穆德(Mahmud)为喀喇汗(1132～1141年)。突厥族的花剌子模沙阿忒昔思(Atsiz)也是塞尔柱朝的藩属,但是他发现失去了桑贾尔的信任,遂于1138年反叛。桑贾尔出兵花剌子模,击走阿忒昔思,另立自己的侄子统治花剌子模。但是,桑贾尔刚一走,阿忒昔思卷土重来,恢复了对花剌子模的统治,并进而攻破布哈拉。但是桑贾尔真正的对手是西辽,在1141年撒马尔罕东面激烈的卡特万会战中,桑贾尔的大军被西辽军队打得大败,桑贾尔与喀喇汗马赫穆德南逃呼罗珊。桑贾尔因战败而大失威望,他在呼罗珊增收军费更引起了乌古斯人的强烈不满,1153年被暴动的乌古斯人所俘。1156年他逃出囚禁,次年死去。塞尔柱朝将领们瓜分了呼罗珊的权力,后来逐步被花剌子模沙所并吞。

叙利亚的塞尔柱王朝为阿尔普·阿尔斯兰之子图图什(Tutush)所建。他1095年被杀后,两个儿子在具有保傅(atabeg)身份的将领的支持下,发动内战,争夺王位。1098年第一次十字军乘虚而入,占领了安条克(Antioch)。后来保傅干脆自立为王,终止了叙利亚的塞尔柱王统。

　　塞尔柱诸王朝中存续时间最长的是安纳托利亚的鲁木苏丹国。创立者是阿尔普·阿尔斯兰的堂兄弟苏莱曼沙(Sulaimān-Shāh,1077 ~ 1086 年)。他 1078 年进入安纳托利亚西北角的尼西亚(Nicaea),将其作为都城。但是,他为了争夺阿勒坡(Aleppo),与叙利亚王图图什发生战争,战败自杀。其子基利吉·阿尔斯兰(Qɪ-lɟch-Arslan I,1092 ~ 1107 年)在马里克·沙死后复国,1096 年打垮了第一次十字军由穷人组成的首批部队,但是没有能顶住其主力骑士部队的进攻,尼西亚失守,落入拜占庭之手,只得迁都安纳托利亚中部的科尼亚(Konya)。第二次十字军 1147 年在安纳托利亚受到重创,这使鲁木苏丹国的处境有所改善。更重要的是,基利吉·阿尔斯兰二世(1156 ~ 约 1185)迎击拜占庭皇帝曼努埃尔一世(Manuel I,1143 ~ 1180 年在位)对首都科尼亚的进攻时,1176 年 9 月在米里奥科法伦(Myriocephalum)峡谷中包围了拜占庭军队,迫使曼努埃尔一世求和。这是塞尔柱人继曼齐卡特之战后的第二次大胜,彻底断绝了拜占庭收复安纳托利亚的梦想。1190 年第三次十字军虽然攻入科尼亚,但是旋即签订和约,离境而去。1204 年第四次十字军居然兄弟阋墙,攻占同为基督教的拜占庭帝国首都君士但丁堡,拜占庭皇帝塞奥多利(Theodore I Laskaris,1204 ~ 1221 年)流亡尼西亚,国力衰弱。鲁木苏丹国乘机扩张,1207 年攻占安塔利亚(An-talya),在地中海边取得了出海口,与威尼斯签订了贸易条约;1214 攻占锡诺普(Sinop),取得了黑海边的重要港口,作为黑海舰队的基地,并迫使黑海边的希腊人特拉布松王国(Trebizond)纳贡。鲁木苏丹国从一个内陆国家变成了海上强国,过境贸易趋向繁荣,经济实力大增。苏丹凯－库巴德('Alā' al-Dīn Kay-Qubād,1220 ~ 1237 年)时代鲁木苏丹国最为繁荣,他是安纳托利亚无可争议的君主,也是周围希腊人、亚美尼亚人和谷儿只人小国的宗主,甚至派遣舰队远征克里米亚的粟特(Sughdak),俨然是黑海的海上霸主。这位富于远见的苏丹也加强了重要城市的城防,因为他已经看到了蒙古侵略的威胁。

　　10 ~ 13 世纪,出自内陆欧亚的游牧民族——突厥人对定居文明的影响是史无前例的,超过了以往兴起于中亚的游牧民族,比如贵霜、匈人与阿瓦尔对北印度、中欧与东欧的影响。突厥人的活动地域更加广阔,更加具有国际性。他们建立过可萨汗国、喀喇汗王朝、伽色尼王朝、花剌子模强国与塞尔柱帝国等国家,留下了不可磨灭的印记。可萨汗国的犹太人与犹太化的可萨人可能融入了基辅罗斯的讲斯拉夫语的犹太人之中;穆斯林则融入了伏尔加流域与北高加索的突厥–穆斯林之中。由于几个突厥王朝连续统治河中,大量突厥人移入这一地区,古代伊朗文化的东方前哨河中与花剌子模几乎完全突厥化了,今天只有塔吉克还保持着明显的伊朗文化特征。呼罗珊北部与阿塞拜疆原来的伊朗族孑遗也成了突厥族汪洋大海中的文化种族孤岛。突厥族边疆武士——迦齐与游牧民如潮水般地涌入亚美尼亚与安纳托利亚,取代了亚美尼亚王子与拜占庭帝国、特拉布松王国的希腊人贵族,掌控了政治与军事事务,使这一广大地区伊斯兰化和突厥化,为以后奥斯曼土耳其的崛起打下了基础。

主要参考文献

蔡鸿生.唐代九姓胡与突厥文化[M].北京:中华书局,1998.

岑仲勉.西突厥史料补阙及考证[M].北京:中华书局,1958.

陈述.契丹政治史稿[M].北京:人民出版社,1986.

程尼娜.金代政治制度研究[M].长春:吉林大学出版社,1999.

冯承钧.西域地名[M].北京:中华书局,1980.

冯承钧.西域南海史地考证论著汇辑[M].北京:中华书局香港分局,1976.

耿世民.新疆文史论集[M].北京:中央民族大学出版社,2001.

何俊哲,等.金朝史[M].北京:中国社会科学出版社,1991.

华涛.西域历史研究(八至十世纪)[M].上海:上海古籍出版社,2000.

慧超.往五天竺传笺释[M].张毅,笺译.北京:中华书局,2000.

慧立.大唐大慈恩寺三藏法师传[M]//光中法师.唐玄奘三藏传史

汇编.台北:东大图书公司,1995.

纪宗安.西辽史论·耶律大石研究[M].乌鲁木齐:新疆人民出版社,1996.

金毓黻.东北通史:上编[M].[S. l.]:五十年代出版社,1943.

林梅村.古道西风——考古新发现所见中西文化交流[M].北京:三联书店,2000.

林梅村.西域文明——考古、民族、语言和宗教新论[M].北京:东方出版社,1995.

林悟殊.摩尼教及其东渐[M].台北:淑馨出版社1997.

刘浦江.辽金史论[M].沈阳:辽宁大学出版社,1999.

马雍.西域史地文物丛考[M].北京:文物出版社,1990.

孟宪实.汉唐文化与高昌历史[M].济南:齐鲁书社,2004.

荣新江.中古中国与外来文明[M].北京:三联书店,2001.

芮传明.大唐西域记全译[M].贵阳:贵州人民出版社,1995.

芮传明.古突厥碑铭研究[M].上海:上海古籍出版社,1998.

王慎荣,等.东夏国[M].天津:天津古籍出版社,1990.

王素.高昌史稿:交通篇[M].北京:文物出版社,2000.

王素.高昌史稿:统治篇[M].北京:文物出版社,1998.

王小甫.唐、吐蕃、大食关系史[M].北京:北京大学出版社,1992.

王欣.吐火罗史研究[M].北京:中国社会科学出版社,2001.

王治来.中亚史纲[M].长沙:湖南教育出版社,1986.

魏良弢.西辽史纲[M].北京:人民出版社,1991.

魏良弢.西辽史研究[M].银川:宁夏人民出版社,1987.

魏良弢.喀喇汗王朝史稿[M].乌鲁木齐:新疆人民出版社,1986.

吴玉贵.突厥汗国与隋唐关系史研究[M].北京:中国社会科学出版社,1998.

许序雅.唐代丝绸之路与中亚历史地理研究[M].西安:西北大学出版社,2000.

玄奘,辩机.大唐西域记校注[M].季羡林,张广达,等,校注.北京:

中华书局,1985.

薛宗正.突厥史[M].北京:中国社会科学出版社,1992.

张广达.西域史地丛稿初编[M].上海:上海古籍出版社,1995.

张正明.契丹史略[M].北京:中华书局,1979.

章巽,芮传明.大唐西域记导读[M].成都:巴蜀书社,1989.

粟特人在中国:历史、考古、语言的新探索国际研讨会(2004年4月23~25日)会议论文[C].北京:2004.

〔美〕希提.阿拉伯通史[M].马坚,译.北京:商务印书馆,1979.

莫尼克·玛雅尔.古代高昌王国物质文明[M].耿昇,译.北京:中华书局,1995.

〔古代阿拉伯〕马苏第.黄金草原:1/2[M].耿昇,译.西宁:青海人民出版社,1998.

〔法〕沙畹.西突厥史料[M].冯承钧,译.北京:中华书局,2004.

李特文斯基,等.中亚文明史:3[M].马小鹤,译.[S. l.]联合国教科文组织,2003.

程尼娜.辽代女真属国、属部研究[J].史学集刊,2004(4):84-90.

耿世民.黑汗王朝时期维吾尔文献[M]//耿世民.维吾尔古代文献研究.北京:中央民族大学出版社,2003:491-500.

龚方震.可萨汗国——东西方贸易的枢纽[M]//中外关系史论丛.天津:天津古籍出版社,1994:101-120.

侯灿.麴氏高昌王国官制研究[M]//文史:第22辑.北京:中华书局,1984:29-76.

蒋其祥.黑汗朝名称考——兼辨黑汗非喀喇汗译名[J].西域研究,2001(1):51-56.

蒋其祥.试探隋唐五代十国时期西域货币文化[M]//中国历代货币大系(3):隋唐五代十国货币.上海:上海古籍出版社,1991:496-511.

蓝琪.尼扎姆·莫尔克及其《治国策》[J].贵州师范大学学报,

2000(3):30 – 33.

　　李锡厚.辽金时期契丹及女真族社会性质的演变[J].历史研究, 1994(5):40 – 54.

　　林梅村.布古特所出粟特文突厥可汗纪功碑考[J].民族研究, 1994(2):64 – 71.

　　麻赫默德·喀什噶里.突厥语大辞典[M].校仲彝,等,译.北京:民 族出版社,2002.

　　马小鹤.公元八世纪初年的粟特——若干穆格山文书的研究 [M]//中亚学刊:第 3 辑.北京:中华书局,1990:109 – 138.

　　马小鹤.米国钵息德城考[M]//中亚学刊:第 2 辑.北京:中华书 局,1987:65 – 75.

　　马小鹤.七一二年的粟特[J].新疆大学学报,1986(1):72 – 81.

　　马小鹤.唐代波斯国大酋长阿罗憾墓志考[M]//中外关系史:新史 料与新问题.北京:科学出版社,2004:99 – 127.

　　马一虹.渤海与唐的关系[J].亚洲游学,1999(6):45 – 53.

　　彭向前.试论辽对西夏的遏制政策[J].西北民族研究,2003(4): 49 – 54.

　　荣新江,王素.高昌史稿·统治篇[J].历史研究,1999(3):186 – 188.

　　芮传明.粟特人在东西交通中的作用[J].中华文史论丛,1985 (1):49 – 67.

　　施荣新.近百年来的高昌政治史研究概况[J].新疆师范大学学 报,2004,25(4):91 – 96.

　　王小甫.契丹建国与回鹘文化的关系[J].中国社会科学,2004 (3).

　　钱伯泉.大石国史研究——喀喇汗王朝前期史探微[J].西域研 究,2004(4):37 – 46.

　　徐文堪.关于吐火罗人的起源和迁徙问题[J].Sino-Platonic Pa- pers,1994,53.

徐文堪.评王欣新著《吐火罗史研究》[J].史林,2003(4):116-118.

杨建新.吐火罗论[J].西北史地,1986(2):18-31.

郁越祖.高昌王国政区建制考[M]//历史地理研究:2.上海:复旦大学出版社,1990.

张广达.关于马合木·喀什噶里的《突厥语词汇》与见于此书的圆形地图[M]//张广达.西域史地丛稿初编.上海:上海古籍出版社,1995:57-82.

〔日〕冈本孝.粟特钱币考[J].冯继饮,译.中国钱币,1987(1):43-48.

列夫斯基.布古特粟特文碑铭补正[M].龚方震,译//中外关系史译丛:第3辑.上海:上海译文出版社,1986:35-53.

〔日〕内田吟风.吐火罗国史考[J].斯英琦,徐文堪,译.民族译丛,1981(3/4).

〔日〕桑山正进.慧超往五天竺国传研究[M].京都:京都大学人文科学研究所,1992.

〔日〕冈本孝.ソグド王统考[J].东洋学报,第65卷第3-4号,1984年,第71-104.

Litvinskii B A,Bromberg C A. The archaeology and art of Central Asia studies from the former Soviet Union [J]. Bulletin of the Asia Institute,1996.

Barthold V. Turkestan down to the Mongol Invasion[M]. London:[s.n.],1977.

Yarshater E. Cambridge History of Iran:3[M]. Cambridge:Cambridge University Press,1983.

Dunlop D M. The history of the Jewish Khazars[M]. New Jersey:Princeton University Press,1954.

Encyclopaedia of Islam[M]. Leiden:[s.n.],1987.

Great Soviet encyclopedia[M]. New York:[s.n.],1973-1983.

Hudūd al-'ālam. The Regions of the World: A Persian Geography,372 A H - 982 A D[M]. London: [s. n.] ,1937.

Le Strange G. The lands of the Eastern Caliphate[M]. Cambridge: [s. n.] ,1905.

Narshakhî. The History of Bukhara[M]. Cambridge: [s. n.] ,1954.

Sims-Williams N. New light on ancient Afghanistan—the decipherment of Bactrian[M]. London: University of London Press,1997.

Sims-Williams N. Bactrian documents: I[M]. Oxford: Oxford University Press, 2000.

Balādorī, Fotūh, tr Hitti. The Origins of the Islamic State [M]. New York: [s. n.] ,1916.

Gibb H A R. The Arab Conquests in Central Asia[M]. New York: [s. n.] ,1923.

Frye R N. The Golden Age of Persia: The Arabs in the East[M]. London, New York: [s. n.] ,1975.

Holt P M, etc. Cambridge History of Islam: V I A [M]. Cambridge: Cambridge University Press,1977.

Hugh K. The early Abbasid Caliphate [M]. Totowa, New Jersey: [s. n.] ,1981.

Tabarī. The History of al-Ṭabari = Ta' rīkh al-rusul wa' l-mulūk[M]. New York: State University of New York Press,1985—2007.

Frye R N. The Heritage of Central Asia: From Antiquity to the Turkish Expansion[M]. Princeton: [s. n.] ,1996.

Al-Bakhit M A, etc. History of Humanity, VIV, From the Seventh to the Sixteenth Century[M]. [S. l.]: UNESCO,2000.

Boyle J A. The Cambridge History of Iran: V. The Saljuq and Mongol Periods[M]. Cambridge: [s. n.] ,1968.

Nizam al-Mulk. The Book of Government or Rules for Kings: The Siyar-al-Muluk or Siyasat-nama of Nizam al-Mulk[M]. London: [s. n.] ,1978.

Golb N, Pritsak O. Khazarian Hebrew Documents of the Tenth Century [M]. New York: Cornell University Press, 1982.

Kafesoğlu I. A History of the Seljuks. Ibrahim Kafesoğlu's Interpretation and the Resulting Controversy[M]. Carbondale: [s. n.], 1988.

Golden P B. An introduction to the history of the Turkic peoples: ethnogenesis and state formation in medieval and early modern Eurasia and the Middle East[M]. Wiesbaden: Otto Harrassowitz, 1992.

History of civilizations of Central Asia, IV, The age of achievement: A D 750 to the end of the fifteenth century: Part One, The historical, social and economic setting[M]. [S. l.]: UNESCO Publishing, 1998.

Judah. The Kuzari: In defense of the despised faith[M]. Jerusalem: Feldheim Publishers, 1998.

Brook K A. The Jews of Khazaria[M]. Northvale: [s. n.], 1999.

Ibn al-Athīr. The annals of the Saljuq Turks: Selections from al-Kāmil fī'l-Ta'rīkh of 'Izz al-Dīn Ibn al-Athīr[M]. London: [s. n.], 2002.

Брыкина Г А. Средняя Азия в раннем средневековье [M]. Москва: [s. n.], 1999.

Смирнова О И. Сводный каталог согдийских монет: Бронза [M]. Москва: [s. n.], 1981.

欧·亚·历·史·文·化·文·库·

蒙古的部落化进程经历了一个漫长的历史时期，从公元7～11世纪，蒙古一直是在中原王朝与高原强部的夹缝中艰难生存，时常处于被吞并、灭亡的危险边缘。12世纪以后，内陆欧亚局势动荡，蒙古高原出现权力真空状态，为蒙古部的发展壮大提供了一个良好的历史机遇。时势造英雄。在铁木真的领导下，以乞颜部为主体的蒙古融合其他部族，结束了高原混乱的局面，并建立了蒙古汗国。短短20余年间，蒙古族不仅完成了自身由部落到国家的转变，而且为后来对欧亚大陆的用兵奠定了基础。其后半个多世纪里，在铁木真及其后嗣窝阔台、贵由、蒙哥、忽必烈的领导下，蒙古铁骑所向披靡，向西征服了中亚、西亚的伊斯兰世界，南俄草原、罗斯诸公国和东欧诸国，前锋甚至一度进抵多瑙河畔，并与东非的埃及马木鲁克王朝直接交锋；向东臣服了朝鲜半岛，并两度试图横渡日本海，征服日本列岛；向南（及东南）用兵于安南、缅甸、爪哇等地区，从而构建了一个庞大的游牧军事帝国，使因割据而中断的欧亚陆上交通线得以畅通，并改变了欧亚大陆的政治、文化、经济、民族等格局。不过，蒙古人在取得赫赫武功的同时，也给欧亚大陆的居民带来了巨大的灾难，其抢掠、徙民、杀戮、毁城等做法，造成被征服地区人口锐减、经济衰退的严重后果，成为人类文明发展史上的一大悲剧。

第五编

20 蒙古肇兴

20.1 蒙古族的起源

有史以来蒙古高原便是作为游牧民族活动的中心区域和欧亚大陆的"动力策源地"而见诸多种文字著述。繁生于斯的各游牧民族此消彼长,以漠北鄂尔浑(Orqun)地区为中心催生了一次又一次的民族迁徙浪潮。游牧民的迁徙不仅对周边定居文明造成了巨大的压力,而且改变了欧亚大陆的政治格局、民族分布、人种成分等,并深刻影响到社会经济等多个层面。13 世纪初,崛起于漠北鄂嫩河(Onon,即斡难河)河源的蒙古部成为高原的新主人。数十年间,蒙古人通过武力征伐缔造了一个庞大而又松散的游牧帝国,其范围北起蒙古高原,南至东南亚,西抵匈牙利平原,东濒日本海的辽阔区域,首次把欧亚大陆连结为一个整体,在东西交通史和世界文明史上产生了深远影响。

"蒙古(Mongγol)"一词在突厥语、蒙古语中原是"质朴无力"的意思,在其成为高原上所有蒙古语部落和突厥语部落的统一称号之前,散居在高原东部的诸蒙古语系部落被突厥人统称为"三十姓达怛(Otuz-Tatar)",即汉文文献资料中所载的"鞑靼"。当时的中原王朝按照诸部发展程度和距离中原地区的远近,又将之分为白鞑靼、黑鞑靼和生鞑靼,蒙古部便属于发展程度相对较低、介乎草原游牧部落与森林狩猎部落之间的"黑鞑靼"的一支。

从族属上来看,蒙古族源自东胡。东胡是秦汉时期对游牧在匈奴以东操不同方言但互不统属的同一族源的大小部落的总称,以乌桓和鲜卑(Sirbi)为主要支系。4 世纪中叶,居于兴安岭以西即今洮儿河以北、嫩江与呼伦贝尔之间的诸大小鲜卑部落开始被统称为"室韦(Sir-vi)",与自号"契丹"、生活在潢水(今西拉木伦河)和土河(今老哈河)流域的另一支鲜卑人以兴安岭为界比邻而居,契丹居其南,室韦居其北。故在史书上室韦又被描述为"契丹之类"、"契丹别种"。6 世纪以降,柔然(蠕蠕或芮芮)、丁零(高车)、突厥、铁勒等族先后称雄漠北并相继内附中原,对东部压力相对减小。室韦得此良机迅速壮大,并逐渐分离为 5 个互不统属的大部:南室韦(绰尔河流域)、北室韦(诺敏河下游)、钵室韦(今鄂伦春自治旗北部)、深末怛室韦(诺敏河上游)和大室韦(额尔古纳河东岸)。其中生活在大兴安岭以北,今额尔古纳河畔的北室韦的一支开始以"蒙兀室韦"(Mung-nguat)之名见诸史乘。6~8世纪时,室韦各部先后受到突厥汗国和回鹘汗国的统治,并一度为唐政府直接统辖。

公元 840 年,额尔浑河流域发生严重灾疫,各部为争夺草场、牲畜、人口发生内乱,导致回鹘汗国濒于瓦解。原居于谦河(Iénisei,今叶尼塞河)上游的属部黠戛斯(Kirghiz,又称坚昆[K'ien-k'u]、结骨、纥骨)乘机挑战回鹘人的霸权,迫使其退出鄂尔浑地区,西迁至高昌等地。室韦各部遂为黠戛斯控制。时值唐室式微,藩镇割据,来自西突厥的沙陀部与新崛起的契丹、党项等族均把扩张的重心放在对唐帝国领土的瓜分和争夺上,对漠北无暇顾及,这就再次为室韦诸部的发展创造了契机。大约在 9 世纪下半叶,室韦各部开始从大兴安岭山地向西面的草原地带迁移。随着游牧区域的扩大,人口繁生较快,并分衍出若干小部落。当被称为"蒙兀室韦"的部落在走出额儿古涅-昆(Erkene-qun,今额尔古纳河畔)时,已经形成了 70 个斡孛黑(Oboγ,氏族之意),这 70个斡孛黑后来被统称为"迭列列斤蒙古(Derelegin)"。

在额尔古纳河以南山林地区生息繁衍的蒙古部,在其后的 400 年间于草原诸强族争霸混战的罅隙中逐渐向漠北地区迁徙。留在漠北未西迁的突厥、回鹘等部族也融入其中,形成若干新的部落。从此,原先在蒙古高原占据优势地位的操突厥语的部族让位于操蒙古语的部族,外界对其称呼也发生了变化,逐渐以"达怛"代替原来的称谓。至10~12 世纪,原来由 70 个斡孛黑组成的迭列列斤蒙古又发展为 18 个部落,其中较大的有兀良合惕(Uriangqat)部、弘吉刺惕(Qongɣirat)部、许兀慎(Hü'üshin)部、斡罗纳兀惕(Oronar)部、速勒都思(Suldus)部、巴牙兀惕(Baya'ut)部、不古讷惕部(Bükünüt)和别勒古讷惕部(Belgünüt)等。

在"蒙兀室韦"走出额尔古纳河时,其中一支在孛儿帖·赤那(Börte Čino'a)的带领下迁牧于原突厥语族部落的常驻地——被称为"三河(即今鄂嫩河、克鲁伦河、土拉河)之源"的不儿罕·合勒敦山(Burqan Qaldun,今肯特山[Kentei])一带。11 世纪中叶,朵奔篾儿干(Dobun-mergen)为第十二代部族首领时,该部开始以"乞牙惕氏"(乞颜,Kiyan 的复数)自称。朵奔篾儿干死后,其妻阿阑·豁阿(Alan-ɣo'a)又生 3 子,即不忽·合塔吉(Bughu-khataɣi)、不合秃·撒勒只(Bukhatu-salji)和孛端察儿(Bodončar),分别成为合塔斤氏、撒勒只兀惕氏和孛儿只斤氏(Borjiɣin)的始祖。成吉思汗的家族便属于其中的孛儿只斤氏。为了与迭列列斤蒙古相区别,这 3 支被称为"尼鲁温(ni-ru'un,即诞于纯洁之腰的意思)蒙古"。

20.2 蒙古兴起前的内陆欧亚格局

11~13 世纪是整个内陆欧亚最动荡的时代,由游牧逐渐转为定居的突厥人、回鹘人(畏吾儿)、党项人、契丹人,为了减轻来自高原上诸部族的压力,采取军事打击、经济胁迫、分化离间等多种手段,使高原长期处于混乱落后的状态。这正是导致自 10 世纪初黠戛斯人退出额尔浑河流域后,至 12 世纪前半叶漠北无王庭的原因之一。

12 世纪后半叶,高原周边的定居文明世界因战乱频仍而普遍处于衰落状态。原来势力较强的吉利吉思人(即黠戛斯)在被契丹人逐出蒙古高原后,又遭受多次打击而一蹶不振。西迁的契丹人建立的哈喇契丹(Qara-khitai,即西辽)沉重打击了回鹘人在中亚的势力,包括喀喇汗王朝(Qarakhanids)在内的许多绿洲政权都要听命于它。与此同时,突厥人角逐高加索(Caucausus)、呼罗珊地区(Khorasan)及七河之地(Semirechye)的霸权,催生出新的花剌子模帝国(Khwarazm)。高原南部的党项、契丹、女真、汉等民族也在为争夺地域性霸权陷入长久的纷争之中。这种混乱的局面虽然成为东西交通的障碍,但对蒙古高原诸部族而言,则使之得以从东西方之间的压力中解脱出来,为诸突厥语族部落和诸蒙古语族部落竞争霸权创造了机会,同时也成为高原再次统一的关键因素。

当时草原上大大小小的数十个部落经常为争夺草场、部民、牲畜、物资等相互征伐混战,其中较大的部落主要有:

乃蛮(Naiman),又被称为"乃满"、"奈蛮",在《辽史》、《金史》中又分别被记作"粘八葛部"和"粘拔恩部"。蒙古高原最西边即阿尔泰(Altai)山脉南坡、也儿的石河(Irtysh 或 Ertic,今额尔齐斯河)上游与杭爱山(Khangγai)之间为其势力范围。该部为突厥语部落,由一支南下的黠戛斯发展而来。10世纪时,曾被契丹人所征服,女真灭辽后,又一度为西迁的耶律大石所控制而臣属于哈喇契丹王朝。

该部属众甚多,实力较强;又与文明程度较高的畏兀儿毗邻,学习了较为先进的行政管理方法,12世纪时便已初具国家规模,组建了比较规范的国家机构。迨至该世纪中叶,其势力已东至克烈、蔑儿乞,北连斡亦剌,西接合儿鲁,西南邻畏兀儿,南与西夏(唐古特)、汪古部隔沙漠相望,被称之"国大民众"。但国王亦难赤·必勒格·不古汗(Inanči bilge bügü qaan)死后,长子拜不花(Baibuqa)与次子不亦鲁黑汗(Boyiruγ-qaan)争立,乃蛮部乃一分为二,实力大减。12世纪末,拜不花归附金国,被金世宗封为"大王",蒙古语读作"dayong"(太阳、塔阳),是以拜不花又被蒙古人称为"太阳汗"。该部在11世纪便接受了由中亚商人传来的基督教(为聂思脱里派 Christianity Nestorien),是当时高原上发展程度最高的部落。

克烈(Kereyid),又称"怯烈"、"克烈亦惕"、"凯烈",《辽史》称之为"北阻卜",也即11世纪哈喇汗王朝学者马哈木·喀什噶里《突厥语词典》所记的"达怛人"。乃蛮东即今土拉河、鄂尔浑河和杭爱山一带为其游牧区。该部最初游牧于谦河上游,10 世纪中叶,黠戛斯人为契丹所败后才迁至。该部联盟中见于史载的有克烈、只儿斤(Jirgin)、董合亦惕(Dongqayid)、撒合亦惕(Saqayid)、阿勒八惕(Albad)等部落,只儿斤等部皆依附于克烈。该部为突厥语族部落,其风俗习惯、语言与蒙古人颇为相近。其首领曾被辽封为"大王"(夷离堇)。11 世纪初该部已拥众 20 万,亦在首领的带领下皈依了基督教聂思脱里派。这一重大事件在 1009 年马鲁主教伊伯杰苏(Ebejesu)给报达总主教若望六世(Jean Ⅵ)的信中被特别强调。1089 年,克烈汗磨古斯(Marguz Byiruq)与塔塔儿、蒙古、蔑儿乞、翁吉剌、汪古等部结成以塔塔儿为首的反辽联盟,并担任阻卜诸部长,后兵败被杀。磨古斯死后,其子忽儿察忽思(Qurjaquz)继承汗位,在回鹘故地额尔浑河流域立营巡牧。但忽儿察忽思死后,克烈部陷入诸子争继的混乱局面,最后曾经被塔塔儿人俘虏的长子脱斡邻勒(Togrul)胜出,克烈部也因此被分裂,其中以脱斡邻勒的叔叔菊儿罕(Gur-Khan)为最大的反对势力。乃蛮部乘机介入克烈部内讧,暗中支持菊儿罕和脱斡邻勒的弟弟札阿绀孛(Jaqambu)。为了摆脱这种内外交困的局面,脱斡邻勒一方面在草原上寻找盟友,与蒙古乞颜部的首领也速该把阿秃儿(Yesügei-ba'atur)结成安答(anda);另一方面输诚金国,引为外援,以打压反对势力,巩固汗权。后来脱斡邻勒在也速该的儿子铁木真的建议下,主动协助金国镇压叛乱的塔塔儿部而受封为王,声望迅速上升,时以"王汗(Ong-Khan)"之名显赫于诸部间。

整体上来说,克烈部是 10~12 世纪蒙古高原上最强大的一个部落联盟,由于地处游牧中心区域,克烈部经常与周边诸部交战,但同时也成为其他部族联盟的对象,因此在当时的草原东西部之间又常充当居间调停者的角色。

蔑儿乞(Merkit)部,又称"篾里乞"、"灭里吉"、"梅里急",属于蒙古语族,分布在薛凉格河(Selenga,今色楞格河)中游和鄂尔浑河下游一带,南邻克烈部。蔑儿乞人所游牧的薛凉格河流域为农业发达地区,部分蔑儿乞人已经弃牧从耕,转习定居生活。该部由兀都亦惕(Uduy-it)、兀洼思(Uuas)、合阿惕(Qo'as)3 氏部落组成,因此又被称为"三姓蔑儿乞"。这 3 支蔑儿乞部落以兀都亦锡为核心结成联盟,但又相对独立,各自拥有固定的营地和首领。至 12 世纪中叶,蔑儿乞联盟把 3 部部民编组为左、中、右翼 3 军,战斗力大大加强,在与邻部克烈、蒙古的战争中经常获胜,克烈部的王汗便曾遭其俘获,也一度将铁木真逼入不儿罕山多日不敢出。可见该部也是蒙古高原上争夺霸权的一支不可忽视的力量。

塔塔儿(Tatar)部。"塔塔儿"一词始见于《阙特勤碑》碑文记载,即其中的"三十姓达怛"。不过三十姓达怛并非专指塔塔儿部,而是突厥人对所有的蒙古语系部族的称呼。该部分布在呼伦贝尔湖附近,也出自东胡系统,与蒙古族同源,是由九部北室韦分衍出来的。其共分为 6 部,拥民 7 万家,势力最强的为秃秃黑里兀惕(Tutuqli'ut)部。不过其人数虽众,但内部并不团结,各支系之间经常内斗不已,先后被契丹人和女真人臣服,并被利用来制衡蒙古高原其他部落。该部在金国打击克烈部、蒙古部方面出力甚大,致使刚刚崛起的蒙古部联盟走向分裂,因此被蒙古部视为世仇。该部地近中原,又与金国关系密切,在文化、经济生活方面较北方的"黑鞑靼"要先进得多。

汪古部(Onggut)。该部为操突厥语的部落,活动于蒙古高原东南,紧挨着金源边界(蒙古语称边墙为 unku,即汪古部名称之来源。突厥语则称为 Tourgourqa,即秃儿古尔哈),在《辽史》和宋人行纪中又被称为"白达达(鞑靼)"。8 世纪初,原被突厥人占据的阴山地区重归唐政府管辖。正是在这一时期,一支室韦人迁入该地填补了突厥人留下来的空白。788 年,这支室韦人同库莫奚一起攻打唐重镇振武,劫杀前往中原迎接唐朝公主的回鹘宰相。这支室韦人相当活跃,9 世纪中叶以后,以"阴山达怛"之名习见于汉文文献中。阴山达怛同沙陀突厥关系密切,沙陀贵族李克用在协助唐政府镇压黄巢起义时,曾从该部商借数万部兵协同作战。唐末,这支达怛人在今乌兰察布盟南部的丘陵地带建立了根据地,开始同部分沙陀突厥人、回鹘人、室韦人、党项人等融合,逐渐形成了汪古部。该部与西面的乃蛮部联姻,也信奉聂思脱里教。12世纪时,汪古部部长沐古儿被辽封为"详稳"。辽灭亡后又转隶属于金。该部共有部民4000车帐,以游牧为主,兼事少量农业生产。因靠近农耕地区,社会发展水平较高。

弘吉剌(Qonggirat)部,亦作"翁吉剌"。该部是迭列列斤蒙古中唯一独立设营的一支,分布在汪古部的北面,塔塔儿部的南面,即今海拉尔河、额尔古纳河上游至哈拉哈河、乌拉根果泖一带。其发展程度要高于蒙古其他部落,同汪古部一样被称为"白达怛(鞑靼)"。辽国衰亡时,耶律大石曾征兵于18属部,其中王纪剌部,即指该部。弘吉剌与其西边的近邻——蒙古部保持着经常性的通婚关系,在蒙古帝国建立后依然如此。

斡亦剌(Oirat)部,又被称为"斡亦剌惕",是对散布在八河地区(Sekiz Muren),即今叶尼塞河上游乌鲁克姆河和库苏古尔泊一带的互不统属的许多部落的统称。这些部落也属蒙古语族,大约分为4部,多数居住在森林地区,以狩猎、采集为主,社会发展水平比乃蛮、克烈部甚至蒙古部还要低,因此被称为"生达怛"。

札剌亦儿部(Jalair),又被称为"押剌伊而"、"札剌儿"等,即《辽史》中所载"阻卜札剌部"。该部原驻营于怯绿连河(Kerulen,今克鲁伦河)流域,10~11世纪时颇为强盛,由10个部组成,共有70个古列延(Küriyen),每个古列延有1000个帐幕,当时颇受契丹人的注意,被列为重点打击对象。11世纪时,该部袭劫那莫伦(Nomulun)的草场并杀死她的8个儿子,与成吉思汗的祖先结下仇怨,后来为幸免于难的那莫伦幼子海都(Khaidu)所征服,从此札剌亦儿部便世代成为蒙古部的依附奴隶。

八剌忽(Barqut)诸部,即《秘史》中所指林木中百姓(Hoi-yinirgen 槐因·亦儿坚),分布在蔑儿乞部的北面,今贝加尔(Baikal)湖区的森林地带。大致有八剌忽、脱额劣思(Too'eles)、豁里(Qori)、秃麻(Tumat)等部。八剌忽诸部是非常古老的部落,3~6世纪时被称为"拔也古",是由铁勒部分衍出来的。

247

欧·亚·历·史·文·化·文·库·

与塔塔儿、克烈、乃蛮等部相比,蒙古部在 10～12 世纪初时还是一个分散的联盟,尚未被纳入契丹人的打击范围,在辽国的公文中被称为"远萌古国",即以远邦小族的身份到契丹边境从事贸易,用牛、羊、驼、马、毛、毳等物交换日常必需品。

关于蒙古部能够考述的历史可追溯至孛端察儿(Bodončar)时期。据说当时被兄长所孤立的孛端察儿曾征服过兀良合部(Uriangqatai)一个弱小的氏族。迨至篾年·土敦(Menen-Tudun)的长媳那莫伦营牧时,迫于契丹人军事压力的札剌亦儿部,在向高原腹地撤离的途中袭劫了弱小的蒙古部,夺其牲畜,据其牧地,幸存者不得不逃到巴儿忽真隘(Barqučin)避难,致使该部几乎灭亡。篾年·土敦的孙子海都长大后,与其叔纳真(Način)联合八剌忽部,对札剌亦儿部进行了报复性进攻,将其人全部掳为奴隶。纳真率一支蒙古人游牧于斡难河下游,海都则驻营于八剌忽之地,后又迁至鄂嫩河上游和不儿罕山故地。11 世纪后期,海都次子察剌哈(Čaraqai,泰亦赤兀惕人的始祖)继为首领,被辽道宗封为"令稳"。其子想昆·必勒格(Sengküm-billge)继承汗位后,又被晋升为"详稳"。想昆·必勒格借助辽国的声威号令部众,把各个分支部落都纳入其管辖之下,势力日益壮大。

12 世纪初,女真人驱逐了契丹人的势力,建立金国,蒙古部归属金国东北招讨司管辖。时女真人正忙于经略中原,攻打南迁的宋国,塔塔儿部也因内乱而瓦解,蒙古部乘这一间隙在合不勒汗(Khabul Khan)的统领下迅速壮大,多次侵扰金国边境。为消除来自北方高原各部的压力,金国在伊兰哈达(今根河南岸)、额尔古纳河沿岸、绰罗图山一带先后修筑了界壕,即所谓的"金源边堡"。同时采取柔远政策,诏使合不勒汗入朝。合不勒汗在宫廷宴会上酒醉失仪,导致双方关系进一步恶化。蒙古部经常骚扰金国边境地区,金国则联合塔塔儿部去攻击蒙古部,采取烧荒措施来破坏草场,使双方矛盾升级。1135 年金政府遣太师领三省事宗盘、尚书左丞完颜希尹统兵,与塔塔儿人一起大败犯边的蒙古军,俘获合不勒汗并处以极刑。

合不勒汗遇难后,想昆·必勒格之子俺巴孩汗(Ambakhai Khan)

继位,但不久便为塔塔儿人掠送金国,被钉死在木驴上。俺巴孩汗死后,泰亦赤兀惕氏(Tayiči'ud)贵族为推举首领发生了内讧,久议不决,最后才勉强推俺巴孩汗的侄子塔儿忽(Targhu)继任。他们仍与乞颜部结成联盟,拥戴合不勒汗之子忽图剌汗(Khutula Khan)为全蒙古的大首领,共同对抗金国和塔塔儿部。1135～1146年间,蒙古部与金国展开多次拉锯战,迫使金国不得不遣使议和,将怯绿连河以北27个团寨割让给蒙古,并册封忽图剌汗为国王。

忽图剌汗死后,围绕汗权各支系又展开激烈争夺,主儿乞人(Jürki)另立营地,其他氏族也纷纷仿效,致使联盟瓦解。迨及也速该·把阿秃儿为乞颜部首领时,蒙古部只剩下泰亦赤兀惕部和乞颜部一起游牧,联盟名存实亡。乞颜部与泰亦赤兀惕部亦未能和平相处,而是围绕汗位长期内斗,塔塔儿、蔑儿乞等部常乘机抄掠,迫使他们不得不频繁更换营地。因也速该的去世,两部走向分裂,乞颜部一度解体。

在当时所有的东部草原诸部落中,实力大减的蒙古部是最分裂,而且看起来最不可能统一所有"毛毡帐篷下的人"的部落。然而,历史却偏偏将这一机遇降临给该部,使之在短短的20年余间迅速崛起为高原霸主,进而建立了横跨欧亚大陆的蒙古大帝国。

21　蒙古立国

　　1162 年,铁木真出生于斡难河沿岸一个名叫迭里温·孛勒答黑(Deli'ün Boldaγ,今蒙古国肯特省达达勒县境内)的地方,当其时蒙古部与蔑儿乞部正发生战争,蔑儿乞部大败,其首领铁木真·兀格(Temüjin-üge)被擒杀,也速该遂以敌酋之名作为新生儿子的名字。1170 年,也速该送 9 岁的铁木真去弘吉剌部相亲,在返回营地的途中遇到正在举行宴会的塔塔儿人,乃循俗参加,不料遭到塔塔儿人的算计,误饮毒酒而亡。也速该之死直接导致了泰亦赤兀惕部与乞颜部联盟的破裂。自乞颜部忽图剌汗获选为联盟汗后,泰亦赤兀惕部便一直对孛儿只斤氏忌妒不满,时刻想夺回汗位继承权,也速该之死正好给该部首领塔里忽台·乞邻勒秃黑(Tarqutai-Kiriltuγ)以翻身的契机。在其祖母俺巴孩汗寡妻的鼓动下,塔里忽台裹携也速该的部众另立营地。也速该的兄长捏坤太石(Negün-Taishi)、弟弟塔里台·斡赤斤(Da'aritai-Odčiγin)等也弃铁木真母子于不顾,另寻牧地,乞颜部星散瓦解。铁木真一家仅有 9 匹骟马,为维持生计不得不在斡难河上游地区采拾野果、野菜,捕捉鱼和土拨鼠度日。为争夺食物,铁木真杀死了同父异母弟别克帖儿(Begter),初次暴露了其刚毅果断和残忍无情的个性。塔里忽台听闻此事,感到一种潜伏的威胁,乃以"杀亲"为借口抓捕铁木真。后幸有泰亦赤兀惕部速勒都孙人(Süldüs-ün)锁儿罕·失剌(Sorqan-šir-a)一家暗中相救,始得脱险逃离,与家人会合于鄂嫩河沿岸的霍儿出恢小山(Qorčuqui)。为防止再次受到袭击,铁木真乃将营地迁至桑沽儿河(Sanggur,今克鲁伦河支流臣赫尔河),后又转徙不儿吉湾(Bürgi ergi,今克鲁伦河上游布尔肯河旁)。是年即 1178 年,铁木真 17 岁。从此,他便开始以家长的身份发展势力,把重振乞颜部作为自己的理想。

21.1 成吉思汗的统一战争

21.1.1 联合克烈汗,复兴乞颜部

为了扭转受泰亦赤兀惕部控制的不利局面,铁木真听从母亲诃额仑(Kö'ekün)的建议,到弘吉剌部迎娶曾与之订婚的孛儿帖(Börte),重新建立起与弘吉剌部的盟友关系。接着以新婚妻子孛儿帖的嫁妆——一件黑貂皮大衣作为晋见礼物,去鄂尔浑河和土拉河之间的"黑森林(Qara-tun)"寻求父亲也速该生前的安答、克烈部首领脱斡邻勒的庇护和帮助。脱斡邻勒念及旧情,答应了铁木真的请求,认其为义子,许诺帮助他招集离散多年的部众。二者缔结虚拟血亲关系的消息在东部草原传出后,很快就收到了意想不到的效果:也速该死后离散的部众陆续归附,铁木真的追随者日益增加,乞颜部开始出现复苏的局面。

铁木真召聚部众的举动不仅引起了泰亦赤兀惕部的不安,同时也吸引了三姓蔑儿乞人的注意。对也速该当年掠走诃额仑一直耿耿于怀的蔑儿乞部害怕乞颜部再次崛起,于是一天夜里在脱黑脱阿(Togh-to'a)的率领下突袭了铁木真的营地,劫走了孛儿帖,使铁木真刚刚收聚起来的部众再次逃散。躲藏在不儿罕·合勒敦山多日的铁木真只得再次向其义父脱斡邻勒寻求帮助。在脱斡邻勒的建议下,铁木真前往斡难河源头豁儿豁那黑·主不儿(Qorqonaγ-Jubur),请求童年时的安答、现为札只剌惕部(Jajirat)首领札木合(Jamuq-a)的协助。次年,三部以札木合为统帅组成联军,向驻营于色楞格河支流勤勒豁河畔(Kinlqo)的蔑儿乞发起进攻。蔑儿乞人猝不及防,死伤惨重,首领脱黑脱阿率领余部逃到南西伯利亚的森林中避难。

这次战争大约发生在 1180 至 1184 年之间,是铁木真成年后所参与的第一场战争。虽然他只不过是作为配角出现,但从中获益颇多。

·欧·亚·历·史·文·化·文·库·

他夺回了妻子家人,获得了大量的财物和奴隶,更重要的是,通过这次战役,他与札木合这一远亲部落结成了暂时的联盟。虽然这种亲密关系只维持了一年多,但正是在这一段时期,铁木真借助札木合的庇护不断壮大自己,为自己在蒙古诸部中树立了良好的口碑,以至于部分那颜们开始把统一蒙古的希望由札木合转寄在他身上。札木合发觉那颜们的这一动向后,开始疏远铁木真,并暗示他另觅营地。铁木真于是移营至故地桑沽儿河畔,原来追随札木合的部属及一些尼鲁温部落纷纷前来归附,合不勒汗的后裔长支主儿乞的薛彻·别乞(Seče-beki)、忽图剌汗的儿子拙赤(Joči)和阿勒坛(Altan),也速该的兄长捏坤太石之子豁察儿(Qučar)、弟弟塔里台·斡赤斤等也都投奔了铁木真。除泰亦赤兀惕部外,初步恢复了合不勒汗时期的蒙古气象。

1189 年,这个新结成的联盟在桑沽儿河畔举行忽里勒台(Qurilt-at),共同推举铁木真为汗。汗帐建立后,铁木真吸取其父的教训,首先任命掌饮膳的那可儿,以避免下毒事件再度发生。然后分设了带弓箭的、带刀的、掌驭马的、管放牧羊群马群的、管家内人口的、掌修造车辆的、守卫宫帐的等 10 种职务,任命亲信那可儿博尔术(Bo' orču)和弟弟合撒儿(Qasar)、别里古台(Belgütai)分掌,初步创建了一个隶属于自己的护卫系统。虽然只有数十人众,难以与后来的怯薛军相比,但已显露出铁木真非同一般的军事才能。

不过,作为克烈的属部,铁木真称汗尚须征得脱斡邻勒的认可。于是,铁木真委派合撒儿前往黑森林,令其谨慎地把自己称汗的原由和意图向脱斡邻勒说明。脱斡邻勒对铁木真谦恭的态度感到满意,同时为达到控制蒙古诸部的私心,他准许了铁木真称汗的请求,以此激化铁木真与札木合之间的矛盾。札木合在得知这一消息后自然大为不满。自也速该死后,蒙古部的泰亦赤兀惕、亦乞烈思(Ikirese)、巴鲁剌思(Barulas)、豁罗剌思(Qorolas)等部均依附于札木合,札木合也自认为在血统上札只剌惕氏要比孛儿只斤氏纯洁得多,他更有资格来充任全蒙古的可汗。这种不满因次年发生的给察儿(Taičar)事件而爆发,成为双方正式决裂的导火索。

21.1.2 十三翼之战

1190 年,札木合的弟弟给察儿带领人马到铁木真的营地抢劫,盗走了铁木真属部札剌亦儿人拙赤·答儿马剌(Joči Darmala)的马群。拙赤·答儿马剌发觉后追上给察儿并将其射杀。札木合以此为借口纠集泰亦赤兀惕、亦乞烈思、豁罗剌思、兀鲁兀惕(Uru'ud)、那牙勤(Nayakin)等 13 部,组织了 3 万人马密谋突袭铁木真。这一阴谋被亦乞烈思部人捏群派遣的巴鲁剌思部人木勒客·脱塔黑(Mülke totaγ)和孛罗勒歹(Boroldai)在帐外无意中听到,二人驱驰密报铁木真。铁木真仓促将联盟的 13 个部族编组为 13 个古列延(Küreyēn,又被称为"13翼",共 3 万人)迎战。这 13 翼的组成是:第一翼为诃额仑及其族斡勒忽阑人和所属部众;第二翼为铁木真及诸子、伴当、诸将领之随从人员、贵族和隶属于他的护卫亲军;第三至第十一翼为乞颜氏各家贵族率领的族人和部属;第十二、十三翼是与他联合的旁支尼鲁温部落。从十三翼的组成便可看出,当时铁木真所创立的那可儿亲军已经处于联军的核心地位,远较其他各家贵族的军队组织性和战斗性强。双方战于桑沽儿河附近的答兰版朱思(Dalan baljus)之野,史称"十三翼之战"。铁木真的联军是仓促组织起来的,实力明显逊于札木合一方,很快便被迫撤退到斡难河边的哲列涅峡地(Jerene),而第十三翼的赤那思部(Činos)因撤退不及时为札木合所俘。札木合为达到示警各部的目的,架起 70 口大锅,残忍地将赤那思部人烹煮。这种胜而无道的做法大失人心,不少部族转而投向铁木真,札木合联盟瓦解。泰亦赤兀惕部中的照烈、兀鲁、忙兀惕(Manqud)等尼鲁温蒙古部落也脱离塔里忽台前来归附。

十三翼之战的结果虽然是铁木真战败,但是他与人所需、厚遇所归的策略则赢得了人心,进一步提升了他在蒙古诸部中的威望。5 年之后塔塔儿部叛金,则又为他提供了一次增强威信的机会。

21.1.3 助金讨伐塔塔儿部

金章宗(完颜璟)为削弱塔塔儿部的力量,暗中支持南面的汪古部不断攻击塔塔儿部,迫使塔塔儿不得不反叛自保。1196 年春,金国以其背盟为借口,命丞相完颜襄率兵征讨,塔塔儿不敌,溃向斡里札河(Ulja,今蒙古东方省乌勒吉河)一带。铁木真认为复仇机会到来,乃向克烈部通报。两部联军进发斡里札河,攻破塔塔儿堡寨,俘杀其首领篾古真·薛兀勒图(Megüjin-Se'ültü),尽掠车马部众,塔塔儿受到重创。

金国以两部助征有功而加以褒奖,封克烈汗脱斡邻勒为王(前文已述),授铁木真"札兀惕忽里"(ja'ut-quri,诸纠军首领)。金国授给铁木真的官号虽然并不大,但却意味着对铁木真的认可,对于树立其在蒙古诸部落的威信大大有利。不久,铁木真便借助这种优势来对付背约的亲族主儿乞人了。

21.1.4 消灭主儿乞,树立权威

刚刚形成联合的乞颜部内部围绕汗位的人选一直矛盾重重,各家贵族虽然表面上承认铁木真的领导,但大都心怀不满,对汗位存有觊觎之心,主儿乞人的首领薛彻·别乞便是其中之一。作为乞颜氏的长支贵族和忽图剌汗的直系后裔,薛彻·别乞认为自己比铁木真更有资格继承汗位。这种潜在的欲望和对铁木真的不屑使双方的关系一直处于紧张状态,最终,二人之间的矛盾在攻打塔塔儿人这一问题上浮现出来。当时铁木真对各部发出动员令后,主儿乞人也应允参战,但是在正式出师时薛彻·别乞却背弃前言,不仅没如约前往,反而趁铁木真出征时洗劫其在桑沽儿河畔的禹儿惕(Yurt,即营地)。主儿乞人的挑衅行为终于激怒了铁木真。在返回营地后,铁木真以背信弃义、不为父祖复仇及偷袭营盘等为由,发兵攻打主儿乞,彻底将其击败。然后不顾各家贵族的反对,果断地以部族习惯法将薛彻·别乞处死,并据其牧地,纳其部人。铁木真此举不仅消除了联盟内最有资格与他争夺权位的一家势力,同时也对那些心存妄念的依附贵族起到了警示作用。不久,铁木真将主营移于桑沽儿河与怯绿连河交汇处——阔答阿岛(Khodoe Aral),建立了根据地曲雕阿兰(Avarga,今克鲁伦河阿布拉嘎河口附近)。此后除出征外,铁木真便再没有离开过这个地方。

1198年冬,铁木真又与王汗联兵进攻了控制着阿勒台山(阿尔泰山)北坡乞湿泐巴失海子(Kičilbaši,今布伦托湖)的山地乃蛮,与铁木

真暂时达成谅解的札木合也参与其中。当时的乃蛮因太阳汗与不亦鲁黑汗兄弟不和而一分为二,不亦鲁黑汗便是山地乃蛮的首领。当不亦鲁黑汗受到攻击时,太阳汗却隔岸观火,迟迟不出兵进援,最后山地乃蛮被击败,不亦鲁黑汗北逃至叶尼塞河上游。太阳汗恐蒙古联军转而进攻自己,匆忙整军增援,与克烈、蒙古联军遭遇于巴亦答剌黑河(Bayidaraγ,杭爱山 Qaŋγai 南)。因札木合的挑唆,王汗率克烈军于黑夜中悄悄撤离,却不料受到乃蛮的进攻,经铁木真及时救援才得以脱险。随后联军转而进攻蔑儿乞,脱黑脱阿再次逃脱,联军乃返回营地。

1200 年,铁木真与王汗再次联合向泰亦赤兀惕部发起进攻,在斡难河北岸终于将其击败。塔里忽台被其那可儿缚送铁木真(后被斩杀),其残部逃遁至札木合的领地。

此后,两部进兵呼伦贝尔草原,攻打合答斤(Qadagin)、散只兀惕(Saljigut)、朵儿边(Dörben)、塔塔儿、弘吉剌惕等部,大掠其部民和牲畜而归。

仅仅几年时间,铁木真便崛起为东部草原上声威仅次于王汗的可汗,这让一直要争夺全蒙古部落汗位的札木合坐立不安。为防止铁木真势力坐大后将矛头对准自己,札木合决定先下手为强,再次组织一个以他为首的联盟。1201 年,札木合集结札只剌惕、蔑儿乞、山地乃蛮、斡亦剌及泰亦赤兀惕残部等 12 个部落,于额尔古纳河三角洲地区召开忽里勒台大会,在会上被拥立为"古儿汗"(Gür-Khan,众汗之汗),准备向铁木真发动进攻。铁木真与王汗的同盟军沿怯绿连河与札木合展开了角逐。在阔亦田(Küyiten),铁木真首先利用心理战术使敌方军心涣散,不战而逃,瓦解了由乃蛮不亦鲁黑汗指挥的先头部队。迨札木合主力部队赶到时,铁木真胜局已定。绝望之下的札木合转而进攻并劫掠自己的盟军,之后向鄂尔浑河逃窜。王汗负责追赶反复无常的札只剌惕部,铁木真则集中力量追击泰亦赤兀惕残部。战斗最后沿土拉河展开,彻底击垮了泰亦赤兀惕人,而铁木真也在追击中身负重伤。战后,铁木真将该部那颜阶层全部剪除,将其部众打散分配。而王汗为了防止铁木真将下一个目标对准自己则放过了札木合,并收容了这个野心勃勃的失败者。不过,札木合在战场上的表现以及其对盟军的态度使其个人威信迅速下降,从此他便再也不能与铁木真相提并论了。

21.1.5 颁布新扎撒,消灭塔塔儿部

札木合不再成为对手之后,铁木真便将下一个打击的目标锁定塔塔儿部。为了彻底征服塔塔儿,铁木真认真进行备战。他一方面将部队撤回到营地进行休整,另一方面则针对以往在战争进行中大肆掠夺以致影响战局的现象,颁布两条新扎撒(Jasaq):一是战利品要在战后统一分配,不得私自哄抢;二是战斗中兵马退回原进击地时不返回力战者斩。铁木真此举无异于规定战利品的主导权和分配权在他一人,由他来根据战场表现于战后论功行赏;同时也表明他正在转变作战思维,即他所发动的战争已不同于以往部落之间单纯为掠夺而进行的战争,而是为了实现霸权。这两条新扎撒在严肃军纪上的确起到了良好效果,不过由于对一向只顾抢夺财物的那颜们造成了约束,因此遭到他们的抵制。这种不满随后在对塔塔儿的战争中表现出来。

1202 年春,铁木真与王汗的联军进击牧营于答兰涅木儿格思之地(Dalan-nenürges,今贝尔湖南喀尔喀河 Khakha-yin ghol 附近)的塔塔儿部,彻底将其击败。塔塔儿部所有成年男子皆遭杀戮,妇女儿童籍没为奴。阿勒坛、豁察儿、答里台等在战争中抵制新扎撒的贵族们,受到了毫不留情的处罚。铁木真不仅全部没收了他们私自抢掠所得的财物,而且剥夺了他们议事的权力。这种严厉的处罚加深了铁木真与旧贵族之间的裂痕,致使他们转而投靠王汗。

塔塔儿部的覆灭标志着铁木真已经成为东部草原的霸主,这就使铁木真与王汗之间的矛盾也逐渐由暗转明,日益激化,最终两部不可避免地走向了决裂。

21.1.6 班朱泥河之誓与克烈部的覆亡

铁木真与王汗之间一直是既相互支持又相互猜忌。长期以来,铁木真在王汗的庇护下发展势力,追随其东征西讨,一一剪除了内部的敌对贵族和东部地区的各强大部落。但在消灭共同的敌人——塔塔儿部之后,蒙古高原上便形成了铁木真、王汗、太阳汗作为高原东、中、

西部霸主这一三足鼎立的局面,王汗与铁木真的矛盾也日趋表面化。不过已届暮年的王汗并不愿与铁木真以武力的方式来解决矛盾,而希望与之缔结一个和平的晚景。于是1203年初,在王汗的主动倡议下,二人在土兀剌河(Tula,今土拉河)畔的黑森林里举行会盟,重申父子之谊。会上,王汗主动提出由铁木真作为自己的继承人,继承其在中部蒙古地区的权力。但是他希望以这种虚拟的血亲承替来消弭战争的做法,却招致亲生儿子亦剌合·桑昆(Ilqa Sängün)的妒忌。投奔王汗的札木合和因塔塔儿战事受到处罚而改投王汗的阿勒坛、豁察儿等人,也乘机在一旁煽动,王汗在他们的劝说下终于做出让步。

是年春,桑昆以王汗的名义向铁木真假装许婚(此前铁木真曾为长子术赤向王汗之女求婚,并将女儿许配给桑昆之子,但遭到桑昆的拒绝),邀铁木真前往克烈部营地饮不浑察儿(buquljar,即吃许婚酒),企图乘机除掉铁木真。铁木真不知有诈,只带少数亲兵如约前往。途经晃豁坛氏(Qongqotad)蒙力克(Münglig)处被蒙力克点醒,乃派那可儿不合台、乞剌合代表出席。桑昆见状又与札木合等密谋偷袭,被阿勒坛之弟也客·扯连(Yeke Čeren)的家奴巴歹(Badai)和启昔礼(Kisil-iq)偷听后密报铁木真。铁木真迅速召集部队进援,并移向邻近的合兰真沙陀之地(Khara-Khaljid-eled,今内蒙古东乌珠穆沁旗北合剌-合勒只惕沙地)。双方于此地激战,最终铁木真因寡不敌众,败退至哈拉哈河(今喀尔喀河)旁的建忒该山(Keltegei Qada)。他将部队化整为零,只带着少数那可儿逃至班朱泥河(Baljuna,即巴勒渚纳湖,今克鲁伦河下游南),射野马为食,并饮浑浊的河水与追随他的那可儿们起誓,这就是著名的"班朱泥河之誓"。

铁木真部众离散,远遁不敢归营的消息传来后,王汗父子颇以为傲。札木合见铁木真已败,乃纠合归附贵族密谋除王汗而代之,事泄,遂潜逃乃蛮。铁木真则趁机秘密回到老营,筹划反击,并派出暗探侦察克烈部的举动。在探知王汗正在折额儿温都儿山谷地(Jeje'er ündür,今巴颜乌拉地区折折运都山)搭起金帐举行宴饮后,铁木真率军直捣王汗营帐。经过3天3夜的鏖战,终于击溃了克烈的主力。王汗

257

狼狈逃入乃蛮,为乃蛮边将误杀。桑昆则逃往西夏,西夏驱而不纳,不得已又辗转至波黎吐蕃(Buri Töbed,今青海湖以西地区,当时属西夏),后流落曲先(今新疆库车)为当地人所杀。克烈部灭亡,其草场、部众尽为铁木真所吞并。

至此,东起大兴安岭,西至杭爱山的所有部落,即整个东部和中部草原皆在铁木真的掌控之下,而西边的乃蛮部也完全暴露在眼前了。

21.1.7　灭亡乃蛮部

铁木真既已控制了战略要地鄂尔浑河流域,也就等于打开了由鄂尔多斯(Ordos)沙漠通往北部中国以及由阿尔泰地区通往西部欧亚草原的道路。蒙古部突然成为乃蛮的近邻,使太阳汗大为震惊。1204年,自恃强大的太阳汗决定主动出击,筹划攻打蒙古,并遣使联合漠南的汪古部,希望两部合力前后夹击。但是作为姻亲的汪古部首领阿剌兀思·剔吉·忽里(Ala quš Digid Quri)却将其使者缚送铁木真。铁木真得知乃蛮的军事动向后,立即商议对策,同时将部队集中在哈拉哈河旁进行整顿。首先,按照千户(mingan)、百户(zagun)、十户(arban)的十进制方式对部队重新编组,并从那颜中选任各级长官;其次,设立朵歹(Dodai)、多豁勒忽(Doqolqu)、斡格列(ögele)、脱仑(Tolun)、不察兰(Bučaran)、雪亦客秃(Söyiketü)等6名扯儿必(Cherbi,即侍从官);然后组建护卫军,设80宿卫(Kebte'ül,客卜帖兀勒)、70散班(turqa'ut,土儿合兀锡),规定轮番宿卫的制度。其成员皆从千户、百户、那颜和白身人(duri-yin gu'un,都里因古温)的子弟中挑选充任,仍以合撒儿为长官。经过这番整顿后,历次战争中所收服的部众皆归于一体,形成一支战斗力非常强的精壮部队。

1204年5月,在举行过祭旗(tuγ,秃黑)仪式后,铁木真率军沿怯绿连河逆流西进,在阿勒台山南坡之萨里川(Sa'ari Steppe,今克鲁伦河与土拉河上游之间)与乃蛮军及札木合所纠合的蒙古、克烈残部遭遇。蔑儿乞首领脱黑脱阿,斡亦剌部首领忽都合·别乞(Qutuqa-beki)也进援乃蛮。不过,乃蛮联军虽人数众多,却号令不统一,诸路军队各自为战,难以相顾,同时又为铁木真巧布迷阵所惑,在额尔浑河东面的那忽昆山(Naququn)被一举击溃,太阳汗亦战死。铁木真乘胜进击乃蛮王廷,王子屈出律(Küchlüg,即古出鲁克)率残部西逃投奔其叔不亦鲁黑汗,后不亦鲁黑汗为蒙古西征先锋军所灭,他又转投哈喇契丹。而乘乱脱逃的札木合几个月后在倘鲁山(Tanglu Mount,今唐努山)被追随他的5个那可儿捕送铁木真,铁木真以不流血的方式将其处死。

铁木真灭掉乃蛮后,又攻打三姓蔑儿乞残部,收服麦古丹(Modoun,又作莫丹)、脱脱里(Todoun,又作脱答黑)、掌斤(Tchi'oun,又作赤兀温)三姓部众。首领脱黑脱阿投奔不亦鲁黑汗,双方结成联盟,在也儿的石河(额尔齐斯河)上游重新立营。

为了彻底歼灭两部的残余势力,1205年春,铁木真率军从阿来岭(Arai,今赛留格木岭乌兰达巴山口)越过阿勒台山,在也儿的石河上游支流不黑都儿麻河(Bughdurma,今布赫塔尔马河)河口击溃乃蛮、蔑儿乞联军,脱黑脱阿和不亦鲁黑汗阵亡,投奔不亦鲁黑汗的屈出律率残部渡也儿的石河逃入哈剌契丹都城八剌沙衮(Balāsāghūn,又作 Ghuz-ordo 虎思斡耳朵,位于今吉尔吉斯斯坦托克马克西南)。脱黑脱阿之子忽都(Qutu)、赤剌温(Čila'un)则渡河南遁至畏兀儿地,畏兀儿亦都护(Iduqut)巴儿术阿儿忒的斤见蒙古势盛,遂将哈喇契丹派驻其国的少监杀死,转投其庇护。忽都见情势不妙,辗转至钦察草原。其后,铁木真又平定纳女复叛的汪洼思(Qo'as Merkid)蔑儿乞部首领带儿·兀孙(Dayir-Usun),为防止蔑儿乞再叛,铁木真将所降蔑儿乞人全部分配给那颜们为奴。

21.2　蒙古立国

铁木真与势力强大的克烈部联合,经过十几年的东征西讨,不仅重振了蒙古部,而且占领了东起兴安岭、西迄阿尔泰山、南达阴山、北至贝加尔湖区的广大地区。虽然蔑儿乞和乃蛮的残部仍在继续反抗,北方的森林部落也有待征服,但铁木真蒙古高原霸主的身份已经毫无疑义地确立了。1206年春,各部首领及各级那颜纷纷来到斡难河河源,

·欧·亚·历·史·文·化·文·库·

参加在此举行的最盛大的忽里勒台。在会上一致推选铁木真为全体蒙古人的可汗,并采纳萨满帖卜·腾格里(Teb tengri)的建议,尊其为"成吉思汗(Činggis Qan)",同时在大帐外建起九脚白旄大纛(Tuγ),所建国家称"也可·忙豁勒兀鲁思"(Yeke Mongγol Ulus,迭列列斤蒙古和尼鲁温蒙古合称为"也可蒙古"),即通常所指的大蒙古国。从此,统一在大蒙古国治下的漠北各部百姓,虽然仍保留原来的部落氏族名称,但都以蒙古为总名。因此大蒙古国的建立,也标志着蒙古共同体的形成。

为了更好地治理这个新兴的国家,成吉思汗吸收了乃蛮、克烈诸部的管理经验,组建了国家机关,对于归附的力量,采取打乱血亲组织的原则进行组编、整合。具体举措如下:

(1)扩大和完善千户制度。成吉思汗以十进制的方式按千户、百户、十户 3 个等级进行编组,共计 95 个千户。千户作为蒙古汗国的基本单位,是依照部落氏族组织和牧人比邻而列的古列延的原型发展而来的。这 95 千户的构成大致可分为 3 种类型:一种是由较早归附或主动归附的部落组编的,如弘吉剌、亦乞烈思等姻族,兀鲁、忙兀、八邻等尼鲁温蒙古部落,以及汪古部、斡亦剌部等,均获准仍继续统领其原部民,但需要按照统一编制组编成若干千户;另一种是由少数功勋卓著的那可儿(如木华黎,Muqali)在大汗的恩许下收集分散的原部民组成的若干千户;第三种则由战争中所征服的各部落民混合组成,如泰亦赤兀惕、蔑儿乞、塔塔儿、克烈、乃蛮等人数众多的大部在被征服后,其部民都被分封给将士们,再加上诸将士在战争中自行收聚的人口而编组成千户。其中第三种类型占多数。

各千户所辖百姓均为成吉思汗的臣民,被划归各千户著籍应役后,要在指定的牧地放牧,不得擅离本部。各千户长、百户长、十户长由大汗任命,并由大汗划定游牧范围,代表大汗管理所辖范围内的军事和民政。因此可以说,千户既是大蒙古国的军事单位,同时也是地方行政单位。而其首长由大汗直接任命的管理模式,使之必须以听命于大汗为首要,否则将会被罢免。这种组织原则打乱了原来单纯以血亲来组织部落的传统,可以说是中央体制系统化的形成。成吉思汗又在诸千户之上设左右手两个万户(tümen),为最高统兵官。以木华黎为左手万户,管辖东至哈剌温山(Qara'un,今大兴安岭)方面的诸千户;以博尔术(Bo'orču)为右手万户,管辖西至阿勒台山方面的诸千户。所有千户(除分封诸子弟者外)都分属于这两个万户。此外又设立两个特别的万户,即任命纳牙阿(Naya'a)为中军万户,统领中军即千户护卫军;豁儿赤(Qorči)为林中部落万户,统领其巴阿邻部(Ba'arin)三个千户,及塔该(Taghai)、阿失黑(Ašigh)二人所管辖的诸族百姓,镇守沿也儿的石河的林木中百姓地面。管理格泥格思(Geniges)千户的忽难(Runan)为长子术赤封地的万户。

(2)发展原来的护卫军,建立固定有常的怯薛(Kāshik)制度。1204年与乃蛮作战之前,成吉思汗曾对军队做过整合,在原有亲军组织的基础上建立了一支护卫军。1206年又进一步扩大编制,将宿卫由80名扩充至1000名,散班由70名扩充至8000名,箭筒士(qorči,火儿赤)由400名扩充至1000名,护卫军由原来的550名扩充至10000名,如有损亡则随时替补,始终保持定额。散班仍然从千户、百户、十户那颜阶层和白身人的儿子中择其优异体健者充任;并规定千户之子准带伴当10人,百户之子准带5人,十户及白身人之子准带3人。各级那颜都必须选送儿子到成吉思汗的宫廷应役,凡躲避应役或由他人代役的那颜将受到鞭笞、发配等重罚。这种强制征调掌管兵民的那颜子弟做法,可以说是变相的入质,一方面是为了将最优秀的武士都集中在可汗直接掌控之下,另一方面则能牵制各级那颜,以防其反叛。所以怯薛军在元代文献中又被称为"质子军"。

这一万名护卫军的职责是守卫大汗金帐并分管大汗宫帐的各种事务。其职责分工相当细密,有火儿赤(qorči,配弓矢者)、云都赤(üldüči,带刀者)、札里赤(jarliγči,书写圣旨者)、必者赤(bičigeči,书记)、博尔赤(ba'urči,厨子)、昔宝赤(siba'uči,掌鹰者)、阔端赤(Ködöči,掌从马者)、答剌赤(Darasuči,掌酒者)、八剌哈赤(Balaγači,守城门者)、兀剌赤(Ulači,典车马者)、速古儿赤(Sükürči,掌内府尚供衣服者)、怯里马

261

赤（Kelemeči，传译者）、帖麦赤（Temegeči，牧骆驼者）、忽剌罕赤（Qulaγači，捕盗者）、火你赤（Qoniči，牧羊者）、虎儿赤（Qu'urči，奏乐者），等等。护卫军分日值和夜值两班，其中箭筒士和散班值日班，宿卫值夜班。各分为 4 队，轮番入值，每 3 昼夜为 1 番，故总称为"四怯薛"。四怯薛之长分别由成吉思汗的"四骏"（或四杰）博尔忽（Bo'orqu）、博尔术、木华黎、赤老温(Čila'un)4 家子弟世袭担任。诸怯薛职事官作为大汗的侍从近臣，享有诸多特权，其地位在一般千户那颜之上。那颜们有事禀奏须先经过宿卫允许，否则宿卫有权将其以擅闯汗帐之罪逮捕；有关宿卫诸事宜，任何人不得探听问询；与那颜发生争执时，罪责那颜；一般怯薛皆免除差发杂役，怯薛长外放为一品。总之，这支护卫军作为由大汗直接掌管的最精锐部队，既是宫廷事务机构，同时又兼具政府职能，可参决刑讼等事宜，在大蒙古国的军政事务中发挥了很大作用，因此又被称为"大中军"。

（3）分封忽必。在将国内所辖各部百姓统编为 95 千户之后，成吉思汗又按照蒙古社会家产分配的体例，给诸子、诸弟和母亲诃额仑各分配一个忽必（Hubi，即份子）的百姓。其分民情况大致为：术赤为9000 户，察合台 8000 户，窝阔台和拖雷分别为 5000 户；弟弟合撒儿4000 户，合赤温（Khachi'un 时已殁，由其子按赤台 Anchitai 继领）2000户，幼弟斡赤斤和母亲诃额仑共为 10000 户，别里古台 1500 户。诸子份地最初没有分封，而只对诸弟的游牧范围加以划定。如合撒儿的份地在额尔古纳河、呼伦湖（Dalai Nor）和海拉尔河（Khailar）一带；合赤温的份地为金边墙至哈剌沐涟河（今潢河）一带；斡赤斤的份地则位于贝尔湖（Bor Nor）、哈拉哈河流域与海拉尔河之间，即蒙古最东部；别里古台的份地靠近成吉思汗的斡耳朵（Ordo），在斡难河和怯绿连河一带。

成吉思汗对于诸弟的分封主要集中在蒙古高原东部。西征后，乃将西部高原及新征服的土地分封给诸子。习惯上把哈剌和林（Qar-a Qorom）以东的封王称为"东道诸王"，以西称为"西道诸王"。

（4）创制蒙古字。成吉思汗立国前，蒙古族并无文字，所有的命令都是通过口头来传达,甚为不便。1204年征服乃蛮时,俘获太阳汗的掌印官畏兀儿人塔塔统阿(Tatatunγ-a)。成吉思汗乃命其用回鹘字母拼写蒙古语,遂形成畏兀儿体蒙古文,蒙古开始有自己的文字。成吉思汗令其教诸子学习蒙古文,诃额仑的养子失吉忽秃忽(šigi Qutuqu,即胡土虎)也参与其中。他不仅掌握了文字,而且还从塔塔统阿那里学会了印章的使用。从此蒙古政令的通达开始以文书往来取代口耳相传。

(5)建立专门的刑讼机构——断事官体制。断事官即札鲁忽赤(jarγuci),早在成吉思汗建国以前就已设置,初由别里古台担任,专门负责整治和审断斗殴、偷盗、诈伪等案件。1206年,成吉思汗任命失吉忽秃忽为大断事官(最高断事官),同时命诸王在封地内也各置断事官管理本部百姓。断事官制度遂成为大蒙古国一项重要的制度。大断事官的职责是多方面的,既主持分封民户和定期普查登记人户,也主持平理狱讼,并将所断案例记录于青册(kökö debter,阔阔·迭卜帖儿),作为以后审判的依据。可以说大断事官是大蒙古国的中央司法行政长官,既所谓的"国相",后来汉人因此称失吉忽秃忽为"胡丞相"。这一制度一直延续到元朝初年,世祖忽必烈时又对之进行了改革。

(6)制定札撒,将部落习惯法上升为大蒙古的法律。札撒即汉语中的命令、法令,是长期以来约定俗成的种种禁忌和规范,也即所谓的"约孙"(yosun,道理、规矩之意,汉文文献中作"体例"),是古代蒙古部落中首领、那颜们对部众发号施令和审断案件的依据,在部落内部对游牧民具有相当的约束力。11~12世纪的蒙古高原上,由于未能建立统一的霸权,各部之间为争夺牧场、人口或地域性主导权而陷入混战,致使社会秩序和社会风气日益崩坏。成吉思汗为管理百姓,使百姓各得其所、各安其位,也为了限制和约束那颜贵族们的势力,下令对旧有的约孙、札撒等进行整理,同时又根据新情况和新问题颁定新的法令和训言(bilig,必里克),着手建立大蒙古国的法律系统。新札撒在1219年通过忽里勒台会议后,厘定成《大札撒》,颁行全国。成吉思汗札撒不仅在以后诸汗继位或议定国事方面发挥了重大作用,而且随着

263

蒙古征伐的扩大,影响到四大汗国及以后的帖木儿帝国、莫卧儿王朝,以及后世蒙古社会的进程。它是游牧行国第一次明确而又规范的法制建设,对于研究古代蒙古社会具有重要的意义。

此外,成吉思汗为加强汗权,还对萨满系统进行了改造,任命巴阿邻氏长者兀孙(Usun)老人为别乞(Beki),统领诸萨满,除掉势力过大的帖卜·腾格里,树立可汗的绝对权威。总体而言,成吉思汗在建国初期以巩固和强化汗权为中心,进行了一系列国家建制。之后不久,随着蒙古军对于西部边境的用兵,渐次拉开了一场声势浩大、席卷欧亚大陆的西进运动。

22　蒙古西征

　　成吉思汗虽然在 1206 年成为蒙古高原所有蒙古语族部落和突厥语族部落的共主,但是高原西北仍然有一些未被绥服的部落。是年,成吉思汗以斡亦剌部忽都合·别乞为前导,大将忽必来(Qubilai)为主帅往征乃蛮与赤河(Tschi)之间海押立(Qayalyq,今卡帕尔城附近)与阿力麻里(Almaligh,今新疆霍城西)地区的哈剌鲁(Karluk)人。忽必来遣使招降,其国主阿儿思兰汗(Arslan Qan)顺服。同年,成吉思汗又命速不台(Sübe'etai)追击蔑儿乞残部忽都、赤剌温等,与蔑儿乞、钦察联军战于垂河(Čüi müren,今名碎叶水)而灭之。蒙古军在西北的活动引起了新兴花剌子模沙(Shah)摩诃末(Muhammad)的注意。

22.1　西征花剌子模

22.1.1　西征缘由

　　花剌子模是阿姆河下游的古国,都玉龙杰赤城(Urganj,今土库曼斯坦库尼亚乌尔根奇)。11 世纪中叶,该国臣服于塞尔柱突厥帝国(Seljükides),塞尔柱算端(Sultan)灭力沙(Mélikschah)委派其侍臣阿奴思的斤(Anūsh-Tegin,即讷失的斤)为花剌子模监国。11 世纪末,阿奴思的斤之子护都不丁·摩诃末(Coutb-ud-din Muhammad)继任监国,他趁花剌子模苏丹死于内乱之机,在呼罗珊总督的支持下自称沙。1141 年,哈喇契丹(Qara-Khitay,即西辽)击败塞尔柱算端,花剌子模转臣哈喇契丹。其后塞尔柱帝国因教派纷争混战而走向衰落,花剌子模乘机占据阿姆河以南的呼罗珊(Khorasan)西部地区,护都不丁之孙塔

·欧·亚·历·史·文·化·文·库·

哈失(Tacasch)受到哈里发纳昔儿(Nassir)的册封,名正言顺地取代了塞尔柱。1200 年,塔哈失之子摩诃末继位后,出兵征服了呼罗珊东部的古儿(Ghūr)朝。1209 年,摩诃末杀哈喇契丹索贡使臣,以"圣战"的名义侵入哈喇契丹境内,占领了撒马耳罕(Samarqand,今乌兹别克斯坦撒马尔罕州)地区。1210 年,又在塔剌思(Talas,今塔拉斯河)河畔打败哈喇契丹军,俘虏其大将塔延古·塔拉兹(Tayanku-Taraz),将讹答剌(Otrar,今哈萨克斯坦齐穆尔)、讹迹邗(özkend)等城据为己有。

此时的花剌子模是当时伊斯兰世界最强大的国家,并实际上成为伊朗高原和高加索地区主人。摩诃末欲用武力迫使哈里发正式加封他为算端,但遭到拒绝。之后花剌子模继续向东扩张。在连下哈喇契丹西境锡尔河(Syr-Darya,即细浑河)上游沿岸诸城后,摩诃末开始关注来自东方的消息。成吉思汗对北中国女真人的战争屡屡取胜的消息,引起了他对蒙古的好奇。1215 年,他遣使蒙古,以通好为借口探听这个新兴草原霸主的虚实。成吉思汗对此做出积极回应,随即派出使团回访,希望东西两大强国之间能够开通一条稳定而安全的商贸路线,但是双方的友好关系很快便被发生在锡尔河上游讹答剌城的一起"间谍案"破坏。

原来为表示诚意,成吉思汗在使团出发后命诸王、那颜们抽选并资助在蒙古的穆斯林商人组成一支共 450 人的商队,满载丝绸、金、银以及毛皮前往贸易。当抵达花剌子模边境城市讹答剌时,讹城长官亦难出(Inale-chuq)垂涎商队财物,乃诬称商队为蒙古人派来的间谍而全部捕杀,唯一名驮夫幸免于难。成吉思汗在得知驮夫奏报后愤怒至极,遣使要求摩诃末交出凶手亦难出,并归还被没收的货物。但是傲慢的摩诃末不仅拒绝了这一要求,而且将三名穆斯林使者一人处死,两人剔去胡须加以羞辱。于是,这场因贸易而产生的纠纷便只有通过战争来解决了。

22.1.2 征讨屈出律和森林部落

先是,成吉思汗遣哲别和长子术赤征讨攫取哈喇契丹统治权的屈出律和贝加尔湖区的森林部落。

1209 年,屈出律逃至哈剌契丹后,骗取了昏聩的哈喇契丹皇帝直鲁古的信任,被招为驸马。1210 年哈喇契丹在与花剌子模的战争中战败,引发内乱。屈出律趁机勾结军队迫使直鲁古让位自立,国号仍旧。其后,他对花剌子模用兵,迫使摩诃末的势力退回到锡尔河上游地区。1213 ~ 1214 年,他趁蒙古忙于对金战争之际,又将势力重新扩张至塔里木盆地,哈剌鲁等国被迫臣属,国势一时称盛。但由于屈出律推行狭隘的宗教政策,对异教徒穆斯林一味迫害,多次焚掠可失哈耳(Kashghar,即喀什噶尔,今新疆喀什),并杀害阿力麻里的哈剌鲁首领斡匝儿(Ozar),以致民变迭生。当哲别军次可失哈耳时,城内居民打开城门相迎。屈出律见大势已去,慌忙从可失哈耳逃走。哲别大军乃从卡尚(Cachan)越过帕尔米高原(Pamirs)追至巴达哈伤(Badakhshān)。后屈出律在萨里桓(Sari-qol)被当地居民发现而捕送蒙古军,哲别杀之,哈喇契丹平服。

　　与此同时,术赤带领一支蒙古军前去镇压降而复叛的森林部落斡亦剌、八剌忽、豁里·秃麻(Qori-Tumad)和吉利吉思等部。蒙古立国第二年即 1207 年,成吉思汗曾分别遣术赤和阿勒坛、不兀剌(Bu'ura)前往上述诸部招降,他们先后归附,蒙古国遂囊括整个谦河(Upper Yenisei,今叶尼塞河上游)流域和贝加尔湖区。但因统军万户豁儿赤那颜于秃麻部中强行选美,激起反叛。1217 年,成吉思汗遣养弟孛罗忽勒(Boro'ul)统兵讨伐,却被秃麻人利用深山密林设计捕杀,故再派术赤前往征讨。

　　术赤先收服八河(Sekiz Muren,叶尼塞河源头)之地的斡亦剌部,后渡谦河接连征服乌斯、撼合纳、康合思、秃巴思、不里牙惕等部。在孛罗忽勒讨伐秃麻部时,成吉思汗命谦河流域的吉利吉思部(Kirghiz,即乞儿吉思)从征,却遭到拒绝。吉部败退,术赤军追至亦马儿河(Obi,今鄂毕河),尽降之。吉利吉思西面的失必儿(šibir)、客失的迷(Kesdiyim)、脱额列思(Tö'eles)等地的部族也闻风纳降。

22.1.3　成吉思汗西征

　　哲别、术赤两路军的顺利征讨,使通往西方的交通路线得以畅通。

·欧·亚·历·史·文·化·文·库·

1219 年,成吉思汗驻夏也儿的石河,将蒙古军和属国(部)从征军加以整编,兵力共计 20 万。大军越阿勒台山向花剌子模进发。进入花剌子模境内后分兵 4 路:察合台、窝阔台领一路军队围攻讹答剌;术赤军在收服谦河流域诸部后沿叶尼塞河而下进入钦察草原,攻取毡的(Jand,今哈萨克斯坦克齐尔-奥尔达东南)、养吉干(Yanghikant,今哈萨克斯坦卡札林斯克南)等地;那颜阿剌黑(Alaq)进攻锡尔河上游忽毡(Khojend,今俄罗斯列宁纳巴德)等城及费尔干纳地区;成吉思汗与拖雷统领中军径趋河中(Transoxiane,即锡尔河与阿姆河地区,时穆斯林称之为河外 Mavera-un-nehr)地区。大军渡锡尔河(即忽章河或忽毡,Khodjend River),越克孜勒沙漠(Qizil Qum,今阿富汗境内),攻取纳儿(Nār,今 Nurata),进抵不花剌(Bokhārā,今布哈拉)。

　　与此同时,摩诃末也集诸异密会商迎敌计策,他拒绝王储札兰丁(Jalāl al-Dīn)及异密们将 40 万大军集于锡尔河与成吉思汗的主力部队决一死战的建议,而主张将兵力分散各地,据守诸城。当得知蒙古军已过锡尔河时,摩诃末未战先慌,从新都撒马尔罕退守阿姆河南岸。1220 年 2 月,不花剌城教长献城投降,蒙古军进城烧掠。3 月,成吉思汗大军进抵撒马尔罕,得知摩诃末已逃,乃遣速不台、哲别统兵 3 万分两路追击。成吉思汗命蒙古军驱不花剌俘虏为攻城前阵,使城内军民大恐,同时摩诃末的出逃也大大影响了他们抗战的决心,加之守军中康里突厥人(Kankhli)投降,在蒙古军攻城第五天,城内法官教长出城纳款请降。大军入城,守军全部被屠杀。成吉思汗驻夏撒马尔罕。

　　摩诃末在蒙古军紧紧追逼下向西北的你沙不儿(Nīshāpūr)、可疾云(Quzwin)逃去。速不台由右路经秃思(Tūs,今吐斯,伊朗霍腊散省马什哈德北)、哈布商(Khabāshān,今霍腊散省古昌地区)、担寒(Dāmghān,今伊朗马赞德兰省达姆甘)、西模娘(Simnān,今伊朗德黑兰省塞姆南)而至剌夷(Ray,今德黑兰南);哲别则从左路由志费因(Juvain,今伊朗霍腊散省札哈台)、祃桫答而(Māzandarān,今伊朗马赞德兰省)至剌夷与速不台军会合。但摩诃末已先行逃入哈马丹(Hamadān,今伊朗哈马丹),二人联军追击,摩诃末又藏匿可疾云山堡,最后辗转入宽田吉思海（Caspian Sea，即里海）南岸附近的一个岛屿，大约于 1220 年底病死在此，临终传位于长子札兰丁。

速不台、哲别所领蒙古军追至里海后回师波斯中西部地区，继续抄略。1220 年秋进入阿哲儿拜占（Azarbāïjān，今阿塞拜疆）境内，进逼其首府桃里寺（Tauris，今伊朗阿塞拜疆省大不里士 Tabrīz）。阿哲儿拜占阿塔卑月即伯（öz-beg）献金币、牲畜请和。速不台、哲别遂撤围，驻冬于木干草原（Mūghān，今阿塞拜疆阿拉斯河下游南）。

其时，成吉思汗命耶律阿海为达鲁花赤镇守撒马尔罕，自己亲统大军攻取忒耳迷（Tirmiz，今俄罗斯捷尔梅兹）等阿姆河沿岸诸城。是年冬，又命拖雷率领精锐之旅渡阿姆河，攻取呼罗珊诸城。1221 年初，成吉思汗渡阿姆河，下巴里黑（Balkh，今阿富汗马扎里沙里夫西）城，进围塔里寒寨（Tāliqān，今阿富汗木尔加布河上游北），连攻 7 个月不下。时拖雷部已连拔马鲁（Merv，今土库曼斯坦共和国马里）、你沙不儿（Nishapur，今伊朗霍腊散省内沙布尔）、也里（Herat，今阿富汗西北赫拉特）等城，知成吉思汗遇阻，乃引军进援，两军合力方攻下塔里寒寨。是时术赤、察合台和窝阔台的两线战事已进入扫尾阶段，成吉思汗遂命三人合力攻打玉龙杰赤。术赤、察合台二人不和，攻城步调不一致，以致拖延数月。成吉思汗得知后，乃命二人皆受窝阔台节制，始将花剌子模都城攻克。

1221 年 2 月，新任花剌子模沙札兰丁在哥疾宁（Ghazna，今阿富汗加兹尼）重新集结了约 10 万军队，进屯可不里（Aboul，今喀布尔）之北的八鲁湾川（Parvān，今阿富汗查里卡东北帕尔万），利用地形优势，重创失吉忽秃忽部，3 万蒙古军伤亡殆尽。札兰丁声势稍振，已被征服的呼罗珊诸城纷纷起而响应，杀死蒙古戍将。成吉思汗会同诸路军队，从塔里寒寨出发，越大雪山（Hindu Kush，今兴都库什山），进击札兰丁。大敌当前之际，札兰丁麾下诸突厥将领却置防御备战于不顾，而是忙于小胜之后的争权夺利，致使军心涣散，甚至一些将领携所部撤离战区。士气受挫、实力大损的札兰丁不得不退至申河（Indus，今印度河）流域，暂避蒙古兵锋。是年 11 月，蒙古军追至申河北岸给札兰丁军以

·欧·亚·历·史·文·化·文·库·

沉重一击,使其部众锐减至 700 人。札兰丁见大势已去,乃逃入印度德里王朝(Dehli)寻求庇护。1222 年春夏之际,成吉思汗因无法适应南亚的湿热气候,回师撒马尔罕,命八剌(Bala)率一小部分军队继续追击札兰丁,一度深入到木尔坦(Multan)地区。成吉思汗抵达撒马尔罕后,听取牙老瓦赤、马思忽惕的建议,在已占领的呼罗珊诸城置达鲁花赤,并将河中地区及钦察草原北部分封给术赤,委任术赤在河中地区的镇守官哈喇契丹人成帖木儿(Chïn-Temür)兼理阿姆河以南地区。是年冬,成吉思汗启程东返。

同年春,速不台、哲别率军队进入谷儿只(Georgia,今格鲁吉亚共和国)境内,大败其首府梯弗利斯(Tiflīs,今第比利斯)3 万守军,接着转战失儿湾(Shirvān),破其首府沙马哈(Sshamākhā,今阿塞拜疆舍马合)。之后以失儿湾请和使为前导,由打耳班(Darband,一作铁门关,今俄罗斯杰尔宾特西)越太和岭(Caucase Mount,即高加索山),进入阿速(As,即阿兰,伊朗语族部落)、钦察(Qipchaq)等游牧民的领地。速不台、哲别利用计谋将其各个击破,钦察首领玉里吉潜逃斡罗思(Russie,即俄罗斯),蒙古大军遂于钦察营地驻冬。1223 年初,速不台、哲别遣使至钦察部招降,玉里吉杀来使,联合斡罗思诸王公起兵反击。1223 年 5 月,双方战于阿里吉河(今乌克兰共和国日丹诺夫市北)东岸。由于斡罗思内部协作不力,联军落败溃散。速不台、哲别大军尾随其后,抄掠斡罗思南部诸地。成吉思汗东撤消息传来,二人乃领兵经阿的勒河(Etil,即伏尔加河),抄掠不里阿耳(Bulghar),然后取道里海、咸海(Aral Sea)之北,与成吉思汗会师,大军于 1225 年春回到蒙古本土。第一次西征胜利结束。

22.2 绰儿马罕西征

蒙古大军东撤后,河中地区、呼罗珊诸城掀起了叛乱浪潮,起义此起彼伏,驻守诸城的蒙古达鲁花赤皆被杀,札兰丁兄弟亦乘机谋划复辟,并为争位互相攻伐。1223 年,札兰丁之弟嘉泰丁(Ghiyā'al-Din)待蒙古大军撤离后,召集花剌子模旧部在伊拉克阿只迷地区(Iraq Adja-mi,今伊拉克札格罗斯山脉 Zagros 以东地区)自立为沙。流窜印度已 3 年的札兰丁得知这一消息后非常气愤,次年便经波斯东南部俾路支斯坦(Balūchistān)和莫克兰地区(Makrān)回到起儿漫(Kerman)省和法尔斯省(Fārs),在获得两省至少是表面上的归顺后,又从设拉子(Shīrāz)出发,夺取阿只迷地区和亦思法杭省(Isfahān 今伊朗伊斯法罕)。随后军次剌夷城,迫使嘉泰丁让位。1225 年,札兰丁西进阿哲儿拜占,占领其首府桃里寺。1226 年 3 月,札兰丁兵进谷儿只,占领其首府梯弗利斯,在境内大肆烧掠,屠杀基督教徒。至此,札兰丁已据有波斯南部及中西部地区,遂以亦思法杭和桃里寺为都城,重建花剌子模帝国。

不过札兰丁的统治并不稳固。1228 年,嘉泰丁及其追随者组织反扑,起儿漫省长官八剌(Bala,哈喇契丹人)向亦思法杭发起进攻。札兰丁急忙从谷儿只撤兵回防,谷儿只民众乘机收复梯弗利斯,阿美尼亚(Armenia)南部的阿黑剌忒(Akhlāt)地区则被叙利亚乘乱攻取。札兰丁又从亦思法杭奔赴阿美尼亚,在阿黑剌忒境内大行杀掠,随后攻入起剌特(Khilāt,今土耳其东部凡湖西北)再施暴行。其倒行逆施的残暴行为又引发一片反对浪潮。1230 年,鲁木(Rūm,即鲁迷,位于小亚细亚,都 Qonya 科尼亚城)的塞尔柱突厥王朝和起剌特缔结反对札兰丁的同盟,于额儿赞章(Arzīnjān,今幼发拉底河上游地区)大败札兰丁,迫使其退守桃里寺。这种混乱的局面让镇守官成帖木儿难以应对,不得不向大汗窝阔台求援。窝阔台遂命绰儿马罕(Chormaghun)出镇波斯。

绰儿马罕率 3 万蒙古军进抵花剌子模境内时,札兰丁正处于四面楚歌之中。绰儿马罕首先镇压了呼罗珊地区的反叛势力,然后攻取剌夷城。1230 年冬,大军西进桃里寺。札兰丁闻讯惊惶失措,弃城遁入木干草原,蒙古军紧追不舍。1231 年 8 月,札兰丁在迪牙别克儿(Dyarbekr,今土耳其东部)地区的曲儿忒(Kurdistan,今土耳其库尔德斯坦)被当地匪徒杀死,花剌子模残余势力终被消灭。札兰丁败亡后,起儿漫、法尔斯两省皆归附蒙古。活动于你沙不儿一带的札兰丁部下哈剌察被成帖木儿和怯勒亨剌击败,逃亡昔思田堡,为镇守阿富汗西北部的蒙古副统帅塔亦儿所杀。呼罗珊地区终于恢复平静。窝阔台仍委任成帖木儿为呼罗珊、祃桵答而的总督(1235 年成帖木儿死,畏吾儿人阔儿吉思 Körgüz 继任)。而绰儿马罕则率领西征军镇戍波斯西部,立营于木干草原,频频出兵攻掠,一度深入到底格里斯河沿岸。因军队无法适应当地的炎热气候,乃转向高加索山南部地区,进攻阿美尼亚和小亚细亚地区。谷儿只、大阿美尼亚(Great Armenia)先后被征服。1240 年,大阿美尼亚王前往哈剌和林(Karakorum)觐见窝阔台,受命继续统领故地。

1241 年,绰儿马罕卒,拜住(Baiju)继任。高加索山南地区事态基本稳定,拜住转而对小亚细亚、叙利亚、伊拉克等地用兵。1242 年,拔鲁木额儿哲鲁木城(Erzurum,今幼发拉底河上游地区)。1243 年,又在埃尔津詹之柯塞山大败塞尔柱军团,攻下锡瓦斯城(Sīvās)。叙利亚恐蒙古军进攻,遣使纳款请降,小阿美尼亚王海屯一世亦归服。几乎与绰儿马罕、拜住经略西亚的同时,第二次大规模的西征也正在如火如荼地进行。

22.3 长子西征

22.3.1 议定西征

成吉思汗回到蒙古后,便展开对党项人的最后攻势,1227 年灭亡西夏。1234 年,女真所建立的金国亦被征服。南方战事结束后,窝阔台决定将下一个进攻目标锁定西方的钦察草原和里海以北尚未被征服的地区。

钦察草原东部地区虽然在 1221 年已被术赤攻下,但在 1223 年至 1229 年间(术赤、成吉思汗相继去世),蒙古帝国对上述地区皆未再采取大的军事行动。1229 年窝阔台大汗继位后,曾遣阔客歹、雪你台领军 3 万去征服阿的勒河下游的钦察(Qipchaq,突厥语族部落,拜占庭人称之为库蛮 Coman，罗斯人称之为波洛伏齐 Половец，即 Polovtsy）、撒克辛（Saqsin，今伏尔加河下游）和不里阿耳。钦察部和撒克辛部逃入不里阿耳，三方联合抗击蒙古军，在不里阿耳边境札牙黑河（Jayaq，即今乌拉尔河）附近展开激战。蒙古军虽有所斩获，但联军抵抗顽强，阔客歹、雪你台只得撤军返回。1235 年南方战事刚刚结束，窝阔台便召集诸王、那颜举行忽里勒台大会，商讨再次征伐钦察、罗斯等里海以北未被臣服诸邦国事宜。根据察合台的建议，大会决定由宗室各支长子统帅出征，万户以下各级那颜也须派长子相从，因此这次西征又被称为"长子军出征"。

参加出征的宗王有术赤的儿子拔都（Batu）、斡儿答（Orda）、昔班（Siban）和别儿哥（Berke），察合台的儿子拜答儿（Baidar）、孙子不里（Büri），窝阔台的儿子贵由（Güyük）、合丹（Qada'an），拖雷的儿子蒙哥（Mongka）、拔绰（Bacho），以及成吉思汗的庶子阔列坚（Coulcan）等。西征军共 15 万人，窝阔台命长支拔都为主帅，大将速不台辅之，实主其事。

22.3.2　征服南俄草原

1236 年春，蒙古诸王及速不台统率的军队抵不里阿耳境内，是年秋，与拔都军会合。西征军以速不台为先锋，很快便攻下都城不里阿耳，大行屠掠，不里阿耳灭亡。之后拔都主力军赶到，商会诸王，决定分兵西进。

1236 年冬，蒙哥军抵阿的勒河下游的钦察草原。札牙黑河、阿的勒河之间玉里伯里山（Ilberi）的钦察部落不战而降，另一支钦察部落在首领忽滩（Qounan）的带领下利用阿的勒河下游的密林与蒙古军周旋，至 1237 年春始被打败，首领忽滩携残部 4000 户逃入马札儿（Majar，即今匈牙利）。

同年秋，拔都再集诸王，商定共同进兵罗斯。是年 12 月，连下也烈赞（Ryazan，即梁赞）、科洛姆纳（Koromna），宗王阔列坚在攻打科洛姆纳城的战役中阵亡，两城军民皆遭屠戮。1238 年初，拔都分兵进击，连拔罗思托夫等 10 余城，合兵围攻弗拉基米尔大公国首府弗拉基米尔

(Vladimir)。2 月 14 日,弗拉基米尔被攻陷。3 月,拔都大军向基辅王朝的古都诺夫格罗德(Novgorod)发起进攻,因当地沼泽过多,无法行进,遂向南迁回,沿途连下斯摩棱斯克(Smolensk)、切尔尼克夫(Chernigov)诸公国。1239 年夏,拔都返回自己的斡耳朵进行休整。

同年秋,拔都再次进入南罗斯和西南罗斯,年末,攻取克里米亚(Crimea),再次洗劫了切尔尼克夫城。与此同时,蒙哥军攻灭了高加索北麓的阿速国。拔都遣使至乞瓦(Kiev,基辅)谕降,被乞瓦王米海依拒绝,使臣亦被杀。1240 年秋,拔都乃亲率大军围困乞瓦,四周架炮猛攻。米海依畏敌潜逃孛烈儿(Poland,即波兰),名将德米特尔领导乞瓦军民进行了英勇抵抗。12 月 6 日城破,德米特尔受伤被俘。拔都嘉其忠勇,赦免不杀,但乞瓦军民则遭到残酷屠杀和掠夺。随后拔都又连攻加里奇(Galicie)、布列斯特、弗拉基米尔诸公国。加里奇王逃入马札儿。至此,罗斯诸公国被蒙古军占领。

22.3.3 攻打孛烈儿和马札儿

在贵由、不里、蒙哥的军队撤离后,拔都与速不台率领主力军继续西进。1241 年春,他留下 3 万军队镇守南俄,然后分兵两路:右路军以诸王拜答儿、海都、大将兀良合台为统帅,攻打孛烈儿;拔都和速不台率领左路军进伐马札儿。时维斯杜拉河(Vistula)冰冻未开,拜答儿部顺利过河,袭劫了散多米儿城(Sandomierz,今波兰桑多梅日),之后直抵孛烈儿首都克剌可夫城(Cracow),孛烈儿王弃城逃入莫剌维亚(Moravia)。蒙古军攻陷并焚掠克剌可夫,进入西里西亚(Silesia)境内。西里西亚侯亨利(Henry)集孛烈儿诸军与捏迷思(德国)援军进行抵抗,双方激战于里格尼茨(Legnica),最终西捏联军溃败,亨利战死。里格尼茨之战使欧洲诸国十分震恐,慌忙集商对策,但由于教皇格理高利九世(Gregoire IX)和德国皇帝腓烈德里二世(Frederic II)正忙于内斗,迟迟不能协调防御。

里格尼茨大捷后,拜答儿、兀良合台率右路军进入莫剌维亚,久攻奥洛摩茨城(Olmutz)不下,遂放弃该城南下与拔都汇合。拔都左路军从加里奇分 3 路进发:昔班所部抄北路,从马札儿与莫剌维亚之间进攻;合丹率军从东面的摩勒达维亚(Moldavia)进攻;拔都与速不台率中军穿过喀尔巴阡山(Karpathian Mountains)峡谷进抵撒岳河(Sajo,即郭宁河)。拔都在撒岳河上游莫希(Mohi)之南击败了马札儿军,之后乘胜围拔马茶城(Pest,即佩斯城),其王贝拉四世(Béla Ⅳ)出逃亚得利亚。蒙古军四处抄略,并焚毁马茶城。1241 年 7 月,蒙军前锋进入维也纳(Vienne)附近的诺依城(Neu-Stadt)。是年冬,拔都大军冰渡秃纳河(Donube,即多瑙河),陷格兰城(Gran)。1242 年初,拔都遣合丹追击马札儿王贝拉四世,贝拉逃入达尔马提亚(Dalmatia)群岛避难。之后蒙古军停止征进,沿原路折返。1243 年初,拔都回到阿的勒河下游的钦察营地,第二次西征宣告结束。拔都后来在此营建萨莱城(Sarāi,今阿斯特拉罕附近)作为都城,据有东起也儿的石河,西至罗斯的辽阔区域,史称"钦察汗国(Kipchak Khanate,又称金帐汗国)"。

蒙古大军未进入西欧的原因是多方面的,但长期以来受柏朗嘉宾(Jean de Plan Carpin,1182～1252 年)《蒙古行纪》的影响,认为蒙古停止西征的原因是由于窝阔台突然去世的观点一直占据主流。不过,拔都下达撤军东返的命令是在窝阔台去世之前发出的。从当时的情况来看,1242 年时,蒙古西征军已是强弩之末,撤军主要是由三方面原因造成的:一是贵由、不里与拔都不和影响了战略布局;二是蒙古军在征服罗斯诸公国过程中遭到了激烈反抗,蒙古军虽然获胜,却付出了相当大的代价,尤其是兵力大受损耗,已无力再开展大的军事行动,奥洛摩茨城久攻不下便是很明显的例子;三是征服过后,由于兵力有限,无法大量留兵戍守,致使被征服地区叛乱迭起,尤其是不里阿耳人、钦察人及阿的勒河地区其他部族的反抗都迫使拔都不得不分兵镇压,从而牵制住了蒙古军的西进。

22.4　旭烈兀西征

22.4.1　征伐木剌夷和哈里发

绰儿马罕和拜住出镇波斯后,东征西讨,至贵由汗时,整个阿姆河西岸以至叙利亚的大部分地区皆已纳入蒙古帝国的版图,唯有裯椤答而的木剌夷国(Ismā'īlīs,亦思马因派宗教王国)和报达城(Baghdād,今伊拉克首都巴格达)的哈里发政权尚未臣服。亦思马因派是伊斯兰教什叶派分衍出的一支极端激进组织,得名于创始人亦思马因。11 世纪末该派教长哈散萨巴开始据险立寨,构筑山堡,逐渐发展为一个独立的宗教王国。该国以刺杀异教徒出名。报达的哈里发政权(时为第三十六代哈里发谟斯塔辛[Musta'sim]在位)只是名义上的伊斯兰教领袖和伊斯兰世界的宗主,直接管辖地区不出阿剌比(Arabi)。蒙哥继位后,设立阿姆河等处行尚书省,以翰亦剌部阿儿浑(Arghun)为长,统理西北波斯各省民政,之后又决定派弟弟旭烈兀(Hülegü)出镇波斯,征讨木剌夷和报达。

这个决定是在 1251 年召开的忽里勒台上做出的。为准备这次西征,蒙哥一方面命诸王从所属军队中每 10 人中签调 2 人,由子弟统领出征;另一方面又从汉地签发炮手、火箭手千余人,组成炮弩军,由汉将郭侃率领;同时晓谕镇戍波斯的拜住军和怯失迷儿(Chescemir,今克什米尔 Kashmir)的塔亦儿拔都军听受旭烈兀节制,命掌民官阿儿浑供应军需。

1252 年,出征西亚的军队集中于蒙古西部。是年夏,先遣部队 1 万 2000 人由西征军副帅怯的不花(Ket-Buqa)统领出发,于 1253 年 3 月渡过阿姆河。10 月,旭烈兀会合金帐汗国和察合台汗国的增援部队后拔营西进,循成吉思汗 1219 年出征路线,一路缓行,1255 年 9 月下旬方抵达撒马尔干。

1256 年初,旭烈兀大军渡阿姆河抵呼罗珊地区匝维(Zavé)和哈瓦夫(Khwāf)。怯的不花军久攻吉儿都怯堡(Ghirdkuh,今伊朗达姆甘 Damghān 城西)不下,旭烈兀调郭侃火炮军前往支援,仍然无法攻下。4 月,怯的不花转而攻取临近的秃温镇(Tūn),屠掠之后率部前往与旭烈兀大军会合。随后旭烈兀移驻阿儿浑治所秃思城。6 月,蒙古军次你沙不儿。7 月,亦思马因教主鲁克奴丁(Rukn al-Dīn)遣其弟沙欹沙(Shahanshāh)请降,旭烈兀令其亲自谒见,并迫令其毁吉儿都怯等数堡。鲁克奴丁遵令毁堡,但不肯亲自来见。9月,旭烈兀自比思塔木(Bistham)遣使促其谒见,鲁克奴丁拖延不至,并请求保有阿刺模忒(Alamūt)、兰巴撒耳(Lanbasar)、刺勒(Lal)3堡。旭烈兀以此为借口,率部4路并进,围攻麦门底斯堡(Maimūn-Diz),令郭侃排炮围轰,鲁克奴丁无奈出降。旭烈兀对其颇为礼遇,在鲁克奴丁的帮助下连下40余堡,唯阿刺模忒、兰巴撒耳两堡守将拒绝投降。旭烈兀亲自统军攻下两堡,掠走阿刺模忒所藏图书及天文仪器,两堡亦被焚毁。之后旭烈兀回师可疾云,宴乐以庆。鲁克奴丁为保全性命,请求入朝蒙哥,旭烈兀派兵将其押送至和林,但蒙哥不愿召见,令遣回波斯。途经杭爱山附近时,鲁克奴丁为押解士兵纵马踏杀,其他归降的亦思马因人也被蒙古军屠灭殆尽。

1257年3月,旭烈兀从可疾云移驻哈马丹,与拜住等商议攻打报达,决定分兵3路:以拜住军为右翼,令其经毛夕里(Mosul,今伊拉克摩苏尔)渡达曷水(Tigris,即底格里斯河)进扎报达城西面;以怯的不花军为左翼,令其由卢里斯坦(Luristān)进抵报达城南面;旭烈兀率中路军越伊拉克阿只迷(Iraq Ajami)与阿刺比之间的雪山,经克尔曼沙赫城(Kirmānshāhān)、霍尔湾(Holwān)进抵底格里斯河畔,从东面、北面突进报达,以切断其退路。9月,旭烈兀遣使谕降,遭到哈里发谟斯塔辛的拒绝,使臣受辱被逐。1258年1月,蒙古诸路军抵报达,四面同时进攻。报达东门首先为炮石击毁,蒙古军守候城门外,凡逃者悉杀之。2月初,谟斯塔辛遣其子奥都刺合蛮(Abd-our-Rahman)及官员至旭烈兀营帐请降,旭烈兀拒不接见,仍命蒙古军继续攻城。10日,走投无路的谟斯塔辛亲率奥都刺合蛮、阿合马(Ahmed)、木八刺(Mobarek)3子及阿里族人、教长、法官、异密等3000人出降。旭烈兀对其礼遇有加,令其谕降城中将士和民众。13日,蒙古军入城,肆行焚掠,屠杀10余日,死难者计有80万人,直到民众请愿乞免方止。因城中死尸腐烂而引发瘟疫,旭烈兀退居城外一个名为瓦迦夫(Waqaf)的村子。21日,哈里发谟斯塔辛父子及宦者5人被装入皮囊中马踏而死。随后旭烈兀又下令尽诛哈里发宗室,仅谟斯塔辛幼子木八刺得免。至此,立国500余年的黑衣大食（Abbasids）宣告灭亡。

旭烈兀任命阿里巴哈都儿（Ali-Bahadour）为报达长官，哈剌不花（Cara Boca）为镇守官，指挥3000留成军，原哈里发国相阿勒迦密（El-Alcamiyi）仍典其职。3月8日，旭烈兀率大军从瓦迦夫回驻哈马丹（Hamadan，即今土耳其哈马丹省省会），遣使向蒙哥报捷，并将从木剌夷和报达所掠财货中抽取一部分作为敬献，其余则运至篾剌哈（Maragheh，今伊朗东阿塞拜疆马腊格）附近乌儿米亚湖（Urmiyeh）中塔剌（Tala）岛新建的城堡中储存。是年秋，旭烈兀移驻篾剌哈和桃里寺。

22.4.2 讨伐叙利亚和密昔儿

报达的陷落给叙利亚的艾育伯王朝带来极大的震恐。算端纳昔儿（Nāsir）见蒙古大军移驻哈马丹休整，大有进攻叙利亚的势头，便后悔先前未能及时向旭烈兀纳币输诚（其实早在1243年，叙利亚就曾遣使向蒙哥纳币投降），于是遣其子阿昔思（A'ziz）与国相宰奴丁（Zeïn-ud-din el-Hafizzi）赍重币前往旭烈兀营帐，并致书毛夕里阿塔卑（Atabeg）别都鲁丁·鲁鲁（Mossoul Bedr ed-Din Loulou），请其代为求情，希图补救。此时其北部的安都（Antioche）公国及特利波里（Tripoli）伯国的公爵博希蒙六世（Bohemond VI，小阿美尼亚王海屯一世 Hethum I 之婿）在海屯的劝导下也与蒙古人结盟。旭烈兀令纳昔儿纳土投降，但遭到拒绝。1259年9月，旭烈兀分兵3路，仍以怯的不花为先锋，拜住领右翼军，速浑察（Soundjac）领左翼军，其自将中军进伐叙利亚，同时签发毛夕里王子篾力·撒里黑·亦思马因（Mélik Salih Ismaïl）从征。大军从阿黑剌忒（Akhlatt）越哈喀儿山（Hakkar），灭曲儿忒人。然后进入美索不达米亚（Mesopotamia）北部迪亚别克儿（Diyār-e Bakr），拔哲吉莱特（Djéziret）诸城，抵幼发拉底河（Euphrates），下鲁哈等城，渡河直逼阿勒波城（Aleppo）。纳昔儿集聚大军于大马士革（Damascus）城北之波儿哲（Berzé），但由于将相之间在战降问题上发生冲突，纳昔儿抗战意志动摇，匆忙将妻、子及宝藏送往埃及，致使士气大挫，军队瓦解，人民逃散。1260年1月25日，阿勒波被攻陷，蒙古军入城杀掠6日方止，海屯一世也参与其中，纵火焚烧了城中的大礼拜寺。

之后,旭烈兀将叙利亚所占领的原属于小亚美尼亚和特利波里的领地赐还给海屯一世和博希蒙六世作为奖赏。

阿勒波失陷后,纳昔儿放弃大马士革,退守合匝(Gaza,耶路撒冷附近,时已割让于密昔儿),携军旅前往密昔儿(埃及)求援,行至纳布卢斯(Nablus)时,为怯的不花军捕杀。大马士革长官遣使至阿勒波向旭烈兀献城投降。3月1日,怯的不花率蒙古军和海屯、博希蒙军进入大马士革,拒降军民退入内城继续战斗。3月21日,怯的不花下令火炮攻击内城。4月6日,内城投降,蒙古军入城杀掠。是年夏,旭烈兀军进至合匝,遣使密昔儿谕降。此时蒙哥死讯传来,旭烈兀乃以法合鲁丁为阿勒波城长官,伯答剌为大马士革城长官,令怯的不花率两万军队继续征讨叙利亚、巴勒斯坦诸地,自己则率军返回波斯。

蒙古军在叙利亚的顺利进展,使密昔儿马木鲁克王朝(Mamelukes)大有唇亡齿寒之感。篡位自立的算端忽秃思(Qutuz)集诸臣会议后决定战而不降,遂杀蒙古谕降使者。7月,忽秃思携密昔儿军、叙利亚残部及突厥部大举进犯巴勒斯坦。怯的不花时在巴阿勒波克(Baalbec)督师,闻密昔儿联军至,匆忙聚集散布在叙利亚各地的军队迎敌。9月,双方大战于阿因札鲁德(Aïn-Djalout),蒙古军全军覆没,怯的不花被俘杀。密昔儿乘胜占领了大马士革、阿勒波等城,杀蒙古所置官吏,奄有叙利亚全境。旭烈兀征服叙利亚、密昔儿的计划以失败告终。

总体上来看,蒙古大规模的西征共4次,始于1219年,止于1260年,历铁木真、窝阔台、贵由、蒙哥4汗,前后长达41年之久,征服数十国(部族),在以武力结束内陆欧亚割据纷争、交通阻断局面的同时,也给这一区域的居民带来了前所未有的灾难。而蒙古西征结束的同时,蒙古帝国也分崩瓦解,钦察汗国、察合台汗国、伊利汗国相继独立,并逐渐为被征服地区的文化所同化。

23 蒙古对西夏、金的征服

蒙古对党项人建立的西夏和女真人建立的金的征伐计划在西征之前便已确定下来,蒙古与金是世仇,而西夏则控制着漠北至中原的交通枢纽,因此要讨伐金,就必须先取西夏。从 1205 年蒙古建国的前夜对西夏用兵,至 1234 年窝阔台实现其父灭金的夙愿,前后历时40 年。

23.1 六征西夏

西夏为汉藏语系的党项族所建,都兴庆府(今宁夏银川)。鼎盛时期奄有今宁夏、甘肃大部,以及陕西北部、青海西宁地区、内蒙古鄂尔多斯一带。境内生息着党项、汉、吐蕃、回鹘、诸羌系部族和突厥部族,辖民 300 余万,笃奉佛教。西夏控制着东西交通要道河西走廊,与高昌、龟兹、于阗、哈剌契丹、乃蛮、克烈等国(部)一直保持着商贸关系,在中西交通史上占有重要的历史地位。在长达 3 个多世纪的时间里,西夏与其南邻宋国、辽国及后来的金国为争夺地域性霸权,一直处于和战相续的状态。

蒙古人初称西夏为"合失"、"合申",后来为避窝阔台子合申讳,乃改称"唐兀或唐古忒(Tangut,复称唐兀惕 Tangute)"。蒙古对西夏的用兵前后共有 6 次。

1205 年 3 月,成吉思汗灭乃蛮后,引骑越戈壁南下攻打西夏。初,王汗与弟弟札阿绀孛(Jakha Gambu)争夺汗位,札阿绀孛败走西夏,受到西夏王室的礼遇,并与之联姻。1203 年,克烈败亡后,亦剌合·桑昆潜逃西夏,为西夏所拒。桑昆由黑水城(即额济纳 Edzina)潜入吐蕃东北部地区,在塔里木盆地为部属所害。蒙古以西夏曾暗允桑昆过境为由兴兵进犯。蒙古军连破西夏力吉里寨和落思城并抄掠旁近诸地,驱大量的驼羊马匹而归。

1207 年,成吉思汗以西夏不称臣纳贡为由,第二次大举入侵,攻破斡罗孩城(即兀剌海城)。西夏集右厢诸路军顽强抵抗,蒙古军恐中其诱敌深入之计,只在边境地区进行攻掠,于次年春引兵北退。其间,西夏遣使金国,希望两国联盟共同抵抗蒙古。而在位的卫绍王昏愦傲慢,拒绝了这一提议。夏金开始交恶。

金夏不睦正是成吉思汗所乐见的。1209 年秋,成吉思汗在收服西北诸部后,第三次进伐西夏,为征金作铺垫。蒙古大军经黑水城北和兀剌海城关口进入河西地区,击败西夏王子所统领的 5 万大军,俘虏了大都督府令公高逸。接着蒙古军进拔兀剌海,抵中兴府(即兴庆府)外要冲之地克夷门,设伏擒其主将嵬名令公。克夷门破,大军进围中兴府。中兴城久攻不下,蒙古军掘黄河引水灌之,但因考虑不周,本部军队亦受水患,不得不罢兵而去。撤军前,蒙古人遣嵬名令公入城,与西夏政府订立了城下之盟,即西夏向蒙古称臣,除进贡大批骆驼、鹰隼和纺织品外,还要纳女请和。西夏因多次求援金国得不到回应,在与蒙古修和后,便整军进攻金国边境葭州、邠州、泾州等州县。1216 年秋,西夏又为蒙古征金大军借道,允许他们穿过鄂尔多斯地区,进攻金国西陲京兆地区(陕西一带),并提供军事支援。西夏的报复性行为致使双方关系进一步恶化,两国外交进入冰冻期。

1217 年,成吉思汗筹划西征,从各属部(国)中征调兵马。西夏政府不愿供蒙古驱使,拒绝出兵,该国大将阿沙敢不对征兵使臣加以嘲弄。成吉思汗对西夏的态度十分愤怒,乃盛兵突袭中兴府。西夏未料到蒙古会在备战西征时来犯,仓促间难以御敌,夏神宗遵顼出逃西凉府(今甘肃凉州),同时遣使漠北谢罪。成吉思汗为西征计,遂将军队撤回。

蒙古大军西征期间,北中国局势发生了重大变化,负责营略北中

·欧·亚·历·史·文·化·文·库·

国的木华黎于 1223 年春病卒,其子孛鲁继任。是年末新继位的夏献宗嵬名德旺与新上台的金哀宗为联合对抗蒙古开始频繁接触。为惩罚西夏这种降而复叛、反复无常的行为,1224 年 9 月,孛鲁对西夏发动了新一轮的攻势,攻克其重镇银州,斩首数万级,掠驼马牛羊数十万。孛鲁任命都元帅蒙古不花镇戍银州,以待成吉思汗大军东归后再做打算。

1225 年春,西征大军返回蒙古本土,成吉思汗遣使西夏晓谕厉害,勒令其入质以示忠诚,但遭到拒绝。与此同时,西夏联络川藏边界的部落积极备战,并于是年 9 月与金国达成协议,双方停止互相攻伐,约为兄弟之国,一致对抗蒙古。成吉思汗得知金夏联盟的消息后大怒,决定讨灭西夏。1226 年 1 月,成吉思汗亲自统兵第六次入侵西夏,连拔额济纳、兀剌海等城后,遣大将速不台经略撒里畏吾儿与甘州、沙州以南的山地部族,自己则率大部蒙古军西取肃州、瓜州、沙州等重镇。是年秋,成吉思汗率主力军进逼西凉府。守将斡札箦开城投降,搠罗、河罗之地亦传檄而定,河西走廊为蒙古军控制,西夏的西路交通线被切断。之后,成吉思汗取道腾格里沙漠,循黄河而进军东北,攻取应里诸县。11 月,进抵灵州。夏献宗德旺忧惧而终,由其侄南平王晛继位,嵬名令公率 10 万大军进援灵州。12 月,两军遭遇并展开激战,西夏军损失殆尽,蒙古方面亦伤亡惨重。1227 年初,灵州攻克,成吉思汗驻营于盐州川,然后分兵两路:一路进围中兴府,自己率主力军再次渡过黄河向西进抵积石州。蒙古军连拔临洮府、洮州、河州、西宁州、德顺州。闰 5 月,成吉思汗驻夏六盘山。8 月,因落马旧伤复发不治,成吉思汗殁于此地,临终嘱咐众将密不发丧,继续合围中兴府。不久,城中粮尽,夏主晛被迫出降。蒙古诸将按照成吉思汗的遗命将其处死,享国 347 年的西夏灭亡。成吉思汗遗体随后被运回蒙古,葬不儿罕·合勒敦山。

23.2　征灭金国

蒙古征金之战大致可分为 3 个时期。成吉思汗亲征期(1211～1216 年):蒙金初次交锋,成吉思汗大军歼灭了金国精锐部队近 40 万,致使其元气大伤,被迫放弃中都而南迁至汴京。木华黎及其子孛鲁经略期(1217～1229年):成吉思汗西征后,木华黎父子在巩固华北局势的基础上,继续对金和西夏用兵,迫使金国将战线收缩至黄河以南。窝阔台大汗亲征期(1230～1234年):蒙古灭亡金国。

23.2.1 成吉思汗征金

金国处于游牧与农耕世界的缓冲地带,凭借其强大的军事力量成为当时东亚北部的强国,其南控宋国,西接党项,对北部边境上的诸游牧部落以贸易为诱饵,恩威并施,使之附属。

蒙古部在崛起的过程中多次受到女真人的打压,合不勒汗及俺巴孩汗便是以叛金的名义被处死的,所以蒙古一直视金为世仇。成吉思汗成为蒙古部首领后,主动向金国称服并接受封赐,作为争夺霸权的政治资本。1206年建国后,成吉思汗虽然有反叛之心,但畏惧金国拥有一支庞大且训练有素的军队,一直不敢轻举妄动。1210年金章宗殁,卫王永济即位,遣使诏告蒙古。成吉思汗曾在净州(今内蒙古四王子旗卜子古城)朝贡时和庸弱的卫王有过接触,对之颇蔑视,所以当得知新主是卫王后,便拒绝受诏,此举无异于向金国发出了挑衅信号。

1211年,成吉思汗于怯绿连河畔召开忽里勒台,商讨攻金策略。会议决定以哲别为先锋,分两路南下:一路由术赤、察合台、窝阔台率右翼军从金西南路突入边墙,一路由成吉思汗和拖雷率领中军和左翼军从达里泊进入金西北路边墙。7月,哲别攻破乌沙堡,取乌月营。金西北路统帅独吉思忠(千家奴)因疏防被解职,参知政事完颜承裕(胡沙)接任后出镇抚州(今河北省张北县)。完颜承裕见蒙古大军盛阵以列,未等开战便从抚州退至宣平(今河北张家口西南),金国西北门户洞开,蒙古军连下昌州(今内蒙古太仆寺旗九连城)、桓州(今内蒙古正蓝旗北四郎城)、抚州3重镇。成吉思汗由抚州进发,于野狐岭(今河北张北境内)一举击溃金国30万守军。金兵仓皇逃至浍河堡(今河北怀安县东),精锐全被追歼。10月,蒙古军乘胜取德兴府(今河北涿鹿),前锋径趋居庸关。居庸关守将已先行退逃,蒙古军轻松入关,进围中都城(今北京)。成吉思汗见中都城固池深,金兵又严阵以待,知不能轻易攻下,乃于11月引兵退出居庸关。

术赤、察合台、窝阔台所部右翼军进入汪古部营地,汪古部首领阿剌兀思剔吉忽里献关,并为伐金前驱。蒙古军连下净州、丰州(今内蒙古呼和浩特东白塔镇)、云内(今内蒙古托克托县东北古城)、东胜(今托克托县)、武州(今山西五寨县北)、朔州(今山西朔县),随后兵进西京(今山西大同)。西京留守纥石烈执中(胡沙虎)弃城逃往中都。术赤等派3000劲旅追击,沿途攻取宣德州(今河北宣化)、德兴府(今河北涿鹿)。1212年春,成吉思汗挥师进围西京,为流矢所中,遂撤兵。

1213年初,成吉思汗遣哲别军横穿辽河流域,攻取金东京(今辽宁辽阳),大掠而还。是年秋,成吉思汗伤势愈,再次兵进野狐岭,克宣德、德兴二府,进至怀来(今河北怀来东),与完颜纲、术虎高琪所率10万金军遭遇并激战。金兵不敌向南撤退,蒙古军追击至居庸关口,歼敌无数,是为第二次野狐岭大捷。居庸关防守坚固,成吉思汗采取迂回包抄战术,以小股部队佯攻,而将主力转移至西南地区,由太行山紫荆口(今河北易县西)突入,败金兵于五回岭,连克涿州、易州。时哲别征辽东而归,成吉思汗命其率精兵奔南口,形成内外夹攻之势,居庸关守将被迫投降,蒙古军第二次进围中都。

不久,金国陷于内乱,原西京留守纥石烈执中弑皇帝永济,改立丰王珣,是为宣宗。纥石烈执中又为元帅右监军术虎高琪所杀。西夏因屡次求金援而不至,亦助蒙攻金西境。金国内外交困给蒙古军以可乘之机。是年冬,成吉思汗乃分兵3路,命术赤、察合台、窝阔台领右翼军由太行南下,进攻河北西路、河东南北两路,然后抵黄河北岸;以合撒儿、斡赤斤率左翼军抄掠蓟州、平州(今河北卢龙)、滦州;自己与拖雷率中路军掠河北东路、山东东路、西路,亦进抵黄河。1214年4月,三路大军再次合围中都,切断金廷外援。宣宗被迫献永济之女歧国公主及大量金帛、童男女各500名、御马3000匹求和。成吉思汗退兵,驻渔儿泺(今内蒙古克什克腾旗达里诺尔)。

哲别军从辽东退出后,居于此地的契丹人在耶律留哥的率领下叛金。金国出兵镇压,很快便收复大半失地。成吉思汗知悉后,命木华黎与驸马孛秃等进援辽东。1214年5月,金宣宗因精锐师旅尽失,国库枯竭,难以应对时局,决定弃守中都,南迁汴京,不料激起驻防乣军兵变。成吉思汗乘机引兵南下再伐中都,他先取京郊诸州县,阻击南京(即汴京开封)增援部队,使中都城守将孤立无援。1215年5月,蒙古大军终于攻入中都。成吉思汗遣失吉忽秃忽等入城检视国库,将库藏悉数运回漠北。随后,成吉思汗置燕京路总管大兴府,以札八儿火者为都达鲁花赤,与石抹明安共同镇守中都。11月,成吉思汗命三模哈借道西夏直取关中,欲夺潼关。潼关乃汴洛之门户,金兵严防死守。三模哈久攻不下,取径嵩山入汝州,直下南京。金兵忙命山东守军助防,阻截蒙古军。三模哈孤军难继,抄掠后渡黄河北归。金宣宗遣使乞和,成吉思汗命其削去帝号,割让黄河以北,为金所拒,和谈破裂。

23.2.2　木华黎经营北中国

1216年春,蒙古大军返回漠北休整。次年,成吉思汗封木华黎为太师国王,授予代表大汗权威的九旄大纛,许其承制行事,并以札剌亦儿、弘吉剌、兀鲁、忙兀5部12千户,混编军1千户,汪古部10千户,及吾也而、耶律秃花所统契丹、女真、汉诸军约7万7000人,组成5部探马赤军,总兵力在10万以上,悉归木华黎节制。

木华黎于是年南下,在燕京(即中都)、西京置都行省。他遵照成吉思汗招揽汉地豪杰、勘定未下城邑的旨意,一方面以恩信接纳各地官僚、土豪,授以官职,使他们领军治事;另一方面,对黄河流域展开军事行动,派军西进西夏中兴府,以惩罚其拒绝从征花剌子模的叛逆行为,自己亲率蒙古及探马赤军从燕京南下进入河北、山东境内,连下遂城、蠡州、大名府、益都、淄州、登州、莱州、密州等城。次年,金经略使张柔归降,木华黎委任其为河北都元帅,命其经略河北,自己则由大同府趋兵,接连攻取太原、平阳、忻州、代州、泽州、潞州、汾州、霍州等地。至1219年底,山西大部皆被蒙古人所控制。之后,木华黎大军折返河北中部,1220年与史天倪部合力攻下真定(今河北正定),招降金国所封九公中势力最大的恒山公武仙,以史天倪为河北西路兵马都元帅,武仙为副。

是年夏,山东红袄军起义,曾先后任金长清令、南宋济南治中的严实发觉宋金皆难以持久,遂以彰德、大名州30万户向木华黎输诚。木华黎以严实统辖东平和山东西路,联合镇压起义。10月,联军攻陷重镇济南。木华黎留严实军守济南,自己率蒙古军奔东平,连下曹州(今山东菏泽)、濮州(今山东鄄城北)、单州3地。1221年6月,金东平守将弃城南逃,木华黎命严实移治东平,又称东平行台。11月,木华黎在西夏默许下取道鄂尔多斯地区,对金京兆地区展开攻势。12月,蒙古军在西夏军的配合下攻打延安府,为延安知府完颜合达击退。蒙夏联军转而南下攻取绥德、鄜州(今陕西富县)、坊州(今陕西黄陵)等地。1222年春,木华黎让蒙古不花继续经略陕西,自己率大军经丹州(今陕西宜川)东渡黄河,复入山西境内,再次攻取太原、平阳两重镇,设达鲁花赤守之。是年冬,木华黎大军西渡黄河复入陕西,取同州(今陕西大荔)、蒲城,蒙古不花进围京兆府。1223年2月,木华黎撤除对长安的包围,西进凤翔。时西夏军不愿再受木华黎驱使,擅自离去,蒙古军实力大受影响。木华黎因连攻凤翔月余不下,焦虑成疾,遂解除包围北还。3月,大军行至山西闻喜,木华黎病逝,其弟带孙暂代其职。成吉思汗令孛鲁继任国王,继续攻略河朔诸地,但是进攻势头较以前有所减弱。

从1217至1224年间,金国为了弥补失地,向宋国发动攻势,企图借军事打压来迫使宋国恢复朝贡,但遭到南宋的顽强抵抗。1219年夏,宋军在汉水流域一度击溃了金军主力,使金国计谋未能得逞。木华黎死后,金国立刻停止对宋国的南线作战,将军队撤回到山西南部,收复太原、平阳等地。1225年,河北西路副都元帅武仙杀其长官史天倪,叛蒙附金。降宋之红袄军首领彭义斌围攻东平,迫使严实约和。彭义斌与武仙联合攻克真定,连下数州县。孛鲁以史天泽为河北西路都元帅组织征讨,遣肖乃台率蒙古军协助,不久收复真定。孛鲁命孛里海领一支蒙古军进援东平,严实复投蒙古军。两部合兵攻彭义斌于内黄,彭义斌战败被杀,所失州县皆被收复。1226年,济南土豪张荣以所统济南、淄州归降,被授予山东行省、都元帅。孛鲁亲统大军征讨李全,1227

年,李全出降,孛鲁授之以山东淮南楚州行省,仍治益都。至此,河北、山东尽归蒙古所有。

23.2.3 窝阔台灭金

成吉思汗临终前曾定下灭金战略,即借道宋国,攻打唐、邓二州,然后直捣汴京,趁金回防之际攻取潼关。1228 年,蒙古灭西夏后,监国拖雷依照成吉思汗的战略,先遣大将赤剌温率 8000 蒙古军进入陕西境内,再次进围凤翔。时任平章政事的完颜合达调完颜陈和尚所领忠孝军(即由回鹘、乃蛮、党项等族避难于金国者组成)400 骑驰援,于大昌原(今甘肃宁市西)大败蒙古军,蒙古谋取潼关的计划失败。

1229 年,窝阔台继位后把灭金作为首要目标。他以史天泽、刘黑马等为汉军万户,分守河北、山东、山西等地。1230 年初,窝阔台与拖雷率军南下,先入山西,攻取大同及附近州县,然后渡黄河进入陕西境内,直抵凤翔。金哀宗命设防于阌乡(今河南灵宝西)的完颜合达、移剌蒲阿出关救援。完颜合达等出潼关进至渭水北,与蒙古军遭遇,未战便退回关内。1231 年春,大将按察儿领蒙古军攻下凤翔,金国乃放弃京兆地区,移民于河南,潼关以西悉为蒙古军占领。是年夏,窝阔台大会诸王、那颜于官山九十九泉(今内蒙古卓资县北),商议攻金之策。窝阔台汗采纳拖雷的建议,分兵三路出击:拖雷领右路军由宝鸡进入陕西,沿汉水而下,抵唐、邓二州;窝阔台统领中路军,由山西南下,突破黄河防线,直抵汴京;斡赤斤则率左路军由山东济南进入河南,已呈包抄之势,并约定于次年 2 月会师于汴京。拖雷率右路军先行,8 月,向宋国借道未成,乃强行攻入大散关,连下兴元(今陕西汉中)、凤州、西和(今甘肃省西和县)、沔州(今陕西省略阳县)、阶州(今甘肃省武都市)等城。12 月,拖雷军渡汉水,进入邓州。金国调遣潼关守将完颜合达、移剌蒲阿进援,于邓州城西禹山设伏。拖雷为避开金军主力,以轻骑疾驰汴京。完颜合达等发觉后,率军追击。1232 年初,拖雷趁金军疲惫,回师发起反攻,大败金军于钧州(今河南禹县)南三峰山。大将移剌蒲阿被擒,完颜合达逃入钧州(今河南省禹县)。3 月,拖雷军追击完颜合达至钧州,城破,完颜合达被杀。

窝阔台所领中路军攻下河中府(今山西永济市西),由白坡渡河,进屯郑州。窝阔台遂抵钧州与拖雷军会合,遣大将速不台为先锋,南下合围汴京。金潼关守将献关投降,河南许多州县亦望风而降。4月,窝阔台、拖雷北还,留大将速不台继续围攻汴京。汴京军民顽强抵抗,以震天雷、飞火枪等火药武器攻击蒙古军。蒙古使者入城谕降,被金守将杀死。蒙古军退而围之,切断城中一切外援。由于之前各地难民纷纷涌入汴京,不久城中便饥荒、瘟疫肆起,死者达 90 余万。1233 年 2 月,金哀宗出奔归德(今河南商丘),金西面元帅崔立杀汴京留守,献城降蒙古。是年夏,金哀宗又弃归德而逃至蔡州(今河南汝南),蒙古都元帅塔察儿率蒙古军及河北世侯史天泽、张柔所部汉军围之。与此同时,蒙古遣王檝出使南宋,约宋出兵合力灭金。宋京湖制置使史嵩之遣襄阳守将孟珙率军进入金境,取邓、唐二州。是年冬,宋理宗命孟珙率领宋军 2 万,粮饷 30 万石至蔡州,协助蒙古塔察儿部攻城。1234 年 2 月 9 日,蔡州城破,金哀宗自杀,金国亡。

蒙古消灭西夏和金,不仅为其进一步的南侵打下了基础(因本书范围所限,故蒙古对南宋、吐蕃、云南,以及南亚、东南亚的用兵不在这里介绍),同时也使其暂时结束了南方战事的牵制,为下一次大规模的西进做准备(参看第 22 章)。

蒙古灭西夏、金、南宋 3 国,在中国历史上产生了重要影响,使唐末陷入割据混战的中国再次出现南北统一的局面,为明清乃至近现代中国的政治版图,以及多民族国家的形成奠定了基础。

24　蒙古东征

所谓蒙古东征,指的是对金国的辽东地区、高丽的征伐,以及忽必烈灭南宋后对日本所采取的军事活动。

24.1　蒙古对辽东地区的攻略

辽东地区作为女真的发源地,既是女真与高丽通好的门户,也是契丹降民活动的地方。1213 年,在女真前线的成吉思汗命哲别率领一支蒙古军去攻打女真的龙祥之地,哲别攻破金国东京(今辽阳)。辽东地区的契丹遗民在千户耶律留哥的带领下背叛金国,归附成吉思汗。耶律留哥的叛离对女真是沉重的打击,很大程度上削弱了女真在辽东的势力。女真不断派兵围攻耶律留哥,但多次都被耶律留哥打败。1214 年,女真又命辽东宣抚蒲鲜万奴率重兵攻打耶律留哥,成吉思汗则遣木华黎率领蒙古军前往支援,契丹人石抹也先随同出征。1215 年,蒙古军攻下辽西诸城,联合耶律留哥大败蒲鲜万奴军。蒲鲜万奴怕女真政府降罪,率众反叛女真,于是年 10 月在辽东僭称天王,国号大真,改元天泰,宣告女真辽东营略失败。女真遣使高丽要求助讨辽东叛部,但为高丽婉拒。

1216 年,木华黎再次攻略辽西诸城,很快攻入东京,蒲鲜万奴以其子帖哥入侍降附蒙古。木华黎征服辽东后,蒙古并未对辽东地区实行直接控制,而是以耶律留哥留镇辽东。留哥部众劝其称帝自立,并杀死蒙古索质使者,迫其反叛。耶律留哥为洗脱清白,只身到成吉思汗帐下请罪,成吉思汗对之抚慰有加。耶律留哥部将耶厮不被推立为帝,定都

·欧·亚·历·史·文·化·文·库·

澄州,国号辽,改元天威。耶厮不称帝 70 多日便被部下所杀,由乞奴监国。蒲鲜万奴亦叛之,于 1217 年以豆满江(即图们江)流域为根据地建立东夏国。

成吉思汗发兵辽东,助耶律留哥收复辽东地区。乞奴等遭到耶律留哥和蒙古兵的打击,率 9 万部众渡鸭绿江逃入高丽,在境内大肆抄略。此时,另一部分契丹人为躲避女真统治,从咸平迁至辽东半岛。但随后遭到耶律留哥的打击,也逃到高丽西北境。契丹部逃入高丽不久,发生内讧,金山杀乞奴,统古与杀金山,而统古与又为喊舍所杀。

契丹部众在恢复辽代疆土,在收复被女真所占领诸城的同时,契丹以兵燹要挟高丽投降,并让高丽提供土地和粮食。高丽拒绝其要求,战争在所难免。高丽以卢元纯为中军兵马使、吴英富为右军兵马使、大将军金就砺为后军兵马使,以抵御契丹军,但为契丹所破,杀掠严重。女真建议与高丽组成联军夹击,但要求高丽支援其兵马和军粮,被高丽拒绝。

高丽以郑叔瞻为元帅、赵冲为副元帅,凡可从军者包括僧人在内皆编为部伍,但仍未能打败契丹兵。1217 年郑叔瞻被免职,以郑邦辅为元帅,赵冲为副元帅,将契丹兵逐出盐州。五军元帅追剿至安州,置酒庆贺之时,被契丹兵包围,高丽军死伤无数,郑邦辅、赵冲逃回京师。契丹兵追至宣义门,高丽朝廷大为震惊,乃议郑邦辅、赵冲二人渎职罪而罢黜之。1218 年,迫于契丹压力,高丽复起用赵冲,以之为西北面元帅,金就砺为兵马使,对契丹部众展开追剿。喊舍等率契丹军退守江东城。

同年,成吉思汗以追讨契丹叛部为由,派哈真、札剌领兵进入高丽,耶律留哥随征。哈真、札剌二将先平服东夏,括东夏兵从征。蒙古和东夏联军从咸镜道向高丽东北面进军,连下和州、孟州、顺州、德州等城。12 月,抵江东城,高丽麟州将领洪大宣迎降,国王王瞮奉牛、酒出迎。时逢大雪,蒙古军军粮不济。哈真乃命高丽输送粮草,派兵助战。高丽西北面元帅赵冲派部将金良镜领精兵 1000 人、军粮 1000 石支援。1219 年,在蒙古、东夏、高丽三方联军的围攻下,契丹部官人、军卒、妇女等5万余人开城出降,其首领喊舍自尽而亡。哈真杀喊舍妻子及主要官员100多人。其余契丹降民,一部分人迁至耶律留哥领地,归耶律留哥管辖;一部分人则留在高丽,由赵冲等分别遣送各州、县,选闲旷之地安置,以为耕民。高丽与蒙古约定"兄弟"之盟,答应每年向蒙古纳贡。

1219年成吉思汗西征,其弟帖木哥·斡赤斤留守后方,不断向高丽索取贡物,双方关系开始紧张。1223年木华黎去世后,蒲鲜万奴乘机复叛,挑拨高丽与蒙古的关系,使蒙古对辽东的控制及与高丽的关系陷于动荡。1224年,蒙古遣使者着古与等10人到高丽收取方物,于1225年返回,途经东夏国时被强盗所杀。蒲鲜万奴遂将杀害使臣事件嫁祸于高丽。蒙古信以为真,与高丽断交。此时成吉思汗大军正忙于征西夏,未立刻发兵征讨。

24.2　蒙古对高丽的征伐

高丽为后高句丽大将王建所建。918年,王建以松岳(今开城)为都,杀其王自立,并攻灭新罗和后百济,统一了朝鲜半岛。至成吉思汗侵入时,高丽王室已传至第23代,时国王王瞰在位。

24.2.1　窝阔台征高丽

1231年,窝阔台大汗以着古与被杀为借口,派撒礼塔统兵讨伐高丽。8月,撒礼塔进抵高丽境内,洪福源(洪大宣之子)首先投降蒙古。9月,撒礼塔所率蒙古军连下高丽咸新镇、铁州、龙州、宣州、郭州、黄州、凤州等7城,唯龟州、西京2城因防守严密而进攻失败。10月,撒礼塔遣阿土(阿儿秃)前往高丽西京(平壤)劝降,在途中为平州官吏拘禁。此时高丽朝廷为真假蒙古军所扰,尚不能确定蒙古来犯是否属实,迄10月20日平州守吏将阿土押送西京时方知谍报不误。撒礼塔得知阿土被拘之事后非常恼怒,随即开拔平州。11月,蒙古军下平州,于城内大肆屠掠。高丽王廷派闵曦请和,为撒礼塔所拒。12月,王瞰再派其弟淮安公侹请和,撒里塔始应允。随后撒礼塔在高丽京、府、州、县置

欧·亚·历·史·文·化·文·库·

达鲁花赤 72 人,以监督高丽行政。1232 年正月,撒里塔撤军。3 月,高丽派池义深、洪巨源等持国文贡物至撒礼塔处。4 月,又遣赵叔昌和薛慎如前往蒙古进贡。6 月,在权臣崔瑀的主张下高丽迁都江华岛。7月,高丽内侍尹复昌往北界诸城夺蒙古达鲁花赤弓矢,并射杀宣州达鲁花赤。窝阔台大汗得知后,再次派撒礼塔出征高丽,要求王瞰出陆投降。撒礼塔在攻打高丽处仁城时被高丽僧人金允候射死,副元帅帖哥领兵撤退。蒙古此次出兵并未能达到让高丽出水就陆、国王亲朝的目的。

1233 年 2 月,窝阔台命贵由及按赤带等率兵征讨东夏国。9 月,蒙古军生擒蒲鲜万奴,东夏国亡。东夏国的灭亡为蒙古军长驱直入高丽东北边境创造了契机,而金国的灭亡则巩固了蒙古在辽东的统治势力,进而解决了进攻高丽的后顾之忧。所以在 1235 年闰七月,窝阔台派唐古第三次入侵高丽,并签发东夏兵随征,连克高丽龙岗县、凤州、海州、洞州诸城。1238 年,蒙古兵到达高丽东京(开城),焚黄龙寺塔。高丽请和,蒙古要求王瞰出陆投降,并催促其到蒙古亲朝。但王瞰始终拖延不肯就范。1241 年,窝阔台大汗去世,由皇后脱列哥那摄政(1241 ~ 1246 年)。高丽趁机修固江华岛外城,以防御蒙古再次来犯。

24.2.2 贵由汗和蒙哥汗之征

贵由汗即位后,于 1246 年派阿母侃第四次征伐高丽。1247 年秋,阿母侃领兵屯盐州,高丽派金守精前往犒劳。阿母侃所率蒙古军侵扰其北部诸城和西海道地区,致使高丽王廷震恐。但贵由汗于 1248 年去世,阿母侃领军返蒙古,高丽暂得喘息之机。

1249 年,高丽权臣崔瑀去世,朝政由其庶子崔沆把持。崔沆与其父崔瑀皆为主战派,坚决反对高宗出陆投降。此时正值蒙古宫廷忙于汗位之争而无暇东顾,高丽乃趁机于 1250 年构筑江都中城。1251 年,蒙哥汗继位后,派也古和札剌儿带出征高丽,督促其王出陆迁都。1257年闰 4 月,崔沆暴卒。7 月,高丽以崔沆之子崔竩为右副丞。但是崔竩过于残暴,于 1258 年 3 月为大司成柳璥、别将金仁俊等所杀。崔氏武人政权终于被铲除,高宗王瞰重新掌权。12 月,蒙古在高丽东北边地和州(今永兴)设置双城总管府,以降附蒙古的龙津县人赵晖为总管,定州(定平)人卓青为千户。

1259年4月,高宗长子倎代父入朝蒙古。时蒙哥大汗在合州督师攻打南宋,世子倎遂奉命赴四川朝见。但行至途中便接到蒙哥大汗去世的消息。此时忽必烈为争夺汗位正急忙赶赴开平,世子倎遂于汴梁转朝忽必烈。忽必烈对其大加褒奖,命其随驾开平府。6月,高宗瞰去世,高丽派朴天植告哀于蒙古。忽必烈采纳女真人赵良弼和陕西宣抚使廉希宪的建议,一改前任诸汗对高丽的攻伐政策,代之以怀柔,厚待世子倎,立倎为高丽新王,以束里大为高丽达鲁花赤,领兵护送世子倎归国,并约定蒙古撤兵之后高丽将迁出海岛。1260年4月,王倎在江华岛即位,是为高丽元宗(1260~1274年在位)。忽必烈与世子倎的会见成为蒙古与高丽关系好转的契机,双方关系发生实质性改变。而此后缔结政治联姻,更使双方关系走向亲善。

24.3 蒙古与高丽关系的改善

忽必烈即位后,遣使高丽颁发即位诏,谕元宗禃劝课农桑,安抚百姓。高丽以永安公僖为使朝贺。1260年秋,忽必烈颁布撤军令,归还高丽逃房人。但元宗禃欲如约返还旧京的举动在国内遭到了以林衍为首的权臣的反对。1269年6月,林衍等人废黜元宗倎,立其弟安庆公淐为王。忽必烈命入质蒙古的高丽世子谌领兵3000回国平叛,并遣黑的诏林衍和新王淐到蒙古说明缘由。11月,林衍等被迫恢复立禃为国王。在废立事件的同时,高丽西北面兵马使崔坦等人率众归附蒙古,高丽西京(今平壤)以下60城皆归蒙古管辖。

1270年蒙古改高丽西京为东宁府,任命崔坦为总管,蒙古派遣达鲁花赤监督。蒙古在高丽设置东宁府,作为包括以西京为首的54城和西海道6城的管辖官府,缩小了高丽的领土范围。东宁府与东北地方的双城总管府的存在导致高丽在东西两个方面丧失北进的前哨基地,同时无法摆脱蒙古彻底的压制。东宁府的设立及元宗被废之事促使高丽与蒙古进一步改善关系。是年春,元宗前往元廷觐见,为太子谌请婚,遭忽必烈婉拒。5月,高丽权臣林衍死,其子林惟茂被杀,阻挠迁都的权臣势力被瓦解,元宗顺利迁回旧京开城。高丽迁都引起了江华岛守备军三别抄之乱。8月,三别抄占据珍岛,蒙古和高丽遂联合平叛。1271年5月,洪茶丘(洪福源之子)、忻都、金方庆等攻破珍岛,三别抄军余部在金通精的带领下南遁至耽罗。至1273年4月,三别抄之乱始平定。元廷遂趁机在耽罗设招讨司,派驻镇边军。这是继设立双城总管府、东宁府后,又一次在高丽设置的管理机构。

1274年元宗殂殁,其子谌回国即位,是为忠烈王。王谌因娶忽必烈之女为妃,被忽必烈封为驸马国王,并赐金印、纽带。自此高丽驸马国地位正式确立,两国政治联姻对双方关系的平稳发展起到了决定性作用,同时也为忽必烈谋征日本提供了可靠的平台。

24.4 忽必烈征讨日本

日本与蒙古素无往来。9世纪中叶至10世纪初,日本与唐、新罗、渤海等断交之后,对外采取了锁国政策。12世纪中期以后,日本商船以对马岛为基地,与南宋和高丽开展贸易。九州大宰府的官员也利用权力,将贸易船派遣到高丽和契丹。但是与商贸频繁往来相反的是,镰仓幕府在发展对外关系上无甚举措,至15世纪初,日本与周边诸国尚未建立外交关系。

24.4.1 遣使联络

时忽必烈正忙于征宋战争,欲从海上建立一条封锁线,以断绝南宋海贸生命线及宋宗室遁海的可能,因此计划以高丽为中介招谕日本,作为南宋攻略的一环。自1266年起,忽必烈便开始遣派使臣,前往日本进行招抚。

1266年8月,忽必烈任命黑的、殷弘为国信使,以高丽宋君斐、金赞为向导前往日本。使团船队行进至朝鲜南部的巨济岛时遭遇大风浪,黑的接到高丽李藏用的劝返信,对渡海产生畏惧而中途返回,第一次联络尝试失败。1267年8月,忽必烈再派黑的、殷弘为使,以高丽潘阜为前导,第二次出使日本。1268年正月,蒙古使团抵达日本九州大宰府。镰仓幕府对蒙古使臣采取不予理睬的态度,使团无果而归。

日本这种漠然处之的态度让忽必烈大为震怒,随后乃命高丽造船1000艘,同时派遣都统领脱朵儿等到高丽巡视黑山岛地形,考察日本海上道路,准备发兵征讨。1269年3月,忽必烈派黑的、殷弘等到高丽,以高丽申思佺、陈子厚为前导,至对马岛抓捕塔二郎、弥二郎二人返回,探询日本内情。同年9月,高丽金有成奉命送二人回国。1271年9月,忽必烈派女真人赵良弼出使日本,以高丽译官徐偁为导,抵达日本大宰府。与此同时,高丽叛军三别抄遣使日本通报蒙古侵日消息,请求日本援兵和提供粮食。1272年12月,赵良弼与张铎、徐偁再使日本,但仍未得到回复。1273年6月,赵良弼回到大都向忽必烈禀报日本内情,并建议取消远征计划。但忽必烈决心已定,命洪茶丘在高丽监督造船,为征日本做最后准备。时蒙古军已攻下南宋襄阳城,平定南宋指日可待,平定了三别抄之乱,去除了元朝征日本的所有阻碍。

24.4.2 第一次征日

1274年,忽必烈以忻都为都元帅、洪茶丘和刘復亨为左右副元帅,高丽以金方庆为都督使,领3万3000兵出征日本。10月3日,蒙古、高丽联军从高丽合浦出发。5日,袭击日本对马岛西海岸的佐须,杀守护代宗资国。14日侵入壹岐岛,杀守护代宗景隆。19日,进逼博多湾,从今津、百道原、博多等地登陆,主力军以九州大宰府为进攻目标。日本以少贰景资为大将军御敌,但为联军所破,死伤无数,日军退守水城。高丽军总指挥金方庆欲向日本军发起总进攻,而蒙古元帅忻都和副元帅洪茶丘则主张撤军。时左副元帅刘復亨因负伤已上船,诸将亦领兵退至船上。是夜,博多湾遭遇大风暴,蒙古战舰多数触岩壁损坏,高丽左军指挥官金侁遇难,只得仓促退兵。一月后方至合浦,检点兵卒只剩1万3500人。第一次征日宣告失败。

24.4.3 第二次征日

1275年4月,忽必烈遣礼部侍郎杜世忠等出使日本。杜世忠等抵日本后,镰仓幕府于9月将其斩于竜口,并对蒙古和高丽封锁了这一消息。时忽必烈正忙于灭宋战争,征日计划暂时被搁置。1279年,忽必烈命范文虎领新附军屯田高丽,督促高丽造船,为再次征日本作准备。同年,范文虎遣使日本,使臣又被杀于博多。1280年初,忽必烈得知两次使节均已遇害后,乃召范文虎、高丽忠烈王等在察罕脑儿行宫商议作战计划。同年8月,蒙古在高丽设立征东行中书省,任命范文虎、忻都、洪茶丘为中书右丞,李庭、张拔图为参知政事。年末,高丽忠烈王被任命为征东行中书省左丞。

1281年正月,忽必烈下达征日动员令,此次兵力比第一次增加了5倍。以阿剌罕为主帅,兵分两路进伐:忻都、洪茶丘、金方庆等率东路军于5月2日从高丽合浦出发,进袭对马岛、壹岐岛;范文虎、夏贵所领江南军从宁波出发,6月底至平户。7月下旬,蒙古、高丽东路联军和江南军在鹰岛会合,开始对日本展开攻坚战。但从闰7月1日夜开始,大风暴又起,蒙古、高丽联军一片混乱,军卒损伤严重,丧失了战斗力。在博多湾等待时机的日本军在鹰岛周围集合向蒙古军进攻,数日间蒙古军损失大半,而被迫退回合浦。忽必烈第二次征日亦以失败告终。

本编参考文献

白寿彝.中国通史:第13卷[M].上海:上海人民出版社,1997.

蔡美彪.乣与乣军之演变[M]//元史论丛:第2辑.北京:中华书局,1983:1-22.

陈得芝.蒙元史研究丛稿[M].北京:人民出版社,2005.

陈世松.蒙古入蜀初探[M]//元史论丛:第2辑.北京:中华书局,1983:175-188.

额尔登泰,乌云达赉.蒙古秘史[M].呼和浩特:内蒙古人民出版社,1980.

韩儒林.元朝史[M].北京:人民出版社,1986.

韩儒林.穹庐集[M].石家庄:河北教育出版社,2002.

贾敬颜.从金朝的北征、界壕、榷场和宴赐看蒙古的兴起[M].元史及北方民族史研究集刊:第9辑,1985:12-23.

贾敬颜.探马赤军考[M]//元史论丛:第2辑.北京:中华书局,1983:23-42.

林斡.中国古代民族通史[M].厦门:鹭江出版社,2003.

刘迎胜.蒙古征服前操蒙古语部落的西迁运动[J].欧亚学刊:第1辑,1999:29-45.

刘迎胜.九——十二世纪民族迁移浪潮中的一些突厥、达旦部落[J].元史及北方民族史研究集刊:第12/13期,1989:80-101.

蒙古族通史编写组.蒙古族通史[M].北京:民族出版社,2000.

王颋.龙庭崇汗——元代政治史研究[M].海口:南方出版社,2002.

叶新民.关于元代的"四怯薛"[M]//元史论丛:第2辑.北京:中华书局,1983:77-86.

亦邻真.亦邻真蒙古学文集[M].呼和浩特:内蒙古人民出版社,2001.

郑麟趾,等.高丽史[M].东京:国书刊行会,明治四十一年(1912).

周清澍.元蒙札记[M].呼和浩特:内蒙古大学出版社,2001.

阿布尔·哈齐·把阿秃儿汗.突厥世系[M].罗贤佑,译.北京:中华书局,2005.

巴托尔德.中亚简史[M].耿世民,译.北京:中华书局,2005.

伯希和.蒙古与教廷[M].冯承钧译.北京:中华书局,1994.

耿昇,何高济,译.柏朗嘉宾蒙古行纪·鲁布鲁克东行纪[M].北京:中华书局,1985.

多桑.蒙古史[M].冯承钧,译.北京:中华书局,2003.

耿世民,译.中亚简史(外一种)[M].北京:中华书局,2005.

何高济,译.海屯行纪(外两种)[M].北京:中华书局,2002.

傅海波,崔瑞德.剑桥中国辽西夏金元史[M].北京:中国社会科学出版社,1998.

拉施特.史集[M].余大钧,等,译.北京:商务印书馆,2003.

沙海昂,注.马可波罗行纪[M].冯承钧,译.北京:中华书局,2004.

余大钧,译.北方民族史与蒙古史译文集:修订版[M].兰州:兰州大学出版社,2012.

志费尼.世界征服者史[M].何高济,译.呼和浩特:内蒙古人民出版社,1981.

北村秀人.高丽に於ける征东行省について[J].朝鲜学报,1964,32:1-73.

北村秀人.高丽时代の沈王についての一考察[J].人文研究:第24卷第10分册.大阪:大阪市立大学文学部,1972:93-144.

池内宏.元寇の新研究[M].东京:东洋文库,昭和六年(1931).

池内宏.高丽に驻在した元の达鲁花赤について[J].东洋学报:第18卷第2号,1929.

池内宏.高丽における元の行省[J].东洋学报:第20卷第3号,1933:301-350.

川添昭二.蒙古袭来研究史论[M].东京:雄山阁,1977.

村井章介.アジアのなかの中世日本[M].东京:校仓书房,1988.

冈田英弘.元沈王と辽阳行省[J].朝鲜学报:第14辑,1959:533-543.

李益柱,森平雅彦,译.蒙古帝国の侵略と高丽の抵抗[J].历史评论,2001,619(11):30-41.

栗林宣夫.征东行省と高丽[C]//多贺秋五郎博士古稀纪念论文集アジアの教育と社会,1983:177-180.

卢启炫.高丽外交史[M].紫荆,金荣国,译.延吉:延边大学出版社,2002.

青山公亮.日元间の高丽:1/2[J].史学杂志:第32编第8/9号,1921:575-586,645-659.

森平雅彦.高丽王位下基础的考察——大元ウルスの一分权势力としての高丽王家[C]//朝鲜史研究论文集:第36集,1998:55-87.

森平雅彦.驸马高丽国王の成立——元朝における高丽王の地位についての预备的考察[J].东洋学报:第79卷第4号,1998:1-31.

森平雅彦.元朝ケシク制度と高丽王家——高丽元关系における秃鲁花意义のに関连して[J].史学杂志:第110编第2号,2001:60-89.

森平雅彦.宾王錄にみる至元の遣元高丽使[J].东洋史研究:第62卷第2号,2004:50-93.

森平雅彦.高丽における元の站赤——ルートの必定を中心に[J].史渊:第141辑,2004:79-116.

衫山正明,村井章介.世界史のなかでモンゴル袭来を読む[J].历史评论:619,2001,11:2-29.

西尾贤隆.元朝国信使宁一山(西尾)[M]//中世の日中交流と禅宗[M].东京:吉川弘文馆,1999:40-63.

野泽佳美.元代征日军船小考——第一次を中心に[J].立正史学:第61号,1987:113-123.

张东翼.1269年"大蒙古国"の中书省の牒と日本侧の対応[J].史学杂志:第114编第8号,2005:59-80.

中村荣孝.日鲜関係史の研究[M].东京:吉川弘文馆,1969.

佐伯弘次.蒙古袭来と中世都市博多[J].历史评论:619,2001,11:55-65.

Asimov M S, Bosworth C E. History of Civilizations of Central Asia: Vol. 4[M]. [S. l.]: The United Nations Educational, Scientific and Cultural Orgnization,1998.

Boyle J A. The Cambridge History of Iran: Vol. 5[M]. Cambridge: Cambridge University Press,1968.

Vladimirtsov B YA. The Life of Chingis-Khan[M]. London: London Broadway House,1930.

·欧·亚·历·史·文·化·文·库·

成吉思汗的两次大规模分封使内陆欧亚历史进入诸王兀鲁思时期。

初期的窝阔台、察合台、钦察、伊利四大兀鲁思仍是大可汗统领下的蒙古帝国之内的大联盟。不久，围绕大可汗的汗位继承权，家族内部意见分歧，诸兀鲁思间出现了纠纷和争斗，最终导致了蒙古帝国的分裂。诸汗王在相互联合、相互抗衡的过程中，不断扩大其势力范围，使中亚地区的察合台、钦察、伊利汗国政权得到巩固和发展。其后东西察合台汗国、青白帐钦察汗国的分裂，以及帖木儿帝国的征服战争等，都深刻影响了中亚地区的国际关系格局和区域历史进程。经过几个世纪，中亚非成吉思汗家系的政权逐渐被地方贵族和新生贵族政权所继承或取代，但在蒙古本土的北元政权和准噶尔地区的卫拉特联盟等蒙古游牧势力，在一定程度上仍然是影响内陆欧亚政治局势的重要力量。

第六编

25 蒙古帝国的分裂与窝阔台、察合台汗国

25.1 分封与汗位之争

成吉思汗在建国后大规模的分封有两次,分别是对诸弟和诸子的分封。两次分封不仅奠定了蒙古帝国的发展脉络,而且也在很大程度上影响了内陆欧亚的政治格局。

25.1.1 帝国分封

财产分配,在北亚游牧世界里是维护生态平衡和调整社会结构的根本方式。家长必须将一部分牲畜、牧场等家产分配给儿子们,作为他们独立的经济基础。这份家产在蒙古语里叫作"额木齐(ömči)"。围猎、战争等集体合作所获得的战利品,也要作为"份儿"进行分配。这种份儿叫作"忽必(qubi)"。而贵族则要把百姓(irgen)、土地(nutuγ)、牲畜等作为"额木齐"或"忽必"在亲族以及姻族、勋臣中进行分配。成吉思汗也不例外。他在统一蒙古各部后,便给诸弟、诸子和姻族、勋臣们进行了"忽必"分配。其分配情况是:

二弟拙赤·合撒儿分民4000户(后被剥夺至1400户),军队1100人,份地为合剌温山(大兴安岭)西乌尔缴河流域,包括蒙古东北部,也里古纳河,阔连海子和海剌儿河之境。

三弟合赤温诸子按赤台等分得百姓2000户,军队3000人,份地为合剌温山西兀鲁灰河流域,包括蒙古东部,金边墙外兀鲁灰河和合兰真沙陀之地,南至胡卢忽儿河(在今内蒙古西乌珠穆沁旗),与弘吉剌部份地为邻。

·欧·亚·历·史·文·化·文·库·

四弟铁木哥·斡赤斤与母亲月伦太后共得百姓1万户,军队8000人(其中斡赤斤5000人,月伦太后3000人),份地为合剌温山东洮儿河流域和哈拉哈河流域,即今嫩江、松花江中上游一带。

同父异母弟别里古台得到百姓1500户,自为左翼千户长,份地在斡难河和怯绿连河之间,西近成吉思汗大斡耳朵,南与按赤台份地为邻。

汪古、斡亦剌(卫拉特)、弘吉剌、亦乞列思等姻族部落亦在分封之列。汪古部5000户,辖地为黑水附近的打堡子、净州、砂井、集宁等;斡亦剌部继续领有原地,即色楞格河支流德勒格尔木伦河及其以北的锡什锡德河、叶尼塞河上游;弘吉剌部封地在达里泊和辽河上游;亦乞列思部则在西辽河中游南北。

成吉思汗西征后,锡尔河以南的中亚定居地区和阿尔泰以西的游牧地区都被纳入蒙古帝国的版图,成吉思汗把上述地区分配给了诸子们。

长子术赤分得百姓9000户,军队4000人,封地为阿尔泰山西麓、也儿的石河(额尔齐斯,Ertiš/Erčiš)以西,及咸海、里海以北的吉尔吉斯草原,包括海押立(Qayaligh,今塔尔迪·库尔干东)和花剌子模(Khāwrazm,今中亚咸海南基发一带),后扩展至撒克辛和不里阿耳地区。因术赤早逝,其封地主体部分由拔都继承。

次子察合台得民8000户,军队4000人,获得原畏兀儿国土,并西延至撒马尔罕(Samarkand,今在乌兹别克)和不花剌(Bukhara)地区,即原喀喇契丹国(西辽)领地。

三子窝阔台分民5000户,军队4000人,封地在伊犁河流域的叶密立(今新疆西北额敏附近)以北,包括也儿的石河流域、大阿尔泰山及其周围的地域和原乃蛮部国土。

幼子拖雷按照幼子守产的习俗继承成吉思汗四大斡耳朵和蒙古本土(克鲁伦河至阿尔泰山),分得百姓5000户,军队10万1000人。

从分配地区上可以看出,成吉思汗诸弟封地在蒙古东部兴安岭一带,因此被称为东道诸王,即左翼;诸子封地在阿尔泰山以西的草原地带,被称为西道诸王,即右翼。东道诸王的 4 个兀鲁思的人口主要是蒙古人。因地理、民族和经济之故,东道诸王的份地和大汗直接管辖的本土紧密相连,在很大程度上受大汗的控制,而无法像西道诸王那样逐渐呈现出独立发展的倾向。不过在 1287 年,斡赤斤后王乃颜纠集合撒儿后王势都儿、合赤温后王胜纳哈儿等,联合海都发动叛乱,但很快被忽必烈汗平定。忽必烈将其所属军队重新分配,只保留王号,从此东道诸王势力大衰,名存实亡,失去政治影响力。

此外,对于农耕地区如中原汉地、阿姆河以西诸城及绿洲地区,除河中地区(即阿姆河与锡尔河间)分给术赤外,其他地区皆大汗直接管辖,由大汗任命官员,编籍民户,征收赋税。河中地区的民政、军政官员亦需大汗任免,术赤只能派官员协助监督和收取属于自己的一份赋税。

25.1.2　汗位之争

成吉思汗对"额木齐"的分配,使黄金家族各个支系都有了很大的自主性,为帝国内部埋下了分裂的隐患。但在对外扩张利益的驱使下,成吉思汗去世后帝国并未随即解散,而是在一段时间内维持了统一或诸王联合的局面。不过为争夺大汗位继承权,帝国内部陷入了长久的纠纷和内讧之中,最终在家族混战中走向分裂。

蒙古帝国初期,大汗位仍沿旧制,由忽里勒台大会共同推举,各部落首领、长老、那颜等皆有权参加忽里勒台。成吉思汗便通过这种形式分别成为部落联盟汗和蒙古帝国的合罕——大汗。此后,虽然历代大汗的继任都要经过忽里勒台大会的认可方具有合法性,但参加忽里勒台,有选举大汗之权的人员范围则大大缩小。根据成吉思汗遗令,有资格参加忽里勒台的人被限定在他的支系子孙范围内,诸弟支系也不在参选之列。成吉思汗并没有对这种继承秩序做更进一步明确的规定和限制。也就是说,是成吉思汗的支系子孙,只要"不是无能之辈",人人都有同等的权利和机会。正因为如此,每当忽里勒台召开之际就纠纷四起。同族之间的内讧使帝国的统一受到了严重威胁,成为分裂的直接导火索。

成吉思汗的继承人选——窝阔台是在成吉思汗生前与诸子达成

协议之后确定的,虽然拖雷继承的是帝国主体部分,构成了对汗位的潜在威胁,但是兄弟之间尚能履行当初的承诺,窝阔台顺利继位。不过从第三代汗开始,情况发生了变化。

窝阔台虽然拥有自己的兀鲁思领地,但蒙古帝国的政治中心在蒙古本土的成吉思汗大本营,他即汗位后不得不将政治中心置于拖雷兀鲁思内。秉承成吉思汗的决定,拖雷家族没有反对窝阔台汗本人对拖雷兀鲁思的直接管理。拖雷为支持窝阔台,放弃了理应属于自己的那部分领地,即对蒙古高原以及蒙古军队和庶民的支配权。如果没有拖雷所做出的让步,窝阔台将无权支配成吉思汗分配给拖雷的蒙古本土,大汗称号也将是徒有虚名。

窝阔台统治13年,继续军事扩张,于1234年灭亡金国并发动了长子西征,增颁大札撒(法令),确定赋税,建立驿站等,强化了国家机器,提高了大汗权威。但在处理与兄弟家族间的关系方面出现失误,致使兄弟家族生怨。窝阔台汗去世后,其子孙以共同协议为依据,主张唯独窝阔台家族拥有汗位继承权,拖雷家族对此坚决反对。拖雷家族认为,虽然协议规定了窝阔台继承汗位,但必须"不是无能之辈",才可继而为汗,这需要由忽里勒台大会商议、判断。假如在这一点上忽里勒台成员未能达成一致,那么即使是窝阔台家族的唯一的子孙也不能继承汗位,更不许驻在拖雷兀鲁思的领地,拥有其宗主权。

太宗窝阔台汗与四弟拖雷之间的感情最为深厚。拖雷顾全大局,使帝国避免了可能出现的分裂危机。在1232年攻金之战中,窝阔台汗身患重病,按萨满教的观念,必须向天神祈福,拖雷以身敬神,献出了生命。窝阔台在生前便指定拖雷之子蒙哥和自己的孙子失烈门一起作为汗位候选人,这不仅因为蒙哥为人谨慎,深为窝阔台看重,而且还包含着报答拖雷恩德之意在焉。但窝阔台后脱列格那合敦却无视窝阔台的遗志,而是依仗着自己的势力,在忽里勒台大会上强行通过了立窝阔台子贵由为大汗的决议。

贵由汗的继位遭到了术赤之子拔都的强烈反对。贵由与拔都的不和始于第二次西征。1240年,在击破罗斯诸公侯后举行的庆宴上,贵由、不里与拔都发生争执,并违反军律,带领各自军队撤离战场。而蒙哥与拔都相当友好,因此,拔都支持蒙哥,反对贵由。拔都是当时整个成吉思汗家族中的长者,地位最高,最有发言权。但脱列格那合敦为贵由的继位做好充分准备,拔都预料到选举结果,便托病拒绝出席忽里勒台。

1248年,贵由汗在位不到4年便去世,汗位继承又成为争斗的焦点。窝阔台家族以太宗遗志为理由,想把失烈门推上汗位。拖雷家族忍无可忍,吸取前次教训,迅速与拔都联合起来,与窝阔台家族激烈争夺。拔都以宗长身份在阿剌豁马黑召集部分诸王,首推拖雷之子蒙哥为大汗继承人。窝阔台家族未参加,以会议不在蒙古本土举行为由,拒绝承认这一结果。于是拔都派弟弟别儿哥率军护送蒙哥东还,不顾窝阔台家族的抵制,于1251年夏在斡难、怯绿连两河河源地阔帖兀阿阑(Ködege aralun)举行忽里勒台,拥立蒙哥即位。窝阔台之孙失烈门、脑忽等企图乘大会欢宴时进行武装偷袭,途中被发觉拘捕,从叛诸那颜均被处死。第二年,斡兀立海迷失皇后及失烈门之母,都以咒诅罪赐死,窝阔台系诸宗王被流放,窝阔台家族遭到了严酷的镇压。从此,蒙古帝国大汗一位由窝阔台系转至拖雷系继任。

25.2 窝阔台兀鲁思的再度兴起

25.2.1 忽必烈与阿里不哥之争

蒙哥汗虽然对发誓服从他的窝阔台家族的其他宗王予以宽恕,但是没有放松对他们的警惕,在即位第二年,便以调整份地的方式,削弱限制其势力。窝阔台次子阔端的子孙获封西凉、永昌,四子合剌察儿子孙迁往叶密立,五子合失子海都等迁至海押立,六子合丹改封别失八里(Beč-Baliq,今新疆吉木萨尔北破城子),七子灭里的子孙迁往也儿的石河流域。重新调整后,窝阔台支系势力明显衰落。蒙哥汗还派10万军队驻守别失八里与哈剌和林间的兀鲁黑塔黑、杭爱山及横相乙儿等地,2万人马驻守吉尔吉斯和叶尼塞河上游谦谦州(Kem-Kemcihud),以防止察合台宗王也速蒙哥等作乱。

1259年8月,蒙哥汗在攻打南宋时病逝。留守漠北的阿里不哥跃跃欲试,正率领东路军进攻南宋鄂州的忽必烈闻讯,迅速从前线回到开平,于1260年5月抢先即位,同一月内阿里不哥在哈剌和林也宣布即位,兄弟二人之间发生了激烈冲突。忽必烈亲自率师北征,大败其弟。为与强大的忽必烈对抗,阿里不哥不得不与术赤兀鲁思及察合台兀鲁思的宗王联合起来,但察合台之孙阿鲁忽却叛离了他,迫使他引军西征,败走阿鲁忽,进据阿力麻里(Almaliq,今新疆霍城县永定镇西北)。阿鲁忽又整军来攻,阿里不哥穷蹙不支,于1264年归降忽必烈。

25.2.2 海都叛乱

拖雷家族的内讧愈演愈烈,为窝阔台之孙海都的崛起提供了极好的时机。但是海都的势力尚不足以与整个拖雷家族相抗衡。所以,为了加剧拖雷家族的内讧,海都站在阿里不哥一边。对他而言,谁赢得最后胜利并无区别,重要的是乘乱兴风作浪,集结窝阔台家族的势力角逐蒙古帝国的统治权。为了实现这一目标,海都同时又联合了察合台兀鲁思和钦察兀鲁思。但出其所料的是,忽必烈很快就在战争中取得了胜利。忽必烈要求海都就范,海都以种种理由拒而不从。经过一段时间的准备,1266年,海都开始举兵反抗忽必烈,威胁元朝北部地区。

海都与察合台兀鲁思的八剌合汗共谋侵入忽必烈治下的中亚地区,占领瓜分了这些商业繁荣的地区。以此为诱饵,海都拉拢钦察兀鲁思,成立了3个兀鲁思的联盟。1269年,3兀鲁思在答剌斯(Talas/Taras)河畔举行了忽里勒台会议。在这次会议上一致推举海都为联盟汗。海都对各自势力范围进行了分割:咸海地区属钦察兀鲁思,阿姆河以北地区属察合台兀鲁思,而呼罗珊(今阿姆河以南兴都库什山脉以北地区)、突厥斯坦等地区则由海都汗直接管辖,形成了3个兀鲁思联合对抗东方的忽必烈汗的局面。海都禁止游牧民侵扰城市,把城市管理权委托于麻速忽惕(Mas'oud,1238~1289年)。在麻速忽惕的治理下,一片萧条的中亚诸城市奇迹般地复苏了,海都的威望也因之大为提高。

帝国的三大兀鲁思缔结联盟严重威胁了忽必烈的统治。海都不时入侵蒙古高原,甚至哈剌和林也险些沦陷。1286 年,西北诸王海都、笃哇进攻阿尔泰山,元朝只得以重兵防御西境。与此同时,东道诸王在铁木哥·斡赤斤玄孙乃颜的统领下,也举起了反抗的旗帜,形成与海都联合东西两翼夹击元朝的态势。为了戡平叛乱,忽必烈以 73 岁高龄亲自出征。俘虏乃颜,将海都的势力压制在阿力麻里和别失八里一线。但是战争并没有彻底解决帝国内部争端,反而兵连祸结,一直持续了近 40 年。

　　1294 年忽必烈去世,真金子铁木耳在上都即位,是为成宗。1301 年,元朝军队于帖坚古山大败海都联军,海都亦受伤而死。海都指定察合台兀鲁思八剌合的长子笃哇(Du-a,1274? ～1306/7)继任联盟汗。在笃哇汗帮助下,海都长子察八儿继承窝阔台兀鲁思汗位。随后联盟出现危机。

　　钦察兀鲁思脱离了联合阵营,使联盟实力大大减弱。窝阔台兀鲁思和察合台兀鲁思的联盟关系也开始松懈,两者产生隔阂。1304 年,察八儿主动与元朝和解,笃哇汗为了与窝阔台家族争夺宗主权,也一改初衷,奉元成宗皇帝为正宗,向察八儿索要呼罗珊、突厥斯坦等地。1306 年,双方在阿尔泰山之西展开决战。笃哇汗联合元朝大军打败了察八儿汗,降伏了窝阔台后裔诸王,迫使他们逃往伊利汗国。笃哇汗在阿力麻里附近的草原召开忽勒里台,宣布废黜察八儿汗。窝阔台兀鲁思灭亡,河中至哥疾宁(Ghazni)之地遂为察合台兀鲁思所有。此后察八儿虽图谋反攻,但被笃哇汗再次击败,不得不逃至元朝。从此窝阔台兀鲁思再也没有出现在历史舞台上。

25.3　察合台汗国

25.3.1　汗国概况

　　察合台封地为原喀喇契丹所统治的地区,位于阿姆河、锡尔河以东,伊犁河以西。汗庭设在伊犁河畔,西、北部分别与术赤兀鲁思、窝阔台兀鲁思相接,毗邻大汗所有的中亚诸城,是以中亚河谷和草原地带为主的内陆汗国。境内西部地区多信奉伊斯兰教居民,其他地区则由游牧民占据。这样的人文和地理环境不仅使汗国内部长期处于对立状态,而且也易受到周边大兀鲁思的种种压力,尤其当帝国汗位纷争时更是首当其冲。

在窝阔台系统治蒙古帝国期间,察合台汗国东、北、西三面皆受到来自大汗的压力。而在汗位转到拖雷系后,蒙哥大汗更是有过之而无不及。

1242 年,察合台去世,其孙合剌·旭烈兀(Qar-a Qülegü,1242 ~ 1246,1252 ~ ? 年在位)即位,但不久便被贵由汗(Güyüg,1246 ~ 1248 年)废黜,改立拥护贵由的察合台汗次子也速蒙哥(Yisün Möngke,1246 ~ 1260 年在位)。蒙哥汗(Möngke qaγan,1251 ~ 1259 年在位)时,为彻底清除反对势力,派军队占领了哈剌和林至别失八里的土地,由自己直接管理。蒙哥汗杀死也速蒙哥,恢复合剌·旭烈兀汗位,并委任牙剌瓦赤(Yalavach)子麻速忽惕管理畏吾儿至花剌子模的中亚农业地区,更加强了对这一地区的控制。合剌·旭烈兀在上任途中死去,由其妃兀鲁忽乃(Orqina)合敦监国达 9 年(1252 ~ 1261)之久。

忽必烈与阿里不哥争夺汗位时,为使察合台汗国站在自己一边,二人各立新汗。忽必烈立不里的儿子阿卜失合为察合台汗国的首领,而阿里不哥则支持贝达儿的儿子阿鲁忽(Alγu,1260 ~ 1266 年在位)。由于阿卜失合被阿里不哥一方俘获,最终阿鲁忽成为察合台汗国第五代汗。阿鲁忽即位后背叛阿里不哥,杀死其所置官吏,转投忽必烈。阿里不哥率军进攻察合台汗国,阿鲁忽战败,逃至撒马尔罕。阿里不哥投降后,阿鲁忽又回到阿力麻里,在麻速忽惕的协助下,赢得了与钦察汗别儿哥的战争,占领了花剌子模,扩大了察合台汗国的疆土。

1266 年阿鲁忽去世,兀鲁忽乃拥立合剌·旭烈兀之子谟八里克沙(Mubārak Sah,1265 年 3 月至 1265 年 9 月)。忽必烈得知后密派八剌合(Boraq,1266 ~ 1270 年)夺取了汗位。八剌合统治稳固后,驱逐忽必烈派驻的大将忙古带,并挫败了竞争对手海都。海都在钦察汗别儿哥的支持下战胜八剌合,双方在1269年达成协议,结成联盟,共同反对忽必烈,并攻占了元朝治下的和阗。

1270年,八剌合在海都的支持下越过阿姆河,侵入呼罗珊地区,被伊利汗国的阿八合汗打败。八剌合死后,海都乘机控制了察合台汗国,以撒巴之子聂古伯(Negübei,1270~1272?年)继任第八代汗。聂古伯与海都不和,不久被海都杀死,改立八剌合子不花帖木儿(Buqa temür,1272~1274?年)。1282年,又立八剌合之长子笃哇(Du-a,1306/7年)为汗。海都死后,笃哇一改与元朝对立之策,主动向成宗铁木耳请和,并承认其宗主权。之后又与元军联合,打败了察八儿,占领了窝阔台兀鲁思大部分领土,彻底改变了察合台汗国附属于窝阔台兀鲁思的状况,而获得真正独立。笃哇在位期间,元朝与察合台汗国之间的往来日益密切,元廷整顿了边境的驿站制度,新设了驿路,使双方使节畅通无阻,察合台汗国进入其巅峰时期。

笃哇汗分封诸子,根据地域特点,分成左右两翼,即东西两部。西部以河中地区为中心,东部以七河地区以及天山山脉南北为根据地。这就为察合台汗国的分裂埋下了隐患。笃哇死后不久,窝阔台汗国完全被察合台汗国合并,其势力扩大到了东南的巴达贺尚(Badakhsan)、阿富汗等地区。之后在半个多世纪内,察合台汗国出现诸子争继的混乱局面,宽阇(Künček,1307~1308年)、塔里忽(Taliqu,1309~1310年)、也先不花(Esen Buqa,1310~1320年)、怯伯(Kebek,1320~1327年)、怯伯子燕只吉台(Eljigidei,1327~1330年),笃来帖木儿(Durai temür,1330~1331年)、答儿麻失里(Darmaširi,1331~1334年)等先后为汗。

也先不花时,由于对元朝以及伊利汗国的战争没有取得显著成果,汗王权威有所下降,诸王中牙撒吾儿投靠了伊利汗国,并出现了定居化和伊斯兰化倾向。怯伯为汗时,察合台汗国统治中心西移至撒马尔罕一带,并在喀什迦河(Kashka Dariya)河谷中的那黑沙不(Nakhshab)附近营建新都哈儿锡(Qarši,今合儿昔),铸造银币。答儿麻失里汗时下令摒弃佛教,皈依伊斯兰教,遭到伊塞克湖及伊犁河地区的蒙古人的反对,为笃来帖木儿子不赞(Būzān)所杀。在敞失(Čangsi,1335 ~1338年)和也孙帖木儿(Yisün Temür,1338~1339年)时代,统治中心移回阿力麻里,伊斯兰教受到冷落,而基督教和犹太教得到厚遇,罗马教廷派传教士来到察合台汗国。1340年窝阔台后裔、伊斯兰教徒阿里算端(Alč Sulčan)篡夺了察合台汗国的汗位,基督教受到了压制,许多传教士被杀。

至牙撒吾儿之子哈赞算端汗(Qazan Sultan,1343~1346年)时,非成吉思汗系的伊斯兰、突厥和蒙古异密们势力强大,对汗权构成威胁。为巩固汗权,哈赞汗将统治中心从七河地区转至河中地区,这标志着察合台汗国的分裂,此后形成了位于河中地区和位于七河、可失哈儿(Kashghar,今新疆喀什)地区的东、西察合台两大汗国,东部又称为蒙兀儿斯坦。

25.3.2　西察合台汗国

哈赞汗在位期间对汗廷内任职的异密态度极为严厉,处死了许多异密和官员,穆斯林史家说他暴虐无比,任情杀戮。1346年,巴鲁剌思部秃昔卜(Tüseb)氏异密合札罕(Qazghan)不堪压迫而发动叛乱,哈赞汗被处死。在合札罕的操控之下,西部窝阔台系答失蛮(Dānichmendjeh)即位,但两年后即被处死,另立笃哇之后裔拜延忽里(Bāyān – Qouli)为汗。分布于安格连河流域(忽毡附近)的札剌亦儿(Jalayir)部、喀什迦河流域的巴鲁剌思(Barulas)部、布哈拉东部阿姆河北侧的速勒都思(Süldüs)部、阿富汗北部的阿鲁剌惕(Arulat)部、可失哈儿一带的朵豁剌惕(Doqulat)部,各自推选符合自己利益的汗,汗权名存实亡,汗国由此开始进入"部落王"时代。

1358年,控制西部汗权的合札罕在一次狩猎中被暗杀,其征赫拉特(Herāt)、印度的计划也因之而付之东流。合札罕之子密儿咱·乌巴都剌(Mīrzā Abd-Allāh)上台后,继续奉行乃父政策,废黜拜延忽里汗,另立帖木儿沙(Tīmür-Shāh)。合札罕家族对西察合台汗国的霸权引发了巴鲁剌思部哈只和速勒都思部迷里·拜延的联合进攻,密儿咱很快被推翻。此后,巴鲁剌思、速勒都思、札剌亦儿、阿巴儿惕、巴达贺尚、忽惕兰、牙撒吾儿(Yasawr)等部族陷入长期混战,巴鲁剌思部异密帖木儿在纷争中脱颖而出,平息了战争,建立了帖木儿帝国。

25.3.3 东察合台汗国

1347年,朵豁剌惕部异密播鲁只(Bulāji)拥立都哇汗年仅18岁的孙子秃黑鲁帖木儿(Tuqluq temür,1347~1362年)为东部察合台汗国汗,东部政权从汗国中独立出来。播鲁只迫使秃黑鲁帖木儿汗授予其一系列特权;伊塞克湖以南,撒里畏兀儿以北的土地,包括可失哈儿、于阗(和阗 Khotan)、安集延(Andijian)、阿克苏、阿忒八失(Atbash)、曲先(Kčsän)等重要的大城镇,皆在播鲁只掌控之中。

播鲁只死后,秃黑鲁帖木儿汗开始加强和扩大自己的权力。为了拉拢支持者,他宣布信奉伊斯兰教,放弃游牧生活,将自己的行宫从伊犁迁至阿克苏。1360年,秃黑鲁帖木儿进攻河中地区,统一了东西察合台汗国。这种统一是暂时的。秃黑鲁帖木儿回到东部不久,巴鲁剌思部异密帖木儿便驱逐了坐镇河中地区的秃黑鲁帖木儿子亦里牙思火者(Īl'ās Kwāja,1363~1365年),察合台汗国再度分裂。

1362年,秃黑鲁帖木儿汗去世,亦里牙思火者继位。1364年,播鲁只之弟怯马鲁丁因觊觎汗位而发动政变。怯马鲁丁杀死乃兄18个儿子,废除汗自立。怯马鲁丁的残杀遭到部族内外众多异密们的反对,秃黑鲁帖木儿汗的幼子黑的儿火者(Khizir Kwāja)躲过了迫害。西部的帖木儿因之多次进攻东部。1389年,怯马鲁丁在躲避帖木儿军进攻时失踪,东察合台汗国遂成为河中帖木儿王朝的附庸。

怯马鲁丁失踪后,忽歹达拥立黑的儿火者(1389? ~1403年)为东察合台汗国新主,都别失八里。此后又立沙迷查干(1403~1407/8年)、马哈麻(1407/8~1415/6年)、失儿马黑麻(1415/6年)、纳黑失只罕(1415/6~1417年)、歪思(1417~1432年)5位汗,控制东察合台汗国政权达40余年。忽歹达不但享有乃父的特权,而且迫使黑的儿火者汗增加12种权力,如:(1)可以用鼓;(2)可以用旗;(3)他的侍从可以持和硕囊;(4)在汗的会议上可以佩戴箭壶;(5)同汗狩猎时有优先权;(6)父子相承,永为宰相——异密中的异密权;(7)在汗的面前,其座位比任何一位异密更靠近汗;(8)有权不奏请汗而任免和硕异密;(9)准许他及其后代犯九罪不鞫讯;(10)在宴会上他的扈从参与值勤;(11)所有下达的命令必须附署他的印章,等等。

为了缓解西方的压力,黑的儿火者汗将公主嫁给帖木儿。与此同时,东察合台汗国又采取了向东拓展的策略。黑的儿火者汗以圣战的名义攻占吐鲁番,强迫该地信仰佛教的居民皈依伊斯兰教,使一直分裂的畏兀儿人逐渐统一,以致当时吐鲁番地区被称作"伊斯兰统治地区"。1391年,黑的儿火者汗遣千户哈力马丁出使明朝,开始与明朝进行政治联系和经济交往。由于受帖木儿王朝的制约,与明朝的往来时断时续。

帖木儿汗死后,中亚局势混乱,沙迷查干汗乘机巩固了东察合台汗国的统治。沙迷查干汗还率军北伐卫拉特,征讨杀害察合台后裔、哈密忠顺王安克帖木儿的鬼力赤。马哈麻汗时期,东察合台汗国又与帖木儿王朝加强了关系。在马哈麻汗高压政策下,东察合台汗国的大多数蒙古人被迫信奉伊斯兰教。马哈麻汗以忒勒哈纳(今新疆新源县东)为汗廷,势力东至哈密,西抵撒马尔罕,西北接脱忽麻,北连瓦剌(卫拉特),南至于阗(今新疆和田西南)。

1417年,歪思杀死纳黑失只罕汗自立。在其统治时期,汗权得到加强,摆脱了帖木儿王朝的控制,将一度脱离汗国统辖的吐鲁番地区重新纳入治下,并抵挡住了来自北方卫拉特蒙古的60多次进攻。歪思汗死后,长子羽奴思和幼子也先不花争立,汗国分裂为以伊犁、伊塞克地区为中心的蒙兀儿斯坦王朝(羽奴思)和以别失八里为中心的畏兀儿斯坦王朝(也先不花)。

1502/3年,蒙兀儿斯坦王朝被钦察汗国的继承国昔班尼王朝吞并,而畏兀儿斯坦王朝则迫于卫拉特蒙古的压力,将统治中心移至吐鲁番地区。后来羽奴思幼子阿黑麻继承了畏兀儿斯坦汗位,阿黑麻的一个儿子进军可失哈儿、叶尔羌,取代朵豁剌惕异密势力,控制了可失哈儿,建立了可失哈儿王朝。

26 钦察汗国与罗斯

26.1 对罗斯的统治

26.1.1 术赤汗国的分封

术赤封地最初在阿尔泰山脉西麓、也儿的石河上游地区,第一次西征后,扩大至咸海和里海北部的平原。术赤生前把一部分部民及份地分配给了诸子。1227 年 3 月术赤卒,属他直辖的 4000 户由嫡子拔都和长子斡耳答(Orda)继承。

1237 年,拔都奉窝阔台之命,率领长子西征军远征罗斯。这场蒙古帝国的征服战争在某种程度上成了扩大术赤兀鲁思领土的战争,使术赤兀鲁思一举成为一个庞大的草原国家。其西境从多瑙河口越过喀尔巴阡山脉(Karpaty)至卢布林(Lublin)西,再向东北延伸至芬兰湾(Gulf of finland)和拉多加湖(Ladoga);北境大体沿西伯利亚森林地带南至鄂毕河中游;东境从鄂毕河向南横断也儿的石河,伸向锡尔河和阿姆河下游;南境从阿姆河经里海西岸、北高加索至克里米亚半岛。伏尔加河下游原波罗维赤人(即钦察人)、阿速人(阿兰,Alān)、莫尔多瓦人、不里阿耳人、巴失乞儿惕人的游牧地成为术赤兀鲁思的中心。11世纪以来,伊斯兰史书称这一地区为"迭失惕易钦察"(Dasht-i Qipchaq,钦察人的草原),术赤兀鲁思因之又称"钦察汗国"。

术赤兀鲁思为拔都所统领(1226-1256 年),但术赤的长子斡耳答及其兄弟仍有一定的势力。所以,拔都远征时兀鲁思按照蒙古帝国的军事体制,编成了以拔都为总指挥的中央军,以其弟唐古特统领的右翼军,以及斡耳答统领的左翼军 3 部分。拔都远征之后,唐古特占据第聂伯河至多瑙河口,斡耳答占据第聂伯河流域,拔都则占据了钦察草原的中心地区,即今乌拉尔河、伏尔加河及顿河流域。左、右翼保持着相对的独立性,其汗廷分别被称作白帐(Aq orda)和青帐(Kök orda),习惯称作白帐汗国和青帐汗国,但仍然是钦察汗国的组成部分。左翼积极地配合中央政权;而地处最西端的右翼在 13 世纪最后 20 多年,宗主权转到了权臣那海(Noqai)手中。那海是别儿哥汗的将领,在钦察汗国与伊利汗国的战役中冲锋陷阵,表现尤为突出,因而名声大噪。后来那海利用其名气,控制了右翼政权,并把影响力扩大至左翼甚至中央政权。

拔都将乌拉尔河以东的地区分给了弟弟昔班,自己定都于伏尔加河左岸的萨赉(Sarāi)城,他的行宫就在附近,统领乌拉尔河以西至第聂伯河的广大罗斯西部区域。

拔都向经济实力雄厚的罗斯诸侯征收贡税,钦察汗的财政收入十分可观,用黄金营造出的宫殿称作金帐汗宫(阿勒坦斡儿朵)。对于白帐或青帐汗而言,金帐汗是术赤兀鲁思的宗主。

1255 年,别儿哥即位为第五代汗,把首都迁至伏尔加河上游 240公里处的地方,新都称作新萨赉或萨赉 - 别儿哥。

钦察汗国把东欧的罗斯置于自己的统治之下,是蒙古在统治异民族地区建立的最早汗国,也是最先确立政治体制的汗国。钦察汗国中蒙古人属少数,不久便与钦察草原的原住游牧民融合,突厥语也取代蒙古语成为官方语言,是以被罗斯和西方人称作塔塔儿人。

26.1.2 对罗斯的统治

罗斯的领土包括以草原为中心的亚洲部分和东欧的农耕地带。下诺夫哥罗德(Nizhniy Novgorod)以西的罗斯诸公国和伏尔加河流域的巴失乞儿惕人等的游牧草原完全不同。有鉴于此,钦察汗国对罗斯地区采取"间接统治",设置蒙古人都督进行监督,这类都督官员称作八思哈(basqaq,突厥语),相当于蒙古语"达鲁花赤"。八思哈作为汗的代理,常驻诸公国,负责登记户籍,根据户籍普查结果征敛贡赋,征召士兵,以及建立驿站等等。钦察汗在花剌子模北部也设立地方长官管理,不里阿耳以及高加索地方拥有相对独立的宗主权。对于罗斯诸公侯,蒙古统治者只要求他们承诺对蒙古君主的忠诚,依旧确保他们的领地,保持宗教和文化上的特点。

为了最大限度地征收赋税,蒙古统治者对罗斯进行了户籍登记和人口普查。1246 年左右和 1257 年的户籍登记由蒙古帝国大汗和钦察汗共同主持。善于处理课税事务的伊斯兰教商人担任了征税官吏,派遣到诸公国的蒙古人八思哈对地方的纳贡情况以及赋税的种类进行监督,罗斯的居民要给这些官员提供运输工具、驿马设备等,还要给汗的使者提供衣食住宿。征税官吏之所以能实施户籍登记和征收赋税,是因为主要依靠了诸公侯的亲兵力量。这样,民众的抵抗被钦察汗和罗斯贵族以及封建领主们的联合势力压制了下去。14 世纪初,钦察汗废除八思哈制度,贡税改由大公负责,由其责成罗斯各地公侯征收。

"答尼"(dani)是钦察汗国的主要赋税,种类包括"皇帝答尼"、"贡租"、"十分之一答尼"等等,即人头税、驿站车辆贡租税、塔木伽税(商税)、通关税等,征自城市、农户和农村共同体。此外还有临时性的"特别附加税"。罗斯国土每年向术赤家族和钦察汗国统治者提供了巨额的税收。

通过不断采取军事行动,钦察汗国对罗斯实施了有效统治。经常性的军事袭击强化了对罗斯的统治权,也使罗斯人不能够聚集与蒙古人展开决定性的斗争。诸公国之间无休止的纷争更是成为钦察汗国采取军事干涉的极好的借口。

1252 年,拔都派遣捏布鲁伊率大军对东北罗斯进行远征。之后的近 1 个世纪,汗国对东北罗斯、南罗斯、立陶宛以及伊利汗国进行了无数次军事打击。这样的军事行动往往给当地造成巨大的损失。如1293 年的战争中 14 个最大城市遭到破坏。14 世纪三四十年代,钦察汗国对罗斯公国的打击逐渐缓和,罗斯开始有了一个稳定的局面,东北罗斯呈现出了迅速复兴的态势。

对于顽强抗拒蒙古宗主权者,汗国则无情地消灭之,切尔尼戈夫

317

公国米哈伊尔公便是一例。1243年,拔都召弗拉基米尔公雅罗斯拉夫至萨赉宫廷,任命其为罗斯诸公侯之长——罗斯大公,负责罗斯向钦察汗国宫廷进贡的一切事务。雅罗斯拉夫后来也成了拔都与大汗宫廷之间矛盾的牺牲品。据说,1246年,拔都派他参加贵由大汗登基仪式,被对拔都不满的托列哥那皇后所杀害。1247年,拔都汗为达到分裂罗斯的目的,乃对雅罗斯拉夫大公的两个儿子亚历山大和安得列·雅罗斯拉维奇进行分封,授予亚历山大对基辅公国的统辖权,安得列则被任命为罗斯大公。13世纪至16世纪中叶受封大公的有:弗拉基米尔公雅罗斯拉夫(1243~1246年)、弗拉基米尔公安得列·雅罗斯拉维奇(1247~1252年)、弗拉基米尔公亚历山大·雅罗斯拉维奇(1252~?年)、莫斯科公亚历山大·涅夫斯基(1263~1264年)、特维利公雅罗斯拉夫·雅罗斯拉维奇(1264~1271年)、特维利公瓦西里·雅罗斯拉维奇(1272~1277年)、彼列亚斯拉夫尔公德米特里·亚历山得罗维奇(1277~1281年,1283~1293年)、戈罗捷茨公安得列·亚历山得罗维奇(1281~1283年,1293~1304年)、特维利公米哈伊尔·雅罗斯拉维奇(1305~1318年)、莫斯科公犹里·丹尼洛维奇(1318~1322年)、特维利公德米特里·米哈伊罗维奇(1322~1325年)、特维利公亚历山大·米哈伊洛维奇(1326~1327年)、莫斯科公伊万·丹尼洛维奇(即伊万一世,1327~1333年)、特维利公亚历山大·米哈伊洛维奇(1337~1339年)、莫斯科公谢门·伊万诺维奇(1340~1353年)、莫斯科公伊万·伊万诺维奇(即伊万二世,1353~1359年)、苏兹达尔公德米特里·康斯但丁诺维奇(1360~1362年)、莫斯科公德米特利·伊万诺维奇·顿斯克伊(1362~1389年)、特维利公米哈伊尔·亚历山大洛维奇(1371~1375年)、莫斯科公瓦西里·德米特里耶维奇(即瓦西里一世,1389~1425年)、莫斯科公瓦西里·瓦西里耶维奇(即瓦西里二世1425~1462年)、莫斯科公伊万·瓦西里耶维奇(即伊万三世,1462~1505年)、莫斯科公瓦西里三世(1505~1533年)、莫斯科公伊万四世(1533~1584年)。

26.1.3　罗斯公侯与钦察汗的斗争

拔都汗对一些实力派公侯态度十分强硬。1250 年,拔都汗派遣使者到加里奇公丹尼尔·罗曼诺维奇处,索要加里奇公国。为保全加里奇和基辅公国的统治权,丹尼尔·罗曼诺维奇不得不暂时屈从。后来在匈牙利国王和罗马教皇因那曾四世的支持下,在西南罗斯地区组织了抵抗运动。时任罗斯大公的安得列·雅罗斯拉维奇大公,拒绝向钦察汗臣服和交纳赋税,他与加里奇公丹尼尔结成同盟,并且积极鼓动汗廷势力影响相对微弱的西北罗斯诸公国来反对钦察汗。由于东北罗斯及其他诸公国早已和钦察汗结成臣属关系,钦察汗保证了各公侯原有的利益,其内部组织和行政权保持不变,因此安得列大公的反蒙古抵抗运动并未得到大部分罗斯统治阶层以及圣职贵族的响应。

1252 年,蒙古骑兵队在彼列亚斯拉夫尔打败了安得列大公军,安得列大公逃至普斯科夫。拔都汗乃任命亚历山大·雅罗斯拉维奇为新一任罗斯大公。1258 年,布伦代和那海二将率汗国军进入南罗斯,加里奇公丹尼尔被迫再一次向钦察汗表示归顺。

14 世纪初,莫斯科公利用诸侯间的不和,先后夺取了梁赞的克洛姆纳(1300 年)、斯摩棱斯克的莫查依斯克(1303 年)以及特维利大公的彼列亚斯拉夫尔公国(1302 年)。钦察汗封特维利公米哈伊尔·雅罗斯拉维奇为大公,但同时亦允许莫斯科公保留大公的一部分土地。其结果削弱了特维利大公的势力,加剧了罗斯诸公侯间的斗争。

莫斯科公犹里·丹尼洛维奇成功地将东正教总主教彼得请至莫斯科,新建的乌斯宾斯基大教堂成为东正教的中心,这使莫斯科公的地位大为上升。犹里·丹尼洛维奇又与钦察汗月即别家族联姻。1327 年,得到汗廷有力支持的伊万·丹尼洛维奇被授予大公,顺利取代了特维利公哈伊尔。从此,罗斯大公政权与莫斯科公国连接在一起,莫斯科成为罗斯的政治中心。1367 年,谢普霍夫·博罗夫斯克公国与莫斯科公国缔结条约,完全承认了莫斯科大公政权在罗斯的垄断地位,承认其和钦察汗的优先关系权。

1371 年,特维利公米哈伊尔·亚历山大洛维奇从钦察汗国的一支

·欧·亚·历·史·文·化·文·库·

克里米亚半岛的万户马麦(Mamai)处获得了大公位,试图挑战莫斯科大公政权的权威,但惨遭失败。莫斯科大公势力日强,开始与钦察汗廷对立。从是年起,罗斯公侯们停止到萨赉朝廷朝贡。1378年,莫斯科大公德米特利·伊万诺维奇在梁赞北部的翁查河(Unzha)畔击败了阿拉卜沙,第一次战胜钦察汗军队。1380年,他又在顿河上游的库利科沃(Kulikovo)旷野之战中战胜了马麦统帅的克里米亚军队,士气大振。同年白帐汗国脱脱迷失(Toγtamiš)汗与中亚的帖木儿联合,在卡尔卡(Kalka)河战役中击败马麦,马麦逃往克里米亚的卡法(Kaffa)后被杀。1381年,钦察汗国新主脱脱迷失要求罗斯诸公国臣服。遭拒绝后,脱脱迷失于次年袭击莫斯科,战火延至苏兹达尔、弗拉基米尔、尤里耶夫、莫查依斯克、克洛姆纳、彼列亚斯拉夫尔等地,再一次使罗斯诸公俯首称臣,重新纳贡。罗斯在蒙古人的统治下又延续了1个世纪。

26.2　草原争霸战

26.2.1　与伊利汗国的争战

钦察汗国与伊利汗国之间的纷争开始于1262年别儿哥汗时,冲突的焦点是争夺咸海南边的花刺子模和里海西南岸阿塞拜疆。上述地区水草丰美,是良好的游牧草场,自然成了双方抢夺的目标。1263年1月,别儿哥汗在库拉河左岸大败伊利汗国的军队。此后,这场纷争延续了大约1个世纪。为了与伊利汗国对抗,别儿哥积极与埃及马穆鲁克王朝和拜占庭帝国建立外交。

马穆鲁克王朝为钦察奴隶所建。13世纪时,钦察汗国打通了阻碍东西方交流的政治壁垒和交通障碍,日内瓦、威尼斯以及伊斯兰商人得以自由往来于汗国的克里米亚半岛、伏尔加河下游以及花刺子模,东西方贸易日益繁荣,奴隶买卖非常盛行。黑海沿岸城市都设有奴隶市场,拜占庭皇帝正式批准了奴隶交易,拜占庭商人的奴隶交易异常活跃,而意大利及南欧商人则是最积极的奴隶购买者。意大利的佛罗伦萨、威尼斯、安科纳、卢卡诸城市的贵族家庭中,均有钦察、高加索以及花剌子模的男女奴隶在做苦役。欧洲的奴隶主要来自东欧、中欧、巴尔干半岛、钦察，以致英语的奴隶一词和"斯拉夫人"（slave，esclave）一词相同。钦察奴属于上等奴隶，在奴隶市场上价格不菲。为此，钦察汗国把许多罗斯人和钦察人作为奴隶卖给了南欧文明国，也有大批钦察人包括塔塔儿人经过蒙古人或伊斯兰商人之手，卖到了叙利亚和北非，而大部分被卖到了埃及。这些被贩卖的钦察人和塔塔儿人，后来却以伊斯兰国家统治者的身份，在 13~14 世纪欧亚国际关系中扮演了重要的角色。与南欧不同的是，埃及把钦察－塔塔儿人作为军人奴隶——马穆鲁克，充当宫廷近卫队。1250 年，马穆鲁克军在司令官忽秃思的带领下，推翻了什叶派阿尤布（Ayyub）王朝，建立了新政权。马穆鲁克朝以超强的战斗力，战功赫赫。1260 年，在叙利亚和巴勒斯坦，马穆鲁克军打败了素来战无不胜的旭烈兀蒙古军，成功阻止了蒙古势力向北非和西非的扩张。

　　为了对抗共同的敌人，钦察汗国与埃及的马穆鲁克王朝建立外交和经济关系，保护了北非与东欧以及东方的交流。当伊利汗国阿八哈（Abaɣ-a）汗攻击叙利亚的马穆鲁克军队时，马穆鲁克名将拜巴斯（Baibars）向钦察汗国求援，1263 年双方结成了同盟。原本蒙古帝国内部的领土争端由于马穆鲁克的加入而变得极为尖锐，迫使伊利汗国也与西方基督教世界结盟，西亚和欧洲间的国际关系因之变得非常复杂，形成了支持钦察汗国、马穆鲁克王朝的联盟和支持伊利汗国的联盟。前者包括威尼斯（Venice）、西西里王雅库布（Jacob of Sicily）、西班牙阿拉贡王阿鲁番索（Alfonso X of Aragon）等，后者有日内瓦（Genoese）、罗马天主教皇（Papacy）、法国路易九世（Louis IX），以及兄弟安茹伯爵查理（Charles of Anjou）等。那海统治罗斯诸侯并迫使他们与波兰和立陶宛开战，他又在不里阿耳相继拥立两位王，其势力波及了拜占庭。此时，在东方忽必烈和阿里不哥兄弟的抗争达到白热化，海都战争也迫在眉睫。忙哥帖木儿（Möngke Temür，1266~1280 年）继位后，为了夺取花剌子模而站在海都一边，共同对抗伊利汗国与元朝的同盟。

　　忙哥帖木儿之后，脱脱蒙哥（Töde Möngke，1280~1287 年）和秃剌不花(1287～1290年)相继成为钦察汗,汗权受到那海的制约。那海以忙兀部族为基础,在克里米亚半岛建立了自己的根据地。1291年,在那海的操纵下,秃剌不花被杀,脱脱(Toqta-a,1291～1312年)夺得汗位。1299年,脱脱汗打败并杀死了那海,把那海家族的牧地分配给自己的诸子弟。脱脱汗加强了对高加索的控制权,与拜占庭联姻,也想与马穆鲁克朝联合对抗伊利汗国。由于马穆鲁克朝与法国十字军关系紧张,没有与钦察汗国联合,脱脱汗独自成功击退伊利汗国完者都汗的进攻。

忙哥帖木儿的孙子月即别(Ozbeg,1313～1341年)统治时,钦察汗国大部分游牧民皈依了伊斯兰教,成为伊斯兰世界的一部分,被称作"月即别兀鲁思"。他们与伊利汗国之间的争夺仍在持续,月即别和埃及的马穆鲁克朝保持着更加密切的联姻关系,经由里海的贸易非常活跃,伊斯兰文化也异常繁荣。汗国迎来了政治、经济、文化方面的鼎盛时期。在西方,月即别汗阻止了立陶宛大公国欲统治匈牙利、波兰以及罗斯西部的企图。

月即别汗子扎你别汗(Jani beg,1341～1357年)继位后,钦察汗国开始逐渐衰退。扎你别汗一度占领了第比利斯,并把军队从花剌子模推进至呼罗珊,但西方事务分散了他的注意力。波兰王卡济米尔三世(Casimir Ⅲ)努力夺取国内东正教会原有特权,为挫败竞争对手,扎你别不得不承认了罗斯东正教会的特权,促使立陶宛(Lithuania)大公奥里格尔德(Oligerd)牵制波兰王,而又利用谢门大公阻止立陶宛向东方的扩张。这样彼此制约的局面给奥斯曼土耳其的崛起创造了机会,使其势力扩大至巴尔干半岛北方的多瑙河。

1357年,扎你别汗去世,其子别儿迪伯(Berdi Beg,1357～1359年)放弃新的征服地,回到萨赉继承了汗位。从此,钦察汗国再也没有能力争夺高加索山脉以南地区。同年,别儿迪伯被杀,汗国内讧。罗斯诸公国战火纷起。立陶宛大公把势力扩大到多布罗加(Dobrudja)以及德涅斯特(Dnestr)河,进而伸展至基辅。立陶宛没能消灭罗斯大公,但钦察汗国的领土不久被克里米亚半岛的马麦、阿斯特拉罕的哈只·萨尔基

(Hajji Sarkis)和斡耳答裔白帐汗国乌鲁斯汗(Urus)等瓜分,钦察汗国开始分裂。

26.2.2 与帖木儿帝国的争战

是时,蒙古巴鲁刺思部异密帖木儿取代察合台汗国,统治了河中地区(Transkaya)和花刺子模。正当白帐汗乌鲁斯死去后萨赉陷入王位争夺的混乱之际,1378年,帖木儿援助投靠他的乌鲁斯汗外甥脱脱迷失(Toγtamiš),夺取了阿斯特拉罕和萨赉城,从而钦察汗国政权由拔都家族转到了斡耳答家族。原来的左右翼体制也被打破,萨赉朝廷被称作大斡耳朵。

脱脱迷失汗在稳定罗斯叛乱后,开始与同帖木儿争夺高加索和河中地区。但国内愈演愈烈的分裂活动分散了他的力量,原钦察汗国忙兀部统将也迪古(Edigü)等投靠帖木儿,与他对抗。1391年,脱脱迷失在靠近乌拉尔山脉的康多日加(Kondurcha)河岸被帖木儿打败。帖木儿拥立新汗,但脱脱迷失并没有被彻底打倒。为了和立陶宛大公维托夫特(Vytautas)联合,脱脱迷失赐令旨,允许其弟波兰国王雅盖洛(Yagailo)统治罗斯部分地区,还特别许可莫斯科大公瓦西里(Vassili)管理下诺夫哥罗德(Nizhny Novgorod)以及其他小公国。脱脱迷失还试图与奥斯曼王朝和马穆鲁克王朝联合,但这二者都受到帖木儿的威胁,他的企图未能实现。

1394年,脱脱迷失举兵再次进攻高加索,翌年,在帖列克(Terek)河被帖木儿军粉碎。帖木儿军席卷伏尔加河下游,沿顿河进入梁赞,攻陷叶列茨(Yeletz)。阿斯特拉罕、萨赉、不里阿耳、克里米亚半岛皆遭到蹂躏。之后,帖木儿停止进军,将目标转向印度。帖木儿的征战使钦察汗国的经济基础和城市的支配能力彻底崩溃,与欧洲、印度、中亚、中国之间的贸易关系也大大减少。

26.2.3 钦察汗国的瓦解与灭亡

脱脱迷失汗战败后,其竞争对手铁木儿·忽都鲁(Temür Kutlugh)和也迪古僭称钦察汗国汗和异密,向帖木儿称臣。立陶宛大公维托夫特想利用脱脱迷失来控制钦察领土,联合罗斯,向铁木儿·忽都鲁和也迪古发起了反攻。1399年,两军会战于沃尔斯克拉河(Vorskla),立陶宛全军覆没,脱脱迷失脱身,后被地方王沙迪别(Shadibeg)杀死。铁木儿·忽都鲁负伤而亡。异密也迪古窃取了大斡耳朵政权,在他的操控下,脱脱迷失之子帖木儿被立为新汗。

也迪古试图恢复钦察汗国的强国地位。为了进攻莫斯科,他向立陶宛大公求援,但遭到拒绝,1409年围攻莫斯科也未能成功。铁木儿·忽都鲁的诸子分别得到莫斯科大公的支持,相互之间围绕汗位你争我夺,也迪古在1419年被脱脱迷失之子合迪儿·别儿迪所杀。

也迪古死后,钦察汗国诸汗并立,最终分裂成几个独立的汗国。在大斡耳朵,脱脱迷失汗的从弟兀鲁黑·马哈麻在立陶宛的支持下,战胜竞争对手铁木儿·忽都鲁之子道刺·别儿迪和孙子乞赤黑·马哈麻,以及脱脱迷失之子怯别和赛亦得·阿黑麻等,自称为汗。

1422年,乌鲁斯汗之孙博剌从哈萨克斯坦入侵大斡耳朵,兀鲁黑·马哈麻逃至立陶宛,在立陶宛大公的支援下,从博剌夺回了萨赉,恢复了对莫斯科大公的任命权。但1430年维托夫特死后,立陶宛陷于分裂,局势转而有利于莫斯科,兀鲁黑·马哈麻的地位急剧下降。

1437年,兀鲁黑·马哈麻迫于压力离开了钦察草原,退居伏尔加河上游。兀鲁黑·马哈麻与儿子马合木迭克挫败了莫斯科大公的攻击,但随后为其子所杀。1445年,马合木迭克占领喀山,建立了喀山汗国,至1552年灭亡。马合木迭克的兄弟卡西木,因受其兄的排挤,带领军队逃避到莫斯科大公瓦西里处。瓦西里划出奥卡河上游的戈罗迪茨或密泽尔,建立卡西木小汗国,这一汗国存在了200多年。

博剌入侵时,道刺·别儿迪移牧到克里米亚半岛。不久脱脱迷失汗之子赛亦得·阿黑麻控制了克里米亚,势力凌驾于其他诸王族之上,迫使莫斯科大公也向他纳贡。赛亦得·阿黑麻多次远征立陶宛和波兰。1449年,他帮助立陶宛叛乱王子米哈鲁(Michael),占领了立陶宛的塞维日斯克(Seversk)和基辅(Kiev)。波兰国王兼立陶宛大公卡济米尔四世(Casimir IV),支持道刺·别儿迪的亲族哈吉·吉列亦(Hajji Girai)占领克里米亚,与赛亦得·阿黑麻相抗衡。哈吉·吉列亦以南部的巴赫奇萨拉伊定（Bakhchisaray）为都，建立了克里米亚汗国，其领土东至顿河下游，西至第聂伯河，北至耶烈茨与坦博夫。赛亦得·阿黑麻于1449年、1452年和1459年多次进攻莫斯科，均遭到失败。

在大斡耳朵，乞赤黑·马哈麻之子阿黑麻（Ahmed）的势力逐渐壮大。1471年，阿黑麻与卡济米尔四世结成联盟，准备攻打莫斯科大公伊万三世。1475年，伊万三世与克里米亚的明里·吉列亦（Mengli Girai）联合打击了卡济米尔。明里·吉列亦占领了立陶宛的基辅和波多利亚（Podolia），并要求其纳贡。1476年，明里·吉列被阿黑麻打败，逃往土耳其的奥斯曼王朝，在奥斯曼王朝算端的支持下重返克里米亚，与莫斯科以及诺盖人（Noghays）联合，向大斡耳朵发起了更有力的攻势。莫斯科的打击和南方的奥斯曼王朝的扩张，使卡济米尔完全丧失了在东方的影响力。1502年，阿黑麻之弟沙亦黑·阿黑麻（Shaykh Ahmed）与明里·吉列亦在杰斯纳河（desna）决战，明里·吉列亦彻底粉碎了沙亦黑·阿黑麻军队，沙亦黑·阿黑麻逃到立陶宛，为立陶宛大公亚历山大所杀。1505年，明里·吉列亦占领萨赉城，大斡耳朵汗廷灭亡。

1466年，乞赤黑·马哈麻的孙子哈辛在阿斯特拉罕（Astrakhan'）建立了阿斯特拉罕汗国。它与大斡耳都基本上是一体的，但后来被克里米亚汗国和诺盖人所控制，汗王亦由他们推选。1556年，罗斯军驱逐末代汗王德维什，吞并了阿斯特拉罕汗国。

不过，钦察汗国并未完全消失。作为继承国，吉列亦汗家族经营的克里米亚汗国延续存在了很长一段时间。从1571年起，莫斯科开始向克里米亚汗国纳贡，直至彼得大帝时期。后来克里米亚汗国成了奥斯曼帝国的藩属。1774年，根据凯纳尔吉条约，罗斯迫使奥斯曼帝国承认克里米亚汗国的独立，并在1777年将其沦为藩属。1783年，克里米亚汗国正式并入罗斯。

另一个著名的政权是术赤的第五子昔班的后裔阿不海儿汗（Abūl Khayr Khan，1428～1468年在位）建立的昔班尼王朝，它由以月即别汗的名字命名的乌兹别克游牧集团构成。1446年，阿不海儿汗统一了东部钦察草原,遂将政治中心移至中亚地区。

从严格意义上来说,罗斯沙皇也是钦察的继承者。1547 年,伊万四世以蒙古语"汗"的俄语译名"恺撒－擦里"(沙皇)为自己的称号。1574 年,伊万四世迎请卡西木汗国赛因·布拉德汗至莫斯科为沙皇,而自己为其大臣。翌年,赛因禅让,伊万四世正式即沙皇位,此举试图表明,伊万四世的王位是从钦察汗国后裔那里继承来的,具有合法性。

27　伊利汗国与帖木儿王朝

27.1　伊利汗国在伊朗的统治

27.1.1　汗国概况

　　1253 年,蒙哥大汗遣其弟旭烈兀(Qülegü)远征西亚,旭烈兀家族便以"可汗任命的大达鲁花赤"的名义,开始了在伊朗 1 个半世纪的统治。旭烈兀和将领们控制了美索不达米亚(Mesopotamia)以及北至高加索山脉(Caucasus)的广大地区,忽必烈亦将阿姆河以西至埃及边境的波斯国土和该地军民划归旭烈兀,从而建立起东起阿姆河和印度河,西面包括小亚细亚大部分地区,南抵波斯湾,北至高加索山脉,相当于古代萨珊王朝(226～652 年)版图的又一个蒙古帝国的兀鲁思。旭烈兀把伊朗西北阿塞拜疆作为政治中心,以蔑剌哈(今马拉盖 Maragheh)为都,在阿拉塔(Alatagh)和木干(Mūghān)草原分别建立夏宫和冬宫。阿八哈汗(Abaγ-a),迁都于帖必力思(Tabrīz,今大不里士),后再迁至算端尼耶(Sultāniye)。旭烈兀本人及其继承者被称为伊利汗,即"顺从的汗",他所建立的汗国是以中国元朝为主体的蒙古帝国的一部分,接受元朝的册封。

　　旭烈兀及继任诸汗,皆把东部呼罗珊、吉兰(Gilan)以外的伊朗北部地区以及伊拉克各省作为伊利汗直接管辖地区,并延续阿拔斯王朝的传统,将伊朗划分为 20 个行省。各行省长官(hākin)由伊利汗任命,在达鲁花赤的监督下负责征税等行政管理以及安全事务。而法尔斯(Fārs)、克尔曼(Kermān)、沙班喀拉(Shabankara)以及南方波斯湾的霍

327

尔木兹(Hormoz)、怯失(Qais),西方的卢里斯坦(loristān)、小亚细亚,东方的赫拉特(Herāt)等地区向伊利汗国表示完全归顺之后,仍保留其原有王室家族的政权。这些地方政权只需向汗廷进贡,伊利汗很少直接干涉其内部事务。所以它们存在的时间都比较长,甚至一些王室家族影响力在伊利汗国灭亡以后还继续存在。

对高加索、小亚细亚、北部美索不达米亚、呼罗珊等地,伊利汗分别派遣王族,重兵防备边境。派遣到呼罗珊边境者往往是汗位继承人,如果年龄偏小,就由指挥阿姆河守备军的其他异密们帮助处理政务。伊利汗把蒙古诸部族以外的其他游牧部族迁移到西北的乌尔米耶(Orūmīyeh)湖、凡湖(Van)周边,库拉(Kura)、阿拉斯(Araz)两河流域,克孜勒(Kizil)河流域以及呼罗珊的阿特拉克(Atrak)河流域等地。

此外,格鲁吉亚、希腊王国、奇里乞、大小亚美尼亚、塞浦路斯岛王国和小亚细亚控制的安纳托利亚(Anatolia)、罗姆塞尔柱(Rum Saljuq)王朝,均为其附属国,具有进贡和提供辅备兵力的义务。蒙古人在当地设总指挥官,但行政权仍归各属国。

在伊利汗宫廷里始终保持忽里勒台、近卫队等蒙古传统体制。政府机构大体与元朝大汗的中书省相同,由元朝授予“行户部”、“王府”、“枢密院”等汉文印章,伊斯兰教徒官吏占多数。中央设置了财务省(Dīwān),其长官为宰相(wazīr),多由伊朗人担任。汗王与蒙古贵族在忽里勒台做出政治决策,但具体事务由宰相来负责,宰相兼管驿站、土木、通货、测量地亩等事务。伊利汗把诸省分成各个地区,各地区下面又设村(Dih),形成了从中央经地方到乡村的比较健全的官僚机构。

汗国仍以阿拉伯哈里发(Khalīfah,632~661/750?年)时代以来的金币第纳尔(Dinar)和银币第日哈木(Dirham)为流通货币。课税制也与元朝所实行的基本一致,由征税官员(Baskak)征收家畜税、土地税、人头税和高交易税等等,部分税收送交中央政府。

伊利汗国与周边其他势力关系紧张。特别是在忽必烈与阿里不哥争汗位时,旭烈兀虽然站在忽必烈一边,但是却因受钦察汗和察合台汗的进攻而无法声援。同样,由于旭烈兀与元朝之间的交通被窝阔台兀鲁思和察合台汗国阻断,伊利汗国也无法得到忽必烈的帮助。在这种情况下,为确保对呼罗珊和北部的花刺子模、阿塞拜疆的控制,旭烈兀不得不独自与察合台的八剌合汗以及钦察的别儿哥汗角逐。1262年,旭烈兀与别儿哥激战于库拉(Kura)和捷列克(Terek)河左岸。1263年1月,别儿哥军大败旭烈兀,但并未使旭烈兀军退出高加索。此后1个世纪,旭烈兀及其子孙始终无法摆脱北方的钦察汗国以及其同盟者的攻击,两个汗国长期不睦。

27.1.2 与基督教国家的联系

伊利汗国的西部也面临同样问题。在叙利亚的战事中,埃及马穆鲁克伊斯兰王朝支援叙利亚,与钦察汗国结盟,两面夹击伊利汗国。伊利汗不得不依靠诸附属国,并联合安条克公国、的黎波里伯国、耶路撒冷王国沿岸一带的叙利亚十字军、东罗马帝国,以及欧洲其他基督教势力与之抗衡。由于拜占庭的约翰三世(John III,1221～1254年)曾臣服于蒙哥汗,君士坦丁堡(Constantinople)的米哈伊尔八世(Michael VIII,1259～1282年)在1261年与旭烈兀缔结了秘密条约。随着周边复杂军事同盟的变化,伊利汗国的势力时进时退,军事同盟内部关系时紧时松。这种微妙的国际关系一直伴随着伊利汗国150年的历史。

1265年,旭烈兀去世,长子阿八哈(Abaγ-a)继任。阿八哈汗(1265～1282年)取得了一系列的胜利:在北方,击破从高加索山脉南下的那海率领的钦察汗军队;在东方,1270年在赫拉特击退了进攻呼罗珊的察合台汗八剌合的军队,收复阿姆河边境;在西方,击退了入侵小亚美尼亚的马穆鲁克(Mamluk)王朝算端札希尔·巴贝尔(1260～1277年)军队。1278年和1289年,阿八哈汗两次试图征服叙利亚,但未能实现乃父将马穆鲁克王朝势力驱逐出叙利亚的夙愿。于是他继续奉行乃父的政策,加强了与基督教国家的联系。阿八哈汗分别向罗马教皇、英国国王爱德华一世、法国国王派出了外交使节,并迎娶了东罗马帝国皇帝的女儿,加深了亲善关系。而对基督教国家来说,能与伊利汗国宫廷建立起联系,无疑有助于其巩固在伊朗和伊拉克的影响力。

阿八哈汗去世后,其弟帖古迭尔(Tegüder,1281～1284年)即位。

帖古迭尔是伊利汗国第一位改信伊斯兰教的汗,并改称阿合马(aḥmad)。1282年,阿合马向马穆鲁克王朝算端卡拉温·赛福丁(1279~1290年)表示修好之意,但遭到拒绝。不久,阿合马被以阿八哈汗长子阿鲁浑(Arγun,1284~1291年在位)为首的蒙古传统派势力废黜并杀死,阿鲁浑成为第四代伊利汗。他遣使元朝,获得了忽必烈汗的认可。据说后来口述《马可·波罗游记》的马可·波罗,就曾随从阿鲁浑汗所遣使团,从泉州港出发,经由海路抵达霍尔木兹(Hormoz)。

阿鲁浑还遣使联络英国国王、罗马教廷及法国国王,支援叙利亚十字军,加强了与基督教国家的联盟。为夺取叙利亚,他向法国国王建议,如果法国支持他打击马穆鲁克王朝,耶路撒冷将属于法国。这封写给法国国王菲利普四世的书信以及1305年第八代汗完者都(Öljetü)的书信,现都收藏于巴黎国立古文书收藏馆,它们显示了旭烈兀以来,伊利汗国一直延续的与欧洲联盟的关系。

27.1.3 伊斯兰化后的伊利汗国

阿鲁浑去世时,长子合赞(Qasan,1295~1304年在位)守备东部边境,不在首都,其弟乞合都汗(Qaiqatu,1291~1295年)趁机即汗位。1295年,合赞通过战争成为第七代汗,并得到元朝的认可。

合赞汗大刀阔斧地进行了行政和经济改革。为了避免政治危机,他与伊斯兰官僚和宗教贵族亲近,学习穆斯林国家的传统,将伊斯兰教确定为国教。因此在合赞汗执政时期,伊利汗国的伊斯兰文化得到了蓬勃发展。为了改善国内严重的经济财政状况,保护商人和贸易,他设立驿站,疏通商道,统一度量衡,明确新税率,建立水利灌溉工程,使经济贸易呈现出空前的繁荣。为了安抚蒙古士兵,他向所有服役的蒙古人分配了军事采邑——"伊克塔(Iqta')",加强了国家安全防御能力,这体现在一系列军事胜利上:在东部,合赞汗成功阻止了察合台汗国的入侵;在西部的小亚美尼亚,统将忽都鲁沙(Kutlugh Shah)击退了马穆鲁克朝军队;在小亚细亚,汗国军队又平息了地方长官索拉米失(Sulamesh)的叛乱。

1299年,合赞汗进攻入侵伊拉克北部的马穆鲁克算端纳赛尔

(1293～1340年在位),一度进至大马士革。但随后纳赛尔在获援后展开反击,合赞汗被击退,失去了幼发拉底河流域所有占领区。合赞汗末年,因马穆鲁克王朝干预小亚美尼亚朝政,合赞汗再次发动了战争。忽都鲁沙等将领进入叙利亚,包围霍姆斯城,但仍以失败告终。而此时钦察汗国脱脱汗也加强了对伊利汗国的攻势。

合赞汗之后,其弟合儿班答(Qarbanda,1304～1316年)继位,称完者都汗。完者都汗继续推行合赞汗制定的政策。他致信法国国王菲利普和英王爱德华一世,表达与欧洲诸王进行合作的愿望,试图联合基督教徒对抗马穆鲁克王朝,但未能实现。在东方,他打退了察合台王族牙撒吾儿和怯伯对呼罗珊的入侵。是时元成宗与察合台王族、海都王族达成和议,蒙古贵族之间的内争有所缓解,受阻的东西交通得到改善,伊利汗国和元朝的关系更加密切。

完者都汗之后,合赞汗的长子不赛因汗(Abūsaīd,1316～1335年在位)继位。牙撒吾儿和怯伯再次入侵呼罗珊。不久,怯伯改变初衷与伊利汗国合作,牙撒吾儿被击杀。在西方,绰班(Choban)大将平息了突厥人王侯的叛乱,又击退了钦察汗国月即别汗的进攻,被元朝封号并赐银印、金符。绰班由此专擅国政,无视汗廷,被不赛因汗击杀。但绰班死后月即别汗占上风,阿塞拜疆被钦察汗国占领。

14世纪中叶,在东方,海都之战早已结束,合并窝阔台兀鲁思后的察合台汗国也进入笃哇汗诸子交替即位时期,汗国迅速衰退;在北方,钦察汗国经历了月即别汗和扎你别汗短暂的盛世之后,也逐渐衰落。

对立汗国的同时衰弱,缓解了伊利汗国的紧张局势,但其内部的矛盾,却在此时全面爆发。1335年,不赛因汗去世,因其无子嗣,旭烈兀血统被迫中止。于是各地纷纷拥立成吉思汗的后裔为傀儡伊利汗,争权夺利,统一的伊利汗国分崩离析。以赫拉特为中心的库尔特王朝、阿塞拜疆的乔班算端政权、美索不达米亚的札剌亦儿政权、马赞达兰的撒儿别答儿朝、伊朗南部的木樨非儿朝等皆割据一方,相互抗争。亚美尼亚和小亚细亚的土克曼族黑羊朝和白羊朝勃兴,开始侵吞伊利汗国北部地区。到15世纪初,虽然蒙古札剌儿部王朝统治阿塞拜疆和伊拉克,但伊朗高原的大部分地区已被其他势力所分割,不再是旭烈兀后裔或蒙古人的天下了。伴随着战乱和分裂,伊朗商业没落,众多商业城市急剧衰退。在此期间,帖木儿(1336~1405 年)从东方的察合台汗国的废墟上崛起,建立了强大的帝国。1411 年,伊利汗国为帖木儿吞并。

27.2 帖木儿帝国对中亚西亚的征服

27.2.1 帖木儿夺权

1346 年,西察合台实力派异密合札罕杀害君主哈赞汗(1343~1346 年),掌握实权,察合台汗国进入了"异密统治时代"。合札罕计划远征赫拉特、印度等地,但 1358 年在一次狩猎中被其女婿暗杀。

在东部的蒙兀儿斯坦(七河地区,伊塞克湖四周以及包括可失哈尔在内的塔里木河西部地区),朵豁剌惕(Doqulat)族异密也参与谋篡,但秃忽鲁帖木儿(1360~1363 年在位)即汗位后,成功巩固了汗权。秃忽鲁帖木儿汗皈依伊斯兰教,乘合札罕被杀后混乱之机,于 1360 年、1361 年两度进军河中地区,大败巴鲁剌思蒙古部,重新统一了察合台汗国。但汗国的统一只维持了几年,1363 年,秃忽鲁帖木儿汗死,东西蒙古贵族为争夺西部而混战。帖木儿乘机登上了历史舞台。

1336 年,帖木儿出生在撒马尔罕以南渴石城近郊的萨布扎尔(Sebzar)村,其父塔剌海(Taragai)是当地的一个小官员,属蒙古巴鲁剌思部。巴鲁剌思部是成吉思汗分给察合台的 4 个千户之一。虽为蒙古部落后裔,但此时的巴鲁剌思部已改信伊斯兰教,改说突厥语。1360 年,帖木儿向秃忽鲁帖木儿汗表示顺服,翌年得到管理家族领地的权利。秃忽鲁帖木儿汗率军到达时,又将巴鲁剌思部的统领权交给他。但不久,帖木儿与合札罕之孙子异密忽辛联合,开始摆脱东部势力控制。

1365 年,撒马尔罕居民为了保卫都城,成立自治组织"萨如巴塔鲁",击退了入侵的东部察合台汗国军队。该组织主要由城市工商业者组成,领导核心是知识人和工匠头。忽辛和帖木儿等人视都市居民的这一自治组织为他们霸权道路上的障碍而予以取缔,但二人矛盾逐渐升级。1370 年,帖木儿杀死忽辛,获得以河中为中心的察合台汗国西半部的统治政权。他还得到游牧集团领袖异密和地方领主以及宗教权威萨伊都、成吉思汗裔诸王等的支持,掌握了最高指挥权。由于"黄金家族"至高无上的权威性,帖木儿不敢贸然自封为汗,而是通过忽里勒台会议,立窝阔台汗后裔锁咬哈的迷失为汗。帖木儿迎娶哈赞汗的女儿(她曾是忽辛的妻子),成为成吉思汗家族的驸马。这一身份的转变对帖木儿一生具有重大意义,从此他被称为"帖木儿·古儿根",即帖木儿女婿。帖木儿用近 10 年时间削弱旧部族的势力,建立新的统治阶层,强化了自己的权力基础。

27.2.2 帖木儿的对外征服战争

自 1371 年始,帖木儿多次出征蒙兀儿斯坦和花剌子模。他又率兵援助钦察汗国白帐汗王子脱脱迷失对抗白帐汗国乌鲁斯汗,使脱脱迷失登上了白帐汗位。这一系列的远征,使帖木儿在 1379 年完全控制了花剌子模地区,也消除了来自毗邻的蒙兀儿斯坦和术赤兀鲁思的威胁,为其后来西征解除了后顾之忧。

1376 年,旧势力中的速勒都思和扎剌亦儿两族被帖木儿镇压,彻底瓦解。这两个察合台汗时期以来的名门望族的解体,象征着旧统治阶层政治影响力的结束,预示着以帖木儿为中心的政治新秩序的确立。

帖木儿的下一个目标是征服横跨伊朗、伊拉克的旧伊利汗国的属地。自 1335 年后,由于各地方实力集团相继独立和各自为政,伊利汗国一直处于分裂状态。当时,控制阿塞拜疆和伊拉克的有以巴格达和大不里士为都的蒙古札剌亦儿朝(1336～1411 年),统治伊朗南部法尔斯地区和克尔曼地区的木樨非儿朝(1314～1393 年),控制东呼罗珊和赫拉特周围、以哈烈为都的胡耳朝(1245～1389 年),控制西呼罗珊以萨瓦尔城为中心的撒儿别答儿朝(1337～1386 年),苏菲派希亚教团首领米尔扎·布左格在马赞达兰的阿木儿建立的赛义德朝等。这些独立王朝割据一方,冲突不断,但没有一个能够将汗国重新统一起来。

1380 年,帖木儿进军库尔特,将库尔特王朝和沙尔别达尔王朝置于自己的统治之下。1385 年,又占领了阿塞拜疆的札剌亦儿王朝第比利斯城和首都算端尼耶(Sultāniye)。通过从 1386 年开始的 3 年战役和 1392 年发动的 5 年战争,帖木儿消灭和重创了伊利汗国之后的众多小政权,征服了从亚米尼亚、格鲁吉亚至小亚细亚半岛东部地区的美索不达米亚和外高加索,消灭了穆扎法尔政权,并北攻钦察汗国脱脱迷失汗,攻陷伏尔加河畔的大斡耳都萨赉和阿斯特拉罕,钦察汗国的势力被大大削弱。1387 年,帖木儿开始与明朝进行贸易。至 1396 年,除了以马穆鲁克朝作后盾的札剌亦儿政权仍居巴格达以外,旧旭烈兀汗国的大部分地区已被征服,帖木儿基本达到了远征西方的目的。继而他又选定了新的征服目标——中国明朝。

为了获得远征道路上居民的顺服和支持,帖木儿对苏菲派圣者阿赫马·亚萨维的庙宇进行大规模修缮。1397 年,他娶蒙兀儿斯坦女王为妻,加强了与蒙兀儿斯坦的关系,并在蒙兀儿斯坦的边境建立军事基地,派出 4 万人的先遣军远征明朝。途中,帖木儿突然改变计划,转向印度。征服获得大量财富,帖木儿全部用于故乡渴石城和撒马尔罕的建设。他还下令建造了撒马尔罕的大礼拜堂比比哈努姆。持续的大规模建设与大帝国的经济活动相伴,使中亚地区繁荣昌盛,经济之兴旺前所未有,也给帖木儿带来了更多的财富。

在帖木儿朝,萨鲁特丁担当征税、财务事务,致力于城市和农村的发展以及保护居民的事业。任此事务的伊朗系塔吉克族官员拥有对中、下级官吏的任免权。在行政机构中,突厥系的军人虽处于高层位置,但实权却也掌握在塔吉克族官员手中。

1399 年,帖木儿又开始了西亚远征,又称为“七年战役”。1401 年,汗国军队占领大马士革,攻取巴格达。1402 年,在安哥剌一战中粉碎了奥斯曼算端巴牙即忒一世的军队,阻止了奥斯曼帝国的扩张,从而使拜占庭帝国继续延续 50 年。到 1404 年,帖木儿所征服的领土已超过了蒙古帝国时西方 3 汗国的统治范围,其中包括名义上臣服的马穆鲁克朝,势力范围达到了小亚细亚半岛和埃及。1403 年,按照蒙古习俗,帖木儿把阿富汗、伊朗、伊拉克等中亚地区在家族内进行分封。

1404 年七八月间,帖木儿回师撒马尔罕后,又率 20 万大军再次远征明朝。1405 年 2 月 8 日,当军队北穿克孜勒库姆沙漠抵达兀答剌儿时,帖木儿突然发病去世。

　　帖木儿之所以能够以中亚为中心建立起有史以来最大的帝国,原因有三:第一,他拥有游牧民族强大的军事力量,并以自己卓越的指挥才能创建集权机构,确保了政权的稳定;第二,他控制了支撑强大军事力量和权力机构的沙漠绿洲,经济基础雄厚;第三,他具有建立统一的蒙古帝国的强烈欲望。帖木儿以蒙古贵族自居,曾经被成吉思汗及其继承者征服或纳入蒙古帝国版图的欧亚大陆,成为他开疆拓土的目标。

27.2.3　帖木儿的继承者

　　按照游牧民族传统,征服地区为家族共有财产。帖木儿遵此将征服的土地分封给了诸子。因此,帖木儿建立了使权力能够集中于他个人的体系,但没有培养出具备实力的继承者。当帖木儿去世后,各地的王族都宣称自己拥有继承权。帖木儿的第四子沙哈鲁(1409～1447年)在争斗中取得胜利。1409 年,沙哈鲁占领撒马耳罕,将统领权交给了 15 岁的长子兀鲁克·别克(Ulugh Beg),自己则返回根据地赫拉特。

　　沙哈鲁汗是一位虔诚的伊斯兰教徒,在他的统治下,帖木儿的中亚帝国变成了一个以呼罗珊地区为中心的、正统的伊斯兰算端政权,赫拉特取代了撒马尔罕成为帝国的首都。沙哈鲁汗将权力集中在自己家族手中,重用那些有联姻或亲近关系的人,巩固了政权基础。他恢复了与明朝的关系并互派使节,并试图振兴商业和农业。他还采取措施保护文艺,发展了宫廷文化。

　　沙哈鲁统治的近 40 年是整个帖木儿朝历史上相对巩固和稳定的时代。但也正是在这一时期,从伊朗西北部到伊拉克地区,土库曼族的活动趋于频繁,黑羊朝势力也得到加强。沙哈鲁的 3 次远征未有任何效果,阿塞拜疆最终也彻底摆脱了帖木儿朝的控制。

　　1447 年,沙哈鲁去世,兀鲁伯·别克(1447～1449 年)即位。兀鲁伯汗进行货币改革,发行了流通范围更广的货币。1449 年,兀鲁伯被其子奥都·剌迪甫(1449～1450 年)杀害。自此以后,帖木儿帝国分裂愈甚。

帖木儿的第二子米兰沙家族的卜撒因(1451~1469年),平定了兀鲁伯·别克之后的国内叛乱。卜撒因依靠土库曼阿尔浑族的军事力量起家。1451年,他与乌兹别克的阿不海儿结盟,夺取了撒马耳罕。他笼络塔什干(Tashkand)以及纳克什班底的苏菲派领袖和卓·阿赫剌尔,依靠其宗教权威把河中地区置于自己的统治之下。1458年,又控制了呼罗珊以及伊朗东部地区,实现了沙哈鲁汗之后帖木儿帝国的再次统一。

算端·卜撒因统治时期充满了战争和叛乱,不过卜撒因在河中地区和呼罗珊的统治十分成功,可谓帖木儿帝国在中亚统治史上的第二个相对稳定阶段。但游牧统治法与伊斯兰法之间的矛盾难以调和,当卜撒因下令征收以札撒法为基础的塔木伽税(商税)时,和卓·阿赫剌尔等坚决反对。在他们眼里,这种税是针对异教徒的。

卜撒因仿照帖木儿分封领地,长子阿黑麻统治河中,三子麻合木分得阿斯塔拉巴德,四子乌马尔·沙黑分得费尔干纳,五子木剌德分得坎大哈,七子乌鲁伯分得喀布尔,八子阿布别克儿分得巴达贺尚(Badakhsan),九子哈利耳分得赫拉特。

卜撒因与黑羊朝保持着友好关系。然而汗国的东北部地区遭受乌兹别克和察合台汗爱薛不花汗的入侵,爆发了王族的叛乱。卜撒因册封居于帖木儿国的察合台汗兄羽奴思为蒙兀儿斯坦主,试图消除东方的危机,但羽奴思遭遇卫拉特蒙古对蒙兀儿斯坦的进攻。1469年,卜撒因在与白羊朝的战役中被杀。

新即位的阿黑麻只控制了河中地区,呼罗珊则被以赫拉特为中心的乌马儿·沙黑家族所控制,成为一个独立的国家。在撒马耳罕,卜撒因时期就拥有较大影响力的和卓·阿赫剌尔仍然发挥着政治、宗教领导的作用。据说,在阿黑麻所统治的25年间,几乎所有事务皆取决于和卓一人。

1494年,阿黑麻之子麻合木继位不到半年便死去。在此后6年间,有3位王子争继,内讧异常激烈。表面上汗位争夺是在帖木儿家族内部进行的,实际上却由名门巴尔鲁斯族和新兴的阿尔浑族所操纵。和卓·阿赫剌尔的两个儿子互不相让,也加入到了抗争当中。加之察合台国和乌兹别克的干涉,帖木儿朝撒马尔罕政权崩溃。

帖木儿朝赫拉特政权由算端忽辛·拜哈剌(1469~1506年)在1470年建立。他统治呼罗珊近40年,与以北方阿姆河为界的撒马尔罕、西方的白羊朝都保持着友好关系。在其统治下,赫拉特呈现出一片繁荣兴旺的景象。在赫拉特政府中,财政官员掌握着行政实权。较长的和平时期,使王族和大臣异密们重文轻武。1500年,乌兹别克昔班尼汗对赫拉特发起全面攻势,自算端忽辛·拜哈剌死后,赫拉特政权没能组织起有效的军事反击,遂为乌兹别克部所败,帖木儿帝国随之灭亡。

28　中亚政权的兴起与 奥斯曼帝国

28.1　帖木儿帝国以后的中亚政权

自 15 世纪前半期开始,在钦察汗国东部被称作乌兹别克的游牧集团的活动日益活跃。乌兹别克,原指钦察汗国月即别汗时期伊斯兰化的游牧民,包括术赤的第五子昔班的后裔(即所谓的"昔班族")、乌鲁斯汗后裔(即所谓的"哈萨克民")及非成吉思汗家族的忙兀部等,统领他们的是昔班的后裔阿不海儿汗(Abūl' Khayr Khan,1428~1468 年在位)。阿不海儿汗击败昔班族的反对派之后宣布独立,并在 1446 年成功地统一了钦察草原东部。他所建立的政权因其先祖名被称为昔班尼王朝(Shaybanids)。

1447 年,阿不海儿汗征服了锡尔河流域的昔格那黑、阿儿忽黑(Arquq)、速咱黑(Suzaq)、阿黑忽儿罕和讹迹邗(Uzkent)等绿洲城市,巩固了政权,并定都昔格那黑城,使游牧于此的乌兹别克·哈萨克(或哈萨克)被迫迁至蒙兀儿斯坦的边境地区。

1451 年,阿不海儿汗势力达到顶峰,他帮助卜赛因夺取了撒马尔罕。1456 年,在抗击进军中亚草原的卫拉特的战役中,阿不海儿汗被卫拉特军打败而影响大减,但仍拥有一定的势力。困于王位纷争的帖木儿帝国诸王子曾请求阿不海儿汗给予支援。

阿不海儿汗死后,乌兹别克陷于分裂。许多游牧民归并于先前迁移至蒙兀儿斯坦边境的哈萨克集团。后来乌兹别克人又迁回绿洲地带,转向农耕生活,与原居民融合,成为中亚突厥语民族中的一员,乌兹别克也开始成为部族名称,而哈萨克人却统治了钦察草原的游牧民。到卡西姆汗(Qāsim,1512～1518年)时代,哈萨克成为较强的游牧国家,不仅把锡尔河流域和七河流域(Semirechye)地区的绿洲都纳入自己的统治范围,还常常攻击东西突厥斯坦,威胁周围诸民族。18世纪前半叶,形成了七河地区的大玉兹、今哈萨克草原中部的中玉兹、西部的小玉兹等部族联合体,但它们最终被罗斯人统治。

受哈萨克扩张影响最大的是蒙兀儿斯坦。蒙兀儿斯坦在脱可勒帖木儿时期接受伊斯兰教,曾一度恢复察合台汗国的统一。15世纪末,通过外交获得对塔什干的统治权,但在16世纪初被乌兹别克夺取,加之伊犁河河谷地带又被哈萨克蚕食,蒙兀儿斯坦的蒙古后裔不得不放弃塔什干(Tashkand)以及天山山脉西部北麓,将活动中心移至塔里木盆地的绿洲地区。蒙兀儿斯坦汗王的权力缺乏稳定性,纳克什班底的宗教领袖们的权威往往凌驾于汗王之上,致使佛教文化中心吐鲁番在蒙兀儿的统治之下完全伊斯兰化。

在塔里木盆地,除了禹儿都思溪谷以外,其他地方都缺乏草场,难以供养大规模骑兵军团。因此到17世纪末,蒙兀儿斯坦的军事力量衰弱,取而代之的是柯尔克孜和卫拉特的军事势力。1759年,蒙兀儿斯坦与卫拉特准噶尔王朝一同被清朝征服。

继阿不海儿汗之后将分散的游牧民重新统一起来、使乌兹别克复兴的是其孙摩诃末·昔班尼汗(Muhammad Shaybānī Khan,1451～1510年)。摩诃末·昔班尼汗在他祖父死后流浪各地,曾投身到统治蒙兀儿斯坦的羽奴思汗麾下。趁帖木儿朝内部争斗之机,他在锡尔河中游建立了根据地。1500年,昔班尼攻克帖木儿朝的撒马尔罕、布哈拉(Bukhara)、合儿昔(Qarsi),成为河中地区无可争议的主人。

1507年,昔班尼又消灭了帖木儿朝赫拉特政权,把统治范围扩大到呼罗珊。1510年,昔班尼在与撒非朝(Safavids,1501～1722年)波斯王亦思马因的战役中,战死于马鲁郊外。乘昔班尼汗战死之际,帖木儿家族的巴布尔(乌马尔·沙黑之长子)与撒非朝联盟,夺回撒马尔罕。1512年,巴布尔被乌兹别克军打败,由喀布尔逃至印度。1525年,巴布

·欧·亚·历·史·文·化·文·库·

尔在帕尼伯特大胜印度北部的统治者罗地王朝伊伯拉欣王的军队,乘胜占领了德里和阿格拉,在印度重建了帖木儿朝,称"莫卧儿(Mughal,即蒙古)"帝国(1526～1857年)。莫卧儿帝国统治印度大部分地区,历经17代君主,长达331年,是衔接中世纪印度与近代印度的重要历史时期。1858年,莫卧儿末代帝王巴哈杜尔沙二世(1837～1858年)为英国殖民者废黜。

在昔班尼王朝成功抵抗巴布尔后,王族中最年长的忽春赤于撒马尔干登上了汗位,指挥战争的乌伯都剌(Ubaydullah)和阿卜都剌二世(Abdullah Ⅱ)等实力派占据了布哈拉,布哈拉的重要性与日俱增。1556年,阿卜都剌二世先后拥立其伯父和父亲即位,而自己掌握实权,凭借实力征服各地首领,稳步推进了中央集权化的进程。1583年,阿卜都剌二世即位后亲自铸造新货币,建设首都喀布尔,修建灌溉设施,促进了农业发展。这些强化经济的政策活跃了以布哈拉为中心的经济区,国家财政明显好转,巩固了政权。1584年,阿卜都剌二世开始对外远征。1588年,占领赫拉特,统治了呼罗珊全境,哈萨克诸汗成为昔班尼朝藩臣。1593～1594年,他征服了乞瓦(Khiva)汗国统治之下的花剌子模,从而将中亚至阿富汗北部、伊朗东北部的广大地区并入其统治之下,并同罗斯建立了贸易和外交关系,昔班尼朝进入了鼎盛时期。因此,16世纪后半叶以降的昔班诸王朝也被称作布哈拉汗国。1598年,阿卜都剌二世去世,因独子被害,其侄巴基·穆罕姆德即位,开始了札尼王朝。

札尼王朝的领土,大体上相当于15世纪帖木儿帝国的中心地带,包括河中地区本土、巴达贺尚以及费尔干纳谷地等。河中地区先后由12位札尼汗王统治,其中阿布德·阿昔思汗(Abdul Azīz Khān 1647～1680年)的统治为时最长,是札尼王朝在河中地区统治的巅峰时期。由于札尼朝王室是从阿斯特拉罕逃亡而来的流亡者,缺乏强有力的军事基础,与乞瓦汗国的抗争又动摇了其统治,所以到了18世纪,汗国实权被异密们所掌握。1740年,伊朗的纳迪尔·沙(Nādir Shāh)征服河中地区。1756年,名存实亡的札尼朝被满吉特(Manghīt)王朝取代。

满吉特人的起源可追溯到蒙古芒古特部,而此时已成为多个部族联合或融合的群体。该王朝的君主自称异密,统治该国直至 1920 年。

1510 年,昔班尼汗战死之际,自称是术赤后裔的乌兹别克人伊勒巴思汗(Ilbārs Khan)击破花剌子模的撒非朝,在 1512 年掌握了政权。这一王朝将南部的希瓦(Khiva)作为政治中心,又被称为希瓦汗国。希瓦汗国初期,势力较弱,曾被昔班尼王朝所统治,但在阿布尔·哈齐·把阿秃儿汗(1643~1663 年在位)时期势力有所增强,不仅多次击败了卫拉特蒙古人,还乘札尼王朝内乱之机,7 次远征布哈拉。阿布尔·哈齐本人还是一位首屈一指的文人,他用突厥语写成了历史著作《突厥世系》及《土库曼世系》。

进入 18 世纪后,王族之间的斗争、乌兹别克和土库曼部族的对立、布哈拉和罗斯的介入、游牧民族的侵入等,使汗王权力极度弱化,实权掌握在乌兹别克弘吉剌族出身的宰相伊瓦兹手中。1804 年起,伊瓦兹之子艾勒塔扎尔(Iltuzer)称王,建立了弘吉剌(Qongrāt)王朝。

处在布哈拉统治之下的费尔干纳地区,到了 17 世纪末,实权为纳克什班底的宗教领袖们所掌握。推翻宗教领袖后建立政权的是乌兹别克的明格族,统领称别克。18 世纪末别克开始自称汗王,以浩罕城为中心,又被称作浩罕(Kokand)汗国。中亚地区形成了希瓦、布哈拉和浩罕 3 汗国鼎立的局面,并一直延续到 19 世纪下半叶。

28.2　奥斯曼帝国

奥斯曼土耳其人的祖先出自在中亚游牧的西突厥卡伊部落,该部最早的牧地在阿尔泰山一带。13 世纪初,随着蒙古人大举入侵中亚,中亚的一些突厥部落纷纷向西迁徙,卡伊部落人也卷入了这一西迁浪潮之中。在酋长埃尔托格鲁尔的率领下,400 多帐卡伊部民经呼罗珊来到小亚细亚,投靠当时塞尔柱突厥人在此建立的罗姆素丹国。罗姆素丹国统治者阿拉丁把安纳托利亚北部的卡拉贾达地区作为采邑赐给他们,并委以守卫边境重任。在此,他们信奉了伊斯兰教。

埃尔托格鲁尔从邻国拜占庭帝国夺取了塞义特、多马尼奇等地，这些地区成为奥斯曼国家的发祥地。1243年，蒙古大军入侵小亚细亚，罗姆素丹国土崩瓦解，分裂成若干小政权，势力减小。在此形势下，奥斯曼人的势力逐渐强大起来。1282年，埃尔托格鲁尔去世，其子奥斯曼继承了酋长的位置（1282～1326年），他自称埃米尔，建立了奥斯曼人的公国。立国之后，奥斯曼开始扩张，兼并拜占庭领土卡拉贾希萨尔、比莱吉克、亚尔希萨尔等地，定都耶尼谢希尔。1289年，罗姆素丹国被迫承认他夺取的领土为其封地。1299年，奥斯曼趁罗姆素丹国分裂，正式宣布独立，奥斯曼自称"素丹"，奠定了奥斯曼国家的雏形。

奥斯曼国家是一个伊斯兰教政教合一的军事封建专制国家，对外奉行扩张政策。奥斯曼在完成了统一罗姆素丹国的分裂政权之后，首先出兵东侵亚美尼亚，迫其臣服。继而入侵拜占庭帝国在西亚的一些城市，给拜占庭帝国造成了极大的威胁。当时，拜占庭人已经推翻了（1261年）西欧人在君士坦丁堡建立的拉丁帝国，然而，复国后的拜占庭帝国内部封建主之间的内讧十分激烈，国家处于分崩离析的状态，国势衰微。在这种情况下，拜占庭帝国无力抵御奥斯曼土耳其人的扩张。1326年，奥斯曼土耳其人从拜占庭手中夺取了布鲁萨城，迁都于此，正式使用"素丹"称号，立伊斯兰教为国教。此后不久，奥斯曼去世，其子乌尔汗继任为奥斯曼土耳其国家的素丹。

在乌尔汗执政期间（1326～1359年），对内，他确立了国家行政组织，中央设立迪万（即国务会议），任命维齐尔（即大臣），向各地派遣贝伊（即行政军事长官）和卡迪（即教法官），铸造统一钱币；对外，他继续实行扩张政策。为此，他组建了一支常备军和近卫军团（即童子军团）。1331至1337年间，他们先后夺取了拜占庭的尼西亚和科米底亚城，征服了除费拉德尔菲亚城以外拜占庭在小亚细亚的全部领土，势力达于马尔马拉海南岸地区及加利波里半岛。1354年，拜占庭帝国因王位继承问题发生内讧，乌尔汗乘机侵入巴尔干半岛，渡达达尼亚海峡，攻克了加利波里和色雷斯，并以此为基地开始向东南欧推进。

1359年，乌尔汗逝世，穆拉德一世继位（1359～1389年）。他承其父辈传统,继续进军巴尔干地区,他在东南欧的扩张取得决定性的进展。1362年,攻下了亚德里亚堡,更名为埃迪尔内,奥斯曼国家的都城从小亚细亚的布鲁萨城迁到了欧洲的埃迪尔内。接着,奥斯曼人又征服西色雷斯、马其顿、索菲亚、萨罗尼和整个希腊北部。奥斯曼土耳其人的推进,给拜占庭周边小国的统治者造成了极大的恐慌,他们出兵与拜占庭帝国的军队组成联军,抵御奥斯曼土耳人的进攻。1371年,奥斯曼土耳其军队在马里乍河(Maritza)附近打败了由塞尔维亚、保加利亚、瓦拉几亚和匈牙利组成的6万联军。1389年,奥斯曼土耳其军在科索沃再败这支联军,占领了塞尔维亚的大部分领土。科索沃战役是世界历史上一次很有影响的战役,此战确立了奥斯曼土耳其人在南欧的地位,不仅使保加利亚和塞尔维亚统治者称臣纳贡,而且为奥斯曼国家的进一步扩张打下了基础。

穆拉德一世去世以后,继位的巴耶塞特(1389～1402年)继续向外扩张。1390年,巴耶塞特率军攻占了拜占庭在小亚细亚的最后一块领土费拉德尔菲亚城。1393年,奥斯曼土耳其军侵入保加利亚和阿尔及利亚,之后,他们开始封锁君士坦丁堡。1394年,巴耶塞特从埃及哈里发那里获得了"罗姆素丹"的称号,奥斯曼国家在宗教上得到了伊斯兰世界的承认。

欧洲各国对巴耶塞特率领的奥斯曼土耳其人惊恐不已,决心联合力量阻止这部马力十足的战车。1396年,欧洲各国组建了新十字军,参加者有匈牙利、波兰、捷克、法兰西、德意志及巴尔干半岛等国的骑士,联军总指挥由匈牙利国王西吉蒙德担任。联军从匈牙利的布达城出发,是年9月,与奥斯曼土耳其军队在多瑙河的尼科波尼(Nicopolis)相遇。由于联军首领们的意见不统一,导致了指挥无能,无法完成正常的部署,结果遭到惨败,大约近万名十字军被俘,除了300名贵族骑士被欧洲用巨款赎回外,其余的大部分被杀。于是,巴尔干绝大部分地区接受了奥斯曼土耳其人的统治。

当巴耶塞特用兵欧洲之际,后院起火,小亚细亚的卡拉曼人发动兵变,企图摆脱奥斯曼土耳其人的统治。巴耶塞特闻讯后闪电般地调回军队,平息了兵变。由于出兵迅速,巴耶塞特获得了"雷电"的称号。

击败欧洲诸国联军之后,奥斯曼国家的攻势似乎已经锐不可当,奥斯曼土耳其人从水陆两路全面封锁了拜占庭都城君士坦丁堡,大有席卷整个东欧之势。拜占庭皇帝被迫奔走于意大利、法兰西,呼吁援兵,君士坦丁堡留给了摄政王约翰,约翰通过多米尼克教派的法兰西斯科和亚历山大两位主教向东方强国帖木儿求援,于是,奥斯曼土耳其人开始了与帖木儿率领的突厥化蒙古人的直接交锋。

14世纪下半叶,帖木儿在中亚建立了帖木儿帝国,此后,他以恢复成吉思汗之伟业为己任,扬言"世界整个有人居住的空间没有达到可以有两个国王的程度"。他在征服蒙古伊利汗国的领土以后,完成了对埃及马木鲁克王朝的征服。14世纪末,帖木儿帝国成为欧亚大陆的一大强国。

在帖木儿锐意西进之时,巴耶塞特曾采取过措施加强防御。一方面,他发动了统一小亚细亚的战争,兼并了小亚细亚东部诸小国家;另一方面,他与帖木儿的敌国,即马木路鲁克王朝,结成反帖木儿联盟。1394年,巴耶塞特遣使开罗,表示可以向马木鲁克王朝提供财政与军事援助。然而,1399年夏末,在帖木儿军队忙于印度之战时,巴耶塞特却出兵兼并了马木鲁克王朝的藩国狄尔格底尔,由此,导致了奥斯曼国家与马木鲁克王朝联盟的破裂。

1400年春,巴耶塞特趁帖木儿忙于平息格鲁吉亚叛乱之时,夺取了帖木儿占有的爱洛遵占城,该城位于从叙利亚到奥斯曼帝国的商路上。巴耶塞特的这一行为直接侵犯了帖木儿的利益。同年8月,帖木儿出兵安那托利亚,攻占了奥斯曼人的商业重镇昔瓦斯,然后,大规模地向小亚细亚进军,沿途得到了不满奥斯曼土耳其人的一些小国君主的援助。在此形势下,巴耶塞特只得放弃围攻君士坦丁堡,前往小亚细亚抵御帖木儿军队。

为了争取广大穆斯林的支持,帖木儿为争霸小亚细亚的战争披上了一层宗教外衣。他5次致书巴耶塞特,要求引渡在奥斯曼国内避难的黑羊王朝首领哈剌·优素福,指责巴耶塞特为打劫赴麦加朝圣者的哈剌·优素福提供庇护。巴耶塞特在回信中拒绝了帖木儿的要求,这一点也成为帖木儿对奥斯曼国家发动战争的一个借口。在进行这些外交活动的同时,帖木儿加紧了战争准备。在决战前夕,帖木儿举行了盛大的军事检阅,并向将士们宣布巴耶塞特迎娶了信奉基督教的塞尔维亚公主、庇护真主的敌人哈剌·优素福,玷辱了神圣的伊斯兰教,号召全军将士为真主而战。

1402年,帖木儿统领中亚和小亚细亚的军队进攻奥斯曼国,取道开塞利,直取安卡拉(Ankara)。1402年7月20日,巴耶塞特率领的土耳其军队迎战帖木儿,双方决战于安卡拉城东北部的赤布哈巴德。双方参战人数总共有百万之多,帖木儿军队配有战象。鏖战从拂晓至夜半颇为激烈,帖木儿军队凭借兵力多和机动性强的优势最后战胜了对手,土耳其军队由于兵力分散和小亚细亚埃米尔国的背叛而被击败。在撤退中,巴耶塞特素丹因马蹶而被俘。帖木儿攻陷了布鲁萨城,他们放火烧了这座城市。帖木儿率军前往攻打居民们大多数信仰基督教的士麦那城(后来的伊兹米尔);帖木儿之孙阿布·巴克尔攻打尼西亚城,沿途烧杀掳掠。1402年12月2日,帖木儿对士麦那城进行了两个星期的围攻,该城陷落后,除了少数骑士乘基督教的船逃走外,居民遭到大屠杀。士麦那城的攻占,以及随之而来的大屠杀使安卡拉之战(在事后)变成了一次圣战。

巴耶塞特被俘以后,受到了优待。帖木儿曾声称,要让巴耶塞特重新登上奥斯曼国家的王位。但是,一年以后巴耶塞特在阿克谢希尔去世(1403年)。帖木儿将小亚细亚归还给巴耶塞特的几个儿子统治,他们向帖木儿称臣纳贡。巴耶塞特的儿子们为了争夺素丹王位相互残杀,直到公元1413年,巴耶塞特的儿子穆罕默德才击败对手使国家重新统一起来。

奥斯曼土耳其人与帖木儿之间的敌对关系促进了西方与欧亚内陆的交往。1396年,欧洲新十字军与奥斯曼土耳其人在尼科波尼战败以后,西欧诸国在奥斯曼土耳其人面前惊恐不安。帖木儿与奥斯曼土耳其人的冲突使他们喜出望外,他们指望帖木儿牵制奥斯曼人对欧洲大陆的攻击。在这种背景下,西方国家纷纷遣使,表示愿意与帖木儿共同对付奥斯曼人。1398年,教皇卜利法九世在帖木儿帝国的苏丹尼耶地区建立了教区,1403年,约翰受命为苏丹尼耶地区的大主教。1403年,西班牙卡斯蒂王国派使者克拉维约出使帖木儿帝国,克拉维约后来撰写了《克拉维约东使记》一书,详细记述了帖木儿统治时期帖木儿帝国的情况。帖木儿与欧洲、非洲国家来往密切,热那亚和英国欣然与之通商,埃及和西班牙等国派特使前来朝贺并建交。

帖木儿也利用西欧诸国与奥斯曼国的矛盾,遣使欧洲诸国。他要特拉布松皇帝曼纽尔、君士坦丁堡和佩腊的统治者各提供20艘战舰,供他调遣。为安抚拜占庭帝国,在与奥斯曼帝国开战之前,帖木儿曾于1402年5月15日致书君士坦丁堡的摄政王约翰:"若巴耶塞特不赔偿他给拜占庭皇帝造成的损失,将遭到帖木儿的惩罚。"他还通过约翰大主教致书法王查理六世,声称他正在进军讨伐查理六世的敌人巴耶塞特,希望扩充两国贸易。显然,奥斯曼人的强大,促使东、西方寻求建立一种制约他们的联合,这种迫切要求客观上促进了东、西方的交往。

奥斯曼土耳其人在安卡拉战役失败以后,奥斯曼国元气大伤,他们的扩张势头受到遏制,危在旦夕的拜点廷帝国又苟延残喘了50年。此次战役对世界历史的进程有着重要意义。安卡拉战役改变了奥斯曼国家的发展进程,从此,奥斯曼土耳其人把注意力放在西方基督教世界,使欧洲历史发生了变化。巴尔干地区成为奥斯曼人持续蹂躏中欧的主要基地,正是在与奥斯曼人的抗争中,波、捷、匈、奥地利诸国形成了以哈布斯堡家族为首的多民族的奥地利国家,改变了东南欧与中欧的国际形势。奥斯曼国把矛头转向欧洲,在50年后,他们灭亡了拜占庭帝国。他们夺取君士坦丁堡以后,控制了当时东、西方商路的咽喉,海盗猖獗,意大利诸城与东方的贸易受到严重影响,促使西欧诸国积极寻求通往东方的新航路。

军事上的失败导致了奥斯曼国内发生内讧,奥斯曼的儿子们为争夺王位而发动内战,使国破民穷,阶级矛盾激化。1415年,在小亚细亚和色雷斯一带,先后爆发了大规模的起义。他们要求财产公有,宗教平等,并多次打败镇压起义的土耳其素丹军队。后来,素丹集中了全国大部分兵力,最终于1418年将起义镇压下去。尽管如此,统治阶级的内讧和下层人民的大起义给奥斯曼国造成了巨大创伤,暂时遏止了它对外征战的步伐。继位的穆罕默德迫于现实,把注意力集中在国内整理上,在他的努力下,奥斯曼土耳其最终完成了统一。

1421年,穆罕默德在亚德里亚堡去世,其子穆拉德继位,是为穆拉德二世(1421～1451年)。即位之初,他承其父统,着力稳定国内的统治。但是,在国内统治刚刚巩固下来之时,他转入了对外扩张,把矛头指向拜占庭。1430年,他率军攻占了帖撒罗尼加,继而向巴尔干地区挺进。拜占庭在形势危急的情况下,向西欧呼吁援救,表示愿意将东正教并入罗马教皇的势力之下。在罗马教皇的号召下,东欧诸国再次组建了十字军,远征奥斯曼土耳其。1443年,联军在匈牙利王约翰·罕雅迪率领下,从布达城出发,迎击奥斯曼土耳其军队。12月,穆拉德二世的军队在尼斯和索非亚两地被欧洲联军击溃,被迫罢兵议和,次年与欧洲联军签订了塞格德和约。此后,穆拉德二世无意征战和统治,准备把王位让给他的第三个儿子穆罕默德。然而,此举未定,内乱即生,匈牙利也乘机发难,撕毁了塞格德和约,举兵入侵。迫于无奈,穆拉德二世打消了引退的念头,率军出击,平息了叛乱,击败了来犯之敌,并将约翰·罕雅迪逐出塞尔维亚,还从四面包围了君士坦丁堡,拜占庭陷入了绝境。

1451年,穆拉德二世在埃迪尔去世,其子穆罕默德继位,是为穆罕默德二世(1451～1481年)。他在执政初期,整顿了国内政治,并着手准备进攻君士坦丁堡。1453年4月6日,他率领20万大军、300艘战船,以及攻城大炮,从海上与陆上对君士坦丁堡发起了猛烈攻击。当时,君士坦丁堡的守城者只有8000余人,本地人有4000,其余的是威尼斯和热内亚的援军。由于君士坦丁堡地势险要,城垣坚固,加上守城者抱着与君士坦丁堡共存亡的信念强力抵抗,后来,奥斯曼土耳其人与城中的热那亚人合谋,以保留热那亚人在加拉太商业区的特权为条件,得到了他们指引的一条捷径,终于在5月29日攻陷了君士坦丁堡。

随后,他将该城改名为伊斯坦布尔,定为奥斯曼国家的都城。君士坦丁堡的失陷,标志着拜占庭帝国千年历史的终结。

穆罕默德二世迁都伊斯坦布尔之后,先后征服了塞尔维亚(1459年),波斯尼亚(1463年),黑塞哥维纳(1465年),阿尔巴尼亚(1479年)等巴尔干半岛国家。1480年,穆罕默德二世派军队横渡亚德里亚海,进入意大利半岛,攻占了奥特朗托。1481年5月,穆罕默德二世在军营中去世。

穆罕默德二世死后,其子巴耶塞特和杰姆发生了内讧,帝国一度陷入混乱。前者依靠传统势力和当权贵族的支持,很快就夺得了王位,称巴耶塞特二世(1481~1512年)。取得王位以后,巴耶塞特二世以战争确立了对瓦拉几亚、摩尔达维亚的宗主权,占领了热那亚在黑海地区的殖民地及其重要商业城市卡发,使克里米亚汗国臣属于奥斯曼土耳其人。1484年,奥斯曼土耳其人向埃及宣战,进行了6次大规模的战争,但是,没有取得决定性的进展,结果双方以缔结和约而告终。1499年,巴耶塞特二世水陆并进远征威尼斯,海军在纳瓦里诺大败威尼斯舰队,与此同时,陆军攻占了伯罗奔尼撒半岛上的麦托尼和科罗尼。几经反复,奥斯曼土耳其人最终巩固了他们占领的城市,威尼斯在地中海东部的力量遭到极大的削弱。

巴耶塞特二世于1512年去世,继位的塞里姆一世(1512~1520年)继续推行扩张政策。为了惩治再度崛起的伊斯玛仪教派对小亚细亚的进攻,塞里姆一世于1514年以圣战之名,率10万大军进攻伊朗,攻占伊朗首都大不里士。1516年,奥斯曼军队打败了埃及马木鲁克王朝,占领了大马士革和贝鲁特城,并于翌年1月进军埃及本土,攻占开罗,灭亡了以什叶派为国教的埃及马木鲁克王朝。这样,奥斯曼国家在伊斯兰世界中独占鳌头,奥斯曼人的素丹也就成了正统的伊斯兰世界的首领。

1520年,苏里曼一世继位,奥斯曼国迎来了极盛时期。在他统治时期(1520~1566年),奥斯曼国的疆土得到了极大拓展,形成了大帝国。在即位的第二年,他利用匈牙利发生内讧之机,进兵欧洲,攻克了贝尔格莱德。1522年,他占领罗得岛,1526~1543年间,他5次侵入匈牙利,最终占领都城布达,匈牙利成为奥斯曼国的一个行省。在进攻匈牙利的同时,1529年,苏里曼一世围攻维也纳,久攻不克而撤兵。1547年,奥斯曼国与奥地利缔结了和约,瓜分了匈牙利领土,奥斯曼国获得了匈牙利领土的大部分,奥地利所获得的小部分匈牙利领土要向奥斯曼国纳贡。

除了在欧洲进行扩张外,苏里曼一世还在亚洲和北非也进行了开疆拓土的战争。1534年11月,苏里曼一世攻下了巴格达,夺取两河流域。此后,他兼并了亚美尼亚和格鲁吉亚的部分地区。在北非,苏里曼一世占领了的黎波里和阿尔及利亚。苏里曼一世通过一系列的战争,使奥斯曼国家的版图东起中东波斯湾,西到匈牙利,北抵高加索,南达北非沿地中海一带,辖红海、黑海、爱琴海及东部地中海,形成一个横跨欧、亚、非的军事封建帝国。

29 蒙古北迁及衰弱

29.1 蒙古北迁及汗权衰弱

1368 年,朱元璋攻入通州,元朝皇帝妥欢帖木儿(1333～1370 年在位)携太子、后妃及朝臣百官从建德门逃出大都,在辽东也先不花援军的扈从下,经居庸关抵上都开平。此时的上都因红巾军北伐已成为焦土,补给只得靠辽阳的也先不花提供。元朝北迁后,仍有较强的军事实力。除妥欢帖木儿的中央军外,还有一些地方武装力量:扩廓帖木儿所率山西、甘肃部队,李思齐、张良弼所率陕西方面军,以及也先不花、纳哈出所率辽东方面军,总计约有几十万。北迁之后,蒙古仍占领着东起贝加尔湖、兴安岭,西到天山,北至额尔齐斯(也儿的石,Ertiš/Erciš)河、叶尼塞河上游,南抵长城的大片领土,统治着辽东,使辽东、大宁与上都相互照应。因此,妥欢帖木儿欲组织军事反击,再图中原。

29.1.1 扩廓帖木儿反扑

1368 年,妥欢帖木儿在上都诏调扩廓帖木儿收复大都。扩廓帖木儿率军队出雁门关北上,准备由居庸关攻大都。朱元璋遣徐达突袭扩廓帖木儿的后营——太原,扩廓帖木儿不得不撤军回防。12 月,两军战于太原,扩廓帖木儿战败,携 18 名随从逃往大同,徐达军乘胜攻占山西一带。

1369 年正月,妥欢帖木儿加封扩廓帖木儿为中书右丞相,又命丞相也速屯兵全宁。2 月,明军进攻陕西李思齐部。3 月,占领西安,李思齐率 10 余万部众败走临洮。为配合扩廓帖木儿和李思齐两部作战,妥欢帖木儿命也速率精兵南下,攻打通州。朱元璋火速调陕西战场的常遇春和李文忠部回援大都,蒙古军被迫撤回。常遇春乘胜追击,兵进上都,妥欢帖木儿只得再迁达里泊,随后又迁至应昌,并派使臣到姻亲属国高丽,力图增强两国关系。朱元璋也派使臣到高丽,争取与高丽建交。在这种局势下,高丽采取了两边倒政策,既与蒙古维持旧好,又与明朝开始接触。

4月,奔至临洮的李思齐降附明朝。张良弼逃到宁夏与扩廓帖木儿会合,蒙古军以庆阳为中心,与明朝争夺陕西、甘肃地区。因李思齐附明,蒙古军实力大挫,最终被打败,陕西全境遂为明朝占领。随后明朝部队主力南撤,蒙古地方武力或降或被打散。扩廓帖木儿所部盘踞甘肃。年底扩廓帖木儿南下围攻兰州,击败明朝援军,次年正月,又越过兰州南下游动。2月,明朝再次发兵北征,分两路,徐达部出陕西,直扑甘肃,取扩廓帖木儿;李文忠部出居庸关,追击元主。北元两线皆惨败,军事实力锐减。

29.1.2 妥欢帖木儿以后的北元

1370年4月,妥欢帖木儿在应昌病逝,爱猷识理答腊(1370～1378年在位)继位,明朝趁机集中优势兵力北征。明军仍分两路:徐达率西路军向定西进发,攻打扩廓帖木儿部队,使扩廓帖木儿败走哈剌和林;李文忠率东路军直逼应昌。蒙古军在野狐岭战败,爱猷识理答腊退至漠北哈剌和林,其子买的里八剌及家眷被俘。爱猷识理答腊以哈剌和林为根据地,招贤纳士,试图重振蒙古。随后他又将政治中心从哈剌和林迁至科布多一带。

同年,高丽改用明朝年号,但仍与辽东纳哈出蒙古军往来密切。高丽恭愍王为根除奇氏残余势力,派遣池龙寿、李成桂二将出兵辽东地区,攻陷辽阳城。奇氏,即妥欢帖木儿的奇哈敦,高丽人,爱猷识理答腊母。其兄奇伯颜不花(奇辙)倚仗她的势力,在高丽权势熏天,不把恭愍王放在眼里,恭愍王敢怒不敢言。1356年5月,恭愍王铲除了奇伯颜不花。奇哈敦恼羞成怒,1363年,与妥欢帖木儿联合欲废掉恭愍王,立沈王笃朵不花为高丽王,从而导致高丽和蒙古的关系日渐疏远。奇

·欧·亚·历·史·文·化·文·库·

伯颜不花子奇赛因·帖木儿逃往辽东,欲以辽阳、沈阳为后盾,率军侵入高丽北方,为父报仇。恭愍王得知他的企图,遂决定与蒙古断绝外交关系,派兵出击辽东。1373 年爱猷识理答腊遣使高丽,恭愍王以眼疾为借口夜见蒙古使臣,没有公开归附蒙古。1374 年恭愍王死,辛禑即位,而蒙古则主张立沈王脱脱不花,双方关系又趋于紧张。1376 年,扩廓帖木儿致函辛禑,高丽复用蒙古年号。

在爱猷识理答腊与高丽联络的同时,朱元璋也派使臣到蒙古招谕爱猷识理答腊,但蒙古并未答复。1372 年,朱元璋决定再次北征,试图彻底捣毁北迁的蒙古政权。朱元璋以徐达为征虏大将军,领 15 万大军分三路进击蒙古。徐达所领主力军在岭北被蒙古军打败,李文忠所率东路军出居庸关,至土拉河与蒙古军交战。由于中路军的败退,东路军孤军深入,在与蒙古军的交锋中损失惨重,唯冯胜所率西路军扫荡了甘肃全境,但仅俘获一些人畜。明朝北征失败,蒙古士气大盛,遂南下侵扰。11 月,辽东纳哈出部袭击明朝粮饷集散地牛家庄码头(今海城附近),烧毁粮食 10 余万石。1373 年,蒙古军进攻河北、山西、甘肃、陕西、北京等地。岭北之役的惨重教训促使朱元璋改变了武力征服的政策,与蒙古议和,送还了爱猷识理答腊之子买的里八剌。

1378 年,爱猷识理答腊病逝,脱古思帖木儿(1378～1388 年在位)即位。随后扩廓帖木儿亦去世。二人的相继去世在很大程度上削弱了蒙古的军事实力。诸王、大臣各拥兵自重,蒙古汗权日渐衰落。由于明朝对北方诸部族采取了怀柔、招降的政策,北方诸部族纷纷降附。时木华黎后裔纳哈出以 20 万大军驻金山(今吉林省双辽市东北),统辖着开平以东至松花江流域一带,并控制着朝鲜。明朝多次派使臣到辽东谕降,纳哈出皆置之不理,并多次重创明军。1387 年,朱元璋派遣冯胜、傅友德、蓝玉领军 20 万进攻纳哈出。明军从通州出发,下庆州(今内蒙古巴林左旗),进屯大宁(今内蒙古宁城县西)、宽河(今河北宽城县)、会州(今河北平泉县)、富裕(今河北平泉县北)等城,在辽阳金州一带形成包围圈。纳哈出无奈出降。以纳哈出为首的北方诸部族的降附,使蒙古的军事实力进一步衰弱,东部蒙古失去了北方屏障。1388

年,朱元璋对驻营于捕鱼儿海的脱古思帖木儿发起进攻,脱古思帖木儿战败,西逃至土拉河一带,被阿里不哥后裔也速迭儿所杀。

脱古思帖木儿死后,汗位争夺激烈,在卫拉特的干预下,短短数年间汗位更迭频繁,也速迭儿(即恩克卓里克图汗,1389～1392年在位)、额勒伯克汗(1393～1399年在位)、坤帖木儿(1400～1402年在位)、鬼力赤(1403～1406年在位)、坤帖木儿之弟本雅失里(1407～1410年在位)相继为汗,北方诸部族陷入分裂割据状态。正是在这种情况下,东蒙古与西部卫拉特部开始了持久的争斗。

29.2　卫拉特部的兴起及其与东部蒙古的争斗

15世纪初,西蒙古卫拉特部兴起。卫拉特部的首领原为蒙古大汗帐下之臣,与东部蒙古联姻。卫拉特部由四个部族组成,其中一部分居住在额尔齐斯河流域和准噶尔盆地北缘的草原地带,另一部分居住在东至哈密以北的巴里坤草原、西至裕勒都斯河流域的天山山脉之间。

蒙古北迁后,与明朝一直处于敌对状态,并未进行和平交涉。明成祖朱棣上台,始向周边民族、国家频繁派遣使者。在北方诸部族中,卫拉特率先响应,与明朝建立朝贡关系。当时卫拉特三部族实行联合体制,协力对外。1409年,卫拉特部首领马哈木、太平、把秃孛罗分别被封为顺宁王、贤义王、安乐王,卫拉特部与明朝的关系迅速接近。

在东部蒙古,即大兴安岭以东到女真之地,北抵黑龙江流域、南临西拉木伦河的辽阔草原,居住着兀良哈、翁牛特、乌齐叶特、札剌亦儿等部。纳哈出降附明朝后,东蒙古诸部族孤立无援,相继降附。朱棣在发动"靖难之役"前,为得到兀良哈三卫蒙古人的帮助,允诺在打败居于大宁的朱权后,让兀良哈三卫南迁大宁驻牧。但朱棣后来失信,兀良哈三卫为了获得大宁地区的驻牧权,遂与阿鲁台联合。

卫拉特部兴起时,阿鲁台拥戴本雅失里为东蒙古可汗。1409年,本雅失里和阿鲁台太师试图统一北方诸部族,但为卫拉特部马哈木所败,被迫逃至克鲁伦河流域。朱棣遣使谕降,为本雅失里拒绝,使臣亦被杀。同年 7 月,朱棣派大将军丘福率 10 万大军征讨本雅失里,为蒙古军所败。1410 年,朱棣率 50 万大军亲征,本雅失里战败,西逃至卫拉特部,为卫拉特部人擒杀。1411 年,答里巴(1411~1414 年在位)被立为汗。阿鲁台主动遣使议和,向明朝朝贡。1413 年,明朝封阿鲁台为和宁王。1414 年,阿鲁台趁马哈木在明军打击下势力衰减之际,征集兀良哈部人马突袭之,拥立科尔沁部的阿岱(1414~1438 年在位)为汗,驻牧于克鲁伦河下游,呼伦贝尔湖一带。1415 年,朱棣亲征卫拉特,在忽兰忽失温(今乌兰巴托东南)击败答里巴汗。马哈木势力恢复后,时而攻击阿鲁台,时而侵犯明朝边境,阿鲁台遂向朱棣求援。1416年,朱棣亲率 50 万大军再征卫拉特部。明军并未取得决定性的胜利,但卫拉特部主动请和,恢复朝贡。明朝改变政策转而扶持卫拉特部,进攻阿鲁台。同年,阿岱汗和阿鲁台太师率领科尔沁部和兀良哈部兵马,攻打卫拉特部,双方在哈密以东交战。卫拉特部战败,马哈木被杀,其子脱欢也被阿鲁台所俘,后被阿岱汗放回。1418 年,脱欢袭封顺宁王。此时,卫拉特部被贤义王太平和安乐王把秃孛罗掌控,脱欢空有其名。

阿鲁台开始不断侵掠明朝边境。朱棣于 1422 年至 1424 年间连续 3 次亲征东蒙古,在最后一次的远征归途中病逝榆木川(乌珠穆沁附近)。朱棣之死,标志着明军直接介入蒙古事务的结束。北方诸部族恢复平静,但卫拉特部与东蒙古的敌对关系并未得以缓解,卫拉特部顺宁、贤义、安乐三王联合,一致对外。1424 年,卫拉特部内部矛盾开始激化,顺宁王脱欢讨灭了贤义、安乐二王,统一了西部卫拉特诸部,掌握了卫拉特部的最高权力。随后,脱欢与东蒙古阿鲁台相抗衡,迫使阿鲁台东迁兀良哈之地,以乌珠穆沁至呼伦贝尔一带为根据地。1434年,阿鲁台在五原东被卫拉特部人所杀,东蒙古势力趋向衰落。

脱欢统一了蒙古诸部族后本想自立为汗,但因其非出自黄金家族,只得拥立甘肃、宁夏境内的脱古思帖木儿的后裔脱脱不花(1434~1452 年在位),自己担任丞相,掌握汗廷实权。脱欢将女儿嫁给脱脱不花,让其居住在东克鲁伦河下游呼伦贝尔一带,统治阿鲁台的遗民。

1439 年脱欢死,其子也先袭父职。也先采取了相同的策略,拥戴脱脱不花汗为蒙古合罕,统治东部蒙古,自己则统帅卫拉特四部,与脱脱不花联姻。但是脱脱不花并不甘心做傀儡,为摆脱卫拉特部控制而暗中积蓄力量。1442 年,脱脱不花派朵颜卫出使朝鲜,希望与朝鲜建立外交关系,但遭到朝鲜拒绝。也先和脱脱不花汗也通过兀良哈地区蒙古诸部族与女真交涉,欲与之联盟。时建州女真都督李满住、董山、凡察等与蒙古诸部联系密切,但一部分女真人想摆脱蒙古的控制,转而求援于明朝。于是,兀良哈三卫便在也先和脱脱不花汗的支持下多次攻打女真。在脱脱不花汗努力经营兀良哈三卫的同时,也先积极联合西边的察合台后裔诸王,控制哈密、沙洲、罕东和赤斤蒙古。1446年,卫拉特部向东侵入到兀良哈三卫及女真地区,脱脱不花也趁机将自己的势力向东扩张。1447 年,也先率大军准备进攻海西女真及野人女真。明朝派使臣往海西女真都督刺哈、别勒格,建州女真李满住处通报,禁止女真诸部与也先相呼应,并命辽东军务王翱做好防御,也先只得作罢。

为了限制蒙古的发展,明朝禁止与蒙古进行武器、铜铁等交易。也先通过回回商人从中原农耕地区得到铁器、兵器等,为蒙古提供了经济保障。1449 年,蒙古兵分四路进犯明朝。也先率兵进攻大同,脱脱不花率军攻入辽东,其他两路军分别进攻宣府和甘州。明成宗亲率大军出征。双方战于大同城北猫儿庄,明军大败,成宗在土木堡被俘。7月,脱脱不花备战马 8000,率兵 1000,攻入辽东,进围广宁城。守将王翱时正在校场发饷,得到情报后,紧急组织防御。脱脱不花围攻 3 天,未能攻陷后退兵。辽东战役结束后,也先让脱脱不花经营辽东,使脱脱不花的势力逐渐壮大。为摆脱也先的控制,脱脱不花暗中与明朝修和。也先受明朝和脱脱不花牵制,只得将成宗送还。

1451 年,也先、脱脱不花领兵征伐建州女真。脱脱不花带兵 3 万进攻海西女真,使部分女真人逃到黑龙江和松林一带。建州女真的李满住亦退往山林避难。是役后,海西、建州成为空地,建州女真被迫移至地势险阻的婆猪江一带。蒙古遂控制了东至女真,西到哈密,北抵叶尼塞河,南临长城的广袤地区。

1452 年,也先与脱脱不花因汗储问题矛盾升级。也先主张立其姊所生子为汗位继承人,脱脱不花拒绝。也先遂与阿剌知院、阿嘎巴尔济济农等人组成联军,攻打脱脱不花汗。脱脱不花汗被打败,东逃至郭尔罗斯部沙不丹家,为沙不丹所杀。1453 年,也先即蒙古大汗位,称大元田盛可汗。阿剌知院请封太师,为也先所拒,而任命其次子阿马桑赤为太师。为削弱阿剌知院的势力,也先派阿剌知院的二子往西番,在途中伏杀之。1454 年,阿剌知院率领 3 万骑兵攻打也先,也先兵败被杀。此后,卫拉特开始分裂,走向衰落。

29.3　达延汗统一北方诸部族

脱脱不花汗和也先死后,北方诸部族又进入群雄割据的时代。卫拉特部与东蒙古的敌对关系一直维持到达延汗(1488～1519 年在位)时期。

1455 年,原为卫拉特脱欢属部的哈剌慎部的孛来,立脱脱不花年仅 7 岁的儿子马古可儿吉思(1454～1464 年在位)为汗,称乌珂克图,孛来自任太师。也先之子阿失帖木儿居于哈剌和林一带,势力强大。孛来与阿失帖木儿结成联盟,控制着南临大同边墙,西至黄河,东达宣府外的蒙古草原,并不断向东西方向扩展势力。1462 年,孛来和马古可儿吉思汗率军向东越过大兴安岭,进入兀良哈三卫之地,收复兀良哈、泰宁、福余三卫,进而降附了海西女真诸部。不久东蒙古诸部族首领纷纷归顺,孛来成为蒙古诸部族中最为强盛者。

1464 年,孛来亲率 6 万余骑兵攻击卫拉特部,阿失帖木儿率军留守哈剌和林。为防止翁牛特部部主毛里孩等人趁机攻占哈剌和林,孛来取胜后迅速返回。是年,马古可儿吉思汗被杀。1465 年,毛里孩立年 17 岁的摩伦(马古可儿吉思兄,1465～1466 年在位)为汗。1466 年,孛来部将斡罗出率兵侵攻明朝边境,毛里孩趁机攻打其驻牧地,斡罗出率少数人马投靠了野乜克力部的乩加思兰。孛来的势力削弱。不久,鄂尔多斯部的蒙哥和哈答不花二人设计离间毛里孩和摩伦,毛里孩遂杀摩伦汗。1468年,毛里孩率兵出河套,东进兀良哈三卫地区,被科尔沁部的诺延孛罗特所杀。在毛里孩率兵东进之时,卫拉特部阿失帖木儿的属下拜亦撒哈率众投靠癿加思兰,阿失帖木儿因之衰弱。

继毛里孩之后,驻牧于吐鲁番一带的癿加思兰称霸蒙古。几年之内,其势力迅速扩大,部众增至4万余人。癿加思兰以拜亦撒哈留守哈密,自己则率部东迁至黄河河套驻牧。1474年,癿加思兰立脱脱不花弟满都鲁(1474~1479年在位)为汗,满都鲁汗的侄子孛罗忽为济农(郡王),癿加思兰则为太师。为了控制蒙古汗廷,癿加思兰将自己的女儿伊克哈巴尔图嫁给了满都鲁汗。

满都鲁称汗不久,阿失帖木儿去世,癿加思兰更加毫无顾忌地独揽大权,专断行事。他挑拨满都鲁和孛罗忽的关系,使二人互相残杀。孛罗忽在与满都鲁的争斗下被迫出逃,后遇害。之后,癿加思兰欲废满都鲁,立斡赤来为汗。满都鲁得知后出兵攻打癿加思兰,癿加思兰战败,1477年死于玛克温都儿。

满都鲁汗死后,满都海哈敦执掌蒙古大权,统领蒙古诸部。满都海是满都鲁汗的第二位合敦,育有二女;满都鲁汗正妻伊克哈巴尔图无子,收养了孛罗忽子巴颜蒙克。时科尔沁部诺延孛罗特向满都海哈敦求婚,为其所拒。满都海哈敦为了不使汗权旁落,嫁给年仅7岁的巴颜蒙克。1488年,立巴颜蒙克为达延汗。

为了消除卫拉特部的威胁,满都海哈敦携年幼的达延汗征讨该部。此时卫拉特部部众为癿加思兰家族控制。满都海哈敦率领察哈尔和默特部的人马,于塔拉斯河战胜并消灭了癿加思兰家族势力,之后,又派兵出征,消灭癿加思兰族弟亦思马因。满都海哈敦和达延汗所率领的蒙古军,几乎横扫了东起兀良哈三卫之地,西至哈密北山的蒙古草原,扫平了阻碍达延汗的所有劲敌,统一了北方诸部族。

达延汗着手对蒙古的政治制度进行改革。14世纪中叶以后,随着蒙古汗权的衰落,太师开始控制蒙古的实权。卫拉特部的脱欢和也先父子任太师期间大权独揽,几乎垄断了蒙古的军事、行政。为了重新确

·欧·亚·历·史·文·化·文·库·

立蒙古黄金家族的统治权威,达延汗首先废除了太师和丞相,改行济农制度。济农作为蒙古大汗的助手,相当于蒙古的副汗,在大汗的旨意下管辖右翼行政事务,而左翼则由大汗亲自统领。

达延汗采用蒙古旧有的分封制度,提高黄金家族的统治地位,加强汗权。在达延汗即位前,太师和丞相往往凭借权势任意兼并、掠夺领地。达延汗下令对太师和丞相的领地进行整顿或合并。在蒙古地区划分6个万户,鄂尔多斯、蒙郭勒津、永谢部3万户为右翼;察哈尔、兀良哈、喀尔喀3万户为左翼。达延汗直接管辖左翼3万户,并居于察哈尔万户;济农在达延汗旨意下管辖右翼3万户,居于鄂尔多斯万户。

除兀良哈外,其他5个万户皆为达延汗的儿子领有,而对兀良哈则采取联姻和结盟的方式,对其进行拉拢。达延汗给予卫拉特部特殊待遇,允许其拥有较大的自主权。

达延汗的改革遭到了一些部族的反对。1509年,达延汗以次子乌鲁斯博罗特为右翼济农,激起叛乱,乌鲁斯博罗特被杀。达延汗亲率左翼3万户出征,科尔沁部和卫拉特部也派军队支援,始将叛乱平服。之后,达延汗以三子巴尔斯博罗特为济农,管辖右翼3万户。总体来说,达延汗统治时期北方诸部族关系相对稳定,蒙古社会、经济有所发展。

16世纪以后,蒙古进一步分化为漠南、漠北、漠西三部分。17世纪初,漠南蒙古被东北亚新兴的满洲征服,成为其推翻明朝、建立清朝的重要力量,也是三部分蒙古中最早接受清朝统治的一支。

漠北蒙古即喀尔喀蒙古。16世纪末17世纪初,喀尔喀蒙古分为左右两翼,左翼的牧地分布在自杭爱山至哈拉哈河流域,右翼在阿尔泰山、杭爱山之间。经过进一步发展,喀尔喀右翼的阿什海达尔罕及左翼的诺诺和卫征、阿敏都喇勒势力逐渐强大,成为左右喀尔喀蒙古的三支重要力量。阿什海达尔罕之孙赍呼尔统治时期,与其从弟、管辖和托辉特部和乌梁海人的硕垒乌巴什珲台吉不断向西进攻卫拉特蒙古和准噶尔部,曾经俘获准噶尔部首领哈喇忽剌的妻女,迫使他们向喀尔喀蒙古纳贡。和托辉特部还向吉尔吉斯人和叶尼塞河流域的图巴人、马特人等索取皮毛税,他们还与俄国互派使节,建立联系。俄国文献称硕垒及其继承者们为"阿勒坦汗"（又称俺答汗）。

17世纪初,赉呼尔之子素巴第称汗,号札萨克图。喀尔喀左翼的诺诺和部在经历阿巴岱、孙墨尔根统治后,至墨尔根之子衮布多尔济上台时,称土谢图汗。占据喀尔喀东部地区的阿敏都喇勒的后裔硕垒也称汗,号车臣。喀尔喀蒙古始有三汗,正式分为三大部分:土谢图部、札萨克部、车臣部。土谢图汗曾尝试统一喀尔喀蒙古,却未能如愿,喀尔喀蒙古各部开始向满洲进贡。与同时期在内陆欧亚大陆上崛起的清朝、俄国以及漠西卫拉特蒙古之准噶尔部相比,漠北蒙古显然逊色得多。

29.4　卫拉特的再兴起

明嘉靖、万历年间,达延汗之孙阿勒坦汗(altan qaɣn,即俺答汗,1542～1581年)为首领时,东蒙古的势力不仅扩展至青海、甘肃一带,而且多次深入到卫拉特腹地。1552年,阿勒坦汗在控奎(könggei)、札布罕(jabqan)攻击卫拉特奈曼明安辉特(nayman mingɣatu qoyid)部,占领了哈剌和林。1558年,阿勒坦汗由折拉曼罕(jalaman qan)山进攻卫拉特辉特部之一支郭林明安,并与奇喇古特(kirɣud)部联姻。1562年,阿勒坦汗曾孙库图克台彻辰鸿台吉(qutuɣtai sečen qung tayiji)再次引军深入卫拉特,在额尔齐斯河畔袭击土尔扈特(torɣaɣud)部,杀其首领。

1568年,阿勒坦汗再征卫拉特,于巴克(baɣ)立奇喇古特部钟格夫人所产子布达失力(budaširi)为卫拉特宗主。1574年,鄂尔多斯兵再次出击卫拉特,在杭爱山南面大败奈曼明安辉特部,在折拉曼罕山后攻巴噶图特部和绰罗斯(Čorɣas)部的杜尔伯特奥托克(dörbed otuɣ)。

由于卫拉特各部没有联合起来进行防御,阿勒坦汗以及右翼势力逐一击败了辉特部、额鲁特、巴噶图特、西鲁毕斯、奇喇古特、土尔扈特部和绰罗斯部的杜尔伯特奥托克等部落,使和硕特以外的其他部落都遭受了不同程度的打击。卫拉特被编入东蒙古右翼万户,这使卫拉特由原来的分散状态,归于统一管辖,并拥有共同宗主,为卫拉特之间的联合创造了条件。

1582年阿勒坦汗去世,东蒙古右翼内部发生内讧。1585年,布达失力在与扯里格争夺王位中失败,卫拉特很快摆脱了东蒙古的控制,但随即遭到达延汗幼子格呼森札札赉尔后裔喀尔喀部的征伐。16世纪80年代末,格呼森札札赉尔的第三子后裔阿巴岱赛因汗(abatai say-in qaan,1554~1589年)越过控奎、札布罕,在科布科尔克日雅(Köbkür keriy-e)击杀了和硕特部首领哈尼诺延洪郭尔(qanai noyan qongɣor),遣其子苏布岱(Sobodai,1573~1589? 年)为卫拉特新主。1589年,阿巴岱汗去世,卫拉特人擒杀坐镇卫拉特的苏布岱汗,废弃了喀尔喀的宗主权。

之后格呼森札札赉尔长子阿什海之孙赉瑚尔汗(layiqur qaan,1562~1607? 年)往征卫拉特。约在1606年,卫拉特人达成协议,承认赉瑚尔汗的统治,向他纳贡赋税。赉瑚尔汗不久死去,其弟图们达拉岱青之子硕垒乌巴什(šoloi ubasi,1567~1623年)又开始对卫拉特用兵。16世纪末17世纪初,受喀尔喀蒙古西扩的威胁,卫拉特被迫西迁,占据了额尔齐斯河、鄂毕河中上游、叶尼塞河上游一带以及天山以北的广大地区。

卫拉特诸部虽各不相属,但为了抵御喀尔喀的征讨,逐渐形成了以和硕特部为首,以土尔扈特、都尔伯特、准噶尔、辉特诸部为核心的四卫拉特联盟,由和硕特部首领拜巴噶斯统领之。和硕特首领为元太祖的弟弟哈布图哈萨尔后裔孛儿只斤氏,土尔扈特为克烈部首领王罕后裔,准噶尔和都尔伯特贵族系元臣孛罕后裔绰尔斯氏。和硕特游牧于额敏河两岸至乌鲁木齐一带,土尔扈特位于塔尔巴哈台及其以北一带,准噶尔的活动中心在伊犁河流域,都尔伯特游牧于额尔齐斯河流域中上游两岸。联盟会议称为"簇尔干(Čiɣulɣan)",必要时举行首领会盟,盟主由各部首领推举产生。约在1616年举行的会盟共同制定了大法典《伊克·察纪因·必齐戈》(yeke caɣaji-yin bicig)。

1620年,以绰尔斯部哈剌忽喇和土尔扈特部墨尔根特穆纳为首的卫拉特联军向硕垒乌巴什发动反击,被硕垒乌巴什击溃。众卫拉特被迫向伊希姆(Ishim)、托博尔(Tobol)河上游和额尔齐斯河下游、鄂毕河附近转移。1623 年,硕垒乌巴什联合兀良哈(Uriyangqai)部首领赛因玛吉克,发兵 8 万,出杭爱山之哈剌布拉克,欲在额尔齐斯河玛尼图渡口附近突袭卫拉特。卫拉特 3 万 6000 人早已严阵以待,硕垒乌巴什兵败身死。其子穆赫尔玛吉克率大军前来复仇,掳掠财物无数。1625 年左右,卫拉特生擒穆赫尔玛吉克,迫使其许下世代不再进攻卫拉特的誓言,卫拉特和喀尔喀结成同盟。

卫拉特与喀尔喀战争结束后,和硕特内部围绕家产发生了争斗,拜巴噶斯汗被兄弟杀害,四卫拉特联盟面临分裂的危险。1628 年左右,土尔扈特部首领和额尔勒克首先率部,向西迁移至西伯利亚草原。沿途居住着很多鞑靼部落,在伏尔加河与乌拉尔之间,还有 14 世纪末到 15 世纪初从金帐汗国分裂出来的诺盖人建立的游牧政权。土尔扈特人沿途征服了鞑靼各部,1630 年到达伏尔加河下游,把在俄国人打击下已经极为衰落的诺盖部族赶到了伏尔加河西岸,占据了从乌拉尔河到伏尔加河、自阿斯特拉罕到萨玛尔河的辽阔土地,成为里海草原上的新主人。1644 年,和鄂尔勒克在追踪逃亡的诺盖人时死于高加索,其继任者书库尔岱青进一步西迁,而其子朋楚克台什则与俄国人联合起来进攻克里米亚的鞑靼人和诺盖人。

1630 年,为了避免内部矛盾,也是为日益庞大的联盟寻求新的生存环境,卫拉特开始对外扩张。但对西方的哈萨克卡西姆汗和北方的俄罗斯的塔拉、秋明等进行一系列掠夺性战争而未能取得有效进展。而这时俄罗斯正在向西伯利亚草原发展,哈萨克人也在西边争夺卫拉特蒙古的牧场,人口、畜群不断集中的卫拉特蒙古逐渐面临着生存空间的限制,以及由此导致的更大的矛盾冲突。因此,土尔扈特部之后又有一部分部落不得不离开卫拉特蒙古故地,向外寻找新的发展空间和牧场。于是在 1636 ～ 1637 年间,以和硕特部固始汗和绰尔斯部巴图尔洪台吉等为首的四卫拉特联盟向南进攻青海、西藏地区。

当时,藏传佛教格鲁派和噶玛噶举派(红帽派)在西藏和青海的冲

突十分激烈。1632 年,支持噶玛噶举派的喀尔喀蒙古绰克图珲台吉来
到青海,1635 年,他应藏巴汗之邀派其子率军进入西藏。1637 年初,以
和硕特为中央军、额鲁特(绰尔斯)为左翼军、土尔扈特为右翼军、都尔
伯特和辉特为后卫军的卫拉特联军,消灭了统治青海地区的喀尔喀部
绰克图珲台吉,尽收其部落。1637～1638 年间,游牧塔尔巴哈台、斋桑
泊、伊犁一带的和硕特部以及部分土尔扈特部全体移居青海、甘肃的
游牧地区。

1639 年,固始汗率领青海卫拉特军进入康区,于次年打败白利土
司,占领了康区。固始汗悉数释放了白利土司所囚禁的各派僧人,受到
西藏各教派的崇敬,特别是得到了格鲁派的支持。于是,固始汗开始转
向西藏本土。1642 年初,消灭了后藏的藏巴汗噶玛丹均旺布,统一了
整个藏区,成为"西藏三域之王"。自此,和硕特部控制并统一了青藏
高原,重新组建以和硕特为中心的卫拉特右翼联盟,使青藏地区在政
治上走向一体化。固始汗控制藏区游牧地区后,西藏本土的政教实权
交给格鲁派掌握。不久,固始汗派使节与东北的满清政府取得联系,后
又向清朝推荐格鲁派领袖五世达赖喇嘛前往清廷。

1654 年,固始汗去世。生前他把藏王的宝座传给了长子丹增多
吉,称达颜汗(Dayan qaγan,1654～1668 年)。他与之后的达赖汗
(Dalai qaγan,1668～1701 年),都不干涉西藏本土的政教事务,也无权
干涉青海卫拉特事务。第四代藏王拉藏汗(lazang qaγan,1703～1717
年)杀死格鲁派摄政第巴桑结嘉措而夺取了西藏的实权,招致卫拉特
其他部落的反对,最终被准噶尔部擒杀。

固始汗把青海卫拉特的统领权交给了第六子达赖巴图尔。青海
卫拉特分成左翼和右翼两部分,在军事上有力地支持了西藏新政权,
除了对地方的反对派势力进行镇压外,分别在 1656～1657 年和 1676
年对布丹进行了战争。1680 年,以达赖巴图尔之子噶勒丹策旺为首的
青海卫拉特军控制了阿里、拉达克地区,阻止了莫卧儿帝国向西藏地
区的扩展。

之后由于青海卫拉特内部战争不断,清朝势力趁机侵入,控制了

青海、西藏地区。1720年，年羹尧镇压罗布藏丹津势力，青海卫拉特社会完全被融入清朝的盟旗制度之内。

在本土的准噶尔地区，卫拉特也分成了左右两翼，左翼的准噶尔部逐渐强盛，卫拉特四部的联盟并未因土尔扈特和和硕特等部分联盟成员的远徙而解体，反而因此缓和了内部的矛盾，卫拉特四部之间依然保持着较为密切的联系，在政治、经济和军事方面都出现了有利于统一的局面。另外，受藏传佛教的影响，卫拉特各部在思想上也逐渐统一起来。1640年，全体卫拉特和喀尔喀首领举行会盟，共同制定了《蒙古·卫拉特法典》，以巩固卫拉特与喀尔喀的联盟关系。此时准噶尔部的势力，北及额尔齐斯河和鄂毕河中游，西至巴尔喀什湖以东以南，雄踞于整个天山北路，并且与伏尔加河流域、青藏高原、蒙古草原的蒙古部落保持着密切的联系。1643年，联盟共同对哈萨克进行了征战。

约在1650年以后，左翼首领巴图尔洪台吉开始采取发展农业、兴建定居城镇等一系列措施，致力于准噶尔经济的发展。

1653年，巴图尔珲台吉去世，其子僧格继位，这引起其同父异母兄弟车臣台吉、卓特巴巴图尔的反对，围绕继承权问题，准噶尔统治阶层发生内讧。1671年，僧格被暗杀，其胞弟噶尔丹最终夺得统治权。噶尔丹生于1644年，是巴图尔珲台吉的第六子。卫拉特蒙古遵奉格鲁派喇嘛教后，形成各部首领送子赴西藏求法学经之传统。噶尔丹自幼被送往西藏，由于他是卫拉特蒙古首领之子，所以受到格鲁派上层的重视，达赖喇嘛亲为其师，并授其呼图克图名号。噶尔丹虽皈依佛门，但心存俗念，僧格被刺杀后，五世达赖喇嘛准许噶尔丹还俗，支持他返回准噶尔部参与政治。噶尔丹遂赶回天山北路，召集僧格旧部，在叔父楚琥尔乌巴什、和硕特首领鄂齐尔图汗的支持下与车臣台吉、卓特巴巴图尔等军激战于阿尔泰山地区。车臣台吉兵败被杀，卓特巴巴图尔等残部逃亡青海，噶尔丹夺取了准噶尔部的统治权，并通过积极扩张建立了强大的准噶尔汗国。但噶尔丹并未就此罢休。1673年，噶尔丹转而进攻叔父楚琥尔乌巴什。1676年，噶尔丹终于打败其叔父，控制左翼。1677年，噶尔丹进而击杀了右翼首领鄂齐尔图车臣汗，部分反抗势力逃至河西走廊一带。至此四卫拉特联盟时代结束,开始进入噶尔丹的霸权时代。

主要参考文献

陈得芝.伊利汗国[M]//中国大百科全书·中国历史《元史》.北京:中国大百科全书出版社,1985:130-133.

达力扎布.明代漠南蒙古历史研究[M].呼和浩特:内蒙古文化出版社,1997.

达力扎布.明清蒙古史论稿[M].北京:民族出版社,2003.

韩儒林.元朝史:上[M].北京:人民出版社,1986.

刘迎胜.察合台汗国的分裂[J].新疆社会科学,1985(5):99-106.

刘迎胜.元代蒙古诸汗国间的约和及窝阔台汗国的灭亡[J].新疆大学学报,1985(2):31-43.

《蒙古族通史》编写组.蒙古族通史[M].北京:民族出版社,1991.

田卫疆.十四世纪末至十五世纪初的东察合台汗国[J].新疆社会科学,1988(4):80-86.

王松亭.世界历史:中古部分[M].长春:吉林大学出版社,1999.

王治来.中亚通史·古代卷:下[M].乌鲁木齐:新疆人民出版社,2004.

王钟翰.明代女真人的分布[M]//王钟翰清史论集:第1集.北京:中华书局,2004:746-792.

《卫拉特蒙古简史》(上)编写小组.卫拉特蒙古简史:上册[M].乌鲁木齐:新疆人民出版社,1992.

魏良弢.朵豁剌惕部异密家族的兴衰:上,下[J].元史及北方民族史研究集刊:12/13,1989/1990:126-133.

穆赫塔罗夫.曼格特王朝[M]//恰赫里亚尔·阿德尔,伊尔凡·哈比卜.中亚文明史:第5卷.北京:中国对外翻译出版公司,联合国教科文组织,2006:23-30.

巴托尔德,波伊勒.伊斯兰百科辞典·察合台汗国·八刺汗[G]//蒙古史研究参考资料:新编第20辑.周建奇,译.1982.

巴托尔德,波伊勒.伊斯兰百科辞典·拔都·拔都家族·别尔哥[G]//蒙古史研究参考资料:新编第20辑.周建奇,译.1982.

巴托尔德,波伊勒.伊斯兰百科辞典·阿不海儿[G]//蒙古史研究参考资料:新编第20辑.周建奇,译.1982.

伯纳德·刘易斯.现代土耳其的兴起[M].范中廉,译.北京:商务印书馆,1982.

布哇.帖木儿帝国[M]//冯承钧,译.西域南海史地考证译丛:第3卷.北京:商务印书馆,1999:433-645.

帕舒托,等.蒙古统治时期的俄国史略:上[M].黄巨兴,译.北京:科学出版社,1958.

巴集列维奇.蒙古统治时期的俄国史略:下[M].黄巨兴,姚家积,译.北京:科学出版社,1959.

冯承钧,译.多桑蒙古史:下卷[M].北京:商务印书馆,1936.

格列科夫,雅库博夫斯基.金帐汗国兴衰史[M].余大钧,译.北京:商务印书馆,1985.

加文汉布里.中亚史纲要[M].吴玉贵,译.北京:商务印书馆,1994.

勒尼·格鲁塞.草原帝国[M].蓝琪,译.西宁:青海人民出版社,1991.

雷纳·格鲁塞.蒙古帝国史[M].龚钺,译.北京:商务印书馆,1996.

米儿咱·马黑麻·海达儿.中亚蒙兀儿史——拉失德史[C].新疆社会科学院民族研究所,译.乌鲁木齐:[s. n],1983.

库特鲁科夫.蒙古人在东突厥斯坦的统治.陈弘法,译[M]//蒙古史研究参考资料:总第62辑.呼和浩特:内蒙古大学蒙古史研究所,1985,1-15.

阿纳耐佩索夫.希瓦汗国(花剌子模)[M]//恰赫里亚尔·阿德

尔,伊尔凡·哈比卜.中亚文明史:第5卷.蓝旗,译.北京:中国对外翻译出版公司,联合国教科文组织,2006,31－38.

穆克科米诺娃.昔班尼王朝,札尼王朝[M]//恰赫里亚尔·阿德尔,伊尔凡·哈比卜.中亚文明史:第5卷.蓝旗,译.北京:中国对外翻译出版公司,联合国教科文组织,2006,5－15.

斯塔夫里阿诺斯.全球通史——1500年以后的世界[M].吴象婴,梁赤民,译.上海:上海社会科学院出版社,1992.

愛宕松男.アジアの征服王朝[M].東京:河出書房新社,1978.

北村秀人.高丽时代の沈王についての一考察[J].人文研究(大阪市立大学文学部编),1972,24(10).

本田実信.イスラムとモンゴル[M]//世界歴史・西アジア世界.東京:岩波書店,1969.

赤坂恒明.ジョチ裔諸政権史の研究[M].[S. 1]:風間書房,2005.

川越泰博.脱脱不花の女直経略にめぐって[J].军事史学,1972:7－4.

岡田英弘.元沈王と辽阳行省[J].朝鲜学报,1959,14.

和田清.东亚史研究:蒙古篇[M].東京:东洋文库,1959.

河内良弘.明代女真史の研究[M].東京:同朋舎,1992.

间野英二・堀川徹.中央アジアの歴史・社会・文化[M].東京:放送大学教育振興会,2004.

荻原淳平.明代蒙古史研究[M].東京:同朋舎,1980.

园田一龟.明代建州女真史研究[M].東京:东京国立书院,1948.

佐口透.モンゴル帝国と西洋[M].東京:平凡社,1980.

Philips E D. The Mongols[M]. London:[s. n],1969.

Morgan D. The Mongols[M]. Oxford,Blackwell:[s. n],1986.

埃尔顿.宗教改革时期的欧洲[M].英文版.伦敦,格拉斯哥:[s. n],1963.

МОНГОЛ-ТАТААРУУД АЗИ, ЕВРОПТ[M]. УЛААНБААТАР:УЛСЫН ХЭВЛЭЛИЙН ГАЗАР,1984.

第七编（上）

30 俄罗斯国家的兴起及其东扩

30.1 莫斯科公国的建立与发展

俄罗斯地处亚欧大陆腹地,其居民主要是东斯拉夫人。斯拉夫人是欧洲一支古老的部族,所操语言属于印欧语系斯拉夫语族。从公元前1600年到公元前700年间,斯拉夫人定居在东欧草原和森林草原地带。今天波兰境内的维斯瓦河河谷,被认为是斯拉夫人的故乡。乌日茨文化是迄今考古发掘的斯拉夫人的最早文化形态,因发现于波兰西部的乌日茨墓葬而得名,属于青铜时代的文化。关于斯拉夫人的起源,最早的文字记载见于公元1世纪末至2世纪初的古罗马文献。罗马作家普林尼的《自然史》和塔西佗的《日耳曼尼亚志》,都提到在维斯瓦河一带居住着维内德人,据考证,维内德人就是古代斯拉夫人。公元1～2世纪,维内德人生活在西起奥得河、东抵第聂伯河、南至喀尔巴阡山、北濒波罗的海的广袤地区,公元4～6世纪,开始形成部落联盟。由于民族大迁徙的冲击,大批的斯拉夫人进入多瑙河流域、巴尔干半岛等地,逐渐形成三大支系:西斯拉夫人称为维内德人,他们是今天波兰人、捷克人、斯洛伐克人的祖先;东斯拉夫人称为安特人,他们是今天俄罗斯人、乌克兰人和白俄罗斯人的祖先;南支称为南斯拉夫人,是今天保加利亚人、塞尔维亚人、克罗地亚人、斯洛文尼亚人、马其顿人的祖先。后来,“斯拉夫”一名成为各支斯拉夫人的总称。

公元6世纪以后,随着铁制农具的出现,氏族开始解体,居住在第聂伯河中游两岸的东斯拉夫人以罗斯部落为主体,结成部落联盟,又

·欧·亚·历·史·文·化·文·库·

称部落公国,统治者称大公,一般以某个设防城市为政治中心。其中,比较有影响的城市是北方的诺夫哥罗德和南方的基辅。据古罗斯第一部编年史《往年纪事》记载,公元9世纪,由于东斯拉夫人部落内部及部落之间战乱不休,有人派代表越海去北欧,邀请瓦兰吉亚王公来维持秩序。瓦兰吉亚的留里克3兄弟于862年率亲兵攻到诺夫哥罗德,夺取了诺夫哥罗德大公之位,建立了第一个罗斯国,俄国历史上的留里克王朝时期(862~1598年)开始。882年,留里克王朝的第二任王公奥列格攻占基辅,建立了基辅罗斯国。882~911年,他又征服了周围的斯拉夫部落公国和非斯拉夫部落,形成以东斯拉夫人为主体的国家。

随着封建经济的发展,封建主割据加剧,12世纪20~40年代,基辅罗斯国解体,分裂为诺夫哥罗德、苏兹达尔、雅罗斯拉夫、特维尔、加里西亚、斯摩棱斯克、佩列亚斯拉夫利、弗拉基米尔等13个公国,逐渐形成东北罗斯(弗拉基米尔-苏兹达尔公国等)、西北罗斯(诺夫哥罗德共和国等)和西南罗斯(加利奇-沃伦公国等)等地域中心。

在东北罗斯的弗拉基米尔-苏兹达尔公国内有一个小村,叫库库奇科沃,是大贵族斯捷潘·伊万诺维奇·库奇科的城堡。1147年,苏兹达尔公国的大公尤里杀死了斯捷潘,并将斯捷潘的领地据为己有,改名为"莫斯科",这一年被认为是莫斯科城的创建年。

1236~1241年,在蒙古征服过程中,莫斯科逐渐强大起来。蒙古人征服了各个罗斯公国(诺夫哥罗德、普斯科夫和加利西亚除外),建立起了囊括欧亚大平原的金帐汗国。金帐汗国摧毁了势力较强大的罗斯国家,而势力较弱的莫斯科城,趁机从弗拉基米尔-苏兹达尔公国中独立出来。当时莫斯科城的地盘仅数百平方公里,由于它地处森林深处,可以躲避蒙古人的侵扰,所以很多罗斯人聚集于此地躲避战乱。蒙古军队到来之后,修筑了足够三四辆大车并排而行的宽阔的道路,蒙古人架起射石机,仅用5天时间就攻陷了莫斯科城,王公弗拉基米尔战死。

蒙古人的征服给罗斯公国造成了巨大的灾难,然而却给莫斯科公国带来了发展的契机。金帐汗国内蒙古人并不多,他们主要靠收取贡赋的方式间接统治各个罗斯公国。由于蒙古人属于游牧民族,拿不出统治农耕或城市居民的有效办法,于是,任命一些小公国的王子为地方官员,让他们管理地方,定期征税、收缴实物,自己则住在南方的帐篷里。蒙古人还在罗斯公国中挑选一个王公,称弗拉基米尔大公,代金帐汗向各公国收取贡赋。当时,强大的特维尔公国王公米哈伊成为弗拉基米尔大公。1294年,弗拉基米尔大公亚历山大涅夫斯基之子丹尼尔成为莫斯科王公,从此,莫斯科成为拥有封地的公国。

1303年,基辅罗斯国的安德烈二世去世,罗斯公国的统治权转到其侄子莫斯科大公丹尼尔手中,莫斯科公国的时代开始。在伊凡一世时期,他购买了加利奇等公国,使莫斯科公国的疆土得到扩张,人口也有了增长。1341年,伊凡一世去世,他的儿子谢苗和伊凡(伊凡二世)相继即位,他们都小心翼翼地侍奉着金帐汗,使莫斯科公国保住了弗拉基米尔大公的封号。

1359年,伊凡二世去世,其子底米特里即位。底米特里制服了宿敌特维尔公国,莫斯科公国势力蒸蒸日上,成为罗斯诸公国中势力最强大的公国。此时,金帐汗国却走向衰弱。不久,金帐汗国发生内乱,底米特里开始与金帐汗国对抗。金帐汗国的马麦汗率20万军队直逼莫斯科公国,双方于1380年9月在顿河之滨的库利科沃原野激战,马麦汗大败而逃。这是罗斯人第一次大胜蒙古人,底米特里被称为"顿斯科伊"(顿河英雄),威震罗斯诸公国。

1381年,白帐汗脱脱迷失击败马麦汗,夺得金帐汗位。脱脱迷失即位后,进攻了罗斯诸公国,洗劫了苏兹达尔、弗拉基米尔等城市。1382年8月,又将莫斯科夷为平地,还将企图干涉罗斯事务的立陶宛打败。在以后的1个世纪里,罗斯诸公国被迫继续臣服于蒙古人。

至瓦西里二世(1425～1462年)时期,莫斯科公国开始向外扩张,国土面积达到43万平方公里,成为东欧强国。1462年,瓦西里二世去世,其子伊凡三世(1462～1505年)继位。伊凡三世不断将一些松散的罗斯小公国并入莫斯科大公国内,加强了与各地封建割据势力斗争的

·欧·亚·历·史·文·化·文·库·

力量。他即位伊始，就吞并雅罗斯拉夫公国，1474 年，又吞并斯托夫公国。1477 年，伊凡三世兵临诺夫哥罗德城下，诺夫哥罗德人无力反抗，最终并入莫斯科大公国版图。

此时，金帐汗国内部争权夺利的斗争再次发生，汗国无可挽回地走向衰落和瓦解。15 世纪 20 年代初，金帐汗国分裂成许多独立的小汗国，归金帐汗统治的有限疆土被称为大帐汗国。伊凡三世与克里木汗明里·格来建立了友好关系，同时与喀山汗廷统治者建立了同盟关系。1476 年，伊凡三世委托威尼斯商人马可·拉菲与西波斯国王、土库曼人乌宗·哈桑签订了反萨莱汗廷的盟约。在孤立大帐汗国后，1478 年，伊凡三世停止向大帐汗交纳贡赋，大帐汗阿合马率军亲征莫斯科，双方军队对峙于乌格拉河两岸。此时，天寒地冻，士兵们难以支撑，加之大帐汗又惧怕本土遭到莫斯科盟友克里木汗国的袭击，于是，不战而退。莫斯科公国终于摆脱了长达两个多世纪的蒙古人的统治。1485 年，伊凡三世吞并特维尔公国，统一了整个东北罗斯。莫斯科大公成为全俄罗斯的君主，一个新兴的俄罗斯政权诞生了。

伊凡三世在位期间，不仅摆脱了蒙古人的统治，而且基本完成了俄国的统一，他被称为俄国历史上第一位大帝。1505 年，在位 43 年的伊凡三世去世，其子瓦西里三世继位。他继续进行统一战争，到 1533 年瓦西里三世去世时，俄国已经成为当时欧洲最大的国家。

瓦西里三世去世后，王位传给了 3 岁的儿子伊凡四世，因年幼由其生母叶莲娜·格林斯卡亚摄政 5 年。她继续执行瓦西里三世的政策，巩固中央集权，限制教会和大贵族的特权，反对封建割据。她还强迫伊凡四世的两个叔叔安德烈和尤里向伊凡四世宣誓效忠，尤里不服，被投入监狱，安德烈因不满叶莲娜的摄政发动叛乱而被镇压。

叶莲娜去世后，由伊·瓦·叔伊斯基家族掌握实权，这个家族代表着特权阶层大贵族的利益。1543 年底，伊凡四世在其舅父米·瓦·格林斯基的帮助下，处死叔伊斯基。此后，由伊凡四世的舅父辅政。1547 年初，17 岁的伊凡四世举行隆重的加冕典礼，自比为古罗马大独裁者恺撒，正式加冕为沙皇（"沙"是恺撒一音的另译），自此，莫斯科大公国被称为"沙皇俄国"。在辅政期间,舅父格林斯基家族利用特权,横行无忌,滥杀无辜,引起莫斯科城民的怨恨。1547 年夏,莫斯科城内爆发反对格林斯基家族的起义,伊凡四世借助起义的力量夺回政权。

伊凡四世亲政后加强中央集权,用严酷的手段清除了大贵族势力,他还向外扩张版图,多次亲征喀山汗国,终于吞并喀山汗国和阿斯特拉罕汗国。1584 年,伊凡四世去世,其子费多尔继位。于 1598 年病逝的费多尔没有儿子,统治俄罗斯 700 年的留里克王朝至此终结。戈东诺夫被推举为沙皇。1613 年,戈东诺夫死去,米哈依·费多洛维奇·罗曼诺夫被推举为沙皇,由此开始了罗曼诺夫王朝 300 年的统治时期。

30.2 沙皇俄国的扩张

自莫斯科公国第一位王公丹尼尔(1294 ~ 1303 年)夺取梁赞公国的领土时起,长达数个世纪的俄罗斯扩张序幕拉开。当时,东北罗斯(后称俄罗斯)处在蒙古人的统治下,西南罗斯(后称乌克兰)和西部罗斯(后称白俄罗斯)归并于波兰和立陶宛。莫斯科大公伊凡一世(1325 ~ 1340 年在位)通过贿赂和武力强占等手段,不断扩张领土。1456 年,莫斯科大公瓦西里二世(1425 ~ 1462 年在位)带兵讨伐诺夫哥罗德。诺夫哥罗德疆域广大,从芬兰湾一直延伸到乌拉尔山脉以西。1471年,伊凡三世亲率人马进攻诺夫哥罗德,双方军队在舍隆河畔交战,莫斯科军队以 8000 士兵击败诺夫哥罗德 5 万军队。

伊凡三世统治时期,特维尔和梁赞成为莫斯科公国的附庸,除普斯科夫公国外,东北罗斯都处于莫斯科控制之下,形成了统一的俄罗斯国家。瓦西里三世继续执行伊凡三世的政策,1507 ~ 1508 年,莫斯科公国与立陶宛交战,签订了有利于自己的停战协定,1510 年,兼并普斯科夫。1517 年,彻底兼并梁赞。

从 1512 年起莫斯科公国恢复对立陶宛的军事行动。1512 ~ 1513年,两次攻打斯摩棱斯克,1514 年 7 月,瓦西里三世率军第三次远征斯摩棱斯克,罗斯军队用攻城火炮、火绳枪等向城内发起猛攻,守军伤亡惨重。7 月 30 日,立陶宛大公停止抵抗,斯摩棱斯克并入俄罗斯版图。

尽管俄罗斯版图不断扩大,但是,在北、南、西三面仍被强敌瑞典、土耳其、波兰所包围。瑞典是俄国北部的强国,控制着波罗的海,使俄国不得由此进出。土耳其是俄国南部的大国,黑海成为它的内海,坚守着顿河河口的亚速海,严禁任何人染指。波兰是俄国西部的强国,一直与俄国争夺乌克兰和利沃尼亚地区。瑞典、土耳其、波兰企图阻止俄罗斯获取西方的武器和技术,割断其与世界的联系,并严密防范俄国侵犯自己的权益。此 3 国后面,又有欧洲强国英、法作为后盾。16 世纪下半叶,俄国军队在实质上与同时代亚洲军队无甚差别,基本上是由马上弓箭手和笨重粗糙的火枪武装的步兵组成。俄国人极力要打破这种"亚洲局面",在彼得一世(1682～1725 年)时期,俄国取得了成功。

这一时期,俄国在东方的扩张是成功的。伊凡四世时期,首先灭掉了喀山和阿斯特拉汗国。喀山汗国位于伏尔加河中游,西部领土与莫斯科公国毗邻。伏尔加河沿岸土地肥沃、物产丰富,特别是喀山城,俄国人称之为"天下胜地"。到了 16 世纪中叶,喀山城已经是一个有 3 万人的城市,喀山汗国内以农业为主,森林地带以狩猎、养蜂为主。喀山城成为高加索、中亚以及东方各国的贸易中心,也是东欧、北欧与高加索和中亚等地贸易往来的要地。

1447 年,伊凡三世利用喀山汗国内部封建主之间的内讧,派出一支军队护送阿明回到喀山,扶植阿明为汗(1487 年)。但是,1505 年阿明起而反叛俄国,第二年击败了莫斯科公国军队,喀山汗国暂时摆脱了莫斯科公国的控制。伊凡四世上台后,于 1545 年第一次进攻喀山,这是一次示威性的进军。据文献记载,它只是为了向喀山人民显示威力并未攻城,这一举措加剧了喀山汗国内部统治阶级与人民之间的矛盾,导致了喀山人民的起义,由俄扶植的阿里被赶下台。1547～1548 年,伊凡四世又亲率大军攻打喀山,由于俄军渡过伏尔加河时,天气忽然转暖,河里的冰雪融化,笨重的火炮无法运送过河,被迫撤军。1549～1550 年,伊凡四世第三次远征喀山,又因狂风暴雨,攻城不下,无功而返。伊凡四世对内进行军事改革,加强军队的战斗力,对外与波兰、立陶宛等订立和约,以缓解与西方诸国的矛盾。1551年,俄军在喀山城附近的伏尔加河右岸筑起斯维亚日斯城,屯兵积粮,该城堡不仅成为俄国进攻喀山的基地,而且封锁住通往喀山城的各条道路。同年8月,伊凡四世亲率大军用重炮轰击喀山城城墙,并在王宫正门方向建造了一座高15米的3层炮台,向城内猛轰。另外,在丹麦技师的指导下,挖掘了一条直达城墙下的秘密通道,在墙角处安置炸药炸垮城墙,俄军攻入城内。喀山守军顽强抵抗,但终归失败,城池几乎被夷为平地,喀山汗国灭亡。为了纪念攻克喀山汗国的战役,伊凡四世在莫斯科红场内建筑了瓦西里·勃拉任内教堂,又称圣母教堂。

伊凡四世紧接着把侵略的矛头指向地处伏尔加河下游的阿斯特拉罕汗国。阿斯特拉罕汗国是在15世纪中叶从金帐汗国分裂出来的,其首府阿斯特拉罕城是里海北岸的重要口岸,也是欧亚商道上的贸易重心。喀山和俄国出产的皮毛、皮革和其他产品,都由此输往中亚。1551年,俄国强迫阿斯特拉罕汗称臣纳贡。1554年,俄国出兵占领了阿斯特拉罕城,推翻原汗,另立傀儡杰尔维什·阿里汗。但是,他并不甘心充当俄国傀儡,暗中积极联络克里木、土耳其、诺盖等国,企图反对俄国的统治。这一行动得到了土耳其和克里木军队的支持。1556年,伊凡四世再次派大军远征阿斯特拉罕城,阿里汗弃城而逃,阿斯特拉罕汗国并入俄国版图。

俄国吞并喀山、阿斯特拉罕汗国以后,实际上控制了伏尔加河中下游地区,不但扩充了领土,还占据了通商要道,这为沙俄开辟了富饶的东方市场,促进了俄国对外贸易的发展,同时还为俄国越过乌拉尔山脉向东(西伯利亚)、向南(中亚)扩张铺平了道路。

随后,俄国开始了向北亚的扩张。1639年,推进到鄂霍次克海沿岸,侵入贝加尔湖一带布里亚特蒙古人的领地。布里亚特人原始的武器敌不过俄国的先进火器,17世纪70年代,俄国占领了贝加尔湖以东地区。

31 中亚诸政权的兴起

31.1 哈萨克汗国的建立和发展

金帐汗国衰落时,1470 年左右,术赤长支后裔在中亚建立了第一个国家哈萨克汗国。15 世纪上半叶,术赤第五子昔班的后裔阿布海尔建立了一个囊括白帐汗国领地在内的乌兹别克汗国。为了巩固自己的政权,阿布海尔采取了加强中央集权的措施,引起原白帐汗国最后一位汗巴拉克之子克烈和札尼别的强烈不满。1456 年,克烈和札尼别率属部乃蛮、克烈、篾儿乞等部民众迁徙到蒙兀儿斯坦境内。蒙兀儿斯坦的东察合台统治者也先不花(Isān Buqā Khan, Esān Buqā Khan,死于 1462 年)与兄羽奴思(Yūnus,死于 1487 年)兄弟正处于争权斗争中,无力阻止涌入其境内的这些游牧民。为了确保蒙兀儿斯坦西部边界的安全,也先不花把这些游牧民安置在楚河附近的库齐巴什(Kuzi Bashi)地方。

迁徙到楚河流域的乌兹别克人自称"哈萨克人",意为"冒险者"或"叛逆者",他们建立的政权被称为"哈萨克汗国"。阿布海尔汗不仅未能阻止札尼别和克烈的分裂,而且未能阻止汗国内游牧民源源不断地迁往哈萨克汗国。这一过程大约历时 10 年(从 15 世纪 50 年代后期到 60 年代末期),人数大约在 20 万左右。除了原白帐汗国属下的乌兹别克人以外,原东察合台汗国七河和伊犁河流域的乌孙、杜拉特(朵豁剌惕)、札剌亦儿等部落也逐渐融入哈萨克人中。越来越多的氏族和部落接受了克烈和札尼别及其后继者的统治。1468 年,阿布海尔被成吉思汗次子支系的东察合台汗羽奴思打败,他所建立的游牧汗国随之瓦解。于是,争夺哈萨克草原的斗争开始了。在克烈之子和札尼别之子统治时期,哈萨克部落迅速扩张,占领了原阿布海尔汗国的全部领土。

从16世纪初到17世纪中叶,哈萨克汗国历经十几个汗的统治。克烈和札尼别两位首领去世之后,哈萨克人组成了一个纯游牧的国家,由克烈之子布鲁杜克汗(Burunduq Khan,1488~1509年在位)统治。布鲁杜克汗于1509年去世,札尼别之子哈斯木继位(1509~1523年在位),建牙帐于楚河流域。在布鲁杜克汗和哈斯木汗统治时期,咸海和里海北岸的乌兹别克人在昔班尼的率领之下,南下河中地区,哈萨克人趁机占领咸海和里海以北草原真空地带,哈斯木在哈萨克草原的广阔地区(钦察草原)建立了统治。从此,"哈萨克"与"乌兹别克"这两个称谓具有了新的含义,前者指那些仍留在咸海以北草原上的部落,后者则指随昔班尼南迁的部落。

哈斯木是哈萨克汗国初期的一位出色的大汗。在他统治时期,哈萨克汗国的领土范围扩大,南方延伸到锡尔河右岸,囊括了西突厥斯坦的大多数城镇;东南方囊括了谢米列契耶(七河地区)的大部分丘陵和谷地;在北方和东北方,伸入兀鲁套山区和巴尔喀什湖地区,抵达卡尔卡拉林斯克山(Karkaralinsk)的支脉;在西北方,直抵乌拉尔河流域。此时,汗国不仅统一了哈萨克各部,还吸引了西北方的诺盖人前来。势力最强大时,已经深入到了河中地区。

在哈斯木统治时期,哈萨克汗国召开了一次有名的比(指部落的头目)会议。会上制定并通过了哈萨克汗国的第一部法典,即《哈斯木汗国名鉴》,世称《哈斯木汗法典》或《明显法律》。法典的主要内容包括:关于解决牧畜、牧场、土地诉讼规定的财产法;关于杀人、抢掠人和牲畜,以及盗窃等刑事犯罪的刑事法;关于组建军队的兵役法;关于挑选使臣的使臣法;关于婚丧嫁娶等礼俗和节日、庆典的民事法。

1523年,哈斯木汗去世,哈萨克新汗与速檀之间的矛盾激化,哈萨克草原经历了近20年的战争。哈斯木汗之子谟麻什(Mamash,Muhammad Husayn)只统治几个月就被杀,哈斯木弟弟的儿子塔赫尔(Tāhir,

· 欧 · 亚 · 历 · 史 · 文 · 化 · 文 库 ·

1523～1533 年)即汗位,因暴虐无道和对外的穷兵黩武,在他统治时期,有 40 万哈萨克人远走他乡,他本人也于 1533 年被迫下台并逃到了吉尔吉斯人中。

塔赫尔的弟弟不答什(Birilash,Buydash,1533～1534 年)继汗位,他的短暂统治也处于内乱和战争中。汗国四分五裂,诸部落各据一方,自立为汗。哈萨克草原西部由阿赫默德汗统治,七河流域被托格木汗占据。当时处于不答什汗统治下的哈萨克人只有 2 万。继不答什即汗位的是塔赫尔的另一个弟弟吐格呼木(Tughum,1534～1538 年)。吐格呼木统治时期,蒙兀儿汗阿不都·拉失德('Abdu'l Rashīd,1533～1560年)对哈萨克发动进攻,吐格呼木汗连同 37 位哈萨克速檀均被杀害。

直到哈斯木汗之了哈克·纳咱尔汗(Haqq Nazar Khan,1538～1580年)统治时期,哈萨克汗国才得到复兴。纳咱尔汗在统一哈萨克汗国的过程中,在西方,将权力扩张到诺盖汗国的部分地区;在东方,不断对蒙兀儿斯坦发起攻击;在南方,成功地领导了几次反布哈拉昔班尼王朝的远征,1579 年占领了昔班尼王朝统治下的塔什干。

哈克·纳咱尔死后,汗位由札尼别的孙子、年迈的昔格海汗(Shighay Khan,1580～1582 年)继承。昔格海汗统治时期,与河中地区的统治者建立了友好关系。1582 年昔格海汗去世,其子特夫克勒(Tevekkel,Tavakkul)试图继承汗位,但是,由于他在哈萨克没有稳定的基础,直到 1586 年才被推举为汗。

特夫克勒汗(1586～1598 年)巩固统治权以后,开始向外发展。由于哈萨克北方有不断东扩的俄国,东方西蒙古准噶尔部强大起来,特夫克勒汗决定向南进攻。1586 年,特夫克勒汗与其兄弟额什木一起率领哈萨克人南下攻打昔班尼王朝。正当此时,俄国督军丘尔科夫俘获了特夫克勒的侄子乌拉兹·穆罕默德,为了解救侄子,特夫克勒表示愿意臣服于俄国,并要求俄国为自己提供武器,此为哈萨克汗国与俄国使节往来的开始。

16 世纪末,在民族融合的过程中,哈萨克形成了 3 大玉兹集团(部落联盟),即大玉兹、中玉兹和小玉兹。玉兹是有血缘关系的部落联盟,一个玉兹内包括若干部落,每一个部落又分为若干氏族,每一氏族有许多阿乌尔即父系家族,家族族长叫阿乌尔巴斯,一个阿乌尔一般由三四户至十多户组成。

大玉兹即乌拉玉兹在巴尔喀什湖以南的七河流域及楚河和塔拉斯河流域的草原地带,其中有少数绿洲是农业区。大玉兹中的一些部落和氏族是1470年左右建立的哈萨克汗国的核心力量,他们的历史更多地与中亚诸汗国联系在一起。

中玉兹即鄂尔图玉兹,在大玉兹北。他们的冬牧场在锡尔河中下游北岸,夏牧场在托博尔阿、伊什姆河、努腊河、萨雷苏诸河流域。在3个玉兹中,中玉兹人数最多,力量最强。他们的历史更多地与中国的清朝联系在一起。

小玉兹即奇齐克玉兹,位于咸海北岸和里海低地的北部。他们的冬季牧场在伊列克河与乌拉尔河一带,夏季则迁往阿克提尤别地区的草原。他们的历史更多地与伏尔加河流域的诸汗国及俄国联系在一起。

哈萨克特勒夫克汗病故之后,其弟额什木汗(Ishim[Esim] Khan, 1598~1628年)继汗位。在额什木汗统治时期,哈萨克内部斗争加剧,一些强大的速檀已经脱离哈萨克汗的统治,如在布哈拉汗国札尼王朝伊玛姆·库利汗的扶持下,土尔逊·穆罕默德(Tursūn Muhammad, 1614~1627年)在塔什干称汗,额什木汗只能在突厥斯坦城实施统治。额什木汗对哈斯木汗制定的《哈斯木汗法典》进行了补充,形成了《额什木汗习惯法》,又称《古用法律》。补充的内容包括:汗有权制定适合他自己汗国的法律,比如应当有专门的办事机构,巴图尔(勇士)应该师出有名和战无不胜等。

1630年,额什木汗的儿子杨吉尔继承汗位(1630~1652年)。哈萨克汗国的外部局势进一步恶化,卫拉特蒙古夺取了部分七河地区。1635年,卫拉特首领巴图尔洪台吉率军攻入哈萨克草原,哈萨克战败,杨吉尔被俘,后来他逃回哈萨克草原。1652年,双方再次发生大规模的战争,杨吉尔汗阵亡。此后,哈萨克汗国陷入内乱,统治集团内部争

·欧·亚·历·史·文·化·文·库·

权夺利严重,一些有势力的速檀自立为汗,割据一方,哈萨克汗国四分五裂,直到 1680 年杨吉尔汗的儿子头克汗继位以后,哈萨克汗国才重新统一。

31.2 布哈拉汗国的建立及其早期的发展

布哈拉汗国是成吉思汗术赤系后裔在中亚建立的政权。当金帐汗国瓦解、诸多小汗国瓜分其领土时,中亚南部的帖木儿汗国也处于四分五裂之中,由此,河中地区出现了一个政治真空。中亚北部、东北部和西北部的各部落都想填补这一空白。在北部和西北部有突厥 - 蒙古部落,其中最突出的是乌兹别克人。在东北部有哈萨克人、古尔吉斯人,以及蒙兀儿斯坦的察合台后裔。16 世纪初,争夺河中地区的统治权主要在察合台汗国、乌兹别克及帖木儿王朝三者之间展开。乌兹别克首先打败了帖木儿王朝,使其彻底放弃阿姆河以北地区;继之,又将察合台汗国诸汗驱逐出河中,察合台欲建立大汗国的野心受到遏制;最后,昔班尼率领的乌兹别克人最终在河中地区建立了布哈拉汗国。

成吉思汗分封疆土时,曾将河中地区封给次子察合台,这块封地就形成了察合台汗国。在其鼎盛时,疆域东起吐鲁番,西至阿姆河,北到塔尔巴哈台,南越兴都库什山。1370 年,帖木儿帝国取代了察合台家族在河中的统治,1405 年 2 月,帖木儿在前往征服明王朝的途中病死,帖木儿帝国分裂为一系列独立或半独立的埃米尔公国,这些公国由帖木儿的后裔统治。在有利的形势下,昔班尼汗率领乌兹别克人摧毁了各个埃米尔公国,在河中地区建立了昔班尼王朝。在昔班尼、奥贝都剌和阿布杜拉汗等汗的统治下,河中地区经济恢复、文化发展,国力强盛。昔班尼王朝的都城最初在撒马尔罕,16 世纪 30 年代迁至布哈拉,因此,昔班尼王朝、札尼王朝和曼格特王朝被统称为布哈拉汗国。

昔班尼是术赤第五子昔班的后裔,全名穆罕默德·昔班尼,又被称为沙伊伯(旧译沙亦汗)。15 世纪上半叶,昔班尼的祖父阿布海尔

（1428～1468年）在西伯利亚和锡尔河之间建立了一个游牧国家，其疆域从托博尔斯克附近地区一直延伸到锡尔河，其统治既便利了昔班家族的游牧部民与河中地区农耕民之间的经济、文化交流，又为昔班尼在河中地区建立王朝奠定基础。1468年阿布海尔和昔班尼之父沙布达克被东察合台汗羽奴思杀死后，昔班家族诸王子之间权力斗争加重，最终使阿布海尔建立的游牧国家走向分裂。

在这场斗争中，阿布海尔的孙子穆罕默德·昔班尼脱颖而出。昔班尼出生于1451年，祖父阿布海尔去世时，他才17岁。他先是逃亡到了阿斯特拉罕汗国，不久，金帐汗国攻打阿斯特拉罕城，他无法继续容身，只好返回故乡钦察草原。他征集到一支由草原部落民组成的军队，投入到与哈萨克汗争夺锡尔河下游地区的斗争中，在取得一些胜利之后，他率军南下，开始征服河中地区。

此时，河中地区的帖木儿系诸王公正在进行无休止的内战。15世纪末，昔班尼率军参加到帖木儿诸公国的征战中。1487年，他投靠占据着塔什干的察合台汗马合木，统治着突厥斯坦城。1494年，昔班尼从突厥斯坦城出发，1500年，攻陷布哈拉城，创建了昔班尼王朝。在征服河中过程中，昔班尼不断从被征服地区召集兵员，他的军队中既有游牧民和半游牧民，也有定居民。1501年春，昔班尼在泽拉夫善河畔的萨尔普尔（Sar-i Pul）打败了帖木儿系王子巴布尔的军队，这成为河中地区战争的转折点。此后，昔班尼攻下撒马尔罕，宣布了帖木儿王朝灭亡，从此，撒马尔罕成为昔班尼王朝的都城。

昔班尼成为河中地区统治者后，不再甘心臣属于察合台汗马合木。1503年，昔班尼进攻马合木领地塔什干，塔什干和赛拉姆城（Sayram）并入昔班尼王朝的版图。1509年，昔班尼处死了马合木，察合台系后裔永远退出河中地区的历史舞台。之后，昔班尼着手进攻帖木儿的南方领地。1503～1504年，昔班尼汗的军队攻入喜萨尔，夺取了包括昆都士在内的阿姆河南岸的大片土地。接着，他挥师北上，历经10个月，1505年攻陷了花剌子模首府乌尔根奇（玉龙杰赤），开始兼并花剌子模绿洲。一年后，昔班尼出征呼罗珊，首先夺取了巴尔赫城，1507

年攻入呼罗珊,不战而胜夺取了赫拉特。随着对包括莫夫和阿斯特拉巴德城在内的今土库曼斯坦的征服,乌兹别克人几乎完全拥有了原帖木儿王朝统治的属地。到了 1510 年,他的王国已经囊括了锡尔河畔城市突厥斯坦城(雅西城)、阿尔库克、赛拉姆、扫兰(Sauran),以及花剌子模全境、费尔干纳河谷、包括莫夫在内的今土库曼斯坦南部、达姆甘和阿斯特拉巴德地区,还有包括马哈什德和赫拉特在内的呼罗珊。

1510 年,昔班尼在与波斯萨法维王朝争夺莫夫的战斗中战死,王朝面临着严重的危机。乌兹别克诸王曾拥戴昔班尼的儿子马黑麻·帖木儿·埃米尔为汗,但是,马黑麻即位数天即去世。萨法维军长趋直入河中地区,拯救国家的重任落到了布哈拉领主奥贝都剌身上。在布哈拉以北的忽吉都万(Ghujduvan)战役中,奥贝都剌打败了萨法维与原帖木儿系王子巴布尔的联军,此役使昔班尼王朝在中亚的统治最终稳固下来。

奥贝都剌扶持昔班尼家族中最年长的昔班尼汗叔叔忽春赤为汗(Kuchkunchī Khān,1510 ~ 1530 年在位)。忽春赤原是突厥斯坦城领主,他去世后,其子阿布·赛德继承汗位。1533 年,赛德去世,奥贝都剌称汗。奥贝都剌以自己的领地布哈拉为都城,进行了大规模的城市建设,重新修筑部分城墙。布哈拉取代撒马尔罕成为汗国的都城,这一局面一直维持到近代。为了恢复原布哈拉汗国领地,奥贝都剌汗进行了长期的战争。在他统治时期,除了赫拉特和花剌子模以外,昔班尼王朝基本恢复了创建初期的疆域。

奥贝都剌汗死后,昔班尼王朝的统治集团分裂为两部分:一部是奥贝都剌汗之子阿布·阿吉兹汗(1539 ~ 1550 年),以布哈拉为都城;另一部是忽春赤汗的两个儿子阿布杜拉一世(仅统治 6 个月)和阿布杜·拉提甫汗(1540 ~ 1551 年),以撒马尔罕为都城,双方进行了激烈的斗争。

瑠鲁兹·阿赫麦德在位时期,试图把国家重新统一起来。1553 年,阿赫麦德攻取撒马尔罕。1554 年,他又进攻布哈拉,失败后被迫撤军,返回撒马尔罕,两年后在此病逝。

阿赫麦德汗死后,巴尔赫的统治者皮尔·穆罕默德(1556~1560年)被推举为汗。1560年,阿布杜拉废黜了皮尔·穆罕默德汗,将自己的父亲(皮尔·穆罕默德汗之弟)伊斯坎达尔接到布哈拉,拥立为汗(1560~1583年)。1583年,伊斯坎达尔去世,阿布杜拉正式称汗。

阿布杜拉在汗国内展开了消灭分裂割据势力的斗争。1582年春,阿布杜拉攻打塔什干,收复了苏扎克、突厥斯坦城等地。1583年,他又攻下费尔干纳和安集延。1578年,夺取撒马尔罕。攻陷巴尔赫后,1582年他把自己的独生子阿布·穆明安置在巴尔赫,不久,阿布·穆明谋反,父子相斗,外敌趁机入侵。东部吉尔吉斯人掠夺了塔什干,波斯沙赫阿拔斯联合花剌子模的乌兹别克人收复了马什哈德、莫夫和赫拉特。1598年初,布哈拉驻北方的军队又遭到哈萨克的沉重打击。阿布杜拉汗在内忧外患中死去。阿布·穆明正式继位,但不久后被暗杀。此后,昔班尼家族男系绝嗣,布哈拉汗国的王位传给了阿布杜拉汗的女儿。她的丈夫札尼伯出身伏尔加河下游阿斯特拉罕王朝的统治家族。这样,布哈拉汗国的统治权从昔班尼家族转到了札尼伯家族手中。史学界把札尼伯家族的政权称为札尼王朝。由于他们曾是阿斯特拉罕汗国的统治王族,因此,札尼王朝又被称为阿斯特拉罕王朝。札尼王朝以布哈拉为都城,统治时间从1598~1785年,共187年,经历12位汗。

1602年,札尼伯之子巴基·穆罕默德攻占布哈拉,并以此为都城,札尼王朝的统治真正开始。1603年,巴基·穆罕默德正式成为布哈拉汗国的最高统治者,1605年去世。其弟瓦力·穆罕默德汗(Walī Muhammad Khān,1605~1612年在位)打败巴基的两个儿子,继任为汗。

瓦力·穆罕默德将撒马尔罕和巴尔赫两个重地分别赐给他的侄子伊玛姆·库利(Imām Qulī)和纳迪尔·穆罕默德(Nadr Muhammad)。他们在巩固了自己的权力之后开始反叛瓦力。1612年,他们向布哈拉进军,打败了瓦力·穆罕默德。瓦力·穆罕默德汗逃亡到波斯,在阿拔斯一世的帮助下,他率军返回河中地区,但在撒马尔罕附近的一次战役中,被伊玛姆·库利所杀。伊玛姆·库利在布哈拉称汗(Imām Qulī,

1611～1642年在位）。

伊玛姆·库利即位第二年,就前往突厥斯坦城进攻哈萨克人和准噶尔人。1613年,塔什干重新并入布哈拉汗国版图,库利任命他的儿子伊斯坎达尔统治该城,但是,伊斯坎达尔在一次叛乱中被杀,塔什干陷入混乱中。1621年,伊玛姆·库利再次远征塔什干,破城后进行了大屠杀。同年,库利汗与哈萨克速檀土尔逊(Tursūn)进行谈判,将塔什干及其所属地区让给土尔逊统治。1641年,库利因眼疾致盲,将汗位交给其弟纳迪尔·穆罕默德(Nadr Muhammad,1641～1645年在位)。

纳迪尔·穆罕默德当政后,致力于加强中央集权,积极干预封地内的事务,引起众人的反对。纳迪尔率领军队前去征伐希瓦汗国时,汗国北部爆发叛乱,纳迪尔派儿子阿布·阿吉斯(ʿAbduʾl ʿAzīz)前去镇压,阿布·阿吉斯反而与叛乱者联合起来,1645年,他在布哈拉自立为汗,纳迪尔·穆罕默德不得不退守巴尔赫。

纳迪尔在巴尔赫又遭到了印度莫卧儿的进攻。莫卧儿皇帝沙贾汉(Shāh Jahān,1628～1658年)试图趁布哈拉汗国内乱扩张领土。1646～1647年,莫卧儿入侵巴达克山,未遭任何抵抗攻入巴尔赫。1657年,纳迪尔·穆罕默德在前往麦加朝圣途中去世。

阿布·阿吉斯(ʿAbduʾl ʿAzīz Khān)在布哈拉维持了长期的统治(1645～1681年),但他的统治却是在内忧外患中度过的。40多年间,希瓦汗阿布哈齐(1643～1663年)及其子阿奴什·穆罕默德(1663～1685年)多次入侵布哈拉汗国。另外,他的弟弟苏班·库里(Subhān Qulī)统治的巴尔赫又处于相对独立的地位,成为潜在的隐患。阿布·阿吉斯多次采取行动欲消除巴尔赫的独立地位,但都没有成功。1651年,阿布·阿吉斯汗派哈斯木·穆罕默德速檀率军包围巴尔赫达40天,烧杀抢掠过后,城郊和不少地区都变成了废墟。从17世纪70年代起,巴尔赫势力得到恢复。苏班·库里还与希瓦汗阿布哈齐、阿奴什结盟,支持他们侵袭布哈拉和撒马尔罕。阿布·阿吉斯不得不让位于苏班·库里后远走麦加朝圣。布哈拉汗国在阿布·阿吉斯统治时期开始衰落。

31.3 希瓦汗国的建立及其早期的发展

希瓦汗国也是术赤第五子昔班后裔建立的国家。从 15 世纪末到 16 世纪的最初几年,花剌子模绿洲在名义上仍臣属于帖木儿系王公统治。昔班尼汗夺取布哈拉和撒马尔罕城之后,最终夺取了花剌子模绿洲,乌兹别克部落逐渐迁入这一地区。1510 年,昔班尼汗在莫夫被波斯沙赫伊斯迈尔打败阵亡,该地被波斯人占领。伊斯迈尔派 3 名官员来到花剌子模,管理首府乌尔根奇和维济尔城(Vesir,位于乌尔根奇城以西约 90 里处的一个高地上)等地。波斯官员们信仰伊斯兰教什叶派,而花剌子模居民信仰的是逊尼派。由于宗教信仰上的不同,宗教界人士图谋推翻波斯人的统治。1512 年,他们派人把昔班尼的侄子伊勒巴尔斯(Ilbārs)和巴勒巴尔斯两兄弟招来,赶走了萨法维王朝的波斯驻军,随即拥立伊勒巴尔斯为汗。伊勒巴尔斯的统治被看成是乌兹别克人在花剌子模立国的开始。

伊勒巴尔斯与布哈拉汗国统治家族同属于成吉思汗昔班系。他的五世祖阿剌伯沙与阿布海尔汗(昔班尼汗祖父)的祖父伊不拉音·乌黑阐是兄弟。到伊勒巴尔斯的祖父雅迪葛尔时,该家族强盛起来。雅迪葛尔的儿子们与昔班尼是同辈,其中长子博勒克被昔班尼杀死。被请到花剌子模来的伊勒巴尔斯和巴勒巴尔斯兄弟俩人就是博勒克的儿子。因此,可以说希瓦汗国是昔班尼侄子辈建立的国家。以后统治希瓦汗国近两百年的是雅迪葛尔的 3 个儿子(长子博勒克、次子阿卜剌克和三子阿米奈克)的后裔。

当伊勒巴尔斯在维济尔城被拥立为汗时,其弟巴勒巴尔斯成为英吉沙城的统治者。以后,乌兹别克部落源源不断地从钦察草原迁入花剌子模。乌兹别克人占领的地区也逐渐扩大,包括曼吉什拉克、乌兹博伊(Uzboy)、巴尔罕(Balkhan)和土库曼人居住的呼罗珊北部。

伊勒巴尔斯于 1512 年建立的王朝名为阿拉布沙希王朝。当巴勒巴尔斯和伊勒巴尔斯相继去世之后,乌兹别克贵族推举巴勒巴尔斯之子速檀·哈只继承汗位,而实际权力掌握在伊勒巴尔斯汗之子速檀·哈齐手中。速檀·哈只在位一年后去世,汗位传给阿卜剌克之子哈森·库里,都城在乌尔根奇。哈森·库里登上汗位以后,伊勒巴尔斯和巴勒巴尔斯的儿子们,以及阿米奈克的儿子们都不服从他的统治。此后,这一家族成员分成两派开始了争权夺利的战争。一派以维济尔领主、伊勒巴尔斯之子速檀·哈齐为首,统率着由博勒克系与阿米奈克系子孙们组成的联军;另一派是在乌尔根奇的阿卜剌克的子孙们,其首领是称汗的哈森·库里。速檀·哈齐率联军围攻乌尔根奇,双方在城下进行了殊死战斗。在这次战斗中,阿米奈克的幼子阿合乃战死,哈森·库里则退入城内固守。联军围城 4 个月,城内缺粮迫使市民出城投降,乌尔根奇城陷落。哈森·库里及其长子倍拉勒·速檀被俘后被送往布哈拉。以后,阿米奈克的长子索菲昂继承了汗位(Sufyā Khān,1525~1535 年),他占领乌尔根奇,以此为都城。索菲昂的 4 位兄弟(幼弟阿合乃在攻乌尔根奇城时阵亡)分别统治着希瓦、哈扎拉斯普、吉尔特、布勒冬萨格和尼克奇克等地。伊勒巴尔斯之子速檀·哈齐和博勒克的其他子孙统治着维济尔、英吉沙,特尔赛克和德隆,曼吉什拉克的土库曼人也归他们管辖。

索菲昂之后,其弟不出合继位(1535 年)。希瓦成为索菲昂 5 个儿子(尤素夫、尤努思、阿里、阿希失、拜剌旺·库利)的封地。不出合死后,其弟阿瓦涅夫(Anūsha, Yavaneh, Avanash)继任为汗。柯提成为不出合之子道斯特·穆罕默德的封地。在阿瓦涅夫统治时期,原来博勒克系与阿米奈克系形成的盟友关系破裂,以乌尔根奇为都城的阿米奈克系消灭了统治着维济尔的博勒克系后裔(即伊勒巴尔斯和巴勒巴尔斯的子孙们)。博勒克系后裔速檀·哈齐之子奥马尔·哈齐投奔布哈拉汗国。后来,奥马尔·哈齐在布哈拉汗奥贝都剌的帮助下卷土重来。

当花剌子模正在进行着上述争权夺利战争时,布哈拉汗国和萨法维王朝之间也处于战争状态,两者都无暇顾及花剌子模。当博勒克系后裔兵败逃往布哈拉之后,奥贝都剌汗趁机插手花剌子模。1538 年,奥贝都剌汗开始征讨花剌子模,杀花剌子模汗阿瓦涅夫。奥贝都剌汗任命其子阿布·哈只兹管理该城,他还把花剌子模的一些乌兹别克部落重新安置在河中地区。已故阿瓦涅夫汗幸存下来的亲属纷纷逃往呼罗珊,在达鲁恩避难。达鲁恩公国的统治者丁·马哈默德是阿瓦涅夫之子,他在土库曼人的帮助下收复了花剌子模,将它交给他的叔叔们统治,自己则返回达鲁恩。1539~1540年,阿瓦涅夫之弟哈尔统治着花剌子模地区,哈尔的后继者是其弟阿合台汗。阿合台汗后被其长兄索菲昂的儿子尤努思击败,尤努思处死了阿合台,并在乌尔根奇称汗。阿合台汗的儿子们联合进攻尤努思,后者失败后逃往布拉哈。不出合之子道斯特被拥立为汗,但不久,道斯特被阿合台汗之子哈吉·穆罕默德兄弟攻杀(时在回历965年/公元1557年),不出合系绝嗣。

道斯特汗死后,阿米奈克系王子哈吉姆(Hājī Muhammad Khān,1557~1602年)继汗位,驻地在维济尔。他在位期间,布哈拉汗国阿布杜拉汗乘花剌子模内乱,两次攻乌尔根奇。1593年,阿布杜拉包围了维济尔城,一个月后哈吉姆汗逃往达鲁恩,阿布杜拉派驻总督和驻军管辖希瓦汗国,自己返回了布哈拉。1598年,阿布杜拉汗去世后,哈吉姆汗返回花剌子模,此后,希瓦汗国局势才得以稳定。

1602年哈吉姆汗去世,其幼子阿拉不·穆罕默德继承汗位(1602~1622年),统治阶层内部再次发生争权夺利的战争,而自然环境的变化又加剧了国内形势的动荡。17世纪初,阿姆河最重要的达里亚利克(Daryārliq)河三角洲和萨里卡米什(Sariqamīsh)湖逐渐干涸,乌尔根奇城(今乌尔根奇老城)、维济尔和阿达克(Adaq)缺乏灌溉水源,阿拉不·穆罕默德汗不得不将都城从乌尔根奇迁往希瓦。此后,花剌子模一名逐渐被新都希瓦之名取代。

在阿拉不·穆罕默德统治时期,他的儿子们为争夺权力与他发生了剧烈的斗争。1622年,阿拉不·穆罕默德的两个儿子伊勒巴斯(Ilbārs)和哈巴希·速檀叛乱。阿拉不·穆罕默德汗以长子伊斯法德雅尔(Isfandyār)为左翼,以另一儿子阿布哈齐为右翼,自己任中军指挥,共同抵抗叛军。双方在塔什雅尔米什水渠畔进行激战,阿拉不·穆罕默德战败被俘,伊斯法德雅尔和阿布哈齐逃离希瓦汗国。第二年,伊

387

勒巴斯在处死父亲之后与弟弟哈巴希·速檀瓜分了希瓦汗国,前者统治乌尔根奇和维济尔,后者统治希瓦和哈扎拉斯普。希瓦汗国开始了长达 20 年的王族内讧,乌兹别克人和土库曼人都卷入到这一斗争中。

伊斯法德雅尔在兵败之后逃到波斯宫廷,受到沙赫阿拔斯的接待,被安置在波斯宫廷居住。后来,阿拔斯借给他一支小军队,让他回花剌子模夺取王位。他征集了 3000 名土库曼士兵,向乌尔根奇进发,该城内的乌兹别克人前来投奔他。经过 22 天的奋战,伊斯法德雅尔活捉并处死了伊勒巴斯。哈巴希·速檀逃到诺盖人曼格特部落,被曼格特部人逮捕后送交伊斯法德雅尔,后被处死。

1623 年,伊斯法德雅尔登上汗位,他的统治延续到 1642 年。他是在土库曼人的支持下获得汗位的,因此,重用土库曼贵族,迫害乌兹别克人,特别是其中的畏兀儿部和乃蛮部。许多畏兀儿人和乃蛮人不堪忍受他的迫害而纷纷逃往河中地区。汗室内部的仇杀一直持续到伊斯法德雅尔的弟弟阿布哈齐掌权时。

阿布哈齐是 17 世纪希瓦汗国中最著名的汗(1643～1663 年)。伊斯法德雅尔继承汗位后,阿布哈齐返回花剌子模,伊斯法德雅尔将乌尔根奇赐给了他。但阿布哈齐对伊斯法德雅尔汗的政策十分不满,因此没有到乌尔根奇,而是带着一部分乌兹别克人到了哈萨克人统治的突厥斯坦城,以后又转到塔什干,最后来到伊玛姆·库利汗的宫廷。不满伊斯法德雅尔统治的希瓦人听说阿布哈齐在布哈拉汗国,便派人到布哈拉劝他回国,他们还告诉阿布哈齐,伊斯法德雅尔听说他要回国已经逃到哈扎拉斯普去了。于是,阿布哈齐回到了希瓦。

阿布哈齐的统治不久就被伊斯法德雅尔推翻,阿布哈齐逃到了呼罗珊,辗转来到了曼格什拉克半岛,被接到了土尔扈特人的宫中(1639～1642 年)。1642 年,伊斯法德雅尔去世,他的儿子们怕阿布哈齐回来掌权,宣布效忠于布哈拉札尼王朝汗纳迪尔·穆罕默德。纳迪尔派布哈拉军进驻花剌子模。但不久,这支驻军因本国发生内战而撤回。阿布哈齐于咸海地区起兵,经过激烈的战斗,最终击败他的侄子们,于1643 年登上汗位。

在乌兹别克诸部落的帮助下,阿布哈齐逐渐稳定了希瓦汗国。他放弃伊斯法德雅尔时期亲土库曼人的政策,大量使用乌兹别克人。他还实施打击土库曼人的政策,在一段时期内甚至企图把土库曼人赶出呼罗珊(穆尔加布河绿洲)。虽然他对待土库曼人的手段过于残忍,但他的措施结束了汗国将近一个世纪的混乱和衰弱局面,开创了希瓦汗国的兴盛时期。阿布哈齐统治时期,对外征服战争取得了一些胜利。1655、1656、1662 年,阿布哈齐 3 次对布哈拉汗国发动掠夺性远征,他曾亲自与布哈拉汗阿布·阿吉斯交战。

阿布哈齐去世后,其子阿奴什·穆罕默德(Anūsha Muhammad,1663～1687 年)继承汗位。阿奴什重建了位于阿姆河左岸的花剌子模古都柯提(Kath,Kat)城,并且在某种程度上调解了乌兹别克人中各封建集团之间的敌对状况,使他们和土库曼酋长的军队一起投入到对邻近部落的远征中。1684 年,阿奴什进攻布哈拉失败,他的儿子埃伦格(Ereng,Awrang)与布哈拉汗勾结起来反对他,1687 年将他赶下台。第二年,埃伦格登上汗位(1688～1694 年)。埃伦格对布哈拉汗国发动两次进攻,均以失败告终。1694 年,希瓦汗国内部亲布哈拉派的人杀死了埃伦格,1695 年,希瓦汗国公开承认布哈拉汗国的宗主国地位。

31.4　土库曼人和吉尔吉斯人

土库曼人和吉尔吉斯人都属于突厥族人。土库曼在我国古代史籍中被称为古思,16 世纪他们生活在今土库曼斯坦境内。中亚吉尔吉斯人生活在今天山北部和西部,他们是在经过 3 次大的西迁之后,陆续来到此地的。在民族起源上他们与叶尼塞河流域的黠戛斯人有着密切的联系。当哈萨克人和乌兹别克人在七河地区和河中地区建立汗国时,中亚土库曼人和吉尔吉斯人还处于部落联盟阶段,未能建立自己的国家。土库曼人在这一时期分别臣属于希瓦汗国、昔班尼王朝和波斯的萨法维王朝。吉尔吉斯人的历史则与蒙兀儿斯坦的察合台汗国和哈萨克汗国的历史联系在一起,他们以放牧为生,在高山区放牧是他们的特点。

土库曼人是突厥族人的一个分支。到15世纪,土库曼人生活的区域已经很广,在波斯、花剌子模、呼罗珊、今阿富汗、美索不达米亚、叙利亚、罗姆(小亚细亚)、达吉斯坦、俄国(阿斯特拉罕和斯塔夫罗波尔的土库曼人)都有土库曼部落。13～15世纪,上述地区的大部分土库曼人先后处于成吉思汗和帖木儿王朝的统治之下。中亚土库曼人生活在中亚西南部,即今天的土库曼斯坦境内。

16世纪,土库曼斯坦、特别是呼罗珊土库曼人的领土,成为波斯萨法维王朝、希瓦汗国和布哈拉汗国争夺的战场。加之土库曼内部不断发生战争,使土库曼人不能团结一致对抗外敌。因此,土库曼人分别处于波斯萨法维王朝、希瓦汗国和昔班尼王朝的统治之下。他们这一时期的历史成为希瓦汗国和昔班尼王朝以及波斯萨法维王朝历史的一部分。

16世纪上半叶,希瓦汗国统治了阿姆河与里海东岸之间的土库曼人居住区,希瓦汗派总督统治这些地区。希瓦总督在经济上对土库曼人进行残酷的剥削,尽管在希瓦汗国反抗布哈拉的战争中,土库曼人曾支持乌兹别克族的希瓦诸汗,但是,汗国仍然向他们摊派很重的税,这引起土库曼人的不满和抵制。

1510年,萨法维王朝打败乌兹别克的昔班尼汗之后,整个呼罗珊和阿姆河左岸变成了波斯人的属地,莫夫附近的土库曼部落转归萨法维王朝统治。

一些地区的土库曼人还受到波斯和希瓦汗国的双重统治。1550年,新萨法维王朝总督沙赫·别尔迪·兹克(Shāh Berdi Zik)速檀到达阿斯特拉巴德,由于他的残酷统治,奥克鲁·戈克兰土库曼人在阿巴·萨尔达尔(Abā-Sardār)的率领下起义反抗波斯人,他们杀死总督并占领了阿斯特拉巴德。起义得到了达鲁恩的希瓦总督阿里·速檀(ʿAlī Sultān)的支持,一直坚持到1558年。起义首领阿巴·萨尔达尔成为所有阿斯特拉巴德土库曼人的领导者,他击退了波斯沙赫·塔赫马斯普从加兹温派来的几支军队。阿巴·萨尔达尔在一次胜利之后娶了当地一位有影响的宗教首领之女,但是他年轻的妻子于1558年在反叛中杀害了他。以后,沙赫·阿拔斯任命亦木儿土库曼人阿拉赫·雅尔(Allāh-Yār Khān)为臣属汗,统治着土库曼人。

16世纪后半叶,昔班尼王朝强大的统治者阿布杜拉汗(1557~1598年)开始夺取呼罗珊的统治权。在一段时期,他甚至占领了希瓦汗国的部分领土。波斯人难以阻止希瓦汗和布哈拉汗对呼罗珊和阿斯特拉巴德的入侵,于是,萨法维王朝采取了一项防御措施,把库尔德人和凯加人安置在与土库曼人邻近的阿斯特拉巴德、阿特里克、莫夫和其他地区。16世纪末17世纪初,奥克鲁土库曼人在卡里汗(Karry, Qārī Khān)的率领下拒绝接受波斯的统治,结果,阿斯特拉巴德总督法里敦·米尔咱(Faridūn Mīrzā)对他们采取了多达17次的军事行动。

这一时期,土库曼社会的基本单位是家长式大家族,它是构成社会的基础,公有原则在土库曼人中很典型。几个世纪以来土库曼人遵守不成文的习惯法(cādat),伊斯兰教的萨里法在很小的范围内实施。在土库曼人中,管理机构无疑是非常脆弱的,首领们的权威有时只能依赖个人的影响力而不是依靠任何权力制度。在土库曼人中没有贵族阶层也没有固定的行政机构。在和平时期,大家族族长、村长老、氏族族长和部落首领[aksakals(āq-saqāls),ekābirs,katkhudā,sālārs,khāns,begs]要确保其统治下的土库曼人服从于习惯法;在战争期间,或者需要建筑某些大型的公共设施如修大坝、挖运河和建筑堡垒时,土库曼人会聚集在他们选举出来的首领萨尔达尔(sardār)周围,一旦战争的危险解除或大型工程竣工,萨尔达尔的职位和作用就不存在了。

16世纪中叶,从阿姆河流入达里亚利克和乌兹博伊水渠的水中断了,土库曼斯坦西北地区的自然环境和经济条件发生改变。英国商人詹金森于1558年注意到,达里亚利克已经干涸,这也许是土库曼人开始迁往花剌子模和呼罗珊农耕绿洲的原因之一。土库曼人从17世纪开始了大迁徙,这一迁徙延续了一个多世纪,在以后的岁月里,土库曼人未能建立起自己的国家。

中亚吉尔吉斯人因与哈萨克人的领地相邻,加之两者都是游牧民族,因此,西方在使用吉尔吉斯一名时,一直存在着混乱。俄国人为了避免二者相混淆,把吉尔吉斯人和哈萨克人都称为"吉尔吉斯人",并在真正的吉尔吉斯人称呼前面加上"卡拉"二字(黑色的),而把哈萨克人称为"吉尔吉斯－哈萨克人"。在我国的历史著作中,对吉尔吉斯(kirghese,Qïrqïz)一名的翻译还有吉利吉思、柯尔克孜等等,清朝则把吉尔吉斯人称为布鲁特人。

吉尔吉斯人在民族起源上与叶尼塞河流域的黠戛斯人有着密切的联系。他们是一支历史悠久的突厥族人。在13～15世纪,吉尔吉斯人分别居住在上述两个相隔较远的地区,一支住在西伯利亚叶尼塞河的上游,较大的一支迁到了伊塞克湖附近即今吉尔吉斯人所在地。他们之间的联系日益疏远,到了17世纪,他们之间不仅在文化和宗教上存在着差异,而且实际上已经是使用同一族名的两个完全不同的民族实体了。

中亚吉尔吉斯人是叶尼塞河吉尔吉斯人在不同时期陆续西迁形成的。天山东部的吉尔吉斯部落在14世纪末15世纪初是卫拉特四联盟成员之一。1399～1415年,吉尔吉斯首领蒙古哥·帖木儿[Mungke Temur,又名乌格奇·喀什喀('gechi Qashqa)]是该联盟中的一位汗。

天山西部的吉尔吉斯人散居在阿尔泰山西部、锡尔河及其支流发源处的一些山区、亚历山大山脉、伊塞克湖附近高地和向南一直延伸到阿姆河发源地的帕米尔山区。系谱学家赛福鼎·阿克希甘第在他的《历史概要》中把这些吉尔吉斯人分为左、右两部,即索尔部(sol qanat)和昂部(on qanat),各部内有许多部落和氏族。吉尔吉斯人的牧地向北与哈萨克人的牧地相连,向南则一直伸展到兴都库什。北部的吉尔吉斯人未能团结合作,生活在经常互相斗争的状态之中,没有任何形式的政权组织。即使在一些较小的部落中,也常常分成各自独立的集团。

当乌兹别克人和哈萨克人正在建立自己的国家时,吉尔吉斯人并没有形成强大的政权。在北部,伊塞克湖地区的吉尔吉斯人原处于蒙兀儿汗的统治之下,蒙兀儿汗对他们的剥削是沉重的,他们不断发动叛乱反对蒙兀儿汗的统治,大约在 1503 年,他们的反抗遭到蒙兀儿汗满速儿的镇压。著名的历史学家海答儿·杜格拉特把他那个时代的吉尔吉斯人说成是蒙兀儿斯坦北部(特别是今吉尔吉斯斯坦)的主要民族。经历了几次反对蒙兀儿汗的叛乱之后,他们从蒙兀儿分离出去,双方的斗争一直持续到 16 世纪 20 年代中期。

在反抗蒙兀儿汗的战争中,吉尔吉斯人与哈萨克人结成联盟,并参加到哈萨克人把蒙兀儿汗从七河地区和吉尔吉斯斯坦驱逐出去的斗争中。在 16 世纪,吉尔吉斯 – 哈萨克联盟成为吉尔吉斯民族史中的一个重要组成部分,这也反映在吉尔吉斯民间传说中。在吉尔吉斯首领反对外来侵略的战争中,哈萨克统治者们一直是以同盟者的身份被记入吉尔吉斯史诗文学中的。一些吉尔吉斯部落参与了哈萨克特勒夫克汗(1582 ~ 1598 年)和其他速檀们对布哈拉汗国的军事行动(1598、1603、1606、1610 年)。

16 世纪初,南部费尔干纳的吉尔吉斯人臣属于河中地区的昔班尼王朝。从一些地名中可以得知河中地区也有吉尔吉斯人存在。据布哈拉史学家兼诗人哈菲兹(Hāfiz b. Muhammad Bukhārī,生于 1549 年,死于 1588 以后)所记,16 世纪定居在卡拉捷金(Qarategin)的吉尔吉斯人,既没有臣属于河中地区的统治者,也没有臣属于任何一位速檀。哈菲兹最早提到 1575 年向喜萨尔和迪赫依瑙(Dih-i Nau)渗入的那些吉尔吉斯部落。

吉尔吉斯人在 15 世纪皈依了伊斯兰教,但是,从当时的史学家和旅行者的记载反映,并不是全部吉尔吉斯人都皈依了伊斯兰教,或者,吉尔吉斯人也许仅仅在名义上皈依了伊斯兰教。

32 女真的兴起与清朝的建立

32.1 努尔哈赤统一女真各部建立后金

女真分为海西、建州、野人三部。14世纪末,海西女真与建州女真受蒙古和野人女真的侵袭,逐渐向南迁徙。海西女真原居松花江流域,在南迁过程中形成叶赫、辉发、哈达、乌喇四部。建州女真原居三姓(黑龙江省依兰县)地方,在南迁过程中逐渐汇集到鸭绿江以北地区。明朝在建州女真地方设立三卫,即建州卫、建州左卫和建州右卫。野人女真则居住在最北面的黑龙江流域至东海滨,开化程度相对较低。

明朝对女真各部实行"羁縻"政策,不直接派官吏管辖女真各部,而是间接利用其酋长统治,授给酋长以官职,如都督、都指挥、指挥、千户、百户等,并赐官印和敕书,使其隶属于明朝。女真酋长可定期入京朝贡、接受赏赐。明朝还在辽东地区开设马市,允许女真各部进行互市交易。同时,明朝实行"分而治之"的政策,如果有女真一部称雄犯边或吞并他部,必定兴师问罪,翦灭之。天顺年间(1457~1464年),董山领导的建州左卫在三卫中最强大,统领各部。他不但受朝鲜封贡,还不断策动建州卫李满住共犯辽边,引起明朝的不安。明朝诱董山至北京来朝贡,在返回途中将他拘留于广宁杀死。不久,明朝派5万军队与朝鲜合攻建州卫,李满住退入朝鲜,被朝鲜军杀死。从此,建州三卫势力衰微,长期处于分裂状态。直到万历初年,建州三卫才略有起色,东部婆猪江流域有王兀堂领导的建州卫,西边浑河上游有王杲领导的建州右卫。在万历年间,建州左卫的英雄努尔哈赤脱颖而出。

努尔哈赤生于 1559 年,猛哥帖木儿的六世孙。早年丧母,因受继母虐待,十几岁便独立成家。为了生计,他来往于抚顺互市买卖人参,后投入明朝辽东总兵李成梁门下,随军出征,身先士卒,屡立奇功,深得李成梁的器重。幼时的漂泊生活锻炼了努尔哈赤坚韧不拔的毅力。在李成梁门下,他不但学会了军事知识,而且还接受了汉族文化,通晓汉文,喜读《三国演义》和《水浒传》等小说,这些为他以后创建王业打下基础。

1583 年,建州左卫苏克苏浒部图伦城主尼堪外兰引导明军镇压建州右卫阿台(王杲的儿子),努尔哈赤的祖父觉昌安和父亲塔克世到图伦城说服阿台,在明军攻城时被误杀。努尔哈赤闻讯赶到明辽东都司,明廷为安抚努尔哈赤,交还了觉昌安和塔克世的遗体,并任命其为建州左卫都指挥使。

同年 5 月,努尔哈赤以祖、父遗甲 13 副起兵,攻打尼堪外兰的图伦城。尼堪外兰弃城逃走,努尔哈赤开始了统一女真的过程。1584 年,努尔哈赤攻占兆佳城和玛尔敦城,降服董鄂部;1585 年,进攻界凡寨,击败界凡、巴尔达、萨尔浒、加哈、托漠河 5 寨联军 800 人,征服浑河部;同年,攻破安土瓜尔佳城,杀城主诺莫尼;1586 年,攻克鄂勒珲城,杀死仇人尼堪外兰,控制苏克苏浒部;1587 年、1588 年,又收服哲陈部和完颜部。至此,努尔哈赤统一了建州女真各部。

随着努尔哈赤统一进程的推进,海西女真各部逐渐感到威胁。1593 年,叶赫部首领纳林布禄纠集哈达、乌喇、辉发、科尔沁、锡伯、瓜尔佳、朱舍里、讷殷等 9 部联军 3 万兵马,分 3 路大举进攻建州。尽管 9 部联军在兵力上占据优势,但是努尔哈赤抢在联军之前在古勒山设下埋伏,集中优势兵力,重点出击,斩杀叶赫首领布斋,生擒乌喇首领满泰的弟弟布占泰。各部见首领或被杀或被俘,皆四散逃走。此役共歼敌4000 余人,获战马 3000 匹,收缴武器无数。打败 9 部联军,使努尔哈赤威震四方,进一步巩固了他对建州女真的领导地位,为统一女真各部奠定基础。由于长白山部站在叶赫一边,同年 10 月努尔哈赤出兵东征时,征服了这两个部落。

·欧·亚·历·史·文·化·文·库·

至此,努尔哈赤手下已有战将 200 多名,战兵 5 万 5000 多名,军事力量已相当强大。此后 20 多年,努尔哈赤主要目标是对付强大的海西4 部。一方面,他采取分化和蚕食的策略,与较强的叶赫和乌喇结盟联姻。乌喇的布占泰被努尔哈赤俘获后又被释放回去,担任了乌喇首领。努尔哈赤和其弟舒尔哈齐分别娶布占泰的侄女和女儿为妻,舒尔哈齐又把女儿嫁给布占泰。另一方面,对于较弱的哈达和辉发,努尔哈赤则先行攻击。1599 年,努尔哈赤乘哈达内部出现困难之际,利用哈达与叶赫之间的矛盾,以哈达反复无常为借口,出兵灭掉哈达,收编其部众。1607 年 9 月,努尔哈赤又借口辉发屡次背约,亲自率部灭掉辉发。此前,同年正月,东海女真瓦尔喀部因不堪乌喇部欺凌,举部内徙归附努尔哈赤,在图们江乌碣岩一带受到乌喇的阻击。努尔哈赤派长子褚英、次子代善领兵痛歼乌喇部,斩首 3000,获马 5000 匹,甲 3000 副,大获全胜。自此,乌喇势力受到很大削弱。1612 年,努尔哈赤亲自率军征讨,于 1613 年春最终灭掉乌喇。

与此同时,努尔哈赤还进攻东海女真各部。特别是 1613 年灭掉乌喇以后,打开了通往东海和黑龙江流域的道路。他占领东海窝集部和瑚尔哈,尽收其土地和人民,将势力向北推进到黑龙江流域,东北至库页岛及附近岛屿。1619 年,他灭叶赫部,统一海西 4 部。经过 30 多年的艰苦征战,努尔哈赤基本上完成了统一女真各部的大业。

在此过程中,努尔哈赤还推行各种制度,逐渐加强国家体制建设。首先,建立八旗制度。这一以旗统人,即以旗统兵,出则为兵,入则为民的兵民合一的社会组织形式,将分散的女真各部组织在旗下,进行生产和战斗,保证了统一战争的胜利。其次,兴筑城池。1603 年,努尔哈赤离开狭小的旧老城,建立赫图阿拉城,该城是努尔哈赤管辖地区的政治、军事、经济和文化中心。第三,设议政,听诉讼。1615 年,他设议政大臣 5 人,与八旗旗主一同议政,参决要政。他还颁布法制,命扎尔固齐 10 人分任庶物,负责审理诉讼案件。如有刑民案件,先由扎尔固齐 10 人审问,报告 5 大臣,再由 5 大臣复审,并把案情告诉诸贝勒,讨论议决。如果原被告一方不服,可以申诉,由努尔哈赤查明情由,最后裁决。第四,创制满文。努尔哈赤早期,原先的女真文已不通行,当时女真人只有自己的语言,而没有本民族的文字,公文或用蒙文,或用汉文。1599 年,努尔哈赤命额尔德尼和噶盖两人,以蒙古文字母记录女真语音创制满文。这种满文字形和蒙古文极相似,称为老满文,又称无圈点满文。满文的创制,推进了满族社会的进步。

以上各项措施,是在女真社会统一的过程中实行的,反过来又促进了女真社会的统一。1616 年,努尔哈赤称汗登位,定国号"金",史称"后金",建元天命。后金逐渐发展成为与明朝相对抗的强有力的政权。

32.2　内蒙古诸部的降附

16 世纪末蒙古分为漠南、漠北和漠西 3 大部。最早与后金发生关系的是漠南蒙古,而漠南蒙古诸部中最强盛的当属察哈尔的林丹汗。林丹汗自称蒙古大汗,控制东起辽西,西尽洮河的广大地区,内蒙各部如内喀尔喀 5 部、喀喇沁、科尔沁、鄂尔多斯等,定期向林丹汗朝贡献物,受其盘剥,不堪其苦。努尔哈赤利用这一点不断蚕食察哈尔外围。林丹汗为了保住自己的势力范围,与明朝结盟,而明朝为了扼制后金,也加紧拉拢林丹汗。

漠南蒙古诸部中,东部科尔沁毗邻女真各部,对建州女真崛起深以为患。1593 年,叶赫、哈达、乌喇、科尔沁等 9 部之师攻努尔哈赤时,科尔沁贝勒明安派军队,在古埒山败于努尔哈赤。第二年,努尔哈赤攻乌喇,科尔沁派军队援助,又被努尔哈赤所败。此后,科尔沁不再与后金为敌。努尔哈赤也顺势采取和亲政策,拉拢科尔沁诸部。1612 年,努尔哈赤遣人至科尔沁,娶明安女儿为妃。1614 年 4 月,努尔哈赤第二子代善娶科尔沁札鲁特台吉钟嫩女儿为妻。

1624 年,努尔哈赤派人与科尔沁盟誓,结盟共同对付察哈尔。当时,林丹汗甚强盛,诸部不堪掠夺,纷纷逃入东部科尔沁。林丹汗决定征伐科尔沁,一来拆散后金与科尔沁盟约,二来惩罚科尔沁收容逃来各部。第二年 11 月,林丹汗亲率内喀尔喀部分兵力,围困科尔沁奥巴洪台吉住地格勒珠尔根城。奥巴向后金求援,努尔哈赤派莽古尔泰、皇太极率 5000 精骑,进至农安塔地,林丹汗被迫解围西走。自此,科尔沁与后金愈加和好,科尔沁成为最早归附后金的蒙古诸部之一。

内喀尔喀居地在老哈河及西喇木伦河上游。努尔哈赤在统一女真各部的过程中,为避免两面受敌极力与蒙古各部和好,与内喀尔喀实行和亲政策。1615 年,努尔哈赤娶内喀尔喀孔果尔台吉女儿为妃;1617 年,又将舒尔哈齐四女嫁给内喀尔喀诺延之子。但不久,内喀尔喀在林丹汗怂恿之下,派兵援助明朝。1619 年,努尔哈赤乘萨尔浒战役胜利的东风进攻铁岭,明朝向林丹汗求援。林丹汗派内喀尔喀齐赛诺延、札鲁特巴克、色本及科尔沁桑格尔寨台吉,率 1 万蒙古兵救援。当时,后金军已经攻下铁岭城,得知蒙古兵临城下,努尔哈赤令诸贝勒出城作战,大败蒙古兵,活捉齐赛诺延、巴克、色本及桑格尔寨等台吉。林丹汗要求释放被抓获的内喀尔喀及科尔沁台吉,后金释放了除内喀尔喀齐赛诺延以外的其他台吉,要求以牲畜 1 万头赎回齐赛诺延。之后,内喀尔喀众贝勒纷纷遣使求和,努尔哈赤也派使臣与之盟誓,双方约定不与明朝和好。1621 年 8 月,内喀尔喀 5 部以牲畜 1 万赎回齐赛诺延。但不久,内喀尔喀背弃盟约与明朝修好,劫持后金使臣的财货牲畜。1626 年,努尔哈赤率兵亲征,内喀尔喀巴林部贝勒囊努克弃寨逃走,后金军追杀,攻克许多屯寨,掳掠大批畜产而归。努尔哈赤还命莽古尔泰攻至西喇木伦。1628 年,巴林部苦于察哈尔林丹汗的侵伐,率众降附后金。内喀尔喀各部如札鲁特等部也相率归附。于是,内蒙东部大部分地区都成为后金的附属。

努尔哈赤时后金国基尚不稳,不愿与强邻为敌,察哈尔的林丹汗因外围渐被蚕食愈加孤立,不敢轻试锋芒,双方呈对峙之势。皇太极上台以后,3 次亲征察哈尔,最终将整个漠南蒙古纳入其版图。1628 年 9 月,皇太极亲征察哈尔。他召集敖汗、奈曼、喀尔喀、札鲁特、喀喇沁诸部兵,进至察哈尔的锡尔哈、锡伯图、英汤固等地,败察哈尔兵,追至兴安岭,俘获人畜无数。从此,察哈尔势力退出西喇木伦河。1631 年 11

月,林丹汗为了夺回阿鲁部牧地,兴师至西喇木伦河北岸。皇太极闻讯遣兵援助,林丹汗早已大掠而去。第二年4月,皇太极亲率大军征察哈尔,调集科尔沁、札鲁特、巴林、奈曼、敖汗、喀喇沁、土默特等部,会师于西喇木伦河,总兵力约10万。林丹汗自知不敌,率众西逃,经呼和浩特,渡黄河到达鄂尔多斯。皇太极分兵3路穷追林丹汗41天,沿途收拢了林丹汗部众数万人。后来,林丹汗率领察哈尔及鄂尔多斯部众,西渡黄河到达大草滩永固城一带,拥众落帐,等待时机东山再起。1634年初,漠北喀尔喀却图台吉率4万众与林丹汗会合。但同年夏,林丹汗病死在大草滩上。

1635年2月,皇太极命多尔衮、岳托、豪格等领兵1万,前往鄂尔多斯招抚林丹汗余众。多尔衮在托里图找到林丹汗儿子额哲后,与其对天盟誓。多尔衮还从林丹汗福晋处得到元朝传国玉玺"制诰之宝"。1636年4月,漠南蒙古16部49位部主齐聚盛京,尊奉皇太极为"宽温仁圣"皇帝,皇太极改国号为清,改元崇德。至此,整个漠南蒙古降服于皇太极。新兴的清王朝势力愈加强大,为谋取中原奠定了基础。皇太极进攻中原时避开山海关重隘,大多取道内蒙古,并且以蒙古骑兵为向导。

16世纪末,漠北蒙古出现喀尔喀3部汗,即土谢图汗、扎萨克图汗、车臣汗。1636年,皇太极派使喀尔喀3部,劝其归附。同年,车臣汗派遣卫征喇嘛贡驼马貂皮等物。1638年,喀尔喀3部遣使来朝,皇太极规定3部每年向清各贡"白驼一、白马八"的九白之贡,从此漠北蒙古与清朝建立了臣属关系。

32.3　两次征伐朝鲜

努尔哈赤为避免腹背受敌,极力拉拢朝鲜。但是,朝鲜因壬辰倭乱(1592~1598年)时明朝的"再造之恩",始终站在明朝一边。1619年,朝鲜出兵1万多人参加萨尔浒之战,同明军共同夹击后金,但朝、明联军被后金军打败。1622年,明朝辽东都司毛文龙在朝鲜铁山前海皮岛

（朝鲜称椵岛）建立军事基地,朝鲜为其提供粮饷,对后金构成很大威胁。

1626 年,努尔哈赤在进攻宁远城的战役中受重伤抑郁而死,皇太极即位,第二年改元天聪。1627 年 1 月,皇太极发动征伐朝鲜之役,史称丁卯之役。他上台伊始就对朝鲜发动进攻,有内外原因。

首先,后金粮食匮乏。1626 年,后金发生了大饥馑,沈阳尤为严重,老弱多饿死。后金占领辽河以东地区后,受其恩养的部众越来越多,而明朝关闭互市,后金即使有银、参等物,也无法交易到粮食。

其次,宁远之役受挫。在 1626 年 1 月的宁远城之役中,后金遭遇辽东巡抚袁崇焕的强烈抵抗,努尔哈赤受重伤而死,后金进攻辽西遇到巨大障碍。皇太极上台后为了摆脱军事上被明朝、蒙古、朝鲜三面包围的危急形势,决定向较易突破的朝鲜进攻。

再次,毛文龙占据皮岛成为后顾之忧。毛文龙占据皮岛后,不但派军深入后金腹地进行骚扰,还接纳逃亡的辽东汉人,甚至怂恿汉人叛乱。后金占领辽东以后,逐渐农耕化,熟知农业技术的汉人是国家发展的重要人力资源,而毛文龙牵制了后金向辽西进军,朝鲜为其后盾,提供粮食,因此,皇太极想解除此后顾之忧。

最后,朝鲜发生内乱。朝鲜在 1623 年发生宫廷政变,在西人主导之下,国王光海君被废黜,另立新国王,此即"仁祖反正"。由于论功不平,曾经帮助仁祖上台的靖社功臣李适、韩明涟等发动叛乱,占领首都汉城,国王一度逃到公州,史称"李适之乱"。1625 年 1 月,叛臣韩明涟的儿子韩润逃到后金,怂恿说毛文龙的军队是乌合之众,朝鲜新王丧失民心,朝鲜不难攻取。皇太极在了解朝鲜内情后,决定进攻朝鲜。

1627 年 1 月 8 日,皇太极命令贝勒阿敏、济尔哈朗、阿济格、杜度、岳托统率 3 万多八旗兵,往征朝鲜。13 日,后金兵渡过鸭绿江;14 日,克义州,杀府尹李莞,判官崔鸣亮自尽。后金屠城中兵卒,俘其居民,留大臣 8 人,兵 1000 人守义州。同时,分兵直捣毛文龙所居铁山,毛文龙逃入身弥岛。后金主力由阿敏率领连克定州、郭山、安州等地,朝鲜兵民虽进行英勇抵抗,但终因寡不敌众,或遭屠戮,或成为俘虏。26 日,后金兵进至平壤城,城中巡抚、总兵以下各官及兵民等皆弃城逃走。后金兵渡过大同江,27日进抵中和。

后金挥师南下进入朝鲜内地,国内所留精兵不多,担心明朝和蒙古趁机偷袭;另外随着大军深入,忧虑补给发生困难。后金先是在定州,接着在中和向朝鲜提出议和要求。在中和发出的后金国书,列举7宗恼恨,如萨尔浒之役时,助明攻打后金;容匿毛文龙,提供土地,支助粮饷;接纳辽东逃民;对先汗去世新汗即位没有派吊贺使节等,这些实际上都是为进攻朝鲜寻找借口。最后限5日之内,要求朝鲜遣使议和。

朝鲜一方面准备抵御来犯之敌,任命四道体察使和下三道及京畿道体察使,同时任命号召使到下三道招募勤王兵。另一方面,国王自知军力不足,为了防止万一,做出"分朝"决定。24日,安州失陷、敌军到达肃川的消息传来,于是国王命令下三道体察使李元翼护送世子前往全州,自己则于26日离开汉城到江华岛避难。

后金在定州、中和提出的议和条件为:朝鲜不得事奉南朝(明朝),断绝使臣往来,对天盟誓与后金结成兄弟之国(后金为兄,朝鲜为弟)。朝鲜由于前线军队连连战败,决定对后金的议和要求做出回应。2月5日,朝鲜派晋昌君姜纲为回答使到后金军营,向主将阿敏传递国书。朝鲜首先诘难后金无故动兵,接着表示愿意议和,但是不肯与明朝断交。姜纲还提出一旦议和,朝鲜将赠予后金土产,并要求后金军不要再前进。后金诸贝勒也认为议和可成,要求朝鲜提供驻兵的秣马地。

后金还派出副将刘海等十余人前往江华岛谒见朝鲜国王,讨论具体的议和事项。在议和过程中,国王亲誓等问题,成为双方争执的焦点。在朝明关系问题上,朝鲜不肯稍做让步。后金发现朝鲜态度顽固,又急于议和,于是不再强求。由于国王尚在忧服中,大臣代行刑牲,国王只行焚香告天。3月3日,江华岛议和最终达成。誓书内容为:两国从此讲定和好,各保封疆,如果朝鲜或金国违背盟约兴师征伐,则皇天降祸。

江都盟约达成后,后金开始撤军,阿敏不顾众贝勒反对,令士兵众掠3日。4月,后金主力撤离朝鲜半岛;9月,最后几千人全部撤出。经过此次征战,后金的目的部分达到,掠夺了大量粮食、财物,俘获大批人口,暂时缓解了粮食匮乏等经济困境。但两国关系仍存在不稳定因素,后金没有规定朝鲜岁币的具体数额,这为两国纷争埋下伏笔。另外,朝鲜向明朝派出一年一度的朝贡使,处在后金的监控之下。后金没有攻破毛文龙,皮岛成为后金与朝鲜纷争的又一潜在因素。10 年后,后金(清)不得不第二次出征朝鲜。

丁卯之役后,朝鲜仍固守亲明排金政策。1631 年,毛文龙被袁崇焕诱杀,皮岛发生内乱。后金向朝鲜提出助兵船和粮饷准备攻打皮岛,遭到了朝鲜的拒绝。1633 年夏,孔有德等以舟师 2 万渡海来降,后金要求朝鲜助粮,同样遭到了拒绝。尊号问题使两国关系最终走向决裂。1636 年,皇太极准备登皇帝位。后金派使臣吊祭朝鲜王妃兼致朝鲜国书,要求朝鲜同蒙古、满洲诸贝勒一道,为皇太极上帝号。消息传来,朝鲜一片哗然。弘文馆、司谏院儒臣纷纷上疏,要求斩杀虏使、奏闻明朝,对后金宣战。国王没有接受后金国书,下谕朝鲜八道招募忠义之士共济艰难。国王给平安道监使的谕文恰好被后金使臣拾得,这为皇太极再次向朝鲜开战提供了口实。

1636 年 12 月,皇太极亲征朝鲜,史称"丙子之役"。皇太极令郑亲王济尔哈朗留守,令武英郡王阿济格、贝勒阿贝泰分屯牛庄、噶海以备明朝。12 月 1 日,满兵 7 万 8000 人,汉兵 2 万人,蒙古兵 3 万人,总计12 万 8000 人集结待命。第二天,皇太极亲率大军出征,一同出征的还有礼亲王代善,睿亲王多尔衮,豫亲王多铎,贝勒岳托、豪格、杜度等。清军渡过鸭绿江仅 10 余日,14 日,清兵一支先遣队已经抵达首都汉城。

朝鲜于 12 日通过义州府尹林庆业得知清军进军的消息。国王急令判尹金庆徵为都检察使,副提学李敏求为副检察使,令江华留守张绅为舟师大将坚守江华岛。同时,令原任大臣尹昉和金尚容奉庙社神祖,并陪护世子嫔、元孙及两位王子到江华岛避难。国王还起用正在丧中的沈器远为留都大将坚守都城。国王自己本想出南门往江华岛避难,但是捕卒报告说清将率领数百骑已达弘济院,往江华岛的路已被封锁,国王只得返回都城。吏曹判书崔鸣吉和同知中枢府事李景稷到弘济院设宴缓兵,国王才得以和世子及百官一起入南汉山城。山城周围朝鲜驻兵加上御营厅等京军,总兵力达1万3800人,都元帅、副元帅和各道监兵使募集的勤王兵正向南汉山城集结。朝鲜还向明朝派告急使请求援助。山城内积蓄的粮食达2万余石,足够军人及百官坚持50天。这些都坚定了国王坚守南汉山城的决心。

朝鲜虽有战斗力,但战略保守,坐待南汉山城而遗失了战机。12月16日,清主力先锋已达南汉山城脚下,未受任何抵抗进入首都汉城,渡过汉江将南汉山城团团围住。朝鲜守城军出城与清军发生过几次小规模战斗,杀死了数十名清军,但基本上没有发生大规模战斗,而山城内处于酷寒和饥饿之中。明朝国内发生农民起义,虽决定派登莱总兵以舟师援朝,却遇风浪未能到来。各道勤王兵在向南汉山城进军途中,取得了金化战役、光教山战役的胜利,杀死清将扬古利,但是各路勤王兵基本上都被清军分别击退,未能解除南汉山城的被围态势。

朝鲜内部有以崔鸣吉为首的主和派和以金尚宪为首的主战派,围绕和战问题争论不休,眼见南汉山城解围无望,主和派逐渐占了上风。国王派左议政洪瑞凤、户曹判书金荩国前往清营请和。皇太极要求朝鲜国王亲自出城请降,并缚送二三名主战派人物,国王对此犹豫不决。此时传来江华岛陷落的消息,世子嫔及两位王子都落入清军手中,国王迫不得已接受了出城要求。

国王派崔鸣吉、洪瑞凤、金荩国到清营交涉。皇太极也派龙骨大、马夫大入城中谈判。朝鲜彻底屈服,接受如下盟约:(1)朝鲜去明国年号,与明国绝交,交还明国的诰命册印。(2)朝鲜送长子、诸子一人及诸大臣子弟为人质。(3)奉清之正朔。万寿、千秋、冬至、元旦及其他庆吊等事,行贡献之礼,并遣大臣及内官奉表,其礼仪一如明旧制。(4)清征明国时,朝鲜需派舟师援助,不得违误军期。(5)清回军时往征椵岛(皮岛),朝鲜派援兵和兵船。(6)朝鲜执送逃回被掳人,主家同意方可赎回。(7)与朝鲜内外诸臣缔结婚媾,以固和好。(8)朝鲜新旧城垣不许擅筑。(9)朝鲜对日贸易如旧,并导其使者来朝。(10)刷送朝鲜国内瓦尔喀人。(11)朝鲜每年进贡一次,其方物数目如下:黄金100 两、白银 1000 两、水牛角 200 对、豹皮 100 张、鹿皮 100 张、茶 1000包、水獭皮 400 张、青黍皮 300 张、胡椒 10 斗、腰刀 26 口、顺刀 20 口、苏木 200 斤、大纸 1000 卷、小纸 1500 卷、五爪龙席 4 领、各样花席 40 领、白苎布 200 匹、各色绵绸 2000 匹、各色细麻布 400 匹、各色细布 1 万匹、布 1400 匹、米 1 万包。以上南汉山城盟约奠定了此后 200 余年清朝与朝鲜宗藩关系的基础。

1 月 30 日,朝鲜国王和世子按照清的要求着蓝戎服,到汉江东面的三田渡向皇太极行臣下之礼,缔结城下之盟。清军释放了包括王子在内的江华俘虏,并将世子和另外一名王子(凤林大君)作为人质,同时押送斥和派主谋吴达济、尹集,班师回沈阳。后来又有一名斥和派人物洪翼汉被执送沈阳。此 3 人在狱中坚贞不屈,最终殉国,朝鲜史称"三学士"。

回师途中,清军于 4 月进攻皮岛。皇太极令贝勒硕讬和明降将孔有德、耿仲明在龙山造船,要求朝鲜以兵船援助。皮岛明军 1 万多人在都督沈世魁率领下英勇战斗,终因寡不敌众而战败。明朝经营 17 年的东江镇土崩瓦解。

清朝用武力彻底割断了朝鲜和明朝的宗藩关系,使朝鲜成为奉清朝正朔的藩属国。继降服蒙古之后,将朝鲜纳入其藩属,清朝摆脱了腹背受敌的不利局面,专一对明朝用兵。清的两次征伐使朝鲜人力、物力消耗殆尽,特别是西北两道大批人民被掳掠造成妻离子散,加上朝鲜士大夫根深蒂固的华夷观念,朝鲜反清情绪一时难以平复。

32.4 明清战争与清朝入主中原

明朝对东北女真各部向来采取分而治之的策略。努尔哈赤统一女真各部,由弱变强,崛起为东北一支强部后,明朝曾想尽办法削弱他。明朝联合蒙古察哈尔林丹汗,又联合乌喇、叶赫等海西强部,牵制建州势力。不仅如此,明朝还在经济上封锁建州。1608 年,明朝停止建州朝贡,第二年又关闭马市,致使建州人参烂掉 10 余万斤。努尔哈赤要保住自己,谋求向外发展,只有向明朝开战。

1618 年 1 月,努尔哈赤对诸王大臣秘密宣布征明,以明朝无故杀祖、父,发兵护叶赫,助叶赫将已聘叶赫女转嫁蒙古等所谓"七宗恼恨"为借口,起兵反明。4 月,努尔哈赤亲率步兵、骑兵共 2 万,分两路向明军发动进攻。他亲率右翼 4 旗(镶黄、正白、镶红、镶白)攻打抚顺,明军守将李永芳举城投降;命左翼 4 旗(正黄、正红、镶蓝、正蓝)攻占东州、马根单等地。明朝辽东巡抚李维翰急遣总兵张承荫率兵 1 万前去镇压,遭后金兵伏击,全军败没。7 月,努尔哈赤又率八旗兵进入鸦鹘关,围攻清河城,明将邹储贤固守抵抗,结果城破被杀。接着后金又占领一堵墙、碱场二城。努尔哈赤攻克抚顺、清河二城,使全辽震动,北京也举朝震骇,深感辽东边事十分危急。

1619 年 4 月,明朝决定对后金发动一次大规模进攻。由于辽东守军不堪一击,明朝在河北、山东、山西等地征集近 9 万兵,加上被迫征调来的 1 万叶赫兵和 1 万 3000 朝鲜援军,总计 11 万人,号称 47 万进攻后金。明朝以杨镐为辽东经略,以杜松、李如柏、刘綎等为副,分 4 路进攻后金:总兵刘綎率军由东出宽甸;总兵马林率军由北出三岔口;杜松率军由西出抚顺关;李如柏率军由南出鸦鹘关,其中以西路杜松为主力,皆直指赫图阿拉。此外,王绍勋总管各路粮草,杨镐坐镇沈阳。

努尔哈赤正确判断了形势,只派 500 人抵御东路刘綎军,而把全部兵力集中起来,以 6 万人迎击从西而来的杜松的主力 3 万人。两军在萨尔浒一带相遇,后金军以众击寡,击溃西路明军,杜松战死,全军覆没。努尔哈赤挥师北上,又击溃北路军,马林仅以身免,逃往开原。努尔哈赤在西北两路获胜后,得知东南两路进逼赫图阿拉,形势十分危急,急派扈尔汉、阿敏、代善、皇太极等,赶赴东线,集中 3 万多人,进行伏击,刘綎战死,全军覆没。之后,集中八旗分围朝鲜军。总指挥姜弘立出发时国王光海君有过暗示,遇到情况见机而动,朝鲜军全无斗志,在八旗兵合围下,全部投降。杨镐得知三路折兵,急令南路李如柏撤兵,明朝的 4 路大军只有这一路免于败没。后金取得萨尔浒战役的胜利,使辽东形势发生了巨变。从此,后金更加咄咄逼人,向辽东地区扩张,明朝则一步步转入防御。同年六七月,努尔哈赤乘胜攻破开原、铁岭,8月灭掉叶赫。

　　萨尔浒战役失败后,明朝将辽东经略杨镐逮捕法办,改任熊廷弼为辽东经略。熊廷弼坐镇辽东一年有余,采取"坚守渐逼"之策,大力整顿军务,申明纪律,修城筑堡,练兵制械,屯田积粮,以守为战,使努尔哈赤在很长时间不敢轻易西进。但明朝内部急进派,攻击熊廷弼不敢出击,催促他速战速决。熊廷弼被迫辞职,明朝以袁应泰代之,准备出兵进攻后金。但没有等明军出动,后金先下手为强。1621年3月,努尔哈赤率八旗兵攻打沈阳,诱沈阳城之明军出城野战,沈阳城总兵战败而死,城内蒙古饥民降卒纷纷叛变,打开城门,沈阳城遂被攻破。接着,后金攻辽阳城,双方激战3天,明军寡不敌众,辽阳失守,辽东经略袁应泰自杀。辽河以东的明军不战自溃,数日间,金州、复州、海州、盖州等地相继失陷,辽河东70余城都剃发投降。努尔哈赤为了巩固对辽东地区的占领,将都城迁到了辽阳。

　　沈阳、辽阳失陷后,明朝重新起用熊廷弼为辽东经略,以王化贞为辽东巡抚。但此二人在进攻和防御这一战略方针上出现分歧。熊廷弼坚持以防御为主,先稳住辽西后再伺机向东步步推进,而王化贞坚持迅速出击。1622年1月,努尔哈赤利用辽东主将之间的矛盾,亲率9万兵攻广宁。由于王化贞分散兵力,后金将明军消灭在广宁外围西平堡和平阳桥,城内守军或出逃或投降,轻而易举地拿下了广宁城。接着后金又连陷40余城,占领辽河以西大片土地。以后,努尔哈赤为了便于同明军作战,又从辽阳迁都沈阳。

　　广宁战役后,后金与明朝的争夺暂时进入相持阶段。后金迁都沈阳后,更多地进行内部调整,稳固已取得的成果。广宁失守,明朝处死了经略熊廷弼和巡抚王化贞,起用兵部尚书孙承宗为辽东经略。他与主张坚守宁远、以守为战为战略方针的袁崇焕配合,迅速改变了辽西的战守形势,修筑了包括宁远在内的锦州、大小凌河、松山、杏山及右屯等要塞,从而形成以锦州、宁远为重点的关外防线。1625年9月,孙承宗因耀州之役战败,遭到阉党的排挤,辞职返乡,高第代为辽东经略,局势发生急剧逆转。高第认为关外不可守,一反孙承宗坚守方针,撤回锦州、右屯、大小凌河、杏山、塔山守具,尽驱屯兵入关,放弃米粟10余万石,而百姓死亡,哭声震野,民怨而军势更加不振。高第还想尽撤宁远、前屯二城守军,袁崇焕不肯听从,坚守宁远孤城。1626年1月,努尔哈赤亲率6万大军攻宁远。在此之前,努尔哈赤致书袁崇焕以高官厚禄诱降,袁崇焕不为所动,尽焚城外民居,坚壁清野,誓死守城。城上明军首次以火力甚猛的红衣大炮轰击,努尔哈赤亲临督战,却久攻不下,后金兵死伤无数,被迫撤退。宁远大捷是明朝对后金作战的第一次重大胜利,它打击了后金的锐气,使后金铁骑进攻辽西的步伐放慢。宁远战败后,努尔哈赤退回沈阳,7月身患毒疽,8月病死。袁崇焕则着手修筑锦州、中左和大凌河三城,广兴屯田,以作长久之计。

皇太极取得征朝鲜战争(丁卯之役)胜利后,调兵西进,于1627年五六月,进攻锦州、宁远,未能攻克,毁大小凌河城,退回沈阳。此后,皇太极改变战略,绕开袁崇焕、祖大寿坚守的宁锦及山海关,取道蒙古,由蒙古做先导,进入内地,攻占永平、滦州、迁安、遵化等城,并施反间计,假崇祯皇帝之手,杀死了袁崇焕。由于后金军孤军深入,不久,驻守永平的阿敏不得不退回关外。1634年、1636年、1638年,后金(清)军几次入关,进攻宣大、保定,甚至打到京郊通州,沿着运河一直攻到山东,攻占济南,掳掠大批人畜和金银财宝,退回沈阳。

皇太极几次绕道蒙古入关,但是,只要宁锦、山海关在明军手里,清军就不敢在关内久留。山海关是屏蔽北京的要塞,而锦州乃是山海关的门户。随后,明清之间围绕锦州、松山、杏山、塔山等关外重镇,展开了激烈的争夺战。1640年,清兵攻打锦州,明军在祖大寿带领下英勇抵抗,清军不克,退回沈阳。第二年正月,皇太极又派多尔衮率兵围攻锦州,仍不克。4月,皇太极派郑亲王济尔哈朗、武英郡王阿济格、贝勒多铎等,代替多尔衮猛攻锦州,在锦州外围义州屯田驻兵,使明山海关外宁锦地方不得耕种,围困锦州。清军还策动明朝的蒙古兵投降,占领了锦州外城。祖大寿向明廷告急。7月,明朝派洪承畴率领8总兵13

·欧·亚·历·史·文·化·文·库·

万人救援锦州,他步步为营,以守为战,不敢冒进,立营在锦州城南 18 里的松山西北。济尔哈朗派右翼八旗兵进攻明军,接连失利,人马死伤甚多。关键时刻,崇祯皇帝命洪承畴加速前进,以解锦州之围,兵部也一再催战。洪承畴无奈,只好在 7 月 26 日誓师,自己率领 6 万人先进,骑兵环松山三面,步兵据城北乳峰山,把粮草屯于杏山和塔山之间的笔架山。9 月,皇太极亲率大军到锦州前线督战,集中兵力攻打洪承畴的援兵,首先切断明军粮道,打败笔架山的护粮军,夺取粮草。明军既失粮草,加上作战不利,军心开始动摇,企图从左、右两路向南突围出去,皇太极早已布下天罗地网,明军自相践踏,大溃。此役清军歼灭明军 5 万 3000 余人,获马 7400 百余匹,甲胄 9300 余件。明蓟辽总督洪承畴退入松山城后,5 次突围,均被清军击退,而明朝援兵迟迟不来。到 1642 年 3 月,松山城内粮尽,副将夏承德降清为内应,城陷,洪承畴被俘,不久投降。被围困达一年多的锦州城内粮尽,人相食,见到松山城投降,待援无望,祖大寿献城投降。至此,明朝在关外除了宁远孤城外,全部落入清军手中。

1644 年 3 月 19 日,李自成农民军攻陷北京,崇祯帝自缢而死,明王朝灭亡。明宁远总兵吴三桂引清兵入关,多尔衮率领的 14 万清军,加上吴三桂 4 万明军,长驱直入,攻占北京,中国历史开始了满清王朝统治的时期。

16 世纪末、17 世纪初,建州女真的英雄努尔哈赤脱颖而出,他统一女真各部,建立后金,创建八旗制度,创制满文,奠定了国家基础。在努尔哈赤和他的儿子皇太极时期,迫使漠南蒙古的科尔沁、内喀尔喀等归附,察哈尔林丹汗被逼西逃,使整个漠南蒙古归入其版图。1636 年皇太极称帝,改国号清。他还迫使漠北蒙古喀尔喀三部即土谢图汗、扎萨克汗、车臣汗献九白之贡,与清朝建立臣属关系。皇太极还两次征兵朝鲜,迫使朝鲜臣服,双方建立宗藩关系。从此,清朝解除了后顾之忧,由蒙古骑兵做先导取道内蒙古进攻明朝。继攻破抚顺、清河、沈阳、辽阳以后,明清在山海关外的锦州、宁远一线展开拉锯战。清兵在锦州外围驻军屯田,步步为营,围困达一年之久。在松山战役中,切断明军粮道,迫使明将洪承畴投降,陷入重围的锦州城也相继投降。1644年,明朝宁远总兵吴三桂引清兵入关,18万大军长驱直入,攻占北京城,清朝入主中原。

主要参考文献

白拉都格其,等.蒙古民族通史:第5卷(上)[M].呼和浩特:内蒙古大学出版社,2002.

戴逸.简明清史[M].北京:人民出版社,2004.

郭成康,王天有,成崇德.中国历史·元明清卷[M].北京:高等教育出版社,2002.

李治亭.东北通史[M].郑州:中州古籍出版社,2003.

李治亭.清史[M].上海:上海人民出版社,2002.

内蒙古社科院历史所.蒙古族通史[M].北京:民族出版社,1995.

王治来.中亚史纲[M].长沙:湖南教育出版社,1986.

吴晗.朝鲜王朝实录抄中国史料[M].影印版.首尔:景仁文化社,1982.

萧一山.清代通史[M].北京:中华书局,1986.

[俄]尼·伊·帕甫连科.彼得大帝传[M].斯庸,译.北京:三联书店,1982.

潘志平.中亚的地缘政治文化[M].乌鲁木齐:新疆人民出版社,2003.

[俄]波克罗夫斯基[M].俄国历史概要.贝璋衡,等,译.北京:商务印书馆,1994.

[乌兹别克]艾哈迈多夫.16~18世纪历史地理文献[M].修订版.陈远光,译.兰州:兰州大学出版社,2012.

马克思恩格斯全集[M].北京:人民出版社,1964.

[美]斯塔夫理阿诺斯.全球通史[M].吴象婴,梁赤民,译.上海:上海社会科学院出版社,1988.

[伊朗]志费尼.世界征服者史[M].何高济,译.北京:商务印书

·欧·亚·历·史·文·化·文·库·

馆,2004.

王铖.往年纪事译注[M].兰州:甘肃民族出版社,1994.

〔俄〕捷连季耶夫.征服中亚史:第1卷[M].武汉大学外文系,译.北京:商务印书馆,1980.

〔俄〕捷连季耶夫.征服中亚史:第2卷[M].新疆大学外语系,译.北京:商务印书馆,1983.

〔法〕哈比卜.中亚文明史:第5卷[M].蓝琪,译.北京:中国对外翻译出版公司,2006.

Schuyler Eugene. Turkistan, Notes of a Journey in Russian Turkistan Khokand, Bokhara and Kuldja[M]. London:[s. n.],1876.

18~19世纪(1771~1867年)哈萨克与俄国关系(文件与资料集)[G].俄文版.阿拉木图:[s. n.],1964.

〔韩〕国史编纂委员会编.韩国史:29[M].[S. l.]:国史编纂委员会发行,1995.

〔韩〕韩永愚.重新找回韩国历史[M].[S. l.]:经世苑,1998.

〔韩〕金钟圆.近世东亚细亚史研究——以朝清交涉及东亚三国交易为中心[M].惠安:[s. n.]1999.

〔韩〕全海宗.韩中关系史研究[M].[S. l.]:一潮阁,1974.

〔韩〕任桂淳.清史——满族统治的中国[M].[S. l.]:新书苑,2000.

第七编（下）

33　中亚三汗国的发展

33.1　布哈拉汗国

在札尼王朝苏班·库里统治时期(1681～1702年),布哈拉汗国虽然一直处于内患外扰之中,但是,苏班·库里大体上仍然保住了他所继承下来的领土,并且在平定内乱与对外战争方面都取得了一定的成就。对内,他首先平息了他的儿子们在巴尔赫发生的争斗。巴尔赫因是储君所在地,所以诸子在此的争夺格外激烈。其次,他处理了汗国内各部落之间的纷争和叛乱,尤其是乌兹别克族明格部和克普恰克部之间的斗争。但是,苏班·库里终究未能彻底清除汗国内部的割据势力,18世纪初,布哈拉汗仍在与巴尔赫和喜萨尔等割据势力作战。

1702年苏班·库里去世,布哈拉汗国重新陷于分裂。苏班·库里的儿子奥贝都拉(ʿUbaydullāh,1702～1711年在位)在布哈拉称汗,苏班·库里的孙子穆奇姆汗(Muqīm Khān)在巴尔赫宣布自己是统治者。穆奇姆汗虽然承认其叔父奥贝都拉为布哈拉汗国的汗,但是,他在巴尔赫领地上则完全以独立统治者的身份活动。

奥贝都拉为了振兴国家,采取了一些打击大封建主的行动。当时,一些游牧部族和地区不听从中央的命令,各行其是,成为割据政权。奥贝都拉汗的一些宠臣在宫廷中相互倾轧和恣意妄为,奥贝都拉汗试图阻止国内分裂势力的割据,但收效甚微。布哈拉失去了对巴尔赫、捷尔梅兹、希萨尔沙德曼和沙赫里夏勃兹的控制。

1711年,奥贝都拉死于统治上层所策划的阴谋之中,苏班·库里

·欧·亚·历·史·文·化·文·库·

之子阿布尔·费兹(Abū'l Fayz)继承汗位(1711～1747年)。由于内乱,费尔干纳盆地脱离布哈拉,建立了独立的浩罕汗国。接着,札尼王朝出现两个并存政权,即以阿布尔·费兹汗为首的布哈拉政权和以拉贾布汗为首的撒马尔罕政权。

1740年,波斯统治者纳迪尔沙赫(Nādir Shāh,1736～1747年)从赫拉特出发,开始了对河中地区的征服。当波斯军队渡过阿姆河逼近布哈拉时,阿布尔·费兹汗投降了波斯人,并将女儿嫁给了纳迪尔沙赫。在家族联姻的基础上,双方签订了和平协议。根据协议,阿姆河以南的所有布哈拉汗国领土划归纳迪尔沙赫统治。1746年,撒马尔罕与布哈拉之间的地区爆发了反对阿布尔·费兹汗的伊巴杜拉起义,纳迪尔派军队镇压了起义,起义者在失败后逃往费尔干纳。

波斯人为了维护自己在布哈拉汗国的统治,罢黜原布哈拉汗阿布尔·费兹,立他的儿子阿布·穆明为汗。1747年,纳迪尔沙赫被部下刺杀,他用武力建立起来的庞大帝国随之解体。于是,布哈拉和希瓦两个汗国趁机摆脱了波斯人的统治。波斯人虽然退出了河中地区,但是,布哈拉汗国的札尼王朝实际上已经名存实亡,分别由布哈拉、撒马尔罕、塔什干、巴尔赫、巴达克山等地区埃米尔统治。在这些埃米尔中,呼罗珊查尔朱城的埃米尔穆罕默德·拉希姆·曼格特(Muhammad Rahīm Manghīt)势力最强大。1785年,札尼王朝最终被曼格特王朝取代,布哈拉汗国开始了曼格特王朝时期。

曼格特人在13世纪离开蒙古高原西迁,来到了钦察草原(Dasht-i Qipchaq)。14世纪,他们分布于伏尔加河和乌拉尔河之间。在此,蒙古族曼格特人在突厥族钦察人的影响下开始突厥化,开始说钦察突厥语。15世纪,他们被称为诺盖人(Noghays)。在金帐汗国解体时,诺盖人在乌拉尔山一带建立了诺盖汗国。该汗国内的主要部落曼格特部,在汉籍中被称为"蒙古特"。后来,曼格特人开始与乌兹别克人、卡拉卡尔帕克人及哈萨克人融合。16世纪初期,一部分曼格特人跟随穆罕默德·昔班尼一起迁入河中地区。在塔吉克人的影响下,他们开始了定居生活,从事畜牧养殖、农业和手工业生产。在此,他们中的一些人参与了昔班尼家族对布哈拉汗国的统治。18世纪中叶,曼格特人在政治上获得了很大的成功。到18世纪下半叶,他们的首领沙赫·穆罕默德在布哈拉汗国获得了宫廷侍长的职位。利用这一职位,曼格特首领最终夺取了布哈拉汗位,建立了曼格特王朝。该王朝在布哈拉的统治虽然历时约1个半世纪(1753～1920),但是,1866年,它成为俄国的保护国后,就已经不再是一个独立的政权了。

纳迪尔被杀以后,波斯人退出了对河中地区的统治,布哈拉的实权由摄政者曼格特人穆罕默德·哈辛姆及其子穆罕默德·拉希姆(Muhanmmad Rahīm)掌握。纳迪尔统治河中地区时,穆罕默德·哈辛姆家族的许多成员都充当了波斯人在河中的统治工具,担任着不同的职务。穆罕默德·哈辛姆本人被纳迪尔沙赫任命为大埃米尔(amīr-i kabīr),哈辛姆的弟弟丹尼雅尔(Dāniyāl)成为克尔米涅的统治者。哈辛姆的儿子穆罕默德·拉希姆被任命为军队司令,统帅着为波斯效力的1万骑兵。

在波斯人还未退出对河中的统治之时,河中各地的埃米尔就已经起义反抗哈辛姆家族在布哈拉汗国的专权。他们秘密联络,准备在红玫瑰节(Gul-i Surkh)发动突然袭击。当时,哈辛姆的幼子穆罕默德·拉希姆还在马什哈德,闻讯后立即率领一支波斯军队返回布哈拉,围攻布哈拉城的伊巴杜拉赫·汗·基塔依(ʿIbādullāh Khān Khitāʾī)和其他埃米尔被迫撤到塔什干。穆罕默德·拉希姆在纳迪尔沙赫的支持下进入布哈拉,被授予埃米尔·阿尔·乌拉玛(amīr al-umarā,即埃米尔中的埃米尔)称号。拉希姆依靠波斯军队、查尔朱土库曼人及他自己的支持者镇压了此次反叛。1747年,他处死了札尼王朝汗阿布尔·费兹,扶持费兹未成年之子阿布穆明继承汗位。一年后,他又除掉这位幼主,立阿布尔·费兹的另一个儿子奥贝杜拉(ʿUbaydullāh)为汗,奥贝杜拉也是一位有名无实的统治者。1753年,穆罕默德·拉希姆称汗,开始统治布哈拉汗国。

穆罕默德·拉希姆掌权后,致力于加强中央集权。为了扫平地方割据势力,他与乌兹别克诸部首领、乌拉特佩、喜萨尔、努尔阿塔(Nurata)等地的割据统治者进行战争,成功地镇压了图盖·穆拉德(Tuqāy Murād)在米安卡勒的叛乱。最难对付的是乌拉特佩统治者比·法兹尔(Bī Fazil,1749~1785 年)。穆罕默德·拉希姆曾于 1754 年与浩罕汗国额尔德尼汗,以及钦察部诸首领结成联盟,但是,他始终未能攻陷乌拉特佩城。喜萨尔和沙赫里夏勃兹两地也对曼格特人的统治持敌对态度。在乌拉特佩城遭到围攻时,喜萨尔统治者穆罕默德·阿明曾率领一支由 8000 人组成的军队支援乌拉特佩。穆罕默德·拉希姆在乌拉特佩战败以后,决定攻打喜萨尔。他很快就将其拿下,处死了城主穆罕默德·阿明。

1758 年 3 月,穆罕默德·拉希姆去世,他的叔叔丹尼雅尔(1758~1784 年)被推举为继承人。丹尼雅尔在形式上继续保留札尼王朝的汗即费兹尔·土拉汗(Fāzil Tura)和阿布尔·哈齐汗(Abū'l Ghāzī,1758~1785 年),实际上他独揽大权。尽管如此,他丧失了拉希姆所取得的集权政治,撒马尔罕、沙赫里夏勃兹等地重新分裂为独立王国和半独立领地,不满其家族统治的许多部落发生了叛乱,乌拉特佩和忽毡的领主费兹尔(Fāzil)夺取了吉扎克、哈提尔奇(khatirchi)、卡塔库尔干(Kattakurgan)和撒马尔罕,继而想夺取布哈拉城成为全国的统治者。

沙赫·穆拉德执政后,正式废黜了札尼王朝的傀儡汗,布哈拉汗国曼格特王朝正式开始。在沙赫·穆拉德统治时期(1785~1799 年)进行了一系列政治和经济改革,这些改革不仅使汗国的经济得到了恢复发展,也使他在位时期成为曼格特王朝最稳定的时期。

沙赫·穆拉德还积极发动对外战争,他在位之前,巴尔赫已经独立出去,由帖木儿·沙赫统治着。沙赫·穆拉德在巴尔赫鼓动并积极支持反帖木儿·沙赫的起义,最终签署条约使其承认布哈拉埃米尔对巴尔赫和阿姆河以南地区的宗主地位。沙赫·穆拉德对莫夫发动了一系列战争,1785 年,他杀死莫夫统治者贝拉姆·阿里汗(Bayrām ʿAli Khān),夺取了绿洲,摧毁苏丹大坝(Sultanbent, Sultān band),使依靠大坝拦水浇灌的耕地长期得不到灌溉。他还进攻波斯领地马什哈德,俘虏了不少波斯人,把他们作为奴隶在布哈拉市场上出售。

1799 年沙赫·穆拉德被杀,王位由其子海达尔(Haydar)继承。海达尔时期(1800~1826 年),国内发生了一系列内乱。乌拉特佩和其他地区的首领纷纷反叛,地处布哈拉和撒马尔罕之间的米安卡勒的契丹－克普恰克部于 1821 至 1825 年间发生大规模起义。海达尔还与浩罕、希瓦两汗国发生了战争。1826 年海达尔病死,他的长子胡赛因(Husayn)即位。胡赛因即位不满 3 个月就被首相哈希姆毒死,临死之前他把自己的弟弟倭玛尔从克尔米涅招回,让他继承汗位。但是,倭玛尔在位 3 个月之后也被首相逐出布哈拉。

布哈拉汗位最终由海达尔的次子卡尔施城主纳斯鲁拉(1827~1860 年)继承。继位初,他处死了擅自废弑汗王的骄横跋扈的首相哈希姆。为了消除隐患,他又处死了自己的 3 个弟弟,更换掉了宫廷的全部侍从。1858 年,他又处死了乌拉特佩总督拉斯特姆贝(Rustambeg)和其他几位总督。这些行为使他获得“屠夫埃米尔(*amīr-i qassāb*)”的绰号。他通过这些措施巩固了自己的政权。纳斯鲁拉终身为布哈拉汗国的统一而战,1827 年,他就把沙赫·穆拉德统治时期割让给阿富汗的巴尔赫地区从阿富汗夺回。不过,该地于 1851 年又落入阿富汗埃米尔多斯特·穆罕默德之手。19 世纪 40 年代初,布哈拉与希瓦汗国之间,为争夺莫夫重新开战,布哈拉战败。1842 年,纳斯鲁拉发动对浩罕的战争,处死了浩罕汗玛达里及其全家,塔什干和突厥斯坦城在短时间内纳入了他的管辖范围。

纳斯鲁拉唯一的儿子穆札法尔(Muzaffar)在其父去世以后继承了汗位(1860~1885 年)。此时,俄国军队在攻克塔什干城后,开始向中亚腹地推进。1866 年 5 月,布哈拉埃米尔的军队与沙俄军队在伊尔坚(Irjan)进行了第一次大战,布哈拉军队受到重创。1866 年,俄国军队占领了忽毡、乌拉特佩、吉扎克,进逼撒马尔罕城,1868 年攻陷撒马尔罕城。同年,埃米尔的军队在泽拉布拉克(Zirabulaq)再次遭到俄军的沉重打击。穆札法尔不得不与俄国签订不平等条约,从此,布哈拉埃米尔国成为沙皇俄国的保护国。由于军事上的失败,国内不满情绪与日俱增,一些部落首领和神职人员筹划了一起反对穆札法尔的军事行动,领导者是穆札法尔的长子阿布·阿哈德(ʿAbdu'l Ahad),但是,叛乱很快被镇压下去。

1885年,穆札法尔的儿子阿布·阿哈德正式继承布哈拉埃米尔国的王位(1885~1910年)。在他继任当年,俄国在布哈拉设立了"俄帝国政治代理处",加强了对布哈拉汗国的控制。之后的继承者阿利姆汗(ʿĀlim Khān)是曼格特王朝的最后一位统治者,他的统治持续了10年(1910~1920年)。1920年9月,苏维埃军队进入布哈拉城,埃米尔国被推翻。阿利姆汗逃亡喜萨尔,1921年2月越过阿富汗边境,以流亡者的身份住在喀布尔。此后,他一直为重建布哈拉汗国而努力,但终归失败。1944年阿利姆汗去世,葬在喀布尔郊外的公墓中。

33.2　希瓦汗国

希瓦汗国从17世纪末期开始衰落。1695年,希瓦汗国公开承认布哈拉汗国的宗主国地位,以后相继继位的沙赫·尼雅兹(Shāh Niyāz)和穆西(Musī)汗,都是由布哈拉汗苏班·库里任命的,希瓦汗国延续了近两百年的昔班家族的汗系中断。之后,希瓦经历了波斯人的入侵和统治,波斯人退出后,希瓦汗国亦刺克(首席大臣)掌握了国家的实权。

据希瓦历史学家记载,1687~1728年,从阿奴什汗到希尔·加齐汗(Shīr Ghāzī Khān)时期,希瓦经历了10位汗的统治。这些汗大多是乌兹别克贵族的代表人物阿塔雷克和亦刺克随意废立的,其中只有希尔·加吉汗当政时间较长(1716~1728年)。他在位期间,一直与乌兹别克封建贵族的分裂势力进行顽强的斗争。

希尔·加吉汗之后,汗位由伊尔巴斯(Ilbārs,1728~1740年)继承。1740年10月,在波斯纳迪尔沙赫的进攻下,伊尔巴斯投降,纳迪尔沙赫攻占了希瓦。

征服希瓦汗国后,纳迪尔沙赫扶植了一个傀儡汗塔希尔·伯克(Tāhir Beg)。在纳迪尔沙赫返回波斯时,1741年希瓦爆发反波斯起义,波斯傀儡汗塔希尔·伯克及其卫队全部被杀。后来,在纳迪尔沙赫的认可下,伊尔巴斯的儿子阿布尔·哈齐登上了希瓦汗位。在他统治时期(1741～1746年),汗国中掌握实权的先后是亦刺克阿尔吐克及其兄弟胡拉兹别克,他们都是乌兹别克曼格特部落的首领。

1747年纳迪尔沙赫被暗杀,波斯人在希瓦汗国的统治瓦解了。昆格拉特部(Kongrat,Qonqrāt)的亦刺克掌握了实权。在艾利吐热尔任亦刺克时宣布废除傀儡汗,自称沙赫,建立起自己的王朝。他建立的王朝又被称为昆格拉特王朝(1804～1920年)。

波斯人在希瓦汗国的统治结束以后,希瓦汗国的内争又起,导致中央政权名存实亡和汗位频繁更替,历史学家把这一时期称之为"汗的游戏"。而汗国的实权却掌握在亦刺克手中。亦刺克传统上由哈扎拉斯普地方长官充任,他们大多数都是乌兹别克显赫部落的比。这种状况一直持续了半个世纪。在这半个世纪中,相继掌权的亦刺克有昆格拉特部的穆罕默德·阿明(1770～1790年)、艾兹维(1790～1804年)和艾利吐热尔(Iltuzer,1804～1806在位)。

昆格拉特部比穆罕默德·阿明在获得教、俗两大势力的支持以后,于1755年开始掌权,1770年自称亦刺克(宰相)。他毕生致力于希瓦汗国的振兴,因此他在位时期,希瓦汗国的政治秩序有所改善,经济生活逐渐繁荣起来,使汗国保持了较为稳定的局面。

艾利吐热尔统治时期,希瓦汗国的中央集权逐渐加强。他建立了一支由乌兹别克人组成的、忠于自己的军队。在力量雄厚之后,他宣布自己为沙赫,建立了自己的王朝。从此,昆格拉特部的首领不仅是王朝事实上的统治者,而且在名义上也得到了确认。

1806年,艾利吐热尔在与布哈拉汗国发生的一场冲突中去世。艾利吐热尔去世以后,他的堂弟麦哈穆·拉希姆(Muhammad Rahīm Khān)被拥立为汗。麦哈穆·拉希姆汗是一位有作为的汗。在位期间(1806～1825年),他致力于中央集权的建设。为了削弱封建割据势力,他实行打击老封建贵族的政策,将他们的大量土地置于自己的支配之下。统治阶层的成分也发生了一些变化。麦哈穆·拉希姆汗采取措施吸收土库曼人、卡拉卡尔帕克人和哈萨克人中的上层人物到自己政权中来,他还广泛吸收土库曼人和其他部族人组成亲兵,这支亲兵成了汗国武装力量的基础。此外,宗教界人士在他的统治机构中也有着举足轻重的地位,他们参加国家的管理并享有很多特权。这些政策加强了王权,使希瓦汗国最终完成了国家的统一。

麦哈穆·拉希姆汗在国家稳定的情况下开始了一系列征服战争。据希瓦汗国的历史学家记载,1811 年,他结束了咸海南岸卡拉卡尔帕克人的独立政局。从 1813 年起,麦哈穆·拉希姆汗征服了帖克、约穆特、撒累克(Saryk)和其他土库曼部落。在 19 世纪初期,伊木里利人(Emreli)、阿尔·埃利(Āl-eli)和卡拉塔什利(Qaradāchli)诸部重新被纳入希瓦汗国。乔都儿(Chaudur)和伊格迪儿(Igdir)部中的一些人迁到曼吉什拉克。这些土库曼部落都承认了与汗的附属关系,他们向汗缴纳规定的赋税并派人到汗的军队中服役。

麦哈穆·拉希姆曾多次远征哈萨克人。他还进行了反布哈拉汗国的战争,一直打到莫夫。1822 年,莫夫转归希瓦汗国统治。1824 年,希瓦人在此建成名为新莫夫的城市,即今土库曼斯坦的马雷市。麦哈穆·拉希姆与布哈拉汗国争夺莫夫的战争一直持续到 1825 年他去世为止。

麦哈穆·拉希姆去世后,他的儿子阿拉·库里汗(Allāh Qulī Khān)继承汗位。在阿拉·库里汗统治期间(1825~1842 年),希瓦城迎来了最繁荣时期。阿拉·库里汗致力于发展农业,当时修筑的灌溉设施可以灌溉阿姆河左岸,以及乌尔根奇老城的耕地。他在锡尔河南岸支流库完河左岸建筑了几个要塞,在要塞设置关卡,向哈萨克人和过往商队征收扎卡特税。

在注重经济的同时,阿拉·库里还进行了一系列征服活动。1832 年,阿拉·库里汗进攻莫夫,向该地的帖克土库曼人索取贡赋。他在撒洛尔土库曼人的居住地设置了一个关税征收所,向经过该地区的来往商队征税。19 世纪 40 年代,希瓦汗国进攻查尔朱,希瓦军队在此大肆抢劫财物和掳掠人口。1842 年 9 月,锡尔河畔的哈萨克人起义反抗希瓦汗国的统治。他们袭击了江和卓堡,夺取了一些希瓦要塞,并杀死了当地的希瓦税吏,希瓦汗国派军队前往镇压,对当地哈萨克人进行了野蛮的屠杀和抢劫。

希瓦汗国的繁荣是短暂的。到 19 世纪中叶,希瓦汗国又开始衰落下去。阿拉·库里汗于 1842 年 11 月去世,他的儿子拉希姆·库里继承汗位。拉希姆·库里在位时期(1842~1845 年),希瓦汗国曾出兵打败了波斯的哲姆希德人。他还遣使到哈萨克人中,试图与哈萨克肯尼萨尔联合抗击俄国。但是,他的统治时间不长,1845 年去世,他的兄弟穆罕默德·艾明(Muhammad Amīn)继承汗位(1846~1855 年)。

1855 年,穆罕默德·艾明在与波斯萨拉赫斯人的战争中兵败被杀。自此以后,希瓦汗国经历了一个极其不稳定的时期,希瓦汗每年对呼罗珊土库曼人的征战停止。在这一时期,土库曼人进行了长达 12 年的起义(1855~1867 年)。1856 年卡拉卡尔帕克人也爆发起义,虽然汗国军队最终镇压起义,但这些起义却使汗国陷入混乱。

1856 年 2 月,赛义德·穆罕默德继承汗位。据希瓦历史学家记载:他在位期间(1856~1865 年),希瓦汗与土库曼人、乌兹别克人、萨尔特人、卡拉卡尔帕克人、哈萨克人以及汗国其他民族签订了和平协定。1865 年,赛义德·穆罕默德去世,其子赛义德·穆罕默德·拉希姆继位(1865~1873 年)。

赛义德·穆罕默德·拉希姆汗企图在中亚扮演领导者的角色。他曾支持 19 世纪 70 年代哈萨克人的各次起义。在他统治期间,希瓦汗国面临着来自俄国的日益严重的威胁。俄国政府在征服塔什干城和布哈拉汗国以后,把目标对准了希瓦汗国。赛义德·穆罕默德·拉希姆汗在内外危机的情况下曾逃到约穆特土库曼人中避难,他的叔叔赛义德·异密·乌勒·奥马尔被拥立为汗。1873 年,俄国征服希瓦汗国后,不承认新汗。赛义德·穆罕默德·拉希姆于同年 6 月返回希瓦城,被俄国人重新扶上汗位。他与俄国签订了一系列不平等条约,这些条约使希瓦汗国沦为俄国的保护国。1920 年,希瓦汗国的最后一位汗赛义德·阿拉被苏维埃政权废黜,希瓦汗国灭亡。

421

33.3 浩罕汗国的建立及其兴盛

18 世纪初期,费尔干纳地区摆脱宗主国布哈拉汗国的控制,乌兹别克明格部在这里建立了独立的明格王朝,该王朝存在 167 年(1709 ~ 1876 年),史学界称之为浩罕汗国(Khoqand),中国史书译之为霍罕国,但是浩罕城在明格王朝第三位统治者阿卜都尔噶里木在位时(1733 ~ 1746 年)才建成。浩罕汗国以费尔干纳地区为核心,包括浩罕、纳曼干、马尔格兰(Marghilan)、坎德·巴达姆、伊斯法拉等城及其周边地区。浩罕国内的居民大多是乌兹别克人,以及血缘相近的诸突厥部落,还有塔吉克人和吉尔吉斯人。

费尔干纳盆地是中亚的定居中心之一,位于锡尔河及其他许多小河源头的山麓之下,费尔干纳绿洲里有许多居民和远古时代就建成的城市。15 世纪中叶至 16 世纪中叶的 100 多年间,帖木儿后王、东察合台汗和昔班尼王朝在这里角逐,但最终被纳入布哈拉汗国版图。15 世纪中叶,费尔干纳是帖木儿王公巴布尔的祖父卜赛因·米尔咱(Abū Sacīd Mīrzā)的领地,但是他的统治中心不在费尔干纳,而是在呼罗珊和河中地区,宫廷设在赫拉特。1469 年他去世后,巴布尔的父亲乌玛尔·谢赫·米尔咱(ʿUmar Shaykh Mīrzā)继任为费尔干纳统治者。他的驻地在费尔干纳第二大城市阿赫昔(Akhsi)。1494 年他去世后,年仅 12 岁的巴布尔继任为费尔干纳统治者。巴布尔于 1483 年 2 月出生于费尔干纳,15 世纪末,巴布尔从其堂兄拜孙哈尔(Bāysunqur)手中夺取了撒马尔罕。在乌兹别克人征服河中地区的战争中, 1500 ~ 1502 年,巴布尔被昔班尼赶出了撒马尔罕,他在费尔干纳的统治又受到速檀·阿黑麻·檀巴勒(Sultān Ahmad Tambal)的挑战。1503 ~ 1504 年,他逃离费尔干纳,投靠其亲属、赫拉特统治者速檀·忽辛·拜哈拉。速檀·阿黑麻·檀巴勒在费尔干纳的统治是短暂的,1504 年昔班尼汗推翻了他的统治,将费尔干纳并入布哈拉汗国版图。

昔班尼在费尔干纳的统治很不稳定,受到了来自东部蒙兀儿斯坦的察合台诸汗的威胁。为了确保对费尔干纳的统治，1509 年，昔班尼汗杀死了到费尔干纳寻求避难的察合台马合木汗及其子。1510 年，昔班尼汗在莫夫战死，马合木汗的侄子萨亦德汗夺取了费尔干纳。在昔班尼王朝阿布杜拉汗时期，该地区被并入布哈拉汗国，其统治持续了两百年。

札尼王朝从昔班尼王朝那里继承下来的领土，除了花剌子模、河中地区、巴尔赫和巴达克山外，还有费尔干纳谷地。在札尼王朝统治的前 100 年中，札尼王朝诸汗实际上完整地保住了这一领土。在札尼王朝统治后期，由于中央集权的衰落，费尔干纳只是在名义上归属于布哈拉汗国，实际上该地区被几个和卓家族瓜分。

在奥贝都拉统治时期（1702～1711 年），费尔干纳宣布独立，建立了以伯克为首的地方政权明格王朝。1709 年，察拉克城的和卓们起而推翻了伊斯兰宗教上层政权，宣布脱离布哈拉埃米尔国。昔班家族的明格部首领沙鲁赫比（Shāhrukh Bī）在费尔干纳建立了一个乌兹别克人的国家，自称伯克。沙鲁赫比于 1721 年（享年 40 岁）去世，其长子阿卜都尔热依姆（ʿAbdu'l Rahīm Bī）继承王位，在他统治时期，积极对外扩张，先后征服了忽毡、安集延、撒马尔罕、卡塔库尔干（Katta-kur-gan）和吉扎克。1733 年，阿卜都尔热依姆被杀。

阿卜都尔热依姆有 1 个儿子额尔德尼伯克（Irdāna, Erdeni）和 3 个女儿。但是，他的弟弟阿卜都尔噶里木（ʿAbdu'l Karīm Bī）夺取了王位。阿卜都尔噶里木是一位很有作为的统治者，在他统治时期（1733～1746 年）建筑了新城浩罕，统治中心也从忽毡（Khujand）封地迁到浩罕城。在他统治时期，布哈拉汗国被波斯沙赫纳迪尔占领，浩罕汗国摆脱了依附地位，成为一个完全独立的政权。

在阿卜都尔噶里木统治时期，浩罕面临着准噶尔人的入侵。准噶尔人于 18 世纪 40 年代频繁对浩罕汗国发起进攻，并一度夺取了奥什、马尔格兰、安集延，逼近浩罕城。浩罕城居民组织起来保卫城市，乌拉特佩统治者比·法兹尔率一支军队赶来援助浩罕，击退了入侵者。阿卜都尔噶里木与准噶尔人的斗争在 1745 年十分尖锐，他曾下令杀害准噶尔汗国前往"看视行兵之路"的回回,准噶尔汗噶尔丹策零派遣色布腾和曼济领兵 3 万前往问罪,可能浩罕汗国战败,正是在此时,浩罕汗向准噶尔人交出人质巴巴伯克。

1746 年,阿卜都尔噶里木去世,此后,浩罕汗国政权更迭频繁。1751 年,额尔德尼登上浩罕的汗位。额尔德尼在位约 20 年(1751～1769 年)。在他统治时期,1758 年,清朝灭掉准噶尔汗国,额尔德尼向清朝遣使朝贡。此间,费尔干纳分裂为 4 个伯克领地:浩罕、安集延、纳曼干和马尔格兰。

额尔德尼死后,1769 年,额尔德尼的侄子绥拉满伯克(Sulaymān Beg)被扶上浩罕王位。他在位仅 3 个月就被谋杀。1769 年,浩罕贵族们邀请原浩罕汗阿卜都尔噶里木的孙子那尔巴图(Nārbūta,汉籍又译为纳禄博图)出山,拥立他为汗。

在绥拉满和那尔巴图统治时期(1769～1799 年),浩罕汗国曾遣使到清朝朝贡。清朝正式承认那尔巴图的汗位。1770～1798 年,他征服了安集延、纳曼干和奥什,攻占了忽毡和乌拉秋别。

1799 年,那尔巴图去世,王位传给了他的儿子爱里木伯克(°Ālim Beg)。1805 年,爱里木伯克正式称汗,他在位期间(1799～1810 年),创建了一支主要由塔吉克高地人组成的雇佣军,他利用这支军队,对内进行统一战争,对外与布哈拉争夺位于两国边境上的一些重要城市。

爱里木在位期间,致力于浩罕汗国的统一。继位初,地方割据势力强大,伊斯法拉、楚斯特特等城镇的统治者都蔑视汗的权威,甚至发展到以武力对抗的程度。爱里木采取强硬手段,将反对者一一铲除,很快统一费尔干纳。

爱里木与布哈拉汗国之间,争夺乌拉秋别城和吉扎克城的战争持续了很久,爱里木对乌拉秋别进行了 15 次征讨,乌拉秋别城主采取灵活的外交手段,时而投靠布哈拉汗国,时而投靠浩罕统治者,以保持自己的独立地位。爱里木还夺取了一些由地区统治者控制的北部要塞,如安格连谷地、奇姆肯特、赛拉姆等。爱里木汗最大的成功在于 1808 至 1809 年间吞并了塔什干。至此,他的领土比他刚继位时扩大了一倍。之后,哈萨克人起义反对浩罕统治,爱里木汗两次派弟弟爱玛尔伯克(ʿUmar Beg)及其母舅率军前往镇压,他命令浩罕军队消灭所有遇到的哈萨克人,哈萨克人被迫投降。他统治时期,还征服阿姆河上游的达尔瓦兹地区,浩罕汗国的领土进一步扩大。到他统治末期,浩罕汗国的版图西北抵达锡尔河下游,东北侵占了清朝的大片领土,抵达伊塞克湖,南部抵达帕米尔高原。

1810年,塔什干传出爱里木汗被杀的谣言,他的弟弟爱玛尔伯克在浩罕城被扶上汗位。当时爱里木汗不在浩罕城,他得知这一背叛行为后,匆忙赶回浩罕城,途中在阿尔提·库什(Alti-Qush)附近被杀死。

1811年2月,爱玛尔继位。爱玛尔是浩罕汗国历史上很有作为的统治者,在他和他的儿子玛达里统治时期,汗国出现了鼎盛局面,成为中亚的一个大国。爱玛尔的统治得到了浩罕汗国大封建主的支持,依靠他们的支持,建立起从中央到地方的一套完备的国家机构。他的统治基础是乌兹别克族明格部的贵族及以和卓家族为首的宗教上层人物,大封建主和宗教上层人物在国家政权中担当着重要职务。

爱玛尔汗时期(1811~1822年),浩罕汗国兴建了一系列大型灌溉渠,同时在安集延西部建筑沙赫里汗城(Shahrikhan),开凿了大运河纳赫尔·依·汗(Nahr-i Khan Say),将卡拉河(Kara Darya)水引入沙赫里汗城,耗时3年建成新阿雷克渠,实现由锡尔河引水灌溉的目的。

爱玛尔于1814年重新夺取突厥斯坦城(即雅西)和塔什干北部的一些小城镇,使浩罕汗国的领土得到扩展。汗国的疆域范围为:西北滨临咸海,包括锡尔河下游附近的哈萨克草原,东北与巴尔喀什湖以南的清王朝属地相邻,南达卡拉捷金山区。费尔干纳的城市生活达到相当高的水平,大城市有浩罕、安集延、纳曼干和马尔格兰。

1822年秋,爱玛尔病逝,其子玛达里(1822~1841年,Muhammad ʿAli,汉语又译为迈买底里汗)继承汗位。玛达里继续其父亲的扩张政策,先后征服乌拉秋别、卡拉捷金、库拉伯(Kulab)和达尔瓦兹诸城。玛达里时期,浩罕汗国脱离了与清王朝的藩属关系,开始干涉喀什噶尔的内政,支持该地的和卓后裔进行反清的叛乱活动,甚至出兵侵犯喀什噶尔。1826～1831 年,玛达里汗对喀什噶尔进行远征,他统治后期,还唆使张格尔窜扰喀什噶尔。

玛达里汗时期,浩罕汗国与布哈拉汗国之间的关系更加恶化。1841 年,玛达里将汗位让给弟弟速檀·马木特(Sultān Mahmūd),布哈拉埃米尔纳斯鲁拉趁机进攻浩罕并于 1842 年 4 月夺取浩罕,处死玛达里和新汗马木特等人,任命布哈拉总督伊布拉依木(Ibrāhīm Dād-khwāh)统治浩罕汗国。

然而,浩罕人不愿服从布哈拉总督的统治,他们把布哈拉总督伊布拉依木赶走,立已故爱里木汗和爱玛尔汗的堂兄弟希尔·阿里(Shīr ʿAlī,1842～1845 在位)为汗,布哈拉埃米尔纳斯鲁拉对浩罕再次发动进攻,但是没有成功。希尔·阿里汗时期,浩罕汗国不仅面临着布哈拉埃米尔的威胁,还面临着俄国从北面入侵的威胁。

希尔·阿里汗时期,实权掌握在乌兹别克族克普恰克部人手中,由于苛捐杂税繁重,各地人民纷纷起义。1845 年,克普恰克部的千夫长(ming-bāshī)木素满库里(Musulmān Qul)前往镇压起义,已故爱里木汗之子木拉特汗(Murād)趁木素满库里不在都城的机会,处死希尔·阿里汗,自称汗。木素满库里镇压起义后,将自己的女儿嫁给希尔·阿里的儿子胡达雅尔(Khudāyar),然后以岳父的身份与胡达雅尔一起进军浩罕城,抓获并处死了木拉特汗,宣布胡达雅尔(当时还未成年)为汗,自己成为摄政王。

在胡达雅尔统治的第一个时期(1845～1853 年),国家政权基本上掌握在木素满库里手中。1852 年,胡达雅尔免去了专横的岳父的职务。1853 年,俄军夺取了浩罕阿克麦切特要塞(Ak-Mechet,Āq-Mas-jid,或者说白清真寺),俄国官员威尔雅米诺夫·哲尔诺夫(Velyaminov-Zernov)秘密会见木素满库里。胡达雅尔在得知此事后,怀疑克普恰克人阴谋推翻他,于是,进行血腥大屠杀,包括木素满库里在内的两万多克普恰克人惨遭杀害。

1858 年,胡达雅尔汗的兄弟迈里伯克(Mallā Beg,Mallā Khan)集结一支军队,武装夺取了浩罕城,胡达雅尔逃往布哈拉汗国。克普恰克人首领木素满库里之子阿林沽开始了他的政治活动,对新汗迈里施加了重要的影响。然而,迈里汗的统治并不长久。1862年,迈里汗被杀,迈里汗之子沙木拉特被拥立为浩罕汗。

1863年5月,逃亡布哈拉的胡达雅尔率领一支塔什干军队返回浩罕,恢复了汗位。然而,布哈拉军队撤走后,1863年7月,沙木拉特又被扶上浩罕汗位,胡达雅尔再次逃往布哈拉。后来,胡达雅尔再次复位,直到俄国征服浩罕汗国前夕。胡达雅尔统治后期,对内实行暴虐统治,对外屈服于俄国,他不仅承认沙皇的最高权威,而且向俄国支付赔款。1873~1874年,浩罕国内发生人民起义,胡达雅尔派军队进行残酷镇压,乌兹根城民曾要求俄国帮助他们反抗胡达雅尔汗。1875年,起义军立胡达雅尔之子纳斯鲁丁(Nasru'ddīn)为汗。这种混乱局面给俄国提供了机会。1876年,俄国征服了浩罕汗国。

33.4 中亚三汗国之间的关系

18世纪上半叶是中亚地区政治、经济和文化衰退的时期,其原因除了各国政治衰弱以外,还在于中亚诸政权之间的战争。札尼王朝时期,布哈拉汗国与希瓦汗国之间延续着自昔班尼王朝时期开始的敌对关系。

18世纪中叶,面临波斯纳迪尔沙赫的威胁,希瓦与布哈拉两汗国曾经结盟共同抵抗波斯军队。但是,当纳迪尔沙赫向布哈拉汗稍作友善表示后,布哈拉就不再与希瓦结盟,结果二者都被波斯人征服。

这一时期,希瓦汗国与哈萨克汗国之间的关系基本上是友好的。哈萨克王族成员充当了希瓦汗国的傀儡汗。在亦剌克和波斯沙赫纳迪尔统治时期,希瓦汗国都以哈萨克王室成员为希瓦汗。波斯人征服前的傀儡汗是伊尔巴斯(Ilbārs,1728~1740年)。此间,哈萨克人遭到准噶尔汗国的入侵,哈萨克小玉兹的多数人越过锡尔河下游迁到阿姆河河畔的希瓦领地上,有些人便长期留居于此。

纳迪尔沙赫征服希瓦汗国后,汗国内的乌兹别克贵族们扶持哈萨

·欧·亚·历·史·文·化·文·库·

克小玉兹汗阿布勒海尔之子努尔阿里为汗。以后,纳迪尔又同意把原希瓦汗伊尔巴斯的儿子阿布尔·哈齐立为汗。1746 年,阿布尔·哈齐杀死希瓦宰相寻求独立,但没有成功。以后,波斯人立哈萨克小玉兹的阿布勒海尔汗的弟弟盖布为汗,他得到了曼格特部乌拉兹别克人的支持。盖布汗在花刺子模统治了将近 11 年(1746 ~ 1757 年),他向希瓦的居民征收重税,不堪忍受重税的居民发动起义,盖布汗逃回哈萨克。

这一时期,布哈拉汗国与哈萨克人之间的关系基本上是敌对的。中亚北部草原上的哈萨克游牧部落南下是布哈拉政权难以统一的一个因素。由于俄国继续向伏尔加河以东推进,哈萨克人被驱赶到布哈拉汗国边境地区。这样,两国在边境地区经常发生冲突。加上俄国从中挑拨离间,对立更加尖锐。在哈萨克人遭到准噶尔人入侵时期,布哈拉汗国与哈萨克人之间的敌对关系有所缓和,以共同抵抗卫拉特蒙古人。哈萨克汗杨吉尔甚至说服布哈拉汗援助他两万兵以抵抗准噶尔人。1691 年,喀什噶尔的最后一位察合台汗穆罕默德·穆明汗(1682 ~ 1694 年)遣使到布哈拉汗苏班·库里,希望得到布哈拉汗的支持以反对"异教徒吉尔吉斯人"即准噶尔人。在准噶尔人的冲击下,哈萨克汗国瓦解,布哈拉汗国在东部的威胁不复存在。

由于受到准噶尔人的入侵,哈萨克汗国与周边国家的关系都有所改善。哈萨克汗杨吉尔积极与东部叶尔羌汗国建立友好关系,他两次派他的儿子头克和速檀阿巴克,试图与叶尔羌建立联盟。哈萨克人还争取到了吉尔吉斯人的支持。但是,由于准噶尔人的推进,小玉兹哈萨克人被迫向西北流亡迁徙,占据了周邻部族的草场,引发了与土尔扈特人、巴什基尔人及俄属哥萨克的冲突。

布哈拉汗国与浩罕汗国统治阶级的关系也十分紧张。18 世纪初,在原布哈拉汗国费尔干纳属地上兴起的浩罕汗国与布哈拉汗国之间处于敌对关系。在浩罕汗国存续的一百多年时间里,一直遭受到来自布哈拉的压力,布哈拉汗国一直把费尔干纳看成自己的领土,一有机会就企图恢复统治。由于费尔干纳地理位置孤立,较少受到外界骚乱的影响,浩罕汗国便成为布哈拉居民的避难之所。18 世纪上半叶,起义失败后布哈拉人纷纷逃到费尔干纳,准噶尔人入侵塔什干时,也有很多人迁到费尔干纳居住。整个18世纪,从中亚中心地区特别是布哈拉和撒马尔罕,迁往费尔干纳的有塔吉克人、乌兹别克人、卡拉卡尔帕克人及其他被准噶尔人赶走的突厥斯坦、塔什干、奇姆肯特和东北边区讲突厥语的部落。

18世纪下半叶,中亚面临清朝和俄国从东、西两个方向威逼的局面。清朝在平定准噶尔以后,开始收复原准噶尔地区;俄国军队在占领哈萨克草原后,已经紧逼浩罕汗国和希瓦汗国的北部边界。尽管如此,中亚诸汗国仍在继续着昔日争夺地盘的斗争。这一时期,中亚三个汗国兼并了境内一些独立领地,但是,各汗国内部政治统一的过程远没有完成。在远离汗国统治中心的一些地区还存在着独立的小封建领地,三汗国都极力要把它们归并于自己的势力范围之内。19世纪初,这种独立领地有:布哈拉汗国的沙赫里夏勃兹、莫夫绿洲,希瓦汗国北面的阿拉尔,浩罕汗国的塔什干,以及卡拉捷金、达尔瓦兹、什格南等等。

布哈拉汗国与希瓦汗国争夺的主要地区是莫夫绿洲。莫夫绿洲在18世纪末归属布哈拉汗国,它是汗国与波斯贸易的中转地区,地理位置非常重要。然而,由于大沙漠把它与布哈拉汗国的统治中心隔开,莫夫绿洲是布哈拉汗国统治的薄弱地带。驻莫夫的布哈拉军队除了受到邻近土库曼部落的袭击外,还受到希瓦汗国的干扰。19世纪初,莫夫绿洲成为布哈拉与希瓦汗国争夺的主要战场。

1785年,布哈拉埃米尔沙赫·穆拉德(1785~1800年)杀掉莫夫统治者贝拉姆·阿里汗(Bayrām ʿAli Khān),掠夺了绿洲。穆拉德之子海达尔时期(1800~1826年),布哈拉汗国的领土经常遭到希瓦人的侵袭。1804年,海达尔派3万军队打败了希瓦军,希瓦汗艾利吐孜尔在逃跑中溺水而死。1821年秋,希瓦军袭击莫夫,在查尔朱打败布哈拉军。从此,莫夫绿洲转归希瓦汗国统治。以后,希瓦不断侵袭布哈拉边境地区,甚至打到布哈拉城近郊。

19世纪40年代,布哈拉人不甘心失去莫夫,两国之间的战争重起。1843 年 4 月,布哈拉的媾和使团到达希瓦,两国之间的战争停止。

在争夺莫夫绿洲的过程中,布哈拉和希瓦两汗国的统治者都用贿赂土库曼长老的方式,借助呼罗珊土库曼人对付另一方,因此,在土库曼一些部落对抗另一些部落的事件频繁发生。这种状况一直持续到19 世纪中叶,对两汗国的安定造成了威胁。布哈拉汗海达尔一直受到莫夫的土库曼居民的反对,1800 年,他们起义反对埃米尔的统治,拉布·依·阿布土库曼人(Lebāb)也起义反对埃米尔。在不到一年的时间里(1855 ~ 1856 年),有两位希瓦汗被土库曼人杀死。

布哈拉汗国与浩罕汗国之间争夺锡尔河中游的塔什干城和突厥斯坦城的斗争也很激烈。阿利姆汗时期(1798 ~ 1809 年),浩罕汗国从布哈拉汗国手中夺取了塔什干。在阿利姆汗的继任者奥玛尔统治时期(1816 ~ 1822 年),1814 年春,浩罕汗奥玛尔派塔什干总督拉扎普吉万占领突厥斯坦城,此时,该城归布哈拉埃米尔海达尔统治。两汗国争夺的另一地区是忽毡和乌拉秋别等地。环绕费尔干纳的群山在西面有一个豁口,形成被称为忽毡大门的出口,过此出口可以通往撒马尔罕、塔什干和中亚其他地方,因此,争夺此出口的战争十分激烈。18 ~19 世纪大部分时间里,忽毡、泽拉夫善上游山区,以及与浩罕相邻的吉扎克及乌拉秋别等地,都是两汗国争夺的对象。1839 年,布哈拉军队攻打浩罕边界,获取巨额赎金后撤军。1841 年冬,布哈拉埃米尔纳斯鲁拉率军攻打浩罕汗国边界,一直攻到汗国都城浩罕。他在浩罕汗国内中心地区安置了自己的地方长官,还处死了迈玛达里汗。希瓦汗阿拉·库利在得知纳斯鲁拉在浩罕汗国的活动后,立即派军队包围了呼罗珊地区的布哈拉要塞查尔朱,纳斯鲁拉撤回布哈拉,驻浩罕的布哈拉长官被赶走,浩罕汗国恢复独立,之后重新夺回忽毡和塔什干城。

1858 年,纳斯鲁拉重新对浩罕开战,但是,他围攻忽毡的战斗没有成功。整个 19 世纪,两国之间的这些战争都毫无结果,吉扎克城和乌拉秋别城虽然经常易主,却仍保持独立,乌兹别克的克尔卡和尤扎部落的贵族在这里起着主导作用。布哈拉汗国的沙赫里夏勃兹领主也参与这些角逐,他们站在浩罕汗国一边反对埃米尔。两国的争夺一直持续到 1866 年俄军征服忽毡和乌拉秋别为止。

布哈拉汗国与南部的阿富汗政权也处于战争之中。19 世纪初,布哈拉汗国除了基本领土(泽拉夫善河、卡什卡河)以外,一度使现今阿富汗突厥斯坦的很大一部分成为其属地。布哈拉汗国不断攻击阿富汗北部和伊朗东部的政权,但是,最终未能使这些地区纳入自己的版图。

阿富汗杜兰尼王朝的帖木儿沙不满于布哈拉埃米尔沙赫·穆拉德攻占莫夫,决定进攻布哈拉。1788 年,杜兰尼王朝军队到达阿姆河畔开始进攻阿克奇,穆拉德在得知此事后,派使团向帖木儿沙求和。帖木儿沙在世时,穆拉德恪守和议,保持了这一地区的安定。1793 年,帖木儿沙去世后,杜兰尼王朝的新统治者扎曼对呼罗珊发动进攻,布哈拉军队趁机攻打巴尔赫,扎曼匆忙赶回喀布尔援救巴尔赫,穆拉德再次派使团到喀布尔,表示愿意放弃巴尔赫及其附近地区的主权要求,恪守与帖木儿沙订立的条约。1826 年,布哈拉埃米尔纳斯鲁拉一度把在沙赫·穆拉德时期割让给阿富汗的巴尔赫重新夺回。1837 年,他率军越过阿姆河,俘获巴尔赫、希布尔干、马扎尔和马扎里沙里夫的统治者并将其押解到布哈拉。此后,布哈拉军队进入巴尔赫,但是,埃米尔并没有保住对巴尔赫的统治,阿姆河以南仍独立于布哈拉汗国。

在多斯特统治时期(1826 ~ 1863 年),1849 年,阿富汗军队在巴尔赫附近打败了起来反抗的土库曼人和乌兹别克人,巴尔赫、安德胡伊、萨里普尔、卡达甘等地统治者承认了阿富汗埃米尔的统治。1860 年,纳斯鲁拉远征阿富汗,他率军在克尔基附近渡过了阿姆河,随后突然撤离阿富汗返回布哈拉,阿富汗人趁机攻占萨里普尔,布哈拉汗国与阿富汗争夺阿富汗北部的斗争以后者的胜利而告终。

在锡尔河下游地区,希瓦汗国与哈萨克人进行着战争。1819 年,希瓦汗穆罕默德·拉希姆企图征服锡尔河西部已经臣属于俄国的哈萨克人,进行远征,吞并掉锡尔河下游的哈萨克地区,希瓦汗国的版图扩大。

由于俄国军队向中亚腹地推进,形势变得对希瓦汗国非常不利。

咸海以南锡尔河下游地区的哈萨克人被俄国迁到了其占领区内。为了阻挠这种迁移,1869 年,希瓦汗派军队到锡尔河下游,把俄国卡扎林斯克要塞附近的哈萨克人迁到离希瓦汗国更近的乌卡拉地区。在希瓦汗国西部,游牧于乌斯季乌尔特和里海东北沿岸的哈萨克居民承认与希瓦汗国的附属关系。1869 年,哈萨克贵族派代表来到希瓦,请求支持他们反对异教徒,希瓦汗派出一支大部队到达咸海东部沿岸,保护迁居到希瓦的哈萨克山民。

浩罕汗国还向达尔瓦兹和卡拉捷金地区扩张。19 世纪初期,达尔瓦兹仍是一个相对强大的国家。19 世纪 20~30 年代,达尔瓦兹统治者沙速檀·马哈穆德统一了卡拉捷金和达尔瓦兹,他派总督统治这一地区。1834 年,浩罕汗借口当地统治者庇护觊觎浩罕王位的已故阿利姆汗之子,出兵卡拉捷金,打败了速檀·马哈穆德的军队。1839 年,穆罕默德·沙里夫(Muhammad Sharīf)率领浩罕军进攻达尔瓦兹,达尔瓦兹战败。同年,不满浩罕统治的达尔瓦兹人派代表到布哈拉汗国,请求埃米尔纳斯鲁拉帮助他们赶走浩罕人。不久,达尔瓦兹恢复独立,在伊斯玛仪沙(Ismāʿīl Shāh)统治时期(1845~1863 年),达尔瓦兹不仅把卡拉捷金和什克南变成自己的保护国,还迫使库拉伯(Kulab)和喜萨尔向其进贡。这种状况没有持续太久,1877 与 1878 年冬季之交,布哈拉埃米尔的军队占领了达尔瓦兹。达尔瓦兹最后一位统治者沙赫·斯拉居丁(Shāh Sirāju'ddīn)在位时,只拥有卡莱·忽姆布、万什(Wanch)、雅兹忽兰(Yazghulam)和喷赤河左岸直至哈汉(Khwahan)一带。

34 准噶尔汗国的兴起及扩张

34.1 17 世纪前期的卫拉特蒙古与准噶尔的兴起

元朝灭亡后,蒙古分为鞑靼和瓦剌二部,他们雄踞长城迤西迤北地区,长期以来对中原农耕王朝构成很大的威胁。16 世纪以后,蒙古进一步分化为漠南、漠北、漠西三个部分。

17 世纪初,漠南蒙古被东北亚新兴的满洲征服,成为其推翻明朝、建立清朝的重要力量,也是三部分蒙古中最早接受清朝统治的一支。

漠北蒙古即喀尔喀蒙古。16 世纪末 17 世纪初,喀尔喀蒙古分为左右两翼,左翼的牧地分布在自杭爱山至哈拉哈河流域,右翼在阿尔泰山、杭爱山之间。经过进一步发展,喀尔喀右翼的阿什海达尔罕及左翼的诺诺和卫征、阿敏都喇勒势力逐渐强大,成为左右喀尔喀蒙古的三支重要力量。阿什海达尔罕之孙赉呼尔统治时期,与其从弟、管辖和托辉特部和乌梁海人的硕垒乌巴什珲台吉不断向西进攻卫拉特蒙古,尤其是准噶尔部,曾经俘获准噶尔部首领哈喇忽剌的妻女,迫使他们向喀尔喀蒙古纳贡。和托辉特部还向吉尔吉斯人和叶尼塞河流域的图巴人、马特人等索取皮毛税,他们还与俄国互派使节,建立联系。从这时起,俄国文献称硕垒及其继承者们为"阿勒坦汗"。

17 世纪初,赉呼尔之子素巴第称汗,号札萨克图。喀尔喀左翼的诺诺和部在经历阿巴岱、孙墨尔根统治后,至墨尔根之子衮布多尔济上台时,称土谢图汗。占据喀尔喀东部地区的阿敏都喇勒的后裔硕垒

·欧·亚·历·史·文·化·文·库·

也称汗,号车臣。喀尔喀蒙古始有三汗,正式分为三大部分:土谢图部、札萨克部、车臣部。土谢图汗曾尝试统一喀尔喀蒙古,却未能如愿,喀尔喀蒙古各部开始向满洲进贡。与同时期在内陆欧亚大陆上崛起的清朝、俄国乃至漠西卫拉特蒙古之准噶尔部相比,漠北蒙古显然逊色得多。

漠西蒙古即蒙古之斡亦剌特部,明代称为瓦剌,清代称为厄鲁特,又称卫拉特。16 世纪前半叶,活动范围主要在蒙古草原西部,西界抵额尔齐斯河。16 世纪末 17 世纪初,受喀尔喀蒙古西扩的威胁,卫拉特被迫西迁,占据了额尔齐斯河、鄂毕河中上游、叶尼塞河上游一带以及天山以北的广大地区。经过长期的战争、迁徙,同时融合、吸收周围突厥语系和东蒙古诸族,卫拉特蒙古最终形成准噶尔、杜尔伯特、土尔扈特、和硕特四大部。准噶尔和杜尔伯特贵族系元臣孛罕后裔绰罗斯氏,和硕特首领为元太祖的弟弟哈布图哈萨尔后裔孛儿只斤氏,土尔扈特为克烈部首领王罕后裔。准噶尔的活动中心在伊犁河流域,杜尔伯特游牧于额尔齐斯河流域中上游两岸,土尔扈特位于塔尔巴哈台及其以北一带,和硕特则游牧于额敏河两岸至乌鲁木齐一带。四部虽各不相属,但为了抵御外敌和协调各部关系,四部很早就形成联盟,称为“丘尔干”或“呼拉尔”。他们定期举行首领会盟,盟主称为“丘尔干·达尔加”,由各部首领推举产生。17 世纪前期以前,盟主一直由和硕特部首领担任。

17 世纪 20 年代,卫拉特蒙古爆发内讧,分成两个对立阵营,战争一直从 1625 年持续到 1630 年。和硕特首领、卫拉特四部盟主拜巴噶斯死于战争,其弟固始汗继位,和硕特部的力量遭到削弱,而准噶尔部在哈喇呼剌的领导下实力日益强大,足够与卫拉特四部盟主相抗衡。哈喇呼剌之子巴图尔珲台吉出任准噶尔部首领后,准噶尔部控制了天山北路的其他卫拉特部落,实际上行使着盟主的权利。此时,受准噶尔部排挤以及卫拉特蒙古内讧的影响,加之俄罗斯正在向西伯利亚草原发展,哈萨克人也在西边争夺卫拉特蒙古的牧场,因此,人口、畜群不断增加的卫拉特蒙古逐渐面临着生存空间的限制以及由此导致的矛盾冲突,土尔扈特部和和硕特部开始离开卫拉特蒙古故地,向外寻找新的发展空间和牧场。

1627～1628年,土尔扈特部首领和鄂尔勒克率部及部分和硕特、杜尔伯特部众穿越哈萨克草原,向伏尔加河下游西迁。当时,沿途居住着很多鞑靼部落,在伏尔加河与乌拉尔之间还有14世纪末到15世纪初从金帐汗国分裂出来的诺盖人建立的游牧国家。土尔扈特人沿途征服了鞑靼各部,1630年到达伏尔加河下游,把在俄国人打击下已经极为衰落的诺盖部族赶到了伏尔加河西岸,占据了从乌拉尔河到伏尔加河、自阿斯特拉罕到萨玛尔河的辽阔土地,成为里海草原上的新主人。1644年,和鄂尔勒克在追踪逃亡的诺盖人时死于高加索,其继任者书库尔岱青进一步西迁,而其子朋楚克台什则与俄国人联合起来进攻克里米亚的鞑靼人和诺盖人。

1637年,在固始汗的领导下,和硕特部受五世达赖喇嘛之邀,率部进入青海。早在1616年和硕特部首领拜巴噶斯担任卫拉特四部盟主期间,卫拉特蒙古接受了藏传佛教格鲁巴派(黄帽派)教义。拜巴噶斯甚至决心出家为僧,但遭到卫拉特各部首领的反对,最后各部首领各出一子,拜巴噶斯以呼图克图(名那木喀扎木措,即著名的咱雅班第达)为子,替拜巴噶斯为僧。从此,卫拉特蒙古的统治阶层全部信奉了藏传佛教,与西藏建立起密切的联系,这对卫拉特社会和西藏局势都产生了深远的影响。当时,藏传佛教格鲁派和噶玛噶举派(红帽派)在西藏和青海的冲突十分激烈。1632年,支持噶玛噶举派的喀尔喀蒙古绰克图珲台吉来到青海,镇压了支持格鲁派的当地蒙古人,1635年,他应藏巴汗之邀派其子率军进入西藏。格鲁派的主要领导人罗卜藏却吉坚赞和达赖喇嘛的强佐(索诺木喇布坦)等,邀请新近皈依其教派的卫拉特蒙古进驻青海,以对付绰克图珲台吉。于是,固始汗在准噶尔部首领哈喇忽剌之子巴图尔珲台吉的陪同下远征青海,很快击杀绰克图珲台吉,进驻西藏,俘获藏巴汗,接受了五世达赖喇嘛授予的丹增却杰(护法达摩王)称号。自此,和硕特部控制并统一了青藏高原,建立了和硕特汗廷,使青藏地区在政治上走向一体化。大部分和硕特人也随

欧·亚·历·史·文·化·文·库·

其迁到了青海,青海成为和硕特统治青藏高原的根据地。拜巴噶斯之子鄂齐尔图则率部东迁至河套以西阿拉善地区游牧,成为阿拉善卫拉特之祖。

准噶尔部控制了整个天山以北地区,而卫拉特四部的联盟并未因土尔扈特和和硕特部的远徙而解体,反而因此缓和了内部的矛盾,卫拉特四部之间依然保持着较为密切的联系,在政治、经济和军事方面都出现了有利于统一的局面。另外,受藏传佛教的影响,卫拉特各部在思想上也逐渐统一起来。在这种统一趋势中,起主导作用的便是准噶尔部,其标志性事件是,1640年在准噶尔部和喀尔喀蒙古德札萨克图部的主导下召开了卫拉特蒙古与喀尔喀蒙古的会盟。

17世纪30年代,漠南蒙古归属满洲。1636年,漠南蒙古的统治者在盛京开会,尊奉皇太极为他们的可汗,并宣誓向皇太极效忠。这样一来,处于封建割据中的喀尔喀蒙古就失去了与清王朝之间的缓冲地带,面临着被清王朝各个击破的危险。于是,喀尔喀蒙古和卫拉特蒙古先后向满洲朝贡,与清王朝结成藩属关系。为了减少来自清王朝的威胁,卫拉特蒙古和喀尔喀蒙古捐弃前嫌,走到了一起。1640年,在准噶尔部首领巴图尔珲台吉和喀尔喀札萨克汗的积极活动下,卫拉特蒙古与喀尔喀蒙古44部首领,在塔尔巴哈台举行会盟,远在伏尔加河下游的土尔扈特部和青藏高原的和硕特部都参加了此次会盟。会盟制定并通过了《卫拉特法典》,法典协调了卫拉特内部以及卫拉特与喀尔喀蒙古的关系,强调双方共同抵御外敌。这部法典对蒙古社会、法律和文化的发展产生了重大影响。通过此次会盟,准噶尔部在卫拉特蒙古中的地位大大提高,其活动中心也成为卫拉特蒙古的政治中心。此时准噶尔部的势力,北及额尔齐斯河和鄂毕河中游,西至巴尔喀什湖以东以南,雄踞于整个天山北路,并且与伏尔加河流域、青藏高原、蒙古草原的蒙古部落保持着密切的联系。

1653年,巴图尔珲台吉去世,其子僧格继位,这引起其同父异母兄弟们的嫉妒,围绕继承权问题,准噶尔统治阶层发生内讧。1671年,僧格被暗杀,其胞弟噶尔丹最终夺得统治权。噶尔丹生于1644年,是巴图尔珲台吉的第六子。卫拉特蒙古遵奉格鲁派喇嘛教后,形成各部首领送子赴西藏求法学经之传统。噶尔丹自幼被送往西藏,由于他是卫拉特蒙古盟主之子,所以受到格鲁派上层的重视,达赖喇嘛亲为其师,并授其呼图克图名号。噶尔丹虽皈依佛门,但心存俗念,结交西藏的实权人物、达赖喇嘛的管家第巴桑结嘉措,并参与准噶尔部的政治活动。僧格被刺杀后,五世达赖喇嘛准许噶尔丹还俗,支持他返回准噶尔部夺权。噶尔丹遂赶回天山北路,召集僧格旧部,在和硕特部鄂齐尔图汗的支持下,夺取了准噶尔部的统治权,并通过积极扩张建立了强大的准噶尔汗国。

噶尔丹为清朝所灭后,准噶尔部的统治权落入僧格之子策妄阿拉布坦之手。在策妄阿拉布坦及其子噶尔丹策零统治时期,准噶尔对内发展经济,对外进行扩张,步入了最为繁盛的时期。此后,准噶尔逐渐衰落,归属清朝。

准噶尔部的对外扩张始于巴图尔珲台吉时期,经过僧格、噶尔丹、策妄阿拉布坦、噶尔丹策零等几十年的努力,西侵哈萨克、南下消灭叶尔羌汗国并进军西藏、东侵喀尔喀蒙古,极大地扩张了自己的势力和疆域,使其成为 17 ~ 18 世纪内陆欧亚一支不可忽视的力量。

34.2 准噶尔部的对外扩张

34.2.1 西征哈萨克

准噶尔在兴起的过程中,为了控制中亚塔什干等贸易中心和扩大牧场,不断地向西向南扩充势力,而此时,这些贸易中心以及巴尔喀什湖以南的楚河、塔拉斯河流域的主要牧区为哈萨克人拥有,双方因此不断发生冲突和战争。

在准噶尔兴起前,卫拉特蒙古就与哈萨克爆发过多次战争,但由于当时哈萨克在塔吾克勒汗的领导下尚未分裂,政治上依然是一个团结统一的游牧国家,因此卫拉特蒙古在与哈萨克的战争中屡战屡败,临近哈萨克的一部分卫拉特蒙古人甚至归顺了哈萨克汗国。不过,哈萨克汗国在额什木汗统治时期发生分裂,而卫拉特的准噶尔部则在哈喇呼剌的统治下趋于强大,形势开始发生逆转。到了巴图尔珲台吉统治时期,双方的冲突进一步升级,其中大的战争一共发生过 3 次。

1635 年,巴图尔珲台吉率部众攻击哈萨克的额什木汗,并俘虏其子杨吉尔,后杨吉尔逃回哈萨克草原。鉴于额什木汗已经年迈,此后哈萨克抗击准噶尔的斗争主要由杨吉尔领导。在他统治时期,哈萨克与布哈拉的关系得到改善,与叶尔羌汗国建立了联盟,还取得了吉尔吉斯人的支持,因此准噶尔的进攻并没有取得很大的进展。1643 年,巴图尔珲台吉在和硕特首领鄂奇尔图汗和阿巴赖台吉支持下,联合土尔扈特等其他部族,统兵数万人再次发动对杨吉尔的进攻。虽然杨吉尔只有 600 人,但由于他指挥得当,后来又来了援兵,最终迫使巴图尔珲台吉退却。不过在此次战争后,游牧于七河地区的一部分哈萨克臣服于准噶尔。1652 年,双方再次发生战争,杨吉尔率领下的哈萨克败北。在一系列的战争之后,卫拉特人在同哈萨克、吉尔吉斯人的战争中占据上风,开拓了卫拉特人向西发展和扩张领土的道路,准噶尔得以将势力扩张到巴尔喀什湖西南的楚河、塔拉斯河流域。

巴图尔珲台吉死后,为争夺准噶尔的统治权,准噶尔经历了短暂的内讧。在巴图尔珲台吉之子僧格出任准噶尔统治者后,由于内讧,准噶尔对外扩张的步伐陷于停滞。但是,僧格的统治并未维持很长时间即被人所杀,其弟噶尔丹夺得统治权。

哈萨克依然是噶尔丹统治初期主要征服的对象。此时,杨吉尔已死,其子头克继承汗位。头克汗统治期间,采取了一系列措施来加强对哈萨克的统治和扩大汗权,并制定了著名的封建法规《头克法》,哈萨克各部帐也在准噶尔的威胁下加强了彼此间的政治联系,汗国内部基本实现了统一,实力有所增强。

从 1681 年开始,准噶尔汗国向哈萨克发动连续不断的进攻。1682 年,噶尔丹率部一直打到哈萨克统辖下的锡尔河北岸,但在头克汗的领导下,哈萨克最终取得了战争的胜利,噶尔丹几乎全军覆没。1683 年,噶尔丹之侄策妄阿拉布坦率部再次进军锡尔河中上游的哈萨克领地,攻陷塔什干城,擒获头克汗之子并献给达赖喇嘛作为人质。1684
年,准噶尔又攻陷了赛兰城,其部将罗布丹将这座城毁掉,并率军抵达
黑海沿岸被称为"美人国"的诺爱部族聚居区。自此,七河流域的大部
分地区及锡尔河中上游一带均被准噶尔人占据。1683~1685年,噶尔
丹还征讨了吉尔吉斯人和费尔干人。这样,噶尔丹不仅拓地千里,而且
消除了来自汗国西边的军事威胁,为噶尔丹东征喀尔喀蒙古创造了有
利的条件。

　　此后,一直到噶尔丹之死,准噶尔部由于忙于在东方对喀尔喀蒙
古的进攻,基本停止了对哈萨克的军事行动。至僧格之子策妄阿拉布
坦成为准噶尔部新的统治者后,由于双方在交还头克汗之子的事情上
发生冲突,准噶尔部遭受到哈萨克的报复,导致双方矛盾加剧,战事再
起。1699年,准噶尔汗国再次侵入哈萨克草原南部,攻占了赛兰城,又
将额尔齐斯河以西的哈萨克草原据为准噶尔的游牧地。不过,正趋于
统一的哈萨克汗国在头克汗的领导下团结一致,先后于1710年和
1713年两次重创了准噶尔人的进攻,并乘胜攻入准噶尔汗国境内,俘
获了部分妇女和儿童。

　　然而,到了头克汗晚年时期,哈萨克在政治上又开始逐步解体,各
部首领各自为政,汗王权威大大削弱。到18世纪初期,哈萨克族按地
域已经分为大、中、小三帐:巴尔喀什湖西北的一部称作中帐或中玉兹,
清代史籍中称为左部,自称鄂尔图玉兹;巴尔喀什湖西南游牧的一部
称为大帐或大玉兹,清代史籍中称作右部,自称乌卢玉兹;在大帐西北
游牧的一部称作小帐或小玉兹,清代史籍中称为西部,自称奇齐克玉
兹。当时,在中帐和小帐之间还有着松弛的政治联系,而大帐则相对独
立。因此,哈萨克的势力再次衰落。准噶尔部则趁机重新积聚力量,发
动了对哈萨克草原的进攻。1718年,准噶尔打败哈萨克,占据了阿亚
古斯河东北部毕叶河至哈屯河之间的草原地带,从此,准噶尔人进入
锡尔河的道路完全打开,而头克汗的去世则加剧了哈萨克的衰落。此
后,准噶尔取得了对哈萨克战争的一系列胜利,先后占据了额尔齐斯
河西岸和巴尔喀什湖东北部,并多次攻入锡尔河中上游北岸的塔什

干、赛兰一带。哈萨克被迫开始向西北及南方迁徙。在迁徙中,又引发了与周边部族(如伏尔加河流域的土尔扈特蒙古、诺盖人以及西伯利亚的俄罗斯哥萨克)的矛盾。

1723 年春,正当哈萨克草原大雪成灾、牲畜瘦乏之时,装备精良的准噶尔大军突然袭击哈萨克草原,从大玉兹一直攻打到中玉兹和小玉兹,并推进到锡尔河流域,攻占了赛兰、塔什干等城。哈萨克完全丧失了有组织的抵抗能力,四处奔逃,大、中玉兹的许多部落被迫臣服于准噶尔汗国,并交付人质和赋税等,来不及奔逃的哈萨克人大多死于战乱。而向外奔逃的哈萨克部落,尤其是那些转向西北逃向欧洲草原的哈萨克部落(主要是小玉兹)又陷入与当地部落的冲突中,他们侵占了实力较为弱小的土尔扈特部与诺盖人的部分领地,一直推进到了乌拉尔河等地,但转而又遭受到这些部落以及哥萨克的报复与袭击,损失惨重。这次战争使准噶尔的势力得到了很大的扩张,却导致了哈萨克族历史上所谓的"大灾难时代"。

1727 年,策妄阿拉布坦之子噶尔丹策零继父位后,继续对哈萨克族进行军事征服,其打击目标主要是中帐。虽然哈萨克在战争初期取得了一定的胜利,但其政治上的分裂局面还是使其反抗最终遭到失败。1740 年,噶尔丹策零远征哈萨克中帐,准噶尔大军一直推进到乌拉尔河,中帐遭到沉重打击,其部落首领纷纷归属准噶尔部,中帐陷入准噶尔的附庸地位。噶尔丹策零还曾于 1742 年俘获杨吉尔汗第五世孙阿布赉,将他关押在伊犁囚牢中一年之久,后阿布赉伺机脱逃,重返哈萨克草原,成为中帐汗,并得到了大帐和小帐的尊重和拥护,成为哈萨克族中最有影响的人物,继续领导着哈萨克反抗准噶尔和俄国的斗争。

34.2.2　灭亡叶尔羌汗国

17 世纪前期,天山南路(清代文献中称为回疆,维吾尔族聚居区)大部分地区为叶尔羌汗国政权统治。此时的叶尔羌汗国,正处于伊斯兰教"黑山派"(或"黑山宗")与"白山派"(或"白山宗")两大教派的争夺之下,冲突不断。

自中亚伊斯兰教苏菲派纳克什班底教团领袖玛哈图木·阿杂木和卓死后,其长子玛木特·额敏和幼子伊斯哈克·瓦里为争夺教权,各立派系,明争暗斗。伊斯哈克·瓦里和卓早在 16 世纪 70 年代就来到叶尔羌汗国传教,在当地影响很大,其派系被称为"黑山派"或"黑山宗"。17 世纪 20 年代初期,玛木特·额敏和卓侄子玛木特·玉素布和卓也进入叶尔羌汗国传教,与黑山派相对峙,这一派系被称为"白山派"或"白山宗"。两派为掌握世俗政权,分别支持叶尔羌汗王阿布都拉哈和其子尧乐巴斯。1667 年,尧乐巴斯在白山派支持下击败黑山派支持的汗王阿布都拉哈,继任为叶尔羌王。尧乐巴斯统治时间不长,1670 年即被黑山派支持下的阿布都拉哈汗之弟伊斯玛业勒汗取代。

　　伊斯玛业勒汗执政后,大肆迫害白山派教徒,并将白山派首领玛木特·玉素布和卓之子、伊达雅图勒拉逐出喀什噶尔。伊达雅图勒拉和卓流亡于中亚各地,后经克什米尔进入西藏,投奔五世达赖,请求予以帮助。达赖答应了他的请求,写信给准噶尔部首领噶尔丹,要求噶尔丹派遣军队,帮助他恢复地位。

　　此时噶尔丹已经占领天山南路东部的哈密和吐鲁番,对南路其他地区也抱有觊觎之想,因此此举正中其意。1680 年,噶尔丹派准噶尔骑兵自伊犁南下,经乌什、阿克苏等地向喀什噶尔、叶尔羌进军。在白山派教徒们的支持响应下,很快攻陷喀什噶尔和叶尔羌,擒获伊斯玛业勒汗及其家族成员,解送伊犁囚禁。天山南路完全处于准噶尔的统治之下,长达 80 年之久。

　　噶尔丹的主要战略目标在于蒙古地区,其征服天山南路之意主要是在政治上控制近边地区,消除后顾之忧,在经济上变南疆为准噶尔汗国的物资供应地。因此他在天山南路并不委任蒙古汗,也不派驻军队。他并没有将政权交给和卓伊达雅图勒拉,而是任命叶尔羌汗国的汗室成员、吐鲁番巴拜汗之子阿布都里什特为叶尔羌汗,作为自己的附庸,通过他进行间接统治。噶尔丹随后率兵返回天山北路。伊达雅图勒拉则自称阿帕克和卓(意为世界之王),其子亚赫亚执掌喀什噶尔。此后,在米尔咱·阿来木·沙伯克上台后,察哈台系的叶尔羌汗国宣告终止。

34.2.3　噶尔丹对喀尔喀蒙古的战争

在准噶尔兴起之前,卫拉特蒙古还处于喀尔喀右翼阿勒坦汗的统治之下。到了哈喇忽剌统治时期,准噶尔联合土尔扈特部进攻喀尔喀蒙古的阿勒坦汗,但遭失败,哈喇忽剌的妻子和孩子们都被掳走,这导致阿勒坦汗与卫拉特四部之间的全面战争。卫拉特还遭到喀尔喀其他部和哈萨克人的攻击,被迫撤退到俄国在西伯利亚的要塞附近。1623年,阿勒坦汗联合乌梁海部首领赛音玛济克率兵8万征伐卫拉特,卫拉特盟主拜巴噶斯纠合卫拉特各部兵力与阿勒坦汗决战,杀死了阿勒坦汗,从此卫拉特蒙古摆脱了喀尔喀蒙古的控制。

1640年蒙古会盟通过《卫拉特法典》,直至巴图尔珲台吉去世,尽管卫拉特与喀尔喀蒙古存在矛盾,但并没有爆发冲突。噶尔丹夺取准噶尔部统治权后,为了建立统一的蒙古帝国,不但西征南扩,而且违反《卫拉特法典》,对卫拉特部落及喀尔喀蒙古发动兼并战争。

1676年,噶尔丹击败其叔父楚琥尔乌巴什及其子巴哈班第,夺取领地。曾支持噶尔丹的鄂齐尔图汗感到威胁,转而与楚琥尔乌巴什联合,建立军事同盟,但在噶尔丹的军事打击下,鄂齐尔图汗遭到惨败。1677年,鄂齐尔图汗联合喀尔喀蒙古土谢图汗反攻噶尔丹,仍遭失败。不久,鄂齐尔图汗死去,其部众为噶尔丹兼并。噶尔丹还计划进攻青海地区,但忌惮清朝的严密防范,中途返回。1678年,在噶尔丹的胁迫下,卫拉特诸部臣服于噶尔丹,噶尔丹统一了天山以北地区。1679年,噶尔丹又征服了哈密和吐鲁番,势力进一步扩充。同年,噶尔丹请命于达赖喇嘛,达赖喇嘛授噶尔丹为"丹津博硕克图汗",这标志着卫拉特四部联盟彻底崩溃。

随后,噶尔丹又趁喀尔喀蒙古内部土谢图汗部与札萨克图汗部之间战事不断,以及俄国在贝加尔湖以南蚕食土谢图汗部,发动对喀尔喀蒙古的侵略。17世纪50年代,喀尔喀蒙古的土谢图汗滚部、车臣汗硕磊、札萨克图汗苏巴第以及和托辉特部首领鄂木布额尔德尼等相继去世,札萨克图汗由苏巴第之子诺尔布毕希勒尔图继承,诺尔布毕希勒尔图死后,其二子旺楚克继位。1662年,和托辉特部的首领罗卜藏台吉攻杀札萨克图汗旺楚克,扶植诺尔布毕希勒尔图之长子绰墨尔根为新的札萨克图汗,导致札萨克图汗部产生内乱,许多部民逃往土谢图汗处,甚至投奔清朝。土谢图汗随即进行军事干涉,罗卜藏台吉逃往准噶尔寻求庇护,诺尔布毕希勒尔图的另一个儿子成衮成为新的札萨克图汗。成衮向土谢图汗讨要逃往土谢图汗部的札萨克图部民,遭到拒绝,成衮转而向噶尔丹求助,活捉了罗卜藏台吉,俘获其部众。土谢图汗曾支持和硕特鄂齐尔图汗反对噶尔丹,还劫掠噶尔丹派往清朝的贡使团,因此,其与噶尔丹的关系极为紧张。

清朝十分担心噶尔丹利用喀尔喀内部纷争将其吞并,于是,试图通过积极调停消除喀尔喀内部矛盾。1686年,在清朝理藩院尚书阿尔尼的斡旋下,喀尔喀各部首领在库伦伯勒齐尔地方举行会盟,成衮之子、新的札萨克图汗沙喇与土谢图汗的矛盾暂时得到缓解,约定共同对付外敌。但是,这种和平局面并未持续很久,札萨克图汗与土谢图汗之间部民之争很快再起,噶尔丹趁机拉拢札萨克图汗与之结盟,土谢图汗察晖多尔济则一面请求清朝援助,一面准备抵抗噶尔丹的进攻。

1687年,札萨克图汗沙喇同噶尔丹会盟,噶尔丹随即兵分两路袭击土谢图汗部。第二年,土谢图汗察晖多尔济进攻札萨克图汗部,俘获并杀死了札萨克图汗沙喇,还杀死了噶尔丹胞弟多尔济扎卜,由此,喀尔喀内部纷争升级为喀尔喀与准噶尔之间大规模战争。

1688年,噶尔丹以其弟被杀兴兵征伐喀尔喀土谢图汗及喀尔喀左翼哲布尊丹巴呼图克图(察晖多尔济之弟,漠北喀尔喀蒙古的宗教领袖),土谢图汗部很快被打败,土谢图汗逃奔翁音,哲布尊丹巴呼图克图携土谢图汗妻室逃至车臣汗部额古穆台地方,噶尔丹又东趋克鲁伦河,追至车臣汗部地方。车臣汗部一触即溃,南逃苏尼特卡伦。同年8月,土谢图汗大军与噶尔丹部在鄂罗会诺尔展开决战,土谢图汗大败,他越瀚海与哲布尊丹巴呼图克图会合,转向清廷寻求保护,喀尔喀三部举族南迁。当时,由于达赖喇嘛使者到来,以及准噶尔内部出现分裂迹象,所以噶尔丹停止进一步追击。不过,经过此次决战,准噶尔部占领了整个喀尔喀地区,领土空前扩充。

1690 年,清朝在多伦诺尔召开漠南蒙古与漠北喀尔喀蒙古参加的会盟,喀尔喀蒙古最终归属清朝。后来,喀尔喀蒙古在清朝击溃噶尔丹后,重返漠北,成为清朝北部边疆的重要守护者。到策妄阿拉布坦和噶尔丹策凌统治时期,准噶尔部再次发动对喀尔喀蒙古的入侵,但是,很快被清朝平定下来。

噶尔丹时期,准噶尔的势力越过阿尔泰山,一直扩散到整个漠北地区。然而,正是由于噶尔丹对喀尔喀蒙古以及其他卫拉特部落的侵袭,破坏了《卫拉特法典》的规定,打破了和平局面,特别是卫拉特与喀尔喀蒙古之间的势力平衡,从而削弱了准噶尔部在蒙古各部中的威信,为其衰亡埋下了隐患。

34.2.4　进军西藏

鉴于西藏的黄帽派对蒙古地区的巨大影响,元气逐渐恢复的准噶尔部在策妄阿拉布坦统治时期,改变了以往噶尔丹时期直接东征蒙古的政策,把目光对准了西藏,企图夺取西藏,挟持达赖喇嘛号令蒙古各部,为最终统一蒙古、与清朝决战,进行必要的战略准备。

此前,和硕特部固始汗占据着青藏地区。固始汗死后,其子孙与西藏地方势力不和,西藏政局开始动荡。1705 年,固始汗之孙拉藏汗杀死藏王第巴桑结嘉措,废黜六世达赖仓洋嘉措,另立意西嘉措为六世达赖,引起西藏僧俗界的不满。拉萨三大寺僧人暗中与策妄阿拉布坦联络,密谋借准噶尔部的力量推翻拉藏汗的统治。而策妄阿拉布坦早有此愿,他表面上与拉藏汗联姻结好,暗中却做好了远征西藏的准备工作。1716 年底,策妄阿拉布坦派其部下大策凌敦多布率 6000 人,自伊犁南下和阗,翻越人迹罕至的昆仑山,于次年春抵达藏北,击败当地驻军。拉藏汗毫无准备,和硕特军节节败退。1717 年秋,在拉萨三大寺僧人的支持引导下,准噶尔军攻入拉萨,杀死拉藏汗,占据了西藏,和硕特汗廷从此瓦解。

准噶尔军队占领西藏后,废除拉藏汗所立达赖六世意西嘉措,欲请五世班禅罗桑意西代理西藏政务,但因准噶尔军队在拉萨大肆掠夺、摧毁佛教寺院,引起西藏各界反对,因此其要求遭到五世班禅的拒绝。准噶尔遂任命忠于准噶尔的第巴达孜巴为西藏名义上的首领,实质上是准噶尔军事统治的傀儡。

准噶尔军的占领并未给西藏带来和平与安宁,反而使西藏社会更加混乱。由于准噶尔对西藏的占领影响到了清朝对青藏地区的控制和以黄教安定蒙古的基本国策,因此清朝决定出兵西藏,驱逐准噶尔人,恢复西藏的秩序。1718 年,清军与准噶尔军在那曲河展开大战,由于清军两路统帅意见不合,各自孤军作战,粮尽弹绝,导致全军覆没,清军统帅额伦特战死。1720 年,清康熙帝十四皇子胤禵出任抚远大将军,督率清军入藏。清军兵分两路,从青海、四川分道再次进军西藏。出兵前,清政府鉴于拉藏汗所立六世达赖意西嘉措不为藏族人民信服,乃册封塔尔寺的理塘小活佛噶桑嘉措为六世达赖(藏族人民则认为噶桑嘉措是六世达赖仓洋嘉措的转世灵童,尊其为七世达赖),并诏令蒙古各部王公率所部并随清军护送噶桑嘉措入藏坐床。此举受到蒙藏各部的拥护,入藏清军进展顺利。加之此时西藏境内反抗准噶尔军事统治的起义此起彼伏,因此清军把握时机,很快击溃准噶尔军,清朝一举稳定了西藏。大策凌敦多布率残部再越昆仑山逃回伊犁,准噶尔部对西藏的统治即告结束。

34.3 准噶尔与俄国的关系

俄国本是一个欧洲国家,在 16 世纪 80 年代以前,其东部疆域仅至乌拉尔山西麓。1581 年,俄国开始越过乌拉尔山,进行东扩。在东扩的过程中,俄国的哥萨克军队开始蚕食额尔齐斯河与鄂毕河中游以及叶尼塞河上游的准噶尔部及其属民吉尔吉斯人的牧地。从 1604 年开始,哥萨克军在准噶尔部的传统游牧地上先后建立了托木斯克、库兹涅斯克、叶尼塞斯克、克拉斯诺雅尔斯克等军事堡垒,并以武力为后盾,胁迫准噶尔部首领归服俄国,向俄国定期纳贡,并缔结保护条约。自此,准噶尔部开始与俄国发生关系,与俄国的关系也成为此后百余年

·欧·亚·历·史·文·化·文·库·

中准噶尔对外关系的重要组成部分,有抵抗,也有妥协。

在巴图尔珲台吉任准噶尔部首领时,叶尼塞河上游的吉尔吉斯人是准噶尔部的属民,他们向巴图尔珲台吉交纳贡赋。鄂毕河中游也是准噶尔部属民的牧地。因此,当俄国向这里进行扩张时,准噶尔部为了维护自己的利益展开了同俄国的斗争。双方最初通过谈判,确定以鄂本河与鄂毕河上的黑角沿线为界,以北属俄国,以南属准噶尔部。但是俄国人却并没有因此束缚自己的扩张行动,反而不断越界侵夺准噶尔部。因此,尽管俄国多次派出使团出访准噶尔部,以拉拢巴图尔珲台吉,但都遭到巴图尔珲台吉的拒绝与反抗,也正是在他的带领下,准噶尔部开展了武装反抗俄国的斗争,有效地阻止了俄国的侵入。

巴图尔珲台吉死后,僧格继位,他继承了其父一贯的反俄政策。俄国则继续其拉拢政策,多次派使团前往准噶尔部拉拢僧格,如在1664～1670年间,就有5个使团到僧格这里活动,其中有的在准噶尔部活动的时间长达一年以上,但其要求均遭到僧格的拒绝。1667年,僧格还率领准噶尔军4000余名包围克拉斯诺雅尔斯克,要求俄国交还抢掠的准噶尔部属民及派去与俄国谈判的准噶尔部代表,并率军进入托木斯克,向当地的吉尔吉斯人征收了实物税。

由于有巴图尔珲台吉和僧格的坚决抗俄斗争,因此在他们统治期间,俄国希望拉拢准噶尔部为其所用、争夺属民与征收实物税、扩张领土与势力的企图就一直未能完全得逞。

噶尔丹继位后,最初保持了其父兄巴图尔珲台吉和僧格在位期间的强硬对俄政策,一再要求俄国归还从卫拉特迁往俄国的卫拉特部民。而且,他还加强了与俄国毗连地区的防卫力量,并以维护对一些边境部落的征税权为由威胁要对俄国建立的克拉斯诺雅尔斯克发动攻击。但是,噶尔丹在统一卫拉特蒙古后,一心想要统一整个蒙古地区的噶尔丹面临的主要任务是向东扩张,即征服与清王朝保持着密切关系的喀尔喀蒙古。为了达到这一目的,噶尔丹逐渐改变了其对俄国的政策,从强硬抵抗改为妥协,希望能够借助俄国的力量达到东扩的目的,因此噶尔丹主动示好于俄国。而俄国此时由于将侵略远东的重点放在了贝加尔湖以东的布里亚特蒙古地区和黑龙江流域的广大地区,与喀尔喀蒙古的土谢图汗和哲布尊丹巴以及清朝均爆发了军事冲突,也感到有必要缓和同准噶尔的关系,因此对于准噶尔的示好予以了积极的回应,甚至在1686年后提出建立与卫拉特蒙古的同盟关系,共同对抗清朝与喀尔喀蒙古。此举正中噶尔丹下怀,双方遂加快了军事同盟的步伐。

尽管如此,噶尔丹与俄国却是各怀鬼胎,双方之意不过是为了彼此利用。噶尔丹希望借助俄国的力量实现统一蒙古的目的,因此虽然与俄国建立了一种准军事同盟的关系,却依然希望保持准噶尔部在蒙古地区的自主与独立,不愿意对俄国做出任何领土上的实际让步,也不愿俄国过多干涉蒙古事务。俄国则希望噶尔丹的东扩能够牵制喀尔喀蒙古与清朝的军事力量,为其在漠北蒙古与黑龙江流域的扩张创造有利条件。因此,随着形势的变化发展,这种所谓的同盟也就随之瓦解。

1689年,俄国与清朝签订《尼布楚条约》,由于有准噶尔部的牵制,清朝在与俄国的谈判中做出了一定的让步,使《尼布楚条约》的签订成为俄国的重大胜利。因此,达到目的、且为西线欧洲战事影响的俄国对于同准噶尔缔结同盟关系已经失去了原来的热情,对准噶尔只是虚与委蛇,并未给予实质性的帮助。噶尔丹对俄国的妥协政策遭到失败,也就失去了与清朝抗衡的重要资本,加之后路又为策妄阿拉布坦所断,失败命运不可避免。

在策妄阿拉布坦和噶尔丹策凌任准噶尔首领时期,俄国在西西伯利亚以及准噶尔部牧地以北沿线地方的势力更为强大,并且不断侵入准噶尔部所属吉尔吉斯辖地。策妄阿拉布坦统治初期,迫于俄国军事力量的威胁,并担心与俄国的矛盾激化为大规模的武装冲突,加之他此时的统治地位尚未完全巩固,因此策妄阿拉布坦逐渐将当地游牧的吉尔吉斯人西迁到了巴尔喀什湖南部的伊塞克湖畔游牧。但是,俄国却得寸进尺,进一步向准噶尔进行扩张,被激怒的策妄阿拉布坦于是对俄国采取强硬政策,要求俄国拆除建在准噶尔牧地上的托木斯克、克拉斯诺雅尔斯克、库兹涅斯克等堡垒。俄国对此置若罔闻,反而在从到西伯利亚经商的布哈拉人处听闻叶尔羌地区盛产黄金后,积极策划侵占准噶尔,以便打通通往叶尔羌的道路。1713 年,沙皇彼得一世批准了从额尔齐斯河上游修筑一条直到叶尔羌的堡垒线计划。1714 年,俄国远征军在布赫戈利茨中校的率领下,取道额尔齐斯河谷赴天山南路叶尔羌寻找金矿。布赫戈利茨率俄军深入到了准噶尔北部地区的重要贸易中心、准噶尔所属的雅梅什湖地区,并在这里建起了军事要塞。对于这种严重威胁准噶尔安全、侵害准噶尔利益的行为,策妄阿拉布坦予以了坚决的反抗。1716 年派大策凌敦多布率军前往征伐,在雅梅什湖畔包围俄军,切断其供给线,大败俄军,俄军被俘数百名,死伤近3000 名,布赫戈利茨被迫炸毁要塞,乘船北逃,俄国前往叶尔羌的企图以失败而告终。但此后俄国趁策妄阿拉布坦西征哈萨克之际,于 1716年、1717 年派骑兵军官马里哥罗夫以及斯图宾分别率领远征军占领雅梅什湖地区,并在此及额尔齐斯河沿岸建立了一系列军事要塞,称为额尔齐斯堡垒线。或称西伯利亚堡垒线,俄军甚至向南推进到距离雅梅什湖 280 俄里的森博罗特地方,修建了谢米巴拉丁斯克堡,再次对准噶尔部构成严重军事威胁。同时,俄国还多方面地对策妄阿拉布坦予以拉拢,希望准噶尔能臣服于俄国。这些都遭到了策妄阿拉布坦的拒绝。1727 年,噶尔丹策凌即位,俄国继续诱使准噶尔归顺俄国。但是,噶尔丹策零承袭了其父的对俄强硬政策,不断派人向俄国进行交涉,要求俄国拆除建在准噶尔境内的那些堡垒要塞。不过,由于此时准噶尔部已日趋衰落,加之在东方的战争中损失惨重,因此准噶尔部收复被俄国占领之地的努力已经不可能实现了。

准噶尔的兴起及其对俄国的抵抗政策延缓和阻止了俄国南下占领天山南北以及蒙古地区的步伐,而且,在相当程度上也维持了 17 ~18 世纪清朝与俄国两大势力在内陆欧亚的实力均衡与和平局面。

主要参考文献

厉声.哈萨克斯坦及其与中国新疆的关系(15 世纪至 20 世纪中期)[M].哈尔滨:黑龙江教育出版社,2004.

王思治.清朝通史:(康熙朝)分卷上[M].北京:紫禁城出版社,2003.

魏源.圣武记.韩锡铎[M],孙文良,点校.北京:中华书局,1984.

乌云毕力格,等.蒙古民族通史:第4卷[M].呼和浩特:内蒙古大学出版社,2002.

新疆社会科学院历史研究所.新疆简史:第1册[M].乌鲁木齐:新疆.北京:人民出版社,1980.

余太山.西域通史[M].郑州:中州古籍出版社,2002.

赵云田.北疆通史[M].郑州:中州古籍出版社,2002.

王治来.中亚史纲[M].长沙:湖南教育出版社,1986.

《准噶尔史略》编写组.准噶尔史略[M].北京:人民出版社,1985.

《准噶尔史略》编写组.准噶尔史论文集:第2集[M].北京:中国社会科学院民族研究所,1981.

〔乌兹别克〕艾哈迈多夫.16~18世纪历史地理文献[M].修订版.陈远光,译.兰州:兰州大学出版社,2012.

〔印度〕巴布尔.巴布尔回忆录[M].王治来,译.北京:商务印书馆,1997.

阿布尔-哈齐-把阿秃儿汗.突厥世系[M].罗贤佑,译.北京:中华书局,2005.

加文汉布里.中亚史纲要[M].吴玉贵,译.北京:商务印书馆,1994.

〔苏联〕加富罗夫.中亚塔吉克史[M].肖之兴,译.北京:中国社会科学出版社,1985.

〔法〕哈比卜.中亚文明史:第5卷[M].蓝琪,译.北京:中国对外翻译出版公司,2006.

〔俄〕兹拉特金.准噶尔汗国史[M].修订版.马曼丽,译.兰州:兰州大学出版社,2013.

Howorth H H. History of the Mongols from the 9th to the 19th Century [M]. London:[s. n.],1876 – 1927.

第八编

35　俄国对中亚的早期渗透

35.1　罗曼诺夫王朝与俄罗斯帝国的强大

1584 年伊凡四世去世,其子费多尔继位。1598 年费多尔病逝,无子,统治俄罗斯 700 年的留里克王朝终结。16 岁的米哈依·费多洛维奇·罗曼诺夫被推举为沙皇,从此开始了罗曼诺夫王朝 300 年的统治时期。

米哈依在位 32 年(1613～1645 年)后去世,他的儿子阿列克塞继位(1645～1676 年)。1676 年,阿列克塞病死,长子费多尔继位,实权掌握在其母亲米洛斯拉夫斯基家族手中。阿列克塞的另一个儿子彼得和他母亲离开克里姆林宫,迁居到莫斯科郊外的普列奥勃拉任斯科耶村。1682 年,费多尔病死。阿列克塞的两个儿子伊凡与彼得被共立为沙皇,分别称为伊凡五世和彼得一世(1682～1725 年)。由于伊凡痴钝,彼得又年幼(仅 10 岁),伊凡的姐姐索菲亚摄政。彼得和母亲仍住在莫斯科郊外的村子里,直到 17 岁。

1696 年,伊凡五世病逝,彼得开始独掌政权。第二年,他以一名普通下士的身份出访了西欧的奥地利、荷兰、英国、普鲁士等国。在西欧的游历,使彼得一世深感俄国的落后。回国后,他决定按照西方的方式实行改革。在政治方面,他首先完善了中央集权,在中央设立参政院,废除领主杜马,之后,以参政院直接取代了领主杜马。在地方行政机构方面,彼得实施省、州、区三级管理模式,突出了中央政府的治理权威。

为了使俄国扼住北欧的咽喉和窥视整个欧洲,1703 年 5 月,彼得

·欧·亚·历·史·文·化·文·库·

在离莫斯科 800 多公里、地处涅瓦河畔的地方建设新都城命名为"圣彼得堡",并于 1712 年迁都于此。

在用人制度上,彼得颁布了"官职等级表",考核和选拔人才。他将文武官员分成 14 个等级,各级别通过考核录用晋升,无论贵族或贫民一视同仁。非贵族出身的平民甚至农民只要获得 8 等军衔,就可跻身于贵族行列。这一用人制度打破了以往按门第论资排辈的传统,使一批旧贵族丢掉了官职,而让一批出身贫贱的有作为的人得到了提拔和重用。这些改革使俄国开始向君主制缓慢地迈进。

在军事方面,彼得模仿西欧军制改组俄国军队。1699 年,俄国历史上第一次建立了正规的陆军和海军。俄国正规陆军分步、骑、炮、工 4 个兵种。他还建立了海军基地,创建了波罗的海舰队,使俄国跻身于波罗的海沿海强国之列。到 1709 年,俄国的军事改革基本完成。改革后的俄国军队为彼得打开通往欧洲的窗口、为俄国打破封闭参与世界竞争奠定了坚实的基础。17 世纪的俄国是一个远离海洋的内陆国家,但在彼得改革以后,俄国凭借强大的军事力量不断征伐,最终成为几面临海的强大国家。俄国通过与北欧强国瑞典进行长达 21 年的"北方战争",夺取了波罗的海的出海口,通过与波斯人的战争夺取了里海沿岸据点。在彼得一世主政的 37 年中,他共发兵 35 次进行军事扩张。

彼得一世在经济方面的改革最初是围绕着军事目的进行的。彼得一世大力鼓励和扶持工商业的发展,重视发展军事工业,以减少俄国对进口武器的依赖。一批像乌拉尔、圣彼得堡这样的工业区和工业中心发展起来。经济的发展增强了国家的经济实力,使俄国进入了工场手工业时期。俄国的手工工场到 1725 年时已经有近 240 个。在这一时期,俄国还在法律上承认了逃亡农奴在工场劳动的权利,这为手工工场提供了劳动力,促进了手工工场的发展。尽管这一时期俄国的工场手工业还不能算是资本主义性质的,但是,它毕竟具有某些资本主义的成分,客观上为俄国资本主义生产关系的发展创造了条件。

彼得一世还重视发展贸易。他建设通商口岸,发展集市贸易,扩大国内市场。他通过并实行了关税保护政策、奖励输出限制输入政策,保

护了本国工业的发展。在彼得一世执政末期,俄国年输出额达到 420
万卢布。

另外,彼得一世在宗教、文化、教育等方面也进行了一系列的改革,
削弱了教会的影响力,改革了斯拉夫文字,培养了俄国自己的专门
人才。

彼得一世改革是俄国社会发展史上的重要转折点,促进了俄国从
传统农业社会向现代工业社会的过渡。彼得一世改革以后,俄国走上
了富国强兵之路。在国内,中央集权制在俄国扎根,从等级代表君主制
向绝对专制君主制的过渡基本完成。在国外,俄国走向了征服与侵略
的殖民道路。1721 年,彼得一世被尊称为彼得大帝,俄国正式成为俄
罗斯帝国。

彼得一世去世(1725 年)以后,其妻叶卡捷琳娜一世和彼得一世之
孙彼得二世先后即位,但很快去世。以后,彼得侄女安娜·伊凡诺夫娃
(1730 ~ 1740 年)和彼得之女伊丽莎白(1741 ~ 1761 年)相继为沙皇。
伊丽莎白在位期间,继续执行其父的国策。俄国国力蒸蒸日上,最终在
"七年战争"中打败普鲁士。继伊丽莎白之后的彼得·费多罗维奇(即
彼得三世)即位还不到半年,他的妻子就在宫廷卫队的支持下篡位为
沙皇,此即叶卡捷琳娜二世。叶卡捷琳娜二世统治时期(1762 ~ 1796
年)是俄国历史上国力最强的时期,也是俄国在欧洲国际事务中影响
最大的时期。

叶卡捷琳娜二世上台之前,伊丽莎白女皇和彼得三世都采取了亲
普鲁士的政策,导致俄国在欧洲极度孤立。为了振兴俄国,叶卡捷琳娜
二世在政治、经济和对外政策等方面都做了重大的调整。

在政治上,叶卡捷琳娜二世为了加强中央集权,于 1763 年 12 月颁
布法令,把枢密院分为 6 个院,自己直接负责 3 个院——陆军院、海军
院和外交院。她还设立了直接向她负责的总检察官一职,由总检察官
代沙皇监督和处理枢密院的事务。1775 年 11 月,她颁布了关于全俄
帝国各省管理体制的法令。该法令取消原来的 3 级(省、州、县)管理
体制,代之以 2 级(省、县)管理体制。全国设 50 个行省,省长及副省

·欧·亚·历·史·文·化·文库·

长都由沙皇直接任命。省、县设议会,议员均由贵族代表担任。贵族代表有权向省长,直至向沙皇提出自己的要求。为防止省长专权和拥兵自重,地方设立总督一职。总督由沙皇直接任命,一个总督管辖 2~3 个省。总督既是地方驻军的最高长官,又是地方的行政长官,同时还是中央枢密院的成员。她这些改革的结果极大地强化了沙皇个人的独裁权力,加强了中央集权,使沙皇能够通过枢密院各院、省长、省议会更直接有力地控制中央和地方。

在经济上,叶卡捷琳娜二世采取措施发展经济。她颁布法令,宣布工商业自由,取消对贸易的限制,鼓励向国外出口俄国的农副产品。在叶卡捷琳娜二世执政时期,俄国的工商业获得较为迅速的发展,增强了国力,壮大了工商业阶级。

叶卡捷琳娜二世积极推行对外扩张政策,捭阖于欧洲列强之间,极大地提升了俄国的国际地位。18 世纪,俄国是欧洲的弱国。尽管彼得一世大力扩充了军备,并且在北方战争中大败欧洲强国瑞典,但总的来讲,当时俄国无论是在军事实力,还是在国际地位方面都居于普鲁士、奥地利、法国等国之后。叶卡捷琳娜二世执政以后,采取了灵活的外交政策。她充分利用欧洲各国宫廷之间的矛盾和纷争,周旋于普鲁士、法国、奥地利和瑞典等国之间,及时调整对策,拓展俄国的国际空间。她制定了一个庞大的扩张计划,即:瓜分波兰、占领黑海北岸、兼并巴尔干,建立一个包括圣彼得堡、莫斯科、柏林、维也纳、君士坦丁堡、阿斯特拉罕 6 个都城在内的欧亚大帝国。为了实现这一梦想,俄国从 1767 年到 1796 年共征兵 32 次,人数超过了 125 万。为了夺取黑海出海口,她积极建设俄国的黑海舰队。在叶卡捷琳娜二世统治时期,进行了 6 次较大的对外侵略战争。叶卡捷琳娜二世非常重视俄国的西部边界,把瓜分波兰,建立自己的安全屏障作为既定目标。俄国于 1772、1793、1795 年曾与普鲁士、奥地利共同瓜分了波兰。俄国从中获得了立陶宛、库尔兰、西白俄罗斯一线,把边界推进到了涅曼河 - 布格河一线,获得领土 12 万平方公里。通过两次与土耳其的战争(1768、1787 年),俄国将克里米亚划入自己的版图,最终夺取了自彼得一世以来,俄国统治者梦寐以求的南部出海口——黑海出海口。在她统治时期，俄国还兼并了北高加索和格鲁吉亚的大片土地，将摩尔达维亚并入俄国。

叶卡捷琳娜二世于1796年突然中风身亡。其后，俄国先后经历保罗一世（1796～1801年在位）、亚历山大一世（1801～1825年在位）和尼古拉一世（1825～1855年在位）的统治。尼古拉一世统治时期，俄国的军事行动频繁，国家收入的一半用于军队和警察开支。1853年开始的克里米亚战争使俄国的落后暴露无遗。战争还未结束，尼古拉一世便去世了，其子亚历山大继位为沙皇，即亚历山大二世（1856～1881年）。

亚历山大二世是罗曼诺夫王朝第十五任沙皇。他在位时，俄国在克里米亚战争的失败加剧了俄国专制制度的统治危机，俄国国内外形势都十分严峻。

亚历山大二世在少年和青年时代接受了一些欧洲的自由主义思想，后来又游历了欧洲一些资产阶级政治制度的国家。继位后，他按照欧洲模式对俄国实行了改革，包括解放农奴、设立地方自治议会、修订司法制度、充实初等教育。

亚历山大二世在1861年3月3日签署了《关于农民摆脱农奴制依附地位的总法令》，使俄国自上而下地废除了农奴制度，促进了工商业和农业中资本主义的发展。农奴制改革以后的时期是俄国资本主义大发展的时期。之后，俄国工业总产值跃居世界第五位。

在"农奴制改革法令"颁布以后，亚历山大二世在陆军大臣德·阿·米柳京等人的建议下，又进行了国家机关改革和军事改革，加速了俄国转轨走向资本主义道路的步伐。1864年，亚历山大二世进行了省和县地方自治改革，设立了地方自治局，1870年颁布了城市自治法，建立了城市杜马。同年，亚历山大二世还进行了司法改革，建立了资产阶级性质的司法制度和诉讼程序。在经济上，他的政府出售建筑铁路的专利权，增加铁路建设投资；同时他制定了新兵役法，兴办新式军校，大力扩军，对外兴师动武。

在国内改革取得一定成绩之后,1858～1864 年间俄国用武力和其他手段先后迫使清朝政府签订《瑷珲条约》、《天津条约》、《北京条约》、《勘分西北界约记》,割占了清朝 150 多万平方公里土地,还获取了多处通商口岸,并享有特权。1865、1868、1873 年,俄国先后出兵征服了中亚的浩罕、布哈拉、希瓦 3 个封建汗国。1871 年,俄国舰队获得了在黑海的停泊权。1873 年,俄国与德、奥建立了三皇同盟。1877～1878 年,俄国发动了对土耳其的战争,获得了多瑙河口岸,占领了南高加索。

尽管俄国在 1861 年改革以后得到了快速的发展,然而,1861 年的农奴制改革是一项极其保守的改革,改革并未平息各地声势越来越大的农民暴动。1881 年 3 月 1 日,民粹派终于将亚历山大二世炸死在圣彼得堡的大街上。亚历山大三世(1881～1896 年)即位,他重新确认了古代君主的专制特权。1896 年,尼古拉二世(1896～1918 年)成为罗曼诺夫王朝最后一位沙皇。尼古拉二世继位后,在国内大力扶植新出现的垄断资本组织,促使工业资本与银行资本联姻。俄国还大举借贷西欧多国资本,因而外资企业激增,这使俄国与西欧诸帝国更紧密地连为一体。

1917 年 3 月 3 日(俄历 2 月 18 日),俄国爆发了第二次资产阶级民主革命,即二月革命。在民主浪潮的冲击下,沙皇尼古拉二世被迫宣布退位。统治俄国 300 多年的罗曼诺夫王朝(1613～1917 年)结束。

35.2　俄国侵吞哈萨克草原

17 世纪以前的俄国基本上是一个内陆国家,其北部是常年冰冻、人迹罕至的无法航行的河流,西部的波罗的海当时为瑞典所控制,南部的黑海是奥斯曼帝国的内湖,东部由西伯利亚通向太平洋的黑龙江是清朝的内河。为了争夺波罗的海,俄国于 18 世纪上半叶与瑞典争战 20 余年;为夺取黑海,俄国对奥斯曼帝国先后发动过 10 次以上的侵略战争。尽管如此,俄国对外战略的主要目标并不是大西洋,而是印度洋。1725 年彼得一世临终前在遗嘱中明确了他关于世界地缘政治的思想及争霸世界的战略目标,即尽可能迫近君士坦丁、波斯湾和印度。

中亚地区是俄国实现这一战略目标的必经之路,而哈萨克草原就横在俄国与中亚南部诸汗国之间。彼得一世曾试图绕过哈萨克草原分别从其两侧路线南进,即从西部的里海和东部的额尔齐斯河南下,但是没有成功。在沿上述两条路线南下失败之后,他选择了第三条路线,即穿越哈萨克草原南进。彼得已经认识到,哈萨克草原是通向所有亚洲国家和领地的咽喉和大门。然而,当时俄国因西方的战争而不可能对哈萨克草原进行大规模的军事入侵,于是,俄国采取了步步为营的蚕食方式。

从 18 世纪起,俄国加快了蚕食哈萨克草原的步伐。他们所采取的措施是设法使哈萨克诸部臣服于俄国。当时哈萨克汗国在其东北部受到了准噶尔人的进攻,哈萨克统治者正在寻求俄国的帮助。这为俄国插手哈萨克事务,诱使他们臣服提供了机会。1717 年,头克汗与包括小玉兹阿布勒海尔汗在内的部分速檀致书俄国政府,希望俄国帮助哈萨克人抵御准噶尔汗国的进攻。1718 年,头克汗遣使给沙皇彼得一世捎去了一份文书,表示愿意与俄国方面"保持持久的和平与结盟"。俄国政府指示西伯利亚总督加加林亲王与哈萨克人建立联系,在可能的情况下帮助哈萨克人抗击准噶尔军队的进攻。头克汗去世以后,哈萨克人分裂成了 3 个玉兹。哈萨克人的分裂削弱了他们抵抗准噶尔人的力量。俄国趁哈萨克人内忧外患之机,诱使他们加入俄国国籍。

哈萨克小玉兹的牧地在乌拉尔山和乌拉尔河以东,与俄国的领土相邻,他们是最早与俄国发生联系的哈萨克政权。1726 年,俄国使者穆拉·马克斯优塔·优努索夫(Mullā Maksyuta Yunusov)与当时的小玉兹汗阿布勒海尔在卡拉卡尔帕克草原举行了一次会晤。会晤之后,阿布勒海尔派出以科巴加尔·科别科夫(Koybagar Kobekov)为首的使团到圣彼得堡,希望得到俄国的军事援助。此外,小玉兹与中玉兹统治者之间所发生的争斗也加速了小玉兹统治者对俄国的依赖。阿布勒海尔在 1730 年伙同少数速檀向沙皇表示愿意加入俄国国籍,并开始与俄

·欧·亚·历·史·文·化·文·库·

国政府商谈归并俄国的问题。俄政府趁机开始干涉哈萨克草原事务。

1730 年 9 月,阿布勒海尔派遣以色特库尔·科达古罗夫(Seitkul, Seyed – Qul Koydagulov)和库特鲁姆伯特·科什塔埃夫(Kutlumbet Koshtaev)为首的使团到乌法城,请求俄国女皇安娜·伊凡诺夫娃(1730 ~1740 年)同意小玉兹并入俄国。1731 年 2 月,女皇就小玉兹的要求签署了致阿布勒海尔汗和"全体哈萨克人"证书。4 月,以捷夫凯列夫(A. I. Tevkelev)为首的俄国特别使团带着这一证书来到了哈萨克草原。在宣读这一证书之后,捷夫凯列夫要求哈萨克人向俄国宣誓效忠。10 月,捷夫凯列夫召集哈萨克统治上层开会,会上阿布勒海尔签署了关于小玉兹归并俄国的合法法案。布肯贝(Bukenbay)、伊萨特(Iset)及其兄弟穆拉·库岱·纳扎尔(Mīrzā Khudāy Nazar)和另外 27 位哈萨克首领也在法案上签了字。

不久,与小玉兹相邻的中玉兹也归并俄国。但是,中玉兹西部却爆发了反俄起义,以巴拉克汗为首的中玉兹东部统治者也拒绝臣服。此时,准噶尔人又发起对中玉兹的入侵,中玉兹再次战败,经济遭到了极大的破坏。在这种形势下,中玉兹哈萨克人的反俄情绪逐渐平息下来,接受俄国保护的倾向变得明显了,中玉兹西部再次表示归顺俄国。但中玉兹东部仍坚持独立,并不时向俄国人发起进攻。

小玉兹于 1732 年 10 月也爆发大规模的反俄起义,这一斗争甚至得到了卡尔梅克人的声援,扩展到了中玉兹,后被亲俄的中玉兹长老布肯贝等人镇压下去。

大玉兹人游牧于哈萨克草原东部,与准噶尔人的牧地毗连。他们向准噶尔人缴纳皮毛税,并把部族首领之子送到准噶尔汗国为人质。这种状况一直持续到 18 世纪 40 年代初期。大玉兹哈萨克领土与俄国领土不相邻,所以,大玉兹哈萨克人与俄国人之间的关系比较松散。直到中、小玉兹归并于俄国大约 100 多年以后,1846 年,大玉兹哈萨克人才真正接受了俄国的宗主权。

18 世纪下半叶,特别是在哈萨克中玉兹臣属于清朝以后,俄国开始加强对哈萨克人的控制。中玉兹哈萨克人在 1757 年臣服于清朝以前,曾多次请求俄国的保护,而俄国对他们的态度非常强硬。1751 年,中玉兹哈萨克人因给准噶尔首领达瓦齐提供庇护而遭到准噶尔 3 万人的进攻,一部分哈萨克人向俄国边界迁移,来到奥里河和穆古扎尔山一带游牧,一些中玉兹部落试图进一步向西进入俄国境内避难,但遭到俄国当局的断然拒绝。

1754 年,中玉兹因收留被达瓦齐打败的阿睦尔撒纳又遭到准噶尔人的猛烈攻击。在巨大的压力下,一部分哈萨克人再次要求到俄国境内避难,遭到了俄方的拒绝。1757 年中玉兹哈萨克人内附清朝,想从清政府那里获得保护。俄国人担心清朝的介入会损害他们在哈萨克的利益,于是改变了对哈萨克人的态度,积极拉拢中玉兹哈萨克人。1760 年初,阿布赉所属哈萨克 500 多人劫掠了清朝科布多所属的乌梁海蒙古人。清朝抽调兵力加强防范,并向阿布赉查询,俄国趁机拉拢阿布赉。1762 年,俄国女皇叶卡捷琳娜二世继位时,阿布赉与小玉兹努拉里汗再次宣誓效忠于俄国。

1769 年,中玉兹汗阿布勒班毕特汗去世。1771 年,阿布赉称汗,正式掌握了中玉兹的大权。1778 年 2 月,阿布赉向俄国女皇递交呈文,同年,俄国批准了他的呈文,承认了他的汗位。

1780 年 11 月,阿布赉汗在突厥斯坦城病故。俄国为了保证新汗的效忠,极力推举阿布勒班毕特之子阿比里斯为汗。然而,哈萨克贵族选举了阿布赉的长子瓦里速檀为汗。新汗瓦里在中玉兹没有统一整个部族的威望,而大玉兹又乘机侵占了中玉兹南部游牧地。在动乱中,瓦里汗只能依靠俄国的势力维护汗位。在他的请求下,1782 年俄国当局在彼得洛巴甫洛夫斯克对他的汗位进行了正式册封。但是,除了瓦里之外,阿布赉的其他儿子和近亲很少与俄国人来往,其中有几个明确地自认是清朝的臣民。

中玉兹内部的不团结以及周邻吉尔吉斯人的侵扰,使中玉兹长时间内处于动荡与战乱之中。哈萨克牧民为了求得安宁,再次向外迁徙。俄国乘机把成批的哈萨克人迁入俄国境内定居,向他们分发土地,赠送白银。以后,瓦里汗与俄国之间的亲密关系发生了变化,对俄国的态度变得强硬起来。他制裁了哈萨克人中一些忠实于俄国的长老,为了增强与俄国的抗衡,瓦里汗转而与清朝加强了宗属关系。1787 年、1790 年、1791 年,瓦里汗 3 次派遣其弟哈咱木、多索里及其子阿弥载前往清朝朝觐。俄方不能容忍这种做法,于 1792 年占领了中玉兹。瓦里汗对俄国的侵略行径提出了强烈谴责。

1818 年,瓦里汗去世。在他在位的最后几年中,中玉兹的分裂更加明显。一些首领自立为汗,公开与他对抗。1816 年,俄国当局扶持前巴拉克汗的儿子布克依为第二可汗,企图在年迈的瓦里汗去世之后进一步控制中玉兹,但布克依也与瓦里汗同年去世。两位汗去世之后,中玉兹四分五裂,俄国得以控制中玉兹局势。俄在中玉兹率先实行了新的体制,废除了汗号,将中玉兹置于西伯利亚当局的统治之下。

大玉兹在 18 世纪末经历了分裂与迁徙。浩罕汗爱里木在位时期向北扩张,于 1808 年攻占塔什干,宣布大玉兹及其所属哈萨克人为浩罕臣民。浩罕统治者的残酷统治和横征暴敛很快激起了当地哈萨克人的反抗。次年,哈萨克的起义在浩罕军队的镇压下失败,大玉兹哈萨克人被迫向外迁徙。一部分人进入了新疆境内,归属清朝;另有数千帐迁往俄国边界,被俄国安置在乌斯季卡缅诺哥尔斯克要塞附近,接受了俄国的统治;还有几千帐进入靠近清朝边界的中玉兹领地,即七河流域、科克芬河和卡拉塔尔河一带,接受了中玉兹首领的统治。1819年,进入中玉兹领地的这部分哈萨克人也臣属了俄国,继续留在塔什干附近的那些大玉兹哈萨克人则接受了浩罕的统治。哈萨克大玉兹彻底解体,他们的牧地一部分被俄国占领,一部分归入浩罕汗国。

在接受哈萨克人臣属的同时,俄国开始在哈萨克人牧地上沿乌拉尔、伊希姆和额尔齐斯三条大河建筑要塞。俄国认为这些要塞不仅有利于控制哈萨克人,而且还可以作为俄国以后进攻中亚南部的基地。

从把西伯利亚汗国都城西伯尔城改建成托博尔斯克要塞(1587年)起,到 1865 年新浩罕线形成的近两百年中,俄国陆续建筑了 7 条要塞线。最早是沿额尔齐斯河建筑的额尔齐斯河要塞线。18 世纪 20 年代,沙皇政府把沿额尔齐斯河建筑的几个要塞连接起来,建成了从鄂木斯克到乌斯季卡缅诺哥尔斯克的额尔齐斯河线,又名西伯利亚线。接着形成的要塞线是乌拉尔河线(雅伊克河线)和奥伦堡线。18 世纪 50 年代,沙皇政府在伊施姆河岸建筑了克拉斯诺戈斯克段要塞线,它处于乌拉尔线和奥伦堡线与额尔齐斯河线之间,为以后将以上 3 条要塞线横向连接起到了中介作用。

以上 4 条要塞线皆沿河而建,呈南北纵向排列,要塞之间没有联系。因此,它们不仅不能阻止哈萨克人向北游牧,而且对到这些地区劫掠俄国商队的哈萨克人也起不到阻拦作用。18 世纪 30 至 50 年代,俄国把沿乌拉尔河建筑的古里耶夫、乌拉尔斯克、奥伦堡、奥尔斯克等要塞连起来。然后,俄国又将此线向东沿彼得罗巴甫洛夫斯克、鄂木斯克、乌斯季卡缅诺哥尔斯克延伸,与额尔齐斯河线联结起来。这样就形成了一条西起里海北岸古里耶夫,经乌拉尔斯克、奥伦堡、奥尔斯克、彼得罗巴甫洛夫斯克、鄂木斯克、乌斯季卡缅诺哥尔斯克的"n"形要塞线。这条"n"形要塞线从西、北、东三面把哈萨克草原罩住。这种方式确实奏效,要塞线建立后,哈萨克人的袭击几乎停止了。俄国在哈萨克人牧地上修筑要塞之事曾引起哈萨克人的强烈反抗。针对这种情况,俄国煽动土尔扈特人、巴什基尔人去攻打哈萨克人,以此削弱哈萨克人。同时也借哈萨克人之手制服了巴什基尔人。

这条"n"形要塞线不仅成了俄国与哈萨克人之间的新边界,而且还成为俄国向南扩张的进军线。1820 年,俄国政府成立了一个新的亚洲委员会,成员中有外交大臣、内政大臣、陆军总参谋长及西伯利亚总督等。委员会建立起来之后,沙皇政府准备采取新的行政措施,加强对哈萨克斯坦的管理。他们以要塞和要塞线为依托,强行向哈萨克人推行他们制定的《条例》。《条例》的内容,一是推行所谓"民政建制",即在哈萨克草原上设置一系列类似当时俄国国内建立的机构,把哈萨克牧民纳入俄国的国家制度中;二是"分而治之",将哈萨克草原划分为州和乡,这实际上是将一个大汗王分为若干小汗王,以利于俄国人的统治。

从 18 世纪中叶起,西伯利亚总督斯佩兰斯基秉承沙皇旨意,开始搜集哈萨克人的习惯法、判例,并根据俄国统治者的需要,对这些习惯法和判例做了补充。他于1822年制定了《西西伯利亚吉尔吉斯(指哈萨克)人条例》,即《斯佩兰斯基条例》。根据这一条例,俄国在草原上建立了殖民性质的行政机构。条例首先在中玉兹实施。俄国在中玉兹境内废除汗的统治,设立行政区(okrugs),建立行政区政府。中玉兹的领地被分为8个区和卡尔卡拉林斯克、科克切塔夫、阿亚古兹、阿克摩林斯克等外边区,归西西伯利亚所属的鄂木斯克州管辖。每个行政区由一位年长的速檀领导,速檀的命令必须得到俄国当局的批准才能生效。1838年,俄国颁布了《关于对西伯利亚吉尔吉斯人进行单独管理的条例》,对1822年条例进行了修订,以军事殖民的方式强化对中玉兹哈萨克人的管理。其中规定,设立西伯利亚吉尔吉斯(哈萨克)边防管理总局,管理原中玉兹和部分大玉兹的领地。边防管理总局设在鄂木斯克,由俄国边防军将校担任局长、主任及高级文官,仅给中玉兹哈萨克人在高级文官中保留了一名陪审员的职位。中玉兹哈萨克人的领地依部族的分布和速檀们各自的势力范围划分为东部、中部、西部3个区域,分别由俄国当局任命的3名执政速檀管理。俄国当局在每个区域派驻了一支人数在100~200人不等的俄国哥萨克军役人员,以维护俄国在此的统治。

1824年,俄国颁布了针对小玉兹的《奥伦堡哈萨克人条例》。小玉兹的汗位被废止,所属哈萨克人交由俄国外交部亚洲委员会负责,奥伦堡督军直接管理。小玉兹被分成西、中、东3个大区,各大区由15~20伏勒斯特(小区)构成,每个小区有10~12阿吾勒(村),每个阿吾勒规定由50~70帐(户)组成。阿吾勒、小区、大区分别由萨克长老、速檀、公职人员管辖,公职人员中有一位大速檀和4位助手(其中两位必须是俄国人)。另有5万小玉兹哈萨克人被迫迁到乌拉尔和伏尔加河下游一带居住。1844年,俄国政府又颁布了针对小玉兹哈萨克人的《奥伦堡哈萨克人管理条例》,对1824年的条例做了增补。该条例同样也是以军事殖民方式进一步强化对小玉兹哈萨克人的管理,只不过是由奥伦堡边防委员会具体负责执行。

俄国在大玉兹的领土上修建了科帕尔、谢尔基奥波尔、列普辛斯克等行政中心。在这些行政中心管辖下的大玉兹哈萨克人每年必须向俄国交纳赋税和服各种劳役。1848年1月，俄国颁布了针对大玉兹人的《大玉兹吉尔吉斯人的管理及谢米列契边区的监督条例》，规定在大玉兹领地建立隶属于西西伯利亚总督的警察部队，以维持当地治安。1854年5月，俄国将哈萨克草原南部划出，建立了谢米巴拉金斯克省，并颁布《谢米巴拉金斯克省管理条例》，任命总督将军直接管理，当地的大玉兹哈萨克首领只是他的副手而已。

《西西伯利亚吉尔吉斯人条例》与《奥伦堡哈萨克人条例》的公布和实施标志着俄国基本上完成了对哈萨克草原的兼并，而各项条例的实施和新的管理体制的建立，使俄国政权机构取代了延续300多年的哈萨克汗国体制。

通过要塞与《条例》的配合，俄国人在19世纪50年代中期基本上实现了对哈萨克三玉兹的控制。根据条例，1824～1839年的15年内，俄国在哈萨克草原逐步建起了一系列外边区。外边区的边界不断向南推进，因此，俄国的国界线也在不断向南移动。俄国分别从额尔齐斯河和锡尔河继续向南推进，又建立了两条新的要塞线：新西伯利亚要塞线和锡尔河要塞线。

1864年6月，俄军在控制了突厥斯坦城之后，开始把锡尔河线和新西伯利亚线合围起来，形成了突厥斯坦城－奇姆肯特－奥里阿塔一线，即"新浩罕线"。奇姆肯特是新浩罕线上最南端的城市。囊括在新浩罕线内的地区成为俄国进攻中亚河中地区的基地，基地上的补给是俄国军队继续推进的经济保障。呈钳形的奥伦堡线和西伯利亚线，经新浩罕线连接后，约270万平方公里的哈萨克领土被俄国吞并。哈萨克草原成了俄国的领土。

36 噶尔丹的覆亡及清统一
天山南北

36.1 喀尔喀蒙古归属清朝

17 世纪 30 年代,漠南蒙古之察哈尔部归附满洲统治者皇太极。此后,喀尔喀蒙古各部逐渐断绝了与明朝的往来,开始向满洲朝贡,皇太极谕示喀尔喀蒙古各部,每年贡奉白驼 1 只、白马 8 匹,即所谓"九白之贡",确立了喀尔喀蒙古各部和满洲的松弛的臣属关系。尽管在 17 世纪 40 年代曾经发生车臣汗部首领硕垒诱使漠南蒙古苏尼特部长腾吉思叛逃事件,清朝前往追击的部队也遭到车臣汗部与土谢图汗部等喀尔喀部落的拦截,但喀尔喀各部很快向清朝派遣使节表示引罪,清朝于 1655 年设立喀尔喀八札萨克:土谢图汗,车臣汗,丹津喇嘛,墨尔根诺颜(左翼);毕希勒尔图汗,罗卜藏诺颜,车臣济农,昆都伦陀音(右翼)。喀尔喀蒙古各部基本保持与清朝较为密切的关系。

17 世纪 60 年代以后,喀尔喀蒙古发生内讧,扎萨克图汗部与土谢图汗部因逃民问题矛盾日深。清朝对二部进行了劝解与协调,但扎萨克图汗部与土谢图汗部的关系更加恶化。喀尔喀的内讧很快被准噶尔首领噶尔丹利用,噶尔丹借口为死于土谢图汗部之手的胞弟报仇,于 1688 年入侵喀尔喀蒙古,喀尔喀蒙古三部溃败,相继逃往漠南,寻求清王朝的庇护。清朝赐给喀尔喀蒙古牧地,并予以物资上的救济。为了稳定喀尔喀蒙古各部秩序,清廷还派人向他们宣示了清朝的法律。

1690 年,噶尔丹复率兵劫掠喀尔喀蒙古。对此,康熙帝认为只有解决了喀尔喀蒙古内部的不和,才不至于给噶尔丹以可乘之机,因此决定亲临塞外,主持与喀尔喀蒙古的会盟。1691 年,清朝在多伦诺尔地方举行会盟,漠南内蒙古 49 旗王公和漠北喀尔喀蒙古各部汗王全部参加。会盟中,土谢图汗等具疏请罪、康熙帝赦免其罪,喀尔喀蒙古各部的矛盾得以解决。清廷以与漠南内蒙古 49 旗同例的形式对喀尔喀蒙古予以安置,除保留喀尔喀蒙古各部汗号外,去除了旧的济农、诺颜名号,自汗以下,依次授以亲王、郡王、贝勒、贝子、镇国公、辅国公爵次,台吉亦分 4 等,并在喀尔喀蒙古各部按旗分编立佐领,设管旗章京、副章京、佐领、骁骑校等官。自此,喀尔喀蒙古正式归并于清朝。清朝还为其兴建了汇宗寺,成为寄居漠南的喀尔喀蒙古人朝拜的宗教中心。

噶尔丹的东扩是想将喀尔喀蒙古的牧场、部族收归己有,但结果适得其反。喀尔喀蒙古归并于清朝,不仅使清朝的疆域得以扩充,更为清朝稳定北疆乃至西北边疆统治、最终平定噶尔丹创造了极为有利的条件。而在平定噶尔丹之乱后,喀尔喀蒙古重返漠北,成为清朝北疆的有力捍卫者。正如康熙帝所言,自汉唐至明,历代俱为北方游牧部落侵扰,因此修筑长城防守,如今清朝施恩于喀尔喀,使之以备朔方,则较长城更为坚固。喀尔喀蒙古各部重返漠北后,不仅进一步挤压了准噶尔的生存与发展空间,还在后来清朝平定准噶尔的过程中发挥了重大的作用,以至准噶尔此后不敢轻易进犯漠北,而向清廷请和。

36.2　噶尔丹的覆亡

噶尔丹继任准噶尔首领后,一直较重视发展同清朝的关系。1672 年,噶尔丹遣使到清廷,希望照常进贡,得到了清廷的许可,噶尔丹便不断遣使入贡。1679 年,达赖喇嘛授噶尔丹博硕克图汗号,噶尔丹遣使奉贡入告清廷,清廷默认了噶尔丹的汗号。此后噶尔丹欲进军青海,清廷只是加强了西北边境的防卫力量,并未对其行动进行任何干预。因此,在噶尔丹执政后的一段时间内,双方一直保持着较为友好的关系。

然而,当噶尔丹最终东扩,欲吞并喀尔喀蒙古时,清廷对噶尔丹的

·欧·亚·历·史·文·化·文·库·

态度开始发生变化。其实,清王朝本无意于出兵准噶尔,一方面是因为清朝在承袭明朝版图的基础上,尚未有向外扩展之意,另一方面也是因为噶尔丹扩张之时,清朝正面临着平定三藩、收复台湾、抗击俄国入侵等多项战事,因此无暇顾及准噶尔。而当上述问题一一得到解决之后,清廷遂得以集中精力对付准噶尔。尤其是在清俄最终签署《尼布楚条约》后,对于噶尔丹在清俄战争中给清朝造成的牵制与威胁,清廷已经有了较为清楚的认识,因此平定噶尔丹成为清朝之急务。

对于噶尔丹而言,发展同清朝的关系一方面为了在政治上谋取清朝的承认,交好于清朝,更重要的则在于博取巨大的经济利益。事实上,发展同农耕民族的关系直接关系到游牧民族自身的发展,因此,噶尔丹屡屡派遣使团朝贡清廷,从中获利颇多。而且,由于地域关系的影响,准噶尔在一定程度上还控制着东西方的贸易交流。但是,自1683年开始,鉴于此前准噶尔无限制的使团人数给清朝造成了巨大的经济与社会问题,清朝开始对准噶尔的使团规模加以限制,只准200名持有官方证明的准噶尔使者入关,其余人只能在张家口、归化城等处贸易,这对准噶尔的社会经济发展自然造成了严重影响,引起噶尔丹的不满,双方关系趋于紧张。

1688年,噶尔丹东侵喀尔喀,喀尔喀蒙古各部投奔清朝。对于噶尔丹的东侵,清廷一方面加强了边界的兵力部署,防备噶尔丹的越界追击,一方面派使者到噶尔丹处探听虚实。噶尔丹向清朝表示他并无意侵犯清朝,只是希望发展同清朝的贸易关系,并要求清朝阻止土谢图汗与哲布尊丹巴呼图克图入清朝边界。在此情形下,喀尔喀各部正式提出归顺清朝。至1691年,经过多伦会盟,喀尔喀蒙古正式归并于清朝。

1689年,经过与俄国的谈判,清、俄签署《尼布楚条约》,俄国此后对噶尔丹的请求虚与委蛇,这就为清廷对噶尔丹的平定创造了有利的条件。

此时,噶尔丹所统之准噶尔势力已及西藏、青海、天山南北路和漠北,组成了一个强大的泛佛教、泛蒙古的阵线,而且,噶尔丹还可能与俄国结成军事联盟。这些因素对 18 世纪中期前的内陆亚洲的军事与政治进程产生了重大影响,也对清朝在西北和北部边疆的统治造成了极大的威胁,这就决定了此后很长一段时期内清准关系都是围绕着这种威胁和清朝的反应而展开的。因此,清朝最终消灭噶尔丹,直至平定整个准噶尔部,一方面是准噶尔确实构成了对清朝的威胁,另一方面也是由于清朝的统治者以史为鉴,认识到控制内陆欧亚游牧民族对于中原王朝而言有着极为重要的战略意义。

在噶尔丹第一次东侵喀尔喀后不久,准噶尔很快又于 1690 年再次发动了对喀尔喀的进攻。6 月,噶尔丹军队已经侵入漠北蒙古汛界之内乌尔会河以东的乌兰地区,在此遭遇清军,清准之战遂不可避免。

在与准噶尔的第一次交锋中,清军尚书阿尔尼率领的军队为噶尔丹击败,此次战役史称乌尔会之役。噶尔丹军队乘胜深入乌朱穆沁地,又胜清军,随后长驱南下,深入乌兰布通,距清朝京师所在仅有 700 里,对清朝的北部边疆形成了严重的威胁。清朝京师已经进入戒严状态。面对这种形势,康熙帝决定亲自率军出击,以稳定北疆的局势。

1690 年 7 月,康熙帝组成二路大军:一路由古北口出发,一路由喜峰口出发。康熙帝本人则从北京启程,进驻博洛河屯,节制驻军,统筹全局。此为康熙帝的第一次亲征。清军的作战计划是集中兵力于巴林,以逸待劳,然后诱敌至乌兰布通地区,力争全歼。8 月,清军与准噶尔会战于乌兰布通,历史上著名的乌兰布通之战揭开战幕。

噶尔丹自恃兵众气锐,率军 2 万余人,并以上万只骆驼摆开骆驼阵;清军则隔河列阵,以火器为前列,遥攻准噶尔之中坚。清军的大炮火枪摧毁了准噶尔的骆驼阵,随后双方展开了殊死的肉搏战。自午后战至傍晚,在清军的猛烈打击下,准噶尔军大败,噶尔丹向北溃逃,随其返回科布多者仅数千人。

乌兰布通之战后,噶尔丹派遣达赖喇嘛的代表济隆呼图克图等人至清军营地,请罪于清朝,保证不再进犯喀尔喀。噶尔丹则借机盘踞于科布多地区,图谋东山再起。他一方面集合残部,休养生息;一方面求援于俄国,希望获得俄国的支持;而且,他还煽动漠南蒙古科尔沁亲王沙律叛乱。不过,他寄予俄国和漠南蒙古的希望都破灭了。

此时,噶尔丹的老巢伊犁地区已为僧格之子策妄阿拉布坦所占据,策妄阿拉布坦曾为噶尔丹迫害逃亡,后趁噶尔丹东侵喀尔喀之机占据伊犁。为消除噶尔丹的威胁,策妄阿拉布坦多次派遣使者到京师,与清朝约攻噶尔丹,这自然断绝了噶尔丹的后路,引起噶尔丹的极大敌意。1692 年,噶尔丹军队在哈密附近杀害清政府派往策妄阿拉布坦处的钦差员外郎马迪等,挑起事端。尽管如此,康熙帝仍然希望能够通过政治方式解决双方的问题。1694 年,康熙帝告知噶尔丹,希望召开会盟调解他与土谢图汗之间的不和,但遭到了噶尔丹的拒绝。噶尔丹不但执意索取已归属于清朝的土谢图汗和哲布尊丹巴,而且再次出兵喀尔喀地。

1695 年,噶尔丹率军东进,驻营于克鲁伦河之巴颜乌兰地区,并扬言有俄国鸟枪兵 6 万相助。1696 年,康熙帝第二次亲征,分兵 3 路,前往迎战:东路由黑龙江将军萨布素率兵越兴安岭出克鲁伦河出击;西路由抚远大将军费扬古率陕甘兵勇由宁夏北越沙漠沿翁金河北上,以断噶尔丹之归路;中路由康熙帝亲率,出独石口,直奔克鲁伦河,与东西两路协同夹击。但是,当中路逼近噶尔丹军时,西路和东路都未能及时抵达预定地点。面对这种形势,康熙帝决定中路继续前进,分兵两路,实行夹击。不过,当噶尔丹闻听康熙帝亲自统帅大军进抵克鲁伦河时,却未敢迎战,连夜西窜。清军在巴彦乌兰扑空,康熙帝遂派总兵岳昇龙等率精兵轻骑穷追噶尔丹军,并命西路军统帅费扬古堵截噶尔丹军逃亡之路。西路清军在昭莫多遭遇噶尔丹军,双方展开大战,此即历史上有名的昭莫多战役。

清军统帅费扬古采取以逸待劳方针,在昭莫多东依山列阵,依托图拉河布置防御,将骑兵主力隐蔽在树林中,又派骑兵 400 迎击敌军,且战且退,诱敌深入。噶尔丹亲率骑兵猛扑清军控制之制高点,清军则以弓箭、火炮等进行轰击,激战一天,胜负未决。时近傍晚,清军据守正面山头阵地的宁夏总兵官殷化行侦得噶尔丹军阵地后边有大批人畜,断定必是噶尔丹军之家属、辎重,遂进言费扬古从左右两翼袭击噶尔丹后方及侧翼。费扬古和孙思克等西路统帅采纳了殷化行的计谋,分兵进袭,噶尔丹军大溃,噶尔丹仅以身免。昭莫多之战使清军取得了对噶尔丹战役的决定性胜利,噶尔丹则丧失了大部分的力量,再也无法与清朝抗衡和对外扩张。

溃败之后的噶尔丹率残部流窜于塔米尔河流域一带,穷困已极,粮食帐篷都极为缺乏,狼狈不堪,甚至挖掘草根为食。1696 年 9 月,噶尔丹部将丹济拉欲掠夺翁金清军之粮仓,遭遇清军祖良壁部,大败后西遁。噶尔丹完全丧失了与清军正面交锋的力量。此时的噶尔丹已经是内忧外患,无处可往,只能四处流窜。清朝随后再次对噶尔丹开展政治攻势,告知噶尔丹使者格垒沽英,限噶尔丹 70 日内归降。身处困境的噶尔丹并无降意,康熙帝遂决意彻底消灭噶尔丹势力,以绝后患。

1697 年 2 月,康熙帝第三次亲征,亲至宁夏督军。清军兵分两路,分别由费扬古、马思哈统率,每路军兵 3000 人。清军于 3 月出发,康熙帝则率军抵狼居胥山。面对清军的围剿,噶尔丹军内部发生分裂,其部将如阿喇卜滩、格垒沽英等先后降清,噶尔丹身边已不及百人。此后不久,噶尔丹病死于阿察阿穆塔台地方,清朝彻底平定噶尔丹政权。

36.3 准噶尔的灭亡

噶尔丹之后,准噶尔的首领由僧格之子策妄阿拉布坦担任。策妄阿拉布坦生于 1665 年,僧格遇害后,策妄阿拉布坦及其弟索诺木阿拉布坦、丹津鄂木布附庸于噶尔丹。1688 年,噶尔丹杀害索诺木阿拉布坦,并图谋杀害策妄阿拉布坦,以巩固自己的统治,消除僧格后裔对己之威胁。策妄阿拉布坦遂率众逃往额琳哈必尔噶。噶尔丹率军追之,在乌兰乌苏被策妄阿拉布坦部队打败。此后,策妄阿拉布坦移营博罗塔拉,以此为根据地,扩充自己的实力。1690 年,策妄阿拉布坦闻知噶尔丹东征喀尔喀,于是潜兵科布多,掠走噶尔丹妻子及牲畜。策妄阿拉布坦与噶尔丹的交恶遂为与噶尔丹关系紧张、面临战争威胁的清朝所利用。清廷派人前往策妄阿拉布坦处,颁赐敕书及物品,希望策妄阿

·欧·亚·历·史·文·化·文·库·

拉布坦能够协助清政府消灭噶尔丹,策妄阿拉布坦则派人向清朝进贡方物,谋求清朝对其之支持,双方在有关噶尔丹的问题方面表现出了一致性,因此其关系发展颇为迅速。1692 年,清政府派往策妄阿拉布坦处的马迪为噶尔丹军队在哈密附近杀害,策妄阿拉布坦旋即派沙克海喇图奏报并入贡,表示决心与清政府协力围剿噶尔丹。1696 年,他又向清政府表示,如果噶尔丹逼近自己的领地,将尽力擒剿。此举受到清廷的充分肯定与赞赏,清廷不仅承诺将把噶尔丹派到内地贸易的维吾尔族遣送给策妄阿拉布坦,还对他予以了特别的赏赐,尤其是将策妄阿拉布坦派往清朝京师之使者限额由 200 名增为 300 名,以示优恤;同时行文丹津阿喇布坦和丹津鄂木布,让其投奔策妄阿拉布坦。

策妄阿拉布坦还联合了土尔扈特部的阿玉奇,两人会盟于阿尔泰,相约共擒噶尔丹。不过由于西藏第巴桑结嘉措暗中阻挠,策妄阿拉布坦不得不引兵而退。康熙随后派使者再次向策妄阿拉布坦宣谕,要求他出兵攻打噶尔丹。就在此时,噶尔丹兵败身死,康熙根据策妄阿拉布坦的请求,将噶尔丹的重要部属吴尔占扎卜、阿巴色棱等人及准噶尔旧有牧地赐给了他。策妄阿拉布坦实力大增。他还企图控制青海,由于受到清政府的劝阻,未能得逞。其后,他侵吞了土尔扈特部的散扎布属户 1 万 5 千余,进一步加强了对天山南路的控制,并出兵侵略哈萨克,夺取了额尔齐斯河西岸及哈萨克草原的大片地方,势力扩张至锡尔河下游。准噶尔在策妄阿拉布坦及其子噶尔丹策零统治时期,进入全盛阶段。

准噶尔强盛之后,与清朝的关系开始出现波折。双方矛盾的焦点首先集中于对哈密的控制上。哈密地处天山南路东部,是中国内地进入西域的第一站,在噶尔丹统治时期为准噶尔控制。噶尔丹兵败后,哈密的维吾尔人摆脱了准噶尔部控制,其首领达尔汉伯克额贝都拉归顺清朝,擒获噶尔丹之子色布腾巴尔珠尔并解送清朝,受到清朝的表彰,清朝封额贝都拉为头等札萨克,并准其保持和世袭“达尔汉”号,其所部维吾尔人按蒙古札萨克旗制编旗设领。清朝对哈密的控制使策妄阿拉布坦深感不安,1715 年,他遣军突袭哈密,侵略哈密 5 寨,后被驻防哈密游击潘之善率哈密军民击败,这一事件标志着清准关系再次破裂。清朝调集大军进驻科布多和巴里坤,准备进军伊犁,但由于粮饷转运困难,康熙谕令清军就地屯田,俟机进军。

紧接着,双方在西藏问题上又爆发了大规模的冲突。清军在科布多、巴里坤的屯田驻军阻断了策妄阿拉布坦的东进路线,策妄阿拉布坦转而南下进袭西藏。1717 年,策妄阿拉布坦派其部下大策凌敦多布率军进入西藏,杀死西藏的统治者、和硕特汗廷的拉藏汗,占据西藏。同年,清军袭击准噶尔部,从俘获的人那里得知了准噶尔军远征西藏的消息;而拉藏汗在获悉准噶尔军进攻西藏后,即已求救于清朝。清朝遂决定出兵西藏,驱逐入侵的准噶尔人。1718 年,清军被准噶尔军队大败于那曲河,全军覆没。1720 年,清军兵分两路,从青海、四川分道再次进军西藏。同时,为牵制准噶尔的军事力量,清军再次袭击准噶尔部,攻占吐鲁番,并在此驻军屯田,兴建军事基地。而入藏清军则在蒙藏各部的拥护下进展顺利,很快击溃准噶尔军,清朝一举收复了西藏。大策凌敦多布率残部再越昆仑山逃回伊犁,准噶尔部对西藏的统治即告结束。

准噶尔军在西藏的失败迫使策妄阿拉布坦乞和于清朝。清朝此时正值康熙帝去世、雍正帝继位之初,面对由于皇位更迭造成的混乱局面,出于稳固统治之念,雍正帝接受了策妄阿拉布坦的求和要求。1725 年,策妄阿拉布坦又请求清朝将吐鲁番地方划归准噶尔,表示愿与喀尔喀划定游牧地界,希望准噶尔到内地的贸易商队由喀尔喀路行走,这些要求也都得到雍正帝的同意。1726 年,清军从吐鲁番回师,曾协助清军驻守吐鲁番军事基地的吐鲁番维吾尔人头目托克忒玛木特担心遭准噶尔军报复,率部属随清军东撤,清朝将他们安置于甘肃肃州威虏堡地方。这是清准战争期间吐鲁番维吾尔人的首次东迁。

1729 年,清朝因讨还逃奔准噶尔部的青海和硕特部反清首领罗卜藏丹津,与准噶尔部首领噶尔丹策零交涉久无结果,再次派军屯驻科布多和巴里坤。此举令正欲交还罗卜藏丹津的噶尔丹策零颇为气愤。1730 年,准噶尔军突袭清军,双方经过艰苦鏖战,最终准噶尔军为清军所败。次年,噶尔丹策零兵分两路再次出击,一路由色布腾率领,不断侵扰清军驻防的吐鲁番地区,主要起骚扰和牵制清军作用;一路由大、小策凌敦多布率领主力军进攻北路清军。北路清军在傅尔丹的率领下贸然迎敌,结果在和通淖尔被准噶尔军击败,清军伤亡惨重,被迫回撤固守。随后,小策凌敦多布率准噶尔军继续东进,深入到克鲁伦河流域,喀尔喀亲王额驸策凌的牧地被袭,损失惨重,策凌大怒,率军在杭爱山东侧的额尔德尼昭(光显寺)重创准噶尔军,小策凌敦多布大败而归,损兵近万人。不过,色布腾对吐鲁番的围攻则由于清军的兵力分散,迫使清军于1732年放弃了吐鲁番,当地的维吾尔人在其首领大阿訇额敏和卓的率领下再次随清军东迁,被安置在瓜州5堡,额敏和卓被封为札萨克辅国公,其部人按蒙古札萨克旗制编设佐领。

清朝与准噶尔的这场持续近3年的战争给双方都造成了重大损失,且胜负未分,双方皆有厌战之意。1733年,噶尔丹策零首先请和,1734年,清朝派侍郎傅鼐、学士阿克敦赴伊犁,与噶尔丹策零讨论准噶尔同喀尔喀的划界事宜及与清朝的贸易事宜。经过数年的谈判,1739年,双方最终就划界事宜达成协议:循布延图河(今蒙古人民共和国境内),南以博尔济、昂吉勒图、乌克克岭(今新疆友谊峰)、噶克察等处为界,北以孙多尔库奎、多尔辉库奎至哈尔奇喇、博木喀喇、巴尔楚克等处为界;卫拉特人不得越阿尔泰岭游牧,喀尔喀人只准在扎布堪等处游牧。此后,双方再次建立联系。

1745年,噶尔丹策零病逝,准噶尔统治集团内部围绕继承权问题展开了激烈的斗争。噶尔丹策零次子策妄多尔济那木札勒因母贵,出身显赫,按照噶尔丹策零的遗嘱,于1746年继承父位,成为新的准噶尔部首领。但是,策妄多尔济那木札勒荒淫残暴,不理政事,大失人心。而且,他还怀疑其兄喇嘛达尔扎会夺其权位,因此密谋除掉喇嘛达尔扎,稳固自己的统治地位。1750年,策妄多尔济纳木札勒密谋以行猎为名,企图将喇嘛达尔扎招来杀害,但反被喇嘛达尔扎的支持者擒获,送往阿克苏囚禁。喇嘛达尔扎随后成为准噶尔部的首领。但是,喇嘛达尔扎系庶出,因此很多人打算拥立噶尔丹策零之幼子策妄达什为准噶尔部首领,其中的主要人物有当时的辉特部台吉阿睦尔撒纳、小策凌敦多布之后裔达什达瓦和和硕特台吉班珠尔。

阿睦尔撒纳为和硕特部拉藏汗之孙,策妄阿拉布坦之外孙。策妄阿拉布坦曾将女儿博托洛克许与拉藏汗之子丹衷,丹衷与博托洛克生有一子,即班珠尔。后策妄阿拉布坦杀死丹衷,又将女儿许配辉特部台吉韦征和硕齐,不久博托洛克生下丹衷遗腹子阿睦尔撒纳。阿睦尔撒纳继承辉特部台吉后,游牧于雅尔一带。

阿睦尔撒纳等人密谋以策妄达什替代喇嘛达尔扎,但为喇嘛达尔扎察觉,策妄达什和达什达瓦均被杀。随后喇嘛达尔扎派人往塔尔巴哈台召见与达什达瓦关系颇为亲近的大策凌敦多布之孙达瓦齐。此时正值阿睦尔撒纳和班珠尔逃往达瓦齐处,二人对达瓦齐与喇嘛达尔扎的关系进行了挑拨离间,达瓦齐乃决定率众投奔清朝,但由于喇嘛达尔扎势力的围追阻截,达瓦齐和阿睦尔撒纳、班珠尔一同经额尔齐斯河逃往哈萨克。喇嘛达尔扎尽收阿睦尔撒纳的牧地及部众。喇嘛达尔扎随后派人前往哈萨克首领阿布赉处,要求交出达瓦齐与阿睦尔撒纳,遭到拒绝,喇嘛达尔扎随即出兵哈萨克,阿布赉被迫密谋交出二人,为二人察觉,达瓦齐和阿睦尔撒纳急忙逃出哈萨克,潜回塔尔巴哈台,阿睦尔撒纳杀死其兄沙克都尔,夺回原部众及游牧地。

为了消除喇嘛达尔扎的威胁,达瓦齐与阿睦尔撒纳选取精兵潜赴伊犁,买通喇嘛达尔扎的心腹以为内应,于1752年杀死喇嘛达尔扎,达瓦齐成为准噶尔部首领。但达瓦齐的统治很快就遭到很多人的反对,尤其是与其联盟消灭喇嘛达尔扎的阿睦尔撒纳。此人由于非准噶尔直系,未能赢得准噶尔贵族集团的支持,故拥立达瓦齐,暗中却在培植自己的势力。他通过与其兄班珠尔的联合、与杜尔伯特部首领的联姻以及武力胁迫等手段,很快就行令于辉特、和硕特、杜尔伯特三部。羽翼渐丰的阿睦尔撒纳遂向达瓦齐提出分辖准噶尔诸部的要求,遭拒后,双方乃以武力相见。

1753年,达瓦齐派兵征伐阿睦尔撒纳,但屡战屡败。此时哈萨克之阿布赉又出兵骚扰准噶尔部西境,与达瓦齐有隙的准噶尔内部势力也趁机一起讨伐达瓦齐,内忧外患之下的达瓦齐几陷于困境。不过,在部分维吾尔部贵族的支持下,达瓦齐重整军旅,于1754年亲率3万兵马征讨阿睦尔撒纳。阿睦尔撒纳最终不敌,东走投奔清朝,被清朝封为亲王。但是,达瓦齐的统治并未因此而得到稳固。此时,其境内已是分崩离析,连年的战争使许多卫拉特蒙古部民归附了清朝,天山南路的维吾尔人也在喀什噶尔和卓玉素甫的带领下于1754年发动起义,达瓦齐的统治濒于灭亡。

准噶尔的这种形势很快就为清朝所知,清乾隆帝决定乘准噶尔部动乱时机进兵伊犁,以一举平定准噶尔。在阿睦尔撒纳的建议下,出兵的时间选在了准噶尔部牧草缺乏、不能四处游牧、难以远逃的初春季节。1755年,清军兵分两路,北路由班第率领出乌里雅苏台,西路由永常率领出巴里坤,双方约定会师于博罗塔拉河。此时的准噶尔部几乎已无抵御能力,因此清军一路进展顺利,所往之处纷纷归附,兵不血刃即到达伊犁,达瓦齐只得率部退居伊犁西南180里之格登山(今新疆昭苏县境内)固守,但在清军的打击下,达瓦齐仅率两千余人仓皇逃往天山南路。在乌什城的阿奇木伯克霍集斯的诱引下,达瓦齐来到乌什,遂为霍集斯擒获,并被献于清军。至此,达瓦齐政权瓦解。

达瓦齐政权灭亡后,清军大部分撤回,仅留班第率500人镇守伊犁。清朝之意在于恢复准噶尔地区卫拉特四部的权力,将卫拉特四部各封为汗,以车凌为杜尔伯特汗,阿睦尔撒纳为辉特汗,班珠尔为和硕特汗,噶勒藏多尔济为绰罗斯汗,众建以分其势,以防止这里再度出现割据势力。然而这一措施尚未实行,阿睦尔撒纳就发动了战乱。

阿睦尔撒纳投靠清朝,本是想借助清朝之力灭达瓦齐以取代之。他在达瓦齐政权瓦解后,积极在准噶尔部发展势力,图谋完全控制准噶尔部。清朝在获悉阿睦尔撒纳此举后,命阿睦尔撒纳早日入觐,欲待其进入内地后加以铲除。1755年,阿睦尔撒纳行至乌隆古河,故意缓行,俟机沿额尔齐斯河西北方向逃脱,并煽动准噶尔部发动了对清军的围攻,清兵仅有500,力不能敌,统帅班第等自刎身亡。

1756年,清军再次兵分两路,攻入天山北路。阿睦尔撒纳逃奔哈萨克,清军追捕未果。是时天气渐寒,清军于入冬前收兵。阿睦尔撒纳趁机从哈萨克潜回准噶尔部,组织部众图谋反抗清军。1757 年,清军重新逼近伊犁,此时准噶尔部天花流行,死亡众多,已无力抵抗清军。阿睦尔撒纳又逃奔哈萨克,哈萨克首领阿布赉此时已向清朝表示将擒献阿睦尔撒纳。阿睦尔撒纳闻知后连夜逃往俄国谢米巴拉丁斯克,后被俄国人送往托博尔斯克。不久,身染天花的阿睦尔撒纳死去,清朝彻底平定准噶尔部,控制了天山北路。准噶尔部的人口在清朝的平定中伤亡殆尽,完全丧失了东山再起的可能。

36.4　清平定天山南路

达瓦齐政权瓦解后,清朝释放了长期被准噶尔羁押在伊犁的伊斯兰教白山派首领大小和卓木博罗尼都、霍集占兄弟,并护送大和卓木博罗尼都至叶尔羌,让他统辖天山南路招抚维吾尔人,霍集占则留在伊犁管辖当地维吾尔人。至阿睦尔撒纳发动对清朝的战乱时,霍集占曾率众支持阿睦尔撒纳,清军平定阿睦尔撒纳后,霍集占逃往叶尔羌、喀什噶尔等地,以此为基地煽动并胁迫其兄博罗尼都及各城伯克对抗清朝,阻止清朝进兵天山南路。他们不仅杀害不肯服从其命令的库车、拜城、阿克苏三城的阿奇木伯克鄂对的家属,还将清朝派往招抚的副都统阿敏道等 100 多人杀害。于是,清朝于 1758 年调遣大军,以雅尔哈善为靖逆将军,额敏和卓等参赞军务,以鄂对为前锋,进军天山南路。清军首先围攻库车,霍集占率军来援,被清军击退,但霍集占乘夜逃遁。雅尔哈善遂为乾隆撤换,兆惠替代雅尔哈善之职。

霍集占逃出库车后,曾打算据阿克苏、乌什抗击清军,但二城均闭城拒之,因此退守叶尔羌,与喀什噶尔之博罗尼都互为犄角,对抗清军。阿克苏、乌什、和田等城先后降清。随后,兆惠率军 4000 进逼叶尔羌,但遭到霍集占大军围困。1759 年初,双方大战于黑水河,兆惠由于得到援军支持,里外夹攻,大败霍集占,清军占领叶尔羌和喀什噶尔,霍集占与博罗尼都仅率数百人逃走巴达克山境内。在清朝使者的要求下,巴达克山首领素勒坦沙擒杀 2 人,并献出霍集占尸体。自此,清军彻底平定天山南路,并在此实行了有效的统治。

36.5　土尔扈特东迁

18 世纪 70 年代,在内陆欧亚的历史舞台上发生了一起颇为引人注目的游牧民族大迁徙,土尔扈特人由伏尔加河流域下游东迁至准噶尔故地。它不同于以往自东向西、自漠北向中亚乃至欧洲的民族大迁徙,而是自西而东、自欧洲向亚洲的一种逆向迁徙。

17 世纪 20 年代,土尔扈特人西迁至伏尔加河流域下游草原游牧,经过和鄂尔勒克、书库尔岱青和朋楚克三代人的经营,土尔扈特部逐渐壮大起来。这就引起了处于扩张中的俄国的重视。俄国为了巩固其在喀山和阿斯特拉罕两个汗国的统治,继续向伏尔加河和顿河流域扩张,开始向土尔扈特部施加压力,企图将之纳入自己的统治之下。不过,俄国的这种企图在和鄂尔勒克与书库尔岱青统治时期都未能得逞,俄国只是获得了书库尔岱青名义上的臣服,但事实上土尔扈特并不受俄国的约束,依然保持着政治上的独立,而且与准噶尔故地的卫拉特蒙古等联系依然紧密,1640 年参加卫拉特、喀尔喀蒙古各部举行的大会即为明证。同时,书库尔岱青通过积极灵活的政治策略和外交斗争,争得了俄国当局对土尔扈特人在伏尔加河流域游牧区域的承认。

至朋楚克之子阿玉奇统治时期,土尔扈特部进入了繁荣发展的阶段。他首先击溃了和硕特的阿巴赖台吉和与自己有隙的堂兄弟杜噶尔,使伏尔加河地区的所有卫拉特人臣服了自己;接着出兵进攻亚速、克里木、希瓦、卡拉卡尔伯克等地,在高加索草原一带的伊斯兰教徒中取得了优势地位。在对俄关系方面,阿玉奇与书库尔岱青一样,采取灵活的外交手段,虽先后 5 次向俄国宣誓,事实上却并不臣服于俄国,他多次向俄国政府表示,他是俄国的同盟者,而不是俄国的臣民。而且,他坚决抵制俄国的侵略,维护了本民族的政治独立。

阿玉奇执政时期,还进一步发展了同西藏和清朝的关系。1690

年,达赖喇嘛赐阿玉奇以汗号,阿玉奇始称汗。1703 年,阿玉奇之嫂及侄子阿喇布珠尔经准噶尔到西藏礼佛,返回时,受到策妄阿拉布坦的拦阻,只得留在嘉峪关外,遣使到北京觐见康熙帝,请求予以安置。康熙帝乃封阿喇布珠尔为固山贝子,并划嘉峪关外党河与色尔腾海之间的党色尔腾地方为他们的游牧地。1709 年,阿玉奇派遣以萨穆坦为首的使团取道俄国西伯利亚,经库伦至张家口,抵达北京。此时,康熙帝正考虑如何将阿喇布珠尔及其母送回,因此于 1714 年派遣以殷札礼为首的使团到土尔扈特部回访,使团成员图里琛作《异域录》,成为了解当时土尔扈特部以及所经地区历史地理的重要文献。

1724 年,阿玉奇汗去世。围绕汗位的继承问题,土尔扈特汗廷内部发生纷争,俄国政府趁机获得了任命土尔扈特汗的权力。1724 年 9月,俄国政府宣布阿玉奇之子车凌端多布为汗国总督,自此以后,俄国对土尔扈特的控制日趋严密。而且,由于在车凌端多布、敦罗卜旺布、敦多布达什执政时期(1724 ~ 1761 年),汗国内乱频生,政治局势动荡不宁,俄国势力向土尔扈特汗国的渗透日益严重。不过,土尔扈特汗国的统治者们并没有完全俯首听命于俄国政府,尤其在敦多布达什时期,还和俄国当局进行了针锋相对的斗争。这一时期,土尔扈特的首领们也比较注重发展同清朝的关系,几次遣使北京。清朝也于 1731 年派遣满泰使团到伏尔加河,动员土尔扈特配合清朝对准噶尔的战争,并劝说当时的准噶尔首领噶尔丹策零之弟罗卜藏索诺返回。

1761 年,敦多布达什去世,19 岁的渥巴锡继承汗位。俄国政府利用土尔扈特汗位交替时机,对土尔扈特汗国实行了前所未有的高压政策,企图把土尔扈特汗国变成俄国的臣属国。尤其是在叶卡捷琳娜二世即位后,对土尔扈特采取了一系列压迫性的控制措施,如改组土尔扈特汗的权力机构"扎尔固"以限制汗权;策划以有亲俄倾向的敦杜克夫家族取代渥巴锡;在沿伏尔加河、乌拉尔河和萨马拉河等流域派驻军队,修筑工事,包围土尔扈特汗国;派人常驻于土尔扈特部监督土尔扈特人的动向等。俄国希望以此使土尔扈特汗国成为俄国的一个行政区,甚至还想强迫土尔扈特人放弃信仰的黄教而改信东正教。而且,俄国还组织哥萨克和俄国农民等移居伏尔加河流域,掠夺土尔扈特的牧场;另外,为了夺取君士坦丁堡,控制黑海海峡,俄国于 1768～1769 年发动了对土耳其的大规模战争,其中征募了很多土尔扈特人参加战争,史称 16 岁以上者尽行出兵,而归来者十之一二。这些都使土尔扈特人蒙受了沉重的损失。

就在此时,留在准噶尔故地、没有西迁的一支土尔扈特部落的首领舍楞来到了伏尔加河。他曾参与达瓦奇与阿睦尔撒纳的叛乱,在清朝出兵准噶尔期间逃亡至俄国,后由于清朝屡屡要求俄国引渡舍楞,舍楞遂逃至伏尔加河流域的土尔扈特部。舍楞告知渥巴锡准噶尔全境已被清朝平定,准噶尔部落消亡殆尽,在准噶尔故地有大量空闲的牧地。这就使早已有意东迁准噶尔故地、摆脱俄国强权欺压的土尔扈特部开始酝酿东迁计划。经过近 4 年的准备,1770 年秋,渥巴锡在维特梁卡地方召开亲信王公的绝密会议,通知策伯克多尔济、舍楞、巴木巴尔、达什敦杜克和喇嘛罗卜藏扎尔桑参加。经过决议,定于 1771 年离开伏尔加河返回故土。

1771 年,寨桑桑杰策凌率领的一支部队首先袭击了俄国派驻渥巴锡牙帐的杜丁大尉兵营,杀死了居住在土尔扈特部的数以千计的俄国人,掀开了东返的序幕。随后,渥巴锡率领伏尔加河东岸(由于天气的原因,西岸的约 1 万多户土尔扈特部民未能随渥巴锡东迁)的大队土尔扈特部民,组成三路大军开始东迁。

穿过伏尔加河东部草原、渡过乌拉尔河、进入哈萨克草原后,俄国政府方得知土尔扈特人东迁的消息,急命奥伦堡总督莱英斯多尔夫和军团指挥达维多夫少将出兵截击,但截击失败。于是,俄国政府又唆使哈萨克小玉兹首领努尔阿里汗袭击土尔扈特,还命令特鲁本堡将军率领哥萨克骑兵团联合哈萨克人追击土尔扈特人。在哈萨克草原,哥萨克袭击了处于外翼的一部土尔扈特人,土尔扈特伤亡惨重,有 9000 多人牺牲;与努尔阿里的哈萨克军队的战斗也颇为激烈,在付出巨大牺牲之后,策伯克多尔济率领的土尔扈特军队最终击溃了哈萨克人的进攻。在渥巴锡等人的领导下,土尔扈特部最终摆脱了俄国人与哈萨克人的追击堵截,前锋部队在察林河畔与前来迎接的清军相遇。7月16日,清军总管伊昌阿、硕通在伊犁河畔同渥巴锡、舍楞等会晤。土尔扈特人经历千难万险后终于抵达了准噶尔故地,然而也付出了巨大的代价,人口由出发时的约17万锐减到4万左右,牲畜大量死亡,处境极为艰难。

对于土尔扈特重返准噶尔故地,清朝在获悉其真正东迁意图后,决定接纳并安置他们,而且还表示并不追究舍楞之罪。1771年10月,乾隆帝接见了渥巴锡等土尔扈特部首领,对他们大加封赏,渥巴锡被封为乌讷恩素珠克图旧土尔扈特部卓哩克图汗,策伯克多尔济为布延图亲王,舍楞为青色特奇勒图新土尔扈特部弼哩克图郡王,等等。清廷还从各地调拨了大量物资赈济土尔扈特部众。随后,清廷对土尔扈特部分配了游牧地。为了阻断土尔扈特内部的联系,削弱渥巴锡在土尔扈特部中的影响和势力,清廷将土尔扈特部分而治之,分其为新旧二部,分别予以安置:渥巴锡所领土尔扈特称旧土尔扈特,划分为南北东西4路,分设4盟,分别在喀喇沙尔北裕勒都斯、和布克赛里、精河和库尔喀喇乌苏游牧,归伊犁将军管辖;舍楞所领土尔扈特称新土尔扈特,设1盟2旗,居科布多、阿尔泰一带,归科布多大臣管辖。同土尔扈特部一起东迁的和硕特部称为新和硕特部,被安置在科布多城之南,设1旗,归科布多大臣管辖。这样,原本属于一个整体的土尔扈特部就被清政府完全分割控制了。

土尔扈特的东迁,主要是为了摆脱俄国的压迫,寻找新的适宜的游牧空间。此次迁徙可谓近代内陆欧亚的游牧民族最后一次大规模的迁徙。

37 俄国对中亚的征服

37.1 征服中亚的背景

19 世纪是俄国资本主义生产关系的形成时期。在农村,从 19 世纪初期开始,俄国已经有了新生产关系的萌芽。在城市,俄国于 19 世纪 30 年代已经开始进行工业革命。小商品生产逐步扩大,家庭手工业逐渐被资本主义手工工场所代替。大机器工厂出现,从纺织业开始,然后扩散到食品业和机器制造业、五金加工业。莫斯科是纺织工业的中心,圣彼得堡是机器制造工业和五金加工业的中心。一些新的工业部门出现,如机器制造工业和石油工业。其中,巴库是新兴的石油工业中心。

随着农奴制度的瓦解和经济领域中资本主义因素的出现,俄国陷入了深刻的社会危机之中。要求废除农奴制的农民起义在 19 世纪 30 ~50 年代一直没有停止。19 世纪 50 年代,新的生产力和封建农奴制生产关系之间的矛盾达到了十分尖锐的程度。俄国在 1853 ~1856 年克里米亚战争中的失败,全面暴露了农奴制度的腐败和落后,使得全国民怨沸腾。农民不仅拒绝给地主缴纳代役租和服劳役,而且还提出了废除农奴制度的要求。

1861 年 3 月 3 日(俄历 2 月 19 日),沙皇亚历山大二世签署了关于废除农奴制度的宣言和《关于脱离农奴依附关系的农民的法令》。法令宣布,农民有人身自由,包括有权离开土地,有权拥有财产和有权以自己的名字进行诉讼、立约等活动。法令规定,全国土地仍归地主所有,农民在得到自由时可以获得一块份地的使用权。但要获得人身自由权利和份地,农民必须与地主订立契约,向地主缴付巨额赎金。

由于农奴制残余的存在,在改革后的30年内,尽管资本主义发展的速度较快,但是在生产能力和技术水平等方面俄国仍远远落后于欧美各主要资本主义国家。工农劳动群众的生活和工作状况比欧洲其他国家恶劣,受苦最深的是贫苦农民。农奴制改革带给他们的不是他们世世代代所盼望的土地和自由,而是资本主义和封建主义的双重剥削和压迫。巨额赎金的交付使广大农民购买力低下,国内市场狭窄,不能满足工业的需求。因此,扩大销售市场成为俄国当时迫切需要解决的问题。俄国资本主义的发展只有向广度开拓,才能向纵深发展。于是,俄国经济的进一步发展要求必须扩大市场,而当时资本主义已有相当程度发展的西方不可能为它提供这一市场,因此它把目光转向东方。

19世纪上半叶,俄国在经济上落后于欧洲其他国家。西欧国家在18世纪中叶以前几乎都经历了工业革命,而俄国的工业革命到19世纪30年代才开始,因此,俄国在经济上很难与西欧国家发达的工业相竞争。其次,在资本主义的发展道路上,俄国受到了农奴制残余的阻碍,发展速度缓慢,要赶超西方国家也是困难重重。在对欧洲的贸易中,俄国输出品的96%是粮食、各种原料和半成品,制成品的输出只占4%。因此,对西欧来说,俄国是一个农业国,是西欧的原料产地。

反过来,俄国与东部诸国家相比,其政治和经济都处于领先地位。当俄国越来越坚定地走上资本主义的道路之时,中亚诸汗国仍然沿着封建制度的老路缓慢前进。除了诸汗国间不断发生的攻城掠地的战争外,诸汗国内部也充满着各种矛盾。在布哈拉、希瓦和浩罕3个汗国内,统治者和封建主对人民继续进行着残酷的剥削和掠夺,征收苛捐杂税和摊派沉重的劳役,手工业者还遭到高利贷的盘剥。这些行为加剧了统治阶级与人民之间的矛盾。此外,封建主与统治者之间也存在着割据和反割据的斗争。这一切都严重地阻碍了中亚经济的发展。尽管在19世纪上半叶中亚经济有所发展,但是与俄国相比,速度是缓慢的。

俄国与中亚诸汗国成为邻邦之后,双方一直保持着频繁的贸易。在俄国工业革命以前,这种贸易基本上属于封建经济的范畴。然而,在俄国工业革命以后,俄国与中亚诸国之间的贸易就带有资本主义性质了,中亚成了俄国的原料产地和销售市场。中亚诸汗国出口到俄国的产品越来越多地以农产品和中亚的自然资源为主,中亚成了俄国的原料供应地。而俄国运往中亚的商品是生铁、熟铁,各种金属制品、呢绒、印花布、各种棉制品及部分丝织品等工业产品。于是,中亚成为俄国产品的销售市场。对中亚诸汗国来说,俄国是一个工业国。

俄国对外贸易的特殊性质是:一方面俄国的农业是国民财富的主要源泉,而另一方面,俄国已登上工场手工业的舞台,在西方销售原料产品以换得俄国必须用的物资,而同时在东方对俄国产品的需求又支撑着俄国的亚洲贸易。因此,俄国的销售市场只能在东方。当清朝和印度及亚洲其他国家已经处于欧洲列强的瓜分之中时,中亚与清朝西北部便成了俄国的目标。

西方依靠强权对殖民地的争夺促使俄国加快了对中亚的征服。19世纪上半叶,俄国侵略扩张的重点仍然是欧洲。1812年,拿破仑发动了对俄战争,占领了莫斯科。在反法斗争中,俄国与英、普、奥等国结成反法联盟。拿破仑帝国覆灭以后,俄国取得了欧洲霸主的地位。从拿破仑战争时期直到镇压1848年欧洲革命这段时间,俄国在欧洲始终保持着举足轻重的地位,充当"欧洲的宪兵"的角色。当俄国在欧洲的地位日益加强之时,奥斯曼土耳其帝国却在走向衰落。这一运动过程使俄国决定夺取黑海海峡,将势力扩展到巴尔干半岛。为此,俄国采取了各种方式在巴尔干地区大肆扩张。俄国的扩张活动损害了英法在此地的利益,加剧了俄国与英、法之间的矛盾,于是在1853年爆发了克里米亚战争。战争一开始是在俄国与土耳其之间进行,土耳其海军在黑海被俄国击败。1854年,英国、法国和撒丁王国先后参加了对俄国作战。在克里米亚半岛上的塞瓦斯托波尔战役中,俄国被英、法打败。这一战役决定了整个战局。1856年俄国战败,战争双方在巴黎签订和约。根据巴黎和约,俄国丧失了在黑海驻扎舰队的权利,黑海沿岸的俄国要塞全部拆除。克里米亚战败后,"对于全俄罗斯帝国来说,到欧洲去的道路现在是堵塞着的,但是,如果西北方的道路走不通,还有南方和东南方的道路,即布哈拉、波斯、阿富汗、东印度,最后是君士坦丁堡"。沙皇政府暂时放弃了在巴尔干与近东的进攻,把目光转向了中亚。

不过,俄国要独霸中亚还必须抓紧时间,因为俄国强有力的竞争对手英国从19世纪起就已经在这一地区积极活动。19世纪下半叶,在欧洲各国为争夺销售市场和原料产地、为争夺殖民地、为瓜分世界而激烈斗争的形势下,俄国与英国在中亚的争夺也达到了高潮。

在1639年,英国建立了马德拉斯港之后,1640年修筑了圣乔治要塞,这是英国人在印度国土上获得的第一块落脚地。1651年,英国人从莫卧儿帝国的总督那里获得在孟加拉经商的许可。1654年,葡萄牙承认在亚洲海上失势,将其亚洲领土全部向英国人开放,准许英国人经商。1665~1668年,英国政府占领孟买后将其地授予英国东印度公司。1757年6月23日,在加尔各答,孟加拉总督与克莱夫率领的东印度公司的军队在普拉西发生战争,历史上把这一天视为英国在东方建立帝国的起点。18世纪中叶,英、法在印度发生战争,法国战败,从此英国独霸印度。1765年英国在孟加拉建立起殖民统治体系。英国在表面上维持孟加拉的傀儡政权,实际上英国掌握着财政及军事实权。这一年成为英国在印度殖民地实行行政管理的开端。在18世纪末,英属印度获得了现在称作马德拉斯的管辖区。与此同时,英国势力伸展到了南旁遮普。以后,英国不断向北伸展,穿越印度辽阔的大平原,他们在印度以外的地区刺探种种机密和收集各种情报,以保证他们在已占领区的安全和利益。19世纪中叶,英国完成了对印度的征服和占领,印度成了英国对亚洲进行经济和军事、政治扩张的基地。英国吞并克什米尔和旁遮普,以及第一次英阿战争的爆发,引起了俄国的恐慌。俄国政府认为,英国随时有可能占领呼罗珊和希瓦绿洲,从而损害俄国在此的利益。

俄国方面认为,英国的北进是为入侵中亚做准备,英国的下一步将是取道莫夫绿洲进军希瓦汗国,还将占领伊朗的呼罗珊省,最终取得对里海甚至对外高加索的控制。俄国的这种担忧加速了俄军对中亚的征服。1857～1862年,俄国研究了中亚的局势。1864年,俄国征服中亚的战争开始。

俄国之所以在19世纪60年代加紧对中亚的征服,还有一个源自遥远美国的因素。与俄国的农奴制改革同时,美国于1861年爆发了内战,即美国的南北战争。南北战争使在资本主义道路上加速发展的俄国遇到了"棉花危机"。俄国工业革命以后,发展最快的是棉纺织业,对棉花的需求极大。

俄国棉花的来源主要是美国和中亚地区。在美国南北战争时期,美国向俄国输出的棉花减少到原来的1/6。由于美国对俄棉花输出大为减少,俄国棉花供不应求,棉花价格急剧上涨。棉纺织工业因缺乏棉花出现了危机,不少企业倒闭。俄国棉纺织企业资本家只有从中亚寻找出路,而且中亚的棉花在价格上比美洲进口的便宜。为了获得棉花,俄国也要尽快地夺取盛产棉花的中亚。

1864年月10月,俄国外交部制定了重要文件,确立了俄国在中亚的对外政策。沙皇政府对中亚的行动计划是委托给奥伦堡和西西伯利亚总督执行的,两地的总督兼有行政和指挥军队的职权,他们与陆军部的联系比与沙皇政府的其他任何一个中央机构的联系都更为密切。在征服中亚的过程中,俄国军界与政界所表现出来的态度是有区别的,陆军部拥护在中亚实施果断有力的行动,而沙皇的外交官员却采取比较谨慎的政策。沙俄外交大臣戈尔恰科夫向各国发送了一份有关中亚问题的特别照会,宣称:俄国绝无任何征服邻国的意图,只不过为了维护边境安全及商业往来,俄国才向中亚腹地推进;奇姆肯特是俄国对中亚扩张的地理极限。但是,戈尔恰科夫却在国内宣布俄国在中亚的"行动自由"政策,俄国在1875～1876年间奉行的正是这一政策。

37.2 征服中亚腹地

1859年,俄国军队对楚河流域进行了勘察,考察队的领导者向俄国政府提交的报告中指出:一在塔什干以南,将奥伦堡线和新西伯利亚线连接起来;二夺取塔什干。这表明俄国最终形成武力征服塔什干的决议。从经济方面考虑,俄国占领塔什干、突厥斯坦和其他浩罕城市以及周围肥沃的绿洲,可以为部署在半沙漠地区内、锡尔河线上的俄国军队提供必需的粮食。从外交上考虑,俄国沿锡尔河畔推进比沿阿姆河畔推进给英国造成的压力会小一些。如果俄国沿阿姆河推进,离英属印度更近,英国势必认为俄国的行为损害了英国的利益,从而阻挠俄国的行动,这对俄国是很不利的。于是,军事远征塔什干的思想在俄国统治集团中逐渐形成。

1864年9月,俄军在切尔尼耶夫的率领下向塔什干进军,被浩罕军民打退。1865年春,切尔尼耶夫再次向塔什干发动进攻。切尔尼耶夫的部队进抵塔什干东北奇尔奇克河畔的尼亚兹别克要塞,该地控制着塔什干的供水。经过一整天的猛攻,该要塞落入俄军手中。切尔尼耶夫破坏了向塔什干供水的两条水道,使塔什干严重缺水。浩罕的爱里木库尔率领6000士兵赶来援救,双方展开激战,爱里木库尔最终战死,浩罕民军被迫撤退。同年6月,塔什干最终被攻陷。

在征服塔什干之后,对塔什干采取什么样的统治方式,成为俄政府急待解决的首要问题。外交部认为,塔什干应成为俄国与布哈拉汗国之间的一个缓冲地带,将塔什干建成一个完全由俄国操纵的、军事上软弱而商业发达的"塔什干汗国",这样做比吸收塔什干加入俄国,派遣俄国官员统治更有利。陆军部主张,在塔什干建立沙皇军队保护下的市政机关,这些部队不占领该城,但要始终保护在该城的俄国政权。为此,俄国成立了一个由陆军大臣米柳京担任主席的委员会进行商讨。

委员会的决定是:把俄国占领的中亚南部领土从奥伦堡辖区划

·欧·亚·历·史·文·化·文·库·

出,建立独立的突厥斯坦总督区,下属两个省,即锡尔河省和七河省。1867 年 7 月 11 日沙皇敕令,设立突厥斯坦总督区,首府设在塔什干。考夫曼将军任第一届突厥斯坦总督。沙皇授予他的权力很大,他有权解决政治、边界和贸易的各种事务,以及向毗邻各地派出进行谈判的代表,签署有关俄国与这些国家相互关系的条约、契约,或议定书。此外,俄国颁布了对塔什干的管理条例,规定:在塔什干设立由选举产生的公共经济管理局,分俄国部分和当地部分,职责包括对塔什干经济的管理及各种赋税的分配和征收。1870 年,俄国又颁布了市政条例,在塔什干建立市议会和市管理局。

占领塔什干以后,俄国的下一个目标就是征服河中的布哈拉汗国。俄国对塔什干的征服和新浩罕线的建立,为俄国进攻中亚最富庶的河中地区打下了基础。俄国军队可以就地掠夺实现以战养战,使俄国对中亚腹地的征服战争有了经济保障。

1865 年,布哈拉埃米尔穆扎法尔利用俄国与浩罕汗国在塔什干的战争,率大军入侵费尔干纳,占领了浩罕汗国都城浩罕。然后,穆扎法尔扶持他的岳父、前浩罕汗胡达雅尔复位。在塔什干被征服期间,布哈拉埃米尔率领着军队驻扎在离塔什干不远的忽毡。塔什干统治集团内亲布哈拉的派别曾请求布哈拉埃米尔进驻塔什干。切尔尼耶夫为了阻止布哈拉汗国出兵干预塔什干事务,曾派阿布拉莫夫上尉率领一支小部队到布哈拉大道,并占领锡尔河的奇纳兹要塞,从三面把塔什干包围孤立起来。由于军队装备低劣,并且大部分军队是缺乏训练的民军(萨尔巴兹),因此,布哈拉军队最终没有进入塔什干。不仅如此,俄国军队还在皮斯托利科尔斯中校的率领下,于 1865 年 9 月攻占了通往忽毡路上的居民点普斯肯特和克列乌奇。

1865 年 6 月中旬俄国攻陷塔什干城之后,穆扎法尔曾派一个代表团到塔什干。他以通牒的形式要求切尔尼耶夫把俄国的行政机构和武装部队从塔什干撤走。在派遣代表团的同时,布哈拉汗国还有武装夺取塔什干的想法。于是,布哈拉汗国与俄国之间的关系迅速恶化。俄国以断绝贸易相威胁,企图阻止布哈拉军进入浩罕。俄国人宣布,任何占领浩罕领地的行为都是与俄国相敌对的行为,它必将导致俄国限制布哈拉人在俄国的贸易。切尔尼耶夫下令逮捕在他管辖领地内的全部布哈拉商人,并没收他们的货物。然后,他请求奥伦堡总督克雷扎诺夫斯基在奥伦堡总督区,以及在全俄罗斯境内对布哈拉商人采取同样的行动。奥伦堡总督区立即响应,仿效切尔尼耶夫的做法。

俄国打击布哈拉商人的这一措施在俄国国内招致了陆军部和工商界人士的反对。在他们的压力下,1865 年 10 月,大臣委员会议定奥伦堡总督克雷扎诺夫斯基在适当的时候完全取消对布哈拉商人的限制。于是,克雷扎诺夫斯基做了让步,在奥伦堡和特罗伊茨克成立了专门处理布哈拉事务的委员会,布哈拉商人在委员会的监督之下可以自由贸易。

在征服塔什干期间,切尔尼亚耶夫曾派以斯特鲁维－格鲁霍夫斯基为首的使团到布哈拉,以期与埃米尔达成某种协议,阻止欧洲国家在中亚的活动。当时,布哈拉埃米尔因塔什干和奥伦堡正在打击布哈拉商人,于是将该使团成员扣留在布哈拉。1866 年 1 月,切尔尼亚耶夫以此为借口,对布哈拉埃米尔采取了军事行动。他率军从塔什干出发,强渡锡尔河,进逼布哈拉的商业中心吉扎克。在共同的危险面前,向来互相敌对的布哈拉人、浩罕人和希瓦人本能地团结起来,他们派遣许多人到各地市集上去宣传要发动一次反俄的"十字军"圣战,鼓动忠实的信徒们起来把入侵者赶到西伯利亚草原上去。

1866 年 2 月,切尔尼亚耶夫攻打吉扎克失败。在布哈拉骑兵的追击下,弹尽粮绝的切尔尼亚耶夫狼狈撤军。这次战役决定了切尔尼耶夫的命运,他被招回莫斯科,同年 3 月,总参谋部的罗曼诺夫斯基少将取代了他的位置。罗曼诺夫斯基没有向吉扎克追击,而是率军攻取了忽毡。忽毡是浩罕属地,当时由布哈拉军队戍守,它是通往费尔干纳的必经之地。

俄军占领忽毡以后,布哈拉埃米尔释放了扣留在布哈拉的斯特鲁维使团,并派使者到罗曼诺夫斯基处请求和谈。罗曼诺夫斯基向埃米尔提出的议和条件是:一,布哈拉汗国承认近几年来俄国所获得的一切领土归俄国所有。二,降低俄国货物的关税,其税率应同俄国对布哈拉货物所抽的税率相等。三,保障俄国所有前往布哈拉的臣民享有充分的自由和安全。四,必须偿付俄国最近一次远征的全部军费开支。布哈拉埃米尔释放了拘留在布哈拉的俄国商人,并归还了他们的货物。至于其余各条,布哈拉埃米尔没有做出任何允诺。

同年7月,斯特鲁维使团成员、骑兵上尉格鲁霍夫斯基罗曼诺夫斯基递交了一份报告,建议俄国应当占据吉扎克,因为该城是通向泽拉夫善河流域的钥匙,只有这样,俄国才能对布哈拉施加决定性的影响。同年8月,克雷扎诺夫斯基来到了塔什干,正式宣布:俄国占领地不仅仅是塔什干,还包括外奇尔奇克地区、忽毡、纳乌都应并入俄国版图。接着,克雷扎诺夫斯基要求布哈拉埃米尔派全权代表与俄国进行谈判。9月初,布哈拉代表来到忽毡与克雷扎诺夫斯基谈判,克雷扎诺夫斯基提出:允许在布哈拉派驻一名俄国贸易代表,以保护俄国商人的利益;俄国臣民可以在布哈拉汗国的任何一个城镇建立商队客栈;俄国商人纳的税应与布哈拉商人在俄国纳的税相同;埃米尔必须永远不再干涉浩罕事务;布哈拉汗国应向俄国政府缴纳10万提拉(1提拉相当于4卢布)的战争赔款。布哈拉使者除了要求取消军事赔款一项外,同意接受其他条件。

其实,俄国的本意是武力征服布哈拉汗国,和谈不过是幌子而已。9月20日,俄军从忽毡出发,前往攻打布哈拉汗国。俄军先后攻取了乌拉秋别和吉扎克。

俄军在占领乌拉秋别、忽毡和吉扎克以后,实际上已经切断了浩罕与布哈拉两国之间的联系。为了进一步加强浩罕汗国对俄国的依赖,考夫曼于1868年1月成功地使胡达雅尔接受了一项贸易条约。在完成这些准备工作之后,沙皇政府开始把注意力全部集中在对付布哈拉汗国上。

在布哈拉汗国面临危急之时,势力强大的主战派占了上风。1868年4月,埃米尔率领布哈拉军队前往泽拉夫善河流域阻击俄军的西进。5月1日,考夫曼率领俄军渡过泽拉夫善河,并向布哈拉与希瓦联军发起进攻,联军不战而逃。5月13日,俄军占领撒马尔罕,撒马尔罕城被并入突厥斯坦总督区。

俄国军队乘胜占领了乌尔古特和通往布哈拉要道上的最后一个大城市卡塔库尔干。6月3日,考夫曼率军继续西进至卡塔库尔干与布哈拉之间的泽拉布腊克高地。在此,布哈拉埃米尔穆扎法尔统率的主力军与俄军进行了决战,布哈拉军被俄军击溃,穆扎法尔本人试图逃亡花剌子模。正值此时,撒马尔罕发生起义的消息传到俄军,考夫曼被迫回师去营救被围在撒马尔罕城的俄军留守部队。

撒马尔罕的陷落使布哈拉汗国居民对抗俄不力的埃米尔极为不满,反对埃米尔和俄国的各种势力联合起来,他们以穆扎法尔的长子卡塔杜拉为首发动了一场"反对异教徒的圣战"。6月1日,起义首先在沙赫里夏勃兹爆发,起义军在沙赫里夏勃兹迅速集中后进军撒马尔罕。当起义军逼近撒马尔罕城时,城内爆发了摆脱俄国统治的人民运动,手工业者连夜锻造武器以支持起义,以伊山乌马尔霍加为首的城郊村民也组织起来,共同抗击俄军。1868年6月2日,卡塔杜拉的军队和伊山乌马尔霍加的起义军会合,打败了守城的俄军,胜利进入了撒马尔罕城。撒马尔罕的俄国驻军与俄国商人一起撤到撒马尔罕内城固守。由于俄军主力回师援救,起义军失败。

1868年6月,布哈拉埃米尔穆扎法尔与俄国签订了和约及其补充条款,内容可归纳为4个方面:(1)布哈拉政府正式承认忽毡、乌拉秋别和吉扎克归俄国所有。(2)布哈拉向俄国缴纳50万卢布的赔款。(3)布哈拉汗国不得与外国进行独立的外交活动。(4)俄国臣民在布哈拉汗国享有自由贸易和设立商务代办的权利,以及经布哈拉汗国去往其他国家的权利,同时布哈拉汗国有保障他们人身及财产安全的义务。为了保证赔款的支付,俄国政府宣布占领撒马尔罕和卡塔库尔干,后来,俄国把这两个城市及其附近地区合并形成了泽拉夫善区。由此,布哈拉汗国沦为俄国的保护国。俄国的下一个目标是希瓦汗国。

1834年,俄国侵入里海东岸,在曼格什拉克半岛上建新亚历山大夫斯克要塞。1838~1839年,俄国因急于与英国争夺中亚,曾派彼罗夫斯基率军远征希瓦汗国。远征失败后,俄国于 1844 年派遣布塔科夫对咸海进行了全面的军事测量。1847 年,俄国在咸海东北岸的锡尔河口修建了雷姆堡(阿拉尔斯克要塞)。1848 年,俄国又在锡尔河口修建了卡扎林斯克要塞。这两个要塞成为俄国入侵中亚南部的主要基地。1854 年,彼罗夫斯基从锡尔河畔新建的基地向希瓦出兵,强迫希瓦汗签订了不平等的条约。

俄国在征服塔什干和布哈拉汗国期间(1864 ~ 1868 年),为了稳住希瓦,主动改善了与希瓦汗国的关系。但在征服塔什干以后,俄国对希瓦汗国的态度发生了变化。1867 年,突厥斯坦总督考夫曼写信通知希瓦汗:俄国将派兵到锡尔河左岸,以保护俄国商队,希瓦对此提出严重抗议,声明锡尔河是俄国与希瓦的边界。1869 年 5 月,俄国工商业促进协会请求俄国政府开辟一条从里海到阿姆河的商路,缩短商路和减少运输费用,以使俄国货物能够竞争得过英国货物,陆军大臣米柳京完全支持他们的这一计划。1869 年底,俄国派遣参谋总部上校斯托列托夫带领的一支高加索军,渡里海,在红水湾登陆,在希瓦汗国西部的克拉斯诺沃兹克湾建立了要塞,归高加索总督管辖。这一要塞成为俄国进攻希瓦的西部基地。至此,俄国从西、北、东三面完成了对希瓦汗国的包围。

俄国的一系列侵略活动,遭到希瓦汗国的抵制。早在 1867 年俄国征服布哈拉汗国时期,希瓦汗国就曾派军队援助布哈拉,1868 年春在撒马尔罕集结的联军中就有希瓦的军队。希瓦人采取报复手段,抢劫俄国边境地区,阻断商路和掠夺俄国商队,把抓到的俄国人或者杀掉或者在市场上卖掉。希瓦人还煽动俄属哈萨克人叛乱,并给造反者提供庇护。1869 年,哈萨克当权贵族中的一些代表人物来到希瓦,请求希瓦汗支持他们反对异教徒的斗争,希瓦汗派出一支大部队来到咸海东部沿岸,以保卫迁居于此的哈萨克山民。希瓦还支持里海东岸曼格什拉克半岛上的哈萨克人的反俄起义。同年,希瓦势力渗入奥伦堡政府治下的草原,鼓动俄属哈萨克人造反。红水湾被俄国占领之后,希瓦汗穆罕默德·拉希姆迫于俄国的军事压力释放了一些在希瓦汗国的俄国奴隶,想与俄国谋求和谈。但是,俄国征服希瓦汗国的主意已定,军事占领不可动摇。从 1870 年起,希瓦开始全国积极备战,希瓦汗决定:禁运粮食到俄国;有计划地转移牧场,填塞作战区的水井,不让敌人利用;截断阿姆河支流,使俄国船只无法行驶。他还试图恢复对乌斯特乌尔特沙漠中的各部落征收税赋,尽管这一地区早已被俄国认为是俄国的势力范围。希瓦汗国还在咸海乌尔格角附近的江卡拉和卡拉塔马克林川地带修建堡垒,破坏塔什干与奥伦堡之间的交通联络。希瓦宗教界上层教士则鼓励希瓦汗进行圣战。

1871 年 1 月,在俄国陆军部召开的外里海边区事务会议上,考夫曼提出了加快进攻希瓦汗国的主张。1871 年 3 月,由考夫曼拟定、俄国陆军大臣米柳京部署的入侵希瓦计划得到了沙皇的批准,考夫曼被指定为总指挥,并预定这年秋季开始军事行动。考夫曼远征希瓦的计划是:由突厥斯坦军区、奥伦堡军区和高加索军区三方面同时向希瓦汗国发兵。当年 6 月,由于俄国出兵侵占清朝的伊犁地区,暂时推迟了对希瓦汗国的围攻。

俄国在解决了伊犁问题之后开始专心对付希瓦。1872 年 12 月,沙皇亚历山大二世同意了考夫曼的进攻和征服希瓦汗国的意见,批准了对希瓦汗国进行军事讨伐的计划,还给考夫曼下达了实行此计划的命令,决定于 1873 年春对希瓦发动大规模进攻。

希瓦汗国四周都是沙漠之地,处于完全与外界隔绝的状态。希瓦距塔什干 600 英里,距奥伦堡 930 英里,距克拉斯诺沃兹克要塞 500 英里。俄国曾经两次远征希瓦,但均遭到失败。这次远征俄国十分谨慎。俄国组织了由 1 万 4 千人组成的庞大军队,而且备有 62 门大炮。全军由考夫曼任总指挥,分 4 路向希瓦汗国进军。虽然希瓦人顽强抵抗,但希瓦城终因双方力量悬殊于 6 月 9 日陷落。

1873 年 8 月 12 日,希瓦被迫签订投降条约。条约规定,阿姆河右岸的希瓦领土全部并入俄国版图,阿姆河的航行权由俄国独占;希瓦赔偿俄国 250 万卢布的军费;交出所有在希瓦当奴隶的俄国人和波斯人。俄国政府为了巩固新掠夺的希瓦领土,于其地设置了阿姆河省;在

493

阿姆河右岸离希瓦城 250 英里处,修建了彼得罗亚历山大罗夫斯克要塞,作为控制希瓦的行政中心。希瓦汗被保留下来,但其在名义上的独立主权比布哈拉的埃米尔还少。希瓦汗国成了俄国的一个附属国。

希瓦汗国被征服以后,1873 年,克拉斯诺沃兹克成为俄国的外里海军分区,隶属于高加索总督。1874 年俄国建立了南里海军区,它隶属于高加索总督区,由洛马金少将管辖。中亚腹地的两个汗国被征服以后,俄国开始了对浩罕汗国的兼并。

在 1865 ~ 1868 年间,俄国军队的主要攻击目标是浩罕汗国和布哈拉汗国。俄国当时对浩罕汗国的进攻主要是在汗国北部的塔什干城。在 1865 年 6 月中旬攻陷塔什干城之后,俄国没有乘胜吞并浩罕汗国。俄国踌躇不前的原因主要是因为英国强烈反对它获取与阿富汗接壤的公共边境地区。英国主张保留浩罕汗国,以它作为俄国和英国之间的缓冲地带,这一缓冲地带最好与英国保持友好,与俄国敌对。为了不激化矛盾,俄国把目标转向布哈拉汗国。在征服布哈拉和希瓦两个汗国之后,俄国把目标转向了浩罕汗国。

经过二三十年的扩张,浩罕汗国在 19 世纪初期已经成为中亚最大的国家之一,领土包括从南面的帕米尔高原直到东北方的伊犁河流域。虽然浩罕汗国疆域广大,但是,浩罕汗的权力并不大。19 世纪下半叶,浩罕汗国分裂成由伯克统治的若干伯利克(beyliks,即一个伯克所统治的一个地区),它们是:浩罕、马尔格兰、沙赫里汗、安集延、纳曼干、索克赫(Sokh)、马赫拉姆(Mahrām)、布拉克巴什(Bulāq -Bāshī)、阿拉班斯克(Arabansk)、贝利克奇(Bāliqchi)、查哈尔·塔克(Chāhār -tāq)、瑙卡特(Naukat)、卡善(Kasan)、楚斯特和巴巴·达尔克汗(Bābā -darkhān)。

浩罕汗国的中央集权十分微弱。除了上述割据政权外,中央政权统治层内还经常发生争权夺利的斗争。1845 年到 1853 年期间是胡达雅尔统治的第一个时期。1851 年 10 月,胡达雅尔与其统治塔什干的兄弟迈里伯克之间的斗争尖锐化。正当他们争斗激烈之时,俄国军队统帅彼罗夫斯基将军夺取了浩罕的阿克麦切特要塞。

1858 年,迈里伯克借助吉尔吉斯人和钦察人的帮助,推翻了胡达雅尔的统治,自己掌握了汗国的最高权力。1862 年 2 月 25 日,迈里伯克被自己的亲信杀死。之后,经过 5 年连续不断的内战,胡达雅尔再次掌权。当他看到强大的邻邦布哈拉汗国被俄国武力征服后,他认识到应该尽量与俄国保持友好关系。他帮助俄军镇压了反俄的哈萨克人,把逃到浩罕国内的哈萨克人引渡给俄国。他为了保住自己的统治极力巴结突厥斯坦总督,顺从地满足考夫曼提出的一切要求。而俄国在征服布哈拉和希瓦两个汗国之后,不管胡达雅尔如何想维护他与俄国人的关系,武力征服浩罕已经不可避免。

在俄国征服塔什干和布哈拉期间,浩罕汗曾参与过布哈拉汗反对俄国的斗争。1866 年,当布哈拉埃米尔穆扎法尔派人到市集上宣传要发动一次“十字军”圣战时,浩罕人参与了这些宣传和鼓动活动。为了阻止浩罕汗国与布哈拉联合行动,俄国决定在攻打布哈拉汗国之前先夺取两国相邻城市乌拉秋别、忽毡和吉扎克,切断浩罕与布哈拉两汗国的联系。1867 年底,俄军已经占领了这 3 个城市,达到了预定的目标。为了进一步稳住浩罕汗,考夫曼继续与浩罕汗谈判,以给其造成如下的错觉:俄国不会以武力征服浩罕汗国,仅仅是为了在浩罕汗国获取一些与贸易有关的利益。

新任总督考夫曼于 1867 年 12 月 1 日到达塔什干以后,在俄国人的军事威胁下,浩罕汗胡达雅尔最终于 1868 年 2 月同意了俄国提出的条约。该条约共有 5 条:(1)俄国商人有权游历汗国一切城市;(2)俄国商人有权随意在各处开办商队旅舍;(3)俄国商人有权在汗国一切城市设置商队头目;(4)浩罕对俄国商人和伊斯兰教徒课税一视同仁;(5)俄国商队可以自由通过浩罕前往与其相邻的其他领地。该条约在贸易方面和保障来往于汗国从事各种活动的俄国臣民安全方面,对俄国十分有利。

1873 年至 1875 年,浩罕汗国发生了反对俄国及其傀儡汗胡达雅尔的起义,这些起义为俄国完全吞并浩罕汗国提供了借口。暴动发生后,胡达雅尔汗派人到塔什干求援,塔什干的俄国将军科尔帕可夫斯

·欧·亚·历·史·文·化·文·库·

基不但没有派出援军,反而打电报给圣彼得堡,请求趁浩罕内部暴动之机出兵占领它,但是,这一请求没有获准。

1875 年 7 月,费尔干纳各城爆发人民起义。胡达雅尔无力对付这些起义,只好向俄国求援,考夫曼立即派出 4000 俄军前往镇压,胡达雅尔投奔俄国。起义军立其长子纳斯鲁丁为新汗,宣布进行圣战,号召一切穆斯林团结起来,共同抗击征服者。起义军在控制了忽毡到塔什干、撒马尔罕的道路后,开始对被俄国吞并的地区发起进攻。起义军袭击了塔什干近郊,围困了忽毡。考夫曼命令戈洛瓦乔夫将军镇压起义,同时命令斯科别列夫率兵配合。戈洛瓦乔夫向安格连和提劳进军。在戈洛瓦乔夫的攻击下,从塔什干到忽毡的道路被俄军占领。不久,整个浩罕都向俄军的武力屈服了。

考夫曼邀请新浩罕汗纳斯鲁丁到马尔格兰城签订和平条约。1875 年 9 月 23 日,考夫曼和纳斯鲁丁缔结了一个条约,浩罕汗国被剥夺了外交和军事行动的独立权;锡尔河上游右岸及纳曼干地区割让给俄国;浩罕向俄国赔款 300 万卢布。10 月 17 日,沙皇批准了以上条约,并把新合并的浩罕国土划为纳曼干军分区,斯科别列夫被委任为纳曼干区管理局局长和部队指挥官,隶属于突厥斯坦总督。

纳斯鲁丁的投降,激起了浩罕人民新的起义浪潮。起义者以安集延为中心,击退了前来镇压的俄国军队,并拥戴伊斯哈克为汗。起义军先后占领浩罕城、马尔格兰和纳曼干城。但在俄军的打击下,起义军被迫放弃纳曼干。

1876 年 1 月,斯科别列夫率俄军从纳曼干出发,渡纳林河,沿锡尔河北岸而进,攻占安集延。此后,沙赫里汗纳城和马尔格兰城在俄军的威慑之下投降。

1876 年 2 月 29 日,俄国沙皇亚历山大二世特地选在他登基 21 周年的那天,签署了浩罕汗国归并于俄国的命令。浩罕汗国灭亡,成为俄国的费尔干纳省,斯科别列夫将军被任命为省长,受突厥斯坦总督统辖。兼并浩罕标志着俄国征服中亚三汗国的完成。中亚三个汗国被征服以后,俄国把侵略目标对准了中亚侧翼的土库曼斯坦和帕米尔地区。

37.3　征服中亚东、西两侧

土库曼斯坦位于里海和阿姆河之间,东以阿姆河为界,西至里海海岸,南与伊朗、阿富汗相邻,北界从曼格什拉克的南端向东越乌斯秋尔特高地直抵阿姆河下游河岸。土库曼斯坦境内大部分是沙漠,只有两片绿洲,即阿哈尔帖克绿洲和莫夫绿洲。对于俄国来说,穿过土库曼斯坦,可以通往中亚腹地、波斯和阿富汗。它也是俄国经中亚通往印度的最近途径,因此是一块战略要地。另外,由于土库曼牧民不时威胁着包括克拉斯诺沃茨克在内的俄国港口,冲击布哈拉汗国,因此,不征服土库曼斯坦,就谈不上完成了对河中地区的征服。

土库曼人是突厥人的一支,在我国古代史籍中被称为古思人。中世纪时,古思人的活动范围从里海北岸,向东一直到达锡尔河中下游,向南延伸到今波斯北部的戈尔甘河。到了15世纪,土库曼人生活的地域已经很广,包括波斯、花剌子模、呼罗珊、阿富汗斯坦、美索不达米亚、叙利亚、罗姆(小亚细亚)、达吉斯坦、俄国(阿斯特拉罕和斯塔夫罗波尔的土库曼人)都有土库曼部落。13~15世纪,上述地区的大部分土库曼人先后处于成吉思汗后裔和帖木儿王朝的统治之下。

帖木儿去世以后,以里海为界,西土库曼人建立了两个土库曼王朝:亚美尼亚和阿塞拜疆部分地区的黑羊王朝(1378~1468年)和迪亚巴克儿和阿塞拜疆部分地区的白羊王朝(1378~1502年)。历史上称黑羊王朝为喀喇科雍鲁(Qara Qoyūnlū),称白羊王朝为阿克科雍鲁(Āq Qoyūnlū)。这两个王朝先后被波斯人灭亡,其领土上的土库曼人受波斯萨法维王朝统治。东土库曼人就是中亚土库曼人,他们生活在中亚西南部,即今天的土库曼斯坦境内。16世纪初,他们拥有广阔的领土,东起阿姆河,西临里海(占据着漫长的海岸线),北到曼吉什拉克和花剌子模,南达厄尔布尔士山(Alborz)东段的科佩特山。波斯萨法维王朝兴起以后,中亚土库曼人与安纳托利亚和西波斯的西土库曼人失去了联系,当哈萨克人和乌兹别克人分别在七河地区和河中地区建立汗

·欧·亚·历·史·文·化·文·库·

国时,他们还处于部落联盟阶段,尚未创建起自己的国家。16~19世纪,中亚土库曼人分别臣属于希瓦汗国、布哈拉汗国和波斯萨法维王朝,此间,他们的历史分别构成了希瓦汗国和布哈拉汗国及波斯萨法维王朝历史的一部分。

在希瓦汗国居民中土库曼人占第二位,他们主要从事牧业,部分从事农业。希瓦汗国与土库曼人之间的政治关系是以经济的互补为基础的。由于游牧经济的不稳定,加上土库曼军事封建贵族向希瓦统治集团靠拢,各土库曼部落相继加入了希瓦汗国国籍,并在汗国的军事政治生活中起着重要的作用。

1869年,俄国人占领了里海东南岸的克拉斯诺沃茨克,以此为据点开始蚕食土库曼斯坦。1873年,俄国从里海向希瓦领土逼近时,附近的约穆特土库曼人和帖克土库曼人遭到了俄军的侵扰,俄军攻陷希瓦城后,考夫曼下令对当地百姓进行大屠杀。从1877年春起,俄军以里海东岸的曼格什拉克和克拉斯诺沃茨克为重要战略基地,开始武力征服土库曼斯坦。其过程可以分为两步,第一步是征服阿哈尔帖克绿洲,第二步是使莫夫绿洲臣属于俄国。

16世纪中叶,从阿姆河流入达里亚利克和乌兹博伊的水渠断水,改变了土库曼斯坦西北地区的自然环境和经济条件,1558年,英国人詹金森注意到,达里亚利克已经干涸。16世纪末至17世纪初,土库曼斯坦北部的土库曼部族开始向南部大规模迁徙,来到花剌子模和呼罗珊农耕绿洲,这次迁徙历时两百多年,对近现代土库曼民族的形成有着深远的影响。

到了19世纪,土库曼各部落的居住地基本上固定下来,阿哈尔帖克绿洲和莫夫绿洲被帖克土库曼人占据着,总人数达30万,是土库曼人中最强大的部族。帖克土库曼人分为两大支:托赫塔梅什和乌捷梅什,每支又分成两个小支。因而,土库曼-帖克人有4个支系:别克、维基利、瑟奇马尔和巴赫沙达沙亚克。

1875年,沙俄派遣高加索第一司令官伊维亚诺夫率领1300名俄军以侦察为幌子,在克拉斯诺沃茨克附近对土库曼人进行劫掠。土库曼部落首领和僧侣召开会议,决定加紧巩固格奥克帖佩旧城堡,不让俄军进入阿哈尔帖克绿洲。沙皇任命斯科别列夫为外里海部队的指挥官,把外里海部队扩充到 1 万 1000 人,同时还抢修了从里海东岸伸入阿哈尔帖克绿洲的军用铁路。

1873 年,希瓦汗国成为俄国保护国之后,俄国开始了征服土库曼的军事活动。1877 年春,洛马金将军接到攻占土库曼基考尔阿尔瓦特要塞的命令。第二年,洛马金率领俄军一直伸入到基考尔阿尔瓦特以外约 50 英里的地方,但是此次军事行动没有取得任何收获。1879 年 6 月,俄国派遣高加索第一司令官伊维亚诺夫和洛马金,入侵阿哈尔帖克绿洲。8 月下旬,洛马金率领先头部队从恰特出发,越过科彼特山脉,没有遇到任何抵抗占领了基考尔阿尔瓦特。9 月,俄军攻打阿哈尔帖克绿洲的重镇格奥克帖佩时,遭到土库曼人的沉重打击,俄军被迫撤退,洛马金被撤职,斯科别列夫将军取而代之。

1880 年 5 月,在斯科别列夫的率领下俄军对土库曼发动第二次大规模进攻。他们修筑了从克拉斯诺沃茨克通往前线的铁路,并在沿途建立了军事基地,采取逐步推移的战术,于同年底逼近格奥克帖佩。12 月 23 日,俄军开始围攻有 2 万多土库曼军民据守的格奥克帖佩要塞。第二年 1 月,格奥克帖佩被攻克,诸土库曼部落投降,阿哈尔帖克绿洲被纳入俄国版图。俄军还乘胜强占了阿什哈巴德、卡阿哈及阿哈尔帖克绿洲上的其他居民点。5 月,俄国把原高加索外里海分区和新掠夺的阿哈尔帖克绿洲合并为外里海省,以阿什哈巴德为该省的统治中心。

阿哈尔帖克绿洲被纳入外里海省以后,俄国领土与俄国附属国布哈拉汗国之间的未征服地只有莫夫绿洲了。莫夫城是俄国通往波斯和阿富汗的枢纽,它名义上属于波斯管辖,英国曾极力怂恿波斯对莫夫行使主权以抵抗俄军南下,但是,波斯沙赫无力实现对它的统治。1881 年 12 月,俄国与波斯签订了边界协定,波斯正式宣布放弃对突厥斯坦及阿姆河以东地区的主权要求,这表明波斯承认俄国军队对上述地区的占领,这一协定有利于俄国进入土库曼莫夫绿洲。

1884 年 1 月,俄军占领莫夫城,沙皇政府宣布设置莫夫州,隶属外里海省,莫夫绿洲并入了俄罗斯帝国版图。

1884 年圣诞节前夕,俄国在圣彼得堡召开御前会议,决定把俄国的边界线再向南推进,划在离赫拉特 110 公里的地方,彭狄地区和佐勒菲卡尔山口都被包括在里面。彭狄绿洲属于阿富汗领地,居民是萨利克土库曼人。1885 年 2 月,俄军占领了彭狄绿洲边缘的普勒·伊·基什提,3 月进入彭狄绿洲,阿富汗军队奋起抵抗,但因伤亡惨重,不得不撤离彭狄绿洲。

俄国兼并土库曼斯坦,尤其占领彭狄以后,英俄矛盾极度紧张,战争一触即发。为了缓和矛盾,两国达成妥协,1887 年 7～8 月间,签订《英俄勘分阿富汗西北边界协定》,规定:西部阿富汗边界从佐勒菲卡尔山口开始,彭狄绿洲纳入俄国领土;为了补偿阿富汗,俄国把原布哈拉汗国统治下的阿姆河以南的一些地区划给阿富汗。同年 11 月,英、俄划界委员会开始共同标定俄、阿西段边界。同时,俄、英签署了最后议定书,确定了西自格里鲁德河,东至阿姆河的俄－阿富汗边界,然而,当事者阿富汗被排除在会议之外。俄国下一个目标是与英国争夺帕米尔。

帕米尔东起塔什库尔干,西到阿姆河上游的喷赤河,南抵兴都库什山,北达阿赖岭,四面高山环绕,有"世界屋脊"之称。帕米尔虽是天堑,但东西走向的山脉间有几处山隘,给交通提供了必要的出入口,它们构成了从新疆通往西方的交通孔道,古代著名的丝绸之路南道就经过此地。

帕米尔自古为中国领土,古代称之为葱岭。公元前 60 年西汉设置西域都护府以来,中国历代都设有管理机构。1759 年,清朝平定南疆大小和卓叛乱时,在帕米尔设卡置守,派官管理,并在雅什里库里湖边立了刻着满、汉、回 3 种文字的御碑。此后,乾隆帝下令勘定西域,立下"以葱岭为纲,东新疆,西属国"的原则,把葱岭以西的巴达克山、什克南、鲁善、达尔瓦兹、博罗尔、坎巨提(今巴基斯坦罕萨),以及东帕米尔的瓦罕等土邦小国变成清朝的属国。清朝官方文书将这些属国称为"新疆藩属"、"边外诸部"等等。清朝对这些属国的统治原则是维护和平睦邻关系,没有设置任何行政和军事机构,没有委派官吏,也没有派人去征收赋税。东帕米尔是清朝的直接管辖地,主要居民为塔吉克族和吉尔吉斯族(清代称之为布鲁特),清朝任命官员进行司法和财政管理,并向居民征收赋税。

1884年6月,俄国强迫清政府签订《续勘喀什噶尔界约》,其中第三条规定:自乌孜别里山口以下,"俄国界线转向西南,中国界线一直往南"。在转向西南之线与往南的直线之间形成一块45度角的三角形地带,它成了清俄两国间的"待议地区"。

从90年代起,俄国开始在帕米尔北部的阿赖谷地活动,为了抵御侵略,清朝在帕米尔增兵设卡。1888年,在六尔阿乌卡伦和阿克苏河流域增派兵力,1889年,护理新疆巡抚魏光焘派旗官张鸿筹带队巡查内外卡伦。另外,在塔什库尔干、布伦库里、布伦口等地设立哨所,选派当地牧民守卫重要的山口,还在以上地区修建驿道、开垦荒地,以保证物资供应。

清朝与俄国围绕帕米尔的斗争尖锐起来。1891年7月,俄军分3次入侵清朝卡伦,接着,他们撤掉了清朝委派的乡长,任命亲俄分子担任其职,为进一步控制帕米尔做准备。对此,清政府提出抗议,1891年七八月间,清政府驻俄公使许景澄曾4次向俄国询问此事。初,俄国予以否认,直到俄军完成使命返回塔什干后,俄外交部才承认俄兵越界入帕米尔一事。当时,清政府对此的态度是,帕米尔地为清朝所属,今清、英、俄三国各不相占,这一方案得到了英国的同意,但俄国却认为这是清朝与英国联合制俄,表示不能接受。

1891年10月,清俄会晤时,俄方提出清、俄、英三国到帕米尔勘分地界的方案,清朝与英国同意此方案,决定于第二年春天三国共同派员会勘帕米尔边界。1891年底英国抢先占领了位于巴基斯坦境内的坎巨堤(罕萨),引发坎巨堤事件,这使"三国勘界"的设想彻底破灭,成为英俄私分帕米尔的转折点。

坎巨堤(又称洪扎、罕萨、棍杂)原是清朝的藩属国,位于新疆的西南角,地处帕米尔通往印度北部的要道,对英国统治印度至关重要。

1891 年 12 月,英国趁坎巨堤发生内乱,派兵占领。清政府立即做出回应,1892 年 2 月,清政府驻英公使薛福成两次向英国提出交涉,英方表示:它并不想妨碍清朝对坎巨堤的所有权,只是担心俄国占领兴都库什山一线。同年四五月,清朝与英国达成协议,清朝仍对坎巨堤保有宗主权,清朝和英国双方派员"共同会立"坎巨堤的新埃米尔。

清、英、俄"三国勘界"方案失败后,清政府又提出清俄双方勘界的方案。俄国以英国占领坎巨堤为借口,提出清朝必须先退出驻在苏满卡的军队,俄国才与清朝勘界。苏满卡是清政府于 1889 年前后设置的,1891 年夏俄国入侵帕米尔后,为保证这一地区的安全,新疆巡抚魏光焘派兵驻守界内各卡。对于俄国的撤兵要求,清朝严正声明:苏满设有满汉碑文,确系清朝界内,更何况"应驻兵防英,未便撤回"。然而,为了与俄国实行勘界,清政府最终让步,撤走了在苏满卡的驻军。不久,迫于俄国的压力,1892 年 6 月,清政府从帕米尔全部撤军。但是,俄国并没有履行勘界诺言,清朝撤兵后,俄国立即派步兵、炮兵及哥萨克骑兵 1500 余人,抢占帕米尔的各险要地点,到 1892 年 10 月,"待议区"和萨雷阔勒岭以西的清朝帕米尔地区都被俄军占领。

在这种被动的形势下,1892 年 11 月,清朝与俄国开始了勘界谈判。首先双方在确定勘界的起点上发生争执。根据双方 1884 年的清俄《续勘喀什噶尔界约》第三条规定,应该以乌孜别里为起点向南划界,但是,俄国提出以萨雷阔勒岭为起点划界,目的是不想让清朝获得该山脉以西的地方,因为阿克拜塔河和阿克苏河流过上述山岭的山麓,紧靠着这两条河的流域沿线,有唯一一条通往帕米尔的道路。当时,俄国已经占据帕米尔的险要地区,因此对划界已不再迫切。俄国不撤兵,又不和清朝划界,而英国持观望态度,不再和清朝一道与俄国交涉,清朝处于十分被动的局面。

俄国一方面与清朝拖延谈判,另一方面积极寻求与英国谈判。英俄准备在小帕米尔划界,而乌孜别里山以东的清朝领地也包括在小帕米尔地区之内,但是,他们的划界却是在清政府完全不知的情况下进行的,这严重侵害了清朝的主权。1894 年 2 月,英俄就瓜分帕米尔地区达成协议,只是双方当时还没有正式换文和具体标界。第二年三四月间,俄、英连续进行了4个换文,规定双方互约止兵,直到俄国和清朝对帕米尔划界问题得到最终解决为止。通过这些换文,英俄瓜分情况为:从萨雷阔勒湖向东至清朝边界划一直线作为南北分界线,线的南面归为英国保护的阿富汗所有,线的北面为俄国所管辖。随后,1895年7~9月,双方组成勘界委员会,完成了勘界。结果,清朝帕米尔地区除了塔克敦巴什帕米尔和郎库里帕米尔的一部分仍归清朝外,其余部分都被英俄瓜分掉。清政府对英俄私分帕米尔十分愤慨,多次提出抗议,并郑重声明:清朝坚持清俄《续定喀什噶尔界约》中的原则,不承认英俄对帕米尔的占领。

俄英不仅互相勾结私分帕米尔,而且沙俄还侵夺了萨彦岭以西2万多平方公里的清朝领土。另外,英国为了构筑防止俄国逼近印度西北的战略体系,在东部划出了狭长的瓦罕走廊,将沙俄统治下的布哈拉和英属印度隔开。这样,英国在俄国经帕米尔、越兴都库什山进军印度的通道上树起了一道"栅栏",英属印度的北部边疆增加了一道安全保障,阿富汗的缓冲国地位正式形成。1896年1月,沙皇批准了俄国的新国界,俄罗斯帝国完成了对中亚的吞并。

主要参考文献

《哈萨克族简史》修订本编写组.哈萨克族简史[M].北京:民族出版社,2008.

厉声.哈萨克斯坦及其与中国新疆的关系(15世纪至20世纪中期)[M].哈尔滨:黑龙江教育出版社,2004.

马汝珩,马大正.飘落异域的民族——17至18世纪的土尔扈特蒙古[M].北京:中国社会科学出版社,1991.

甘肃师范大学历史系.帕米尔资料汇编[G].内部资料,1978.

潘志平.中亚的地缘政治文化[M].乌鲁木齐:新疆人民出版社,2003.

〔清〕王彦威.清季外交史料[G].北平:清季外交史料编纂处.

王思治.清朝通史:康熙朝分卷上[M].北京:紫禁城出版社,2003.

王铁崖.中外旧约章汇编[M].北京:三联书店,1957.

王治来,丁笃本.中亚国际关系史[M].长沙:湖南出版社,1997.

魏源.圣武记.韩锡铎[M],孙文良,点校.北京:中华书局,1984.

乌云毕力格,等.蒙古民族通史:第4卷[M].呼和浩特:内蒙古大学出版社,2002.

谢彬.新疆游记[M].乌鲁木齐:新疆人民出版社,1990.

新疆社会科学院历史研究所.新疆简史:第1册[M].乌鲁木齐:新疆人民出版社,1980.

余太山.西域通史[M].郑州:中州古籍出版社,2002.

周连宽,校注.西域番国志[M].北京:中华书局,2000.

《准噶尔史略》编写组.准噶尔史论文集:第2集.[M].北京:中国社会科学院民族研究所,1981.

《准噶尔史略》编写组.准噶尔史略[M].北京:人民出版社,1985.

〔乌兹别克〕艾哈迈多夫.16~18世纪历史地理文献[M].修订版.陈远光,译.兰州:兰州大学出版社,2012.

〔法〕加斯东·加恩.彼得大帝时期的俄中关系史(1689—1730)[M].江载华,郑永泰,译.北京:商务印书馆,1980年。

〔美〕爱德华·阿尔窝什.俄国统治中亚百年史[M].中亚史丛刊,1985,3.

〔美〕迈可尔·刘金.俄国在中亚[M].陈远光,译.北京:商务印书馆,1965.

吉尔吉斯人和吉尔吉斯斯坦历史.吉尔吉斯斯坦百科全书.

〔苏〕安·米·潘克拉托娃.苏联通史:第3卷[M].山东大学翻译组,译.北京:三联书店,1980.

〔俄〕捷连季耶夫.征服中亚史:第1卷[M].武汉大学外文系,译.北京:商务印书馆,1980.

〔俄〕捷连季耶夫.征服中亚史:第2卷[M].新疆大学外语系,译.北京:商务印书馆,1983.

〔俄〕捷连季耶夫.征服中亚史:第 2 卷〔M〕.甘肃师范大学外语系,译.北京:商务印书馆,1986.

〔苏〕哈尔芬.中亚归并于俄国〔M〕.吴筑星,董兴森,译.刘品大,校.中亚史丛刊,1988,4.

〔苏〕帕·彼·伊凡诺夫:中亚史纲〔M〕.中亚史丛刊,1983,1.

巴托尔德.中亚突厥史十二讲〔M〕.罗致平,译.北京:中国社会科学出版社,1984.

〔俄〕李特文斯基.中亚文明史:第 5 卷〔M〕.蓝琪,译.北京:中国对外翻译出版公司,2006.

〔俄〕兹拉特金.准噶尔汗国史〔M〕.修订版.马曼丽,译.兰州:兰州大学出版社,2013.

Adle C,Irfan Habib. History of Civilizations of Central Asia, V, Development in Contrast from to thesixteenth to the mid-nineteenth century〔M〕.〔S. l. 〕:UNESCO,2003.

Edward A. Central Asia, 130 years of Russian Dominance, A historical Overview〔M〕. Dubham and London:Duke University Press,1994.

Barthold V. V. Four Studies on the History of Central Asia〔M〕. Leiden:〔s. n. 〕,1956.

Burnes A. Travels into Bokhara,together with a Narrative of a Voyage on the Indrs (1831 — 1834)〔M〕. London:〔s. n. 〕,1973

Dupree L. Afghanistan〔M〕. Princeton:〔s. n. 〕,1980.

Encyclopedia of Islam〔M〕. Leiden:〔s. n. 〕,1954-2005.

The Encyclopaedia of Islam〔M〕. Leiden:〔s. n. 〕,1980.

Eugene S. Turkistan, Notes of a Journey in Russian Turkistan Khokand, Bokhara and Kuldja〔M〕. London:〔s. n. 〕,1876.

Gordon T E. The Roof of the World being the Narrative of a Journey over the High Plateau of Tibet to the Russian Frontier and the Oxus Sources on Pamir〔M〕. London, Edinburgh:〔s. n. 〕,1876.

Hambly G. Central Asia〔M〕. New York:〔s. n. 〕,1969.

Howorth S H. History of Mongol from the 9th to the 19th Centuries [M]. London:Longmans,1927.

Lapidus I M. A history of Islamic Society[M]. Cambridge:Cambridge University Press, 1988.

Landsdell H. , Russian Central Asia[M]. London:[s. n.],1885.

Lattimore O. Pivot of Asia: Sinkiang and the Inner Asian Frontiers of China and Russia[M]. Boston:Little,1950.

Moorcroft W ,Trebeck G. Travels in the Himalayan Provinces of Hindustan and the Punjab: in Ladakh and Kashmir; in Peshawar, Kabul,Kunduz and Bokhara from 1819 — 1825[M]. London:[s. n.],1837.

Skrine F H ,Ross E D. The Heart of Asia: A History of Russian Turkestan and the Central Asian Khanates from the Earliest Times[M]. London: [s. n.],1899.

The Encyclopedia Britannica [M]. Cambridge:Cambridge University Press,1911.

Vambery A. History of Bokhara from the Earlist Period down to the Presen,Composed for the First Time after Oriental Known and Unknown Historical Manuscrips[M]. London:[s. n.],1873.

Wheeler G. The Modern History of Soviet Central Asia[M]. London: Weidenfelf and Nicolson,1964.

第九编

38 俄国早期向清朝的渗透、扩张及清俄东、中段边界的划定

38.1 早期俄国哥萨克入侵黑龙江流域和清朝的抵御

俄国从 16 世纪后期开始向西伯利亚扩张,经过半个世纪,于 1637 年到达鄂霍次克海,标志着俄国征服西伯利亚告一段落。接着,俄国将扩张的矛头对准土地肥沃、盛产谷物和高级毛皮的黑龙江流域。

1643 年 7 月,哥萨克瓦西里·波雅科夫按照俄国雅库次克统领戈洛文的指示,带领 132 人,携带大炮和枪弹,从雅库次克出发,向南经过精奇里江进入黑龙江,然后顺江而下。此次"远征",波雅科夫本想向当地人征收毛皮贡赋,寻找银矿和粮食等,却遭到向清王朝交纳贡赋的达斡尔人、费雅喀人的痛击,一行人最后只剩下 50 多人,损失过半,于 1646 年从海上狼狈逃回雅库次克。他们带回 1 张自制的黑龙江线路图、3 名被绑架的费雅喀头人和 480 张貂皮、6 个皮桶,作为到过黑龙江的见证。这是俄国第一次冒险进入黑龙江,虽然没有使当地人屈服、归附沙皇,却探明了黑龙江的地理、物产、居民及防御等方面的重要情报,为下一步入侵黑龙江开了先河。

1649 年,另一名哥萨克冒险分子哈巴罗夫按照雅库次克统领的指示,带着 70 人的"远征队",从雅库次克出发,经通吉尔河口,越过外兴安岭,经乌尔喀河谷地进入黑龙江。达斡尔人坚壁清野,使入侵者完全扑了个空。当哈巴罗夫得知达斡尔人向清朝皇帝纳贡,清朝有强大的

军队后,自知军力不足,留下50人,返回雅库次克请求增派军队。他向沙皇上奏派6000军队征服黑龙江,但是,当时西伯利亚地区俄人不多,他费了九牛二虎之力,才招募了150名。他带着其中的138人,于1650年9月第二次进入黑龙江。哈巴罗夫与留下的50名哥萨克一起进攻达斡尔人驻地雅克萨,在这里建立了阿尔巴津城,作为其在黑龙江流域的侵略据点。哈巴罗夫一面向雅库次克寻求增援,一面沿江下犯,进攻达斡尔、杜尔切、费雅喀、赫哲人的村寨,抓获人质、强索貂皮、烧杀抢掠,企图迫使当地人屈服。在桂古达尔城寨,达斡尔人与入侵者发生了激烈的战斗,但是,由于寨民武器不敌,最后被用火器武装起来的入侵者打败并惨遭屠城。

1651年10月,哈巴罗夫一行人窜到黑龙江下游赫哲人(阿枪人)住地乌扎拉村附近修建一个冬营,取名"阿枪斯克",准备在这里过冬。赫哲人联合杜切尔人,趁哈巴罗夫带100人外出抢鱼的机会,进攻冬营,不克。于是,向清政府驻宁古塔守军求援。1652年,宁古塔章京海色在当地居民的协助下,率军突袭俄兵阿枪斯克据点,打死敌军10名,打伤78名,同时用大炮进行轰击,将围墙打塌3处。关键时刻,海色不是下令乘胜全歼敌人,而是下令抓活的,结果给敌人以喘息机会,哈巴罗夫下令拉来大炮,向正在冲入堡寨的清军猛轰,使清军遭受很大伤亡,最后被迫撤围。乌扎拉村之战是清朝与俄国入侵者展开的第一场战斗,使入侵者受到重创,哈巴罗夫被迫向上游一带逃窜。不久,哈巴罗夫与俄政府自莫斯科派来的季诺维也夫之间发生矛盾,被押解回莫斯科,由斯捷潘诺夫接替其任务。

斯捷潘诺夫接替哈巴罗夫以后,处境更加艰难。由于此前波雅科夫和哈巴罗夫对沿江一带的抢掠,两岸居民一贫如洗,加上清朝采取将沿岸居民内徙的政策,入侵者一时无法弄到口粮,四处窜扰。1653年秋,他们在呼玛尔修筑堡寨,取名呼玛尔斯克,准备在此过冬。1654年,宁古塔章京沙尔虎达率领清军300、虎尔哈兵300和前来助战的朝鲜兵100,前往松花江口,与斯捷潘诺夫所率370名哥萨克军相遇。清军和朝军利用地形,设置埋伏,引诱哥萨克登陆,狠狠进行反击。哥萨克战败,狼狈逃跑。第二年初,清朝派固山额真明安达理自京师率军往讨。清军消灭在寨外造船的 20 名俄兵,又将出寨寻衅的俄兵 87 人全歼,同时向城内以大炮猛轰,城内俄兵龟缩成一团,眼看就要全军覆没了,但是,关键时刻明安达理犯下大错,他担心清军粮饷不继,下令撤退。结果,清军此役功亏一篑。1658 年,清政府再次派沙尔虎达率军 1400 人进驻黑龙江,在松花江口与俄兵遭遇。沙尔虎达命令由 47 艘船组成的清朝船队拦住敌船,用炮火将其驱赶到岸上。俄兵共 500 人,共中 180 人在战斗一开始就往黑龙江上游逃遁,另一些人不战而降,俄军头目斯捷潘诺夫当场毙命,另有 270 人被击毙或生俘,此役清军取得了决定性的胜利。第二年,清军收复雅克萨,拆毁了堡寨。俄国另一个侵略据点呼玛尔斯克也被当地居民拆除。1660 年,一股哥萨克窜至黑龙江下游费雅喀住地,清朝宁古塔将军巴海率兵往剿,伏兵船于两岸追袭,哥萨克被打死 60 多人,淹死者甚多。至此,入侵黑龙江中、下游的哥萨克被全部肃清。

在清军的回击下,俄国早期入侵者遭到了毁灭性的打击,未能实现迅速征服黑龙江的企图。但是,俄国并没有就此放弃征服黑龙江的计划。俄国从雅克次克南下不成,于是,从贝加尔湖东南方向,通过蒙古地区向黑龙江上、中游渗透。1648 年,从叶尼塞斯克基地派出的 60 名哥萨克侵入贝加尔湖以东,在该湖东岸建立巴尔古津堡,这是俄国在贝加尔湖以东建立的第一个侵略基地。以此为中心,逐步扩大掠夺毛皮的范围,向蒙古地区的居民强征毛皮税。

1653 年,一批入侵者闯入石勒喀河和尼布楚河交汇的尼布楚地区,建立堡寨,当地居民被迫撤退到嫩江流域,入侵者粮食匮乏,被迫撤退。不久,他们卷土重来,并于 1658 年在尼布楚建立涅尔琴斯克堡。尼布楚设有统领,成为沙俄向黑龙江流域侵略的总指挥。到 1662 年,这里建立了除涅尔琴斯克以外的伊尔根斯克、车勒姆宾斯克堡等 3 个堡寨。

1665 年,以切尔尼果夫为首的一伙从勒拿河逃跑的哥萨克罪犯 60 多人窜入黑龙江上游,在雅克萨建立阿尔巴津堡,它与尼布楚 3 堡遥相呼应,在俄政府的认可和支持下逐渐站稳脚跟。这伙哥萨克闯入呼伦贝尔及索伦部等,强迫居民缴纳毛皮,并竭力煽动附近居民投入俄国管辖。雅克萨作为俄国侵略黑龙江流域的前哨阵地,地位日渐重要,前来投靠的俄人越来越多,甚至在雅克萨附近出现了若干哥萨克村屯。

与此同时,哥萨克向贝加尔湖东南岸一带加紧扩张,建立了一系列殖民据点。1665 年,80 多名哥萨克侵入蒙古族聚居的色楞格河下游地区,并于第二年春,在楚库河和色楞格河汇合处附近建立色楞格斯克堡,作为向蒙古腹地扩张的主要据点。接着又在乌达河口建立乌金斯克科冬营,后改建为堡寨。1674 年,又在叶拉夫纳湖畔建立叶拉文斯克堡。

俄国一方面利用哥萨克向贝加尔湖东南及黑龙江上游地区推进,建立殖民据点,另一方面向清朝首都北京派出使团,打探清朝的动静和军事机密,准备下一步侵略计划。继 1656 年派出巴伊可夫使团后,1670 年又派出米洛瓦诺夫使团,1676 年派出尼果赖使团。这些使团假装对俄军的入侵活动毫无所知,将责任推卸到哥萨克身上,指出不是俄政府所为,还荒谬地要求康熙皇帝向沙皇称臣纳贡,每年清朝要向俄国运送 4 万斤银子和大批丝绸、宝物等。这些都遭到了清朝的严词拒绝,并要求俄国停止在边界地方的侵扰。

17 世纪 70 年代,清朝正值历时 8 年的"三藩之乱",无暇顾及北部边疆,俄国侵略势力趁机由黑龙江上游,进一步向中下游及其支流扩散。1677 年到 1679 年,俄军在精奇里江上游建立结雅斯克堡和德隆斯克堡,在精奇里江支流木迪河上建立西林穆宾斯克,在精奇里江口建立多伦禅。1681 年,在额尔古纳河上建立额尔古纳堡。1682 年盘踞雅克萨的侵略军不但在城郊杀死 20 多名当地猎户,而且还从雅克萨顺黑龙江下驶,窜到亨滚河,建立杜契钦斯克冬营;另一批侵略军闯到黑龙江下游对费雅喀等族进行屠杀,打死了很多人,之后又回到亨滚河继续烧杀劫掠。

38.2 清俄雅克萨之战和
《尼布楚条约》的签订

　　1681年,清朝平定三藩之乱,有了关注北部边防的余力,准备武装击退俄国向黑龙江流域的扩张。康熙帝不但重视军事斗争,还重视外交谈判,因为他了解到沙俄同样是一个军事强国,企图用军力压服对方只会两败俱伤,谁也压服不了谁,最终要通过和平谈判,商定彼此的边界线。为此,康熙帝制定了周密的计划,进行了细致的准备工作。1682年,康熙帝在盛京谒陵后,5月到船厂,航行于松花江上,亲自视察防务。同时,在黑龙江(瑷珲)和呼玛尔两地建城驻兵,从1683年起约有3000名清军进驻黑龙江。在驻兵屯田的同时,还从邻近科尔沁、锡伯、乌喇等地征集1万2000余石粮食,以备军饷。另外,在吉林设厂,大规模造船。此外,又开辟了从乌喇到瑷珲1300余里的新驿路。

　　1683年清军进驻黑龙江以后,在当地居民的协助下,相继拔除了俄军在黑龙江下游的侵略据点,如精奇里江上的多伦禅、西里姆宾斯克、新泽斯克等。俄军或被打死或投降,或者向鄂霍次克海逃走。

　　康熙帝在做好武力收复雅克萨的准备以后,派俄俘咨告雅克萨和尼布楚俄军,若"急回本地,则两相无事",否则"必致天讨,难免诛罚"。沙俄急欲征服黑龙江,不会轻易撤出已占地盘。这样,雅克萨之战在所难免。

　　1685年1月,康熙帝派都统公瓦山等赴黑龙江与黑龙江将军萨布素商议,决定春暖后发兵收复雅克萨。在清军进攻雅克萨之前,康熙帝再次写信给沙皇,希望"迅速撤回雅克萨"俄军,"以雅库等地为界",若然则清军停止前进,边界地方也可得到安宁,彼此遣使贸易,和睦相处。但是,俄国置若罔闻,继续向尼布楚和雅克萨增调援军。

　　同年6月,清军进抵雅克萨,向城内俄军发出最后通牒,其内容与前述康熙帝致沙皇书一致。城内俄军置之不理。25日,一队俄军从黑龙江顺流而下,准备冲出雅克萨请求增援,首先遭到清军的痛击,毙伤

40 多人。接着清军架设大炮,向城内猛烈轰击,城内到处起火,俄军伤亡严重。第二天清晨,清军又在"城下三面积柴"准备焚城,俄军头目托尔布津走投无路,被迫竖起了降旗。清军允许 700 多名俄军撤出雅克萨,第一次雅克萨之战以清军的胜利而结束。

清军收复雅克萨后,平毁了俄军的堡垒,然后撤至瑷珲等地,没有在雅克萨设兵防守,从而给雅克萨俄军以喘息之机。不久,俄军在尼布楚统领的指挥下卷土重来。8 月,大批俄军在托尔布津的率领下再次回到雅克萨旧地,在废墟上重建了一座城堡,并充实了武器、弹药和粮食,城上还架设了大炮。

康熙帝获悉俄军重回雅克萨的奏报后,决定再次出兵。1686 年 7月,黑龙江将军萨布素率清军 2000 余名进抵雅克萨,先释放俄俘带信入城,警告俄军投降。但城内俄军 800 名已做好顽抗准备,于是,清军开始攻城。俄军多次冲出城外,企图突围,都被清军打回。几天之内,100 多名俄军战死,头目托尔布津也因腿部中炮毙命。不久,严冬来临,俄军困死孤城,饥寒交迫,而尼布楚的援军迟迟不来,城外清军筑垒挖壕,已将雅克萨城团团围住。加之,城内坏血病流行,最后 800 名俄军只剩 66 名,俄军完全丧失了战斗力。

康熙帝决定以和平谈判解决与俄国的边界问题,从而巩固军事胜利的成果。1686 年 9 月,清朝由两个途径致信沙皇,建议两国息兵,举行谈判。一是委托从北京回国的荷兰使臣宾显巴志带信给沙皇,一是捎信给葡萄牙传教士闵明我带往欧洲,设法转送沙皇。同年 11 月,在雅克萨孤城指日可下之际,沙皇派信使,由文纽科夫和法沃罗夫率领,从莫斯科来到北京,投递国书,要求清军停止攻打雅克萨,等待戈洛文使团到来,进行谈判。为了和平解决边界问题,12 月,康熙帝派遣亲军侍卫到雅克萨,宣布停止攻城。与此同时,清军接济城内俄军粮食,康熙帝还派太医医治城内俄军。第二年 5 月,清军又从雅克萨后撤 20里,并允许城内俄军自由进出,与尼布楚联系。这些都是为和平谈判创造有利条件。到 1687 年 8 月,清军全部从雅克萨撤退到瑷珲、嫩江一带,第二次雅克萨之战再次以清军的胜利而告结束。

1686年2月,以戈洛文为首的俄国谈判使团接受沙皇有关边界谈判的密训,自莫斯科出发,他们沿路增募1400多名哥萨克,总人数达到2000人之多。临出发前,沙皇发出的第一道秘密训令指出:(1)力争以黑龙江为界;(2)如清朝不同意,则争取以牛满河或精奇里江及其以西的黑龙江为界;(3)如清朝再不同意,则争取以雅克萨为界,俄国人得在黑龙江、牛满河和精奇里江渔猎;(4)如清朝不接受上述划界方案,则俄国使臣应争取缔结临时停战协定,然后做好准备,进行战争;(5)争取使喀尔喀蒙古的土谢图汗在俄国一旦与清朝作战时全力援助俄方,为此目的"不惜赠送任何礼物"。以上密训表明俄国不惜与清朝再战,也要争取其多年来经营的黑龙江流域。

　　第二年9月,戈洛文一行来到贝加尔湖东岸的乌金斯克(今乌兰乌德),随即派信使赴北京通知清朝派出使团,并建议以色楞格斯克作为谈判地点。10月上旬,戈洛文又接到沙皇政府同年6月发出的第二道训令,着重指出如果清朝不接受前次列举的分界条件,则俄方可提议两国均不在雅克萨设堡、移民和驻军,俄军撤出雅克萨,俄国人得在其附近和牛满河、精奇里江一带渔猎。即允许撤出雅克萨,但是,仍保留在黑龙江支流渔猎的权利。俄国谈判条件的自动降低,缘于俄国远征克里米亚失利,宫廷权力斗争激化,所以想在清朝与俄国的边界问题上迅速与清朝达成协议。

　　另一方面,戈洛文根据沙皇第一道密训企图笼络土谢图汗,使之在对清战争时站在自己一边,但知其一向效忠清朝皇帝,于是作罢,转而笼络其弟哲布尊丹巴,送去重礼,但仍不为所动,反而要求俄国归还原属喀尔喀的土地和人民。戈洛文见利诱不成,于是,诉诸武力,对喀尔喀人发动猛烈攻击。其时,漠西蒙古准噶尔部的噶尔丹正向喀尔喀进攻,结果使喀尔喀两面受敌,迫使土谢图汗和哲布尊丹巴率部众南走,要求清朝的保护和援助。

　　俄国信使到达北京以后,清朝派出了以领侍卫内大臣索额图、都统皇舅佟国纲为首的谈判代表,带卫队800人,于1688年5月从北京出发。临行前康熙帝交代了边界谈判的方针,指出:"尼布潮、雅克萨、黑龙江上下及通此江之一河一溪,皆我所属之地,不可少弃于鄂罗斯",还要索还根忒尔木等 3 佐领及其他逃人,如果俄使不听从上述要求,索额图等即可回还,"不便与彼议和"。索额图一行于 7 月下旬到达克鲁伦河附近,为噶尔丹叛军所阻,无法继续北上,只好通报戈洛文处,会谈日期改在明年,地点另行商定。

同年 7 月间,戈洛文收到了沙皇的第三道密训。此时,俄国远征克里米亚彻底失败,国内又遭到贵族和商人的反对,危机四伏,派不出更多的军队与清朝一战,迫切希望早日与清朝达成边界协议。训令中指示戈洛文,如果清朝不愿在边境谈判,即授予罗吉诺夫(俄国外交事务衙门秘书)全权,直接到北京订立条约。同时拟定 4 个草案:(1)以黑龙江为界;(2)以雅克萨为界;(3)撤出雅克萨;(4)俄国撤出"达斡尔地方"(贝加尔湖以东地区)。即俄国不仅准备撤出雅克萨,而且考虑撤出尼布楚。

1689 年 3 月,罗吉诺夫带着 3 个条约草案到达北京,当他得知清朝准备第二次派使团到边境谈判时,对来北京订约一事秘而不谈,而提议以雅克萨或尼布楚作为谈判地点。清朝立即同意以尼布楚作为谈判地点。另一方面,清朝对谈判方针略有调整,决定部分满足俄国的领土要求,将尼布楚让给俄国。因为当时俄国与噶尔丹勾结的迹象越来越明显,担心双方进一步勾结,引起西部和北部更大的边患。康熙帝向索额图谕令道:"今以尼布潮为界,则鄂罗斯遣使贸易无栖托之所,势难相通。尔等初议时,仍当以尼布潮为界。彼使者若恳求尼布潮,可即以额尔古纳(河)为界。"以上所见,俄国准备撤出雅克萨,清朝准备于尼布楚让步,这是清俄"尼布楚条约"最终能够达成的基础。

索额图为首的清朝谈判使团于 1689 年 6 月离开北京,7 月底到达尼布楚。8 月 22 日,双方正式举行会议。第一天争论的焦点集中在雅克萨之战的责任及赔偿问题,戈洛文指责清朝"派兵侵犯沙皇陛下国界",首先挑起战争,要求"惩凶"、"赔偿"。对此,索额图义正严词地表示:"鄂嫩、尼布潮系我国所属毛明安诸部落旧址,雅克萨系我国虞人阿尔巴西等故居,后为[俄国]所窃据",并历数俄国入侵者蹂躏当地居民的罪行。紧接着俄方要求两国"以黑龙江至海为界",这遭到清朝拒绝,索额图要求俄国人退到色楞格河以西,并将尼布楚和雅克萨一带归还清朝。第一天的谈判无结果而散。

第二天,戈洛文稍做让步,提出以牛满河或精奇里江为界,并要求清朝赔偿俄国在雅克萨等地所受"损失"。索额图拒绝接受这一方案,但是为了防止谈判破裂适当做出让步,表示可以把尼布楚让给俄国,即在石勒喀河北岸两国以尼布楚为界,石勒喀河南岸以音果达河为界。俄方仍不满足,谈判不得进展。从两天来的谈判可以看出,双方争执的焦点主要在黑龙江流域,俄国不肯放弃物产丰富的黑龙江流域,而对于清朝来说,这里是满族人的故乡,王朝的发祥之地,一旦俄国占据黑龙江流域,就会危及清朝的东北边防。因此,清朝决定在贝加尔湖以东的尼布楚做出适当让步,但是,俄方拒不买账。

从8月24日起直到9月7日《尼布楚条约》正式签订之前,双方代表再也没有见面。不过谈判并没有就此止步,双方主要通过译员进行反复交涉。25日,清朝提出以尼布楚和鄂嫩河为界,戈洛文不接受。清朝做出让步,提议两国在石勒喀河北岸以绰尔纳河为界,其东属清朝,其西属俄国。戈洛文仍不满足,拒不"让出"绰尔纳河以东七日程的雅克萨。清朝译员传教士徐日升和张诚密告俄国人,清朝使臣已奉到谕旨,决不会将雅克萨让给俄国。26日,索额图再做让步,提议以流入石勒喀河的格尔必齐河为界,遭到俄方拒绝,戈洛文坚持以精奇里江为界。同日,清朝又提议同时划分喀尔喀与西伯利亚接壤地区的清俄中段边界,戈洛文加以拒绝,其意图十分明显,为俄国将来继续蚕食这一地区做准备。

此时,尼布楚附近布里亚特和温科特等族居民不堪忍受沙俄的压迫纷纷起义,各族群众越聚越多,达到六七千人。这种局面是俄方代表始料不及的,为了避免俄国在贝加尔湖以东地区的殖民利益顷刻间崩溃,俄方代表不得不做出让步。9月2日,戈洛文派代表前往清朝使臣驻地,同意拆毁雅克萨城,俄军撤走雅克萨。但俄方仍试图保存雅克萨地区的渔猎权,并提议清俄双方均不得在雅克萨地区至格尔必齐河建立居民点和堡寨,此二者遭到清朝代表拒绝。最后双方在乌第河地区划分问题上发生争执,但终究达成妥协,决定这一地区暂不定界。

9月7日,清俄《尼布楚条约》正式订立。从条约内容看,清俄东段边界的划分是最重要的。规定:(1)清俄双方以格尔必齐河、额尔古纳河、石大兴安岭(外兴安岭)至海为界;界于外兴安岭与乌第河之间的地区暂时不议。(2)额尔古纳河南岸的俄国据点尽行迁入北岸;俄人在雅克萨所建城障尽行除毁,俄民居此者,尽数迁入俄境。(3)"两国猎户人等,不论因何事故,不得擅越已定边界。""擅自越界者,立即械系,遣送各该国境内官吏,审知案情,当即依法处罚。""既不以少数人民犯禁而备战,更不以是而至流血。"表明该条约是一个和平条约。此外,条约还规定了有关贸易方面的内容:"自和约已定之日起,凡两国人民持有护照者,俱得过界来往,并许其贸易互市。"

清俄《尼布楚条约》是双方在平等基础上签订的条约,为两国和平相处,保持边界稳定奠定基础。条约明确规定清俄双方以格尔必齐河、额尔古纳河、外兴安岭至海为界,从而保证了清朝在黑龙江流域的领土完整,制止了俄国向黑龙江流域扩张的步伐。俄国方面,在撤走黑龙江流域雅克萨及额尔古纳河南岸据点的同时,将贝加尔湖以东包括尼布楚在内的地方纳入其版图,同时得到了在边界与清朝贸易、互市的经济利益。《尼布楚条约》签订以后150余年间,清朝与俄国东段边界保持相对稳定,双方没有发生大的武力冲突。

38.3 俄国向蒙古地区渗透、扩张和蚕食领土

17世纪初,俄国吞并西伯利亚汗国不久,就将扩张的矛头对准广袤无垠的蒙古大草原,首当其冲的是漠北喀尔喀蒙古和漠西卫拉特蒙古。当时,喀尔喀蒙古分为土谢图汗、扎萨克汗、车臣汗等三部,卫拉特蒙古分为土尔扈特、和硕特、准噶尔和杜尔伯特四部,号四卫拉特。俄国企图通过策动蒙古王公、台吉向沙皇"称臣纳贡",迫使其归附俄国。

1607 年,俄国使者来到卫拉特蒙古杜尔伯特部和土尔扈特部属地,诱劝蒙古领主臣服沙皇,"转入俄国国籍",台吉们不为所动,拒绝了俄使的无理要求。第二年,俄国托木斯克统领派人前往喀尔喀蒙古札萨克图汗部所属和托辉特部首领硕垒乌巴什驻地,提出同样的要求,遭到拒绝。

17 世纪初年,和托辉特部较强盛,在周围各部中影响较大。俄国企图拉拢其首领硕垒乌巴什珲台吉,利用他的势力征服蒙古各部。1616 年,沙皇授意托波尔斯克总督派人带上大批礼物来到和托辉特部进行拉拢活动,要求硕垒乌巴什连同属民接受沙皇"最高统治",遭到拒绝。此后,直到 1638 年,俄国又多次策动硕垒乌巴什及其子俄木布额尔德尼归附俄国,均遭失败。

俄国殖民者还窥探到卫拉特各台吉与硕垒乌巴什之间的矛盾,以保护者的面目出现,企图诱使卫拉特蒙古归附俄国。1609 年 3 月,俄国使者再次到土尔扈特部的驻牧地,要求诸台吉宣誓效忠沙皇,经常纳贡,并缔结保护条约。卫拉特诸台吉集议,一致拒绝了这个要求。俄使还向各台吉许诺,如果他们表示臣服,俄国就准许卫拉特人沿额尔齐斯河和鄂木河游牧。台吉们严正回答,这些地方本来就是卫拉特人的牧地,他们想在哪里游牧,就在哪里游牧。与此同时,西伯利亚殖民当局不但派出小股兵力,蚕食额尔齐斯河中游一带的卫拉特牧地,还侵占附近盐湖,劫掠和杀害卫拉特牧民。从 1635 年到 1653 年,俄国曾17 次派人到新兴的卫拉特准噶尔各部活动,以礼物拉拢和诱骗巴图尔珲台吉归顺俄国,效忠沙皇。巴图尔去世后,继续拉拢其子僧格,但始终没有得逞。

由于卫拉特各部的抵制,俄国南下扩张路途受阻,从而将矛头转向北部喀尔喀蒙古和黑龙江流域。从 17 世纪 40 年代以后,俄国向喀尔喀蒙古所属的贝加尔湖以东地区扩张,先后建立了色楞格斯克(1666)、伊尔库次克等殖民据点。俄国还向土谢图汗、车臣汗部派使诱迫其加入"俄国国籍",遭到两汗的坚决抵制。1672 年,土谢图汗和其弟哲布尊丹巴呼图克图派人到莫斯科,要求俄军撤出色楞格斯克,只要俄国停止扩张,就愿意与之和睦相处、友好往来,否则将起来抵抗。

其间,卫拉特蒙古准噶尔部的噶尔丹势力逐渐强大起来。噶尔丹是巴图尔的第六子,从小在西藏学习喇嘛教,1670年末僧格珲台吉被杀,噶尔丹返回准噶尔,声称为他哥哥僧格报仇,很快掌握准噶尔部的统治权。他企图借助俄国势力,吞并天山以南地区、青海和喀尔喀蒙古,建立一个以准噶尔为中心的帝国。从70年代初开始,噶尔丹与俄国往来密切。1671年夏,噶尔丹致函俄国克拉斯诺雅尔斯克统领,表示同意俄国向巴拉巴草原等地的准噶尔属民征收贡税。1672年,他又以护送出使清朝的俄使回国为由,派使臣去莫斯科,向俄国表示亲善。沙皇政府立即响应,指示西伯利亚当局向准噶尔部派出友好使团,下令今后如噶尔丹派人来俄,不得阻挠。同时决定今后如有准噶尔部牧民逃入俄境,应立即交还噶尔丹,并宣布准噶尔部领主可以使用西伯利亚南部草原上的牧场。从此,俄国和噶尔丹往来日益频繁,双方使者不绝于路。

噶尔丹吞并天山南路后,趁喀尔喀蒙古两部扎萨克图汗部和土谢图汗部之间的内讧,大举进攻土谢图汗部,喀尔喀蒙古不敌,部民皆溃散。此时,俄国仍试图诱逼喀尔喀部上层归附沙皇,但遭到以哲布尊丹巴呼图克图为首的蒙古王公的抵制,他们率领部民纷纷南投清朝。俄国殖民者见诱逼不成,便用武力进攻。1688年初,正当清政府从雅克萨主动撤军,准备同俄国举行边界谈判的时候,沙皇政府派出的全权代表戈洛文突然出动军队,向喀尔喀部猛烈进攻。与此同时,噶尔丹引兵3万由杭爱山大举进攻喀尔喀部,结果使喀尔喀军民腹背受敌,受到重创。俄国与噶尔丹势力联合南下,也给清政府造成巨大的军事压力,康熙帝之所以在清俄边界谈判前夕决定将尼布楚让给俄国,同喀尔喀地区这种严峻形势有很大关系。

1689年清俄《尼布楚条约》签订,俄国向黑龙江流域的南下势头被稳住,清朝集中武力攻打噶尔丹。1690、1696、1697年,康熙帝3次亲征;1696年昭莫多一战,清军取得了决定性胜利,基本上歼灭了噶尔丹的叛军力量。噶尔丹残部大多逃走,只剩下五六百人,食尽粮绝,"每日杀马而食",而俄国对噶尔丹已不感兴趣,噶尔丹欲北赴俄国,但俄国拒不受,在走投无路的情况下,噶尔丹最后暴死于科布多地区。

噶尔丹叛乱虽然被清朝平定下来,但是,俄国对喀尔喀蒙古地区的扩张步伐并没有停顿下来。俄国改变策略,由妄图一举鲸吞,变为逐步蚕食,建立了许多岗哨和堡寨。在哲得河流域,建立了泽勒图勒岗哨和博沁岗哨,并在该河流域若干地段,进行屯垦。在色楞格河的查干乌松河口建立了岗哨。在恰克图及其东面楚库河支流库达喇河口建立了岗哨。用同样的方法,俄国在音果达和鄂嫩河之间的整个地区,建立了事实上的统治。这种事实上的占领,成为以后清俄中段边界线的基本走向。

为了扼制俄国势力南下侵蚀蒙古领地,清朝必须及早与俄国确定两国中段边界。在清俄签订《尼布楚条约》时,清朝代表索额图就曾提出这一要求,却被图谋占领喀尔喀蒙古地区的俄使拒绝。《尼布楚条约》签订后,康熙帝又多次向前来北京的俄使转达这一愿望,但是,俄使故意拖延。在这种情况下,清朝牵制俄国的最好办法是中断俄国对华贸易。当时,俄国对华贸易的需求非常旺盛,清朝一方面允许俄商和俄政府来华贸易,使其尝到丰厚利润带来的甜头,另一方面不时地中断贸易,迫使俄政府最终回到谈判桌上,不得不就两国中段边界进行谈判。

38.4　俄国
对华皮货贸易与使团出使北京

《尼布楚条约》签订后,俄国对华贸易进入新阶段。从当年11月开始俄国政府忙着发给俄商来华贸易的证书直到1697年是对华贸易的第一阶段,以私商贸易为主,主要输出品是皮货,输入品是清朝的丝绸及其他布匹。俄商入华路线为尼布楚→额尔古纳堡→嫩江→张家口→北京。到1697年,俄国对华输出皮货等的总值已超过24万卢布,比俄国对整个中亚贸易的总值还大,利润率最高的年份达48%。

·欧·亚·历·史·文·化·文·库·

沙俄政府看到对华皮货贸易有利可图,急欲开拓清朝市场,以便充实国库,解决对外扩张时的资金缺口。1692 年 3 月,沙皇彼得一世派荷兰大商人义杰斯使华,令其查明清朝市场对俄货的需求和清政府对清俄贸易的态度。沙皇明白清朝始终关注两国在蒙古地区的中段边界,故训令义杰斯对此要借故推托。第二年 11 月,义杰斯到达北京以后,康熙帝亲自接见俄国使节,并允许随使俄国商队在北京贸易。1694 年 2 月至 3 月间,理藩院官员两次接见义杰斯,就有关事项进行谈判。清政府仍十分关注中段边界划定问题,敦促俄方迅速来函定期择地会商划定该段国界。关于清朝与俄国的贸易,理藩院虽未涉及,但是清政府在 1693 年已宣布一项规定:"准俄罗斯国贸易,人不得超过 200 名,隔 3 年来京 1 次,在路自备马驼盘费,一应货物不令纳税,犯禁之物不准交易,到京时安置俄罗斯馆,不支廪给,定限 80 日起程"回国,这项规定实际上是将"尼布楚条约"的贸易条款具体化。义杰斯一行于 1695 年 2 月返抵莫斯科。

义杰斯使华后,俄国对华贸易进入了又一个新阶段。从 1698 年起,沙俄政府开始派国家商队前往北京贸易,还允许私商加入。清政府虽然规定商队人数不得超过 200 人,且 3 年来京 1 次,但俄方并不遵守。1698 年至 1718 年的 20 年间,俄国来华商队达 10 次,每次人数往往超过 200 人,最多时超过 800 人。从 1705 年起,商队入华路线改走距离较近的蒙古→张家口→北京商路。从对华皮货贸易中,不论俄国政府或私商都获得了巨额利润,往往获利翻一番,高的达五六倍。据不完全统计,俄国商队运来清朝的皮货总值,1716 年比 1698 年增长 7 倍多,可见获利总额相当惊人。又如,1706 年北京和西伯利亚的皮货差价,北京的黑貂皮价格是西伯利亚的 3 倍,松鼠皮 5 倍到 7 倍半,红狐皮 3 又 1/3 到 6 倍。俄国对华皮货贸易,不但充实了其国库,而且成为"俄国资本原始积累的一个来源"。

由于俄国大量倾销毛皮,北京市场皮货供过于求,大量过剩。1717年 8 月,理藩院致信俄国西伯利亚总督加加林时指出:"查我国京城商贾云集,毛皮堆积如山,作坊充斥,毛皮实属滞销","若尔等来货频仍,我国商人既不能将已有之货售出,又如何能购买尔等之货物?"清政府之所以一再容忍俄商入华贸易,目的是安抚俄国使其停止入侵和蚕食蒙古土地,但是,事实证明沙俄并没有停止向蒙古的渗透。同年10月,理藩院致函加加林,"嗣后数年勿再派遣俄商来京",在此期间可于边界地方贸易。

俄商不能到北京来,对于清朝无大关碍,但是,对于急欲推销毛皮,打开清朝市场,充实国库的俄国来说,却是大事。1719年7月,沙皇彼得一世派禁卫军上尉伊兹玛依洛夫为特使携带国书前往清朝,其主要使命在贸易方面,要求增加商队来华次数,达到一年一次,俄商在华逗留时间不受限制,俄国人在清朝全境自由经商,俄商免纳进出口等税,即授权伊兹玛依洛夫同清朝缔结"自由通商条约"。另外,还指示其在北京设立领事馆,在各省设置副领事,取得领事裁判权。同时,在军事方面,令其注意刺探清朝的部队人数、武器和设防情况等。

伊兹玛依洛夫一行于1720年11月到达北京,清政府仍礼遇之,康熙帝曾召见10余次,表示清朝的和平愿望:"朕始终欲与贵国皇帝陛下保持巩固之和平,且我两国岂有必争之理乎?……两国皆有许多土地,战争究于两国有何利益?"同时指出,清俄两国在蒙古方面的边界至今未曾划定,清朝曾为此给俄国写过许多信件,但都没有得到答复。对此,伊兹玛依洛夫借口推托,指出:"沙皇陛下可能不知道这件事",他回国后将向沙皇报告。

从1720年11月至1721年3月,双方又进行了多次谈判,清朝允许使团秘书郎克留下,以俄国代理人名义暂留北京;俄国商队今后须持有清朝官员与伊兹玛依洛夫共同盖章的证书,否则不许入境;有关缔结清朝与俄国通商条约的问题,清朝一方指出,在划分清朝与俄国的蒙古边界和交还越境边民问题获得合理解决之前,清朝不能考虑缔结此项条约。即清朝在允许俄商有条件地贸易的同时,仍希望俄方尽快就清俄在蒙古地区中段边界问题进行磋商。伊兹玛依洛夫此行的使命并未达到,他不得不于1721年3月离开北京回国。

此间,俄国继续向清朝西北地区渗透、扩张,继支持噶尔丹失败之后,又诱迫准部另一首领策旺阿拉布坦"臣服"俄国。消息传到北京后,清政府采取断然措施,于1722年4月,宣布驱逐库伦(乌兰巴托)俄商,暂停清俄贸易。随后又通知郎克,在清俄两国边界问题和越境边民问题妥善解决以前,郎克等人不得继续在清朝居留。7月,清政府命郎克和俄国商队离开北京。

清朝所采取的强硬措施最终起了作用,俄国不得不正视清朝的要求,以免使俄国对华贸易受到更大的影响。加之,俄国同瑞典、波斯连年作战,兵力和财力消耗很大,无力再与清朝在边境搞军事冒险。同时,清朝在平定准部噶尔丹叛乱后,进一步加强了对蒙古的控制和边防。沙皇彼得一世准备接受清朝的边界谈判建议,不料,他于1725年1月去世,他的妻子叶卡捷琳娜一世继位。女皇根据彼得一世生前的意图,决定借庆祝雍正帝登基和宣布她本人即位的名义,派使到清朝谈判,这就是1725年10月萨瓦伯爵的使华。

38.5 清俄签订《布连斯奇条约》、《恰克图条约》

萨瓦使团除了秘书、主持边界测绘的宫廷内侍、帝俄科学院测绘员及东正教士等正式工作人员120人以外,还有卫队1500名,借以向清朝示威,促使谈判朝有利于俄国的方向发展。使团一行于1725年10月从圣彼得堡启行,于次年4月到达伊尔库次克,之后,他们在此进行了一系列边界勘测和绘制地图工作,直到1726年9月萨瓦离开这里向北京进发前,主持了一系列边界勘查和绘制地图工作。清政府接到俄国派使前来的通知后,于1726年4月派遣皇舅隆科多和散秩大臣四格前往边境迎接俄国使臣。同年9月,萨瓦离开伊尔库次克到达离恰克图10俄里的布尔河,与隆科多、四格相晤。由于萨瓦使团肩负着祝贺新皇帝登基的使命,因此,9月中旬,萨瓦由四格陪同动身前往北京,隆科多则留在边境等待俄国使团回来商谈划界问题。

萨瓦于1726年11月至第二年5月在北京期间,与清朝代表吏部尚书察毕那、理藩院尚书特古忒、兵部侍郎图理琛3人会谈30余次，先后提出条约草案20个。双方争论不休，相持不下。俄方关注点包括：恢复清朝与俄国的贸易，缔结通商条约；在清朝自由传教及在北京修建东正教堂；拒不归还逃入俄界的清朝边民。俄方表示在以上问题达成协议前，不能考虑划界问题。清朝代表则主张：俄方必须首先归还沙俄窝藏的清朝越境边民和划定两国边界，然后再商谈贸易和其他事项。

最后双方各自让步达成了妥协，1727年4月，约定暂不在北京签订条约，但就原则问题达成初步协议10条，主要包括：(1)乌第河地区未定界问题，日后另行议定；(2)蒙古地区北部边境的清俄国界由两国代表在边境商谈划定；(3)清朝允许俄国商队每隔3年自费来北京贸易一次，商队人数限200人；(4)在两国边境设立两个贸易点；(5)清朝允许俄国派遣东正教教士3名来北京，并拨给地基供俄国人建造一所教堂；(6)今后两国越境边民应按《尼布楚条约》的规定互相引渡；(7)两国应接待对方派来的外交代表，不予阻难，清朝理藩院和俄国枢密院为两国互换文书的机关。表明两国在遵守《尼布楚条约》有关东部边界及越境边民问题上的规定的同时，俄方得到恢复清俄贸易及在北京建立教堂等许诺，清朝则得到俄方在蒙古地区划定边界的许诺。

1727年8月31日，清俄双方在布尔河畔签订界约，称《布连斯奇条约》。条约有满、蒙、俄、拉丁4种文本。俄方签字者为萨瓦和格拉仁诺甫，清朝为策凌、四格、图理琛（隆科多已被招回）。《布连斯奇条约》规定了清俄中段边界：以恰克图和鄂尔怀图山之间的第一个鄂博为起点，由此向东至额尔古纳河，向西至沙毕纳伊岭（即沙宾达巴哈），北部归俄国，南部归清朝。

《布连斯奇条约》签订后，清俄双方即派出界务官，分组前往恰克图以东和以西，划定地段，勘分国界，设立界标，订立界约。勘界结果，双方分别订立清俄《阿巴哈依图界约》《色楞额界约》，在东面设置了63个界标，在西面设置了24个界标。紧接着，清俄双方根据4月在北京达成的协议和8月签订的《布连斯奇条约》，于1728年6月25日在恰克图签订了有关的总条约，这就是《恰克图条约》。

525

　　《恰克图条约》共 10 款,主要内容包括:(1)边界方面:确认了《布连斯奇条约》规定的清俄边界,双方互换边界地图和关于边界地形的说明。条约还重申《尼布楚条约》有关"乌第河及该处其他河流既不能议,仍保留原状"的规定,双方均不得占据这一地区。(2)贸易方面:规定俄商来北京"人数仍照原定,不得超过 200 人,每间 3 年去北京一次"。贸易"均不取税";除俄国国家商队来北京通商外,"在两国交界处进行零星贸易者,可在尼布楚和色楞格之恰克图选择适当地点建盖房屋",作为贸易市场。(3)宗教方面:清朝协助在北京俄罗斯馆建造东正教堂,除原住北京的东正教士 1 人外,准许教士 3 人来京。此外,接受 6 名俄国学生来京学习满、汉文。(4)越界逃民问题:规定前越界者不再归还,嗣后之逃犯,两边皆应严行查拿,各自送交边界官员。

　　《布连斯奇条约》、《恰克图条约》与《尼布楚条约》一样,是清俄两大国在对等基础上订立的平等条约。条约确定清俄两国的中段边界及政治、贸易、宗教等方面相互关系的准则,对两国关系的进一步发展起了促进作用,特别是在贸易方面的相互交往尤为显著。《恰克图条约》签订后,清俄恰克图边境贸易规模迅速扩大,出现边境贸易繁荣景象。1792 年,双方又签订《恰克图市约》。《布连斯奇条约》和《恰克图条约》正式规定了清俄中段边界。由于两国的实力大体相当,沙俄不能为所欲为,因而条约对沙俄进一步侵吞蒙古土地的野心起到遏制作用,阻止了沙俄从蒙古地区南下扩张的企图。此后一百多年间,清俄中段边界相对平安。

39　清朝平定阿古柏之乱及
　　　与俄国划定西部边界

19 世纪 20 年代,清朝在新疆的统治危机开始浮现。首先是浩罕的崛起及其支持下的和卓后裔对新疆发起的进攻,其次是俄国对清朝西北边疆地区的蚕食及英俄两国在新疆的角逐,最后是新疆的回民起义与浩罕军官阿古柏(Yakoob)的入侵,最终使清朝的势力暂时撤出了新疆。19 世纪 70 年代,清朝重新收复新疆,并于 1884 年在新疆建省,巩固了对新疆的统治。

39.1　浩罕支持下的和卓后裔
　　　　　进攻新疆

19 世纪初,中亚的浩罕汗国逐步崛起,成为继准噶尔之后中亚又一股强大势力。在爱玛尔及其子玛达里统治时期,浩罕汗国达到极盛,脱离了与清朝的藩属关系,成为中亚一个大的独立国家。

浩罕位于东西方交通的要道,是中亚各地与清朝进行贸易的必经之地,收取货物过境税是其重要收入来源。浩罕不仅垄断过境贸易,还向清朝提出增设税官的要求,遭到拒绝后,浩罕统治者开始支持流亡浩罕的大小和卓后裔的叛乱活动,以给清政府施加压力。

大小和卓博罗尼都和霍集占为巴达克山首领素勒坦沙杀害时,博罗尼都之子萨木萨克只有 5 岁。一直流亡中亚各地,他成年后曾派遣亲信与喀什噶尔伯克暗中建立联系,图谋复辟,但被清军查获,未能得逞。萨木萨克有子 3 人:长子迈玛特玉素甫,次子张格尔,三子巴布顶。

·欧·亚·历·史·文·化·文·库·

　　浩罕支持下的和卓后裔对新疆的进攻,首先开始于张格尔。1820年,张格尔率300余人潜入新疆边界,进犯喀什噶尔,清朝的喀什噶尔领队大臣色普征额进行剿讨,张格尔部下大部分被擒杀,张格尔率残众逃回浩罕。1824年,张格尔再次率数百人自阿赖岭入新疆边境,欲进攻喀什噶尔,但在清军的打击下,他再次逃走,到达布鲁特人部落中,召集人马,俟机再起。前往追击的清军帮办大臣巴彦巴图屠杀了许多布鲁特人,引起布鲁特人的愤恨,与张格尔部联合打击,清军全军覆没。1826年,张格尔第三次入侵新疆边境,不仅拜谒了其先祖陵墓,还煽动裹胁了1万多维吾尔人,分路围攻喀什噶尔和叶尔羌。为了赶在清朝援军到来之前夺取天山南路西四城(喀什噶尔、叶尔羌、英吉沙尔、和田),张格尔求助于浩罕,约定在破城后将喀什噶尔割给浩罕。浩罕统治者玛达里汗遂亲自率军赶到,双方联合起来先后攻陷西四城,清朝在天山南路的统治遭到了极大威胁。不过,很快张格尔与浩罕之间就因利益冲突发生龃龉,浩罕军队撤走,清朝则调遣3万大军,以伊犁将军长龄为统帅,前往征讨张格尔。清军首先击退进犯乌什、阿克苏的张格尔军,随后进军喀什噶尔。1827年,清军先后收复喀什噶尔等西四城,张格尔逃亡至阿赖岭等处。1828年,张格尔乘清边境军队疏于防范,第四次进犯清朝卡伦之内的地方,并煽动维吾尔人叛清。清朝将领杨芳率军追捕,张格尔逃奔喀尔铁盖山,被清军包围活捉,解送京师处死。

　　张格尔对新疆的进犯标志着清朝统一天山南北路后长达60余年的和平局面被打破。从此,直至19世纪70年代,新疆几乎一直处于动荡不安之中,清政府在新疆的统治面临着严重的危机。鉴于浩罕支持·并参与了张格尔对新疆的进犯,清政府在那彦成的建议下对浩罕采取了严厉的制裁措施,断绝了与浩罕的通商关系,禁止茶叶、大黄等浩罕极为依赖的商品出口,并驱逐了新疆境内的浩罕商人,没收其财产。这些措施严重影响到了浩罕的经济发展,浩罕与清朝的关系更加恶化。

　　1830年,浩罕统治者玛达尔汗请来了在布哈拉当阿訇的张格尔之兄玉素甫,以其为名义上的指挥,带领浩罕军队进攻喀什噶尔。面对浩罕的军事行动,毫无防备的清军最初阻击失利,喀什噶尔、叶尔羌和英吉沙尔三城均被浩罕军队围困,三城清朝军民坚守城池,等待伊犁、乌鲁木齐的清军救援。援军到达后,三城之围被解,浩罕军队败走,途中将当地百姓1万2千余口掳掠至浩罕。

对于浩罕及浩罕支持下的和卓后裔发动的对新疆的入侵,国力已趋衰落的清朝深感劳师糜饷,应付不暇,因而决定改变此前那彦成对浩罕的政策。在浩罕保证不再支持和卓后裔的前提下,清朝对浩罕做出了很大的妥协让步,不仅恢复与浩罕的通商关系、免除浩罕商人的贸易税,还发还以前没收的浩罕商人的财物,同意浩罕在天山南路设立商目,并默认了这些商目对前来喀什噶尔贸易的中亚商人征收税收,甚至答应赦免张格尔余党。这样,清朝与浩罕的关系得到一定程度的改善,暂时平息了天山南路西四城的动乱。

但是,清朝的这种妥协退让政策所造成的后果也是极为严重的。和卓后裔,如玉素甫之子卡塔条勒、巴布顶之子倭里罕、张格尔之子布素鲁克及其外甥铁完库里等,依然在浩罕进行着复辟的准备,伺机卷土重来。1847年夏,以卡塔条勒和倭里罕为首的七和卓带兵从浩罕侵入清朝边界,煽动维吾尔人叛清。他们在当地浩罕商人的配合下攻占了喀什噶尔回城,并围攻了叶尔羌、英吉沙尔。在清朝援军自伊犁和关内两路到来之后,七和卓裹胁近4万当地百姓逃回浩罕。1852~1857年,又先后爆发了铁完库里、玉散霍卓依善和倭里罕发动的对清朝边界的骚扰,尤其是1857年,倭里罕联合喀什噶尔宗教头目密尔爱玛提攻下喀什噶尔、英吉沙尔回城,并包围两地汉城,分兵攻打叶尔羌、和田及通往阿克苏的重镇巴尔楚克,天山南路形势极为危险。清朝驻守伊犁、乌鲁木齐的军队前来救援,倭里罕军队溃败,2人裹胁1万5千余口维吾尔人逃回浩罕。

清朝尽管平定了和卓后裔及浩罕对新疆的进攻,但是先后发生的这些事件凸显清朝国势的衰落已经对其边疆控制造成了极大的影响,危机日益突出。19世纪60年代,新疆先后遭受回民起义与阿古柏入侵的打击,清朝对新疆的主权严重受损。

39.2 阿古柏入侵新疆

19 世纪中叶,社会矛盾与边疆危机的双重影响使清朝陷入一片混乱,太平天国运动、捻军起义以及云南回民起义的爆发给清朝造成极大的威胁。受此影响,陕甘回民也于 1862 年起事,推翻了当地清政府的统治。陕甘回民起义的风波很快波及新疆,1864 年,库车人首先发动起义,夺取了库车城。消息传至乌鲁木齐,当地清军前往救援,陕西回民教首妥德璘遂趁乌鲁木齐驻防空虚之际,与当地绿营将领索焕章带领乌鲁木齐回民起事,占领乌鲁木齐。随后天山南北两路相继战乱,各地逐步为当地封建头目和宗教上层人士割据,互不统属。当时新疆的主要割据政权有库车的热西丁"汗和卓"政权(其控制范围西起乌什、阿克苏,东至吐鲁番、鲁克沁)、乌鲁木齐妥德璘"清真王"政权(势力最盛时曾割据木垒至沙湾一带,并扩展至吐鲁番地区)、伊犁"苏丹"政权(控制整个伊犁河谷)、和田哈比布拉"帕夏"政权,喀什噶尔则被回民金相印联合布鲁特首领思的克攻陷后控制。而且,这些割据政权之间经常互相争夺、攻战,使新疆进入了一个乱世时代。这种形势很快为外部势力所趁。不久,浩罕汗国军官阿古柏入侵新疆,逐渐侵占了整个天山南路以及天山北路的部分地区,加之俄国于 1871 年占领了伊犁,自此,除了新疆东部、北部的部分地方外,清朝失去对新疆的控制。

阿古柏对新疆的入侵其实与浩罕自身的混乱局面也有关系。其时,浩罕出现内乱,迈里汗与胡达雅尔汗兄弟为汗位而展开争夺,最终迈里汗因得到浩罕军队首领艾米尔的支持而获胜,把持朝政,胡达雅尔汗失败后则投奔布哈拉汗国。浩罕的内讧给正处于扩张中的俄国以可乘之机,俄国大举侵入浩罕,浩罕军队节节败退,势力大为削弱。胡达雅尔汗乘隙又图谋夺回政权,内忧外患之下的浩罕处境十分艰难。因此,新疆的动荡局面立即引起了浩罕艾米尔的注意,决定派遣阿古柏前往喀什噶尔。而一些喀什噶尔的伯克和阿訇也向浩罕提出了邀请,请求浩罕出兵驱逐当时割据喀什噶尔城并赶走喀什噶尔白山派的首领、布鲁特首领思的克。思的克为了保住统治地位,派金相印前往浩罕请隐匿于浩罕的张格尔之子布素鲁克和卓到喀什噶尔,此举正中浩罕艾米尔之意,他召见了布素鲁克,并任命他为喀什噶尔汗。

1865年,阿古柏与布素鲁克由金相印带路,带领一队人马入侵喀什噶尔,布素鲁克被拥立为汗,而阿古柏借助布素鲁克的名义在当地聚集起了一支几千人的军队。此后,不甘心权力被夺的思的克在阿古柏的军事打击下流亡塔什干,势力逐步得到加强的阿古柏开始以喀什噶尔为基地发动对其他城市的进攻。

1865年4月,阿古柏的队伍首先攻陷了英吉沙尔城。随后,在阿古柏军队的围攻下,驻守喀什噶尔汉城的清军绿英守备何步云降敌,喀什噶尔汉城落入阿古柏之手。同年秋,一伙在塔什干败于俄军、又受到复位后的胡达雅尔汗追击的浩罕军队7000余人投靠阿古柏,流亡浩罕的博罗尼都后裔倭里罕和卓、迈买的明和卓等亦在其中,他们的加入增强了阿古柏的势力。而此时浩罕艾米尔的死以及胡达雅尔汗的复位都宣示了阿古柏已经无路可走,只能留守天山南路,扩充势力。

阿古柏的军队在叶尔羌遇到了极大的阻碍,他先后两次发动对叶尔羌的进攻,却在当地人与库车联军的打击下遭到惨败,这导致其内部开始分裂,一部分人拥护布素鲁克在喀什噶尔自立为汗,阿古柏遂迅速返回喀什噶尔,经过41天的攻城,镇压内乱,处死倭里罕,并将布素鲁克软禁于英吉沙尔,剪除了异己势力,巩固了自己的地位。1866年,阿古柏军队攻陷玛喇尔巴什,随后在对叶尔羌的第三次进攻中,通过联军的内应终于占领了叶尔羌。同年12月,阿古柏以布素鲁克的名义、通过宗教欺诈的手段诈取了哈比布拉割据的和田城,哈比布拉被囚禁于叶尔羌城,和田城遭到了阿古柏军队的大屠杀,约有5万多人惨遭屠戮。至此,天山南路西四城全部为阿古柏占领。1867年,阿古柏又击败了库车热西丁的部队,先后攻陷了乌什、库车和阿克苏。1867年年底,阿古柏宣布建立"哲德沙尔汗国"(意为七城之国),自称"巴达乌勒特汗"(意为"洪福之王")。随后,阿古柏将软禁中的布素鲁克以赴麦加朝拜的名义逐出新疆,布素鲁克流亡安集延。自此,和卓家族退

·欧·亚·历·史·文·化·文·库·

出了历史舞台。

1870 年,阿古柏继续东进,发动了对吐鲁番的进攻。此时的吐鲁番和乌鲁木齐为绥德璘所割据,在阿古柏军队的进攻下,吐鲁番守将叛变,吐鲁番落入阿古柏之手。11 月,阿古柏进攻乌鲁木齐,妥德邻投降,献乌鲁木齐于阿古柏。阿古柏还企图进军伊犁,鉴于俄国已经出兵,阿古柏被迫退兵。至此,阿古柏占领了新疆大半。

不过,在当时的中亚,阿古柏政权依然面临着极为严峻的形势。英俄在中亚的"大角逐"及其对新疆的渗透不能不为阿古柏所考虑,尤其是俄国的扩张之势对阿古柏政权形成了更大的军事压力,使得阿古柏政权从一开始就非常重视发展与英俄的关系。而英俄两国对于占据新疆大部的阿古柏也存觊觎之心,企图通过拉拢和控制阿古柏,实现向新疆扩张的目的,从而在双方的角逐中占得先机。

相对而言,阿古柏与英国的关系要比与俄国的关系发展更为顺利。1868 年,阿古柏派代表穆罕默德·那札尔(Mahomed Nazzar)前往英属印度,英属印度旁遮普当局接见了他。同年秋,英国商人罗伯特·肖(Robert Shaw)赴喀什噶尔,受到了阿古柏的接待。罗伯特·肖对喀什噶尔的访问对英国与阿古柏关系的发展起到了促进作用,不仅贸易关系,政治关系也有了迅速的发展。1869 年,英属印度当局接见了阿古柏的使者伊赫拉尔汗,并赠送给一批枪支弹药。同年,迈约(Mayor)出任英属印度总督,他极为重视发展同阿古柏的关系,希望能够将阿古柏控制的天山南路发展为英国控制下的、英属印度与俄国之间的一个缓冲地带,避免与俄国之间发生直接冲突。

俄国早在 1867 年曾向阿古柏提出修筑一座横跨纳林河的桥梁和一条通过天山进入喀什噶尔的军用公路,企图借此将阿古柏置于俄国的控制之下,但遭到了阿古柏的断然拒绝,此后,双方一度在边界地区剑拔弩张,战争一触即发。不过,由于俄国在中亚征服地的统治面临着当地民族起义的压力,暂时搁置了对阿古柏的进攻计划,开始以发展商贸为突破口,以和平手段拉拢阿古柏。1871 年,俄国武装占领伊犁,借助军事压力,俄国加快了同阿古柏政权发展关系。1872 年,以考尔巴尔斯男爵(Baron Kaulbars)为首的俄国使团来到喀什噶尔,代表沙皇承认了阿古柏政权,这对急于获取外界承认的阿古柏政权而言无疑具有重要的意义。俄国的承认换取了与阿古柏签订的通商条约,俄国取得了在天山南路通商、建立货栈、商队过境、派驻商务专员等特权,并规定俄国货物在天山南路只缴纳2.5%的关税。条约签订后,阿古柏派其外甥赛义德·阿古柏(Seyyid Yakoob Khan)作为特使前往彼得堡拜见了沙皇,这标志着阿古柏政权与俄国的关系获得了极为迅速的发展。

对于阿古柏政权与俄国之间的这种关系,英国深感不安。由于担心阿古柏为俄国控制,从而影响到英国在天山南路的经济与政治利益,并进而使俄国获得经天山南路南下威胁印度的机会,英国立即加快发展与阿古柏政权的关系。而阿古柏其实也担心俄国的军事威胁,因此希望依靠英国的保护来避免俄国的控制。1873年,阿古柏派赛义德·阿古柏前往英属印度,与英国共商抗俄之策;他还访问了土耳其,承认土耳其对其有宗主权,土耳其苏丹封阿古柏为艾米尔,并对阿古柏进行了军事支援。同年,英属印度派遣曾于1870年访问过喀什噶尔的道格拉斯·福塞斯(Douglas Forsyth)爵士率领几百人组成的使团,再次前往喀什噶尔进行考察访问,福塞斯对喀什噶尔的第二次考察可谓1884年新疆建省前英国乃至整个西方世界对新疆进行的最大规模的一次。此次考察的主要目标就是拉拢阿古柏投靠英国,消除俄国对阿古柏政权的影响以及考尔巴尔斯与阿古柏签署之条约对英国造成的不利后果。福塞斯使团到达喀什噶尔后,立即代表英国政府承认了阿古柏政权,并向阿古柏转交了英国女王的亲笔信以及枪炮等礼物。1874年,在英国的拉拢利诱下,阿古柏与福塞斯签署了通商条约,根据条约,英国除了获得俄国在天山南路享有的所有特权外,还取得了向喀什噶尔派遣常驻外交代表、派遣享有领事裁判权的商务代理人以及在天山南路各地购买、出售或租用土地的特权。曾访问过喀什噶尔的罗伯特·肖成为英国首任驻喀什噶尔政治代表。阿古柏也通过条约换取了英国方面的军事支持,在英国军事装备的支援下,阿古柏政权的军事实力得到了加强。

此后,阿古柏政权改变了对俄态度,对于俄国希望设立领事的要求予以拒绝,于是,俄国准备对阿古柏政权进行军事打击,不过由于俄属浩罕爆发反俄起义,俄国的入侵计划只能搁浅。1876 年,俄国又派遣库罗帕特金(Kuropatkine)率领使团到喀什噶尔与阿古柏谈判,希望划定俄国与阿古柏政权的边界线,并刺探商业与军事情报。1877 年,库罗帕特金到达阿古柏所在地库尔勒,此时的阿古柏正面临着清朝的进军,因此完全同意了俄国的划界要求。但是,在清朝军队的军事攻势面前,一切都已无济于事。

39.3   俄国蚕食清朝西北边疆和占领伊犁

19 世纪前期,俄国逐步控制了哈萨克诸部,随后利用与清朝西北边界毗连的有利条件以及清朝国势的日益衰微,开始蚕食清朝西北边疆和进行扩张活动。1840 年,趁鸦片战争爆发之机,俄国派遣军队占领了巴尔喀什湖以东以南的清朝领土。1846 年,又越过爱古斯界河,深入清朝边境 700 余里,至哈喇塔拉河上游北部的科帕尔河,次年在当地筑成科帕尔堡垒。此后,俄国进一步武装占领伊犁、塔尔巴哈台边境地区。至 1860 年,俄军已基本占领伊犁、塔尔巴哈台常设卡伦以外边境地区。

在军事扩张之外,俄国还一直企图获得在塔尔巴哈台、伊犁和喀什噶尔三地的贸易权利,以改变此前与清朝的陆路贸易局限在恰克图一地的情况,但其要求遭到清朝的拒绝。1851 年,即位不久的咸丰帝在俄国的外交压力下,被迫同意了俄国的通商要求。8 月,清朝的伊犁将军奕山、塔尔巴哈台参赞大臣布彦泰与俄国代表科瓦列夫斯基(P. Kovalevsky)等签订了清俄《伊犁、塔尔巴哈台通商章程》,俄国取得了在伊犁、塔尔巴哈台两地的贸易免税权、设置领事权、建立贸易圈等权利。该条约的签订,标志着俄国进一步对新疆的渗透。

1860 年,第二次鸦片战争后,俄国迫使清朝签订了《北京条约》,不仅割占了黑龙江以北和乌苏里江以东100多万平方公里的清朝领土，而且还强行规定清俄西部边界的走向。条约第二条规定，"西疆尚在未定之交界，此后应顺山岭、大河之流，即现在中国常驻卡伦等处，及1728年，即雍正六年所立沙宾达巴哈之界碑末处起，往西直至斋桑淖尔湖，自此往西南，顺天山之特穆尔图淖尔，南至浩罕边界。"这一规定严重侵害了清朝的利益，为以后俄国强行割占巴尔喀什湖以东以南大片清朝领土提供了借口。

条约的第三条规定清俄西疆的划界、立碑等具体事项，由双方派遣代表在塔尔巴哈台城会商办理。会谈前，俄国军队越过特穆尔图淖尔、斋桑淖尔，武装占领了伊犁、塔尔巴哈台地区常设卡伦外的许多战略要地，并公然阻拦伊犁、塔尔巴哈台两地的清朝巡边部队，威胁动武。

1862年，双方代表在塔尔巴哈台召开会议。俄方全权代表为鄂木斯克军区司令部巴布科夫（I. F. Babkov）上校，清朝的谈判代表是乌里雅苏台将军明谊、塔尔巴哈台参赞大臣明绪。会谈历时两个多月，双方会晤10多次。巴布科夫坚持以俄方绘制的界图为准，将常设卡伦以外地区全部划归俄国，这种无理要求遭到了清朝谈判代表的坚决反对，谈判陷入僵局。俄方决定再次向清朝施加军事压力，于是单方面中止会谈，启程回国。1863年，俄国派遣军队侵入科布多、塔尔巴哈台、斋桑淖尔、伊犁地区。在俄国的武力威胁下，清朝不得不表示同意俄国的要求。1863年9月，俄国代表巴布科夫、札哈罗夫（I. I. Zaharov）再次来到塔尔巴哈台，与明谊展开会谈。由于明谊尚未接到清政府的命令，没有答应俄方提出的谈判要求，巴布科夫再次中断谈判回国。随后，俄军再次侵入清朝卡伦，并派兵强占伊犁西北的夏博罗胡吉尔卡伦及卡伦内的一些地方，伊犁岌岌可危。当时，天山南北战乱不断，明谊不得不根据清政府指示，重新与俄国谈判。1864年9月，巴布科夫与札哈罗夫第三次来到塔尔巴哈台，10月，强迫明谊等人签订清俄《勘分西北界约记》。

《勘分西北界约记》共10条，主要内容为：重新规定了自沙宾达巴哈至帕米尔的清俄两国边界线，把原属清朝所有的北起阿穆哈山脉，南达葱岭,西自爱古斯河、巴尔喀什湖、塔拉斯河,东迫塔尔巴哈台、伊犁的巴尔喀什湖以东以南44万多平方公里的土地及生活在这些土地上的6万多乌梁海、哈萨克、布鲁特部落居民划归俄国。

条约第六条还规定,自该约换约之日起过240天,两国派遣立界大臣前往阿鲁沁达兰、喀布塔盖两卡伦间会齐,按照议定界址,分途建立界牌。但是,由于新疆战乱频发,清朝已相继失去对天山南路、伊犁、塔尔巴哈台等地的实际控制,双方无法派员前往,立界牌工作无法如期举行。1869年,清朝同俄国对乌里雅苏台、科布多两地的边界进行了勘界立牌,俄国通过《乌里雅苏台界约》和《科布多界约》又割占了唐努乌梁海西北部阿穆哈河一带牧地及原属清朝的斋桑湖以北地区。1870年,俄国又单方面对清朝尚未收复的塔尔巴哈台布伦托海的清俄边界进行了勘界立牌,强迫清朝签署了《塔尔巴哈台界约》,割占了斋桑湖以东以南的土地。自此,在俄国的压力下,北起沙宾达巴哈,南至哈巴尔苏山口的清俄边界均已勘定,俄国通过勘界又攫取了清朝西北大片领土。

俄国的侵略扩张脚步并没有因此止住。19世纪60年代,阿古柏对新疆的入侵,给俄国提供了进一步向新疆扩张的机会。1867年俄国结束对中亚三汗国的武力征服后,在原浩罕汗国重镇塔什干设立土耳其斯坦总督,以此为基地,俄国进一步提出占领清朝新疆之塔尔巴哈台、伊犁、乌鲁木齐和喀什噶尔等地,肥沃的伊犁更使俄国垂涎三尺。

1868年,俄国军队进驻伊犁附近的博罗呼济尔、特克斯、春济等地,开始对伊犁的苏丹割据政权施加军事压力,要求苏丹同意俄国商人自由进出伊犁地区,交还从卡伦外逃入伊犁的哈萨克牧民,以及从伊犁收购和运输煤炭、木材、粮食等,但遭到苏丹政权的拒绝。1870年,由于担心正在北进的阿古柏军队进攻伊犁,俄国又派兵强占了沟通天山南北的咽喉要地穆素尔山口,修筑了通向伊犁的道路,并在边界线上集结军队,准备进攻伊犁。1871年,俄国兵分两路,一路从博罗胡吉尔出发进攻马札尔,一路由春济出发进攻克特缅,大举进攻伊犁。经过近两个月的军事打击,俄国最终迫使伊犁苏丹投降,俄军占领伊犁。以后 10 年间,伊犁划归俄国七河省管辖,由俄国军官进行管理。

39.4　清朝平定阿古柏之乱、收复新疆

对于阿古柏入侵新疆以及俄国军事占领伊犁地区等,清朝因为忙于镇压国内的陕甘回民起义,暂时无暇顾及。在国内局势逐渐平稳之后,进军新疆一事提上日程。1874 年,清政府授景廉为钦差大臣督办新疆军务,令其统帅各部共图收复新疆大业。然而,进军新疆的问题在清朝统治阶层中引起了不小的争论,反对进军新疆者呼声颇高,这是因为 1873 年日本发动对台湾的侵略,东南沿海的防务同样成为国人关注的焦点。一些人认为当时的清政府根本无法应付来自海疆与陆疆的双重威胁,况且他们觉得阿古柏政权有英、俄两国的支持,因而要求清政府撤回西进的清军,放弃新疆,移西征之军饷作东南海防之用。持这种观点的代表人物是当时的直隶总督李鸿章,一般称这些人为"海防派"。而以左宗棠、王文韶等人为代表的一派则认为俄国才是清朝最大的威胁,不收复新疆,必将影响到清朝的安危。他们认为阿古柏背后虽有英俄两大国的支持,但英俄两国互有矛盾,两国同阿古柏政权也有矛盾,平定阿古柏并非直接同英俄对抗,不一定会引起英俄两国用兵新疆,因而主张迅速出兵,收复新疆,一般称这一派为"塞防派"。最终,双方的争论以"塞防派"获得清帝支持而占上风。1875 年,左宗棠被授为钦差大臣督办新疆军务,金顺为帮办新疆军务,全力西征。

1876 年 4 月,左宗棠进抵肃州,5 月,湘军统帅刘锦棠率所部进抵济木萨,西征大军基本全部进入新疆,人数达五六万。清军的作战计划是先图天山北路,然后挥师南下天山南路。

获悉清军西征的消息后,阿古柏迅速自阿克苏赶到托克逊布防。此时,被清军击败的陕甘回民起义领袖白彦虎率部逃亡天山北路玛纳斯一带,阿古柏遂联合白彦虎共同抗击清军。他先后设置 3 道防线,妄图利用天山天险屏蔽天山南路。他以白彦虎的军事力量为抵抗清军的第一道防线,驻扎于古牧地,阻止清军进入乌鲁木齐;又在天山隘口

达坂城、胜金口一带布置第二道防线,阻止清军进入天山南路;第三道防线设在吐鲁番和托克逊,阿古柏之子海古拉防守托克逊,布素鲁克之侄艾克木汗防守吐鲁番。阿古柏自己则亲自督战于托克逊。

1876年7月,刘锦棠与金顺所部同时进驻阜康,建立起前沿阵地。8月,清军首先攻克古牧地,破阿古柏第一道防线,并乘胜连克乌鲁木齐满、汉城,以及昌吉、呼图壁等城,奠定了在天山北路作战的胜利基础。随后,又经历约3月奋战,于11月攻克玛纳斯。至此,天山北路的阿古柏据点全部为清军收复。

接下来清军面临的主要任务是彻底摧毁阿古柏利用天山关隘重点设防的达坂城、胜金口,以及吐鲁番和托克逊,这无疑是清军收复新疆的关键。如果清军获胜,则通往天山南路的门户就被打开,平定阿古柏便指日可待。阿古柏自然不甘失败,他一方面向英国求助,一方面加强布防,希望能用天山之险阻挡清军的南下之势。

1877年春,金顺率军驻防天山北路,刘锦棠则率军兵分三路攻打达坂城和胜金口。此为清军新疆之役第二阶段的开始。4月,清军首先攻克达坂城,继而先后攻克胜金口、吐鲁番和托克逊。清军打开了通向天山南路的门户。

吐鲁番的失陷无疑是对阿古柏政权的重大打击,形势急转直下的阿古柏政权内部矛盾加剧,阿古柏很快就在库尔勒死于部下之手,其子海古拉携阿古柏尸首逃奔喀什噶尔,途中为胞兄伯克胡里击杀。此后,艾克木汗自立为汗,驻守阿克苏,但不久就被伯克胡里率部击败。伯克胡里进据阿克苏,白彦虎设防于库尔勒一带,艾克木汗则投奔俄国。

1877年7月,刘锦棠率部自吐鲁番、托克逊出发,兵分两路,分袭喀喇沙尔和库尔勒。白彦虎自知不敌清军,乃决开都河水以阻清军,白彦虎本人则率部西遁库车。9月,清军进入喀喇沙尔和库尔勒,在度过开都河泛区后,加快行军,10月先后攻克库车、拜城、阿克苏和乌什,白彦虎复逃往喀什噶尔,伯克胡里则逃奔叶尔羌。

随后,清军进军西四城。西四城百姓群起响应清军,伯克胡里和白彦虎无计可施,稍做抵抗后便逃往界外,投奔俄国。清军先后占领叶尔羌、英吉沙尔、喀什噶尔和和田。至此,清军对阿古柏政权的平定宣告结束。除俄国占领的伊犁之外,新疆其余地方皆为清朝所定。

在清军的进军过程中,英国为维护其在阿古柏政权的既得利益,曾向清政府表示愿出面调停清朝与阿古柏的关系,条件是清朝需要答应阿古柏的属国地位,实质上是想阻止清军进军天山南路;俄国也曾企图压迫阿古柏政权向俄国割让土地。因此,清军对阿古柏政权的迅速平定及对新疆的收复,在很大程度上也粉碎了英国和俄国企图通过控制阿古柏政权向新疆扩张的目的。尤其对于占领伊犁的俄国来说,清朝的行动彻底打破了其以伊犁为基地、趁乱侵占整个新疆的打算。俄国在占领伊犁后,面对清朝的交涉行动曾表示只有在清朝收复乌鲁木齐等地后,才会交还伊犁。因此,清政府在平定阿古柏政权之后,于1878年派遣吏部侍郎崇厚赴俄国彼得堡,交涉收回伊犁以及引渡白彦虎事宜。这在俄国政府内部产生分歧,一种意见拒绝归还伊犁,一种意见虽然主张交还伊犁,但是要换取在华的巨大商业特权。最终,俄国决定归还部分伊犁地区,但清朝应该给予俄国商业贸易特权、军事占领费,并承认清俄边界的部分"调整"。

崇厚到达彼得堡后,俄国谈判代表对崇厚施加了巨大的压力,逼迫毫无外交经验的崇厚在未经清廷同意时便对俄国的要求做出了极大的让步,并同俄国擅自签署了《里瓦几亚条约》。条约共18款,另附《陆路通商章程》。根据这一条约,清朝虽收回了伊犁九城,但要把霍尔果斯河以西吉特克斯河流域割让俄国,额尔齐斯河流域和喀什噶尔地区的边界也要按俄国的利益来划定;此外,清朝还要赔偿俄国出兵伊犁的损失费500万卢布;俄国获得在哈密、吐鲁番、乌鲁木齐、古城、科布多、嘉峪关、乌里雅苏台等地增设领事的权力;俄国获准在清朝东北、北方、西北开辟三条通往清朝腹地的商路,清朝还要向俄国开放松花江等。

崇厚签订《里瓦几亚条约》的消息在清朝朝野上下引起极大轰动,纷纷要求清朝拒绝批准条约、严惩崇厚,驻防新疆的刘锦棠和金顺等人还表示愿以武力收复伊犁。在朝野舆论的压力下,清政府一方面严惩崇厚之罪,一方面向俄国表示,拒绝接受这一条约。俄国闻讯后,立即在清俄边界集结军队,企图以军事压力迫使清政府接受条约。清政府则派遣驻英、法公使曾纪泽赴俄国重开与俄国的谈判,同时也令左宗棠和刘锦棠布置新疆防务,一旦谈判破裂,便以武力收复伊犁。1880年,左宗棠自甘肃肃州移师哈密,做好了分三路进取伊犁的军事部署。一时间,清俄关系显得颇为紧张,大有开战之势。

1880年7月,曾纪泽抵达彼得堡,重新与俄国开启谈判。此次谈判历时半年,根据清朝的指示,曾纪泽在做了重大的让步之后,于1881年2月与俄国签署了《伊犁条约》。相比《里瓦几亚条约》,《伊犁条约》多少收回了一些权益,不过这仍然是一个不平等条约。条约的主要内容有:俄国归还所占的伊犁地方,但清朝将伊犁霍尔果斯河以西地区割让给了俄国;斋桑湖以东一带清俄边界有不妥之处,两国派员前往勘改,尚未安设界牌的塔尔巴哈台以西边界,两国派员前往进行勘界、安设界牌工作;清朝赔偿俄国900万卢布;俄商在新疆、蒙古地区贸易,不向清朝纳税;俄国可以在肃州、吐鲁番增设领事,其余科布多、乌里雅苏台、哈密、乌鲁木齐、古城五处,待商务兴旺后陆续商议添设;俄商对华贸易之商路,准予添设赴嘉峪关贸易一路,等等。

《伊犁条约》的签订,宣告俄国在伊犁统治的结束。1881年9月,清政府命令伊犁将军金顺督办交收伊犁事宜。1882年3月,清朝正式接收伊犁。此后,根据《伊犁条约》的规定,清朝与俄国又从1882年到1884年先后签订了《伊犁条约》的5个子界约:《伊犁界约》、《喀什噶尔界约》、《科塔界约》、《塔尔巴哈台西南界约》及《续勘喀什噶尔界约》。这5个界约规定了自科布多至喀什噶尔的清俄边界。俄国从中又割占了清朝领土7万多平方公里,强令10万多伊犁的维吾尔等族百姓迁居俄国。

39.5　新疆建省

乾隆中期统一天山南北后,清政府在新疆实行的是军府制,由伊犁将军管理新疆的军政事务。除了在乌鲁木齐、巴里坤推行与内地相同的府县制以外,其余地方实行与内地管理制度有很大区别、但较适合当地习俗的札萨克旗制和伯克制。这种制度虽然在一定的历史时期对于稳定清政府在新疆的统治起到了积极作用,但随着时势的变化,其弊端逐渐浮现,已经严重影响到了清政府的有效统治。自 19 世纪 20 年代以后,鉴于新疆局势日益动荡,清政府对原有制度之弊端已有所识,因此进行了一定程度的改革,但并未从根本上否定和根除原有制度。

19 世纪六七十年代,新疆爆发回民起义以及阿古柏对新疆的入侵给新疆社会造成了颠覆性的影响,原有的管理制度已经完全不能适应现实的需要。因此,清朝收复新疆后,一些官员提出建立新的统治制度,以适应新疆社会发展的需求。1877 年,左宗棠上书清廷,建议在新疆设立行省,实行与内地统一的行政体制。1881 年,刘锦棠又提出建省的具体方案,经清廷议定后批准执行,于 1884 年正式设立新疆省。

新疆独立设省,伊犁不复为新疆的行政中心,省府设在乌鲁木齐。新疆设巡抚一员,驻乌鲁木齐,受陕甘总督节制。巡抚辖四道:镇迪道、阿克苏道、喀什噶尔道、伊塔道。镇迪道领迪化一府及哈密、吐鲁番、镇西、库尔喀喇乌苏四直隶厅;阿克苏道领温宿和焉耆二府、乌什直隶厅、库车直隶州;喀什噶尔道领疏勒和莎车二府、和田直隶州、英吉沙尔直隶厅;伊塔道领伊犁府,塔尔巴哈台、精河二直隶厅。设省后,刘锦棠成为新疆省首任巡抚。

与以前相比,新疆的军事布防也发生了很大的改变,伊犁将军专管伊塔防务;喀什噶尔设提督,节制阿克苏、巴里坤、伊犁三镇。这种军事布防大大加强了伊塔地方以及天山南路西四城的边防力量,尤其是改变了自乾隆中期以来在军事布防方面重北轻南的布防原则,使新疆

·欧·亚·历·史·文·化·文·库·

的边防形势发生了非常明显的变化。

　　新疆建省结束了清政府长期实行的军府制,新疆与内地的行政体制实现了统一,新疆与内地的政治、经济联系更为紧密,以前人为的内地人员赴新疆的壁垒也被取消,这些对新疆的政治、经济、社会、文化发展起到了促进作用。

40 俄国继续向黑龙江流域扩张及侵吞东北领土

40.1 俄国以武力侵占黑龙江地区和迫签《瑷珲条约》

雅克萨之战和《尼布楚条约》(1689 年) 的签订,将俄国势力赶出黑龙江流域,和平局面维持了 150 多年。到了 19 世纪 40 年代,清朝在鸦片战争中失败,被迫向西方列强打开大门,俄国感到继续向黑龙江流域扩张的时机来临。当时俄国虽然已经占据堪察加,但是,仍希望获得经由黑龙江通向太平洋的出海口。1847 年 9 月,沙皇尼古拉一世任命穆拉维约夫为西伯利亚总督,他一向"自称是哈巴罗夫的继承人"。第二年 3 月他走马上任,从此加快了向黑龙江流域扩张的步伐。在他的支持和授意下,同为哈巴罗夫崇拜者的海军大尉涅维尔斯科依,于 1849 年率领"贝加尔"号秘密驶入黑龙江口进行探险活动。此次探险推翻了从前俄国人以为库页岛是一个半岛,黑龙江口不能通航的错误结论,掀起了俄国向黑龙江中、下游地区扩张的新一轮浪潮。

1850 年夏,涅维尔斯科依率领"鄂霍次克"号再次闯入黑龙江口,建立了俄国在黑龙江下游的第一个侵略据点——彼得冬营。他还在费雅喀人居住的庙街插上俄国旗帜,宣布建立以沙皇尼古拉一世的名字命名的另一据点——尼古拉耶夫斯克哨所,沙皇认可了上述占领,他声称,"俄国旗帜一旦在何地升起,就不准落下"。1853 年夏,涅维尔斯科依受俄国政府之命占据库页岛,建立伊利印斯克哨所、穆拉维约夫哨所;驶入哈吉湾,在岸边建立亚历山大哨所;占领黑龙江口阔吞屯,

·欧·亚·历·史·文·化·文·库·

建立马林斯克哨所。至此,在短短的时间内,黑龙江下游大片土地被置于俄国的军事占领之下。而此时清政府正忙于镇压国内太平天国运动,不知俄国已为鲸吞整个黑龙江流域迈出了一大步。

1853 年 10 月,俄国与英法为了争夺对土耳其海峡的控制权发生克里米亚战争。穆拉维约夫认为这是武装航行黑龙江的绝好机会,以防御英国进攻俄国太平洋沿岸为借口,准备"开辟黑龙江航线"。1854 年 5 月,穆拉维约夫亲率近千名"远征军",分乘 70 余只船,从石勒喀河下驶,进入黑龙江。在瑷珲,遭到清朝副都统胡逊布的阻止。穆拉维约夫谎称俄国"东面各岛被英吉利侵占",奉命"抄近前往",依仗兵力强盛,命令俄船强行通过。由于清政府在当地"向未设有战船,亦无水师",瑷珲守军根本无力阻挡俄船,穆拉维约夫的船队得以顺流东下。结果,俄国轻而易举地将 1000 兵力部署在阔吞屯、庙街至克默尔湾一带,加强了在黑龙江下游各据点的军事实力。之后,俄国又组织 1855 年、1856 年、1857 年的武装"航行",将大批哥萨克军队源源不断地运往黑龙江中下游及滨海地区,在中游左岸建立了呼玛哨所、结雅哨所、兴安哨所、松花江哨所(松花江口对岸)等 4 个军事据点,同时运送了大批屯垦户。到 1857 年末,黑龙江北岸的俄国"移民"已达 6000 人。此前的 1856 年,俄政府设立东西伯利亚滨海省,管理堪察加、库页岛及黑龙江河口地区。

清政府通过理藩院以及黑龙江将军、瑷珲副都统,多次对俄国入侵黑龙江流域提出抗议,敦促俄国遵守《尼布楚条约》,俄船不得进入黑龙江,"自应由外海航行",从清朝地界海兰泡、阔吞屯等处撤走军民。但是,抗议归抗议,俄国根本不屑一顾。1853 年清朝国内发生太平军起义,1856 年英法联合发动第二次鸦片战争,清朝完全被捆住了双脚,无力再与俄国对抗。清朝原在黑龙江和吉林有 1 万多驻军,为了镇压太平天国运动陆续抽调入关,使黑龙江下游及东北军力极度虚弱,当时处于黑龙江前沿的瑷珲城只有守军 1000 人左右,装备极差。他们大部分拿一根顶端涂黑了的杆子以表示是长矛,少数人持有绳枪,绝大部人肩上挂着弓和箭筒。还有几门大炮装在做工很粗糙,样子又难看的大车上。咸丰帝不但没有对俄国入侵者进行必要的防备和回击,反而谕令对于俄国"唯有设法羁縻",断不可"轻率用兵","务须妥为驾驭,勿启衅端"。清朝的这种软弱态度,助长了俄国的侵略势力,通过 4 次武装航行,俄国将大批军人、武器及屯垦户调入黑龙江中、下游和滨海地区,从而在黑龙江流域的军事力量超过了清朝,进而凭借优势的军事力量,企图通过谈判解决东段边界。

1857 年 2 月,俄国派外交官、海军上将普提雅廷为使华全权代表到达天津,向清政府投递照会,提出就黑龙江"未定界址"进行谈判,即重新划分两国东段边界。俄方采取威胁利诱的手段,一面表示俄国愿意协助清政府镇压太平天国运动,一面恫吓清政府说,如果不满足俄国的要求,则于清朝"诸多有碍"。清朝理藩院当即致文俄国枢密院,驳斥普提雅廷的无理要求,指出:根据《尼布楚条约》,清朝东界以格尔必齐河及外兴安岭为界,"当时立定界碑,永垂不朽,无可商议",只有乌第河一处未曾划定,"尚可会查分界"。为此,清政府建议普提雅廷前往黑龙江,会同黑龙江将军奕山勘定这一处地方,并指示奕山前往瑷珲等候。

同年 9 月,普提雅廷在天津附近海面收到了与理藩院致俄国枢密院咨文相同内容的复文,知道继续待在天津无益,决定南下,驶往日本,于同年 10 月强迫日本政府签订了不平等的俄日《长崎条约》。之后,他从长崎驶抵上海,同英国领事罗伯逊密谈很久,极力鼓吹俄、英合作侵华。11 月,他抵达香港,分别会见了已到达该地的英国专使额尔金和法国专使葛罗、美国公使列卫廉。普提雅廷向英、法专使献策,要他们向北京本身施加压力,否则效果不大,建议利用吃水浅、可以航行白河的舰只来达到目的。

同年 12 月,英法联军攻占广州,之后,一路北上,于第二年 5 月,攻占大沽炮台,天津告急,北京震动。俄政府决定趁机向清政府施压,迫签边界协定。同月,俄国东西伯利亚总督穆拉维约夫前往瑷珲与清朝黑龙江将军奕山谈判,俄方指出黑龙江、乌苏里江为两国之间的"天然疆界",并拿出事先拟好的条约草案,要清朝接受。清朝退回了条约草案,主张清俄边界已有《尼布楚条约》所确定,清朝代表只就乌第河地区分界立牌事与俄方会商,并坚持根据"尼布楚条约",清朝对黑龙江流域和乌苏里地区享有充分的主权。俄方见谈判不成,以武力相威胁,5月26日夜晚,黑龙江"左岸炮声不绝","势在有意寻衅"。此时,形势对于奕山来说是非常不利的,俄国已经掌握了黑龙江北岸大部分地区,半个清朝爆发了叛乱,广州和大沽炮台又被英法联军所攻占,而且直接威胁着北京,奕山不敢承担引起另一场战争的责任。27日,他被迫与穆拉维约夫签订了《瑷珲条约》。主要内容有:(1)由额尔古纳河至黑龙江入海口,左岸属俄国,右岸顺流至乌苏里江入黑龙江处属大清国;(2)乌苏里江以东,"作为两国共管之地";(3)黑龙江、乌苏里江只准清俄两国船只航行,外国船只不得行走;(4)黑龙江左岸,由精奇里河以南到豁尔莫勒津屯(江东64屯),原住民仍照旧"永远居住",由清朝官员管理。

根据这个条约,俄国割去了黑龙江以北、外兴安岭以南原属清朝的60多万平方公里的土地;乌苏里江以东40多万平方公里的土地,则划为清俄"共管",实际上为俄国独吞这部分领土设下埋伏。从此,俄国开辟了由黑龙江通向太平洋的出海口,在东北亚的角逐中处于更加有利的地位,也促进了俄国进一步染指清朝东北地区。

40.2　俄国武力侵占乌苏里江以东地区和
《北京条约》的签订

《瑷珲条约》签订以前,俄国虽然已在库页岛及乌苏里江以东北部沿海建立了一些军事据点,但是,南半部还看不到俄国人的足迹。《瑷珲条约》墨迹未干,俄国已经开始行动,欲将"共管区"变成俄国实际占领区,作为"外交交涉的后盾"。1858年6月,在西伯利亚总督穆拉维约夫的指示下,俄国军人顺黑龙江而下,到年底,在北岸建立了32个军人村屯。不仅如此,还在黑龙江和乌苏里江汇合处伯力,建筑炮台,设置军屯,并将其改名为哈巴罗夫卡,以纪念17世纪中叶俄国狂妄殖民者哈巴罗夫。这里成为俄国向乌苏里江流域扩张的前沿堡垒。另外,俄国通过黑龙江源源不断地向乌苏里江以东运送哥萨克军队,陆续建立卡尔萨科夫村、卡札凯维奇村、涅维尔斯科依村等军人村屯。同年12月,俄国政府正式批准成立"阿穆尔哥萨克军"。至1858年底,黑龙江北岸有哥萨军4486人,乌苏里江东岸有3290人,连同家属在内,黑龙江和乌苏里江地区有俄国人两万多人。

与此同时,俄国实行有组织的移民政策,1858年制订"移民条例",对迁入黑龙江、乌苏里江地区的农民无偿拨给土地,免征一切赋税。结果,乌苏里江以东俄国农民日渐增多。1859年,俄国军队和移民来到乌苏里江以东,建立了布谢村、上米哈依洛夫村、下米哈依洛夫村、伯爵村、亲王村等20座新村镇。

穆拉维约夫还采取行动,抢占乌苏里江地区南部的重要港湾。1859年6月,他乘军舰至克默尔湾,将此120海里的海湾改名大彼得湾,在岸上修筑炮台,进行军事占领。1860年6月,俄国西伯利亚舰队司令卡札凯维奇率舰队,占领海参崴和诺夫哥罗德港,以后成为日本海岸优良的海军基地。至此,俄国完成了对乌苏里江以东地区的军事占领,剩下的就是通过谈判迫使清政府承认既成事实。

对于俄国非法占领乌苏里江以东地区,清政府及黑龙江、吉林地方当局多次提出强烈抗议。1859年4月,清朝理藩院照会俄国枢密院:"查乌苏里、绥芬河等处,均系吉林地方,并不与贵国连界,岂应复思侵占? 贵国⋯不应如此无理。"同年5月,乌苏里江地区清朝边防官员托克托布向俄方严正指出:"乌苏里向上一带,均系我国采捕参珠貂皮禁山,不在允许之例。近来一味向内侵占,殊非和好之道。当遵前约,不可狡执展占。"同月,清朝军机处又照会俄方:"中国与俄国地界,康熙年间,鸣炮誓天,以(外)兴安岭为界,从无互相侵犯之事。今黑龙江将军以附近海岸阔吞屯等处许俄国人暂住,已是格外通情,岂能又占至吉林三姓地界!"此后,清政府对于俄国武力侵占乌苏里江以东地区,又以书面和口头方式多次向俄方提出抗议。但是,清朝被太平天国运动和英法联军侵华战争拴住了手脚,始终未曾想动用武力击退俄国非法侵占。俄国凭借在黑龙江及乌苏里江流域的优势军事力量,根本无视清朝的抗议,穆拉维约夫甚至粗暴地将清朝理藩院致俄国枢密院的照会退回北京。

《瑷珲条约》签订以后,还有一个换约的问题。俄国利用第二次鸦片战争之机迫使清政府签订《天津条约》,获得了不少经济利益,但是,俄国更为迫切需要解决的是《瑷珲条约》的正式换约和乌苏里江以东"共管区"的归属问题。《天津条约》第九条特别规定:"中国与俄国将从前未经定明边界,由两国派出信任大员秉公查勘,务将边界清理补入此项和约之内。"为了赶在英法之前与清政府在天津换约,俄国急派在伊尔库次克的新任驻北京东正教会监护官彼罗夫斯基使华,作为全权代表同清朝谈判。1859 年 4 月,清俄《天津条约》很快换约,5 月初,彼罗夫斯基突然以书面形式提出所谓"补续和约"8 条,要求清政府接受。其核心内容是第一条和第三条有关清俄东段边界和西段边界走向的规定。如第一条规定:清俄两国东边界址,应顺乌苏里江和松阿察河至兴凯湖,再至珲春河,顺河至图们江,至海口为界。这实际上是后来清俄《北京条约》的蓝本。清政府坚决加以抵制。无奈,6 月,彼罗夫斯基回国,俄国派出新使臣伊格纳切夫。

伊格纳切夫于 1859 年 6 月到北京,谈判继续进行。伊格纳切夫提出"补续和约"6 条,实为彼罗夫斯基 8 条的翻版,东界仍主张以乌苏里江为界,以东属俄国。此时正值英法联军进攻大沽炮台失利后不久,清政府获得些许自信,采取较强硬的态度,否认《瑷珲条约》的合法性,更不要说乌苏里江以东划归俄国。咸丰帝不但将擅许会勘乌苏里江至海一带的瑷珲副都统吉拉明阿撤职,还将签订《瑷珲条约》的奕山革职留任。不得已,9 月下旬,伊格纳切夫接受其政府的训令,暂停谈判,回到停在天津海面的俄船上去,准备配合英法联军攻打北京,再伺机行动。

1860 年,在英法联军再次攻打大沽口和进攻北京的过程中,伊格纳切夫紧随其后出谋划策。他一方面向联军提供有关北塘、北京城等军事情报,极力怂恿其向北京进攻;另一方面又以调停者的面目出现,向清政府提出由其调停双方谈判。清政府了解俄使不怀好心,目的是为了割去东界领土,希望美国公使出面调停,但美使不愿出面,不得已只好让伊格纳切夫调停。伊格纳切夫故意抬高身价,要求清朝军机处以书面形式正式请他调停,以便在事后居功获利。

9月,英法联军攻占通州,咸丰帝逃往热河,由恭亲王奕䜣留守北京,他以钦差大臣的身份与英法联军谈判。10月初,英法联军焚毁圆明园,由安定门攻进北京城。奕䜣被迫请伊格纳切夫调停。伊格纳切夫向奕䜣声明必须接受俄国的领土要求,奕䜣只得默认。10月24、25日,奕䜣分别与英法代表签订清朝与英国、清朝与法国的《北京条约》。从27日起,清俄双方在俄罗斯馆举行秘密谈判,清朝几乎全部接受了俄方的条件。11月,奕䜣赴俄罗斯馆同伊格纳切夫签订清俄《北京条约》。

清俄《北京条约》共15条,主要内容:(1)清俄两国东部疆界,从石勒喀河和额尔古纳河汇合处起,沿黑龙江顺流而下,到该江与乌苏里江汇流处。黑龙江以北土地归俄国,以南到乌苏里江口的土地属清朝。从乌苏里江口往南至兴凯湖,边界线顺乌苏里江和松阿察河而行,河东之地归俄国,河西之地属清朝。又从松阿察河河源跨兴凯湖到白棱河,从该河河口沿着山脊到瑚布图河口,再从此沿珲春河和海之间的诸山到图们江口。此处仍是以东归俄国,以西属清朝。边界线的终点在图们江入海处以上20华里紧靠图们江的地方。上述划归俄国的地方,如有清朝百姓仍准其继续渔猎和居住。(2)规定了西部疆界的走向。(3)由两国政府派出大员,会勘清俄东段和西段边界,交换地图和关于边界线的详细记文。(4)清朝增开陆路商埠喀什噶尔,准许俄国商人在库伦、张家口零星贸易,俄国在库伦、喀什噶尔增设领事馆。

清俄《北京条约》是俄国借助第二次鸦片战争通过外交手段,迫使清政府签订的不平等条约。清政府全部认可了一直拒不接受的清俄《瑷珲条约》,同时更进一步,将《瑷珲条约》划为共管区的乌苏里江以东地区划归俄国,俄国强行夺取了乌苏里江以东40多万平方公里的清朝领土,还将擅自拟定的清俄西部边界走向强加于清朝,为进一步割占清朝西部领土制造了条约根据。1864 年,俄国正是根据《北京条约》第二条,强迫清政府订立《勘分西北界约记》,割去巴尔喀什湖以东以南 44 万多平方公里的清朝领土。

40.3 清俄《勘分东界约记》和《珲春东界约》的订立

1860 年签订的清俄《北京条约》第三条规定,为勘查兴凯湖至图们江之间东部边界,清俄双方派代表于第二年 4 月,在乌苏里江口会晤。为此,清廷派仓场侍郎成琦为钦差大臣,会同吉林将军景淳,前往办理分界事宜。俄国派滨海省省长卡札凯维奇、副代表布多戈斯基,前往与清朝代表会谈。1861 年 6 月,清朝代表成琦一行到达兴凯湖西北,俄方代表卡札凯维奇等也来到兴凯湖西北,在土尔河口扎营,双方代表相距 30 余里。

谈判一开始双方代表争论的焦点是《北京条约》规定为边界线的白棱河口的具体地点问题。清朝代表认为白棱河即兴凯湖西南的白珍河,俄方代表则坚持兴凯湖西北已被俄国占领的土尔河口为白棱河。如果照俄方提出的松阿察河河源至土尔河口之间划一直线,以此线作为两国国界,那么兴凯湖的大半会圈入俄国版图,清朝代表拒绝接受。紧接着,俄方代表提出清朝代表更难以接受的条件,提出将松阿察河以西很远的穆棱河流域以及珲春作为"公共之地",清朝代表当即予以拒绝。俄方代表见谈判毫无进展,以停止谈判相威胁;清朝代表在土尔河口已被俄国占领的情况下,担心谈判一旦破裂,俄方采取武力行动,被迫接受了俄方提出的土尔河即白棱河的观点,其结果,兴凯湖的大部分划入俄国版图。

与此同时,俄方代表还借口兴凯湖以南"荒僻危险",难以行走,提议"在兴凯湖行营,照依和约,将地图内未分之界用红色画断作记,绘图钤印。应立界牌,各差小官竖立"。清朝代表接受了这一提议,1861 年 6 月,双方签订清俄《勘分东界约记》,作为《北京条约》的补充条款,同时签署和交换了"乌苏里江至海交界记文",规定乌苏里江口至图们江设立耶(E)、亦(И)、喀(K)、拉(Л)、那(H)、倭(O)、帕(П)、土(T)等8个界牌,确定了相应的设牌地点。此外,双方还签署和交换了"北京条约"附图,这同样是俄方代表一手炮制的。以上8个界牌中,除了土尔河口的"喀"字界牌由俄方代表卡札凯维奇和清朝代表成琦亲自竖立,乌苏里江口的"耶"字界牌由俄官吉成克会同三姓副都统富尼扬阿竖立以外,全部由俄军官图尔宾等会同成琦指派的地方官员办理。

勘界立牌后,出现了俄方擅自将界牌向清朝一侧挪动的现象。如图们江口的"土"字界牌,按照界约规定,应立在距图们江20华里的地方,实际上立在了距图们江20俄里的地方,即约45华里。又如"拉"字界牌,原立于兴凯湖、穆棱河流域之间的分水岭的平坡上,后发现距原地点北移18余里。又,1881年,吉林地方当局派员赴土尔河以南调查,发现边界线附近的宽阔平坦地面均被俄国占据,或三四十里,或五六十里不等,设兵营驻守。其他"倭"字、"那"字界牌,也被俄方擅自挪动。有鉴于此,清廷认识到重新会勘东部边界的必要性。1885年4月,总理各国事务衙门大臣庆亲王奕劻奏称:清俄东界牌博"年深日久,形迹无存","界址湮失",请速派大员往勘。第二年4月,清廷派会办北洋事宜大臣吴大澂、珲春副都统依克唐阿前往办理。俄方代表是滨海省省长巴拉诺夫及勘界委员会委员舒利金、克拉多、马丘宁等。5月底,双方代表在岩杵河正式谈判。

此次会议,清朝着重要求解决补立"土"字界牌和归还黑顶子问题。由于清朝吴大澂据理力争,将"土"字牌由距图们江入海口40多里,移至30里处,即沙草峰以南越岭而下的平岗尽处。立牌后,吴大澂还在长岭子清俄交界处添立铜柱,上面铭刻"疆域有表国有维,此柱可立不可移",表明清朝捍卫领土、边界的坚强决心。黑顶子在珲春城南80里处,1883年被俄国占据。在谈判期间,吴大澂以确凿的证据证明了该地是清朝领土,迫使俄方代表同意归还黑顶子。双方代表签署和交换了《珲春东界约》。

随后,清俄双方代表又考察了土尔河口以南的边界,增立"啦"(P)

欧·亚·历·史·文·化·文·库·

字、"萨"（С）字和"玛"字（М）牌,并于 7～10 月就这段边界线签订 6 个勘界议定书,总称清俄"查勘两国交界六段道路记"。

此外,在会议期间,吴大澂鉴于图们江口已被俄国占据,曾要求俄方允许清朝船只自由出入江口。俄方代表巴拉诺夫表示可以考虑,但须请示本国政府。后经双方商定于《珲春东界约记》中写明:关于清朝船只自由通过图们江口问题,"巴拉诺夫少将已将此点提交俄国外交部审理,待得到答复后,对本议定书再行补充"。不久,俄国外交部电告巴拉诺夫:"图们江口中国船只出入,俄国必不拦阻。"同年 10 月,俄国地方当局正式照会清朝地方政府如上内容,作为"珲春东界约"的附件。

此次勘界,由于清朝代表吴大澂等据理抗争,俄方代表不得不在图们江口的"土"字界牌、黑顶子问题及图们江口行船等方面做出了让步。另外,经过会勘,在原有 8 个界牌基础上,又新立了"啦"字、"萨"字和"玛"字等界牌,从而有效地遏止了俄方擅挪界牌以蚕食清朝领土的侵略行径。

主要参考文献

《沙俄侵略我国蒙古地区简史》编写组.沙俄侵略我国蒙古地区简史.呼和浩特:内蒙古人民出版社,1979.

白拉都格其,等.蒙古民族通史:第 5 卷(上)[M].呼和浩特:内蒙古大学出版社,2002.

戴逸.简明清史[M].北京:人民出版社,2004.

郭成康,王天有,成崇德.中国历史·元明清卷[M].北京:高等教育出版社,2002.

李治亭.东北通史[M].郑州:中州古籍出版社,2003.

李治亭.清史[M].上海:上海人民出版社,2002.

内蒙古社会科学院历史研究所.蒙古族通史[M].北京:民族出版社,1995.

潘志平.中亚浩罕国与清代新疆.北京:中国社会科学出版

社,1991.

佟冬.中国东北史:第5卷[M].长春:吉林文史出版社,1987.

王希隆.中俄关系史略[M].兰州:甘肃文化出版社,1995.

魏源.圣武记[M].韩锡铎,孙文良,点校.北京:中华书局,1984.

新疆社会科学院历史研究所.新疆简史:第1/2册[M].乌鲁木齐:新疆.北京:人民出版社,1980.

余太山.西域通史[M].郑州:中州古籍出版社,2002.

中国社会科学院近代史研究所.沙俄侵华史[M].北京:人民出版社,1978.

中国社会科学院近代史研究所[M].中国近代史稿:第1册.北京:人民出版社,1978.

〔美〕斯塔夫理阿诺斯.全球通史——从史前史到21世纪:上册[M].董书惠,译.北京:北京大学出版社,2005.

〔美〕费正清.剑桥中国晚清史:上卷[M].中国社会科学院历史研究所,译.北京:中国社会科学出版社,1993.

〔英〕包罗杰.阿古柏伯克传[M].商务印书馆翻译组,译.北京:商务印书馆,1976.

大事年表

旧石器时期古人类开始开发北方。

中石器时代（约 1 万 2～7 千年前），出现弓箭和动物驯养，欧亚草原发现较多人类遗迹。

公元前 1 万年左右，全球气候开始变暖，人类社会的发展进入一个黄金时期。南部文明中心的农业成果通过迁徙被带到北方草原地区。

公元前 6～5 千纪，全新世的气候大暖期使整个北方地带都开始被农业居民所占据。

公元前 4 千纪，欧亚大陆上畜牧与农耕基本上已经按地带形成分野。大约以北纬 40 度为界，分界线以北是草原地带，以南是古代农耕文明。

公元前 3 千纪末期，欧亚草原上的牧民，特别是欧亚草原西部的南俄草原上的游牧民开始向各文明中心发起攻掠，引发各民族大迁徙。

公元前 2 千纪的前半期，草原地带人群迁徙的同时，开始摸索游牧经济、冶炼青铜和利用轮辐式双轮马车，北方人群渐渐成为古代农耕－游牧两极世界中的一极。

公元前 2 千纪前半期，在欧亚草原北部森林及其边缘地带，有一条畅通无阻的传播路线。欧亚冶金区和内陆亚洲冶金区在西伯利亚接触，文化传播留下的遗物被称为"塞伊玛－图宾诺青铜器群"。

公元前 2 千年前后，爱奥尼亚人由多瑙河草原向南来到希腊半岛的中部和南部，占据阿提卡和爱琴海中部诸岛，自称"希腊人"，接受克里特文明。

公元前 18 世纪，从南俄罗斯草原经高加索山路进入小亚细亚的赫梯人侵入西南亚。

公元前 1650 年前后,阿卡亚人离开匈牙利草原,从巴尔干半岛北部侵入希腊半岛的中部和南部,创造迈锡尼文明。

公元前 2 千纪中期,欧亚非三洲的区域文明,都遭到游牧民族的冲击。这是古代文明消失、被古典文明取代的过渡时期。

大约在公元前 2 千纪中期,被后世称为"东伊朗人"的一支游牧民离开欧亚草原向南迁徙,进入伊朗高原。

公元前 2 千纪中叶以后至前 9 ~ 8 世纪,青铜制造普及到整个草原地带和北亚森林地带部分地区。形成欧亚,高加索,欧洲三大冶金区系。草原东部形成内陆亚洲冶金区和塞伊玛 – 图宾诺区系。

公元前 2 千纪后期至前 1 千纪早期,是草原民族发明、实践骑马和游牧经济的时代。

公元前 1600 年至前 700 年,斯拉夫人定居在东欧草原和森林草原地带。

约公元前 1500 年,胡瑞安人在巴比伦帝国北面的亚述地区创立的米坦尼帝国臻于极盛。

公元前 1500 年,雅利安人离开乌拉尔 – 伏尔加河东迁,从里海西部或咸海海岸南下进入伊朗高原和中亚。之后,其中一支进入印度,摧毁印度河文明。

公元前 15 世纪,多利安人自匈牙利草原经色雷西亚、伊利里亚向南进入希腊,驱逐阿卡亚人,夺取拉科尼亚平原。

约公元前 2 千纪后期,"西伊朗人"从南俄草原经高加索地区或里海两侧直接进入伊朗高原。米底和波斯人属于西伊朗人。

公元前 12 ~ 8 世纪,欧亚草原半游牧经济开始形成。

公元前 1 千纪初期,欧亚草原形成强大的游牧部落群体。

公元前 1 千纪,从欧亚草原迁徙来的游牧民米底人在里海以南的伊朗高原西北部建立王国。

公元前第一千年后半期,马已用于乘骑,产生骑兵。

公元前 935 至前 612 年,亚述进入新亚述时期。

公元前 9 世纪中晚期,欧亚草原的气候迅速变干冷,游牧化加剧。

约在公元前 8 世纪时,波斯人迁入埃兰的安尚地区,并臣属于埃兰。

公元前 8 ~ 7 世纪,草原进入游牧文化为主的时期,统治广阔地域的游牧国家开始出现。

公元前 750 ~ 700 年间,斯基泰人打败奇姆美利亚人,并将他们逐出黑海北岸草原。

公元前 707 年,奇姆美利亚人打败位于凡湖、幼发拉底河上游两条支流以北的乌拉尔图国,占领乌拉尔图。

公元前 7 世纪中叶,米底国已经是一个可与埃兰、乌拉尔图、马纳、亚述并列的大王国。

公元前 653 年,米底开始远征亚述。

公元前 653 至前 624 年,斯基泰人统治米底国。

公元前 626 年,奇姆美利亚人王国被亚述人所灭,吕底亚人重新定都萨迪斯。

公元前 624 年,米底国王库阿克撒列斯击败斯基泰人并最终统一米底,定都埃克巴坦那。

公元前 623 年,秦穆公称霸西戎,拓地千里,引发欧亚草原民族多米诺式的迁徙。

公元前 7 世纪末叶,发生波及整个欧亚草原的民族大迁徙:阿里玛斯波伊人将伊塞顿人逐出居地,出逃的伊塞顿人冲击马萨革泰人,西迁的马萨革泰人压迫斯基泰人,使斯基泰人越过锡尔河,移居黑海之滨,原居该处的奇姆美利亚人因斯基泰人的逼侵而离开自己的土地。最后,马萨革泰人驻牧于锡尔河北岸,而伊塞顿人则占有伊犁河、楚河流域。

公元前 612 年,米底人攻克亚述古都尼尼微城,建成西亚最强大的国家。

公元前 553 年,波斯安尚王居鲁士发动反抗米底的宗主权地位的战争,历经 3 年,终获成功。

最晚在公元前 6 世纪 20 年代末,伊犁河、楚河流域的 Asii 等部西向扩张至锡尔河,逐去原居该河北岸的马萨革泰人。此后,他们被波斯人称为塞人。

公元前 6 世纪前后,出现一批哲学家,中国的孔子、印度的佛陀、波斯的琐罗亚斯德,以及希腊的理性主义哲学家。

公元前 519 年,塞人遭到大流士一世的镇压,其部酋斯昆卡被俘。此后,塞人一直向波斯进贡。

公元前 499 至前 449 年,波斯与希腊城邦之间展开战争,波斯放弃对小亚沿岸城邦的控制,雅典成为东地中海的霸主。

公元前 431 至前 404 年,希腊城邦经历伯罗奔尼撒战争,斯巴达取代雅典成为希腊城邦的新霸主。

公元前 427 年,高句丽迁都平壤,与朝鲜半岛的百济和新罗鼎足而三。

公元前 395 至前 387 年,科林斯战争中,波斯积极支持雅典、底比斯等城邦与斯巴达对抗,斯巴达丧失海上霸权地位,波斯则重新获得对小亚细亚诸希腊城邦的控制。

公元前 350 年左右,蕃部第一代首领聂赤赞普在雅鲁藏布江流域统领以雅隆"悉补野"部为核心的部落联盟。

公元前 338 年,马其顿国王腓力二世彻底击败希腊联军,将整个希腊置于马其顿军事统治之下。

公元前 334 年春,马其顿国王亚历山大大帝越过赫勒斯滂海峡,远征亚洲。

公元前 330 年,亚历山大占领波斯首都波斯波利斯。同年,逃亡的波斯国王大流士三世被部将所杀,阿契美尼德王朝灭亡。

公元前 329 年,亚历山大历越过兴都库什山,攻占巴克特里亚。

公元前 328 年,亚历山大击败斯皮塔米尼斯与马萨革泰人的联军,征服索格底亚那。

公元前 326 年,亚力山大大军渡印度河,经过塔克西拉,征服拉维河和比斯河之间的许多独立部落。

公元前 323 年,亚历山大在巴比伦建立一支舰队,准备远征阿拉伯半岛,却突然病逝于巴比伦。

公元前 4 世纪末,匈奴已经成为蒙古高原新兴的游牧部族。

公元前 318 年,韩、赵、魏、燕、齐五国曾率匈奴进攻秦国。

公元前 312 年,曾是亚历山大部将的塞琉古一世先后征服巴比伦尼亚、伊朗高原和巴克特里亚,建立塞琉古王国。

大概在前 4 世纪末或 3 世纪初,东胡被燕将秦开击败,不得不向北退却千余里。

公元前 284 年,燕国攻东胡,东胡退守西拉木伦河流域。其后,燕国修筑长城,置上谷、渔阳、右北平、辽西、辽东五郡。

公元前 246 年,巴克特里亚 - 索格底亚那总督狄奥多塔斯以巴克特里亚为中心,建立独立的希腊 - 巴克特里亚王国。

公元前 3 世纪中叶,赵将李牧击破匈奴骑兵十余万。

公元前 3 世纪末,月氏活动在东起祁连山以北、西至阿尔泰山东端的地区。极盛时伸展至河套内外,塔里木盆地周围绿洲诸国均役属之。

公元前 214 年,秦王嬴政命将军蒙恬发兵 30 万人北击匈奴,掠取河南地,并沿黄河筑要塞、置县城,使长城绵延万里。

公元前 209 年,冒顿杀父自立为匈奴单于,灭东胡、月氏,楼烦,开始称雄中亚。

公元前 206 年,匈奴出兵讨伐东胡并击破之。

公元前 194 年,卫满以武力颠覆箕氏朝鲜,建立卫氏朝鲜。

公元前 176 年,冒顿单于再次攻击月氏。月氏惨败,西迁至伊犁河、楚河流域,史称"大月氏",以别于留下与羌人杂居的"小月氏"。

公元前 140 年左右,塞人渡锡尔河南下,一部分进入费尔干纳,另一部分进入巴克特里亚,灭亡希腊巴克特里亚王国。两部分塞人各自建立的政权,可能均以吐火罗人为主,中国史籍分别称之为大宛国和大夏国。

公元前 130 年前后,大夏国被西迁的月氏人征服。

公元前 130 年,役属匈奴的乌孙人在老上单于的支援下,远征大月氏,夺取伊犁河、楚河流域。大月氏人被迫再次西迁。

最早在公元前129年,帕米尔塞种之一部,越过悬度,侵入乾陀罗和呾叉始罗,建立罽宾国。

公元前109年,汉武帝派军攻灭卫氏朝鲜,于其地设置真番、临屯、乐浪、玄菟四郡。

公元前100年前后,月氏人占领乌浒河南岸地区。其后,巴克特里亚以西的原希腊领地和兴都库什山以南的希腊小公国也让位给游牧部落。

公元前2世纪初年,秽貊族系的囊离族王子东明逃难至秽人之地,建立夫余国。其政权大约存在600年,一直隶属于中原王朝。

公元前1世纪到公元2世纪,贵霜王朝鼎盛,乾陀罗艺术最为繁荣。

公元前37年前后,夫余贵族朱蒙在宫廷斗争中失败,南逃建立高句丽。

最迟到公元前33年,西印度的希腊王阴末赴与西汉使者合谋,杀死乌头劳之子 Azes 二世,塞人在罽宾统治结束。

约公元15年,丘就却任翖侯。不久,他攻灭其余翖侯,自立为王,国号"贵霜"。

公元20～46年间,丘就却可能和来自塞斯坦的 Gondophares 结盟。

大约公元50年之后,丘就却夺取今喀布尔河上中游流域。嗣后,一统吐火罗斯坦。

60年左右,丘就却南下占领 Gandhāra 和 Taxila。

约78年,丘就却去世,王位由其 Vima Takto 和阎膏珍父子继承。后者征服印度河流域。

84年,东汉西域都护班超进攻疏勒国王忠,活捉疏勒王。

90年,贵霜副王谢率兵7万越过帕米尔,被东汉西域都护班超击退。

公元1世纪末2世纪初年,北匈奴被汉朝、乌孙、丁零、乌桓和鲜卑击败,被迫西迁。

公元 2 世纪中叶,檀石槐被推举为大人,统一鲜卑诸部。尽占匈奴故地,形成强大部落军事大联盟.

约 114～120 年间,疏勒王安国去世,阎膏珍出兵扶立安国之舅臣盘为疏勒王。

约 126(或 129)年,阎膏珍去位。

约 143～165 年(或 131～153 年),迦腻色迦在位。

181 年,鲜卑统一局面瓦解,陷于分散状态。

207 年,曹操亲征辽西乌桓,斩杀蹋顿及其他乌桓首领,消灭袁氏残余势力。

约 206/209～240 年(或 194/197～228 年),波调在位。

229 年,贵霜王波调遣使抵达曹魏首都,接受封号"亲魏大月氏王"。可能在波调去世之后,贵霜分裂为东西两部,西部沦为萨珊朝属土;东部的贵霜人延续至公元 4 世纪前半叶。

约 228～233 年,漠南鲜卑中的"小种鲜卑"轲比能集团,统一漠南以及原联盟统辖的东部和中部地区。

235 年,轲比能被刺杀,东部鲜卑宇文部、段部和慕容部随即兴起,占有乌桓故地。

3 世纪上半叶,高句丽势力范围南到清川江,北道浑江上游,东至沧海,西达今辽宁新宾,以国力强盛闻名于东北亚。

自 3 世纪 40 年代直至 4 世纪中叶,丁零人迁入漠北草原的中心地区,到达漠南以及黄河流域。

285 年,慕容廆嗣位鲜卑单于,是为前燕政权之始。

4 世纪初期,受匈人迁徙的裹挟,留居的保加尔部落迁徙至顿涅茨河下河谷,以及顿河与亚速海海岸一带,同化其左邻萨尔马西安人。

4 世纪初,乌桓诸部多归降后赵石勒,其后又转降慕容鲜卑,先被鲜卑化,最终与鲜卑人一起被汉化。

315 年,拓跋猗卢建立代国,定都盛乐。

333 年,慕容皝即位,南摧强赵,北并宇文部和段部,东袭夫余,臣服高句丽,成为辽西强大势力。

351~389年,保加尔人中的一部分越过高加索地区,定居亚美尼亚。

370年,前秦王苻坚率军攻入邺城,俘获慕容暐,前燕灭亡。

375年,匈人在其首领巴兰勃率领下继续西进,渡过顿河,侵入欧洲。

376年,前秦苻坚灭掉代国,瓦解了以拓跋部为首的部落联盟。

377~453年,保加尔人参与匈人入侵中欧与西欧。

378年,罗马皇帝法伦斯向哥特人开战,罗马军队大败,法伦斯本人亦遭杀戮。此次交战打破罗马帝国主宰西方世界的地位。

383年,苻坚进攻东晋,在淝水战败,前秦政权瓦解。中国北方再度分裂,各少数民族纷纷建立政权,相互征战。

384年,徒河鲜卑推举慕容暐之弟慕容泓为首领,起兵反对苻坚,建元称帝,史称"西燕"。

385年,乞伏国仁领秦、河二州牧,都于苑川,史称"西秦"。

385年,慕容垂定都中山,次年称帝,史称"后燕"。

386年,拓跋珪称王复国,东破库莫奚,西破高车,又灭掉朔方塞外铁弗匈奴刘卫辰部。

391年冬,拓跋魏进攻柔然,匹候跋、缊纥提不敌而降。道武帝拓跋珪将缊纥提及其诸子迁往云中,而留匹候跋于漠北草原。

394年,缊纥提子社仑率部西走,投奔匹候跋,不久又袭杀匹候跋,劫掠五原以西诸部,北度大漠。

395年,罗马帝国分裂为东西两部分,东罗马帝国以君士坦丁堡为首都,西罗马帝国以罗马为首都。

398年,后燕余部慕容德南迁滑台,次年定都广固,史称"南燕",410年亡于东晋刘裕北伐军。

397年,拓跋珪进军中原,尽取黄河以北,隔河与东晋对峙。

398年,东罗马帝国诱使西哥特人首领阿勒立克臣服。

398年,拓跋珪迁都平城,正式定国号为魏,史称北魏或后魏。

4世纪,袁纥氏为高车部六氏十二姓中的一个部落,与解律部、副伏罗部构成东部高车的核心。

约 400 年秋季,匈人开始第二轮西进欧洲。

4 世纪末至 5 世纪初,寄多罗王崛起于吐火罗斯坦,并兴师越过兴都库什山,征服乾陀罗以北五国。

401 年,哥特人以及尾随而来的匈人,迫使汪达尔人、瑞维人、阿兰人开始西移。

402 年,社仑自号丘豆伐可汗,率柔然部相继征服色楞格河流域的高车部和颓根河附近的"匈奴余众"拔也稽。

402 年,傉檀继立,还都于乐都,改称凉王,史称"南凉"。

409 年,冯跋称王昌黎,因袭国号燕,史称"北燕",436 年亡于北魏。

422 和 426 年,路加率领匈人两次入侵东罗马帝国,分别洗劫色雷斯及马其顿。

423 年,拓跋焘北败柔然,西败大夏,灭北燕、北凉,降服后凉,统一北方,结束十六国割据局面。

5 世纪 20 年代中,嚈哒人渡过阿姆河,进犯萨珊波斯,被巴赫兰五世击退。

429 年,北魏对柔然进行二十多次的讨伐。柔然元气大伤,不得不遣使通好北魏。

431 年,北魏灭夏。

436 年,北魏灭北燕,并筑设六镇(沃野、怀朔、武川、抚冥、柔玄、怀荒),以防柔然的骚扰。

5 世纪 30 年代末,嚈哒人入侵吐火罗斯坦。寄多罗贵霜的统治结束,其子则在兴都库什山南延续至 80 年代末。

435~447 年,阿提拉迫使居住在俄罗斯南部大草原地带的匈人,以及俄罗斯大草原以北森林地带中的斯拉夫人和芬人臣服。

445 年,魏太武帝派军讨伐吐谷浑慕利延于白兰山,慕利延西逃于阗,杀死于阗王,占据其地,继而远征罽宾等地。

5 世纪 40 年代以降,柔然从伊吾向高昌发展,通过阚爽、沮渠无讳兄弟、阗伯周控制该地。

445 年,阿提拉成为匈人王国的唯一统治者。其统治范围西起莱茵河,东至中央亚细亚,王廷设在多瑙河东部大平原,东、西罗马帝国俱受其威胁。

447 年,阿提拉兵临东罗马帝国首都君士坦丁堡,东罗马皇帝狄奥多修斯二世弃战乞和,翌年与阿提拉签订"城下之盟"。

450 年,拓跋焘南下进攻刘宋,南北朝对峙的局面开始形成。

451 年,匈人在沙隆战役中失败,随后匈人帝国崩溃,追随匈人的保加尔部落大部分散布在欧洲东部及东南部。

452 年,阿提拉再度向西罗马帝国开战,双方进行和谈,阿提拉带着已获战利品撤回多瑙河以东的首都。

453 年,阿提拉纵欲而死。

458 年,北魏大败柔然,增强了柔然对西方的压力,迫使悦般西迁。

至少在 460 年以后,柔然加强对高昌的控制,焉耆、龟兹、鄯善、于阗等再次落入柔然的势力范围内。

468 年,阿提拉的儿子邓直昔克南侵入东罗马帝国,兵败丧生,匈人几乎全军覆没。

470 年,高句丽好太王亲征夫余,使其国势遭到重创。

476 年,西罗马最后一个皇帝被废黜,西罗马帝国寿终正寝,日耳曼各族人建立的小王国取而代之。

479 年,契丹的几个部落迁至辽水下游以东。

5 世纪 70 年代末,嚈哒人最终灭亡促乾陀罗等地的寄多罗贵霜残余势力,立特勤为王,统治兴都库什山以南地区。

5 世纪末(可能在 480、486 或 488 年),保加尔人作为拜占庭皇帝芝诺的雇佣军与东哥特人开战。

494 年,夫余被新兴的勿吉所灭,夫余王投降高句丽。

495 年,孝文帝拓跋元宏迁都洛阳,实行改革,加速鲜卑及各民族的融合、汉化进程。

约 6 世纪初,嚈哒人在头罗曼率领下,从乾陀罗入侵印度。

501年,麴嘉立为高昌王,建立麴氏王朝(501～640年)。

503年,居和多一世在西线同拜占庭作战,嚈哒人乘机又犯波斯,居和多与拜占庭议和。此后嚈哒和波斯的战争时断时续,处于相持状态。

约507年前后,嚈哒出兵伐高车,立弥俄突为高车王。

508年,麴嘉遣使北魏,想举国内徙。魏宣武帝派龙骧将军孟威发凉州兵3000人迎之。

516年左右,嚈哒立弥俄突弟伊匐为高车主,控制高车国。至此,嚈哒势力臻于极盛。

540年,突厥与西魏的军事战争见于中文史籍。

545年,西魏与突厥通使。

约517年以降,摩酰逻矩罗与罽宾争境。

534年,北魏政权分裂为东魏、西魏。不久,北齐取代东魏,北周取代西魏。西魏、北周政权皆由鲜卑宇文氏建立。

6世纪中叶,高句丽在东北亚地区最为强盛。

6世纪中叶,保加尔人的两个主要部落库特利古尔与乌提古尔之间发生战争。

6世纪中期,靺鞨部族登上东北亚的历史舞台。

550～575年,阿瓦尔人在多瑙河和蒂萨河之间的匈牙利平原建立自己的政权,帝国在6世纪末期臻于鼎盛。

552年,突厥于怀荒镇北大举进攻柔然,柔然可汗阿那瓌战败自杀,柔然汗国灭亡。土门正式建立突厥汗国,自称伊利可汗。

555年,高昌王麴宝茂向突厥向可汗求和,迎娶可汗之女为妻,受突厥册封。

556年,突厥进攻吐谷浑。

557年,临近查士丁尼统治末期,阿瓦尔人派遣使者坎迪赫至君士坦丁堡,请求纳贡及入居帝国境内。

558年,突厥与波斯联军灭嚈哒,以阿姆河为界瓜分嚈哒领土。不久,突厥势力继续南下,占有全部嚈哒旧壤。

565 年,巴颜继承阿瓦尔王位,称为"可汗"或"大汗"。

568 年,突厥派粟特人马尼亚赫出使拜占庭。

570~632 年,伊斯兰教创始人穆罕默德在世。

577 年,北周灭北齐,完成对北方的统一。

581 年,隋代北周。突厥佗钵可汗病逝,突厥汗国分裂。

581 年,突厥陈兵拜占庭克索涅索斯城下,至 590 年,撤兵。

583 年,隋兵大败突厥。突厥汗国分裂为东(或北)突厥汗国和西突厥汗国。

587 年,莫何可汗生擒阿波可汗。隋朝控制漠北。

590 年,波斯大将巴赫兰投奔西突厥,西突厥征服兴都库什山以北的吐火罗斯坦。

597~598 年,巴里黑和昆都士成为西突厥的属地。

6 世纪末,库特利古尔部落与阿瓦尔人结成联盟,征讨乌提古尔部落。

601 年,拜占庭在蒂萨河战役中打败阿瓦尔人。巴颜于一年后去世。

603 年,西突厥步迦可汗西奔吐谷浑,西突厥也分裂为两部分。隋朝成为整个东亚的霸主。

605 年,西突厥处罗可汗激起铁勒大起义,西突厥汗国的领地,多变成契苾—薛延陀的势力范围。

611 年,阿波系可汗退出历史舞台。

613 年,高昌王麴伯雅进行"解辫削衽"改革,恢复中华衣冠发式。

614 年,高昌麴氏宗室发动"义和政变",高昌王麴伯雅与子文泰等逃往西突厥避难。

617 年,西突厥统叶护可汗在中亚建立强大的汗国,西突厥统叶护可汗对西域诸国进行监视并收税。

620 年,高昌王麴伯雅复辟,改元"重光"。

622 年,穆罕默德从麦加迁往麦地那,为伊斯兰教纪元之始。

626 年,东突厥颉利可汗直抵长安西渭桥城下,与唐定城下之盟。

626 年,阿瓦尔人与波斯国王库思老二世结成联盟,攻击对君士坦丁堡。

627 年,可萨汗国侵入阿哲儿拜占,借兵给拜占庭,战胜波斯。

627 年,回纥首领菩萨带兵大破颉利可汗 10 万骑兵。

628 年,波斯内乱,西突厥统叶护在拓土,扩展至罽宾。

628 年,西突厥发生内乱,统叶护可汗被杀。

628 年,薛延陀夷男建立薛延陀汗国。

630 年,唐灭东突厥汗国。

630 年,伊吾首领石万年以七城降唐。唐列其地为西伊州,632 年,更名为伊州。

632～634 年,阿拉伯首任哈里发艾卜·伯克尔在位。

632 年,唐与黠戛斯建立联系。

633 年,松赞干布将首都由山南匹播城迁都逻些,正式建立吐蕃王朝。

634～644 年,阿拉伯次任哈里发欧麦尔,攻占叙利亚、埃及和西部伊朗。

634 年,唐平吐谷浑。

7 世纪 30 年代,奥诺古尔和库特利古尔两个保加尔部落脱离突厥汗国的控制,建立"大保加利亚"。

636 年,嘎底西叶战役,阿拉伯击败萨珊波斯主力。

637 年,阿拉伯攻占萨珊波斯首都泰西封。

638 年,西突厥五弩失毕部与五咄陆部交战,双方以伊列河为界。

640 年,唐灭高昌,置安西都护府。

641 年,唐文成公主去吐蕃与松赞干布和亲。

642 年,尼哈旺德战役,阿拉伯彻底击溃萨珊波斯军队。

644～656 年,阿拉伯第三任哈里发奥斯曼,征服呼罗珊、塞斯坦。

644 年,安西都护郭孝恪讨击焉耆,唐设焉耆都督府。吐蕃征服羊同。

646 年,唐灭薛延陀汗国,唐太宗被铁勒诸部奉为天可汗。

647 年,唐太宗以铁勒各部置六都督府七州。

648 年,唐平龟兹,设龟兹都督府。

648 年,吐蕃出兵助唐使王玄策进攻中天竺王阿罗那顺,震动天竺诸国。

650 年,东突厥汗国的领土全都被纳入唐朝的版图,唐朝设置单于都护府、瀚海都护府。

651 年,萨珊波斯皇帝伊嗣俟被杀于中亚木鹿,萨珊波斯亡。阿拉伯首次向唐朝遣使。

651 年,贺鲁取咄陆可汗故地,在双河和千泉建牙,自号沙钵罗可汗。

652 年,阿拉伯占领阿塞拜疆与亚美尼亚部分地区,一支军队进攻可萨汗国都城白兰杰尔失败。

654 年,阿拉伯军队首次越过阿姆河,攻击粟特地区的米国。

656～661 年,阿拉伯第四任哈里发阿里在位,伊斯兰世界一分为三:逊尼派、十叶派和哈列哲派。

656 年,吐蕃征白兰。

657 年,唐灭西突厥,在西突厥故地设立羁縻府州。

658 年,唐移安西都护府于龟兹,在西域设置龟兹、于阗、碎叶、疏勒四个军镇。

661～680 年,倭马亚哈里发穆阿威叶派呼罗珊总督越过乌浒水,袭击捕喝与飒秣建。

661～750 年,阿拉伯倭马亚王朝。

661 年,唐朝派王名远作为吐火罗道置州县使,第二次前往西域,于吐火罗国立碑纪念。

661 年,西突厥十姓附于吐蕃,吐蕃势力进入西域。

662 年,弓月引吐蕃进攻龟兹。

663 年,禄东赞亲自率军占领吐谷浑全境,吐谷浑成为吐蕃的属国。

667 年,突厥兴昔亡、继往绝可汗的去世,吐蕃取代西突厥,成为与唐朝争夺西域的主要对手。

670年,唐同吐蕃于大非川决战,唐军大败。

670年,吐蕃攻陷白州等18个羁縻州,取龟兹所辖拔换城,唐安西四镇陷落。

679年,单于大都护府管下的阿史德温傅、奉职两部同时反叛,开启东突厥复国序幕。

679年,唐乘裴行俭出兵突厥之胜,在西突厥余众的重要据点构建碎叶城,复置安四四镇。

680年,巴尔干的保加利亚政权的建立,阿瓦尔政权进一步衰弱。

682年,阿史那骨咄禄在黑沙城重建东突厥汗国,习称第二汗国。

685~705年,倭马亚哈里发阿卜杜勒·麦立克,任命哈查只·伊本·优素福为伊拉克总督,向东扩张。

690年,突骑施索葛莫贺部酋长乌质勒建立突骑施汗国。

691年,骨咄禄弟默啜继位,自立为可汗。

692年,唐朝以王孝杰大败吐蕃,收复四镇。

696年,内附于唐的契丹松漠都督李尽忠与孙万荣,据营州作乱,默啜趁机占据原松漠都督府所辖之地。

698年,渤海大祚荣自号震国王,以东牟山为都建立政权。

702年,唐以庭州置北庭都护府,管理昆陵、濛池两都护府所辖西突厥故地。

703或704年,拜占庭皇帝查士丁尼二世娶可萨可汗的姐妹。

705~715年,倭马亚哈里发韦立德在位,屈底波出任倭马亚王朝的呼罗珊总督,征服吐火罗、粟特地区。

708年,屈底波征服捕喝。

708年,唐朔方道大总管张仁亶,在黄河北岸建立三受降城。

709年,突厥降伏图瓦中部和西部的奚、词晖,并征服黠戛斯国。

710年,唐以金城公主与墀德祖赞联姻。

711~712年,默啜遣兵迎战突骑施,击灭娑葛,远征中亚,到达铁门。

712年,屈底波征服飒秣建,与远东突厥军队交战。

713年,阿拉伯人从可萨人手中夺取打耳班。

713年,唐册封大祚荣为渤海郡王、忽汗州都督。其政权称渤海国。

714年,唐碛西节度使阿史那献收碎叶川西数千帐归唐。默啜遣其子移涅可汗围攻北庭都护府,被都护郭虔瓘击败。

715年,屈底波在拔汗那谋反被诛,唐张孝嵩率安西军队西征拔汗那。

715～717年,倭马亚哈里发苏利漫在位。

716年,默啜讨九姓,大败拔野固,但在回兵路上被拔曳固残部袭杀。

717～720年,倭马亚哈里发欧麦尔二世在位。

717年,吐蕃与突骑施、大食出击四镇,围钵换及大石城。

720年,突厥暾欲谷大破拔悉密,进攻甘、凉等州,掠契苾部落。

722年,粟特人发动起义反抗阿拉伯人的统治。

723年,阿拉伯军队攻占可萨汗国首都白兰杰尔,可萨汗国迁都萨曼达尔。

724年,突骑施联合拔汗那、石国兵在药杀水包围大食,史称"渴水日之战",大食大败。

727年,渤海王大武艺向日本派出使节船。

729年,唐拔吐蕃石堡城。

730年,契丹遥辇氏部落取代大贺氏成为部落联盟长。

732年,拜占庭皇帝利奥三世为其子君士但丁娶可萨公主奇切克(爱琳)。

734年,突骑施与吐蕃结盟,与唐朝边将发生冲突,围攻疏勒。

737年,阿拉伯人奇袭可萨汗国都城萨曼达尔,可萨汗国迁都阿得城。可萨可汗被迫暂时改宗伊斯兰教。

737年,吐蕃再攻勃律,控制南帕米尔地区二十余国。

738年,苏禄部将莫贺达干与都摩支联兵袭杀苏禄。

742 年,九姓铁勒中的拔悉密、回纥、葛逻禄三部落攻杀突厥骨咄叶护。

744 年,回纥骨力裴罗联合葛逻禄灭拔悉密,回纥汗国建立。

745 年,回纥杀突厥白眉可汗,第二突厥汗国灭亡。

747 ~ 750 年,阿拉伯阿拔斯党徒并波悉林在呼罗珊起义。

747 年,唐安西副都护高仙芝率军远征小勃律。

750 ~ 1258 年,阿拉伯阿拔斯王朝。

750 ~ 754 年,阿拔斯王朝哈里发阿蒲罗拔在位。

751 年,怛逻斯之战,高仙芝被石国和阿拉伯联军打败。

751 年,回纥破同罗,并击败三姓葛逻禄和黠戛斯的联盟。

753 年,唐哥舒翰击破吐蕃,收复九曲。

754 ~ 775 年,阿拉伯阿拔斯朝哈里发阿蒲恭拂剪除并波悉林。

755 年,唐朝爆发安史之乱。吐蕃趁机大举东征,相继攻占瓜、沙、甘、肃、河、湟、凉、秦等河西、陇右二十余州。

760 年,阿拔斯朝亚美尼亚总督娶可萨公主。

762 年,回鹘牟羽可汗出兵助唐平安史之乱,后改宗摩尼教。阿拔斯朝阿蒲恭拂迁都巴格达。

763 年,吐蕃攻占唐都长安。

775 ~ 785 年,阿拔斯哈里发迷地在位。

781 年,吐蕃和回鹘开始争霸天山东部。

785 ~ 786 年,阿拔斯哈里发哈迪在位。

786 ~ 809 年,阿拔斯哈里发诃论在位。

788 年,回纥改称回鹘。

790 年,吐蕃攻陷西州,唐朝势力退出西域。

790 年,阿瓦尔人派遣使者至查理曼大帝位于亚琛的王庭,就恩茨河沿岸的边境问题挑起事端,引发战争。

796 年,查理大帝结集部队再次攻击阿瓦尔人,阿瓦尔人臣服查理大帝。

803 年,阿拔斯王朝巴尔马克家族覆亡。

808 年,阿拔斯王朝哈里发诃论亲征呼罗珊。

809～813 年,阿拔斯王朝哈里发阿明在位。

813～833 年,阿拔斯王朝哈里发马蒙在位。

819 年,马蒙迁都巴格达。阿拔斯王朝达到全盛。

820～872 年,塔希尔家族世袭呼罗珊总督之职。

833 年,拜占庭帮助可萨汗国建筑沙克尔(白色城堡)。

840 年,回鹘汗国灭亡,黠戛斯取代回鹘而成为漠北主宰。萨曼王朝出兵占领白水城。

841 年,回鹘庞特勤率领十五部西迁。

842 年,吐蕃内部内廷崩裂,边将征战不休。

851 年,张义潮率十一州归唐。

862 年,第一个罗斯国建立,留里克王朝时期开始。

860 年,可萨可汗、贵族与部分平民信奉犹太教。

866 年,回鹘消灭吐蕃在西域的势力,吐蕃王朝瓦解。

867～908 年,伊朗萨法尔王朝。

874～999 年,伊朗与河中的萨曼王朝。

882 年,留里克王朝的第二任王公奥列格攻占基辅,建立基辅罗斯国。

882～911 年,以东斯拉夫人为主体的国家形成。

9 世纪末,原阿瓦尔人的领地被斯拉夫人的大摩拉维亚国和保加尔人的突厥汗国瓜分。

906 年,契丹部落联盟八部酋长会议推选耶律阿保机为可汗。

907 年,契丹部落联盟长阿保机西取突厥故地,灭奚,征服东北诸夷。

911 年,罗斯王子奥列格与拜占庭缔结和约。

913 年,可萨汗国穆斯林雇佣军杀死 3 万罗斯舰队的士兵。

915 年,契丹与高丽建立联系。

916 年,阿保机在即皇帝位,国号"契丹"。

924 年,阿保机西征,兵至高昌回鹘境内,拔浮图城。

926 年,契丹攻下渤海王都上京城,渤海国灭亡。

933 年,喀剌汗王朝役属于契丹。

944 年,基辅罗斯王子伊戈尔与拜占庭签订新约。

945~1055 年,布韦希王朝建立,统治伊朗西南部与伊拉克。

947 年,契丹灭后晋,占领开封,耶律德光改国号"大辽"。

960 年,喀喇汗王朝阿尔斯兰汗木萨实行国家伊斯兰化,二十万帐突厥人接受伊斯兰教。

967 年,基辅罗斯大公斯维亚托斯拉夫攻克可萨汗国首都阿得城。

970 年,喀喇汗王朝与于阗李氏王朝发生战争。

973 年,辽圣宗遣军远征河西回鹘。

977~1186 年,占有伊朗东部、阿富汗与印度北部的伽色尼王朝。

984 年,宋朝出使高昌的使者王延德回国,向朝廷献上《高昌行记》。

992 年,喀喇汗王朝博格拉汗哈桑占领撒马尔干、布哈拉,不久在撤军途中死去。

995~1017 年,花剌子模沙第一王朝。

999 年,伽色尼王朝占领萨曼王朝阿姆河以南的全部领土,喀喇汗王朝阿尔斯兰伊利纳赛尔占领萨曼王朝首都布哈拉,萨曼王朝灭亡。

1004 年,契丹与宋朝订立澶渊之盟。

1006 年,喀喇汗王朝伊利纳赛尔征伐伽色尼王朝,失败。

1009 年,喀喇汗王朝向宋朝派出第一个使团,从此两国交往频繁。

1016 年,可萨可汗乔治·佐勒被罗斯军队俘虏。

1017~1043 年,花剌子模沙第二王朝。

1017 年,伽色尼王朝征服花剌子模。

1025 年,伽色尼君主马赫穆德进军河中,与喀喇汗王朝卡迪尔汗玉素甫会盟。

1035 年,塞尔柱人托格里尔与恰格里率部众迁居呼罗珊。

1040 年,喀喇汗王朝步离特勤伊卜拉欣·本·纳赛尔称桃花石博格拉汗,形成西部喀喇汗国。塞尔柱军队在丹丹坎战役中大败伽色尼王朝的军队。

1043 年,不里阿耳与巴拉沙衮之间的突厥人接受伊斯兰教。塞尔柱人恰格里进军花剌子模。

1055 年,塞尔柱突厥人占领巴格达,阿拔斯朝哈里发承认托格里尔为苏丹。

1063～1072 年,塞尔柱朝苏丹阿尔普·阿尔斯兰。

1071 年,曼齐卡特战役,塞尔柱苏丹阿尔普·阿尔斯兰打败拜占庭军队,俘获拜占庭皇帝罗马纽斯·戴奥哲尼斯,小亚细亚地区开始伊斯兰化和突厥化。

1072～1092 年,塞尔柱朝苏丹马里克·沙。

1089 年,塞尔柱苏丹马里克·沙占领河中地区,西喀喇汗王朝沦为塞尔柱朝的附庸。

1092～1308 年,安纳托利亚的鲁木苏丹国。

1096 年,鲁木苏丹国打败第一次十字军的首批部队,但此后首都尼西亚失守。

1097～1231 年,大花剌子模沙王朝。

1113 年,完颜阿骨打继任生女真军事部落联盟长都勃极烈。

1115 年,阿骨打登皇帝位,定国号大金。

1117～1157 年,塞尔柱帝国大苏丹桑贾尔在位。

1120 年,金兵攻陷辽上京。

1125 年,辽灭亡。

1127 年,金兵攻陷宋都汴梁,俘获徽、钦二帝,灭北宋。

1130 年,耶律大石率部西迁。

1132 年,耶律大石在叶密立城新城称帝,建立西辽王朝,征服高昌回鹘王国。

1134 年,西辽使东部喀喇汗王朝臣服,占领七河地区,以巴拉沙衮为首都。

1141 年,塞尔柱军队与西辽军队在卡特万草原会战,塞尔柱大苏丹桑贾尔大败。西部喀喇汗王朝成为西辽的附庸。

欧·亚·历·史·文·化·文·库

1147 年,鲁木苏丹国重创第二次十字军。

1147 年,莫斯科城创建。

1156 年,河中地区统治权从喀喇汗朝阿里系手中转到费尔干纳系手中。

1162 年,铁木真出生于斡难河沿岸迭里温·孛勒答黑地方。

1176 年,米里奥科法伦战役,鲁木苏丹国包围拜占庭军队,迫使拜占庭皇帝曼努埃尔一世求和。

1200 年,铁木真与王汗联合击败泰亦赤兀惕部。

1205 年,铁木真击溃乃蛮、蔑儿乞联军。

1206 年,铁木真统一蒙古高原,建立蒙古汗国。

1209 年,高昌回鹘王巴尔术阿尔忒的斤臣服成吉思汗。

1210 年,花剌子模沙赫摩诃末与蒙古乃蛮部首领屈出律联军大败西辽军队。

1211 年,蒙古汗国对金朝全面开战,金军败绩。

1211 年,蒙古乃蛮部首领屈出律灭亡西辽。东部喀喇汗王朝灭亡。

1212 年,花剌子模沙赫摩诃末灭喀喇汗西部王朝。

1214 年,金国逼迫迁都至南京。

1215 年,蒙古大军攻入中都。

1218 年,蒙古成吉思汗派哲别灭乃蛮残部,杀屈出律。

1219 年,成吉思汗开始西征。

1220 年,蒙古军攻下花剌子模城。速不台、哲别率军进入阿哲儿拜占,阿塔卑月即伯请和。

1221 年,蒙古军追至申河北岸击溃札兰丁军。

1225 年,成吉思汗大军回蒙古本土。

1226 年,察合台汗国开始形成。

1227 年,西夏被灭,成吉思汗去世。

1229 年,窝阔台大汗继位。

1231 年,绰儿马罕蒙古军在曲儿忒消灭花剌子模残余势力。

1233 年,蒙古攻占国东夏上京开元城,东夏国灭亡。

1234 年,蒙古与宋联合灭金国。

1235 年,窝阔台决定"长子统帅"西征。

1236 ~ 1241 年,金帐汗国建立。

1240 年,拔都率军占领罗斯诸公国。

1243 年初,拔都回到钦察营地,第二次西征宣告结束。鲁木苏丹国成为蒙古的保护国。

1243 ~ 1246 年,哈赞算端汗时期,察合台汗国分裂成东、西两大汗国。

1246 年,贵由汗即位。蒙古开始对罗斯进行户籍登记

1251 年,蒙哥汗继位。

1253 年,蒙哥汗遣弟旭烈兀远征西亚。

1258 年,蒙古旭烈兀军攻陷巴格达,灭阿拔斯朝,建立伊利汗国。

1259 年,蒙哥汗攻打南宋时病逝。

1262 年,钦察与伊利两汗国开始对立。

1264 年,阿里不哥归降忽必烈。

1266 年,海都举兵与忽必烈对抗。

1265 年,旭烈兀去世,阿八哈继任。

1270 年,忽必烈改高丽西京为东宁府,派遣达鲁花赤监督。

1274 年,忽必烈第一次征讨日本失败。

1281 年,忽必烈第二次征日失败。伊利汗国阿八哈汗去世,其弟帖古迭尔(阿合马)即位,为第一位改信伊斯兰教的汗。

1282 年,埃尔托格鲁尔之子奥斯曼继承了酋长的位置,自称埃米尔,建立奥斯曼人的公国。

1294 年,忽必烈去世。

1299 年,奥斯曼趁罗姆素丹国分裂,正式宣布独立,自称"素丹",奠定了奥斯曼国家的雏形。

1307 年,鲁木苏丹国亡。

1326 年,奥斯曼土耳其人从拜占庭手中夺取了布鲁萨城,迁都于

此,正式使用"素丹"称号,立伊斯兰教为国教。

1331～1337年,在乌尔汗执政期间,奥斯曼土耳其征服了除费拉德尔菲亚城以外拜占庭在小亚细亚的全部领土。

1346年,哈赞汗被杀,察合台汗国进入"异密统治时代"。

1354年,乌尔汗侵入巴尔干半岛,渡达达尼亚海峡,攻克了加利波里和色雷斯,向东南欧推进。

1358年,巴鲁剌思部异密帖木儿建立帖木儿帝国。

1362年,穆拉德一世攻下亚德里亚堡,奥斯曼国迁都至欧洲的埃迪尔内。

1368年,朱元璋攻入通州,元朝皇帝妥欢帖木儿北移。

1389年,奥斯曼土耳其军在科索沃再败塞尔维亚、保加利亚、瓦拉几亚和匈牙利联军,确立了奥斯曼土耳其人在南欧的地位。

1394年,巴耶塞特从埃及哈里发那里获得了"罗姆素丹"的称号,奥斯曼国家在宗教上得到了伊斯兰世界的承认。

1396年,欧洲各国组建新十字军征讨奥斯曼土耳其。

1399年,帖木儿开始"七年战役"。

1402年,帖木儿与土耳其决战于安卡拉城东北部的赤布哈巴德,土耳其军败,巴耶塞特素丹被俘。

1411年,伊利汗国为帖木儿吞并。

1405年,帖木儿突然去世。

1417年,西察合台汗国分裂为蒙兀儿斯坦和畏兀儿斯坦两个王朝。

15世纪上半叶,乌兹别克汗国建立。

1445年,马合木迭克占领喀山,建立喀山汗国。

1449年,哈吉·吉列亦建立克里米亚汗国。

1453年,奥斯曼土耳其人攻陷君士坦丁堡,改名为伊斯坦布尔,定为奥斯曼国家的都城。君士坦丁堡的失陷,标志着拜占庭帝国千年历史的终结。

1466年,哈辛建立阿斯特拉罕汗国。

1468 年,乌兹别克汗国瓦解。

1470 年左右,哈萨克汗国建立。

1477 年,伊凡三世将诺夫哥罗德城并入莫斯科大公国的版图。

1485 年,东北罗斯统一,新兴的俄罗斯政权诞生。

16 世纪以后,蒙古分化为漠南、漠北、漠西三部分。

1500 年,布哈拉汗国昔班尼王朝创建。

1502~1503 年,蒙兀儿斯坦王朝被昔班尼王朝吞并。

1505 年,明里·吉列亦占领萨赉城,大斡耳朵汗廷灭亡。

1510 年,尤赤后裔的乌兹别克人伊勒巴思汗击破花剌子模的撒非朝。莫斯科公国兼并普斯科夫。

1512 年,花剌子模阿拉布沙希王朝建立。

1514 年,奥斯曼塞里姆一世进攻伊朗,攻占伊朗首都大不里士。斯摩棱斯克并入俄罗斯版图。

1516 年,奥斯曼军队占领了大马士革和贝鲁特城,并于翌年攻占开罗,灭亡了以什叶派为国教的埃及马木路克王朝,奥斯曼人的素丹也就成了正统的伊斯兰世界的首领。

1517 年,莫斯科公国兼并梁赞。

1525 年,巴布尔占领德里和阿格拉,建莫卧儿帝国。

1534 年,苏里曼一世攻下巴格达,夺取两河流域。此后还兼并了亚美尼亚和格鲁吉亚的部分地区,使奥斯曼国家成为横跨欧、亚、非的军事帝国。

1547 年初,伊凡四世举行隆重的加冕典礼,正式加冕为沙皇。

1551 年,伊凡四世率俄军攻入喀山,喀山汗国灭亡。

1556 年,阿斯特拉罕汗国并入俄国版图。

1559 年,努尔哈赤出生。

1552~1574 年,阿勒坦汗多次征讨卫拉特。

1582 年,阿勒坦汗去世,卫拉特摆脱东蒙古控制。

1583 年,努尔哈赤被明朝任命为建州左卫都指挥使;努尔哈赤以以遗甲十三副起兵,攻打尼堪外兰的图伦城,开始统一女真的过程。

1584 年,努尔哈赤征服董鄂部。

1585 年,努尔哈赤征服浑河部。

1586 年,哈萨克汗国与俄国使节往来的开始;努尔哈赤杀死尼堪外兰,控制苏克苏浒部。

1588 年,努尔哈赤收服哲陈部和完颜部,统一建州女真。

1593 年,努尔哈赤打败叶赫、乌喇、科尔沁等九部联军。

1598 年,布哈拉汗国札尼王朝开始。

1599 年,努尔哈赤灭掉哈达;努尔哈赤命额尔德尼和噶盖,以蒙古文字母和女真语音拼成满文。

16 世纪末,哈萨克形成三大玉兹集团。

1603 年,努尔哈赤建赫图阿拉城。

1607 年,俄国使者来到卫拉特蒙古杜尔伯特部和土尔扈特部属地,诱劝蒙古领主臣服沙皇;努尔哈赤率部灭掉辉发。

1608 年,俄国派人前往喀尔喀蒙古和托辉特部,诱劝蒙古领主臣服沙皇;明朝停止建州女真朝贡。

1609 年,明朝关闭与建州女真的马市。

1613 年,努尔哈赤灭掉乌喇;留里克王朝结束,罗曼诺夫王朝开始。

1616 年,努尔哈赤称汗登位,定国号金,史称后金。

1618 年,努尔哈赤攻克明朝的抚顺、清河二城。

1619 年,萨尔浒之战,后金军大败明朝和朝鲜联合军队。

1619 年,努尔哈赤灭掉叶赫部,基本统一女真各部;后金军攻破明朝的开原、铁岭城。

1621 年,后金军攻破沈阳、辽阳城。后金迁都辽阳城。

1622 年,后金军攻陷广宁城;明朝辽东都司毛文龙在朝鲜铁山前海皮岛建立军事基地。

1623 年,卫拉特与喀尔喀讲和,结束半个世纪的对抗。朝鲜发生宫廷政变,国王光海君以"废母弑弟"之罪被废黜,另立新国王,史称"仁祖反正"。

1624 年,后金与科尔沁缔结针对察哈尔林丹汗的盟约。

1625 年,后金迁都沈阳。

1626 年,努尔哈赤率兵亲征内喀尔喀巴林部;袁崇焕坚守宁远城,努尔哈赤战败,抑郁而死,皇太极即位。

1627 年,皇太极施反间计杀死袁崇焕;后金与朝鲜缔结"江华和约";后金军取道蒙古,攻入明朝内地。

1628 年,巴林归附后金;皇太极亲征察哈尔,察哈尔势力退出西喇木伦河地方。

1630 年,土尔扈特部西迁至伏尔加河流域。

1631 年,林丹汗兴师至西喇木伦河北岸,大掠而去。

1632 年,皇太极亲征察哈尔,林丹汗不敌逃走。

1634 年,林丹汗病死在大草滩永固城一带。

1635 年,皇太极平察哈尔,获元朝传国玉玺;哈萨克与卫拉特发生第一次大规模战争;达赖喇嘛赐准噶尔部首领巴图尔称号为额尔德尼·巴图尔·珲台吉。

1636 年,漠南蒙古十六部四十九位部主齐聚盛京,尊奉皇太极为"宽温仁圣"皇帝,皇太极改国号为清,改元崇德;皇太极亲率八旗兵往征朝鲜,史称丙子之役;卫拉特向青藏高原扩张。

1637 年,朝鲜国王被迫出南汉山城,向皇太极称臣纳贡,两国结成宗藩关系;俄军到达鄂霍次克海。

1638 年,喀尔喀三部遣使向皇太极献"九白之贡"。

1640 年,固始汗率领青海卫拉特军进入康区。卫拉特与喀尔喀蒙古联合召开大会,制定《卫拉特法典》。

1641 年,固始汗征服西藏,成为藏王。

1642 年,清军取得松锦战役的胜利,明将洪承畴、祖大寿降清。

1643 年 7 月,俄国哥萨克瓦西里·波雅科夫第一次进入黑龙江。

1643 ~ 1644 年,巴图尔珲台吉率部与哈萨克首领扬吉尔交战,战败。

1644 年,李自成农民军攻陷北京城,崇祯帝自缢而死,明朝灭亡;

明宁远总兵吴三桂引清兵入关,攻占北京。

1650 年,俄国哥萨克哈巴罗夫进攻达斡尔人的驻地雅克萨,建立阿尔巴津城。

1652 年,驻宁古塔清军与赫哲人一起打败哈巴罗夫率领的哥萨克于乌扎拉村;巴图尔珲台吉打败扬吉尔。

1653 年,哥萨克在呼玛尔修筑堡寨,取名呼玛尔斯克;巴图尔珲台吉死,僧格继位。

1654 年,清朝派宁古塔章京沙尔虎达,击退以斯捷潘诺夫为首的哥萨克。

1655 年,清朝派固山额真明安达理自京师率军往讨黑龙江一带哥萨克。

1656 年,俄国向清朝派出巴伊可夫使团。

1658 年,清朝派沙尔瑚达率军 1400 人进驻黑龙江,打死俄军头目斯捷潘诺夫。

1660 年,清朝宁古塔将军巴海率兵往剿黑龙江下游哥萨克,被全部肃清。

1665 年,以切尔尼果夫为首的哥萨克窜入黑龙江上游,在雅克萨建立阿尔巴津堡。

1666 年,哥萨克在楚库河和色楞格河汇合处附近建立色楞格斯克堡。

1670 年,卫拉特蒙古准噶尔部僧格珲台吉被杀,其弟噶尔丹返回准噶尔掌权;1670 年,俄国向清朝派出米洛瓦诺夫使团。

1672 年,土谢图汗和其弟哲布尊丹巴呼图克图派人到莫斯科,要求俄军撤出色楞格斯克。

1676 年,俄国向清朝派出尼果赖使团。

1679 年,噶尔丹自称博硕克图汗。

17 世纪 70 年代,俄国占领贝加尔湖以东地区。

1680 年,噶尔丹吞并南疆。

1681 年,俄军在额尔古纳河建立额尔古纳堡。

1683 年,清军约三千名进驻黑龙江,相继拔除俄军在黑龙江下游的侵略据点。

1685 年,清军取得第一次雅克萨之战的胜利;青海卫拉特制定《青海卫拉特联盟法典》。

1687 年,清军取得第二次雅克萨之战的胜利。

1688 年,沙皇政府派出的全权代表戈洛文突然出动军队,向喀尔喀部猛烈进攻,噶尔丹引兵同时进攻,喀尔喀腹背受敌,受到重创。

1689 年,清俄签订《尼布楚条约》。

1690 年,康熙帝第一次亲征噶尔丹,清军大败噶尔丹于乌兰布通。

1692 年,沙皇彼得一世派荷兰族大商人义杰斯使华。

1695 年,希瓦汗国公开承认布哈拉汗国的宗主国地位。

1696 年,清军大败噶尔丹于昭莫多。

1697 年,康熙第三次亲征噶尔丹,噶尔丹灭亡。

1698 年,俄国开始派国家商队前往北京贸易,还允许私商加入;策妄阿拉布坦打败哈萨克头克汗。

1700 年,策妄阿拉布坦出兵喀什噶尔,控制南疆地区。

1709 年,费尔干纳浩罕汗国建立。

1712 年,彼得一世迁都圣彼得堡。

1712 年,清朝派图里琛等一行赴伏尔加河探望土尔扈特部,1714 年抵达,1715 年返回。

1717 年,准噶尔兵入藏杀拉藏汗。

1718 年,沙俄建立塞米巴拉金斯克堡。

1721 年,彼得一世被尊称为彼得大帝,俄国正式成为俄罗斯帝国。

1722 年,清朝宣布驱逐库伦俄商,暂停清俄贸易;清朝命俄国商队离开北京。

1723 年,罗布藏丹津反清失败,青海卫拉特正式进入札萨克体制。

1725 年,沙皇彼得一世去世,叶卡捷琳娜一世继位,派萨瓦伯爵使华。

1727 年,清俄签订《布连斯奇条约》;策妄阿拉布坦死,噶尔丹策零继为汗。

1728 年,清俄签订《恰克图条约》。

1731 年,阿布勒海尔签署关于小玉兹归并俄国的合法法案。

1752 年,阿睦尔撒纳与达瓦奇联合攻杀喇嘛达尔扎,达瓦奇继为准噶尔首领。

1754 年,阿睦尔撒纳归附清朝。

1755 年,清朝平定准噶尔。

1757 年,阿睦尔撒纳叛逃覆亡。

1758 年,大小和卓叛乱。

1759 年,清朝平定大小和卓。

1762 年,清朝设置总统伊犁等处将军。

1771 年,土尔扈特部东归。

1783 年,克里米亚汗国并入罗斯。

1785 年,布哈拉汗国曼格特王朝开始。

1792 年,俄国占领中玉兹。

1797 年,玉素甫和卓侵犯南疆。

1820~1828 年,张格尔叛乱,清朝出兵平定。

1830 年,浩罕挟玉素甫入寇。

1847 年,七和卓叛乱。

1846 年,大玉兹哈萨克人接受俄国的宗主权。

1849 年,俄国海军大尉涅维尔斯科依率领"贝加尔"号秘密驶入黑龙江口,向黑龙江中下游地区扩张。

1850 年,涅维尔斯科依率领"鄂霍次克"号再次闯入黑龙江口。

1851 年,俄国强迫清政府签订《伊犁塔尔巴哈台通商章程》。

1852 年,俄国在伊犁、塔城设立领事馆。

1853 年,克里米亚战争开始;清朝发生太平天国起义。

1854 年,穆拉维约夫亲率俄军武装航行黑龙江,将一千兵力部署在阔吞屯、庙街至克默尔湾一带。

1856 年,俄政府设立东西伯利亚滨海省,管理堪察加、库页岛及黑龙江河口地区;英法联合发动第二次鸦片战争。

1857年,俄国派普提雅廷为使华;倭里罕和卓叛乱;英法联军攻占广州。

1858年,英法联军攻占大沽炮台。俄国东西伯利亚总督穆拉维约夫强迫黑龙江将军奕山签订《瑷珲条约》;俄国政府正式批准成立"阿穆尔哥萨克军"。莫卧儿末代帝王巴哈杜尔沙二世被英国殖民者废黜。

1859年,清政府否认《瑷珲条约》的合法性;穆拉维约夫乘军舰至克默尔湾,改其名为大彼得湾;英法联军攻占通州,咸丰帝逃往热河;英法联军焚毁圆明园。

1860年,俄国侵占海参崴和诺夫哥罗德港;俄国强迫清朝签订《北京条约》。

1861年,清俄签订《勘分东界约记》,作为《北京条约》的补充条款。

1862年,陕西回民起义爆发;清朝就西部边界开始与俄国进行谈判。

1864年,俄国征服中亚的战争开始;清俄签订《勘分西北界约记》。

1865年,俄国出兵征服中亚的浩罕汗国;浩罕军官阿古柏侵入南疆,占领喀什噶尔和英吉沙尔。

1866年,布哈拉埃米尔的军队与沙俄军队在伊尔坚进行第一次大战,布哈拉军队受到重创;俄国与阿古柏达成互不干涉的非正式协议;阿古柏占领叶尔羌和和田。

1867年,阿古柏侵占乌什、阿克苏和库车等地。

1868年,布哈拉埃米尔国成为沙皇俄国的保护国;阿古柏派代表穆罕默德·那札尔前往英属印度。

1869年,俄国强迫清政府签订《科布多界约》和《乌里雅苏台界约》;英属印度当局接见阿古柏的使者伊赫拉尔汗,赠送给阿古柏一批枪支弹药。

1870年,俄国强迫清政府签订《塔尔巴哈台界约》;英国福塞斯"使

583

团"第一次到喀什噶尔活动;阿古柏侵占吐鲁番、乌鲁木齐和玛纳斯等地。

1871 年,俄国出兵侵占伊犁。

1873 年,希瓦汗国沦为俄国的保护国;阿古柏派赛义德·阿古柏前往英属印度,与英国共商抗俄之策;福塞斯"使团"第二次到喀什噶尔活动。

1875 年,清政府任命陕甘总督左宗棠为钦差大臣督办新疆军务,金顺为帮办新疆军务。

1876 年,俄国征服浩罕汗国;清政府开始收复新疆之战,北疆阿古柏势力被肃清。

1877 年,清军收复南疆大部分地区,阿古柏死于库尔勒。

1878 年,清军收复和田;清政府派崇厚出使俄国交涉收回伊犁事宜。

1879 年,崇厚在俄擅自签订《里瓦几亚条约》,激起全国人民反对。

1880 年,清政府改派曾纪泽赴俄国重新谈判收复伊犁事宜;左宗棠自甘肃肃州移师哈密,做好分三路进取伊犁的军事部署。

1881 年,曾纪泽在俄国签订《伊犁条约》;俄国建立驻喀什噶尔领事馆。

1882 年,清朝正式接收伊犁,伊犁将军金顺进驻伊犁;清朝与俄国签订《伊犁界约》和《喀什噶尔界约》。

1883 年,清朝与俄国签订《科塔界约》和《塔尔巴哈台西南界约》。

1884 年,清朝在新疆设省,刘锦棠为新疆省首任巡抚,驻乌鲁木齐。

1885 年,俄国在布哈拉设立"俄帝国政治代理处",加强对布哈拉汗国的控制;清俄签订"珲春东界约",迫使俄方归还黑顶子。

1887 年,俄英两国签订《英俄勘分阿富汗西北边界协定》。

1894 年,英俄就瓜分帕米尔地区达成协议。

1896 年,沙皇批准俄国的新国界,俄罗斯帝国完成对中亚的吞并。

1917 年,统治俄国三百多年的罗曼诺夫王朝结束。

1920 年,苏维埃军队进入布哈拉城,埃米尔国被推翻。

1920 年,希瓦汗国灭亡。

索　引

A

阿拔斯　178 - 181, 183, 184,
198, 213, 215, 216, 225, 227,
326, 382, 386, 387, 389, 568,
569, 571, 573

阿保机　204 - 208, 569

阿凡纳谢沃文化　13

阿古柏　525, 527 - 532, 534 -
537, 539, 551, 581, 582

阿卡亚人　31, 32, 553

阿拉布沙希王朝　384, 575

阿兰　76 - 79, 82, 84, 130, 216,
217, 253, 269, 314, 560

阿勒坦汗　358, 359, 432, 440,
441, 575

阿里不哥　306, 307, 309, 320,
327, 352, 573

阿契美尼德王朝　555

阿史那骨咄禄　142, 566

阿史那贺鲁　129, 174, 192, 196

阿提拉　80 - 83, 98, 560, 561

阿瓦尔　66, 83, 97 - 101, 103,
114, 133, 230, 562 - 564, 566,
568, 569

埃兰　16, 34, 35, 92, 554

爱奥尼亚人　30, 552

瑷珲条约　456, 541, 544, 546,
547, 581

安德罗诺沃文化　14 - 18, 20

安西都护府　140, 142, 175,
189, 564, 565

B

巴克特里亚王国　28, 41, 44,
48, 49, 51, 195, 556

巴颜　98, 101, 256, 356, 468,
563

巴耶塞特　342 - 345, 347, 574

拔都　272 - 275, 303, 305, 306,
314 - 318, 322, 364, 573

拔悉密　123, 128, 144, 145,

155,156,567,568

拔野固（拔曳固,拔野古）

144,567

班超   52,53,557

保加尔   66,83,97 - 103,

558,559,561,562,564,569

保加利亚   10,31,98 - 103,

214,342,368,564,566,574

北庭都护府   142,144,566,567

彼得大帝   324,408,453,502,

579

波调   54,558

波斯   32,35 - 38,41,42,44 -

48,50,54,55,78,91 - 96,99,

113 - 115,119,123,125,133 -

135, 141, 152, 158, 162, 163,

170 - 174,177 - 179,181,184,

190,191,193,195,197,213 -

215, 223, 227, 233, 268, 270,

271,274 - 276,278,326,338,

347,348,371,381,382,384,

386 - 390,413 - 415,417,418,

420, 422, 426 - 428, 452, 457,

483,491,495,497,522,553 -

555,560,562 - 565

勃律   149,150,194,197,567,

568

渤海   24,200 - 203,205 - 207,

209,210,233,293,566,567,570

布哈拉汗国   339,378,379,

381 - 389,392,412 - 423,425 -

431,485 - 490,492,493,495,

497, 498, 528, 575, 576, 579,

580,582

布连斯奇条约   522 - 524,579

C

策妄阿拉布坦   436 - 439,443,

446,447,468 - 471,473,477,

579

察合台   261,267,268,272,

275, 278, 282, 283, 300, 302,

303,307 - 313,321,327 - 332,

335, 336, 338, 354, 363, 364,

375, 379, 380, 388, 421, 422,

427,572 - 574

成吉思汗   184,189,211,223,

242,246,250,259 - 269,271,

272,275,279 - 286,288 - 290,

300,302 - 306,311,330 - 332,

334, 337, 343, 375, 379, 384,

389,495,572

赤谷城   86

D

达延汗   355 - 359

咀叉始罗   37,42,43,52,557

怛逻斯之战　154,162,568

鞑靼　102,122,123,143,159,
　206,240,245,246,360,432,434

大非川　148,566

大食　106,135,144,149 - 154,
　159,161,170,173,175 - 177,
　179,197,231,276,567

大宛　41,192,556

大夏　18,41,51,74,556,560

大祚荣　200,201,566,567

单于都护府　139,143,565

党项　147,205,241 - 243,245,
　271,279,282,286

丁零　40,69,70,72,74,87,
　120,129,241,557,558

东胡　28,38 - 40,57,61,64,
　68,70,131,132,240,245,556

东夏　212,231,289 - 291,573

杜兰尼王朝　430

多利安人　31,553

E

额木齐　302,304

F

法兰克人　76,79,83,97 - 100

夫余　57,59 - 62,68,70,71,
　557,558,561

苻坚　71,72,74,559

浮图城　140,189,207,569

G

伽色尼王朝　184,213,219,
　227,230,570

噶尔丹　362,363,423,435 -
　443,445 - 447,464 - 472,477,
　513,514,518,519,521,522,
　578,579

高昌　86,88,89,109,110,114,
　131,133,140,157,161,168,
　186 - 189,198,207 - 209,211,
　220,231 - 234,241,279,560 -
　564,569 - 572

高车　66,74,85,87 - 90,92,
　93,110,111,129,154,241,559,
　560,562

高句丽　57,59 - 62,71,72,
　193,200 - 202,290,555,557,
　558,561,562

高丽　60,112,126,132,135,
　147,188,194,206,209,211,
　212,288 - 298,350,351,365,
　569,573

高仙芝　149,150,154,179,
　194,197,198,568

哥萨克　427,439,444,462,

477,478,500,507 - 510,513,
542,545,577,578,581

哥 特 人　　76 - 84,101,218,
559 - 561

葛逻禄　　118,123,129,139,
141,144,145,152,154 - 156,
159,160,179,209,218,220,
222,224,568

弓月　　148,565

骨力裴罗　　155,568

龟兹　　52,86,87,92,110,123,
125,126,128,132 - 134,140,
141,148,149,156,157,175,
176,188,189,279,561,565,566

贵霜　　28,51 - 56,63,66,87,
91 - 93,192,195,229,557,558,
560,561

郭孝恪　　129,140,564

H

哈里发　　170 - 184,197,213,
215,216,225,227,265,274 -
277,327,342,564 - 569,571,
574

哈萨克汗国　　375 - 379,388,
426,427,436,438,457,463,
575,576

瀚海都护府　　139,159,565

浩罕　　340,413,415,416,420 -
429,431,456,460,463,481,
485 - 488,492 - 494,525 - 529,
532 - 534,550,579 - 582

赫梯人　　31,35,552

忽必烈　　238,262,288,292 -
295,304,306 - 310,320,326 -
329,573

胡瑞安人　　31,553

花剌子模沙王朝　　222,571

回纥　　106,108,123,129,131,
136,138,139,143 - 145,150,
154 - 156,158,159,161 - 163,
194,204,564,568

回鹘(畏吾儿)　　106,108,118,
150,151,154 - 164,184,189,
190,194,198,204 - 209,211,
218,220,223,233,241,242,
244,245,261,279,286,568 -
572

秽貊(濊貊)　　57 - 63,200,557

J

基辅罗斯　　217,218,230,369,
370,569,570

吉尔吉斯　　134,141,188,219,
220,258,303,306,357,377,
379,382,388,390 - 392,421,

427,432,437,438,444 - 446,
459,462,463,492,498,502

寄多罗　54,55,87,91,92,560,
561

罽宾　42,43,52,74,92,134,
197,557,560,562,564

迦腻色迦　53,54,558

迦齐　224,225,230

坚昆　40,112,120,123,139,
158,159,162,241

颉利发　118,134,144,154,
159,187,192

颉利可汗　127,132,136,154,
192,563,564

金帐汗国　274,275,360,364,
369 - 371,374,375,379,380,
413,434,573

九白之贡　398,407,464,577

九姓　119,123,130,135,143 -
145,155,161,191,193,194,
230,567,568

旧石器　3 - 5,552

居鲁士　36,44,554

K

喀剌汗　207,209,570

喀山汗国　323,372 - 374,574,
575

康国　128,130,176,190,192 -
194,214

康居　41,53,128,192

康熙　444,447,464,465,467 -
471,477,501,510 - 514,518 -
521,545,579

轲比能　70,87,558

可萨　101,102,133,134,213 -
218,224,226,230,232,564 -
570

克里特文明　31,552

克列　486

库尔特　101,102,330,332

库莫奚　69,74,75,131,203,
245,559

L

乐浪　59,557

林丹汗　396 - 398,403,407,
577

留里克王朝　369,372,451,
569,576

六镇　86,154,560

楼烦　39,40,125,556

鲁木苏丹国　228,229,571 -
573

禄东赞　146,147,565

吕底亚人　33,554

轮辐式战车　14,15

罗曼诺夫王朝　372,451,455,
456,576,582

罗姆素丹　340 - 342,573,574

M

马萨革泰人　32,38,44,46,
554,555

马扎尔人　98,103

迈锡尼文明　31,32,553

麦木鲁克王朝　213

冒顿　39 - 41,68,158,556

蒙恬　39,40,556

米底　34 - 36,41,45,341,553,
554

米坦尼帝国　31,553

莫斯科　317 - 319,322 - 325,
368 - 374,451,452,454,480,
482,487,508,512,513,517,
518,520,572,575,578

莫卧儿帝国　339,361,483,575

鞑鞨　57,61,62,131,132,136,
200 - 203,209,562

默啜　143,144,152,155,159,
175,193,201,566,567

牟羽可汗　194,568

穆罕默德二世　223,346,347

N

乃蛮　209,222,243,244,246,
247,253,254,256 - 261,264,
279,286,303,375,387,572

尼布楚条约　446,466,510,
514 - 516,518 - 520,523,524,
541 - 544,579

尼扎姆　225 - 228,232

聂赤赞普　146,555

努尔哈赤　393 - 399,403 -
407,575 - 577

女真　57,198,200,205 - 212,
232,233,243,245,247,265,
271,279,282,284,288,289,
292,294,352,354,355,363,
365,393 - 397,403,407,571,
575,576

P

裴行俭　142,148,566

毗伽可汗　108,136,144,145,
155,156

Q

奇姆美利亚人　32 - 34,38,554

契丹　75,112,117,118,120,

122 - 124,131,132,135,143 -
145,155,157,160,198,200 -
211,230,232,233,241 - 247,
258,264 - 266,269,270,279,
283,284,288 - 290,293,303,
308,561,566,567,569,570

恰克图条约　522 - 524,580

乾陀罗　42,43,49,51 - 55,91,
92,557,560,561

钦察汗国　274,278,300,313 -
325,328,330,332,333,337

秦穆公　38,554

丘豆伐可汗　85,560

丘就却　51,52,557

屈底波　174,175,177,194,
197,566,567

麴文泰　186 - 189

阙特勤　108,116,137,144,
145,175,245

R

柔然　55,66,74,85 - 91,93,
103,104,110 - 113,118,129,
154,165,186,187,241,559 -
562

S

飒秣建　174 - 176,190,191,

565,567

萨曼王朝　184,214,218,220,
569,570

萨珊　54,55,78,91,93 - 95,
114,133,134,170 - 172,176,
177,190,193,195,197,213 -
215,326,558,560,564,565

塞尔柱　184,213,214,221 -
230,264,265,270,271,327,
340,570,571

塞琉古　28,41,48,49,55,556

塞人　38,39,41 - 43,45,52,
555 - 557

塞种　28,38,40,42,51,63,
104,557

鄯善　86,88,128,148,149,561

十三翼之战　251,252

十姓　123,128,132,143,144,
148,149,152,153,175,240,
245,565

石勒　69,132,509,515,542,
547,558

室点密　111,113 - 116,122,
125,192

室韦　69,75,117,123,125,
131,132,137,155,157,160,
200,204,205,208,241,242,245

疏勒　39,53,92,132,133,141,
148,153,176,198,219,539,

557,558,565,567

斯基泰人　17,32 – 36,38,44,
　554

四镇　141,147 – 149,566,567

松赞干布　146,147,564

苏里曼一世　347,348,575

苏禄　152,153,176,194,197,
　567

肃慎　57,58,60 – 63,200,209

粟特　108,109,114,115,123,
　135,145,153,168,172,174 –
　176,186,189 – 196,198,216,
　220,224,229,232 – 234,563,
　565 – 567

T

塔克西拉　46,49,555

檀石槐　70,74,87,558

唐太宗　127,137,138,140,
　159,188,189,564,565

桃花石　221,222,570

天可汗　137,138,156,564

铁勒　108,111,118,123,125,
　127,129 – 133,135,136,138 –
　140,142 – 145,151,154,155,
　160,214,224,241,246,563 –
　565,568

铁木真　211,238,244,245,249

– 258,278,572

帖木儿　262,269 – 271,300,
　310 – 313,319 – 323,326,331 –
　339,343 – 345,349 – 353,355,
　356,364,379 – 381,384,389,
　391,394,415,421,430,495,574

统叶护　127,128,131 – 134,
　136,151,188,192,195,214,
　563,564

突厥　40,66,84,89,90,93,96,
　100,101,103,106,108 – 149,
　151,152,154,155,158 – 165,
　168,171,172,174 – 176,181,
　184,187 – 196,198,200 – 204,
　208,213 – 216,218 – 220,222,
　223,225 – 234,240 – 245,264,
　267,268,270,271,278,279,
　296,307,308,311,315,330,
　331,333,337,338,340,343,
　364,376,378 – 382,387,388,
　391,413,416,421,424,428 –
　430,433,448,459,463,485,
　488,490,491,493 – 495,497,
　502,562 – 571

土尔扈特　358 – 362,387,427,
　433 – 435,437,439,441,461,
　470,476 – 479,501,516,517,
　576,577,579,580

土库曼人　371,384 – 390,414,

·欧·亚·历·史·文·化·文·库·

419,420,429,430,495 - 497

土门　110,111,116,121,122,
562

吐谷浑　70 - 74,113,125,131,
140,142,147,148,162,193,
205,560,562 - 565

吐火罗　25,32,38,41,42,51,
52,55,87,91,93,96,110,113,
128,129,133,134,141,168,
174,184,186,188,194 - 198,
225,231,233,234,556,557,
560,563,565,566

吐屯　117,118,132 - 134,187,
192,196,216

暾欲谷　108,143,144,567

拓跋　68 - 72,74,75,85 - 88,
558 - 561

W

完颜阿骨打　208,210,571

汪达尔人　76,79,83,560

汪古　211,243 - 246,252,257,
259,283,284,303

王名远　174,196,565

王孝杰　149,566

王玄策　147,565

卫拉特　300,303,313,335,
337,338,340,352 - 363,378,

391,427,432 - 437,440,441,
443,445,446,472,474,476,
516 - 518,575 - 579

卫拉特法典　362,435,441,
443,577

卫满　59,556

倭马亚王朝　173,174,176 -
179,215,565,566

窝阔台　238,261,267,268,
270 - 272,274,278,279,282,
283,286,287,290,291,300,
302 - 311,314,327,330,332,
363,572,573

渥巴锡　477 - 479

乌尔汗　341,574

乌古斯　216,217,223 - 225,
228

乌桓　40,43,61,63,68 - 70,
72,74,75,103,240,557,558

乌孙　41,69,70,86,87,93,
110,113,117,122,375,556,557

乌提古尔　101,562,563

乌质勒　151 - 153,566

乌兹别克　128,152,156,265,
303,324,335 - 338,340,375,
376,379 - 382,384 - 389,391,
408,412 - 414,417,418,420 -
422,424 - 426,428 - 430,448,
495,502,574,575

兀鲁思　259,300,304 – 310, 314,315,321,326,327,330,332

勿吉　57,61,62,209,561

X

西辽　8,14,19,22,189,203, 208,209,211,222,223,228, 231,242,264,303,571,572

西州　140,141,148,149,156, 157,189,568

希瓦汗国　340,364,383,384, 386 – 390,416 – 420,426,428, 430,431,483,489 – 491,495, 496,579,582,583

昔班尼王朝　313,324,337, 339,340,365,377,379 – 381, 388,389,392,421,422,426,575

悉补野　146,555

翎侯　51,557

细石器　5,6,8

黠戛斯　40,106,112,113,118, 120,143 – 145,151,152,155 – 160,162,163,175,241 – 244, 388,391,564,566,568,569

鲜卑　40,43,59,61,63,66, 68 – 75,84,85,87,88,103,104, 113,117,132,158,200,216, 240,241,557 – 559,561,562

匈奴　22,24,28,38 – 41,43, 59,63,66,68 – 70,73 – 75,84, 85,87,90,104,106,109,111, 117,118,120,158,240,556 – 560

匈人　66,76 – 84,97 – 100, 103,216,229,558 – 561

旭烈兀军　278,328,573

薛延陀　106,126,130 – 132, 136 – 139,142,154,159,161, 563,564

Y

雅克萨之战　510 – 512,514, 541,579

雅利安人　32,35,553

亚历山大　28,38,39,44 – 48, 50,55,64,223,317,318,324, 343,370,391,455,456,480, 489,491,494,541,555,556

亚述　31 – 36,553,554

焉耆　20,86,88,89,92,123, 128,130,131,133,140,141, 148,155,157,189,539,561,564

阎膏珍　52,53,63,557,558

耶律大石　208,209,211,222, 231,243,246,571

叶尔羌汗国　427,436,437,

·欧·亚·历·史·文·化·文·库·

439,440

嚈哒 55,66,87 - 89,91 - 96, 104,113 - 115,117,118,120, 123,133,134,190,195,196, 560 - 562

伊凡四世 371 - 374,451,575

伊犁条约 538,582

伊利汗国(伊儿汗国) 278, 300,308,310,315,316,319 - 321,326 - 333,343,363,573, 574

伊塞顿人 32,38,554

伊吾 41,86,89,130,131,133, 140,155,560,564

于都斤山(郁督军山,乌德鞬山) 112,119,122,124,131,143,156

于阗 74,86,92,123,133,140, 141,148,157,174,184,219 - 221,279,312,313,560,561, 565,570

玉兹 338,377,378,426,427, 438,439,457 - 460,462,463,

478,576,580

郁督军山 136,138

袁纥 154,559

月氏 28,38 - 41,43,49,51, 52,54,55,117,196,556 - 558

悦般 85 - 87,90,93,103,196, 561

Z

扎撒 255

札尼王朝 339,340,365,378, 379,382,387,412 - 415,422, 426,576

张仁亶 143,566

中石器 5 - 8,14,552

朱蒙 60,557

准噶尔汗国 362,422,423, 426,432,436 - 440,448,457, 458,503

左宗棠 535,538,539,582

欧亚历史文化文库

林悟殊著:《中古夷教华化丛考》　　　　　　　　　　　定价:66.00 元

赵俪生著:《龚兹集》　　　　　　　　　　　　　　　　定价:69.00 元

华喆著:《阴山鸣镝——匈奴在北方草原上的兴衰》　　　定价:48.00 元

杨军编著:《走向陌生的地方——内陆欧亚移民史话》　　定价:38.00 元

贺菊莲著:《天山家宴——西域饮食文化纵横谈》　　　　定价:64.00 元

陈鹏著:《路途漫漫丝貂情——明清东北亚丝绸之路研究》

　　　　　　　　　　　　　　　　　　　　　　　　　　定价:62.00 元

王颋著:《内陆亚洲史地求索》　　　　　　　　　　　　定价:83.00 元

〔日〕堀敏一著,韩昇、刘建英编译:《隋唐帝国与东亚》　定价:38.00 元

〔印度〕艾哈默得·辛哈著,周翔翼译,徐百永校:《入藏四年》

　　　　　　　　　　　　　　　　　　　　　　　　　　定价:35.00 元

〔意〕伯戴克著,张云译:《中部西藏与蒙古人

　　——元代西藏历史》(增订本)　　　　　　　　　　定价:38.00 元

陈高华著:《元朝史事新证》　　　　　　　　　　　　　定价:74.00 元

王永兴著:《唐代经营西北研究》　　　　　　　　　　　定价:94.00 元

王炳华著:《西域考古文存》　　　　　　　　　　　　定价:108.00 元

李健才著:《东北亚史地论集》　　　　　　　　　　　　定价:73.00 元

孟凡人著:《新疆考古论集》　　　　　　　　　　　　　定价:98.00 元

周伟洲著:《藏史论考》　　　　　　　　　　　　　　　定价:55.00 元

刘文锁著:《丝绸之路——内陆欧亚考古与历史》　　　　定价:88.00 元

张博泉著:《甫白文存》　　　　　　　　　　　　　　　定价:62.00 元

孙玉良著:《史林遗痕》　　　　　　　　　　　　　　　定价:85.00 元

马健著:《匈奴葬仪的考古学探索》　　　　　　　　　　定价:76.00 元

〔俄〕柯兹洛夫著,王希隆、丁淑琴译:

　《蒙古、安多和死城哈喇浩特》(完整版)　　　　　　定价:82.00 元

乌云高娃著:《元朝与高丽关系研究》　　　　　　　　　定价:67.00 元

杨军著:《夫余史研究》　　　　　　　　　　　　　　　定价:40.00 元

梁俊艳著:《英国与中国西藏(1774—1904)》　　　　　定价:88.00 元

〔乌兹别克斯坦〕艾哈迈多夫著,陈远光译:

　《16—18 世纪中亚历史地理文献》(修订版)　　　　　定价:85.00 元

成一农著:《空间与形态——三至七世纪中国历史城市地理研究》

定价:76.00 元

杨铭著:《唐代吐蕃与西北民族关系史研究》

定价:86.00 元

殷小平著:《元代也里可温考述》

定价:50.00 元

耿世民著:《西域文史论稿》

定价:100.00 元

殷晴著:《丝绸之路经济史研究》　　定价:135.00 元(上、下册)

余大钧译:《北方民族史与蒙古史译文集》　定价:160.00 元(上、下册)

韩儒林著:《蒙元史与内陆亚洲史研究》

定价:58.00 元

〔美〕查尔斯·林霍尔姆著,张士东、杨军译:

　　《伊斯兰中东——传统与变迁》

定价:88.00 元

〔美〕J.G.马勒著,王欣译:《唐代塑像中的西域人》

定价:58.00 元

顾世宝著:《蒙元时代的蒙古族文学家》

定价:42.00 元

杨铭编:《国外敦煌学、藏学研究——翻译与评述》

定价:78.00 元

牛汝极等著:《新疆文化的现代化转向》

定价:76.00 元

周伟洲著:《西域史地论集》

定价:82.00 元

周晶著:《纷扰的雪山——20 世纪前半叶西藏社会生活研究》

定价:75.00 元

蓝琪著:《16—19 世纪中亚各国与俄国关系论述》

定价:58.00 元

许序雅著:《唐朝与中亚九姓胡关系史研究》

定价:65.00 元

汪受宽著:《骊轩梦断——古罗马军团东归伪史辨识》

定价:96.00 元

刘雪飞著:《上古欧洲斯基泰文化巡礼》

定价:32.00 元

〔俄〕Т.Б.巴尔采娃著,张良仁、李明华译:

　　《斯基泰时期的有色金属加工业——第聂伯河左岸森林草原带》

定价:44.00 元

叶德荣著:《汉晋胡汉佛教论稿》

定价:60.00 元

王颋著:《内陆亚洲史地求索(续)》

定价:86.00 元

尚永琪著:

　　《胡僧东来——汉唐时期的佛经翻译家和传播人》

定价:52.00 元

桂宝丽著:《可萨突厥》

定价:30.00 元

篠原典生著:《西天伽蓝记》

定价:48.00 元

〔德〕施林洛甫著,刘震、孟瑜译:

　　《叙事和图画——欧洲和印度艺术中的情节展现》

定价:35.00 元

马小鹤著:《光明的使者——摩尼和摩尼教》

定价:120.00 元

李鸣飞著:《蒙元时期的宗教变迁》

定价:54.00 元

〔苏联〕伊·亚·兹拉特金著,马曼丽译:

《准噶尔汗国史》(修订版) 定价:86.00元

〔苏联〕巴托尔德著,张丽译:《中亚历史——巴托尔德文集

第2卷第1册第1部分》 定价:200.00元(上、下册)

〔俄〕格·尼·波塔宁著,〔苏联〕B. B.奥布鲁切夫编,吴吉康、吴立珺译:

《蒙古纪行》 定价:96.00元

张文德著:《朝贡与入附——明代西域人来华研究》 定价:52.00元

张小贵著:《祆教史考论与述评》 定价:55.00元

〔苏联〕K. A.阿奇舍夫、Г. A.库沙耶夫著,孙危译:

《伊犁河流域塞人和乌孙的古代文明》 定价:60.00元

陈明著:《文本与语言——出土文献与早期佛经词汇研究》

定价:78.00元

李映洲著:《敦煌壁画艺术论》 定价:148.00元(上、下册)

杜斗城著:《杜撰集》 定价:108.00元

芮传明著:《内陆欧亚风云录》 定价:48.00元

徐文堪著:《欧亚大陆语言及其研究说略》 定价:54.00元

刘迎胜著:《小儿锦研究》(一、二、三) 定价:300.00元

郑炳林著:《敦煌占卜文献叙录》 定价:60.00元

许全胜著:《黑鞑事略校注》 定价:66.00元

段海蓉著:《萨都剌传》 定价:35.00元

马曼丽著:《塞外文论——马曼丽内陆欧亚研究自选集》 定价:98.00元

〔苏联〕И. Я.兹拉特金主编,М. И.戈利曼、Г. И.斯列萨尔丘克著,

马曼丽、胡尚哲译:《俄蒙关系历史档案文献集》(1607—1654)

定价:180.00元(上、下册)

华喆著:《帝国的背影——公元14世纪以后的蒙古》 定价:55.00元

П. К.柯兹洛夫著,丁淑琴、韩莉、齐哲译:《蒙古和喀木》 定价:75.00元

杨建新著:《边疆民族论集》 定价:98.00元

赵现海著:《明长城时代的开启

——长城社会史视野下榆林长城修筑研究》(上、下册) 定价:122.00元

李鸣飞著:《横跨欧亚——中世纪旅行者眼中的世界》 定价:53.00元

李鸣飞著:《金元散官制度研究》 定价:70.00元

刘迎胜著:《蒙元史考论》 定价:150.00元

王继光著:《中国西部文献题跋》 定价:100.00元

李艳玲著:《田作畜牧

——公元前2世纪至公元7世纪前期西域绿洲农业研究》

定价:54.00元

〔英〕马尔克·奥莱尔·斯坦因著,殷晴、张欣怡译:《沙埋和阗废墟记》

定价:100.00 元

梅维恒著,徐文堪编:《梅维恒内陆欧亚研究文选》　　　　定价:92.00 元

杨林坤著:《西风万里交河道——时代西域丝路上的使者与商旅》

定价:65.00 元

王邦维著:《华梵问学集》

定价:75.00 元

芮传明著:《摩尼教敦煌吐鲁番文书译释与研究》

定价:88.00 元

陈晓露著:《楼兰考古》

定价:92.00 元

石云涛著:《文明的互动

——汉唐间丝绸之路中的中外交流论稿》

定价:118.00 元

孙昊著:《辽代女真族群与社会研究》

定价:48.00 元

尚永琪著:《鸠摩罗什及其时代》

定价:70.00 元

薛宗正著:《西域史汇考》

定价:136.00 元(上、下册)

张小贵编:

《三夷教研究——林悟殊先生古稀纪念论文集》　　定价:100.00 元

许全盛、刘震编:《内陆欧亚历史语言论集——徐文堪先生古稀纪念》

定价:90.00 元

石云涛著:《丝绸之路的起源》

定价:94.00 元

〔英〕尼古拉斯·辛姆斯－威廉姆斯著:

《阿富汗北部的巴克特里亚文献》

定价:170.00 元

李锦绣编:《20 世纪内陆欧亚历史文化研究论文选粹》(第一辑)

定价:108.00 元

李锦绣编:《20 世纪内陆欧亚历史文化研究论文选粹》(第二辑)

定价:100.00 元

李锦绣编:《20 世纪内陆欧亚历史文化研究论文选粹》(第三辑)

定价:98.00 元

李锦绣编:《20 世纪内陆欧亚历史文化研究论文选粹》(第四辑)

定价:86.00 元

马小鹤著:《霞浦文书研究》

定价:115.00 元

林悟殊著:《摩尼教华化补说》

定价:140.00 元

余太山、李锦绣主编:《古代内陆欧亚史纲》

定价:118.00 元

王永兴著:《唐代土地制度研究——以敦煌吐鲁番田制文书为中心》

定价:70.00 元(暂定)

王永兴著:《敦煌吐鲁番出土唐代军事文书考释》　定价:84.00 元(暂定)